宁远年鉴

NINGYUAN NIANJIAN

2021

中共宁远县委党史研究室（县地方志编纂室） 编

NINGYUAN NIANJIAN

方志出版社
Publishing House of Local Records

图书在版编目（CIP）数据

宁远年鉴 . 2021 / 中共宁远县委党史研究室编 .--
北京：方志出版社，2021.11
ISBN 978-7-5144-4981-5

I. 1 宁…II. ①中…III. ①宁远县—2021—年鉴
IV. ① Z526.44

中国版本图书馆 CIP 数据核字 (2021) 第 276334 号

宁远年鉴（2021）

编　　者：中共宁远县委党史研究室（县地方志编纂室）
责任编辑：顾　洁

出 版 者：方志出版社
地址　北京市朝阳区潘家园东里 9 号（国家方志馆 4 层）
邮编　100021
网址　http://www.zgfzcb.cn
发　　行：方志出版社图书经销中心
电话（010）67110500
经　　销：各地新华书店
印　　刷：云南千鸣印刷包装有限公司

开　　本：889mm × 1194mm　1/16
印　　张：28
字　　数：623 千字
版　　次：2021 年 11 月第 1 版　2021 年 11 月第 1 次印刷
印　　数：1230 册

ISBN　978-7-5144-4981-5　　　定　价：268.00 元

《宁远年鉴》编纂委员会

《宁远年鉴》编辑部

宁远县行政区划图

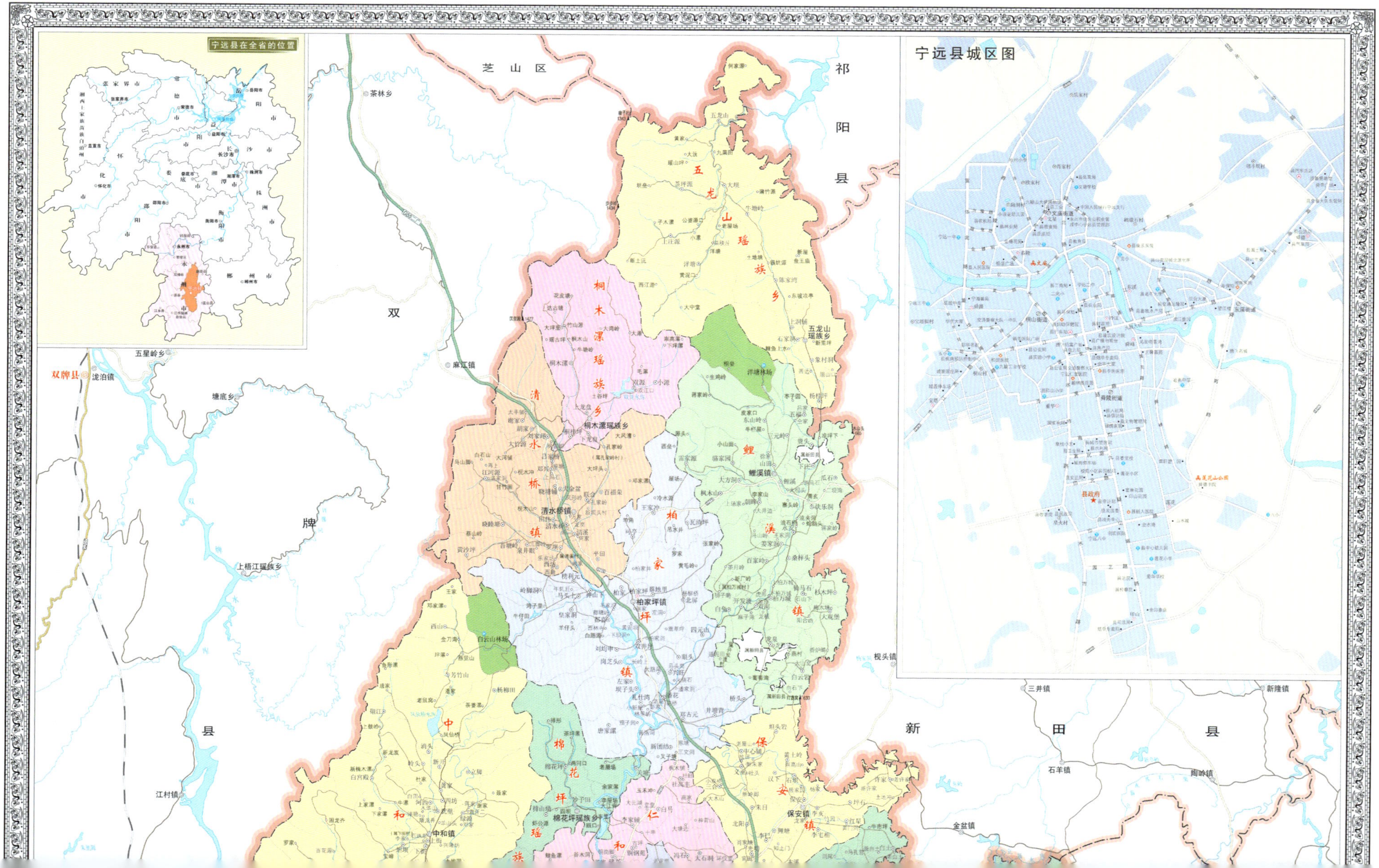
宁远县在全省的位置
宁远县城区图
县政府
芝山区
祁阳县
双牌县
新田县
茶林乡
五星岭乡
泷泊镇
塘底乡
上梧江瑶族乡
江村镇
麻江镇
五龙山瑶族乡
桐木漯瑶族乡
清水桥镇
柏家坪镇
鲤溪镇
棉花坪瑶族乡
中和镇
保安镇
枧头镇
三井镇
新隆镇
石羊镇
陶岭镇
金盆镇
白云山林场
洋塘林场

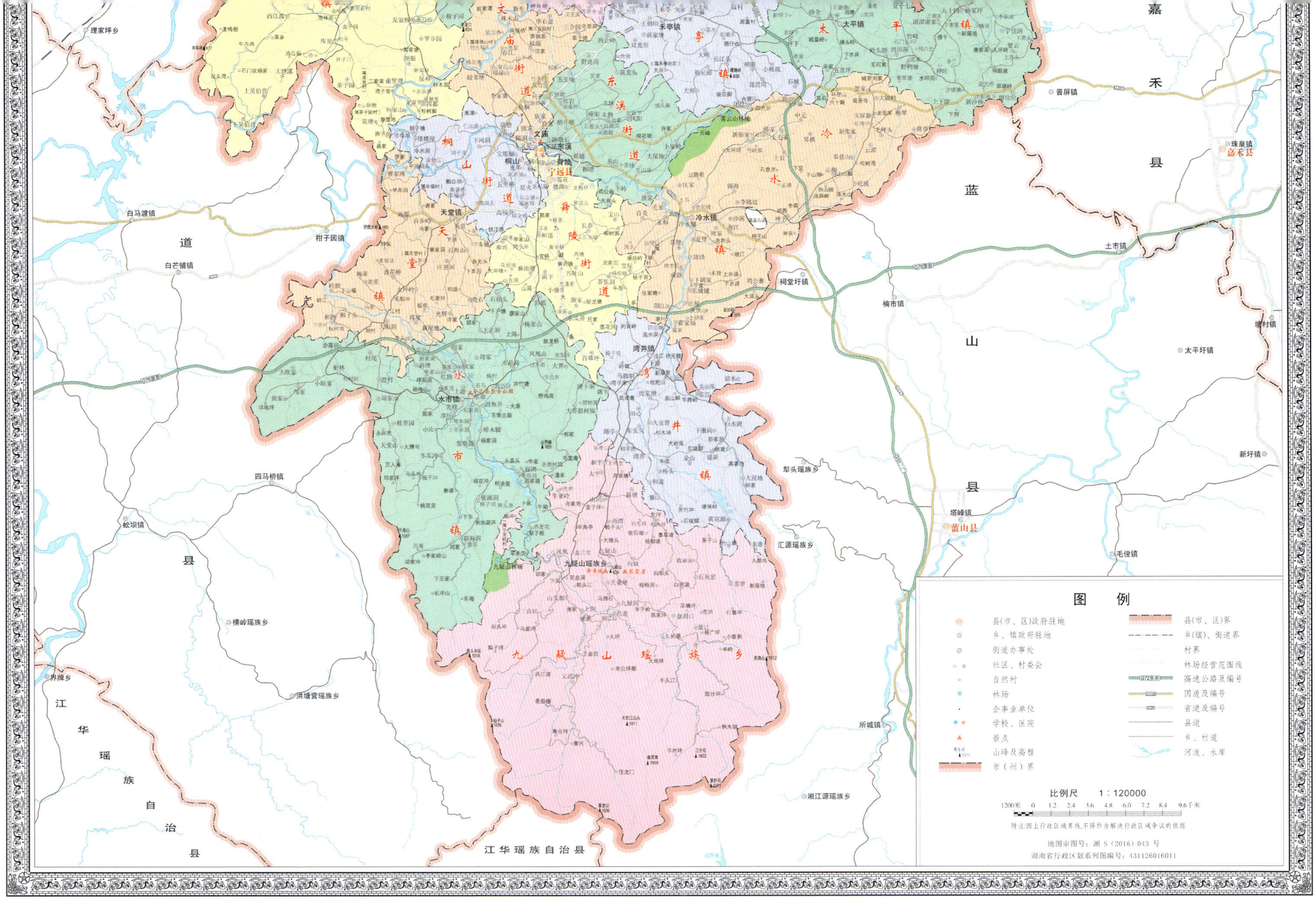

嘉禾县
蓝山县
道县
江华瑶族自治县
图例
县(市、区)政府驻地
乡、镇政府驻地
街道办事处
社区、村委会
自然村
林场
企事业单位
学校、医院
景点
山峰及高程
市(州)界
县(市、区)界
乡(镇)、街道界
村界
林场经营范围线
高速公路及编号
国道及编号
省道及编号
县道
乡、村道
河流、水库
比例尺 1：120000
附注:图上行政区域界线,不得作为解决行政区域争议的依据
地图审图号：湘 S（2016）043 号
湖南省行政区划系列图编号：431126016011
九疑山瑶族乡
湾井镇
水市镇
天堂镇
冷水镇
太平镇
禾亭镇
舜陵街道
桐山街道
东溪街道
文庙街道

编辑说明

一、《宁远年鉴（2021）》坚持以马克思列宁主义、毛泽东思想、邓小平理论、“三个代表”重要思想、科学发展观、习近平新时代中国特色社会主义思想为指导，坚持辩证唯物主义和历史唯物主义的立场、观点和方法，全面、客观、系统地记载2020年宁远县自然、经济、政治、文化、社会等方面的综合情况，反映各部门各行业年度内的重要事项及发展变化，为社会各界了解宁远、认识宁远、研究宁远提供基础信息，为各级领导决策提供参考，为续修地方史志积累资料。《宁远年鉴》于2017年创刊，每年编辑一卷，公开发行，《宁远年鉴（2021）》为第5卷。

二、《宁远年鉴（2021）》按分类编排法，分类目、分目、条目3个层次，共设25个类目。类目、分目、条目用不同字体、字号、色彩等版式设计区别不同层次。条目为记述的基本单位，其标题用【 】表示。

三、《宁远年鉴（2021）》稿件和图片由各部门、单位和乡镇（街道）撰写（拍摄），经单位领导审阅后提供。统计资料由统计部门提供，气象、水文资料分别由气象、水文部门提供。数据一般采用法定计量单位，个别如亩、担等单位遵从习惯。

四、《宁远年鉴（2021）》刊载的领导名录由县委组织部提供，以2020年12月31日在职为准，原则上只列行政职务，无行政职务，则列党内职务。

印象宁远

九嶷山舜帝陵。国家AAAA级旅游景区、全国重点文物保护单位（陈景辉/摄）

九嶷山舜帝陵广场（李　文/摄）

▲ 宁远文庙。位于宁远县城，为全国重点文物保护单位，是中南保存最完整、规模最大的文庙。特别是20根整体高5米的灰色大理石龙凤石柱，利用高浮雕镂空工艺，十分精美，具有极高艺术价值（九疑山文旅集团　供图）

◀宁远文庙棂星门（童一飞/摄）

宁远文庙龙凤石柱（九疑山文旅集团　供图）

◀三分石。位于宁远九嶷山景区，海拔1822米。峰上白云飘逸，峰下瀑布飞空，蔚为壮观（孟　春/摄）

▼下灌旅游景区。国家AAAA级旅游景区，下灌村是“中国传统古村落”“全国历史文化名村”，自然风光秀美，人文底蕴厚重，既有千年的历史文化、名胜古迹，又是状元之乡、麻将故里，也是美丽乡村建设的典范（李　文/摄）

①

②

③

① 千年古村下灌村小桥流水，幽静雅致（九疑山文旅集团　供图）

② 九嶷河国家湿地公园，紧邻九嶷山风景名胜区，总面积768.4公顷，其中湿地面积321.2公顷（九嶷河国家湿地公园管理局　供图）

③ 九嶷河国家湿地公园湖光秋色，山水相融（九嶷河国家湿地公园管理局　供图）

① 九嶷河国家湿地公园人与自然和谐共处（九嶷河国家湿地公园管理局　供图）

② 九嶷河国家湿地公园山色葱茏，水光潋滟（九嶷河国家湿地公园管理局　供图）

③ 宁远县城绿意盎然（李严军/摄）

④ 县城舜帝广场（李严军/摄）

⑤ 泠江河穿城而过（李严军/摄）

①

③

④

②

⑤

▲ 县城高楼林立，大道通衢（李严军/摄）

▲ 晚霞中的宁远县城（李昌浩/摄）

脱贫攻坚

① 太平镇五里坪村扶贫产业项目——渔光互补光伏电站（县扶贫办　供图）

② 康德佳林业科技有限公司发展金丝皇菊产业，扶贫助农，带领当地群众增加收入（县扶贫办　供图）

③ 九嶷山瑶族乡太平村发展脐橙产业，成立脐橙种植专业合作社，带动周边村贫困户种植脐橙，脱贫致富（县扶贫办　供图）

①

②

① 棉花坪瑶族乡扶贫产业项目腾森农业茶叶基地，通过科学化管理，标准化种植，不断做大做强品牌，基地培育的宁远白茶，成为富民强县的特色产业（县扶贫办　供图）

② 九疑山瑶族乡易地扶贫搬迁安置小区——盘江湾新村（县扶贫办 供图）

③ 2月25日，宁远县在易地扶贫搬迁安置小区举行“春风行动”大型招聘会（县扶贫办　供图）

④ 易地扶贫搬迁安置小区村民喜贴对联，笑逐颜开（县扶贫办　供图）

⑤ 文庙街道易地扶贫搬迁安置小区——舜华小区（县扶贫办　供图）

① 柏家坪镇易地扶贫搬迁安置小区——曙光新村（县扶贫办　供图）

② 桐木漯瑶族乡易地扶贫搬迁安置小区——龙源新村龙平扶贫车间（县扶贫办　供图）

③ 宁远县规范和加强扶贫资产管理，确保扶贫资产保值增效。图为宁远县在九疑山瑶族乡新塘村举行扶贫资产确权颁证仪式（县扶贫办　供图）

④ 已确权挂牌的扶贫资产（县扶贫办　供图）

疫情防控

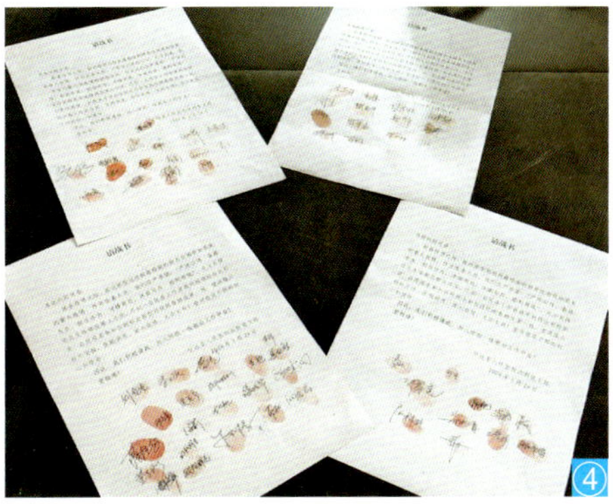

① 8月21日，宁远县举行新冠肺炎疫情防控应急演练（县卫健局 供图）

② 宁远县疫情防控作战图（县卫健局 供图）

③ 永州湘南医院全体党员举行参与抗击新冠肺炎疫情宣誓（县卫健局 供图）

④ 宁远县人民医院部分医护人员参与抗击新冠肺炎疫情请战书（县卫健局 供图）

1月26日深夜，厦蓉高速宁远南路口湘南医院护士范思冒着寒冷坚守在疫情防控一线（胡乐萌/摄）

宁远县公安、交通运输、卫健等部门组成的联合工作组，在疫情防控点盘查过往车辆人员（县卫健局　供图）

① 2月11日，宁远县人民医院党委班子成员为援鄂抗疫的屈桂月、李芬、李佳慧、刘琴4名医护人员送行（县卫健局　供图）

② 2月27日，县人民医院援鄂抗击新冠肺炎疫情医疗队到湖北黄冈大别山区域医疗中心支援（县卫健局　供图）

③ 4月6日，宁远县委、县政府领导及相关部门负责人欢迎县人民医院4位援鄂抗疫英雄归来（县卫健局　供图）

重点项目

① 10月16日，湖南华电永州梅岗思源岭风电场正式投产。该项目是湖南省单体一次性核准的最大风电项目，装机规模120兆瓦，预计每年可为电网提供电量2.6亿度（县重点建设项目服务中心　供图）

② 梅岗思源岭风电场施工现场（县重点建设项目服务中心　供图）

③ 宁远县高新技术产业开发区新能源新材料产业园（县工业园管委会　供图）

① 宁远县高新技术产业开发区台湾工业园位于宁远县十里铺，是台资企业集聚发展的重要基地，也是承接沿海及台资转移的重要平台（蒋文衍／摄）

② 宁远台湾工业园一角（蒋文衍／摄）

③ 宁远县高新技术产业开发区光电智能终端产业园位于宁远县西部工业新城，是宁远县联合深圳无界投资控股有限公司重点招商打造的园中园项目（县工业园管委会　供图）

▲ 永州东部生活垃圾焚烧发电厂位于宁远县桐山街道喜仔窝。项目总投资4.5亿元，年处理生活垃圾约22万吨，年上网电量约5700万度（县重点建设项目服务中心　供图）

▲ 宁远九嶷河国家湿地公园环路（李　文/摄）

宁远九嶷河国家湿地公园展览厅（李　文/摄）

九嶷山国防教育基地位于宁远县城东北部3千米许，一期规划面积810亩，2020年被认定为湖南省青少年教育基地（李　文/摄）

① 湖南瑞达智能装备有限公司位于宁远县新能源新材料产业园，专注研发、生产、销售锂离子电池自动化设备（县重点建设项目服务中心　供图）

② 湖南瑞达生产车间一角（县重点建设项目服务中心　供图）

③ 湖南湘迪科技有限公司位于宁远县西部工业新城，是一家专业从事3D打印的制造企业（县重点建设项目服务中心　供图）

④ 湖南湘迪科技生产车间一角（县重点建设项目服务中心　供图）

⑤ 永州市易崎自动化设备有限公司位于宁远县西部工业新城，主要经营工业自动控制系统装置制造（县重点建设项目服务中心　供图）

⑥ 易崎自动化生产车间一角（县重点建设项目服务中心　供图）

⑦ 永州鸿盛电子科技有限公司位于宁远县西部工业新城，是一家集研发设计、制造、销售、技术服务为一体的高新技术企业，专业生产触摸屏（县重点建设项目服务中心　供图）

⑧ 鸿盛电子生产车间一角（县重点建设项目服务中心　供图）

⑨ 11月18日，永州市第五次重大项目集中开工签约活动宁远分会场在西部工业新城举行，宁远共有10个项目参加集中开工和签约，总投资50亿元（县重点建设项目服务中心　供图）

文旅融合

9月22日，永州市庆祝2020年“中国农民丰收节”主题活动开幕式在宁远县湾井镇周家坝村举行（乐水旺/摄）

永州市庆祝2020年“中国农民丰收节”主题活动现场，为“十佳新型农民”获得者颁奖（乐水旺/摄）

永州市庆祝2020年“中国农民丰收节”主题活动现场开展直播带货活动（乐水旺/摄）

① 5月2日，宁远县下灌旅游景区大凤村飞拉达开园秀暨舜帝部落音乐节精彩上演，吸引多家媒体、网红和极限运动挑战者前来打卡（李　文/摄）

② 飞拉达攀岩项目体验（李　文/摄）

③ 6月20日，宁远县在湖南（国际）文化旅游产业博览会暨文化和旅游装备展现场举行全域旅游发展推介会（李　文/摄）

①②2020年9月29日，宁远县主办粤港澳大湾区旅游对接行动暨文化旅游美食节，图为美食节活动现场（李　文/摄）

③图为美食节开幕式现场（李　文/摄）

④ 9月27日，庚子年中秋宁远、台湾同胞在宁远县九嶷山开展“台湾九嶷同携手云聚中秋忆乡愁”活动，图为宁远、台湾同胞举行公祭舜帝典礼（李　文/摄）

⑤ 图为宁远、台湾同胞开展共庆中秋“忆乡愁”包粽子比赛（李　文/摄）

① 11月7日，2020年中国户外健身休闲大会湖南首站在宁远县九嶷山舜帝陵广场举行（李　文/摄）

② 中国户外健身休闲大会宁远站开幕式文艺表演（县文旅广体局　供图）

③ 中国户外健身休闲大会宁远站，来自全国各地的2650名选手竞相出发（县文旅广体局　供图）

④ 12月26日，宁远县举行“中华好家风、湖湘新风尚”之“六六大舜”启动仪式暨“德孝九嶷”文创产品发布会，来自广州、清远、江门及长株潭等地的舜裔宗亲代表和嘉宾1500余人参加（李　文/摄）

目 录

特 载

专 文

大事记

宁远概貌

中共宁远县委员会

宁远县人民代表大会

宁远县人民政府

政协宁远县委员会

中共宁远县纪委 宁远县监察委员会

群众团体

法　治

军　事

综合经济与管理

工　业

商业贸易

城乡建设与管理

交通　通信

财税　金融

教 育

文化　体育　卫生

旅游业

社会管理与服务

乡镇　街道

附　录

索　引

特　载

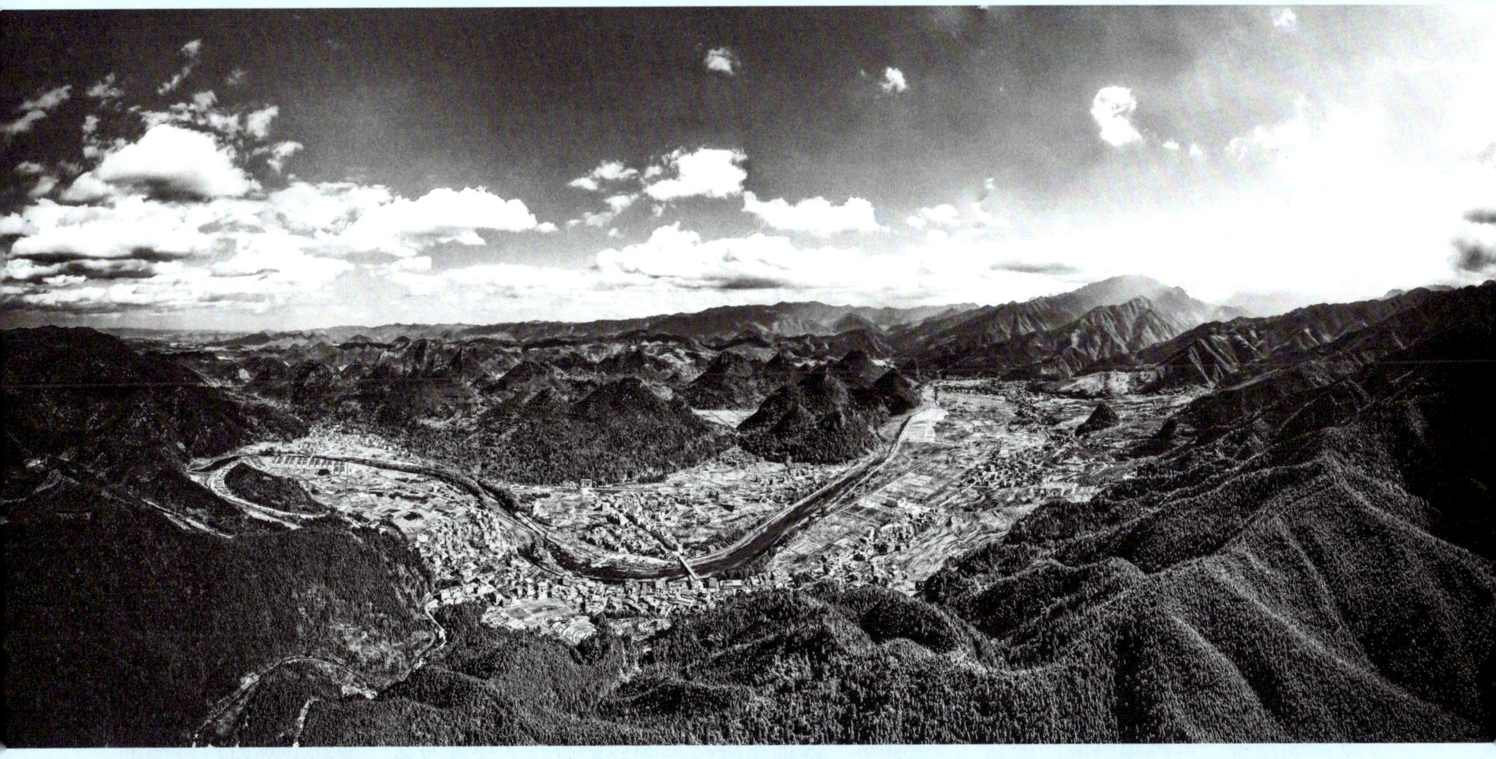

九嶷河国家湿地公园

宁远县委常委会向县委十二届十二次全体会议的工作报告

县委书记　肖质彬

（2020年12月23日）

今年以来，面对国际国内形势的深刻复杂变化，特别是突如其来的新冠疫情等多重压力叠加，县委常委会坚持以习近平新时代中国特色社会主义思想为指导，认真贯彻习近平总书记考察湖南重要讲话精神，坚决落实中央、省、市各项决策部署，统筹推进疫情防控和经济社会发展，狠抓发展与安全两件大事，做好“六稳”工作，全面落实“六保”任务，坚定不移稳增长、促改革、调结构、惠民生、防风险、保稳定，决战脱贫攻坚，决胜全面小康，推动全县各项事业取得新进展。主要抓了以下11个方面的工作：

一、着力推动学习贯彻习近平新时代中国特色社会主义思想走深走实

县委常委会认为，掌握马克思主义理论的深度，决定着政治站位的高度、思维视野的广度、工作落实的力度，必须坚持不懈抓好党的创新理论武装，努力学出政治新高度、理论新境界、精神新动力。

县委常委会坚持带头领学促学，40次县委常委会会议的第一个议题，安排学习贯彻习近平总书记重要讲话批示精神。县委理论学习中心组开展10次集中学习研讨，涉及疫情防控、脱贫攻坚、《习近平谈治国理政》（第三卷）等19个主题。组建县委宣讲团，全覆盖开展学习贯彻党的十九届四中全会精神集中宣讲71场。习近平总书记考察湖南后，迅速召开常委会扩大会议传达学习，举办专题报告会、中心组集中学习研讨会，省委宣讲团团长、省委常委、省委宣传部部长张宏森来宁远亲自主讲；围绕习近平总书记在湖南考察结束时、基层代表座谈会上的重要讲话精神以及在考察沿途所作重要指示要求，制定下发3个责任分工方案，梳理27个方面180项具体任务，逐项明确牵头领导和责任单位。党的十九届五中全会召开后，常委会会议第一时间传达学习，召开全县领导干部会议，对抓好学习宣传贯彻工作进行安排部署。按照省委、市委要求，将贯彻落实习近平总书记重要指示批示情况纳入政治建设考察、政治生态研判、政治督查、纪检监察日常监督、巡视巡察、年度重点工作绩效评估的重要内容，持续推动落地见效。

二、认真抓好省委巡视、市委巡察反馈意见整改落实

今年，省委第三巡视组对我县开展了常规巡视，市委第二巡察组对我县开展了营商环境专项巡察，对县工业园区党工委开展了常规巡察。县委常委会认为，巡视制度是“国之利器、党之利器”，抓好巡视巡察整改，既是我们必须完成的重要政治任务，也是我们深化全面从严治党、推动全县工作、转变干部作风的重要契机和抓手，必须以“从政治看业务”的高度来对待反馈的问题，以“从业务看政治”的角度来推进问题的整改，做到主动

改、立即改、彻底改。

县委坚定扛牢抓实整改主体责任，成立县委巡视、巡察整改工作领导小组，先后召开4次县委常委会会议、11次全县性会议进行调度和安排，按照“一个问题、一个整改方案、一套工作班子、一名责任领导、一抓到底”的要求，制定一系列整改方案，开出问题、任务、责任三张清单，明确牵头领导、责任领导、责任单位、责任人四级责任，实行倒排工期、挂图作战、对账销号。坚持把自己摆进去、把职责摆进去、把工作摆进去，以正视问题的自觉和刀刃向内的勇气，召开县委常委班子巡视整改专题民主生活会。坚持整改个案问题与解决共性问题同步推进，聚焦土地征收、招商引资、招投标、防范化解政府债务风险等方面的突出问题，建立制度49项。坚持“每周一调度、一旬一督查”，组建专门的督查组，对照清单严督实查，下发通报5期，通报问责单位34个次，立案查处18人，处分5人。截至目前，除长期整改的外，反馈的问题基本整改到位，交办的信访件基本办结到位。整理和办理情况及时向省委、市委及相关部门报告，得到了充分肯定。

三、众志成城抗击新冠肺炎疫情

县委常委会认为，疫情就是命令，防控就是责任，必须始终把人民群众生命安全和身体健康放在第一位，坚决打赢疫情防控的人民战争、总体战、阻击战。

面对新中国成立以来遭遇的传播速度最快、感染范围最广、防控难度最大的重大突发公共卫生事件，县委坚持人民至上、生命至上，按照坚定信心、同舟共济、科学防治、精准施策的总要求，团结带领全县上下同时间赛跑、与病魔较量，取得了疫情防控重大战略成果。县委常委会先后召开25次会议研究部署，因时因势制定调整防控策略。针对疫情暴发之初的各种不确定因素，第一时间成立县委疫情防控工作领导小组，统一领导、统一指挥、统一调度，做到军令如山、令行禁止；第一时间发布全民防控“十条”、小区防控“九条”、聚集场所管控“五条”，充分利用大数据技术，建立联防联控、群防群控、自防自控机制，切实做到早发现、早报告、早隔离、早治疗。针对2月初防控形势总体趋稳向好的情况，出台支持工业园区企业复工复产“十条措施”，派驻70名防疫联络员，免费发放中药预防汤剂，开发健康码精准识别，推动生产全面恢复。针对疫情之初医疗救治力量分散的情况，严格落实“四集中”要求，确定县人民医院为定点救治医院，改造禾亭镇卫生院为定点留观医院，成立医疗救治组、专家组等27个，全程中西医结合预防治疗。针对防疫物资一度紧缺难题，实行自主生产、外部采购、社会捐赠三管齐下，统一调配，优先保障医护人员和基层防控一线。针对疫情防控进入常态化的新情况，坚持思想不松、机制不变、队伍不散，建立健全群防群治、物资保障、医疗救护等常态化防控机制，确保能及时发现、快速应对。

在这次抗疫斗争中，充分发挥党的政治优势和组织优势，充分发挥基层党组织战斗堡垒作用和党员先锋模范作用，第一时间向全县党员发出“十个带头”号召，1587个基层党组织，2.1万名党员、干部，成立义务宣传队、疫情监控队、义务巡防排查队等1762个，舍身忘我、冲锋在前，让党旗始终在疫情防控一线高高飘扬，彰显了新时代共产党人的政治本色。大力弘扬伟大抗疫精神，讲好抗疫故事，旗帜鲜明同各类“政治病毒”和谣言作斗争。坚决服从服务抗疫大局，派出4名医护人员驰援湖北黄冈，圆满完成支援保卫战任务。全县人民同呼吸、共命运，肩并肩、心连心，或向险而行，或默默坚守，以各种方式为疫情防控操心出力，累计捐款捐物940.46万元，绘就了团结就是力量的时代画卷。

四、全力打好三大攻坚战

县委常委会认为，精准脱贫、污染防治、防范化解重大风险攻坚战是决胜全面小康必须跨越的重大关口，必须一战贯通一战，不获全胜决不收兵。

坚持尽锐出战、一鼓作气，严格落实“四个不摘”，决战决胜脱贫攻坚。召开13次县委常委会会议、8次全县性会议研究部署脱贫攻坚工作，举办抓党建促决战决胜脱贫攻坚专题培训。着力巩固拓展脱贫成果，大力推行“三分三千”帮扶、“三业并举”增收、“四引四促”易地扶贫搬迁后扶、“五抓五促”党建引领、“五权五化”扶贫项目资产管理等模式，接连组织开展5轮问题整改清零专项行动，深入推进扶贫领域作风和腐败问题专项治理，建立健全防止返贫监测帮扶机制，探索巩固拓展脱贫攻坚成果与乡村振兴有效衔接的有效路子。顺利通过国家发改委易地扶贫搬迁评估验收、省级扶贫项目资金第三方评估、国务院扶贫办建档立卡数据质量评估实地核查、市级实地核查、省级实地考核，自主开展全县普查、交叉检查。积极克服疫情影响，认真落实“十条措施”，扶贫产品销售额达到4.1亿元，4.18万贫困劳动力返岗就业，6个扶贫基地、121家就业扶贫车间全部复工复产，52家陆生野生动物人工繁育场所处置补偿率、转产转业安置率全部达到100%。全县建档立卡贫困人口全部脱贫，被评为全国“十三五”易地扶贫搬迁工作成效明显县。

牢记习近平总书记“守护好一江碧水”殷殷嘱托，精准治污、科学治污、依法治污。全力打好蓝天、碧水、净土保卫战，持续发起“春季攻势”“夏季攻势”“冬季攻势”，开展建筑施工扬尘治理、露天焚烧专项整治等八大专项整治行动，环境空气质量优良率同比提高2.7个百分点，综合指数改善9.9%，地表水、集中式饮用水源水质考核达标率100%，污染地块安全利用率90%。狠抓中央、省级环保督察及“回头看”问题整改，办结率97.7%，省委巡视反馈污染防治方面问题整改、小水电清理整顿、主要污染物减排任务全面完成，禁渔护渔“清江行动”强力推进，全面小康环境指标100%巩固。承办全省国有林场和森林公园工作会议、风景名胜区保护管理培训会。九嶷河湿地公园、省级森林城市通过国家和省级验收。生态环境执法、第二次全国污染源普查获评全国先进，成功创建省级生态文明建设示范县。野生动物禁养退养工作在全省推介。

坚持抓发展与抓化债、稳增长与防风险并举，建立健全国有企业风险评估预警机制、风险监控月报制度，出台防范化解政府性债务风险“六条铁规”，按时序完成还本付息任务，债务风险整体可控。坚持开“前门”堵“后门”，争取政府专项债券10.72亿元，排全市第二。推进平台公司转型升级，组建城乡建设发展集团，基本完成清产核资工作。县级财政管理绩效考核连续三年排全省第一。

五、加快推动经济高质量发展

县委常委会认为，新时代新阶段的发展，必须是高质量的发展。面对百年未有之大变局和新冠肺炎疫情对经济的冲击，必须更加重视激活高质量发展的动力活力，更加重视催生高质量发展的新动能新优势。

加强党对经济工作的领导，召开县委经济工作会议进行全面部署。召开常委会会议、财经委会议、专题会，定期研判经济形势，储备和用足政策工具箱，牢牢掌握经济工作主动权。全县经济运行回稳向好，预计全年主要经济指标高于省市平均水平，地区生产总值、规模工业增加值、投资、消费、地方财政收入同比分别增长4.5%、5%、9%、-2%、4%，城乡居民人均可支配收入同比分别增长6.4%、8%。全社会研发投入占GDP比重2.1%，单位GDP能耗下降3.5%。

全面落实“六稳”“六保”。狠抓援企稳岗、减税降费等系列纾困惠企政策落实，设立产业扶持资金4亿元，安排信贷风险保障金1000万元，减免一般工商业用户电费1000万元、企业厂房租金540万元，为企业减税降费5305.9万元，发放纾困惠企补贴5027.4万元，清退保证金押金980万元。充分发挥投资“压舱石”作用，谋划实施重点项目172个，开展百日攻坚行动，完成投资占固定资产投资的87.57%；争取中央和省级项目216个，到位资金21.79亿元；新入统项目251个。创新开展“稳就业、强基础、富家乡”主题活动，以“一稳”促“六稳”“一保”促“六保”。强化金融服务保障，预计全年贷款余额增长17.55%；帮助41家企业融资2.88亿元；推动银企对接，达成意向协议项目13个、22.44亿元。

持续推进产业项目建设，抓实“5个10”“产业强链”“园区强基”三大工程。6次组织参加省市集中开工和签约仪式，签约23个，开工31个，湘迪科技、鸿盛电子、沃尔顿新能源等12个项目建成投产，新能源新材料、电子信息两大产业产值占规模工业总产值的比重达到37%。高新技术产业增加值占GDP的比重达到9.7%，相比2016年翻一番。新增标准厂房17.6万平方米，获评全国装配式建筑产业基地、全省新型工业化产业示范基地。深入实施“六大强农”行动，培育壮大“烟稻菜、两茶一柑、猪牛兔”九大特色优势产业，粮食生产超额完成，烤烟生产保持全省第二、全市第一，规模农产品加工企业产值同比增长23.5%，9家企业被认定为粤港澳大湾区“菜篮子”生产基地，承办全市农民丰收节，被评为全国农村创新创业典范县、全省生猪稳产保供先进县。全面推进文生旅体融合，九嶷山舜帝陵景区争创国家AAAAA级旅游景区等重点文旅项目建设加速推进，跻身全国县域旅游发展潜力百佳县、全省首批全域旅游示范区，新增国家AAAA、AAA级旅游景区各1家，下灌入选第二批全国乡村旅游重点村名录。大力发展数字经济，建设电子商务物流中心，入选全国电商进农村综合示范县，创建国家级众创空间。

六、坚定不移推进改革开放

县委常委会认为，越是面对风险挑战，越要顺应时代发展潮流和人民群众期待，越要全面深化改革开放，以改革促发展、以开放增活力。

推动更深层次改革，县委全面深化改革委员会召开2次会议，分类有序推进4类91项改革，在省市安排的基础上新增10项改革。深化“放管服”，抓实“一件事一次办”改革，工程建设项目审批办理缩减80%以上，入选全国“互联网+政务服务”标准化试点。深化农村改革，跻身全国宅基地制度改革试点县、全国第一批第二轮土地承包到期后再延长30年试点县，代表湖南在全国宅基地管理与改革工作大会上作典型发言，获评全国农村承包地确权登记颁证工作先进集体。成功创建全省城乡社区治理和服务创新试验区。

实行更高水平开放，落实“创新引领、开放崛起”战略，积极对接粤港澳大湾区、融入湘南湘西承接产业转移示范区，出台《湘南湘西承接产业转移示范区宁远发展规划》《宁远县大力培育产业项目促进开放型经济高质量发展的若干政策措施（试行）》《宁远县招商引资工作制度》。签约中基恒光产业园等重大产业项目30个、“三类500强”企业项目3个、总部经济项目5个。预计外贸进出口额、实际利用外资、内联引资同比分别增长15%、10.8%、16%。

七、积极发展社会主义民主政治

县委常委会认为，发展社会主义民主政治，必须更好体现人民意志、保障人民权益、激发人民创造，不断巩固和发展生动活泼、安定团结的政治局面。

县委常委会听取县人大常委会、县政府、县政协、县人民法院、县检察院党组工作汇报，支持和保证同级国家机关和其他组织依法依章程履行职能。支持县人大及其常委会依法行使职权，依法按程序任免国家机关工作人员，督促县十七届人大四次会议上提出的议案建议284件100%办复到位，稳步推进乡镇民生实事项目代表票决制试点工作。充分发挥政协专门协商机构作用，围绕公共卫生安全体系建设、全面实施垃圾分类、维护中小微企业职工权益等课题进行专题协商，推进政协云与政协履职深度融合，县政协九届四次会议的68件提案全部办理，20个乡镇（街道）实现“有事好商量”协商议事室全覆盖。巩固发展爱国统一战线，调整充实县委统一战线工作领导小组和宗教工作领导小组，支持深化“凝心聚力新时代”、同心美丽乡村创建、宗教领域安全隐患排查等行动，牛亚岭村被评为全省民族团结进步模范集体，九嶷山舜帝陵入选全省首批华侨文化交流基地。支持工青妇科侨群团组织充分发挥作用，科普、妇女儿童维权工作获全国先进，计生协会、文联工作获全省先进。

深入学习贯彻中央全面依法治国工作会议精神，抓好政法工作条例的贯彻落实，召开2次县委全面依法治县委员会会议，配合做好全省首次党政主要负责人履行推进法治建设第一责任人及法治政府建设督察，深化行政执法“三项制度”改革，开展“法律八进”“民主法治示范村（社区）”创建、“习近平法治思想”宣传月、《中华人民共和国民法典》宣传教育等活动，城乡公共法律服务“半小时服务圈”基本形成，“七五”普法通过省级验收，县公安局被评为全国公安机关执法示范单位，县婚姻家庭纠纷人民调解委员会被评为全国维护妇女儿童权益先进集体，九疑山瑶族乡西湾村被评为全国乡村治理示范村。

八、加强和改进宣传思想文化工作

县委常委会认为，宣传工作是党的一项极端重要的工作，新形势下宣传思想文化工作必须坚持守正创新，把举旗帜、聚民心、育新人、兴文化、展形象的使命任务落实落细，更好坚定主心骨、汇聚正能量、振奋精气神。

严格落实意识形态工作责任制，结合省委第三巡视组意识形态专项巡视、县委第八轮、第九轮巡察意识形态专项检查，对全县党委（党组）开展意识形态工作调研督查和落实意识形态工作责任制述职评议；建立健全意识形态工作联席会议制度、网络舆情应急体系和运行机制，及时有效处置一批网络舆情。深入学习宣传贯彻“一《条例》两《纲要》”，做好同心战疫、复工复产、决胜全面小康等重大主题宣传，持续推进全国新时代文明实践中心建设试点，建成100个实践基地和广场。加强青少年思想政治工作，创新和改进思政课，推动把社会主义核心价值观教育融入各级各类学校课程。实施文化惠民工程，完成基本公共文化服务标准化建设、基层综合性文化服务中心建设，举办农民艺术节、中国户外健身休闲大会等活动，配合拍摄电影《天下麻将》《宁静致远》、电视剧《不负人民》，入选第二批革命文物保护利用片区分县名单，获评全省历史建筑保护利用示范县。

九、切实保障改善民生和维护社会稳定

县委常委会认为，人民对美好生活的向往就是我们的奋斗目标，必须坚持以人民为中心，紧贴民生推动高质量发展，着力解决群众“急难愁盼”问题，不断增强人民群众获得感、幸福感、安全感。

持续加大民生支出，民生投入占比保持在75%以上。省市16件重点民生实事全部超额完成。全面小康“六覆盖”目标实现，25户/100人以上的自然村全部通水泥路，所有村（社区）建有综合服务平台，危房改造任务全面完成，城乡居民基本养老保险应保尽保，城乡低保特殊群体补助标准普遍提高，退休人员基本养老金每月人均增加139元。落实就业优先政策，建立“一库三平台”，超额完成各项就业任务，县人社局被评为全国农民工工作先进集体。努力办好人民满意教育，二中、八小、九小后续工程完工，九中、十中、十一中一期和十二小投入使用，一中新校区、十三小、七小即将投入使用，超额完成省定消除大班额任务，高考成绩再创新高，大幅超

越“五年翻番”目标。深入推进健康宁远行动，人民医院新城分院、妇女儿童医院和乡镇卫生院提质改造工程全面推进，村卫生室“空白点”全面消除；建成居家和社区养老服务改革示范点6个、标准化儿童之家45个，跻身全省养老服务体系建设示范县。新建改建农贸市场33个，马路市场整治在全省推介。

改善城乡人居环境。深入开展文明城市创建活动，城市文明程度指数测评保持全省前列，创建省园林县城。探索以党建引领老旧小区改造，被确定为全省“党建+”老旧小区改造示范县。打好乡村振兴战略第一仗，实施“一拆二改三清四治五化”农村人居环境整治工程，完成农村改厕7381户，拆除空心房残破房86.8万平方米。永州东部生活垃圾焚烧厂、梅岗风电场建成运行。露天焚烧秸秆现象得到有效遏制。湾井、柏家坪、清水桥等5个乡镇创建省级生态文明建设示范乡镇，被列为全国首批美好环境与幸福生活共同缔造活动培训基地。基础设施不断完善，城市交通外环线、县乡循环线基本成型。

维护社会安全稳定，创新社会治理，建立稳定工作联席会议制度，构建立体化、信息化社会治安防控体系，完善“访调对接”“诉调对接”机制，推进市域社会治理现代化，开展扫黑除恶“六清”行动，加强“网格化+信息化”社会治理，集中化解房地产领域信访问题，落实第七次人口普查，统筹抓好安全生产、食品药品安全、应急救援、防汛抗旱、交通问题顽瘴痼疾整治等工作，被评为全省安全生产工作先进县。

十、推进全面从严治党向纵深发展

县委常委会认为，党的建设是做好各项工作的根本保障，必须坚持以政治建设为统领，坚定不移全面从严治党，把党建设得更加坚强有力。

抓好基层党建工作。始终把政治建设摆在首位，召开“不忘初心、牢记使命”主题教育总结大会，建立健全完善不忘初心、牢记使命的制度；启动政治建设考察和政治生态研判，完成对113个县管领导班子、588名领导干部的考察和“画像”；坚持严管和厚爱结合、激励和约束并重，探索开展减轻基层负担与调动基层干部积极性相结合的体制机制改革试点，配合完成省委脱贫攻坚干部考察“四个一批”工作，推荐优秀干部55人。着力建设高素质专业化干部队伍，乡镇（街道）党校全部挂牌并启动农村党员轮训，建立党员干部教育示范基地15个。认真落实省委“1+5”文件精神，开展“稳就业、强基础、富家乡”主题活动，抓实“三个一批”，实行乡镇工作专项补贴，出台正风减负提能“十条措施”，实施“三个一”工作法，推进基层公共服务（一门式）全覆盖，基层党支部“五化”建设100%达标，村“两委”换届选举筹备工作全面完成。深入实施“芙蓉人才行动计划”“潇湘人才行动计划”，进一步推动人才向基层一线流动，被评为全市人才工作先进县。

抓好党风廉政建设。制定县委落实全面从严治党主体责任清单、常委会成员履行全面从严治党责任清单和年度工作任务计划，推动管党治党政治责任落实落细，问责履行“两个责任”落实不力109人次。坚持县委重大决策部署到哪里、监督检查就跟进到哪里，依托片区协作机制，一体推进扶贫领域腐败和作风问题专项治理、民生领域专项整治、人防系统腐败问题专项治理、重点岗位专项监察，立案267件267人。认真贯彻中央八项规定精神，聚焦形式主义官僚主义，对省委“10条措施”进行细化和责任分工，集中开展全县干部作风建设大督查大整治，问责109人次，为48名受到不实举报的干部澄清正名。开展净化政治生态专项警示教育活动，筑牢法纪防线。发挥巡察利剑作用，开展2轮常规巡察、脱贫攻坚村级专项巡察，常规巡察单位占比91.21%，村居巡察实现全覆盖，结合省委巡视、市委巡察整改发现和查处了一批问题。

抓好党管武装工作。加强国防动员和后备力量建设，积极落实民兵调整改革，推进民兵队伍建设转型发展，高标准建设民兵训练基地、九嶷山国防教育基地，在全省作典型发言。深入推进“一年两次征兵两次退役”改革，全面提升兵役征集质量。承办永州市军地联合防汛应急演练，完成省军区要地勘察、保交护路行动演练任务，承接全省森林防火应急救援演习任务。县人武部及全体专武干部和广大民兵在疫情防控、抢险救灾、维稳处突等急难险重任务中当先锋打头阵，为地方发展作出了重要贡献。

抓好班子自身建设。常委会一班人坚持观大势、谋大局、抓大事，办好宁远的事情，以自身工作的确定性应对外部环境的不确定性。坚持民主集中制，自觉落实“三重一大”集体决策、重大事项请示报告等制度。坚持以身作则、以上率下，力戒形式主义官僚主义，带头联点抓面，深入抗疫、战贫、防汛等一线调研督导，推动解决实际问题。全面履行“一岗双责”，严格管好家属和身边工作人员。

十一、认真谋划“十四五”规划和二〇三五年远景目标

县委常委会认为，制定实施好“十四五”规划建议，事关全县经济社会持续健康发展，事关全面建设社会主义现代化全局，具有重要现实意义和深远历史影响。

年初将“十四五”规划编制工作纳入县委常委会年度工作要点，成立由县委书记任组长的文件起草组，及早启动规划编制。多次专题传达学习习近平总书记关于“十四五”规划编制工作的重要指示批示精神，研究推动具体编制工作。把加强顶层设计和坚持问计于民统一起来，先后就文件稿起草广泛征求各方意见和建议。习近平总书记考察湖南后，我们全面对标对表，把总书记重要讲话指示精神转化为谋划“十四五”的根本遵循。党的十九届五中全会召开后，我们又对标全会精神对规划作进一步修改完善，相继召开县直部门、专家、商会代表暨宁远籍在湘工作领导等10场座谈会听取意见，开展网上意见征求活动，收集整理意见建议97条。综合各方面的意见建议，结合宁远当前面临形势和今后发展需求，深度谋划了一批事关宁远长远发展的重大战略、重大政策、重大改革举措、重大工程项目，为奋力建设现代化新湖南作出宁远贡献。

在总结工作的同时，县委常委会也深入分析了工作中存在的问题和不足。主要是：学习贯彻习近平新时代中国特色社会主义思想和党的十九届五中全会精神需要进一步深入；经济下行和政府化债压力大，财政收支矛盾突出；抓产业强实体成效不够明显，创新开放的能力水平还不能适应高质量发展要求，新旧动能接续转换尚需时日；上学、看病、就业等人民群众的“急难愁盼”问题还不少，疫情暴露出的应急管理、公共卫生等方面的短板亟需补齐，安全稳定风险隐患仍需警钟长鸣；整治形式主义官僚主义，激励干部担当作为，一体推进不敢腐、不能腐、不想腐，还需拿出更多办法，等等。解决好这些问题，需要我们以上率下、上下联动，紧抓不放、持续用力。也请同志们多提意见和建议，我们将认真听取、积极改进。

（本文在收录时有删节）

附：名词解释

1.“六稳”：指稳就业、稳金融、稳外贸、稳外资、稳投资、稳预期。

2.“六保”：指保居民就业、保基本民生、保市场主体、保粮食能源安全、保产业链供应链稳定、保基层运转。

3.“四个不摘”：即摘帽不摘责任，摘帽不摘政策，摘帽不摘帮扶，摘帽不摘监管。

4.“三分三千”：“三分”指分区划好片，分类锁定村，分色甄别户。“三千”指特岗帮千户、百企帮千户、万人帮千户。

5.“三业并举”：指兴产业、帮就业、促创业。

6.“四引四促”：指就业引领促增收，产业引领促发展，乡风引领促文明，党建引领促强基。

7.“五抓五促”：指抓基层党建、促组织振兴，抓产业发展、促增收致富，抓基层治理、促文明和谐，抓公共服务、促民生改善，抓基础设施、促乡村宜居。

8.“五权五化”：指资产所有权明晰化、经营权多元化、收益权持续化、处置权规范化、监督权公开化。

9.“六覆盖”：指在脱贫攻坚工作中，推动义务教育、社会保障、农村安全饮水、基层公共服务（一门式）、农村危房改造、农村通组道路全覆盖。

10.“一库三平台”：指劳动力资源数据库、政务服务平台、企业服务平台、个人服务平台。

11.“一拆二改三清四治五化”：一拆，全面拆除农村空心房、废弃房；二改，改农村自来水、改农村厕所；三清，清洁地面、清洁田园、清洁水源；四治，治违规建房、治农贸市场、治污水乱排、治安全隐患；五化，净化、绿化、亮化、序化、美化。

12.“四个一批”：指在2020年，湖南省开展脱贫攻坚干部考察，根据考察情况推动各级培养储备一批、发现使用一批、表彰奖励一批、宣传报道一批脱贫攻坚中表现优秀的县、乡、村干部。

13.“三类500强”：即世界500强、中国500强、民营500强。

宁远县人民代表大会常务委员会工作报告

——2020年12月30日在宁远县第十七届人民代表大会第五次会议上

县人大常委会主任　张明贵

一、2020年的主要工作

一年来，县人大常委会高举习近平新时代中国特色社会主义思想伟大旗帜，认真学习贯彻党的十九大和十九届二中、三中、四中、五中全会精神以及习近平总书记关于坚持和完善人民代表大会制度的重要思想，在县委的坚强领导和上级人大常委会的精心指导下，紧扣常委会年度工作要点，全面履行法定职责，迈出了人大工作高质量发展的坚实步伐，唱响了担当作为的时代强音，为推进全县经济社会发展和民主法治建设作出了积极贡献。

（一）坚持党的领导，牢记初心使命，牢牢把握正确政治方向

1. 突出思想政治建设。严格遵守政治纪律和政治规矩，自觉在政治上思想上行动上同以习近平同志为核心的党中央保持高度一致，切实增强“四个意识”、坚定“四个自信”、做到“两个维护”，自觉把人大工作置于县委的领导之下，切实做到议事谋事紧扣县委意图，工作安排紧跟县委部署，确保党的领导始终贯穿人大工作各方面和全过程。

2. 科学决定重大事项。始终坚持党的领导、人民当家作主和依法办事有机统一，在充分酝酿审议的基础上，对国民经济和社会发展、财政预决算、预算执行、预算调整、财政收支审计、新冠肺炎防控、城乡污水治理PPP项目等重大事项作出科学的决定、决议，推动县域经济高质量发展。

3. 依法开展人事任免。严格规范任免程序，严格执行任前调查、法律考试、任前发言、颁发任命书、向宪法宣誓等规定程序，全年依法依程序任免国家机关工作人员19人次，实现了党管干部和依法任免的有机统一。切实加强任后监督，听取和审议了县政府工作部门2019年度工作情况的报告、“两院”2019年专项工作情况及有关业务庭（科）工作情况的报告并进行评价，评价结果向县委报告，向“一府两院”通报，向社会公告，促进被任命人员依法履职、担当作为。

4. 聚力县委中心工作。坚持把服务县委中心工作作为履职尽责的核心要务，在推进县委决策部署落实中彰显人大担当。一是助力县委决策。深入开展调查研究，坚持把调查研究作为做好人大工作的重要抓手和关键举措，围绕全县乡镇民生实事项目人大代表票决制、法院执行难、基层党组织建设、扶贫攻坚、民营经济发展、公共卫生服务、人大监督、乡村旅游等事关高质量发展的关键课题、群众关注的热点问题，深入基层一线，倾听群众呼声，了解真实情况，形成高质量调研报告8篇，为全县重要工作决策提供了有力参考。二是助力招商引资。积极响应党中央和省委、市委、县委关于统筹推进疫情防控和经济发展工作的重要指示精神，动员和号召广大人大代表和人大工作者积极投身“回乡投资和招商引资”“新

冠损失产业补”竞赛活动，常委会领导指导、主动参与，先后带队赴广州、深圳、东莞、佛山、清远、绍兴、长沙等地与企业对接，宣传推介宁远县的优惠政策和良好创新创业环境，广辟招引渠道，积极牵线搭桥，对接洽谈了一些好项目。充分发挥湖南省九嶷山虞舜文化发展中心的对外优势，联合县文旅集团精心筹备招商和旅游推进会，先后赴福建泉州、江西抚州等地大力宣传和推介宁远，吸引了一批有实力、有影响的宗亲来宁远寻根问祖、观光旅游、考察投资。三是助力项目建设。今年由县人大常委会领导和县人大常委会机关牵头负责的重点项目30余个，围绕用地难、征地难、拆迁难、招工难、开工难等一系列问题，常委会领导带领机关人员主动下沉、主动服务，深入一线调研，认真排查问题，及时安排调度，调处和化解矛盾纠纷，为项目推进提供了坚实支撑。四是助力脱贫攻坚。常委会领导和机关分别联系10个贫困村或巩固脱贫村，大家积极深入基层，走访调研，主动帮扶乡镇、贫困村和贫困户，协调各帮扶单位筹集帮扶资金，引进帮扶项目，落实帮扶措施，直接投入和帮助争取项目资金140余万元。机关干部职工对口联系帮扶贫困群众57户。

（二）坚持正确监督，注重监督实效，全力推动经济社会发展

1．护航经济稳健运行。开展新冠疫情形势下民营经济发展问题专题调研，听取和审议国民经济和社会发展计划执行情况、预算执行情况、国有资产管理情况报告，围绕抓重点、补短板、强弱项提出意见建议，助力高质量发展。加快推进人大预算联网监督系统建设，推动人大预算审查监督重点向支出预算和政策拓展。强化重大政策执行、重大项目投资、重大民生工程预算审查，听取和审议审计工作报告、审计查出问题整改报告并进行满意度测评，督促有关部门严格执行财经纪律、深入整改问题。强化政府债务限额管理，着力化解存量、遏制增量，防止和杜绝变相举债，有效避免财政支付性风险的发生。

2．推进社会依法治理。一是着力推动法律贯彻实施。充分发挥执法检查的“法律巡视”作用，对《中华人民共和国野生动物保护法》《中华人民共和国传染病防治法》和《中华人民共和国行政处罚法》《中华人民共和国行政强制法》《中华人民共和国行政许可法》等法律实施情况开展执法检查，配合上级人大常委会开展立法、执法和专项工作检查调研共计20余次，促进了相关法律法规在我县的贯彻实施。落实规范性文件报备制度，认真对县政府提请的10件规范性文件进行审查，维护法制权威。二是着力推动公正司法。听取和审议了县人民法院刑事审判工作情况的调查报告，督促县人民法院切实解决案多人少、审判质量不高、司法环境不优等突出问题，推动加强队伍建设，完善工作机制，努力提高刑事审判水平和质量，促进阳光司法。听取和审议了全县社区矫正工作情况的调研报告，督促县政府切实解决工作机构不健全、执法力量薄弱、工作设施简陋、经费保障不力、工作合力不强等突出问题，提升司法监管实效。三是着力推动依法行权。开展了对县林业局、县文旅广体局、县城管执法局三个单位的工作审议，通过听取汇报、召开座谈会、查阅资料、问卷调查、现场察看、与服务对象面对面交流等方式进行了广泛深入的调查，分类梳理存在问题和意见建议，就其中社会关注度高、群众反映强烈的热点难点问题，持续跟踪督办，促进被审议单位进一步依法行政，改进作风，提高服务水平。四是着力推动化解信访矛盾。坚持把接待群众来信来访作为常委会了解民意、关注民生、维护民利、促进和谐的一项重要工作，通过及时转办、交办和持续跟踪督办，推动问题解决。

3．推动改善民生福祉。牢固树立以人民为中心的发展思想，持续在保障民生民利上用情

用力。一是聚焦职业教育发展。针对“重普教，轻职教”问题，在深入考察调研的基础上，听取和审议了全县职业技术教育调研报告，提出了“抓职教就是抓经济、重职教就是重民生”的发展理念，督促政府着力解决环境不优、规模不大、竞争力不强等问题，持之以恒提升职业教育的竞争力，让职业教育办成“人民满意的教育”。二是守护生态环境安全。配合市人大常委会开展《中华人民共和国水污染防治法》和《湖南省饮用水水源保护条例》《湖南省湘江保护条例》执法检查，督促落实水环境保护目标责任制，助推水污染防治和湘江保护。深入推进林木采伐“放管服”改革，联合县政府开展全县林木采伐调研，围绕禁伐限伐与群众要求采伐日益突出的矛盾，提出适度安排商品林采伐指标、实施人工商品林赎买政策、严格限制松木采伐、进一步完善保证金退还制度等措施，让绿水青山真正成为林农的“聚宝盆”和“摇钱树”。三是推进民生项目票决。及时安排部署乡镇民生实事项目代表票决制工作，民生项目通过群众提、代表定、政府办、人大评，真正实现了“为民作主”向“选民作主”的根本性转变。一年来，全县已有13个乡镇实施了民生实事项目票决制，另外3个乡镇将在2021年年初的乡镇人民代表大会进行，实施的民生实事项目38个，实施率达到了81.2%，群众的获得感、幸福感和满意度不断增强，民生工程真正办成了民心工程。四是积极开展“四行”活动。在“三湘农民健康行”活动中，通过组织医疗义诊、健康义宣、药品义捐，积极推进基层医疗服务体系建设，打造健康村镇；在“农产品质量安全行”活动中，通过强化农产品身份认证，促进品牌兴农；在“民族团结进步行”活动中，深入瑶乡瑶寨，调查研究，访贫问苦，积极为民族地区发展献良策、为少数民族群众送温暖；在“环保世纪行”活动中，围绕“美丽中国，我是行动者”宣传主题，持续解决环境领域的不平衡不充分的矛盾，动员社会各界积极参与生态文明建设，推动全社会共同保护宁远的青山绿水。

4. 给力“十四五”规划编制。常委会提前介入，积极动员各级人大代表和人大工作者围绕“十四五”规划编制建言献策，县人大常委会在广泛深入调查研究，充分听取意见的基础上，初步审议了宁远县“十四五”规划编制，督促政府及有关部门进一步增强规划的前瞻性、科学性，使规划编制更加符合发展的要求，更好体现民心民愿。

（三）坚持代表主体，激发履职活力，充分发挥好代表的作用

1. 注重代表学习培训。坚持“走出去”与“请进来”相结合，多层次、多渠道、全方位、全覆盖对代表们进行培训。2020年9月，组织常委会组成人员、各专门委员会组成人员和部分人大代表、人大工作者80余人分两批赴山西太原进行履职培训。10月，邀请省人大常委会法工委领导和市委党校专家来宁给全体代表讲授《中华人民共和国各级人民代表大会常务委员会监督法》和《中华人民共和国民法典》等有关知识，切实提高人大代表的政治理论水平和为民履职能力。在2020年的省人大培训工作座谈会上我县作了典型发言。

2. 抓实代表建议办理。在县十七届人大四次会议上，代表们共提出议案、建议284件。常委会领导牵头深入一线督办，各委室全程具体督办，按照“三个面对面”办理机制，用实打实的举措、面对面的沟通、点对点的督查，有力地推动了议案建议的办理，一大批群众反映的难点、痛点、堵点问题得到有效解决，代表议案建议办复率100%。县人大常委会会议还专门听取和审议了11件重点议案和建议办理情况并进行了测评，测评结果向本次代表大会和有关媒体通报。

3. 拓宽代表履职渠道。健全联系代表机制，畅通代表知情知政渠道，广泛邀请代表列席常委会会议和参加常委会组织的视察调研、执法检查、审议评

议等活动，精心组织开展了“迎中秋、庆国庆”系列活动，组织省、市、县三级人大代表开展了产业建设和脱贫攻坚视察、全民健身运动、对3名市人大代表进行述职评议等活动，使代表们的知情权、表达权和监督权得到充分体现，浓厚了互相交流、团结合作的氛围，提振了履职尽责的精气神。还对43名履职优秀的县人大代表和人大工作者进行表彰并将优秀事迹进行宣传报道，增强了代表的荣誉感和责任感，激发了代表的履职热情。

4.汇聚代表抗疫力量。疫情发生后，常委会党组第一时间发出倡议书，动员和号召广大人大代表和人大工作者积极投身疫情防控。县人大常委会迅速召开专题会议，作出了《关于全力做好当前新冠肺炎防控工作的决定》，及时规范了县政府及各部门、乡镇（街道）、村（社区）和群众的防控行为和责任、义务，为疫情防控工作提供了法制保障。《倡议书》发出仅一个月时间，全县就有291名人大代表和人大工作者共捐款526665元，捐赠口罩25750个，涌现出了一批有担当、有责任的模范人物，以实际行动践行了代表人民、为了人民、服务人民的光荣使命。省人大常委会主办的《人民之友》杂志以“聚力战‘疫’在一线”为题对县人大常委会的做法进行了报道。

（四）坚持守正创新，积极开拓进取，全面加强人大自身建设

1. 不断强化理论武装。认真学习习近平新时代中国特色社会主义思想和党的十九大及十九届二中、三中、四中、五中全会精神以及习近平总书记关于坚持和完善人民代表大会制度的重要思想，坚持真学、真懂、真信、真用，通过表彰学习标兵，激发学习热情，营造比学赶超的良好氛围。认真践行“两个机关”要求，切实加强政治建设、思想建设、组织建设和意识形态建设，确保党的路线、方针、政策在人大落地生根。

2.持续改进工作作风。常委会党组坚持把政治规矩和政治纪律挺在前面，落实全面从严治党各项要求，切实履行党建、意识形态、廉政建设主体责任，认真落实民主集中制，支持派驻纪检组工作，经常开展反腐倡廉教育，持之以恒贯彻落实中央八项规定和省委、市委、县委有关规定精神，确保了常委会的工作始终沿着正确的轨道前行。

3.切实加强机关建设。常委会机关积极推进“正风、减负、提能”行动，大兴学习之风、调查研究之风、攻坚克难之风、互帮互助之风。坚持用制度管人管事，健全完善机关学习培训、办文办会、督查考核、后勤接待、财务、出差、下乡以及请销假等规章制度，确保机关高效有序运转。组织开展主题党日、重温入党誓词、警示教育等活动和党纪法规考试，切实维护人大常委会机关风清气正的良好形象。认真做好新闻舆论工作，注重宣传人大制度，讲好人大故事，2020年在省市县各类报纸、杂志、网站上发表宣传人大工作的稿件100多篇（条）。认真做好工会、老干工作，大力开展文明单位创建活动，机关工作的创新力和凝聚力不断增强。

在总结成绩的同时，也清醒地认识到，常委会工作中还存在一些不足和薄弱环节，主要表现在：行使重大事项决定权还力度不足，刚性监督方式还运用较少，视察调研还缺乏广度深度，议案建议督办还不够有力，代表作用发挥仍显不足等。对此，将认真加以改进和解决。

二、2021年的主要任务

2021年，是中国共产党建党100周年，是全面开启建设社会主义现代化新征程、向第二个百年奋斗目标迈进的开局之年，是“十四五”规划的开篇之年，做好明年的人大工作意义重大。常委会工作的总体要求是：坚持以习近平新时代中国特色社会主义思想为指导，全面贯彻党的十九大和十九届二中、三中、四中、五中全会精神，深入学习贯彻习近平总书记关于坚持和完善人民代表大会制度的重要思想以

及习近平总书记考察湖南重要讲话精神，坚决落实中央、省委、市委、县委决策部署和县委十二届十二次全会精神，立足“两个机关”职能定位，聚焦县委推进的大事要事，聚焦经济社会发展的短板弱项，聚焦人民群众关心关切的热点难点，忠实履行法定职责，主动担当，奋发有为，为推动宁远经济社会高质量发展贡献人大力量。

（一）聚焦初心使命，在政治建设上作出新表率

坚持政治站位和职能定位有机融合，毫不动摇把加强政治建设放在首位，不断增强“四个意识”，坚定“四个自信”，做到“两个维护”，深入学习领会党的十九届五中全会精神和习近平总书记考察湖南重要讲话精神，学深悟透习近平总书记关于坚持和完善人民代表大会制度的重要思想，认真贯彻落实县委十二届十二次全会精神，巩固和拓展“不忘初心、牢记使命”主题教育成果，深入推进主题教育的常态化和制度化。坚持重大事项向县委请示报告制度，始终与县委保持高度一致。

（二）聚焦职责定位，在服务大局上展现新作为

进一步健全常委会对重大事项事前调研、事中决定、事后监督机制，始终遵循抓重点、议大事、求实效的原则，积极主动做好讨论决定重大事项工作。坚持党管干部原则和人大依法任免相结合，依照法定程序做好地方国家机关工作人员任免工作，保证党委人事意图的全面落实。高质量实施正确监督、有效监督，围绕人民群众普遍关心关注的热点、难点问题发力，促进“一府一委两院”担当作为、优化服务、切实解决突出问题。认真做好国民经济和社会发展计划、财政预算和调整、决算、审计工作，以及审计查出问题整改情况等报告的审议工作，审查批准县本级预决算，督促审计查出问题的整改落实。加强国有资产管理，听取和审议国有资产管理情况报告，不断提高监督实效，确保国有资产安全和保值增值。听取和审议关于环境保护、城乡规划等专项工作报告，推动经济高质量发展。持续深入开展“四行”活动，督促进一步完善社会保障体系，让人民群众有更多、更直接、更现实的获得感、幸福感、安全感。继续抓好今年三个被审议单位工作整改情况的跟踪监督，开展好满意度测评。切实抓好“一府两院”所属部门和县监委副职的述职评议工作，防止走过场，评价结果向县委报告，向“一府一委两院”通报和向社会公告。围绕推进依法治县，进一步强化人大法律监督，不断提高国家行政、监察和司法机关法律水平，促进依法行政、依法监察和公正司法。加强规范性文件备案审查工作，做到有件必备、有备必审、有错必纠。做好人大信访工作，努力解决群众关注的突出问题。在县委的领导下，认真做好县、乡人大换届工作，及时研究解决换届工作中出现的新情况和新问题。深入调查摸底，了解掌握代表资源，根据履职表现，做好代表连选连任工作。加强对县乡人大代表选举工作的领导，依法做好宣传动员、选区划分、选民登记、提名推荐、讨论协商预选、候选人介绍、投票选举、计票监票、选举结果确定等各环节工作。加强代表资格审查工作，对不符合法律规定或以违法行为当选的，宣布当选无效。

（三）聚焦机制创新，在代表履职上迈出新步伐

继续加大对常委会组成人员、乡镇（街道）人大主席（工委主任）和人大代表的培训力度，特别是相关换届知识的培训，组织广大人大代表和人大工作者深入学习《代表法》《选举法》等相关法律法规和其他业务知识，学习中央和省市县关于换届选举的有关政策和文件精神。继续坚持“双联”制度，扩大代表参与常委会工作的广度和深度，拓宽代表知情和代言渠道，提高代表调研视察、听取收集反映民意、检查评议的能力水平。加强乡镇（街道）代表工作站的管理，发挥好联系群众、为民代言的桥梁作用。全面覆盖乡

镇民生实事项目代表票决制工作，不断总结经验，积极探索创新，推动民生项目票决制工作步入良性轨道。创新代表议案建议办理机制，按照“内容高质量、办理高质量”的要求，探索实施网上提网上办，加大对代表议案、建议督办力度，特别是正在解决或逐步解决的建议要持续跟踪督办，确保件件有着落、事事有回音。

（四）聚焦能力提升，在自身建设上实现新突破

要始终严守政治纪律和政治规矩，严格执行中央八项规定和省、市、县委有关规定精神，确保党中央和省委、市委、县委决策部署在人大落实落地。要紧贴中心，服务大局，做到县委工作重点明确到哪里、人大力量就聚焦到哪里。要统筹推进常委会工作机制创新和制度完善，以制度管人管事，靠机制释放活力，提高常委会履职实效。要加强对乡镇（街道）人大工作和建设的指导，督促乡镇（街道）人大聚焦主责主业。要加强与上级人大常委会、其他有关县（区）人大常委会的联系，推动人大工作协调发展。要全面加强人大常委会机关建设，不断提高服务水平和质量，加大新闻宣传工作力度，传递人大声音，讲好人大故事，增强人大工作正能量。

（本文在收录时有删节）

宁远县政府工作报告

——2020年12月29日在宁远县第十七届人民代表大会第五次会议上

县人民政府县长　唐　何

一、2020年工作回顾

2020年，是宁远发展史上极不平凡的一年。面对严峻复杂的宏观形势，特别是新冠肺炎疫情的冲击影响，我们坚持以习近平新时代中国特色社会主义思想为指导，坚持稳中求进工作总基调，深入推进“三大攻坚战”，做好“六稳”工作，全面落实“六保”任务，统筹推进稳增长、促改革、调结构、惠民生、防风险、保稳定，高质量发展取得重要进展。

——经济发展迈上新台阶。经济总量实现新突破，地区生产总值达到240亿元（预计数，下同），增长4.5%。固定资产投资、规模工业总产值、一般公共预算地方收入、社会消费品零售总额分别完成166.6亿元、162亿元、14.4亿元、80.3亿元，同比分别增长9%、5%、6%、-2%，稳居全市第一方阵；全面小康实现程度达到100%。

——脱贫攻坚夺取新胜利。全县建档立卡贫困人口27185户102941人全部脱贫，其中今年脱贫1052户2173人，119个贫困村出列巩固提升率100%。投入6.4亿元用于“两不愁三保障”问题清零以及产业就业扶贫，自主发展特色产业1.8万人、劳务就业4.3万人，委托帮扶边缘易致贫户679户。贫困群众收入水平大幅提高，内生动力不断增强，贫困村基础条件不断改善。2020年全省脱贫攻坚实地考核以满分通过。

——民生改善取得新成效。城乡居民人均可支配收入分别达到3.1万元、1.7万元，同比分别增长6.4%、8%。义务教育就学、基本医疗保险、乡镇卫生院全科医生、农村低保、农村饮水安全、基层公共服务、农村通组道路实现全覆盖。16件民生实事全部办成。人民群众获得感、幸福感、安全感不断提升。

——创先争优展现新作为。荣获全国农村创新创业典型县、全国电子商务进农村综合示范县、全国宅基地制度改革试点县、全国“十三五”易地扶贫搬迁工作成效明显县，全国农民工工作先进集体、国家级众创空间、全国美好环境与幸福生活共同缔造活动培训基地、国家装配式建筑产业基地，省安全生产先进县、省生态文明建设示范县、省全域旅游示范区、省园林县城、省生猪稳产保供先进县、省历史建筑保护利用示范县、省“党建+”老旧小区改造示范县等一批先进称号。

一年来，重点抓了8个方面的工作。

1. 慎终如始抓好疫情防控。面对突如其来的新冠肺炎疫情，坚决贯彻习近平总书记重要指示和中央、省、市决策部署，按照“坚定信心、同舟共济、科学防治、精准施策”的总要求，在党中央集中统一领导下，同时间赛跑、与病魔较量，迅速打响疫情防控的人民战争、总体战、阻击战，仅用15天实现确诊病例清零，成为全省第一批低风险区，连续11个月实现疑似病例动态清零。坚决扛起疫情防控重大责任，以战时思维及时决策、快速反应，第一时间成立疫情防控工作领导小组，第一时间启动重大突发公共卫生事件一级响应，统一指挥、统一协调、统一调度，县、乡、村三级迅速进入战时状态，做到军令如山、令行禁止。坚决落实“四早”“四集中”要求，建立联防联控、群防群治机制，1587个基层党组织、1661名医务人员、2.1万名党员干部、1255名民警辅警、4066名志愿者奋勇当先、奋战一线，90万宁远人民肩并肩、心连心，主动投身疫情防控斗争、筑牢疫情防控人民防线。始终把人民生命安全和身体健康放在第一位，把提高收治率和治愈率、降低感染率和病亡率作为突出任务来抓，建立预检分诊、专家巡诊、综合治疗、心理干预等18项医疗制度。适时将总体防控策略调整为“外防输入、内防反弹”，坚持思想不松、机制不变、队伍不散，推动防控工作由应急性超常规防控向常态化防控转变，统筹疫情防控和经济社会发展，在全市率先开启复工复产，努力把疫情不利影响降到最低，交出了一份非同寻常的优异答卷，疫情防控工作在全市作典型推介。

2. 坚定不移推进产业建设。保持定力、对冲压力、挖掘潜力，传统产业优化提升、新兴产业和旅游服务业培育壮大，产业结构调整为14∶29.6∶56.4。（1）工业提质升级。坚持补短板与锻长板相结合，推动产业强链补链延链。规模工业企业达到120家。电子信息、新能源新材料等高新技术企业达到36家，产值突破100亿元。22个市重点产业项目完成投资54.8亿元，湘迪科技、鸿盛电子、沃尔顿新能源等10家企业建成投产。新入统规模企业15家，新建标准厂房27.3万平方米，跻身全省新型工业化产业示范基地。（2）农业推进有力。培育形成“烟稻菜、猪牛兔、两茶一柑”九大特色优势产业，粮食总产稳定在30万吨以上；烤烟生产17.28万担，保持全省第二、全市第一；9家企业被认定为粤港澳大湾区“菜篮子”生产基地；生猪全产业链、九嶷山兔产业园建设加快推进，生猪出栏恢复到100万头，规模化养殖比重超过60%。新增省级以上农民专业合作社16家；新投产规模农产品加工企业9家，规模加工企业产值同比增长23.5%；农业综合机械化水平达到62%。成功举办全市农民丰收节，生猪稳产保供工作在省委农村工作会议上作典型发言。（3）旅游业稳步回升。“旅游+文体、旅游+研学、旅游+生态”助推产业融合发展，全域旅游、九嶷山舜帝陵景区创国家AAAAA级旅游景区加快推进，新增国家AAA、AAAA级旅游景区各1家，成功举办中国户外健身休闲大会，跻身全省景区假期游客接待量前十位。九嶷山舜帝陵获评全省华侨文化交流基地，下灌村入选全国乡村旅游重点村。商贸物流、文化娱乐、电子商务等服务业加快发展，线上销售额达到3.2亿元。

3. 全力以赴打好三大攻坚战。强化政治责任，增强攻坚能力，三大攻坚战取得决定性成就。（1）脱贫攻坚如期收官。坚持精准方略，统筹抓好“战疫”与“战贫”，以“一脱贫三促进六覆盖”为主抓手，全面巩固脱贫攻坚成果。开展“户脱贫、村出列”“回头看、回头查、回头改”等5轮问题整改清零专项行动，全覆盖排查“四类对象”6.4万户、边缘对象679户，解决实际问题3429个。扶贫产品销售额达到4.1亿元，4.18万贫困劳动力返岗就业，新增扶贫小额贷款8513万元，6个扶贫基地、121家就业扶贫车间全部复工复产，52家陆生野生动物人工繁育场所全部处置补偿到位。分类管理、分色预警和差异化精准帮扶防贫机制得到国务院扶贫办推介，脱贫攻坚工作在全市作典型发言。（2）污染防治成效显著。突出科学治污、精准治污、依法治污，大力实施污染防治“春季攻势”“夏季攻势”“冬季攻势”，狠抓中央和省级环保督察问题整改，生态环境质量持续改善，空气质量达到国家二级标准，优良天数比例稳定在97%以上、水环境质量优良比例达到100%。大力开展秸秆焚烧、河道采砂、黑臭水体、饮用水源地环境保护等综合整治。小水电清理整顿、河湖湿地保护修复、野生动植物保护等工作扎实推进，九嶷河国家湿地公园、省级森林城市创建工作通过国家和省级验收。第二次污染源普查工作获全国先进。九嶷山国家自然保护区成功加入中国生物圈保护区网络。（3）重大风险防控有力。制定“六条铁规”，健全化债考评机制，分类分批化解债务。平台公司压减转型步伐加快。争取政府专项债券6.89亿元，排全市第二。有效化解金融风险，加强重点领域风险排查，重拳整治民间借贷，坚决守住不发生系统性金融风险底线。政府债务处于风险等级最低的“相对安全地区”。

4. 持之以恒促进城乡发展。充分发挥投资“稳定器”作用，上项目、打基础、利长远，推动城乡基础设施均衡发展。（1）城镇建设卓有成效。全县城镇化率达到47.8%。舜阳大道、舜华大道、湘妃大道构成城市外环新骨架，园艺路、重华南路、崇德路、老旧小区和棚户区改造、供水供气等项目进展顺利。城市管理精细长效，垃圾集中处理率、污水集中处理率、供水管网覆盖率、绿化覆盖率分别达到99%、98%、98.6%、35.5%。“党建+”老旧小区改造建设经验在全省推广。深入实施小城镇“五个一”工程，新改建农贸市场18个、市民公园20个、文化广场21个。（2）乡村振兴全面推进。大力实施“一拆二改三清四治五化”人居环境整治工程，完成农村改厕7381户，拆除“空心房”86.8万平方米，农村垃圾无害化处理率、生活污水处理率、卫生厕所普及率分别达到100%、83.6%、86.3%。推进文明创建工作，新时代文明实践中心建设模式得到国家和省市高度肯定。水市镇跻身省级农业产业强镇、省级卫生镇。（3）基础设施不断完善。深入开展重点项目“百日攻坚”行动，组织6次省市重大项目集中开工和签约仪式，集中开工项目31个，完成投资24.8亿元；集中签约项目26个，合同引资116.5亿元。现代商贸物流园、5G基础设施、高科技智慧园区等一批打基础、管长远的项目启动实施；柏柑公路、二广高速宁远东互通至天堂公路、仁和至冷水公路等一批重点交通设施项目进展顺利；天堂至梅岗公路、禾亭至太平公路改扩建进入挂网招标阶段。仁和坝大型水闸除险加固、病险水库治理、涔天河灌区水田开发等一批涉农基础设施项目推进有力；永州东部生活垃圾焚烧发电厂、梅岗风电场等52个项目建成运行。

5. 坚持不懈深化改革开放。革故鼎新、与时俱进，改革开放两手抓，发展活力与动能更加强劲。（1）改革持续深化。乡镇机构改革、经营类事业单位改革、综合执法改革顺利完成。获评全国农村承包地确权登记颁证工作先进集体，跻身全国第二轮土地承包到期后再延长30年试点县；扶贫资产管理试点工作在全省先行先试，探索形成“五权五化”资产管理模式；农村集体产权制度改革、农村宅基地管理与改革在全省作典型发言。财政绩效管理连续三年排全省第一。（2）创新持续增强。大力开展“稳就业、强基础、富家乡”主题活动，以“一稳”促“六稳”、以“一保”促“六保”，率先建立“一库三平台”就业服务体系，采集劳动力信息63.1万人、规模企业招工信息116家，纳入返乡优秀人才库611人，引导返乡农民工创办经济实体1125个，带动就业6516人。新认定高新技术企业15家，引进科技创新团队4个，创建省级工程技术中心和星创天地3个。发放创业担保贷款4665万元。新增市场主体4469户，达到2.51万户。（3）开放持续加力。全面落实“创新引领、开放崛起”战略，对接融入粤港澳大湾区、湘南湘西承接产业转移示范区，抓实产业强链工程，开展产业链招商，成功引进“三类500强”企业3家，签约重大产业项目35个，总投资98.56亿元。外贸进出口额增长15%，实际到位外资、内联引资分别增长10.8%、16%。

6. 全心全力增进人民福祉。不忘初心、牢记使命，始终把群众冷暖放在心中，保基本、兜底线、促公平，努力让人民群众生活得越来越好。社会保障稳步提升。新增城镇就业6123人，农村劳动力转移就业5031人。社会救助、最低生活保障、残疾人“两项补贴”扩面提标，城乡低保分别达到6600元/年、4020元/年；农村特困人员分散和集中供养分别达到5220元/年、7800元/年；困难残疾人生活补贴、重度残疾人护理补贴达到780元/年。建成居家和社区养老服务中心示范点6个，提质改造幸福之家、留守儿童之家454个，跻身全省养老服务体系建设示范县，“一老一小”工作经验在全省推介。残疾人托养中心、印山社区示范性康复站、精神残疾康复娱疗站建成投用。退役军人管理服务保障体系不断完善。百岁健康县创建工作扎实有效。社会事业协调发展。教育强县扎实推进，一中新校区、职业中专、十三小等学位建设项目加快推进，新增城区学位1.23万个，义务教育大班额全部“清零”，公办幼儿园在园幼儿占比达到50.4%。完成标准化食堂改造63个。全县二本以上上线1531人，增幅达到29.6%；一本上线665人，增幅达到53.9%。教师队伍建设持续加强，教师培训工作两次在全省作典型发言。医疗卫生事业加快发展，妇女儿童医院、人民医院新城分院建设和乡镇卫生院、村卫生室标准化建设扎实推进，村卫生室“空白点”全面消除。分级诊疗体系、医疗卫生网格化管理深入实施。农村及城镇低保适龄妇女“两癌”免费筛查、孕产妇免费产前筛查分别完成10116人、3802人，出生人口质量有效提升。公共文化服务体系进一步完善，农家书屋、文化广场、文化活动室实现城乡全覆盖，群众文体活动精彩纷呈，全民健身运动广泛开展。文化遗产保护和利用得到加强。住房保障体系不断完善，新建公租房72套、发放租赁补贴1006户。第七次人口普查进展顺利。国防动员、国防教育、人民防空和民兵预备役工作水平提高。统计、编制、科协、气象、档案、消防、民族、宗教、残联、地方志、工商联、融媒体、外事侨务、机关事务等各项工作取得新的成绩。工会、妇联、共青团、红十字、老科协、关工委发挥了积极作用，科普、妇女儿童维权工作获全国先进，计生协会、文联工作获全省先进。

7. 多措并举创新社会治理。我们树牢法治思维，提升治理能力，着力构建职责明确、依法行政的政府治理体系。营商环境明显改善。深化“放管服”改革，纵深推进210件“一件事一次办”。“三集中三到位”、基层公共服务“一门式”办理、“互联网+政务服务”实现全覆盖。设立“六稳”“六保”惠企政策综合服务窗口，企业开办全程网上办理，工程建设项目审批时间缩减80%以上，企业开办、不动产登记审批分别控制在1个、5个工作日以内。“互联网+政务服务”标准化试点入选国家社会管理和公共服务综合标准化试点项目。惠企纾困精准有效。集中精力做好“六稳”“六保”工作，制定出台支持企业开工复工、重点项目复工复产、金融支持企业发展等系列措施，推动优惠政策直达市场主体，为企业减税降费5305.9万元，发放纾困惠企补贴5027.4万元，清退保证金押金980万元，减免个体工商户电费1000万元、企业厂房租金540万元。常态长效开展政银企对接洽谈，建立信贷风险补偿机制，积极引导金融服务实体经济，帮助88家中小微企业贷款1.4亿元。社会治理体系不断健全。“一村一法律顾问”“一村一辅警”“两站两员”实现全覆盖。社会信用体系建设扎实有效。安全生产、应急管理、防灾减灾、信访调纠、综治维稳、小区治理、食品药品安全、交通问题顽瘴痼疾整治等工作不断加强，获评全省防汛抗灾先进集体。严厉打击违法犯罪，深入推进新一轮禁毒人民战争，社会治安防控体系建设得到加强，公安执法、刑事科技工作荣获全国先进，扫黑除恶专项斗争取得重大阶段性成果，治安秩序、社会风气和发展环境持续改善，群众满意度明显提高。

8. 从严从实加强政府自身建设。切实增强“四个意识”、坚定“四个自信”、做到“两个维护”，敢于斗争、勇于担当，形成干事创业、风清气正新局面。严格执行人大及其常委会的决议、决定，积极支持人民政协履行职能。办理人大代表议案和建议284件、政协提案68件。一体推进法治政府、法治社会、法治宁远建设，严格落实重大行政决策事项公开，全面完成“七五”普法任务，顺利通过省级验收。狠抓执行落实，严格目标管理，推进“三个一”工作机制落实落地。严格执行中央八项规定，大力推行正风、减负、提能“十条措施”，坚决反对“四风”，力戒形式主义、官僚主义。加强审计监督，实现重大政策措施落实跟踪审计全覆盖，审计工作荣获全省先进。坚持政府过紧日子，财政一般性支出压减10%。严格落实“一岗双责”，加强政府系统党风廉政建设，坚决整治“拉款子”“打牌子”“提篮子”、串标围标、涉砂涉矿涉股等突出问题，廉政建设和反腐败斗争取得积极成效。

回顾一年来的改革发展历程，深切体会到，推进宁远高质量发展：必须坚持政治引领强定力，坚决贯彻落实习近平新时代中国特色社会主义思想，坚持党对一切工作的领导，认真执行中央、省、市决策部署，一张蓝图干到底、一以贯之抓落实、一往无前攻难关；必须坚持解放思想快发展，牢牢抓住经济建设这个中心，坚持新发展理念，突出问题导向、目标导向、结果导向，破除思维定式、工作惯性和路径依赖，实现思想理念的新提升、工作思路的新转变、发展路径的新突破；必须坚持不忘初心勇担当，发扬斗争精神，撸起袖子加油干、真抓实干不懈怠、凝心聚力竞一流，不断攻克一个又一个堡垒，实现一次又一次跨越，形成团结奋进、干事创业的生动局面；必须坚持民生至上不动摇，树牢以人民为中心的发展思想，顺应民心、尊重民意、关注民情、致力民生、维护民利，持之以恒办实事、抓脱贫、兜底线、解难题，不断实现人民对美好生活的向往。

奋斗充满艰辛，成绩来之不易。这得益于省、市和县委的坚强领导，得益于县人大、县政协的监督支持，得益于全县人民和社会各界的共同努力，得益于共同打造的最宝贵的“宁远情怀”“宁远担当”和“宁远力量”。

安不忘危，兴不忘忧。我们也清醒地看到发展中存在一些问题和不足：一是发展质效还需进一步提升。受宏观经济环境和自身经济结构等因素影响，实体经济发展困难增多，新旧动能转换不快，新兴产业尚在培育，科技创新能力不强，现代服务业短板突出，对外开放还需加快，制约发展的体制机制障碍亟待破解。部分指标在疫情影响下未能达到既定目标。二是民生改善还需进一步加力。就医、就学、出行、住房、养老、食品安全、环境保护、城区停车等公共服务与人民群众的需求还不相适应。农业农村基础依然薄弱，农民增收渠道有待拓宽。安全生产基础还不牢固，社会风险防控和应急处置能力亟需提升。三是工作作风还需进一步改进。政府治理体系和治理能力与发展需求不相适应，营商环境需进一步优化，一些干部担当精神、干事劲头不足，一些部门服务意识、工作效能不高，个别领域不正之风和腐败现象仍然存在。我们要直面问题，切实增强忧患意识、责任意识，努力在破除瓶颈、补齐短板上取得明显进展，把政府各项工作做得更好，绝不辜负全县人民的殷切期望。

二、“十四五”发展的主要考虑

根据党的十九届五中全会、省委十一届十二次全会、市委五届九次全会精神和县委十二届十二次全会审议通过的《中共宁远县委关于制定宁远县国民经济和社会发展第十四个五年规划和二〇三五年远景目标的建议》，县政府组织编制了《宁远县国民经济和社会发展第十四个五年规划纲要（草案）》，已印发会议，提请审议。下面，着重从三个方面作简要说明。

——关于发展形势。“十四五”时期是我国全面建成小康社会、实现第一个百年奋斗目标之后，乘势而上开启全面建设社会主义现代化国家新征程、向第二个百年奋斗目标进军的第一个五年。从机遇看，国内国际双循环、科技革命、产业变革、区域协调发展等政策机遇将叠加发力，经济长期向好，发展韧性强劲。省里共建“一带一路”、自贸试验区建设，发展支撑、发展空间、发展格局将进一步深化拓展，为我们带来巨大发展机遇。从挑战看，外部环境更趋复杂严峻，结构性、体制性、周期性问题相互交织，县域竞争能力不强、基础支撑薄弱，发展不平衡不充分的问题仍然突出。综合判断，“十四五”期间，宁远县发展仍然处于重要战略机遇期，机遇和挑战都有新的发展和变化。一定要保持定力、把握大势，准确识变、科学应变、主动求变，努力在新时代新征程中探索新路子、实现新突破。

——关于发展定位。坚决贯彻落实习近平总书记关于湖南工作系列重要讲话指示精神，坚持把适应新发展阶段、贯彻新发展理念、构建新发展格局的实践要求，与宁远的阶段性发展特征、区域性特点结合起来，在省委“三高四新”战略、市委“三区两城”定位中找准坐标、自觉对表、科学谋划，提出了致力建设传承舜德文化的引领区、承接产业转移的示范区、绿色城乡的先行区、创新开放的积聚区、现代治理的样板区、综合交通枢纽城市、文化生态旅游城市，为谱写新时代坚持和发展中国特色社会主义的湖南新篇章作出宁远贡献。

——关于发展目标。按照党中央、省市的战略部署，结合宁远实际，在充分尊重全县人民发展愿望，充分考虑宏观环境和支撑条件的基础上，提出“十四五”时期经济社会发展具体目标建议是：经济转向高质量发展，主要经济指标增速高于国家、省、市平均水平，县域经济综合实力在全省的排位持续提升。永州南部经济圈核心增长极地位基本确立，宁远承接产业转移示范区的地位进一步巩固，城市综合承载力和区域辐射力、影响力、带动力不断提升。创新能力持续增强，人才强县战略扎实推进，国家级众创平台带动能力明显提升，科技进步贡献率不断提高，创新能力进入省市前列。民生福祉持续改善，公共服务体系更加健全，居民收入水平和生活质量明显提高，全民素质和社会文明程度显著提高，社会安定有序。生态环境质量显著提升，主要污染物排放总量控制达标，城乡生态环境明显改善，绿色生产生活方式基本形成，生态宜居城市形象特色鲜明。社会治理能力和治理水平显著提高，党集中统一领导的政治文明生态不断优化，统一指挥、专常兼备、反应灵敏、上下联动的应急管理体制全面建立，社会治安防控体系立体化、智能化程度不断提升，社会安全水平进一步增强，社会基层治理呈现新局面。

以上发展定位和目标承载着全县人民的共同期盼，展现了宁远高质量发展的光明前景。我们坚信，经过不懈努力、接续奋斗，“十四五”发展的宏伟蓝图一定能够实现！

三、2021年县政府工作总体安排

2021年是中国共产党建党100周年，也是“十四五”开局之年。我们要坚持底线思维、坚定必胜信心，瞄准目标发力、奔着难题攻坚，推动经济持续恢复和高质量发展，为建设现代化新宁远开好局、起好步。

2021年政府工作的总体要求是：以习近平新时代中国特色社会主义思想为指导，全面贯彻党的十九大和十九届二中、三中、四中、五中全会精神，坚决落实习近平总书记关于湖南工作系列重要讲话指示精神和中央、省市经济工作会议精神，坚持稳中求进工作总基调，立足新发展阶段，贯彻新发展理念，构建新发展格局，以推动高质量发展为主题，以深化供给侧结构性改革

为主线，以改革创新为根本动力，以满足人民日益增长的美好生活需要为根本目的，全面贯彻省委“三高四新”战略、市委“三区两城”定位，致力建设“五区两城”，坚持系统观念和底线思维，更好统筹发展和安全，坚持精准施策，做好“六稳”工作、全面落实“六保”任务，巩固拓展疫情防控和经济社会发展成果，推动经济平稳健康运行、社会和谐稳定，以优异成绩庆祝建党100周年。

2021年主要发展预期目标是：地区生产总值增长8.5%左右，数字经济增加值增长22%；规模工业增加值增长10%，制造业增加值增长12%；固定资产投资增长10.5%，产业投资增长16%；社会消费品零售总额增长10.5%；地方财政收入增长6%，非税收入占比不高于上年；城镇居民人均可支配收入增长9%，农村居民人均可支配收入增长9.5%；城镇调查失业率控制在3%以内；单位GDP二氧化碳排放降幅、环境保护、资源节约、安全生产等约束性指标完成省市确定的目标任务。

为实现上述目标，重点抓好以下八个方面工作：

（一）突出产业强链稳增长

积极对接全省现代产业体系“八大工程”，加快建设制造强县，壮大实体经济，启动国家级高新区创建，推进产业基础高级化、产业链现代化。

持续深耕工业新兴产业链。实施“培优倍增”计划，紧紧围绕电子信息、新能源新材料、轻纺制鞋三大产业精准发力，推进产业链强链、补链、延链，提升产业集群规模和水平。着力推动轻纺制鞋、建材装配等传统产业加速向数字化、网络化、智能化转型升级。持续推进“5个10”工程，加快中基恒光、光电智能终端、新能源新材料等重大产业项目建设，竣工投产10家以上；力争新入统规模工业企业15家以上，工业技改投资增长15%以上。

持续发展现代文旅服务业。深入推进服务业高质量发展三年行动，加快全国全域旅游示范区创建，力争九嶷山舜帝陵景区通过国家AAAAA级旅游景区景观质量评审，抓好春陵古城文化旅游综合体、九嶷山国防教育研学基地、状元故里文化旅游休闲度假区、三分石生态旅游康养、红色旅游、五里沟户外亲水景区、书画家写生基地等项目建设。举办好国际马拉松赛、户外健身休闲大会、舜文化旅游节、美食节等精品营销活动，健全吃住行、游购娱等旅游要素，游客接待人数、旅游总收入分别增长22.3%、23.7%以上。大力发展健康养老、家政托育服务业。突出发展物流经济，建设永州南现代商贸物流中心、物流产业园，完善城乡商贸流通基础设施，力争新增限额以上贸易企业6家，快递业务量增长30%以上。聚焦国内大循环扩大内需，充分挖掘县乡消费潜力，大力培育体验消费、网络消费，持续发展夜间经济，建设更多夜间经济示范街。

持续促进园区提质增效。大力实施园区招商引资、项目建设、企业培育、设施配套、优化环境“五大攻坚行动”。完善园区功能，推进产城融合发展，建好园区路网、生活服务设施、污水固废处理设施。抓实“135工程”升级版，新建标准厂房20万平方米。加快西部智慧产业新城一体化建设。鼓励企业申报国家和省级技术中心、工程研究中心、重点实验室等创新平台，力争培育创建省级科技企业孵化器1家。

（二）突出项目建设增后劲

坚持“项目为王”，全力以赴上项目、扩投资、稳底盘，全年力争开工重点项目170个以上，完成投资160亿元以上，产业项目、社会资本占总投资的比重分别达到70%、60%以上。

强化项目统筹力度。抢抓国家扩内需十大政策措施、“两新一重”建设等重大政策机遇，抓紧谋划和储备一批强基础、补短板、管长远、利大局、惠民生的大项目好项目，力争申报省市重点项目34个。抓好专项债券和预算内投资项目申报，争取资金20亿元以上。

强化项目建设力度。交通方面，加快推进宁远高铁综合交通枢纽建设，积极争取永清广高铁过境宁远并设站，抓好宁远航空城项目前期工作，做好宁远至道县、宁远至嘉禾、九嶷山至湘源温泉等县际快速通道前期规划。加快柏柑、二广高速宁远东互通至天堂、湾井至道县四马桥、仁和至冷水、二广高速宁远互通至新田等公路建设。改扩建天堂至梅岗、禾亭至太平等公路。水利方面，大力实施防洪治涝、饮水安全、用水安全、生态安全“四大工程”，持续推进龙形头水库、九嶷水库项目建设，加快实施泠江河二期综合治理、太平河清洁小流域治理、长冲等4座小型水库除险加固、涔天河灌区、城乡供水等项目。能源方面，加快鲁观风电场、宁远东和城西变电站、“气化宁远”等项目建设，大力完善电力、天然气、清洁能源三大体系。信息方面，积极建设5G商用和新一代信息基础设施，新建5G基站300个。

强化项目保障力度。坚持“五个一”工作机制，统筹项目建设指挥部、县直部门、乡镇（街道）和平台公司的力量，共同抓好协调服务。持续优化项目建设审批服务，做好手续办理、征地拆迁、矛盾调处、资金落实等工作，加强亿元以上项目清单化管理和精细化调度，不折不扣落实减税降费政策，切实降低要素成本。

（三）突出创新开放强动能

蹄疾步稳推进改革开放、创新驱动，破解发展难题，厚植发展新优势。

大力推进改革攻坚。深化财政金融管理体制改革，加强预算管理，建立财政审计联动机制，严格执行零基预算、法治预算、透明预算。稳步化解政府隐性债务风险，深化国有平台公司改革，全面完成整合转型。推进园区市场化改革，提升园区质量和效益。深化工程建设项目审批制度改革，积极推进异地评标与不见面开标。统筹推进综合医改、集体林权制度等改革。

大力深化对外开放。主动对接东盟、粤港澳大湾区、湖南自贸区、长三角地区，深入推进“稳就业、强基础、富家乡”主题活动，开展老乡招商、以商招商、产业链招商，大力引进战略投资者、优势产业链关键环节、行业领军企业、总部经济，引老乡回故乡建家乡。建立完善“两图两库两池两报告”，精准开展招商引资。完善考核机制，重点考核招商项目履约率、开工率、投产率。全年实际利用外资、到位内资分别增长12%、15%以上；新增破零倍增企业3—5家，进出口总额增长15%以上；引进“三类500强”企业2家，5000万以上项目30个以上。

大力推动创新创业。深入实施创新主体增量提质、芙蓉人才行动、创新平台建设、关键核心技术攻关、创新生态优化、科技成果转化等“六大计划”。以国家级众创空间为依托，发挥企业在科技创新中的主体作用，实施企业研发财政奖补政策，推动市场主体扩总量、优结构，催生更多初创型、创新型企业，力争新增高新技术企业10家以上，高新技术产业增加值增长10%以上，全社会研发投入强度达到2.2%。建立科技创新成果清单和企业需求清单，促进更多科技成果就地转化。引聚培强高层次创新团队和领军人物，引回一批外出能人返乡创业。深化职业教育产教融合发展，支持校企联合办班办学，培育本土产业工人、“九嶷工匠”，缓解企业用工难题。

大力优化营商环境。深化“放管服”改革，全面落实“双随机、一公开”，“互联网监管”制度，全面推行“一件事一次办”，强化“三集中三到位”，扩大“跨省通办”事项全覆盖，加快政务服务事项向乡镇（街道）和村（社区）下沉办理，实现“全县通办、一网通办、就近可办、一次办成”。健全覆盖全社会的征信体系，落实“黑名单”制度，加大失信惩戒力度。持续推动减税降费政策落实落地，实施涉企收费清单制度，探索“一业一照”改革。精准推进银企对接，完善投融资担保机制，进一步降低小微企业综合融资成本，引导金融更好服务实体经济。完善领导干部联系重点企业制度，发挥线上线下服务平台作用，对企业诉求积极回应、及时解决，真心实意抓帮扶，真金白银给支持，让企业和客商在宁远有实实在在的获得感。

（四）突出城镇建设促均衡

加快推进以人为核心的新型城镇化，促进城乡协调发展，努力建设全国文明城市，力争城镇化率达到49.3%。

优化县城规划设计。发挥规划引领作用，全面完成县级国土空间总体规划编制工作，启动“多规合一”数据平台建设，加强城市总体设计和规划管控，实现全域自然资源统筹管理，编制好综合交通、自然保护地体系、水安全保障等专项规划。启动高铁新城战略规划设计。

提升城市承载能力。统筹抓好南部文化生态新城、西部工业新城建设，加快文化路二期、明德路、黄金路、和谐路等路网建设，建成崇德路、重华北路、白云路、见云路、朝阳路、兴政路，拉通园艺东路、印山西路等断头路。加快提升城市供水能力，建设城南水厂、城西水厂，扩建印山水厂。完成游客服务中心、印山公园及人工湖建设。大力推进中欣文旅智慧小镇、万豪城市综合体等项目建设。加快推进湘运车站搬迁，建设城区公交枢纽站3个。抓好老旧小区、棚户区改造和“一江两岸”景观提质，完善城市防洪排涝、雨污分流、停车位、城南污水管网等设施。加强环境卫生、园林绿化、市政公用设施等管护，强化主次干道重点部位、重点时段综合管理，着力解决乱搭乱建、乱停乱放、违法占道等顽疾。加快创建国家历史文化名城、国家园林城市、国家森林城市。

加快特色小镇建设。大力构建“一核一圈两廊多点”城镇格局，围绕县城核心区布局“一圈”，重点建设天堂、冷水、仁和、禾亭等卫星镇；以永连、冷九公路为“两廊”，建设清水桥、柏家坪、湾井、水市等特色产业小镇；多点布局建设保安、鲤溪、太平、中和等边贸特色小镇，打造桐木漯、五龙山、棉花坪、九嶷山等民俗文化小镇。深入实施小城镇建设“五个一”工程。加快推进乡镇扩权强镇体制改革，激发内生动力，探索公租房等保障性安居工程向县城周边城镇延伸。支持各乡镇（街道）创国家级、省级特色品牌小镇。

（五）突出乡村振兴补短板

深化农业供给侧结构性改革，带动农民增收和乡村振兴，加速农业农村现代化。

大力发展精细农业。深入实施“十百千”工程和“六大强农”行动升级版，稳定粮食种植面积71.5万亩，新增蔬菜、柑橘、油茶、茶叶等生产基地10个。种植烤烟7万亩以上，收购烟叶17万担以上。加快推进农业现代化示范区建设，新增“两品一标”认证10个以上。着力建设粤港澳大湾区“菜篮子”“果盘子”“米袋子”“肉铺子”生产基地，持续深化产销合作，新增大湾区“菜篮子”生产基地3个以上。实施农产品加工业提升行动，新增省市级农业产业化龙头企业5家以上。大力发展生态农业、健康食品、乡村旅游等产业。加快培育新型农业经营主体，支持种养专业大户、家庭农场、农民合作社发展壮大。加快生猪、肉兔全产业链建设，建好规模养殖场40个，加快建设永州南生猪屠宰加工冷链配送中心，力争全年出栏生猪100万头、肉兔600万只。做好禽流感、非洲猪瘟等动植物疫病防控工作。

实施乡村建设行动。加快“多规合一”村庄规划编制进程，着力完善乡村水、电、路、气、通信、广播电视、物流等基础设施，加快推进农村改厕、生活垃圾处理、污水治理、饮水安全、农村危房改造、农田灌溉渠道修复。高质量抓好“四好农村路”，提质改造农村道路145千米，建设县乡道安防工程150千米，建设乡镇运输服务站5个；巩固提升单村供水工程20个，建设生活垃圾处理设施120处、农村人工小微湿地污水处理设施30个以上，改善农村人居环境。严格规范农村建房管理，大力整治“一户多宅”“空心房”。坚决遏制耕地“非农化”、防止“非粮化”，依法依规做好耕地占补平衡，完成高标准农田建设6万亩。加快新型职业农民培育，提高农民科技文化素质，推动乡村人才振兴。大力推进全国新时代文明实践中心试点建设，广泛开展道德模范、五好家庭、十星级文明户评比，大力创建文明村、文明家庭，持续改善乡风家风民风。新创建省市级美丽乡村示范村20个。

深化农村改革。积极开展第二轮承包土地到期后再延长30年试点。深化农村集体产权制度改革、供销合作社综合改革，完成农村集体经营性资产股份合作制改革。稳慎推进农村宅基地制度改革，探索宅基地“三权分置”。加快农村宅基地房地一体确权登记颁证。完善支持农业农村优先发展的制度政策，加大涉农资金统筹整合力度。

巩固拓展脱贫攻坚成果。严格落实“四个不摘”要求，保持帮扶政策、帮扶资金、帮扶力量相对稳定。继续实行“分类管理、分色预警”，健全防返贫致贫监测机制，开展差异化帮扶。巩固提升扶贫产业、脱贫人口稳岗就业、易地搬迁后续扶持、保障兜底、扶贫项目资产管理等工作成效，保持脱贫攻坚问题动态清零，实现巩固拓展脱贫攻坚成果同乡村振兴有效衔接。

（六）突出污染防治守底线

坚持科学治污、精准治污、依法治污，找准发展与保护的平衡点和结合点，让绿水青山与金山银山共建共生，争创国家生态文明建设示范县。

严格生态环境整治。深入打好污染防治攻坚战，持续推进蓝天、碧水、净土保卫战。大气治理方面，持续加强餐饮油烟、机动车尾气、砖瓦厂、采石场、搅拌站等污染源治理，开展禁止露天焚烧秸秆垃圾专项整治行动，环境空气质量达标率保持稳定。水治理方面，严格落实河长制，持续抓好禁渔禁捕工作，深入实施湘江保护和治理第三个“三年行动计划”，开展饮用水水源地环境保护专项行动，加强规模畜禽养殖场污染治理，坚决打击私挖滥采、破坏生态、掠夺资源等违法行为。建设天堂、水市、鲤溪、太平、保安5个污水处理设施。全县饮用水、二次供水、地表水水质达标率达到100%。土壤治理方面，全面治理废弃矿山和尾矿库，完成铅锌冶炼厂土壤污染综合治理。加大农药化肥、农膜等农业面源污染控制。建成清水桥、禾亭、冷水、鲤溪4个生活垃圾中转站，确保生活垃圾无害化处理率达到100%。

严格生态保护修复。持续推进自然保护地“绿盾”行动，积极主动抓好九嶷山国家公园申报工作。加强矿山生态修复治理，完成石漠化、水土流失等重点区域生态复绿。全面推行林长制。严查违法违规侵占生态空间、破坏自然遗迹等行为。完成九嶷河国家湿地公园总体规划修编，争创国家重要湿地，守护好湘江源头的青山碧水。持续推进县城公园和生态廊道建设，加快乡镇休闲公园和村庄公共绿地建设，全年完成造林3万亩、封山育林2.5万亩、生态廊道1400亩、绿色水岸建设10千米，建好乡镇公园2个、村庄公共绿地100个。

严格生态环境监管。配合做好中央第二轮生态环境保护督察工作。加快淘汰落后产能。大力推广建筑节能技术和可再生能源建筑应用，严格落实垃圾分类管理制度，加快形成绿色生态、绿色生产、绿色消费的发展模式。抓好住龙门、小东江2座小水电站限期退出工作。加强生态环境治理能力建设，抓实生态环境保护综合行政执法改革。

（七）突出共建共享惠民生

把增进民生福祉作为发展的根本目的，确保基本民生投入只增不减，不断满足人民日益增长的美好生活需要。

着力健全社会保障体系。坚持稳就业、保就业，抓好高校毕业生、下岗失业人员、农民工、退役军人等重点群体就业，托底帮扶残疾人、低保对象等困难群体就业，新增城镇就业6000人以上、农村劳动力转移就业5000人以上。加强社会保险扩面参保，实现应保尽保。加大医保征缴力度，城乡居民参保率稳定在95%以上，全面推开按病种付费，落实异地就医结算政策。抓好“一老一小”工作，加快社会福利中心二期和水市、五龙山两个乡镇区域性中心敬老院建设，推进殡葬改革，加快文庙、东溪两个街道的公墓区建设。完善县、乡、村三级退役军人服务保障体系。加强残疾人康复服务。大力发展慈善事业。坚持房住不炒，因地制宜、多策并举，加快建设保障性租赁住房，促进房地产市场平稳健康发展。

着力推进教育高质量发展。推动城乡义务教育一体化，优化教育资源供给和布局，加快一中新校区、新职业中专、十三小、芙蓉学校、外国语学校建设，年内新增学位1.2万个。抓好10所乡镇寄宿制学校、30所小规模学校建设，保障农村偏远地区孩子方便就学。加快推进公办幼儿园建设，力争全县普惠性幼儿园覆盖率达到86%。加快发展高中教育、做大做强职业教育、规范发展民办教育、办好特殊教育。全面深化新时代教育评价改革。完善立德树人体制机制，加强师德师风建设，培育一批“名师、名课、名校、名校长”。

着力提高医疗卫生水平。毫不放松落实疫情常态化防控措施，做好“外防输入、内防反弹”工作，强化监测预警，对重点环节、重点时段、重点场所严防死守，决不能让来之不易的疫情防控成果前功尽弃。持续加大医疗卫生事业投入，改善基础设施条件、提升医疗设备水平、加强医卫人才引进和培养。建成县人民医院新城分院、妇女儿童医院，加快推进医联体建设，持续抓好乡镇卫生院标准化建设，促进分级诊疗，加强卫生健康服务网格化管理，确保“小病不出乡、大病不出县”。支持县人民医院、中医院创建三级医院。加强公共卫生体系建设，完善突发公共卫生事件监测预警处置机制。加强中医药人才培养、科技创新和药品基地建设。加强重大慢性病防治，减轻患者用药负担。提高优生优育服务水平，完善全生命周期健康服务。开展爱国卫生运动、百岁健康县创建活动，巩固提升创建成果。

着力繁荣公共文化事业。加快公共文化服务体系标准化、均等化建设，大力推进图书馆、文化馆新馆建设，建好数字图书馆、文化馆。实施文化名人培育、文艺精品创作工程，推动文化产业发展。强化文化遗产保护和利用，建好非遗展示场所。深入挖掘红色文化资源，讲好宁远红色故事。广泛开展文化惠民活动，开展送戏下乡、全民阅读，推动文化志愿服务走基层、进社区。加快推进体育中心和体育学校建设，提质改造全民健身中心，抓好体育人才培养，创建全国全民运动健身模范县。

着力改进和创新社会治理。抓好发展和安全两件大事，有效防范化解各种风险。坚持和发展新时代“枫桥经验”，开展县域社会治理现代化试点，创新互联网时代群众工作机制，建设网上云管理平台。开展信访“三无”县创建，加大依法治访力度，抓好重复访和积案化解专项治理，畅通和规范群众诉求表达、利益协调、权益保障通道，及时就地化解矛盾纠纷。加强应急处突能力建设，构建立体化、信息化社会治安防控体系。推动扫黑除恶常态长效化，始终保持打击违法犯罪行为的高压态势。落实“四个最严”，加强食品药品监管，启动省级食品安全示范县创建。推进安全生产专项整治三年行动，完善防灾减灾救灾体系，提升应急救援能力，坚决防范一般安全事故、遏止较大事故，确保宁远政治更安全、社会更安定、人民更安宁、网络更安靖。

（八）突出自身建设提效能

坚决贯彻落实全面依法治国重大决策部署，运用法治思维和法治方式深化改革、推动发展、化解矛盾、维护稳定、应对风险，提升政府治理能力。

建设法治政府。坚持以法治推动善治，落实“三重一大”决策制度，加强重大决策事项调查研究、科学论证，不断提高政府决策科学化、民主化、法治化水平。加强规范性文件、重大行政执法决定及政府合同合法性审查。带头尊崇法治、敬畏法律，了解法律、掌握法律，确保政府工作始终在法治轨道上运行。全面推行行政执法“三项制度”，规范执法自由裁量权，做好行政复议和行政应诉工作，让公平正义的阳光照亮每个角落。自觉接受县人大及其常委会的法律监督、工作监督和县政协的民主监督，定期向人大报告工作、向政协通报情况，认真办理人大代表议案建议和政协委员提案。

建设效能政府。厘清行政权力边界，整合行政资源，创新服务方式，加快转职能、提效能、增动能。加强政务信息资源规范化、标准化、信息化管理，及时对外公开政务信息，把政府工作置于群众监督之下。加快推进数字政府建设，完善“互联网+政务服务”一体化平台功能，消除“数据烟囱”、打通“信息孤岛”，决不能让烦琐的证明、复杂的流程来回折腾企业和群众，努力建设审批环节少、办事效率高、服务质量好的政务环境，让企业和群众办事更安心、更放心、更舒心。

建设务实政府。把抓落实作为政府工作的生命线，严格落实县委“三个一”工作机制，对县委作出的重大决策部署，不折不扣坚决贯彻执行到位。保持“一抓到底”的坚定决心，坚持问题导向、目标导向、结果导向，发挥绩效考核奖惩激励作用，提高政府工作执行力，严厉查处不作为、慢作为、乱作为的行为。坚持“一丝不苟”的较真态度，强力攻坚克难，以精益求精的精神抓好政府工作的每一个环节，以动真碰硬的作风破解发展中的每一道难题。彰显“一线作为”的务实本色，在深入基层、深入群众、深入一线中发现问题、解决问题，全力打通抓落实的“最后一千米”。

建设廉洁政府。切实担负起全面从严治党、推进党风廉政建设的主体责任，认真履行“一岗双责”。持续纠“四风”、转作风，力戒形式主义、官僚主义。带头过“紧日子”，三公经费继续压减3%，严控预算追加。自觉接受党内监督，强化审计监督、严格审计整改。一体推进不敢腐不能腐不想腐，加强政府系统廉政教育，深化以案促改，扎紧制度的笼子，严防严惩财政资金使用、国有资产管理、工程建设招投标等重点领域腐败问题，坚决整治群众身边的不正之风，营造政府系统风清气正的政治生态。

（本文在收录时有删节）

附：《政府工作报告》名词解释

1. “四早”“四集中”：指早发现、早报告、早隔离、早治疗，集中患者、集中专家、集中资源、集中救治。

2. “一脱贫三促进六覆盖”：实现农村贫困人口全部脱贫，促进经济增长、促进充分就业、促进安全稳定，推动义务教育、社会保障、农村安全饮水、基层公共服务（一门式）、农村危房改造、农村通组道路全覆盖。

3. “四类对象”：指建档立卡贫困户、低保户、分散供养特困人员和贫困残疾人家庭

4. “五个一”工程：指建设一个农贸市场、一个市民公园、一个文化广场、一个高标准敬老院（幸福家园）、一个公共停车场。

5. “一拆二改三清四治五化”：一拆，全面拆除农村空心房、废弃房；二改，改农村自来水、改农村厕所；三清，清洁地面、清洁田园、清洁水源；四治，治违规建房、治农贸市场、治污水乱排、治安全隐患；五化，净化、绿化、亮化、序化、美化。

6. “一老一小”：指特殊困难老年人养老服务工作、困难儿童关爱保护工作。

7. “三集中三到位”：指行政审批职能向一个科室集中、承担审批职能的科室向行政服务中心集中、行政审批事项向电子政务平台集中；做到

事项进驻大厅到位，审批授权窗口到位，电子监察到位。

8. “两站两员”：指乡镇交通管理工作站、农村交通安全劝导站；乡镇交通安全员、农村交通安全劝导员。

9. “三个一”工作机制：指一张清单下达工作任务、一支队伍抓好工作落实、一个口子开展督查考核。

10. 省委“三高四新”战略：指2020年9月习近平总书记在湘考察时，勉励湖南着力打造国家重要先进制造业、具有核心竞争力的科技创新、内陆地区改革开放的高地，在高质量发展上闯出新路子、在构建新发展格局中展现新作为，在推动中部地区崛起和长江经济带发展中彰显新担当，奋力谱写新时代坚持和发展中国特色社会主义的湖南新篇章。

11. 市委“三区两城”定位：指建设融入粤港澳大湾区引领区、湘南湘西承接产业转移示范区、对接东盟开放合作先行区、国家区域性综合交通枢纽城市、文化生态旅游名城。

12. 全省现代产业体系“八大工程”：指推进先进装备制造业倍增、战略性新兴产业培育、智能制造赋能、食品医药创优、军民融合发展、品牌提升、产业链供应链提升、产业基础再造等“八大工程”。

13. “135工程”升级版：指在巩固“135工程”成效的基础上，再扶持100个以上优势特色产业园区，建设产业发展、技术支撑、融资担保3大平台，引进5000家以上产业型企业落地，实现园区动能升级、功能升级、效能升级。

14. “两新一重”：指新型基础设施建设，新型城镇化建设，交通、水利等重大工程建设。

15. “五个一”工作机制：指一个项目、一名领导、一个班子、一套方案、一抓到底。

16. “两图两库两池两报告”：“两图”即完整的产业链全景图、现状图；“两库”即产业链客商库、招商项目库；“两池”即人才池、资金池；“两报告”即产业链分析报告、招商报告。

17. “十百千”工程：指新增农业龙头企业10家，专业合作社、规模基地100家，家庭农场、种养大户1000家。

18. “六大强农”行动：指品牌强农、特色强农、质量强农、产业融合强农、科技强农、开放强农行动。

19. “两品一标”：指绿色食品、有机农产品和农产品地理标志。

20. “四好农村路”：指把农村公路建好、管好、护好、运营好，逐步消除制约农村发展的交通瓶颈，为广大农民脱贫致富奔小康提供更好的保障。

21. 宅基地“三权分置”：指所有权、资格权、使用权。

22. 信访“三无”县：指无进京越级上访、无大规模集体上访、无因信访问题引发的极端恶性事件。

23. “四个最严”：指最严谨的标准、最严格的监管、最严厉的处罚、最严肃的问责。

24. 行政执法“三项制度”：指行政执法公示制度，行政执法全过程记录制度，重大执法决定法制审核制度。

中国人民政治协商会议宁远县第九届委员会常务委员会工作报告

李苏昭

（2020年12月28日在政协宁远县第九届委员会第五次会议上）

2020年工作回顾

2020年，是全面建成小康社会和“十三五”规划收官之年。在省、市政协的精心指导和中共宁远县委的坚强领导下，第九届县政协及其常委会坚持以习近平新时代中国特色社会主义思想为统揽，全面贯彻落实党的十九大及十九届二中、三中、四中、五中全会精神，深入学习贯彻习近平总书记考察湖南重要讲话精神，牢牢把握新时代人民政协工作新方位新使命，把加强思想政治引领、广泛凝聚共识作为履职的中心环节，担当尽责，发挥作用，各项工作取得了新成绩、迈出了新步伐。

一、坚定方向不动摇，不断夯实履职基础

一是强化创新理论武装。把学习贯彻习近平新时代中国特色社会主义思想作为重要政治任务，完善以政协党组学习为引领的学习制度体系，通过党组理论中心组学习，用好用活“学习强国”“政协云”等智慧学习平台，系统学习习近平总书记关于加强和改进人民政协工作的重要思想，深入学习贯彻习近平总书记考察湖南重要讲话精神，及时跟进学习中共十九届五中全会精神，推动学习贯彻往心里去、往深里走、往实处落。

二是始终坚持党的领导。把党的领导作为政协工作的生命线，自觉接受、紧紧依靠党对政协工作的全面领导，严格执行重大事项请示报告制度，主动向县委汇报重要工作、报告重要活动，邀请县委、县政府领导参加政协重要会议和重要活动，使政协一切工作都在县委领导下开展和进行。

三是认真落实工作部署。深入贯彻落实习近平总书记考察湖南重要讲话精神，坚持把中共十九届四中、五中全会和中央、省、市、县委政协工作会议精神一体领会、一体把握、一体践行。坚决做到政协工作与党委政府的决策部署保持高度一致，努力做到县委政府中心工作推进到哪里，政协履职工作就聚焦到哪里、就跟进到哪里。

二、围绕中心议大事，广搭协商民主平台

一是协商课题更加精准务实。在广泛征集协商课题的基础上，确定将加强公共卫生安全体系建设、推动全面实施垃圾分类、维护中小微企业职工权益、推进康养产业发展、加快招商引资项目落实落地，提升招商引资实效等6个课题作为常委会议和主席会议专题协商内容，将加快镇村公共绿地建设，助力国家森林城市建设等作为界别协商内容，将大力推进村庄清洁行动、进一步提升民族教育事业、完善食品安全监管体系等10件提案作为提案办理协商的重点课题，做到协商课题扣中心、接地气。

全年开展重要协商活动35次，其中，专题议政性协商3次，界别协商6次，重点提案办理协商20次，民主监督协商6次。

二是协商形式更加灵活多样。在充分发挥政协全会集中协商、常委会会议专题协商、主席会议重点协商、界别协商、对口协商、提案办理协商作用的同时，找准找实专门协商机构与重要治理平台的结合点和切入点，积极推进政协协商与基层协商有效衔接，协助县委出台《关于充分发挥政协专门协商机构作用推进全县基层协商民主建设的实施意见（试行）》，制定并印发《政协基层民主协商议事指导意见（试行）》，推动中央和省、市、县委对政协工作的新部署新要求更好落实落地。通过以点带面、分类指导、统筹协调，召开动员部署会议、调度观摩等形式，推进政协工作向基层延伸，实现了“有事好商量”协商议事室在全县20个乡镇街道全覆盖，初步构建起了“党委领导、政府支持、政协搭台、各方参与、服务群众、治理有效、推动发展”的协商工作格局。

三是协商成果更加落地见效。今年以来，我们主动把政协工作放到县委政府全局工作中去谋划，想县委之所想，谋政府之所需，围绕后疫情时代实体经济发展、营商环境优化、中小微企业用工保障、农村公共文化建设等发展大事积极建言，提出了一批有分量可操作的意见建议。协商成果得到了县委、县政府的高度重视和充分肯定，主要领导和分管领导多次作出批示；各相关部门积极吸纳政协的建议，推出了一系列改进和推动工作的有力举措，有效推动解决了一批事关全县经济社会发展的重大问题和涉及群众切身利益的实际问题。

三、聚焦重点求实效，履职尽责精准发力

一是切实加强提案督办。县政协九届四次会议后，政协提案委及时把立案的68件提案整理移交给政府办，并协助召开提案交办会，把因管辖原因未予立案的提案作为委员来信寄送有关部门参阅处理。在提案办理过程中，进一步优化协商沟通、坚持“三见面”办案、完善提案办理“回头看”等工作机制，采取现场督办、走访提案承办单位等形式，加大跟踪督办力度。同时，提案委积极配合县政府督察室加强经常性督办，着力提高了提案办理质量和落实质量，促进了一批热点难点问题的有效解决。截止到9月底，68件提案全部办理完毕，委员满意率达97.8%。

二是用心反映社情民意。把反映社情民意作为表达各界利益诉求，扩大公民有序参与的重要渠道，以开展经常性调查研究为基础，以走访乡镇（街道）、村（社区）、部门单位、园区企业、约见委员和市民代表了解社情民意为主要方式，不断加强反映社情民意工作。充分利用“政协云”手机APP、委员微信群等平台，进一步拓宽社情民意信息收集和反映渠道，今年以来，累计向省、市政协和县委政府报送社情民意信息和微建议142条，提出建设性意见260余条。提出的意见建议契合县委、县政府阶段性工作重点，为问题的较好较快解决起到助推作用。

三是精心组织委员视察。政协视察是政协履行民主监督职能的重要形式。今年来，县政协进一步加大力度，围绕文明创建、打赢“三大攻坚战”等重点工作，聚焦做好“六稳”工作、落实“六保”任务，组织相关委员通过提案督办视察、调研视察等途径，先后对县城管局、县卫健局、县司法局、县教育局、县农业农村局、县交通局和文庙街道、仁和镇、湾井镇、禾亭镇、五龙山瑶族乡、九疑山瑶族乡等单位进行走访视察，提出意见建议110余条，对促进被视察单位抗击疫情、依法行政，转变作风，提高效率，密切联系群众，加快推进农村“三基”建设，促进粮食生产，增进乡风文明，强化乡镇经济服务功能提供了重要参考，也尽心尽力帮助解决了一些具体问题。

四是推进脱贫攻坚。按照省、市政协的工作安排部署，积极助力脱贫攻坚，在常态化开展“三进三助”活动、“三个

一”扶贫行动的基础上，推进“万户帮扶行动”。选派7名机关干部到贫困村任驻村工作队长、第一书记和工作队员，全面投身脱贫攻坚主战场；20多名政协机关干部结对帮扶149户贫困户；全县224名县政协委员联系帮扶500多户贫困户，实现了政协组织、政协委员、政协干部投身脱贫攻坚全覆盖。6月份，按照县委的统一安排和部署，县政协机关尽锐出战，选派12名政治素质好、业务能力强、有责任心的党员干部带队，开展脱贫攻坚问题清零核查工作，高质量地完成了各项工作任务。

四、团结民主激活力，广泛凝聚各方力量

一是大力促进社会和谐。紧扣新时代政协工作特点，全面助力中心工作，尽心尽力参与产业发展、文明创建、脱贫攻坚、环境治理、信访维稳、项目建设、招商引资等重点工作。年初新冠疫情发生后，引领带动全县政协组织、各参加单位和广大委员主动作为、勇于担当，积极参与人员管控、稳产稳岗、纾解情绪等工作，捐款捐物达100多万元，就疫情防控、复工复产等提交社情民意、微建议60余条。围绕县委政府提出的“稳就业、强基础、富家乡”目标任务，推进“引老乡、回故乡、建家乡”活动，为推进开放引进、招商引资凝心聚力。积极参加党政重要会议和活动，主动参政议政，开展全县干部大走访攻坚行动包案调处信访工作，努力为县委、县政府分忧解难、献计献策，为推进全县经济社会事业发展、维护社会和谐稳定贡献力量。

二是广泛拓展联谊交往。积极参与县委、县政府对外宣传工作，主动加强与省、市政协对口部门的联系，协助和配合省、市政协来宁远开展调研考察等活动。不断加强与各地县（市、区）政协的横向联系与沟通，全年接待外地政协来宁考察15批次，外出学习调研5次。继续加强与非公有制经济人士、新的社会阶层人士等的联系沟通，动员他们为宁远的发展献计出力，政协团结的层面越来越宽，团结的合力越来越大。

三是加强宣传文史工作。牢牢掌握意识形态工作领导权和话语权，弘扬主旋律、传播正能量。重视发挥文史资料“存史、资政、育人、团结”的作用，立足抓重点、创特色、出精品，注重抢救与挖掘，经过历时两年的征集、整理、编辑，文史资料《宁远知青》正式出版与广大读者见面。《宁远知青》留住了一代人的青春记忆，传承了文化根脉，有力地推动了全县文化繁荣。

五、强基固本夯基础，自身建设不断加强

一是大力推进机关党的建设。认真落实中共中央办公厅《关于加强新时代人民政协党的建设工作的若干意见》，积极探索构建具有政协特色的党的组织体系，实现了党的组织对党员委员全覆盖、党的工作对政协委员全覆盖。深入贯彻《中国共产党支部工作条例（试行）》，完善基本队伍、基本活动、基本阵地、基本制度、基本保障等基础工作，开展党员培训，推进党建工作与业务工作融合促进；规范党员到驻地社区报到、党员思想状况分析等工作，推进“五型”支部建设。

二是充分发挥委员主体作用。落实《关于委员履职管理若干规定》的要求，完善委员履职信息库建设，将委员参加政协会议活动、提交提案、报送社情民意信息、提交“微建议”等履职情况详细进行记录，作为委员换届留任和评优评先的重要依据。进一步发挥专委会、界别组的基础作用，落实各专委会和界别与县直有关部门的对口联系制度，强化对各界别、联络组开展履职活动的指导和支持，不断创新履职方式和载体，充分发挥委员资源优势和主体作用。

三是切实加强和改进机关建设。围绕年度重点工作，在时间安排、人员配备、后勤保障、成果汇集、促进转化等方面加强统筹协调，坚持保重点，抓落实，重细节，打造服务优质的政协机关。树立担当作为的鲜明导向，引导机关干部严谨细致、精益求

精，以强烈的使命担当和责任意识，大力推进履职实践，打造作风优良的政协机关。始终把保持清正廉洁作为长期的任务，坚持经常性教育、常态化管理，把严的标准、严的措施、严的要求贯穿机关建设的全过程和各环节，打造清正廉洁的政协机关。

在肯定成绩的同时，也清醒地看到，与习近平总书记对人民政协工作的要求相比，与县委和全县人民的期望相比，政协工作还有很多差距和不足。协商议政的形式需要进一步完善，双向发力的质量需要进一步提高，民主监督工作需要进一步改进，履职能力建设需要进一步提升，机关作风建设需要进一步加强。我们真诚希望各位委员对常委会工作提出意见和建议，常委会将高度重视，认真研究，切实加以改进。

2021年工作安排

2021年是中国共产党建党100周年，也是“十四五”规划的开局之年。新时代人民政协舞台更加广阔、任务更加艰巨、使命更加光荣。县政协及其常委会要坚持以习近平新时代中国特色社会主义思想为指导，以加强和改进人民政协工作为主轴，高举中国特色社会主义思想伟大旗帜，认真贯彻落实中共十九大及十九届二中、三中、四中、五中全会和省市县委全会精神，全面加强党对政协工作的领导，牢牢把握新时代人民政协新方位新使命，坚持稳中求进总基调，树牢新发展理念，强化思想政治引领，广泛凝聚各界共识，提高政治协商、民主监督、参政议政水平，更好地凝聚人心、凝聚智慧、凝聚力量，为全面建设社会主义现代化新宁远贡献智慧和力量。

一、强化理论武装，在政治站位上提升新高度

把学习作为一以贯之的重要任务，坚定不移用党的创新理论武装头脑，深入学习习近平总书记视察湖南重要讲话精神，全面抓好十九届五中全会和中央、省市委政协工作会议精神的学习宣传和贯彻落实，引导各人民团体和社会各界人士在习近平新时代中国特色社会主义思想旗帜下携手前进，不断筑牢用党的创新理论团结教育引导各族各界代表人士重要平台的根基，进一步增强“四个意识”、坚定“四个自信”、做到“两个维护”。健全党对政协组织实施领导的制度，充分发挥政协党组把方向、管大局、保落实的重要作用，健全责任、组织、制度“三个体系”，构建层层抓落实的党建工作格局，实现党的组织对党员委员的全覆盖、党的工作对政协委员的全覆盖。持续巩固深化“不忘初心、牢记使命”主题教育成果，精心组织庆祝建党100周年系列活动，进一步在坚持中国共产党领导这一政协成立时的初心上增强定力、巩固共识，全面提高政协系统党的建设质量，使政协更好成为坚持和加强党对各项工作领导的重要阵地。

二、聚焦发展要务，在服务大局中展现新作为

紧扣高质量发展主题，围绕“十四五”规划落实落地，聚焦推进智慧宁远建设、推进新型城镇化、推进公共文化服务均等化、推动乡村振兴、促进城乡融合发展、完善社会治理体系等重点发展任务协商议政，精心选择实施产业链提升工程、开放平台建设、农村三产融合发展、深化农村改革等课题开展调研视察，强化民主监督，切实做到建言建在需要时、议政议到点子上、监督监在关键处。聚力增进民生福祉，围绕巩固拓展脱贫攻坚成果、健康产业发展、生态文明建设等利民惠民实事积极献计出力，切实做到尽心尽力为党委政府分忧、同心协力为改革发展尽责、满怀真情为人民群众服务。健全完善以全体会议为龙头，以专题议政性常委会会议、主席专题协商会议为重点，以界别协商和乡镇（街道）、村（社区）、企事业协商议事为常态的广泛多层制度化协商民主体系，努力形成会上会下广纳群言、线上线下同步讨论、系统内外协同合作的生动局面。深入推进基层协商民主建设，完善制度设计，修订规则流程，规范协商议事室建设，加大业务培训，强化工作指导，促进协商议事会议规范化

操作、长效化运行，不断向纵深发展，确保年内实现乡镇（街道）、村（社区）以及企事业单位基层协商民主全覆盖，更好发挥专门协商机构在基层治理中的重要作用。

三、站稳人民立场，在履职尽责中探索新思路

始终坚持"以人民为中心"的履职理念，把满足人民日益增长的美好生活需要作为政协履职的价值追求，把人民满意作为评价、衡量、检验政协工作的最终标准。坚持问需于民、求智于民，把群众愿望作为协商议政的第一选题，把群众诉求作为民主监督的第一重点，把群众呼声作为咨政建言的第一素材，使政协工作更接地气、更有温度、更具实效。充分发挥人民政协作为协商民主重要渠道和专门协商机构的作用，聚焦党委政府的中心工作和群众关注的热点难点问题，更加灵活、更为经常地开展专题协商、界别协商、对口协商和提案办理协商活动，继续探索网络议政、远程协商和微协商等新的协商形式，为全县改革发展和民生改善广纳群言、多献良策。围绕党和国家的重大方针政策、县委县政府的重要决策部署的贯彻落实以及事关群众切身利益问题的解决情况，开展好民主监督。突出社区治理、教育医疗、公共服务、生态环境、食品安全等民生关切，深入调查研究，积极建言献策，协助党委政府出台更多更实的惠民政策和利民举措。广泛发动政协委员和各参加单位，开展"三个一"扶贫行动、"三进三助"扶贫帮困、慈善捐赠等社会公益活动，继续深入推进"万户帮扶行动"，主动为群众解难题、办实事、做好事，让群众时刻都感受到"政协离自己很近，委员就在身边"。

四、发挥政协优势，在凝心聚力中彰显新担当

把强化思想政治引领、广泛凝聚共识作为履职工作的中心环节，坚持把加强大团结、大联合摆在更加突出的位置，进一步加强与各人民团体、县工商联和新的阶层人士的合作共事，为他们履行职能、发挥作用创造更加便利的条件，广泛凝聚社会各界力量，寻求最大公约数，画好最大同心圆，努力营造和衷共济求发展、齐心协力促赶超的大好局面。充分发挥政协联系面广的优势，坚持"广交朋友、务实合作、共同提高"的方针，不断加强与其他地区政协的联谊交流，多途径学习外地的成功做法和先进经验，大力宣传宁远县的区位优势和营商环境，持续推进"引老乡、回故乡、建家乡"活动，广泛吸引外地企业和在外宁远籍能人了解宁远、关注宁远、投资宁远，为全县招商引资发挥内引外联作用。切实发挥广大委员联系群众的桥梁纽带作用，汇集民声民智，弘扬社会正气，履行社会责任，更好地协调关系、理顺情绪、形成合力。

五、勇于自我革新，在从严从实上再添新举措

充分发挥政协党组在政协工作中"把方向、管大局、保落实"的领导核心作用，切实加强全县政协系统党组织的政治建设、思想建设、组织建设、作风建设、纪律建设和制度建设，确保全县政协工作方向更正、力量更强、履职更好。切实加强委员队伍建设，积极搭建学习交流和知情明政的平台，不断提高委员的政治把握能力、调查研究能力、联系群众能力、合作共事能力。进一步健全委员履职评价、考核激励等联络管理机制，强化委员的履职意识和履职责任，打造懂政协、会协商、善议政的干部队伍和委员队伍。创新开展政协宣传工作，继续建好用活"政协云"，将其打造成委员履职的重要平台、联系群众的重要渠道、宣传宁远的重要窗口。加强对乡镇政协工委街道政协联工委的联系指导，及时沟通信息、交流经验、总结工作，实现上下联动、优势互补、资源共享，更好地发挥全县政协系统的整体作用。进一步抓好专委会建设，更好地发挥专委会在政协履职中的基础性作用。继续推进"三争三创三好"活动开展，加强"五型机关"建设，努力建设一支政治坚定、廉洁高效、乐于奉献的高素质政协干部队伍，全面提升政协机关服务保障的能力和水平。

（本文在收录时有删节）

专文

九嶷河国家湿地公园

宁远县脱贫攻坚工作纪实

2002年，宁远县被列为省级扶贫开发重点县。党的十八大以来，宁远县委、县政府深入学习贯彻习近平总书记关于扶贫工作的一系列重要论述，团结带领全县干部群众撸起袖子加油干、上下齐心促发展，书写了脱贫摘帽、逐梦小康的壮美篇章。2013年以来，全县减少农村贫困人口101124人，119个贫困村脱贫出列并巩固，2017年贫困县成功脱贫摘帽，贫困发生率从13.6%降至0.28%；先后承办省市脱贫攻坚巩固提升、易地扶贫搬迁、就业扶贫、健康扶贫、教育科研扶贫等多个现场会；2015、2016、2017、2019年四年进入全省脱贫攻坚先进行列，2015—2019年连续五年被评为湖南省全面小康“十快进”县或优秀县。

精准扶贫的宁远历程

2001年7月，宁远县委、县政府顺应群众改变贫困面貌、过上小康生活的呼声和愿望，抓住第二轮贫困县申报的契机，向省委、省政府呈报了《关于宁远县贫困情况的报告》，经省调查组实地核查，当时的宁远属于典型的“老、少、边、穷”地区。“老”，即宁远是革命老区，后来又被评定为革命苏区；“少”，即宁远是少数民族散居区，有4个瑶族乡，25个少数民族，3.5万少数民族人口，77%居住在海拔800米以上的高寒山区，其中贫困人口达1.8万人，占少数民族总人口的51%；“边”，即宁远位于永州南部，地处南岭山脉北侧九嶷山系与阳明山系之间、湘粤桂三省交界之地，人均水田5分、旱土1分半，自然灾害频发，十年九灾，基本上是一年水灾接一年旱灾；“穷”，即宁远76.7万人中有70.8万人是农业人口，农民人均纯收入1298元，不到全国和湖南省平均水平的60%。按照865元的国家贫困线标准，全县有18.9万的贫困人口，贫困发生率高达26.9%，绝对贫困标准线625元以下的多达10.85万人；全年财政收入6847万元，人均90元，仅为全国平均水平的8.6%，干部职工按基本工资的85%发还要欠2个月；688个行政村中有106个村不通公路，77个村不通电，284个村不通广播电视，220个村人畜饮水困难，各村集体经济基本为零，全县没有国道，更没有铁路、高速公路。

2002年，宁远县获批为省级扶贫开发重点县。至2012年，宁远县按照国家“整村推进”“两轮驱动”（扶贫开发政策与最低生活保障制度衔接）的扶贫战略部署，享受省级贫困县政策扶持的阳光雨露，有力推动了县域经济发展。

2013年11月3日，习近平总书记在湘西土家族苗族自治州花垣县十八洞村考察，首次提出“精准扶贫”重要论述。当年底，宁远开始全面贯彻落实精准扶贫精准脱贫方略，以前所未有的力度推进脱贫攻坚战。

2017年年初，宁远县被确定为省定拟脱贫摘帽县，县委、县政府将该年定为“脱贫攻坚年”，年底退出贫困村91个（2016年退出28个）、贫困人口脱贫43877人，未脱贫人口7745人，贫困发生率降至0.99%，漏评、错退率均为0，综合贫困发生率为0.99%，群众认可度为98.68%，达到省定摘帽标准。

2018年4月，省政府批复同意宁远县脱贫摘帽，宁远县脱贫攻坚由“攻坚战”转入“清理战”，着力补漏洞、强弱项、扬优势，年底脱贫4074人，未脱贫4668人，贫困发生率降至0.6%。

2019年，宁远县脱贫攻坚由“清理战”转入“巩固战”，年底脱贫2342人，未脱贫2219人，贫困发生率降至0.28%，119个已出列贫困村巩固提升率达到100%。

2020年，宁远县脱贫攻坚由“巩固战”转入“决胜战”，6月底前未脱贫的2219人全部达到脱贫标准，现行标准下贫困人口全部脱贫。

精准扶贫的宁远担当

实施精准扶贫以来，宁远县深学笃用习近平总书记关于扶贫工作的重要论述和视察湖南的重要指示，把脱贫攻坚作为头等大事和第一民生，坚持高位推进，下足绣花功夫，用心用情用力推进精准扶贫。

前所未有的高位推动。坚持三级书记抓扶贫、全县动员促攻坚。成立高规格的县扶贫开发领导小组：县委书记任组长、县长任第一副组长、专职副书记任常务副组长；县人大、县政协主要领导，县委常委、县政府副县长为成员；下设15个工作组，即扶贫资金筹集监管和金融扶贫工作组、基础设施建设扶贫工作组、劳务协作就业扶贫工作组、易地扶贫搬迁与危房改造扶贫工作组、教育扶持扶贫工作组、健康扶持扶贫工作组、产业发展和生态补偿扶贫工作组、社会保障扶贫工作组、驻村和结对帮扶工作组、光伏扶贫工作组、社会扶贫工作组、扶贫宣传工作组、扶贫督查工作组、扶贫领域腐败和作风问题专项治理工作组、扶贫小额信贷风险防控工作组，构建“1+15+X”的扶贫开发领导机构和组织架构。

广泛参与的攻坚格局。建立从县级领导到结对帮扶责任人的9个层级的责任清单、责任链条。79名县级领导，全部联系到乡镇（街道）、村（社区）；159名县直单位和省市驻宁远单位主要负责人全部联系深度贫困户；409个有贫困人口的村支“两委”干部成为永不撤走的工作队员；选派20名乡镇（街道）扶贫工作队总队长，全部挂职班子成员或党委委员；选拔147名优秀年轻干部担任贫困村、后进村“第一书记”；派驻336个扶贫工作队到119个贫困村和217个贫困人口100人以上的非贫困村驻村帮扶；调动9200余名党员、干部、职工与2.7万户贫困户结“穷亲”；面向贫困家庭应届高中毕业生和在校大学生，在全省率先招募志愿者400名，协助乡镇（街道）抓实基础工作；发动超过30万人次的贫困群众，参与扶贫项目建设。

精准精细的建档立卡。2017年以来，先后开展7次扶贫对象动态调整，坚持应清尽清、应纳尽纳。系统数据清洗、录入和动态调整保持全省前列，连续3次位居全市第一。2017年年底，全县建档立卡103135人，清退“四类对象”和识别不准对象4873户、18156人，新识别“五类人员”2112户、5797人，标识“八种情形”返贫人员1492户、5871人；2018年年底，全县建档立卡103799人，清退“四类对象”和识别不准对象766户、3333人，新识别“五类人员”383户、1288人，标识“八种情形”返贫人员6户、27人；2019年年底，全县建档立卡103343人，清退“四类对象”和识别不准对象15户、56人，新识别“五类人员”2户、6人，纳入边缘户管理556户、1462人、纳入脱贫监测户540户、1617人。

史无前例的资金投入。集“零钱”为“整钱”，构建“多个渠道引水、一个龙头放水”的财政涉农资金整合投入机制，集中全县财力投向脱贫攻坚主战场，让有限的资金发挥最大的效益。2016年以来，累计投入财政扶贫资金11.6亿元、易地扶贫搬迁10.3亿元、扶贫小额信贷资金5.87亿元、行业部门和社会扶贫资金20.5亿元。2016年，投入财政专项扶贫资金7260万元、涉农整合资金7640万元，发放扶贫小额信贷37069万元；2017年，投入财政专项扶贫资金153万元、涉农整合资金50096.38万元，发放扶贫小额信贷10190万元；2018年，投入财政专项扶贫资金4689万元、涉农整合资金19365万元，发放扶贫小额信贷50万元；2019年，投入财政专项扶贫资金3979万元、涉农整合资金10591万元，发放扶贫小额信贷2353万元；2020年，投入财政专项扶贫资金6186万元、涉农整合资金6446万元，发放扶贫小额信贷8485万元。

对标对表的政策执行。既不降低标准，也不吊高胃口，出台涵盖29个方面的“1+1+X+行业”政策体系《宁远县脱贫攻坚战役三年行动计划（2018—2012）》《全县脱贫攻坚总体方案（2017—2020）》，配套出台《脱贫攻坚巩固提升“三千两项目”工程实施意见》《关于支持农业产业化龙头企业发展的实施意见》等X项政策文件，29个行业扶贫部门对标出台水、电、路、信、房、环、业、教育、医疗、兜底保障、公共服务等子方案，覆盖县、乡、村三级开展7次业务培训和5次实地操作演练，有效提升各级干部扶贫能力水平，确保脱贫成果经得起历史检验。

较真碰硬的督查考核。县级领导带头开展“四不两直”扶贫调研、“三走访三签字”、重点帮扶、问题清零活动，探索实行“三督三察”“互联网+督查”，将“三大攻坚战”作为评先评优的“硬杠杆”，其中脱贫攻坚战作为“第一关”，实行“五个凡是”，确保各项工作不折不扣、高效高质落实。

精准扶贫的宁远实践

宁远县认真贯彻落实习近平总书记“实事求是、因地制宜、分类指导、精准扶贫”十六字方针要求，紧密结合全县实际，开展“七大行动”和推进“七大工程”。

发展特色产业增收脱贫。全面推广“四跟四走”“四带四推”产业扶贫模式，聚焦“烟、稻、菜、茶叶、茶油、柑橘、猪、牛、兔”九大农业特色产业，实施扶贫重点产业项目19个，培育农民合作社810家，95%以上贫困户与新型经营主体建立起紧密利益联结，带动4.2万人增收脱贫。

引导劳务输出脱贫。开展“订单式、定向式、定岗式”劳务协作扶贫、“迎老乡、回故乡、建家乡”活动，按800元、400元、200元、100元/人·年发放外出就业贫困人口交通补贴，文明实践志愿者主动为贫困群众介绍工作岗位，全县贫困劳动力46683人，实现就业39723人，1.6万贫困人口实现“一人打工全家脱贫、两人打工全家致富”。

实施易地搬迁脱贫。全面完成“十三五”易地扶贫搬迁4146户、17493人，其中集中安置3426户、14595人、分散安置738户、2898人。把易地搬迁与城区、园区、景区建设相结合，与新型城镇化、美丽乡村建设、全域旅游发展相结合，靠城、靠园、靠镇、靠村、靠路“五靠”安置，全县建成集中安置点25处，其中靠城靠园8处、靠镇9处、靠村8处，全部靠近交通干道。

结合生态保护脱贫。全县选聘建档立卡贫困人口1079人就地转为生态护林员（其中2017—2020年分别选聘120名、139名、231名、589名），带动贫困人口3561人脱贫。

加强教育脱贫。坚持治贫先治愚、扶贫先扶智，把教育扶贫作为治本之计，把控辍保学作为重中之重。大力实施学位建设“三年行动计划”，新（改、扩）建中小学校14所，新增学位3.7万个；完成合格学校验收75所、寄宿制学校改建48所、教学点标准化建设136所；实施“四包一”控辍保学，新时代文明实践教育志愿服务队志愿者对313名不能到校就读的残疾儿童送教上门，289名随班就读；创办全市规模最大的县级特殊教育学校，275名在校学生享受500元/期的困难生活补助，免费提供书包、文具、校服等学习生活用品，残疾儿童失学辍学率为零。

着力医疗保险和救助脱贫。全县建档立卡贫困人口参保率、县域内住院综合保障率、大病专项定点医院救治率、4种慢病签约服务率、县域内就诊率，分别达到100%、89.5%、96.39%、100%、96.87%，完成16个乡镇卫生院标准化建设，消除村卫生室“空白村”，新增床位1077张。

实行保障兜底脱贫。全面落实支出型贫困救助制度和低保渐退机制，分类保障农村低保救助贫困人口14530户、26710人。针对不符合建档立卡标准但暂时存在困难的群众，通过临时救助、社会众筹等方式，确保平稳过渡。

水利扶贫工程。实施城乡供水一体化、区域供水规模化、工程建管专业化，先后投入2.4亿元，兴建千吨万人规模水厂12处、单村供水工程256处，建成具备42项指标检测能力的农村安全饮水水质检测中心，42.1万人的农村人口，实现“有水喝”向“喝好水”跨越。

电力（光伏）扶贫工程。全面完成119个贫困村的农村电网升级改造；全县建成光伏扶贫电站15座、33.8兆瓦，其中村级（联村）光伏扶贫电站14座、17.3兆瓦，集中式光伏扶贫电站1座、16.5兆瓦，惠及建档立卡贫困户13020户，为119个贫困村增加集体经济收入4万元以上。

农村危房改造和环境整治工程。坚持“危房不住人、人不住危房”。对县内4.9万户“4类重点对象”的住房安全性开展地毯式入户核查，对A、B级房屋逐户挂牌标识，对C、D级危房应改尽改。连续3年被评为全省城乡环境卫生整洁“十佳”县，4次被评为全省美丽乡村（新农村）建设先进县。2017年农村危房改造工作被评为省政府真抓实干成效明显县并受到表扬激励。

社会扶贫（“互联网+”）工程。以被列为全省、全国新时代文明实践中心建设试点县为契机，组织文明实践志愿服务队志愿者开展“同心帮扶”“万企帮万村”“户帮扶亲帮扶，互助脱贫奔小康”等志愿服务活动，将习近平新时代中国特色社会主义思想和核心价值观送到百姓心里，真正把贫困群众士气鼓舞起来、精神振奋起来，激发贫困群众的内生动力。

创新消费+众筹扶贫。全县贫困村光纤网络覆盖率100%、4G移动通信网络有效覆盖率达到99.5%，纳入“湖南省消费扶贫公共服务平台”2家，注册扶贫企业19家，认定扶贫产品70余种，开展“消费扶贫·你我同行”“逃离城市·品味农村”线下体验活动主题活动10余次，联结带动农村合作社100余家、贫困人口2万余人。仅“永州之野”九嶷系列农产品展销会，入驻企业销售480余万元。以“中国社会扶贫网”平台为依托，创新打造教育、医疗、就业、产业、危改、德智“六大众筹”，形成“互联网+社会扶贫”的宁远模式。教育众筹，筹集资金1800余万元，资助近5000人，设立“宁远县教育基金会”，开展“助学一日捐”“泛海助学行动”“拾穗行动”“春陵学子助学行动”“深圳现代教育发展中心捐资助学活动”“免费午餐”等活动；医疗众筹，筹集资金260万元，资助120余人，先后组织开展“千名医疗志愿者下百村义诊”“百名医疗专家结对治大病”“家庭医生签约服务”“看得见的关怀”“生生不‘析’的援助”“听得见的大爱”“孕育中的呵护”等医疗众筹公益行动；就业众筹，筹集280万元，结对1000户贫困家庭，采取“1+4+5”方式组成帮扶小组（1名结对帮扶责任人、4名后盾单位干部职工、5名爱心人士），帮助消费农副产品；危改众筹，以宁远东方创富房地产有限公司、上海交通大学规划建筑设计院等为代表的知名企业、社会团体及社会爱心人士，帮助100多户贫困群众圆了住房梦；德智众筹，完成文艺下乡演出120场次，接受“一对一”“一对多”培训2300人次，发放技术、科普小册子和图书1.2万册。

文化扶贫工程。将文化扶贫与创建国家、省级公共文化服务示范区、全面建成小康社会、乡村振兴共同谋划、统筹推进。文化阵地建设“标准化”，422

个行政村级文化活动中心全部按“七个一”标准化建设，90%以上的行政村达到小康标准；公共文化服务“均等化”，422个村全部开通“村村响”、农家书屋，设立公益文化岗位；文化项目资金“高效化”，整合资金8000余万元。县文化志愿服务队以群众需求为导向，每年开展新时代文明实践送文化下乡活动，送戏500余场、送电影8300余场、送图书8200余册，推进“文化惠民”和“文化名家培育”工程。举办灯光音响、广场舞、书法、美术、器乐、声乐等培训班，培训文艺人才1500人次。

乡村旅游扶贫工程。以九嶷山舜帝陵创国家AAAAA级旅游景区为抓手，发挥“旅游+”的拉动力、融合力及催化集成作用，带动2万贫困人口吃上旅游饭、发上旅游财、走上旅游脱贫致富路。2019年，共接待游客1586.2万人次，实现旅游总收入93亿元，同比分别增长22.3%和23.5%，以旅游为支撑的第三产业对GDP的贡献率达到66.8%。宁远县跻身全国全域旅游示范区创建县、全省旅游扶贫示范县、全省文化旅游产业重点县，九嶷山舜帝陵入选全国景区带村旅游扶贫示范项目、全国知名品牌创建示范区、国家风景名胜区。

精准扶贫的宁远模式

“三分三千”帮扶模式。在全省率先实施“三分三千”工程，精准滴管、靶向治疗，国务院扶贫办专题推介。一是分区划好片，将全县20个乡镇（街道）划分不同片区，其中4个少数民族乡、4个边界大镇列为脱贫攻坚重点帮扶片区，确保大领导、大科局、大资源向重点片区倾斜帮扶。二是分类锁定村。对410个村（社区）区分不同类别帮扶，锁定20个深度贫困村、50个贫困人口集中的非贫困村进行重点帮扶，全部由县级领导联系，每村叠加安排20万元产业扶贫资金；对50个重点帮扶非贫困村，按照缺什么补什么的要求，“六到农家”全部对标贫困村出列标准安排基础设施项目。三是分色甄别户。对建档立卡对象，按“红、黄、蓝、绿”四色进行分色标识，实行“3+X”的差异化帮扶措施。2019年以来，全县3940名红色对象、2280名黄色对象转为蓝色对象，分别占比45.4%、40.6%。

“三业并举”增收模式。充分发挥本土优势，兴产业、帮就业、促创业，激发内生动力，增强造血功能。一是因村因户兴产业。按照“四跟四走”原则，依托十大特色优势农业，推行“公司+基地+合作社+贫困户”利益联结模式。建立农民专业合作社1140家，社员6.9万人，其中贫困人口4.22万人，年户均增收1500元以上。二是就近就地帮就业。在县工业园105家企业创建就业扶贫基地、开设扶贫专岗，开展“迎老乡、回故乡、建家乡、帮老乡”活动，在20个乡镇（街道）、23个集中安置点开设致富车间216个，开设扶贫特色岗位1512个、生态护林员139个、河道巡逻员123个、乡村治安员128个、乡村保绿员252个，年户均增收4000元以上。三是自立自强促创业。对具有一定规模种养业和开设加工点的贫困户，给予15万元/人的创业贷款，2019年发放750万元，全年农村居民人均可支配收入预计15875元，同比增长9.8%；119个贫困村集体经济收入均超过5万元。

“四引四促”后扶模式。一是就业引领促增收。瞄准“一户一就业”目标，实施百家园区企业、百个扶贫车间、百名劳务经纪人“三百”工程，吸纳易地搬迁对象就业3233人，年人均增收1.8万元以上。二是产业引领促发展。瞄准“一户一产业”，在县城（乡镇）集中安置点附近，突出发展电子、毛织、制鞋、玩具、电池等劳动密集型企业，提供就业岗位2.8万个；依托九嶷山舜帝陵国家AAAA级旅游景区和17个全国乡村旅游扶贫重点村，带动安置点贫困户200余人吃上旅游饭。三是乡风引领促文明。开展“治陋习·树新风”乡风文明建设年活动以及“十星级文明户”“五好文明家庭”、就业创业明星等评选评比活动，推动形成文明乡风、良好家风、淳朴民风。2019年，全县表彰县级“十星级文明户”100户，县级“星级文明户”1000户，其中获表彰的100户“十星级文明户”中有36户贫困户。四是党建引领促强基。全县27个集中安置点成立党支部19个、居民管理委员会27个，配套建设社区服务设施24个、综合活动室23个、文化广场21个，基本实现社区自治。

精准扶贫的宁远答卷

经过扶贫开发尤其是2013年以来的精准扶贫，宁远县经济社会沧桑巨变，城乡面貌翻天覆地，人民生活蒸蒸日上。实现五个“历史性跨越”。

实现从贫困落后向全面小康的历史性跨越。县域经济综合实力由全省百位之后跃升至第32位，其中近五年前进20位。全面小康实现程度达到99.7%，实现了从省级贫困县到脱贫摘帽县再到全面小康县的“三级跳”。2018年年底，全县生产总值、固定资产投资、社会消费品零售总额、公共财政总收入、公共财政总支出分别达到152.3亿元、192.7亿元、70.9亿元、16.56亿元、45亿元，是2002年的7.8倍、42.3倍、8倍、17.9倍、22.6倍；人均生产总值、人均公共财政收入、人均公共财政支出分别达到20752元、2256元、6132元，是2002年的7.2倍、16.6倍、21倍；城镇人均可支配收入、农村人均可支配收入分别达到24026元、12840元，是2002年的4.9倍、9.8倍。

实现从基础薄弱向“三宜”公园的历史性跨越。南部生态文化新城、西部工业新城、“六纵六横三环”城区路网让县城迅速变靓变美，“智慧城市”“生态公园”“十城同创”引领城市潮流，跻身全国卫生县城、省文明县城、平安县城、历史文化名城；打造了永连公路、九嶷大道百里美丽乡村示范带，村村通公路、村村通自来水、村村通广播电视、村村通网络已经由梦想变成现实；高速公路贯通南北、连接内外，干线公路、农村公路互联互通，公路总里程达到3719千米，是1951年的120倍，“出省跨境大通畅、县乡公路大循环、旅游景区大连接”的综合交通网络基本形成。

实现从内陆封闭向创新开放的历史性跨越。发出全省第一本农村土地承包经营权证，形成一批在省市可复制、可推广的经验和成果，创造一批“宁远模式”“宁远经验”，实现从“跟着走”向“领着跑”的大转变；主动对接湘南湘西承接产业转移示范区、融入粤港澳大湾区、参与省市“五大开放行动”，形成对人才、资本、技术、企业的“虹吸”效应，仅2016—2018年就引进500强企业10家，外贸进出口实现从无到有倍增式发展，2018年突破2亿美元。

实现从蛮荒蒙昧向生态文明的历史性跨越。牢固树立和践行“绿水青山就是金山银山”理念，大力实施生态立县战略，统筹山水田林路系统治理，深入实施全面禁伐限伐、荒山造林、石漠化治理、水系治理、农村五治五化、生态文明创建“六大工程”，深入开展蓝天、碧水、净土三大保卫战，环境质量多年保持全优，万元全县生产总值能耗累计下降24.6%，森林覆盖率提升到60.6%，城市空气质量优良率达90%以上，全县主要河流水质、饮用水水源地水质均超过国家标准。先后获评全国首批生态文明先行示范区、生态文明示范工程试点县、主体功能区建设试点示范县、中国天然氧吧、全国绿化模范县。

实现从温饱不足向人民幸福的历史性跨越。党的十八大以来，全县城镇、农村居民人均可支配收入年均分别增长9.5%和11.3%，超过省市平均增速，2018年分别达到26650元、14458元。学有所教、病有所医、老有所养、住有所居、弱有所扶持续加强，九年义务教育全面普及，医疗服务水平全面提升，社会保障全面覆盖，文化生活全面丰富，社会治理全面发力。

一代人有一代人的使命，一代人有一代人的担当。宁远县将坚持以习近平新时代中国特色社会主义思想为指导，更加增强“四个意识”、坚定“四个自信”、做到“两个维护”，不忘初心、牢记使命，干在实处、走在前列，奋力走好新时代的长征路，努力为下一代人跑出一个好成绩，在实现“两个一百年”奋斗目标的历史进程中彰显宁远担当、贡献宁远力量、展现宁远作为！

（徐友利　许慧生）

附：名词解释

1.“七大行动”：指脱贫攻坚开展的教育扶贫、健康扶贫、金融扶贫、交通扶贫、劳务协作对接、百县万村帮扶行动、民营企业万企帮万村行动。

2.“七大工程”：即交通扶贫工程、水利扶贫工程、电力扶贫和光伏扶贫工程、农村危房改造和环境整治工程、农村“互联网+”扶贫工程、文化扶贫工程、乡村旅游扶贫工程。

3.“四跟四走”：即资金跟着穷人走，穷人跟着能人走，能人跟着产业项目走，产业项目跟着市场走。

4.“四带四推”：即以优势产业带动扶贫产业，推进产业精准培育；以新型主体带动贫困群体，推进利益紧密联结；以市场机制带动发展机制，推进产业持续发展；以组织作为带动农户有为，推进措施落地见效的产业扶贫模式。

5.“三业并举”：指兴产业、帮就业、促创业。

宁远县新冠肺炎疫情防控工作纪实

2020年年初，新冠肺炎疫情发生以来，宁远县委、县政府高度负责，迅速行动，深入贯彻落实习近平总书记关于疫情防控工作的重要指示精神，严格落实党中央国务院、省委、省政府和市委、市政府的决策部署，把人民群众生命安全和身体健康放在首位，把疫情防控作为头等大事来抓。通过防控措施的强力落实，全县疫情防控形势呈积极向好的态势拓展，疫情防控工作取得战略性成果，经济社会有序发展。截至12月底，全县连续320天未出现确诊和疑似病例，是全省最早被确定为低风险地区的县区之一。在一个有着90万人口、40万外出创业务工人员、涉鄂人员多、防控难度大的人口大县，实现“五个确保”（指确保重症病人零死亡、医务人员零感染、集聚性疫情零发生、疫区往返宁远人员排查零遗漏、社会大局稳定）目标。

一、压实四方管控责任，力促思想不松懈

宁远县着重从四个方面压实各级疫情防控责任。一是压实属地管理责任。健全县、乡、村、网格四级责任链条，建立一张清单下达工作任务、一支队伍抓好工作落实、一个口子开展督查考核“三个一”工作机制，将疫情防控纳入乡镇（街道）和村（社区）每月工作清单的重要内容、工作落实的重要任务、督查考核的必查项目，推动守土有责、守土负责、守土尽责。二是压实部门监管责任。县疫情防控工作领导小组和10个工作组全年保持规格、数量不变和人员基本不变，领导小组每周两调度，各组每日一报送，所有成员单位实行24小时值班制，县委常委会、县政府常务会定期听取汇报。强化督查落实，不定期开展专项督查，交办单位整改问题，确保标准不降、力度不减、要求不松。三是压实单位主体责任。实行疫情防控单位“一把手”负责制和国家公职人员跨市外出、跨省返乡人员登记报备制，推动各单位落实主体责任，看好自己的门、管好自己的人、办好自己的事。四是压实公民社会责任。结合文明创建，开展全覆盖人居环境整治、疫情防控和健康科普宣传，教育引导人民群众落实健康申报制度、18字（指戴口罩、勤洗手、勤通风、少聚集、一米线、用公筷）防护措施，养成健康文明生活习惯。

二、完善五项安全举措，力争疫情不反弹

宁远县在疫情防控工作中着力补短板、堵漏洞、强弱项、多措并举，织密联防联控五张网：织密重点人员人群安全网。严格中高风险地区人员管理。截至12月底，全县累计摸排“三类人员”5469人。对中高风险地区往返宁远人员均按照省、市、县相关要求进行排查和管控。严格入境人员的管理。结合开展“稳就业、强基础、富家乡”主题活动和第七次全国人口普查，依托“一库三平台”对全县29.7万外出务工人员信息“一网掌握”。有序完成感染高风险人群2批3000人疫苗接种。织密重点物品物资安全网。加强进口冷链食品、快递包裹的采样检疫和预防性消毒处理管理，做到“逢进必检”，对全县74家冷库采样838份，检测结果均为阴性。建立县防疫仓库、卫生院和定点医疗机构、企业合同储备三级防疫物资存储机制，能满足30天

以上需求。织密重点区域领域安全网。加强车站、景区、商场超市、农贸市场等重点场所和教育、医疗、养老等重点领域防控，落实“日报告”“零报告”制度，做到早排查、早发现、早处置。针对农村短板，在422个建制村（社区）设置采样点423个，配置消毒人员1752名、信息登记人员1002名、秩序维护人员1002名。抓实抓细学校疫情防控。按照国家卫生健康委办公厅、教育部办公厅《关于印发高等学校、中小学校和托幼机构秋冬季新冠肺炎疫情防控技术方案的通知》要求，明确学校防控主体责任，坚持人物同防、多病共防，落实学校传染病疫情报告、因病缺勤追踪登记、晨午晚检制度；开展学校管理人员疫情防控知识培训和学生入学防疫第一课工作；组织对各级各类学校、幼儿园到宁远人员信息及师生健康状况跟踪、上报。累计统计排查824人（其中往返宁远学生614人，教师108人；涉疫区学生75人，教师18人，同行人员9人），未发现身体状况异常情况。县教育部门多渠道筹集资金230余万元，采购人脸识别测温设备115套、消毒液4250千克、酒精4905升、口罩10万个、额温枪2000支等疫情防控必需物资；组织对全县学校开展疫情防控工作督导，累计检查1486家次，出动学校开复学防疫医务保障人员573人。织密疫情监测预警网。按照医防协同监测，实现医疗救治、流行病学调查、实验室检测和行动轨迹等信息互联互通的要求，严格落实医疗机构首诊负责制，通过传染病疫情监测信息报告系统做好疫情报告。在车站、人群聚集公共场所开展体温监测，在学校、民政服务机构等重点场所开展发热、干咳等症状监测，在连锁药店开展退烧、止咳等药品销售情况变化监测，在互联网等开展大数据智慧化监测，围绕进口冷链食品仓储、销售等关键环节，加强相关从业人员健康等多点触发监测工作；严格落实信息报告制度，县疫情防控专家组定期分析监测数据，结合国际国内疫情形势，综合研判疫情，提出风险评估结果和预警响应建议，及时向社会发布疫情风险提示。截至年底，全县累计组织开展流行病学调查57人次，接诊排查发热病人13101人次，组织实验室检测48623份样品，检疫点体温监测3691719人次，冷链食品从业人员监测97人，环境采样监测176份，食品采样监测187份。织密公共卫生体系网。结合推进公共卫生体系改革，完善疫情防控体制机制，开展突发公共卫生事件应急响应和公共卫生防治体系建设工作，落实公共卫生体系建设和重大疫情防控救治体系建设真抓实干项目，组织各级各部门在新冠肺炎疫情防控实践和应急演练的基础上，进行全面系统的经验总结，对各类卫生应急工作方案、卫生应急技术方案、总体应急预案、专项应急预案、卫生应急操作手册等认真修订；对新冠肺炎等重点传染病监测和能力建设、疫苗冷链能力建设、基层疫情防控能力提升、县级公立医院医防结合能力建设、县级中医医院传染病防治能力建设、基层医疗卫生机构重大疫情救治能力提升和人才培训等工作，均按计划推进落实。

三、提升核酸检测能力，力保精准不失误

宁远县着力抓好重点人群核酸检测，严格落实密切接触者、境外入境人员、发热门诊患者、新住院患者及陪护人员、医疗机构工作人员、监所工作人员和社会福利养老机构工作人员等重点人群应检尽检，对其他人群实行愿检尽检。截至12月底，全县组织对重点人群采样送检44596人（不包括第三方及市疾控中心送检数），其中确诊病例1人，检测结果1次阳性，3次阴性；疑似病例13人，密切接触者28人，留观人员102人，三类人员648人，其他人员43804人，检测结果均为阴性。全县累计核酸检测48623份，新冠抗体检测8061份，新冠IgM检测1331份。

四、构建物资储备机制，力求保供不断档

宁远县着力构建疫情防控

应急物资储备机制，抓好常态化物资储备。截至12月底，全县累计入库一次性口罩2654127个，出库使用2313619个，库存340508个；N95（KN95）口罩入库46220个，出库使用18309个，库存27911个；医用防护服入库10473套，出库使用4821套，库存5652套；一般防护服入库6666套，出库使用5935套，库存731套。有核酸检测物资采样管35250支，提取试剂和检测试剂各9700人份，15000人份在采购程序中。常态化疫情防控下，医疗、疾控机构30天满负荷运转的重要医疗物资储备发配给各单位，县级防疫物资仓库和重点医疗机构的储备量，能满足常态化疫情防控保障30天以上。建立完善物资储备机制。全县三级防疫物资承储机制，投入资金60万元用于短期防疫物资承储和分配使用，投入资金200万元用于中长期物资承储。宁远县合作的两家防疫物资承储企业负责340万元的长期物资储备，其中实物储备230万元，合同储备110万元。培育防疫物资企业。在抓好疫情防控的同时，县科工局联合相关单位培育域内企业转型防疫物资生产制造，确保特殊紧急情况下，能有效满足口罩、消毒剂、防护服等基本防疫物资的供给。先后培育宁远县舜旺口罩制品有限公司、宁远至善德医疗科技有限公司、永州嘉华日化实业有限公司、湖南睿敏佳服饰有限公司等四家企业进行转型，在资金、人力及配套供给等要素方面给予支持，为全县防疫物资供给提供有力保障。

五、统筹打好两场硬仗，力推发展不停步

宁远县统筹抓好疫情防控和经济社会发展，抓实落实“六稳六保”，努力夺取双胜利。统筹推动高质量发展。全年减免税费和发放补贴1.3亿元，帮助企业融资2.88亿元，经济保持增速稳步回升、结构持续优化、质效不断改善的良好态势。统筹打好三大攻坚战（指防范化解重大风险、精准脱贫、污染防治）。全县10.29万贫困人口全部脱贫，被评为全国“十三五”易地扶贫搬迁工作成效明显县。全面小康环境指标100%达标巩固，创建省级森林城市、省级生态文明建设示范县。制定落实防范化解政府性债务风险“六条铁规”（指严禁项目违规上马、严禁工程项目违规超预算建设、严禁违规实施政府购买服务、严禁违规招聘人员、严禁违规出借财政资金、严禁违规融资举债），财政管理稳居全国先进行列，连续三年排全省第一。统筹保障和改善民生。“六覆盖”［指义务教育、社会保障、农村饮水安全、基层公共服务（一门式）、农村危房改造、农村通组道路］目标任务、省市16件重点民生实事全面完成，农民工、“一老一小”、老旧小区改造、安全生产、农村人居环境整治等工作获省及以上表彰推介。

（县卫健局　供稿）

大事记

九嶷山三分石

1月

2日，道县县委书记吴恢才率道县党政代表团170余人到宁远县考察经济社会发展情况，先后参观考察湾井镇下灌村、南部生态文化新城展厅、工业园区展厅和城市运营建设管理等工作，听取宁远县经济社会发展情况介绍。

同日，县委副书记、县长唐何带领县政府办、城建投、农建投、产建投、水务集团、文旅集团等单位相关负责人赴长沙国家开发银行湖南省分行对接重点项目融资工作。

4日，由湖南省文化和旅游厅主办的“走向美好生活”湖南省文艺轻骑队“精准扶贫”优秀文艺作品巡演活动在宁远县政务中心演出。此次巡演活动在湘西州花垣县十八洞村启动，该项活动已连续举办两年。

7日，宁远县召开营造法治化营商环境保护民营企业发展专项督察整改工作会议，对全县营造法治化营商环境保护民营企业发展专项督察反馈作情况说明，对整改工作目标、重点整改问题、整改措施、工作步骤作具体安排。

9日，宁远县2020年春运工作动员大会在县政务中心召开，对春运期间交通运输、安全监管、物资保障等工作进行安排部署。

13日，宁远县召开2019年度乡镇（街道）党（工）委书记和部分县直单位党组织书记抓基层党建和落实党风廉政建设、意识形态工作责任述职评议会议。20个乡镇（街道）党（工）委书记和教育局、公安局、财政局、发改局、扶贫办等8个单位党委（组）书记就履行基层党建、党风廉政建设、意识形态工作责任三项工作进行述职汇报，与会人员对述职单位进行述职民主测评。

同日，宁远县召开“不忘初心、牢记使命”主题教育总结大会。

14日，新田县副县长章乐带队到宁远县考察医共体建设及远程诊疗工作。

15日，2020年永州市“春风行动”启动仪式暨“促进转移就业、助力脱贫攻坚”大型招聘会在宁远县文庙广场举行

16日—17日，副市长、县委书记刘卫华代表市委、市政府走访慰问宁远县柏家坪镇困难党员欧阳贵香、五龙山瑶族乡敬老院老人、五龙山瑶族乡陈家湾村低保户冯本林、孤儿赵婷婷和优秀企业家硕宁电子有限公司董事长何学祥。

19日，湖南省森林公安局副局长、二级警务专员刘师雄带队到宁远县督查春节期间森林防火工作。先后到县应急管理局、九嶷山林场、九疑山瑶族乡等地，查看宁远县春节期间各类应急管理预案、森林防火值班方案、森林防火专业队伍建设、林场防火装备配备等情况。

21日，县委副书记、县长唐何主持召开宁远县新冠肺炎疫情联防联控工作部署会，传达习近平总书记对新冠肺炎疫情联防联控工作的重要指示精神、李克强总理重要批示和国务院常务会议精神，听取全县新冠肺炎疫情防控工作情况汇报，分析研判全县新冠肺炎疫情联防联控工作形势，要求切实把新冠肺炎疫情联防联控工作落实落细，确保全县人民过一个平安祥和、愉快的春节。

22日，副市长、县委书记刘卫华，县委副书记、县长唐何到县人民医院检查指导新冠肺炎疫情防控工作。刘卫华指出，人民医院是新冠肺炎疫情防控的指导单位，也是全县唯一的接待治疗单位。全院要全力以赴做好疫情防控工作，充分发挥主渠道主阵地作用，按照应急预案，做好救助工作，防止疫情流入扩散。

24日，长沙至善德医疗科技有限公司董事长邓志维向县人民医院无偿捐助1600幅防疫面罩、5000只专业口罩和400多套防护服。

25日，农历大年初一。副市长、县委书记刘卫华主持召开新冠肺炎疫情防控工作联席会议，对进一步抓好各项疫情防控措施落实提出要求。

同日，副市长、县委书记刘卫华带领县卫健部门负责人深入

清水桥镇政府、柏家坪镇卫生院和镇政府等地，了解督查各单位值班备勤、新冠肺炎疫情防控等情况，看望坚持一线的值班人员。

27日，县委副书记、县长唐何一行到大润发超市、笔架山农贸市场、润万家精品超市和新百佳超市杨家岭店等地，督导新冠肺炎疫情防控工作。

28日，市委常委、市政府党组副书记杨昶到禾亭镇卫生院、县汽车总站、泠江农贸市场和县高新技术开发区展厅、湖南裕宁电子有限公司等地检查指导疫情防控工作。

30日，宁远县召开新冠肺炎疫情防控工作视频会，学习传达习近平总书记对新冠肺炎疫情防控工作作出的重要指示精神，通报和点评全县前段疫情防控工作情况，安排部署下段疫情防控工作。

31日，冷水镇上胡家村和文庙街道山下洞村的胡小平、胡棉胜，代表宁远湘粤食府向县红十字会捐款10万元，这是县红十字会发出新冠肺炎疫情防控专项捐赠公告后收到的首笔爱心企业捐款。

2月

1日，县委副书记、县长唐何到高峰市场、桐山市场等集贸市场检查指导新冠肺炎疫情防控工作。

2日，宁远县召开新冠肺炎疫情防控工作视频会，副市长、县委书记刘卫华对疫情防控工作进行安排部署。

3日，副市长、县委书记刘卫华先后到中和镇下街集贸市场和易地扶贫搬迁安置点幸福新村、双福小区等地了解疫情防控工作，随后到中和镇调研指导烤烟育苗，要求一手抓疫情防控，一手抓烤烟育苗，确保在做好疫情防控工作的前提下，不误农时，为全年烤烟生产打下基础。

同日，宁远县唯一确诊的新冠肺炎患者韩某在永州市中心医院治愈出院。

4日，副市长、县委书记刘卫华到湖南同安医药集团宁远舜德医药有限公司、湖南湘迪科技有限公司等地督查企业复工准备、疫情防控措施落实情况。

同日，湖南湘迪科技有限公司得到县政府和宁远县高新区批准后复工，专门生产用于检测新冠病毒的设备。湘迪科技是宁远县高新区第一家提前复工企业。

同日，深圳市橘井舒泉技术有限公司和深圳市颐佳健康有限公司向宁远县捐赠价值62万余元的消毒物资，助力疫情防控。

同日，宁远县城区部分公交车和出租车陆续恢复营运。

5日，宁远县爱心人士邓志维向县卫健局捐赠刚从英国发回的KN95口罩和一次性医用手套等急需用品。疫情发生后，邓志维先后为县医疗单位捐赠价值40多万元的医用急需物品。

10日，全省决战脱贫攻坚暨防控新冠肺炎疫情阻击战动员电视电话会召开，副市长、县委书记刘卫华在县分会场出席会议，并安排宁远疫情防控、经济社会发展等各项工作。

11日，县人民医院呼吸内科主治医师屈桂月，护师李芳、李佳慧、刘琴4名医务人员，随全省医疗队驰援湖北黄冈防治新冠肺炎疫情。

同日，一座用于消毒杀菌防疫的“科技仓”在县工业园湖南裕宁电子有限公司建成并投入使用。

13日，县委副书记、县长唐何到万豪城市综合体和中欣文旅小镇项目现场调研，协调解决项目建设前期工作中存着的困难和问题。

14日，副市长、县委书记刘卫华先后到下灌游客中心、下灌村和文星新村，调研景区相关项目规划设计情况。

15日—16日，副市长李旦梅到禾亭镇新柏家村、集贸市场、县应急管理指挥中心、大润发超市、泠江农贸市场、华荣鞋业有限公司和湘迪科技有限责任公司等地督导疫情防控工作。

18日，2020年永州市产业项目集中开工签约活动（宁远分会场）在县西部工业新城光电智能终端产业园举行。宁远县有7个项目参加全市集中开工和签约。集中开工的是湖南湘迪科技、永州鸿盛电子、生猪全产业链和西部生态工业新城路网4个项目，集中签约的是年产万吨碳纳米导电材料、CNC数控加工智能锁精密铸造和万豪城市综合体3个项目。

同日，副市长严兴德、市政协副主席彭爱华，带队到水市镇水晶窝烤烟育苗工厂、远丰周家养殖基地、小欧家、腊树脚村、九嶷山兔产业园、九嶷山现代农业产业园、舜陵街道高标准农业建设区等地，督导农业产业发展、脱贫攻坚、春耕生产和疫情防控工作。

19日，宁远县召开疫情防控暨经济发展工作视频调度会，学习贯彻习近平总书记关于疫情防控工作的重要讲话和指示批示精神，传达贯彻市委书记严华在2月18日全市县区党委书记视频会议和市长朱洪武在全市2020年产业项目集中开工签约仪式上的讲话精神，回顾全县前段疫情防控工作，对下段工作进行再安排、再推进。

20日，县委财经委员会召开第二次会议，听取财政工作情况和预算编制方案汇报并进行讨论。

24日，县委副书记、县长唐何，县委常委、组织部部长雷军平到宇拓新能源科技有限责任公司调研复工复产情况。希望企业抓紧招工机会，加大宣传力度，利用网上招聘、现场招聘等多种手段，引导境内劳动力就近就业。

26日，宁远县召开2020年禁毒工作暨全国禁毒示范城市创建工作视频会议，总结部署禁毒工作和禁毒示范城市创建工作。

同日，县委副书记、县长唐何主持召开全县耕地开发工作会议，听取县自然资源局关于全县耕地开发工作情况汇报，各部门就支持配合项目推进提出意见建议。会议审议并原则通过《宁远县2020年度城乡建设用地增减挂钩、市县合作开发水田及涔天河灌区耕地后备资源开发的实施方案（送审稿）》。

28日，副市长、县委书记刘卫华在县工业园区主持召开调度会，听取工业园区2020年度目标任务、具体措施及责任分解情况汇报，与会人员就协调配合园区工作开展讨论。刘卫华强调，要围绕园区创建国家级高新区的发展战略，坚定不移地把园区工作作为县域经济发展的重头戏来抓。明确目标、明确措施、明确责任、精准施策，全力推进园区发展。

29日，副市长、县委书记刘卫华到五龙山瑶族乡五龙山村、洋塘村调研村级阵地建设、疫情防控和脱贫攻坚挂牌督战等情况，开展“三走访三签字”活动。

同日，县委副书记、县长唐何到九疑山瑶族乡石灰窑村和向疑村调研脱贫攻坚和疫情防控工作。

3月

2日，副市长、县委书记刘卫华到天堂、舜陵、九嶷山、湾井等乡镇（街道）调研指导春耕生产和脱贫攻坚工作。

3日，县十二届纪委五次全会召开，传达十九届中央纪委四次全会、省十一届纪委五次全会、市五届纪委五次全会精神。

6日，县委财经委员会召开第三次会议，专题研究防风险、稳增长、促发展工作。

7日，副市长、县委书记刘卫华到决战脱贫攻坚挂牌督战重点村五龙山瑶族乡洋塘村调研指导脱贫攻坚工作。

9日，九嶷山国家级自然保护区管理局科研人员在与湖南省农林工业勘察设计研究总院专家开展野外植物调查时，在九嶷山国家级自然保护区发现4株国家一级重点保护野生植物伯乐树。伯乐树又名钟萼木，是中国的特有植物和孑遗种，以单科单属单种闻名于世，世代单传而分布数量十分稀少，被列入濒危植物，有植物界“大熊猫”之称。

11日，市委副书记、市长朱洪武先后到九嶷山景区、台湾现代精细农业产业园、湾井镇周家坝万亩优质烤烟示范基地、大凤村、宁远文庙、高科新产业园宇拓科技、湘迪科技等企业，调研指导经济社会发展工作。

同日，宁远县首家口罩生产

线项目建成并投入使用，首批一次性医用口罩试产下线。该口罩厂由长沙至善德医疗科技有限公司投资建设，位于西部工业新城，总投资2000万元，有8条生产线，全部释放产能后每天可生产一次性医用口罩80万只，缓解宁远县及周边县区的医用口罩紧缺压力，助力疫情防控。

13日，县委理论学习中心组召开2020年第一次集中学习研讨会，副市长、县委书记刘卫华作习近平新时代中国特色社会主义思想的基本精神、基本内容、基本要求的辅导报告。

15日，市委书记严华先后到棉花坪瑶族乡沙子田村和柏家坪镇曙光新村、柏家坪社区调研指导脱贫攻坚和疫情防控工作。要求深入学习习近平总书记在决战决胜脱贫攻坚座谈会上的重要讲话精神，统筹抓好疫情防控、复工复产和脱贫攻坚工作，确保实现全年经济社会发展目标任务。

14日—15日，广东营养健康产业协会理事长、广东省健康产业研究院院长张咏，带领广东营养健康产业协会部分企业家到九嶷山舜帝陵、兴泰生物科技和工业园新建厂区，考察宁远投资环境、产业发展方向和自然资源优势，并就康养、医疗、文旅、食品保健等方面进行洽谈。

17日，宁远县第一所乡镇党校——柏家坪镇党校成立。

18日，国家林业和草原局连续公布第一批和第二批国家森林乡村名单，宁远县冷水镇毛家村、九疑山瑶族乡西湾村、柏家坪镇大路尾村、中和镇坦坝村上榜。

19日，县委农村工作会暨决战决胜脱贫攻坚推进会召开，会议主要贯彻落实中央、省、市农村工作和脱贫攻坚工作会议精神，分析全县当前“三农”工作形势和任务，围绕全面建成小康社会和打赢脱贫攻坚战，部署全年“三农”工作。

20日，宁远县召开农村人居环境整治现场剖析会，组织参观禾亭镇新烟竹村人居环境整治情况，观看全县农村人居环境整治“春雷行动”暗访视频，禾亭镇、中和镇、鲤溪镇、禾亭镇新烟竹村、中和镇四都村、鲤溪镇白云岩村，就农村人居环境整治工作作表态发言。

21日，副市长、县委书记刘卫华到桐山街道祥文福早稻专业化集中育秧示范基地、冷水镇冷水村育秧现场和太平镇等地调研，要求抢抓季节，不误农时，以打赢疫情防控阻击战的精神状态打好粮食生产保卫战。

24日，宁远县召开统筹抓好疫情防控和经济社会发展重点工作视频会，传达贯彻省、市相关会议精神，安排部署统筹抓好疫情防控和经济社会发展各项重点工作。

25日，宁远县召开一季度经济运行暨固定资产投资调度会，分析全县一季度经济运行、固定资产投资情况，研究部署下段工作。

26日，市人大常委会副主任周益志到仁和镇、李家铺村裕农农业蛇类养殖基地、湾井镇桥头村嶷峰竹鼠养殖基地、九疑山瑶族乡和平村奇胜种养合作社等地调研中华人民共和国《野生动物保护法》贯彻落实情况。

27日，宁远县召开产业项目建设推进会，副市长、县委书记刘卫华对全县产业项目和重点项目建设工作进行安排部署。

同日，县委理论学习中心组举行第二次集中学习，省发改委经济研究室主任陈强就“十四五”规划基本思路及项目谋划作专题辅导。

31日，副市长、县委书记刘卫华先后到中和镇友谊桥村、杨柳田村和九疑山瑶族乡，调研脱贫攻坚、乡村振兴、春耕生产、防汛防灾和九嶷水库建设工作情况。

同日，宁远县召开2020年卫片执法暨自然资源督察反馈问题整改工作会议，传达2020年国家、省、市卫片执法检查工作有关会议和文件精神，通报国家自然资源督察武汉局反馈和卫片执法检查违法用地整改情况。

4月

2日，副市长、县委书记刘卫华冒雨到九疑山瑶族乡石灰窑村活动中心、四亩田自然村察看地质灾害点，要求当地党委政府做好防汛应急防范，确保人民群众生命财产安全。

同日，县委副书记、县长唐何主持召开工业园区入驻企业代表座谈会，了解入驻园区企业发展规划及入驻情况，听取各企业在园区配套、管理、服务等方面的意见和建议。深圳无界投资控股集团总裁冯道明出席，裕宁电子、湘迪科技等12家企业代表参加座谈。

5日，县委副书记、县长唐何到清水桥镇查看马兰背水库防汛演练布置情况和洛家洞地质灾害点，要求广泛宣传发动，做好应急预案和物资准备，加强应急演练。

6日，县人民医院医护人员屈桂月、李芳、李佳慧、刘琴，圆满完成援鄂抗疫医疗救治任务回到宁远，县人民医院举行援鄂医疗队员返宁欢迎仪式。

8日，省发改委副巡视员李学斌带领督查组，到富民、双福、嘉裕、舜华、福源5个易地扶贫搬迁安置小区督查易地扶贫搬迁问题整改工作。

同日，市政协主席、市轻纺制鞋产业链链长蒋善生到华荣鞋业、汇盛鞋业、伟明服装饰品有限公司、远威鞋业等企业调研轻纺制鞋产业建设工作。

12日，宁远县召开重点工作推进会，通报全县脱贫攻坚、春耕生产、安全生产及稳投资工作情况，安排部署下段工作。会议宣读《2019年全县“十城同创、文明共建”工作表彰决定》，通报2020年一季度“十城同创、文明共建”工作考核情况。

14日，永州市2020年军地联合防汛应急演练在清水桥镇晓睦塘村马栏背水库举行。

15日，市人大常委会党组书记、常务副主任王雄到九嶷山景区、工业园区硕宁电子、宇拓新能源科技、裕宁电子等地调研文化旅游产业和电子信息产业发展情况。

同日，2020年全县人大代表建议和政协委员提案交办会召开，县委副书记、县长唐何出席并讲话。2019年县十七届人大三次会议期间，收到代表议案建议249件。截至10月底，所有议案建议均在规定时间内答复完毕；县政协九届三次会议以来立案的78件提案全部如期办复，提案所提建议都得到采纳和落实。

17日，副市长、县委书记刘卫华先后到水市镇早稻专业化集中育秧示范基地、周家村生猪标准化养殖场和天堂温氏坪岭种猪场、岭脚智慧养殖园区、远丰、源石养殖基地，察看早稻育秧、农田备耕、烤烟生产等工作进展，了解生猪养殖和在建项目建设进度。要求紧盯稳产保供目标，全力做好春耕生产特别是早稻生产，为全年粮食丰收打下坚实基础；落实生猪稳产保供相关政策，强化对生猪养殖全产业链服务，提升生猪产能，推动全县生猪高质量发展。

23日，县委副书记、县长唐何主持召开会议，协调安排对接推动铜锣湾项目尽快落户落地工作。香港铜锣湾集团是一家专业性大型房地产开发企业，主营商业地产。

同日，宁远众创空间被科技部认定为国家级众创空间。

24日，宁远县组成10个专项巡察组和4个脱贫攻坚督查组，到县直职能部门、乡镇（街道）和村（社区）巡察督查脱贫攻坚工作，集中整治产业扶贫、生态扶贫、教育扶贫、就业扶贫等9个方面存在的问题。

同日，全县深化民兵调整改革工作会暨民兵整组、星级达标建设会召开。

25日，宁远县游客服务中心项目举行开工仪式。游客服务中心项目位于九嶷大道东侧，毗邻印山人工湖、印山公园，用地总面积70.95亩，建筑规划面积35000平方米，投资约4亿元。该项目配合九嶷山创建国家AAAAA级旅游景区，建成后可为游客提供旅游交通、住宿、餐饮、购物、信息咨询等系列服务。

26日，省委第三巡视组巡视县委工作汇报会议召开，省委第三巡视组组长张伟达作动员讲话，副组长戴乐平及巡视组全体成员出席。

同日，副市长、县委书记刘

卫华主持召开县委党建工作领导小组2020年第一次会议，传达全省基层党建重点任务推进会议、全市基层公共服务（一门式）全覆盖工作启动会议和《2020年全市基层党建工作要点》精神，听取全县基层党建工作情况汇报。

同日，宁远九嶷河国家湿地公园通过省级评估验收。

27日，市委第二巡察组巡察宁远工业园区党工委暨全市营商环境专项巡察工作动员会召开，副市长、县委书记刘卫华出席并讲话，市纪委副书记、市监委副主任、市委巡察工作领导小组成员唐元提出具体要求，市委巡察组组长李爱斌作动员讲话，县委副书记、常务副县长黄永英主持会议并代表县委、县政府作表态发言。

28日，全省重大项目集中开工永州会场暨永州市2020年第二批重大项目集中开工签约活动通过视频会形式举行，宁远县在西部工业新城光电智能产业园分会场参加。副市长、县委书记刘卫华报告宁远县产业项目集中开工签约情况，各县区招商引资项目进行集中签约。当天，宁远县集中开工和签约项目20个，湖南钇通鞋业、CNC数控加工智能锁制造、年产万吨碳纳米导电材料、温氏生猪养殖等14个项目集中开工，总投资24.31亿元。光电触控显示、易崎自动化设备等6个项目集中签约，总投资7.46亿元。

30日，县委理论学习中心组举行2020年第四次集中学习研讨会，副市长、县委书记刘卫华主持并讲话，县人大常委会主任张明贵就学习习近平总书记关于坚持和完善中国特色社会主义制度、推进国家治理体系和治理能力现代化的重要论述作辅导报告。

5月

1日，副市长、县委书记刘卫华到九嶷山舜帝陵景区和灌溪大凤村景点督导安全生产和疫情防控工作。叮嘱景区负责人时刻紧绷安全生产这根弦，加强安全隐患排查整治，把常态化疫情防控融入景区管理中。

2日，下灌旅游区大凤村旅游探险园开园，在此举行的飞拉达攀岩现场直播活动，吸引线上线下60余万名观众观看。

4日，县委副书记、县长唐何主持召开省委巡视组转办件办理工作调度会，就省委巡视组第一批交办件办理工作进行协调调度。

6日，副市长、县委书记刘卫华先后到水市镇柜林村、天堂山村、大界村，冷水镇神下村、梅翠村、大陂岭村，仁和镇陈安村、春水村等地督查指导脱贫攻坚和基层党建工作。

7日，宁远县召开扫黑除恶专项斗争推进会，学习贯彻中央和省委、市委关于扫黑除恶工作的重要决策部署，对全县专项斗争进行再动员、再部署、再落实。

8日，湖南省现代农业集团党委委员、副总经理王伟宜一行实地考察大界大米加工厂基地、天堂镇源石养殖基地、文庙街道鱼桐村冷链物流产业园的项目选址和建设进度，并就合作项目进行洽谈。

9日，民革湖南省委、湖南省山东商会在县二中举行“教育精准扶贫”捐赠活动，为县教育系统捐赠1万个一次性医用口罩、1万元助学资金，以及价值85万元的书籍、文具等教学用品。

12日，中商产业研究院市场总监刘艳和粤港澳大湾区企业相关负责人一行到宁远县考察项目合作事宜。

13日，市委书记严华先后到工业园、县一中、县人民检察院、县社会福利院和太平镇现代农业特色产业园、上下留村活动中心等地，调研基层党建、居民就业、基本民生和基层运转等工作。他强调，要坚持党建引领，统筹抓好疫情防控和经济社会发展，做好“六稳”工作，全面落实“六保”任务。副市长、县委书记刘卫华陪同调研。

15日，宁远县开通第一个5G基站。该基站位于北纬25° 34'，东经111° 57'，此举标志着全县迈入5G时代。

16日，中基控股集团到宁远县考察文化旅游、生物医药大健康产业等行业投资环境相关情况。

19日，宁远县召开2019年市管领导班子和领导干部年度考核、干部选拔任用工作“一报告两评议”会议。

20日，副省长隋忠诚到水市镇远丰周家能繁母猪养殖基地和九疑山瑶族乡新塘村调研生猪稳产保供和产业扶贫等农业农村工作。他强调，要把生猪稳产保供作为头等民生大事，把发展生猪产业作为深化产业扶贫、推进现代农业、打造粤港澳大湾区“菜篮子”工程猪肉供应基地的重要契机和抓手，走生态化、规模化、标准化、精细化、品牌化路子，确保生猪稳产保供工作高质量发展；要做好产业发展规划，全面提升产业发展综合效益，发展各项扶贫产业、特色产业，带动群众增收致富。

22日，市督导考评组到县新一中建设项目、湖南钇通鞋业、舂陵安置小区、南岳生物单采血浆站、湘妃大道改扩建等建设项目调研产业项目建设。

25日，副市长、县委书记刘卫华到天堂镇远丰源石养殖基地、温氏坪岭种猪场、水市镇大界卫生院和舜陵街道芙蓉学校项目施工现场和新时代文明实践中心，调研生猪稳产保供、床位学位和新时代文明实践中心建设等工作。

26日，国家统计局农村社会经济调查司副司长黄加才一行，到天堂镇温氏坪岭种猪场、远丰源石养殖基地调研复产保供工作。

同日，243只约35周龄的斑嘴鸭放归九嶷河水市水库。斑嘴鸭主要栖息在内陆各类大小湖泊、水库、江河、水塘、河口、沙洲和沼泽地带，被列入《世界自然保护联盟濒危物种红色名录》。

27日，常德市人大常委会党组副书记、副主任王先蒙，常德市人大常委会副主任戴君耀一行到水市镇万亩丰产片、荆家、纸厂里和湾井镇下灌村，调研烟叶产业和美丽乡村建设工作。

29日，宁远县组织全体县级领导开展党纪法规应知应会知识测试。此次测试采取闭卷考试形式进行，内容以习近平总书记关于政治生态的重要论述、党章及“一法、两准则、四条例”为重点。

同日，市公安机关“2020四个大抓建设年·大抓主责和主业”现场推进会暨“永警利剑·夏秋攻势”部署会在宁远县召开。

6月

1日，100多名学龄前儿童在县文庙参加传统仪式“开笔礼”，以此启蒙尊师崇礼教育，传承优秀传统文化、弘扬国学精神。

2日，县总工会召开第十三届委员会第二次会议，选举县委常委、组织部部长陈李勇为县总工会主席。

同日，宁远县组织传达学习十三届全国人大三次会议、全国政协十三届三次会议精神。

同日，2020年湖南省“文旅乡村好韵味网红带你逛潇湘”暨宁远县“公共文化服务月”活动在县文庙广场启动。

3日，副市长、县委书记、县委全面深化改革委员会主任刘卫华主持召开县委全面深化改革委员会2020年第一次会议，传达学习全国“两会”关于改革工作的会议精神、中央深改委第十二次会议、第十三次会议，省委深改委第六次会议、第七次会议和市委深改委2020年第一次会议精神；听取全县“十三五”规划期间改革工作落实及2020年工作安排情况汇报；审议通过《中共宁远县委全面深化改革委员会2020年工作要点》。

4日，全县柑橘种植产业推进会议召开，县委副书记、县长唐何出席并讲话。2020年，宁远县被农业农村部确定为中国优势农产品区域布局的“桂北—湘南—赣南”脐橙优势产业带重点县。

9日，全县防汛抗灾会商调度视频会召开，县气象局、水文局、水利局、应急管理局等8个单位汇报防汛抗灾工作情况。县委副书记、县长唐何出席会议并传达全市防汛抗灾会商调度视频会精神。他指出，各级各部门要统一思想认识，落实防汛抗灾工作责任，科学合理组织调度，时刻关注雨情汛情，坚决保障人民群众生命财产安全。

10日，国家文物局党组成员、副局长胡冰一行到九嶷山舜帝陵、东安头翰林祠等国家级文物保护单位调研文物保护利用工作。

同日，省住房和城乡建设厅巡视员高东山率调研组到县人民医院、一中千禧山庄、税苑小区、下灌村餐厨垃圾处理站等地调研住建工作，并了解“基层党建+”物业管理、老旧小区改造、垃圾分类、城管综合执法网格化等情况。

10日—11日，霸王集团创始人、香港小小世界集团控股有限公司董事局主席万玉华一行到汇盛鞋业、众创空间等企业考察宁远投资环境。

12日，省军区副司令员陈博一行到宁远县调研民兵训练基地建设情况，了解民兵整组、人武部正规化建设等工作。

13日，县委副书记、县长唐何到受蝗灾影响最严重的棉花坪瑶族乡关塘村、柏家坪镇礼仕湾社区茄子园村督导蝗虫灾害防控工作。

17日，县委召开全县领导干部大会，市委常委、组织部部长吴志雄出席会议并宣布省委、市委关于宁远县委主要领导调整的任免决定：肖质彬任中共宁远县委委员、常委、书记；市人民政府副市长刘卫华不再兼任中共宁远县委书记、常委、委员职务。

18日，全市第三次重大项目集中开工签约仪式举行，宁远县在当地分会场参加，县委书记肖质彬，县委副书记、县长唐何出席签约仪式。肖质彬代表宁远县作第三次集中开工和签约项目情况汇报。此次宁远县集中开工签约项目共12个，易崎自动化设备、光电触控显示等集中开工的5个项目，总投资11.26亿元，年度计划投资5.6亿元；聚锂美新能源、鸿扬方聚制造、迪瑞达智能制造等7个集中签约项目，总投资22.8亿元，年度计划投资9.1亿元。12个项目涵盖新能源新材料、智能制造、农产品深加工等行业领域。

21日，市委常委、常务副市长杨昶到宁远县调研脱贫攻坚问题整改清零工作。

同日，县委书记肖质彬到鲤溪镇枫木山村、五龙山瑶族乡洋塘村、水市镇大界村、朝阳新村和舜陵街道麻池塘村等地督导脱贫攻坚问题清零等工作。

22日，县委书记肖质彬到县财政局、税务局、扶贫办、卫健局调研财税工作及债务风险防控、扶贫攻坚和疫情防控工作。

23日，县委书记肖质彬到清水桥镇平田村和桐木漯瑶族乡桐木漯村、龙源新村扶贫车间等地调研督导脱贫攻坚问题整改清零工作。

24日，荣诚集团中国区总经理赵鸿艳带队到十里铺工业园、西部工业园考察企业建厂选址等情况。

同日，县人大常委会召开2019年工作审议总结会暨2020年工作审议动员会，县人大常委会主任张明贵作2019年工作审议总结和2020年工作审议动员报告；2019年被审议单位县农业农村局、县市场监督管理局、市生态环境局宁远分局主要负责人报告整改工作。经投票测评，三个被审议单位均被评为基本满意单位。

25日，县委副书记、县长唐何到禾亭镇永佳水库、仁和镇仁和坝水库调研指导水库防汛抗灾、周边环境保护、防溺水宣传、配套工程建设等工作。

28日，市委常委、常务副市长杨昶到仁和镇陈安村困难老党员、老村支书记陈明秀，天堂镇大坪岭村困难老党员邹想法家中走访慰问。

29日，县委书记肖质彬一行先后到县人民医院、县一中、桐山街道幸福村和桐山街道离任党支部书记陈开元家中，走访看望援鄂医务人员、扶贫工作队长、优秀教师、离职村干部代表等。

30日，县委书记肖质彬到九疑山瑶族乡西湾村、湾井镇下灌村、太平镇上下留村和冷水镇神下村督导脱贫攻坚问题清零工作。

同日，县委副书记、县长唐何到九疑山瑶族乡九龙村、新塘村等地看望慰问老党员和困难党员。

7月

1日，团省委书记汤立斌到柏家坪镇、仁和镇新时代文明实践站、县新时代文明实践中心、司法局、山水城小区、莲花小学等地调研新时代文明实践中心建设试点工作。

同日，宁远县入选第二批革命文物保护利用片区分县名单。

同日，县市监局向宁远县个体经营户蒋阳俊颁发全县首张“证照合一”营业执照。

2日，副省长、公安厅厅长许显辉到宁远县考察检查扫黑除恶、新时代县域警务、规范执法等工作，实地查看全国公安机关执法示范单位宁远县公安局（全省共有2家）执法办案区、全国示范刑事科学技术室宁远县公安局刑事技术室（全省共有4家）；检查快警群防平台在某人流密集小区邻里守望、邻里相助及模拟紧急报警、应急快反处置演练情况，对真正做到“一键报警、一频同振、一屏展示、一呼百应”，打造永州快速反应处置的社会治理现代化体系予以充分肯定；随机检查了禾亭派出所城乡社区警务工作。

6月30日至7月2日，省美术家协会副主席、省油画协会主席段江华，省当代油画院院长曲湘建率省内书画家30余人到县文庙和下灌景区采风。

4日，县委书记肖质彬到湘迪科技有限公司、宁远永州东部生活垃圾焚烧发电厂、县一中新校区、新能源新材料产业园和县一中、二中、三中考点调研产业项目、在建重点项目建设，巡查高考各考点准备工作。在高考各考点，肖质彬要求各级各部门按照“健康高考、公平高考、平稳高考、温馨高考、诚信高考”的总要求，各司其职、密切配合，做好考试期间疫情防控、交通疏导、安全保卫、食品安全、医疗救护、电力保障等工作，为广大考生营造良好考试环境。

7日，高考第一天。县委副书记、县长唐何，县委副书记、常务副县长黄永英，副县长胡红灯等县领导，先后到县一中、三中和二中考点巡查高考考务工作。唐何强调，各级各有关部门和考务工作人员要强化考务管理、严肃考风考纪，加强保密和安全工作，加强考点及周边环境整治，为广大考生提供一个公平公正、轻松舒适的考试环境。

同日，省农业农村厅调研员余习银一行到湾井镇下寨岗村调研闲置宅基地、农房盘活利用情况和农村宅基地管理与改革工作。

9日，县委副书记、县长唐何主持召开全县“防大旱、保生产”视频调度会，要求树牢防大旱思想，科学调配水资源，确保用水效益最大化。

15日，上海烟草集团相关负责人一行到水市镇彭祖村、舜陵烟草站等地调研烟叶生产工作。宁远是烤烟种植大县，舜陵基地单元是全县4个基地单元之一，也是2010年与上海烟草集团的共建单元。

同日，省生态环境厅自然生态保护处副处长周胜文带领专家组到湾井镇下灌污水处理厂、湾井镇垃圾中转站和餐厨垃圾处理中心、下灌村、新塘村、永州东部垃圾发电项目等地调研宁远生态文明建设示范县创建工作。

同日，市委常委、宣传部部长贺辉带领市文旅广体局相关人员到宁远县调研新时代文明实践中心建设和九嶷山舜帝陵景区创国家AAAAA级旅游景区工作。

20日，县委书记肖质彬到莲花红狮水泥、榕达钢业、华荣鞋业、硕宁电子、中明新材料、汇盛鞋业、裕宁电子等重点工业企业调研企业发展情况。

同日，县委副书记、县长唐何主持召开生猪产业链建设推进会，副县长杨友忠等县领导及相关部门负责人参加会议。

21日，香港特区驻武汉经贸办相关负责人一行到汇盛鞋业有限公司等地调研在宁远港资企业发展等相关情况。

同日，北京新合作商业发展有限公司东南部区域公司相关负责人到宁远县考察洽谈地下商业网点开发（平战结合人防工程）

合作项目。

同日，宁远县入选第一批“全国美好环境与幸福生活共同缔造活动培训基地”。

22日，县委书记肖质彬到西部工业新城、新能源新材料工业园等地调研园区发展工作。肖质彬要求，各级各部门要为企业落户开绿灯，全力支持园区建设；管委会要主动承担起园区发展的主体责任，稳步推进园区征地拆迁、招商引资、项目落地等工作，积极对接湘南湘西承接产业转移，推动园区经济向高质量发展。

24日，县委副书记、县长唐何到工业园区湘迪科技和鸿盛电子等企业调研重大产业项目建设工作。

30日，省委第三巡视组向县委反馈巡视情况，省委第三巡视组组长张伟达传达省委书记杜家毫关于巡视工作的讲话精神，代表巡视组反馈巡视情况。

31日，县委书记肖质彬代表县“四大家”领导集中走访慰问驻宁远部队和县消防救援大队官兵，向他们致以节日的问候。

8月

3日，县委副书记、县长唐何到南部生态新城合一府、自来水公司旁地块、中梁地产、湘妃大道柳塘段等地调研重点项目建设情况。

5日，省水旱灾害防御事务中心二级调研员尹华节带队到太平镇坪下村、水市镇杨家山村、水市水库等地调研抗旱工作。

6日，北京金色大地智慧农业科技开发有限公司负责人一行实地考察宁远县金色大地智慧农业安全产业示范园开发建设，县委副书记、县长唐何等领导参加座谈。

6日—7日，省体育局群体处处长傅黎明一行到东溪街道、七彩凤凰水上乐园、西湾村等地调研创建全国全民运动健身模范县工作。

7日，宁远县召开2020年创建全国禁毒示范城市工作部署会。

11日，县委书记肖质彬主持召开“稳就业、强基础、富家乡”主题活动调度会。

14日，东莞市华毅投资有限公司董事长、总经理李明达率考察团到宁远考察旅游项目，洽谈投资事宜。

18日，2020年全市第四次重大项目集中开工签约仪式宁远分会场在新能源新材料产业园二期举行。县委书记肖质彬就宁远县重大项目建设情况作视频连线汇报。宁远县参加集中开工和签约的项目有10个，其中集中开工的是聚锂美新能源、鸿扬方聚制造等6个项目，总投资10亿元，年度计划投资9亿元；集中签约的是宁远外国语学校、友信高档灯饰等4个项目，总投资12亿元，年度计划投资5.5亿元。

同日，省住房和城乡建设厅党组成员、副厅长宁艳芳邀请中国城市规划设计研究院教授级城市规划师、上海交通大学设计学院建筑系教授王林等组成的专家审查组，到宁远召开《宁远县历史文化名城保护规划》现场核实暨专家审查会。

19日，湖南现代农业集团调研组到禾亭镇石城村、桐山街道排楼屋村、水市镇周家村等地的生猪育肥场项目选址地和生猪养殖基地考察调研生猪育肥场项目建设用地情况。

20日，大型扶贫电视连续剧《不负人民》在宁远县举行开机仪式。该剧讲述在脱贫攻坚中，党员干部身先士卒，下沉一线，不负人民期望，带领群众走出贫困的感人故事。该剧入选国家广电总局“2018—2022年百部重点电视剧选题片单（第二批）”。

22日，市委常委、常务副市长杨昶到禾亭镇禾亭粮站、工业园新能源新材料二期、双福小区、八小附属幼儿园等地调研易地扶贫搬迁、粮食收购和重点项目建设推进等工作。

24日，宁远县召开污染防治攻坚战“夏季攻势”、易地扶贫搬迁问题清零、“稳就业、强基础、富家乡”主题活动、基层党建重点任务推进、“十城同创、文明共建”2020年第二季度讲评暨总河长会议。

25日—26日，中基控股集团董事长卢敏一行到宁远县考察工业园展示厅、新能源新材料产业园、光电智能终端产业园及两处拟投资选址地，并举行战略合作框架协议签约仪式。

27日，县十七届人大常委会召开第二十四次会议，表决通过本次常委会会议建议议程，听取和审议《县人民政府关于2019年度全县财政决算草案的报告》《县人民政府关于2019年度全县财政预算执行、部门预算执行以及其他财政收支的审计工作报告》《县人民政府关于2020年全县财政预算细目编制情况和全县部门预算草案编制情况的报告》。会议还进行人事任免，免去黄永英的县人民政府副县长职务，齐纲要为县人民政府副县长。

31日，宁远县入选“2020年全国县域旅游发展潜力百佳县”榜单。

9月

1日，县政府召开2020年第一次全体会议暨全县政府系统廉政工作会议，学习贯彻习近平新时代中国特色社会主义思想，传达落实党中央、国务院及省、市、县相关会议精神，分析全县上半年经济形势及县政府重点工作结账情况，部署下半年经济工作。

1日—2日，省人大代表永州代表团第四小组到九嶷山舜帝陵景区、湾井镇大凤村、九嶷山国防教育基地、潇湘画院等地调研指导全域旅游建设工作。

2日，长江生态环保集团有限公司党委副书记、总经理王世平一行，到宁远县调研考察双方共抓长江大保护工作，并探讨下一步合作思路。

同日，下灌村入选第二批全国乡村旅游重点村名单。

3日，是中国人民抗日战争暨世界反法西斯战争胜利75周年纪念日。宁远县四大家班子成员集中收看“中国人民抗日战争暨世界反法西斯战争胜利75周年纪念日向抗战烈士敬献花篮仪式”直播。

同日，县委书记肖质彬到水市镇小欧家村欧杰友、淌塘村肖习荣和腊树脚村曾纪永等抗战老兵家走访慰问。

4日，宁远县扶贫开发投资管理公司成立。

6日，第五届“古樟情”奖教金颁奖仪式在县一中举行，受奖师生60多名，发放奖金26万元。“古樟情”教育基金会是由县一中校友发起成立，旨在激励、捐助优秀师生的民盟助学助教基金。基金会成立以来，已连续发放5年奖教金，奖励总金额突破100万元。

7日，县委书记肖质彬到县人社局和中欣文旅智慧小镇项目、西部工业新城万豪地产等项目工地调研稳就业和城区重点项目建设工作。

8日，第36个教师节来临之际，县委书记肖质彬实地察看县一中校园环境，了解学校建设、师资队伍等情况，并走访柏建安、欧阳新武、黄志芳等优秀教师代表。

同日，县委副书记、县长唐何到县二中走访慰问教师。

9日，农业农村部政策与改革司一级巡视员赵鲲一行到政府智慧宁远信息中心和先行工作全国试点之一的仁和镇陈安村，调研宁远第二轮农村土地承包到期后再延长30年先行试点、农村集体产权制度改革等工作。

同日，宁远县举行2020年迎老兵、送新兵活动暨《心系国防·筑梦强军》文艺晚会。

10日，宁远县在九疑山瑶族乡新塘村举行扶贫资产确权颁证仪式，宣布新塘村扶贫资产权属情况，明确新塘村委会依法对19个经营性扶贫资产和公益性扶贫资产持有所有权、经营权、收益权、处置权及监督权。县委副书记、县长唐何，县委副书记黄永英、副县长杨友忠出席颁证仪式，并为新塘村颁发扶贫资产确权证书。

11日，永州市决战决胜脱贫攻坚新闻发布会宁远专场在冷水滩区南华大酒店举行，县委副书记、县长唐何现场发布新闻，县委副书记黄永英、副县长杨友忠分别就扶贫资金投入保障、易地扶贫搬迁、扶贫工作重点等方面答记者问，市委宣传部副部长左亚军主持新闻发布会。

同日，省委依法治省办成员、省司法厅一级巡视员唐世月率调研组先后到汇盛鞋业、莲花山法治文化公园、县人民检察院及县司法局等地调研推进全面依法治省工作。

12日，县委书记肖质彬带领县扶贫办、财政局、农业农村局等单位负责人到天堂镇大坪岭养猪场、晓石种猪基地、桐山街道双富小区、冷水镇玉屏集中光伏电站和九疑山瑶族乡新塘村农村综合服务平台等地，调研扶贫资产管理项目工作。

14日，宁远县工业园区被认定为第二批国家级装配式建筑产业基地。

15日，市人大常委会副主任、一级巡视员袁火林率队到宁远县实地察看县政务服务中心办事窗口和工业园区宇拓新能源、裕宁电子、湘迪科技等企业，调研督办提高政务服务效能优化营商环境工作。

16日，市委副秘书长、市台办主任周生来一行到九嶷山台湾风情百果园调研火龙果产业，宁远、道县、蓝山、江永、江华等县区相关负责人及部分台商参加。

17日，全省国有林场和森林公园工作会议在宁远县召开，总结安排相关工作，表彰2019年度国有林场质量管理十佳单位和攸州、九嶷山等2019年度森林公园质量管理十佳单位。

18日，县委副书记、县长唐何主持召开全县根治拖欠农民工工资工作会议。

21日，宁远县举行2020年“平安宁远　法治宁远”专题文艺会演，表彰“十佳基层政法单位”和“十佳政法干警”。

22日，永州市庆祝2020年“中国农民丰收节”主题活动在宁远县湾井镇周家坝村开幕。活动通过表彰先进、举行现代农业成果展、民俗文化展及优质农产品展等，全面展示永州乡村振兴的新形象、新风采、新成就。唐红辉等10位新型农民，罗锡惠等10位脱贫致富能手，仁山湖美田园农庄等10家休闲农庄，麦子园湘香原生态种养专业合作社等10家农民合作社，千世头蔬菜家庭农场等10家家庭农场获得表彰。

同日，县委理论学习中心组举行2020年第六次集中学习研讨会，观看全国“两会”精神主题微宣讲专题片，县委书记肖质彬领学习近平总书记相关讲话精神，传达省市学习贯彻习近平考察湖南系列重要讲话相关会议精神；县委副书记黄永英领学《习近平关于力戒形式主义官僚主义重要论述选编》部分章节及《关于规范政商交往推动构建亲清新型政商关系的意见》《党员干部网络行为“十条戒律”》；县委常委、宣传部部长刘庚旺，县委常委、政法委书记曾海波，副县长胡红灯，分别就《严格落实意识形态工作责任制　坚决打赢网络意识形态主动仗》《学好用好马克思主义经典著作　做忠贞不渝的马克思主义践行者》和学习领会习近平总书记关于学习马克思主义经典的重要论述作中心发言，其他参会中心组成员作交流讨论发言。

24日，县委书记肖质彬主持召开全县绩效考核暨全面小康工作调度会，通报市对宁远县绩效考评工作前三季度的评估、全面小康推进工作和指标完成情况，听取全县主要经济指标完成情况汇报。县委书记肖质彬，县委副书记、县长唐何就完成年度目标任务，各项工作再上新台阶分别提出要求。

25日，省政协港澳台侨和外事委员会副主任、省委台办主任肖祥清带队到九嶷山舜帝陵对台交流基地、台湾精致农业产业园、华荣鞋业、县台湾工业园等地调研对台交流基地建设、台湾工业园发展等工作。

28日，副市长刘卫华到九疑山瑶族乡和平村、九嶷河国家湿地公园湿地科普宣教中心、宁远河杉木园村河段，新一中项目现场等地调研脱贫攻坚工作，查看学位建设和湿地科普宣教中心，并到杉木园村河段巡河。

同日，宁远县在文庙举行纪念孔子诞辰2571周年暨2020年优秀教师表彰大会。239名优秀教师和先进教育工作者获奖。

29日，宁远县迎中秋、庆国庆“稳就业、强基础、富家乡”大型专场招聘会在县文庙广场举行，62家参与企业为求职者提供3000多个就业岗位。当天有18家企业与117名求职者达成用工意向。

30日，是全国第七个烈士纪念日。宁远县在水市镇烈士陵园举行2020年烈士纪念日公祭仪式。县委书记肖质彬参加并宣读祭文。

10月

1日，县委副书记、县长唐何到县公安局指挥中心参与市委副书记、市长朱洪武对各县区的国庆中秋安保维稳和节日慰问调度，并通过指挥中心视频系统查看全县各重点场所治安状况，随后到宁远南高速路口、桐山街道办、文庙广场等城区、城郊各地检查“双节”安保维稳工作，看望一线值班人员。

7日，县委书记肖质彬到五龙山瑶族乡政府和五龙山村、龙凤湾新村、杨桂坪村调研脱贫攻坚“三回头”（回头看、回头查、回头帮）、农村乱占耕地建房、稳就业、劳动力信息平台运用及“一门式”服务工作。

9日，省公安厅二级巡视员徐发科率省“七五”普法考核验收组到九嶷山西湾村、莲花山法治文化公园、县人民检察院、司法局等地，检查验收宁远县“七五”普法规划实施情况。

14日，省生态环境厅自然生态保护处处长唐宇带领专家组实地查看九嶷山自然保护区桃子坪电站整改情况、九嶷山瑶族乡新塘村美丽乡村建设和湾井镇下灌人居环境整治等工作，现场核查宁远县创建省级生态文明建设示范县工作。

同日，市委常委、宣传部部长贺辉一行到九嶷山紫霞岩、玉琯岩、舜帝庙遗址等景区、宁远县人民检察院新时代文明实践示范点和湾井镇下灌社区、舜陵街道印山社区、莲花小学等地，调研基层党建、九嶷山舜帝陵创国家AAAAA级旅游景区以及新时代文明实践中心、融媒体中心建设等工作。

同日，宁远县召开配合迎接国务院第七次大督查暨“真抓实干　创先争优”工作调度会。县委书记肖质彬出席并讲话，要求各级各部门突出问题导向，围绕督查清单，做好督查配合工作；突出精准精细，进一步抓好国务院“真抓实干　创先争优”工作；突出攻坚克难，不折不扣落实工作任务和要求。

15日，宁远县政府与中国石化湖南永州石油分公司举行合作签约仪式，合作内容为中国石化湖南永州石油分公司在宁远县投资建设高标准加油（气）站，完善油气网络，并利用中石化加油（气）站网络优势和易捷品牌线上线下销售渠道，植入宁远县的旅游咨询、智能服务，通过开展“店中店”“特产区”，打造地方名优特商品销售新渠道等。

16日，宁远县2020年度处级干部学法用法考试在县司法局举行。此次无纸化考试采取网上答题形式，考试内容以《中华人民共和国民法典》、永州市地方性法规、条例为主要内容，考题立足实际，试卷内容随机，各不相同，以此提高考试诚信度。

同日，湖南华电永州梅岗思源岭风电场举行投产仪式。梅岗风电项目位于水市镇和九疑山瑶族乡境内，安装30台单机容量为2.5兆瓦和14台单机容量为3.2兆瓦的风力发电机组，装机规模为120兆瓦，预计每年可为电网提供电量2.6亿度。该项目是湖南省单体一次性核准的最大风电项目，项目首台风机基础于2019年8月7日开始浇筑，现已具备投产发电条件。

17日，2020年全县“扶贫日”活动启动仪式暨决战决胜脱贫攻坚推进会召开，对106名扶贫工作先进个人、10个先进单位和10个扶贫爱心企业、爱心组织进行集中表彰并颁奖。

21日—22日，市政协副主席文绍涛带领市政协第三督查组到湾井镇下灌村、东江村等地调研政协工作向基层延伸落实情况。

22日，宁远县组织离休干部及副处级以上退休干部召开2020年经济社会发展情况通报暨九九重阳节老干部座谈会。

同日，宁远县首届“村播带货”直播电商技能大赛启动仪式在县文庙广场举行。

23日，全省公安机关县域智慧新刑技建设应用现场推进会在宁远县召开。与会人员参观宁远县公安局刑事技术室、视频侦查实验室、打击治理网络电信诈骗新型违法犯罪中心、执法办案管理中心，观看宁远县公安局县域智慧新刑技建设应用视频汇报片；会议通报全省公安机关智慧新刑技建设应用情况，推介宁远县公安局等部分市县县域智慧新刑技建设应用经验。

26日，省委常委、省委宣传部部长张宏森到宁远县宣讲习近平总书记考察湖南重要讲话精神，围绕习近平总书记为湖南发展明确的战略定位、战略目标、战略任务、大力发展先进制造业和实体经济、脱贫攻坚和乡村振兴、生态文明建设、调查研究、问计于民、基层建设、红色文化12个方面进行解读。并到县新时代文明实践中心、湾井镇下灌社区调研指导基层党建工作。

同日，宁远县在新时代文明实践中心举行庆祝首届环卫工人节暨表彰大会，周清云等30名“最美环卫工人”和蒋文芳等6名“环卫先进工作者”获表彰，全县近百名一线环卫工作者代表参加大会。副县长欧阳国春等为最美环卫工人和环卫先进工作者颁奖。

27日，副省长朱忠明到宁远县考察调研稳就业、残疾人保障政策落实和城市无障碍环境建设情况，到部分公共场所，仔细检查残疾人无障碍通道、无障碍卫生间等配套设施建设和维护情况，广泛听取基层代表意见建议。朱忠明强调，要深入学习贯彻习近平总书记考察湖南时对就业和残疾人事业作出的重要指示精神，落实就业优先政策，用好“湘就业”等综合信息服务平台，突出做好高校毕业生、退役军人、农民工、城镇困难人员和残疾人等重点群体就业工作，确保就业局势总体稳定；推动残疾人保障政策和无障碍环境建设法律法规落地落细，强化组织领导，加强宣传普及，抓好无障碍设施的新建、改造和维护。要深入调研、摸清情况，主动谋划、加强对接，尽快将就业、残疾人事业和无障碍环境建设等民生保障工作纳入明年政府工作报告和“十四五”规划。

28日，市委副书记、市长朱洪武带领市生态环境局、住建局负责人到宁远县现场督办环保问题整改工作。朱洪武强调，针对省环保督察交办的问题，要行动过硬、态度坚决、责任压实、立行立改、确保实效；要举一反三，针对问题开展同类摸排，提前发现问题、提前整改处置到位；要积极回应群众关切，切实提升生态环境治理能力，以实际成效取信于民、造福于民。

29日，市政协主席蒋善生率驻永省政协委员到湾井镇下灌村、周家坝村大凤自然村视察乡村振兴工作。

11月

5日，九嶷山生态保护法庭成立。

7日，2020年中国户外健身休闲大会湖南首站在九嶷山舜帝陵广场举行。国家体育总局原纪检组长、中国奥委会原副主席王宝良，中国登山协会主席李致新，省体育局党组书记、局长李舜，市委常委、副市长贺辉，国家体育总局登山运动管理中心新项目部部长李文茂，市文化旅游广电体育局党组书记、局长蒋井泉，县领导肖质彬、唐何、黄永英、张明贵、李苏昭，永州籍举重奥运冠军王明娟和来自全国各地的2650名选手参加。

11日，中央文史研究馆文史业务司司长耿识博带队到县文庙、九嶷山舜帝陵、古舜帝庙遗址博物馆、玉琯岩等地采风。

12日—13日，江西财经大学经济学院教授、中国农业农村现代化研究院院长周应恒率农业农村部第三方监测评估组到九疑山瑶族乡新塘村、西湾村、仁和镇陈安村、建兴村等地实地查看和评估验收宁远县开展农村集体产权制度改革试点工作。

13日，宁远县召开党外代表人士座谈会，传达学习党的十九届五中全会精神，通报宁远县“十四五”规划发展思路、重大工程项目相关情况，征求医疗、教育、交通等方面工作的意见建议。

15日，省委副书记乌兰到宁远县考察调研。在光电智能终端产业园调研湖南湘迪科技公司3D打印项目，对企业为疫情防控所做出的贡献表示肯定。乌兰指出，要依托科技创新，推进优势产业集群发展，不断壮大县域经济。在宁远二中，详细了解化解大班额和师资队伍建设等情况。乌兰指出，当前学校基础设施大为改善，在提升硬件档次的同时关键要走内涵式发展道路，把立德树人根本任务落实好，培养德智体美劳全面发展的社会主义事业建设者和接班人。

16日，县委书记肖质彬主持召开全县领导干部会议，传达习近平总书记在党的十九届五中全会上关于中央政治局工作的报告精神、习近平总书记关于《中共中央关于制定国民经济和社会发展第十四个五年规划和二〇三五年远景目标的建议》的说明、中共中央办公厅关于做好党的十九届五中全会精神学习宣传的通知。肖质彬强调，要加强领导、精心组织，迅速掀起学习宣传贯彻十九届五中全会精神的热潮；要对标对表，科学谋划“十四五”规划；要全力冲刺攻坚，抓紧抓实年底收官工作；要慎终如始抓好疫情防控，巩固提升经济企稳回升态势，全力改善民生和维护稳定。

18日，2020年全市第五次重大项目集中开工签约活动宁远分会场在西部工业新城举行。此次活动宁远县有10个项目参加集中开工和签约，新开工项目4个，新签约项目6个，新储备亿元以上项目10个，总投资达50亿元。

19日，《羊城晚报》报业集团携手爱心企业到县一中开展“文化晚餐”公益赠报活动。《羊城晚报》2016年发起的公益赠报活动，旨在创新文化扶贫形式，支持教育事业发展。

20日，下灌村入选“第六届全国文明村镇”名单。

21日，宁远县获“第二批省级生态文明建设示范县”称号。

23日，县委书记肖质彬到福慈养老院、笔架山市场、和润万家超市、步步高超市、湘运车站、县人民医院等地督查调度常态化疫情防控工作。

24日，宁远县举行《中华人民共和国民法典》《中国共产党政法工作条例》专题辅导报告会，邀请省纪委监委驻省司法厅纪检组长、司法厅党组成员胡知荣，市委政法委常务副书记唐国玉作专题辅导。

29日，宁远县在长沙举行招商推介暨“十四五”规划编制座谈会。省政府原副省长郑茂清、省人民检察院原检察长李志辉以及宁远长沙商会、北京商会、上海商会、广东商会代表受邀参加。

12月

1日，全县互帮互助恳谈会暨县委理论学习中心组2020年第七次、第八次集中学习研讨会召开。会议主要围绕脱贫攻坚、“三个一”“稳就业、强基础、富家乡”主题活动三个方面的工作谈问题、谈思想、谈对策。

同日，市委常委、常务副市长杨昶在宁远县主持召开湖南省2020年森林火灾应急演练现场调度会，研究部署将于12月下旬举行演练的各项筹备工作，到桐山街道高福村的演练山头实地查看地形地貌。

2日，宁远县召开人武部党委第一书记任职命令大会，市委常委、永州军分区政委冯紫英出席并宣读永州军分区党委关于肖质彬任宁远县人民武装部党委第一书记的批复。

3日，省委党校法学教研部副主任彭澎教授率省“减轻基层负担与调动基层干部积极性相结合的体制机制”改革试点事中第三方评估组到宁远县调研改革试点工作。

9日，2020年湖南省风景名胜区保护管理培训班在宁远县开班。

15日，省委宣讲团永州分团到宁远县宣讲党的十九届五中全会精神。

15日—16日，省侨联兼职副主席、省侨商会会长、湖南蓝马车业集团有限公司董事长、香港宏伟投资集团有限公司董事长庄启宁带领省侨联侨商联合会一行，到下灌古村、舜帝陵、玉琯岩、西部工业园展示大厅、南部生态新城等地调研考察，肯定宁远县在农业、房地产、文旅等方面的发展优势，表明初步投资意向。县委书记肖质彬出席座谈会并讲话。

17日，副省长谢卫江带领省政府办公厅、省文旅厅、省退役军人事务厅等省直部门负责人到宁远县调研文化旅游和退役军人事务工作。

18日，水市镇获评“2020年省级农业产业强镇”称号。

22日，湖南省村（社区）“两委”换届第四督导组到九疑山瑶族乡和平村、西湾村，舜陵街道印山社区等单位督导村（社区）“两委”换届选举工作。

23日，宁远县召开2020年全县劳动模范和先进工作者表彰大会，表彰过去5年来为全县经济社会发展做出突出贡献的劳动模范和先进工作者，授予王承远等16名同志“宁远县劳动模范”称号，授予刘永生等14名同志“宁远县先进工作者”称号并进行表彰。

24日，副市长刘卫华一行到宁远县召开座谈会，征求《市政府工作报告》修改意见，与会人员就环境保护、全域旅游、农业发展、医疗教育、工业建设等方面提出意见和建议。

28日—30日，政协宁远县第九届委员会第五次会议召开。县政协主席李苏昭代表政协宁远县第九届委员会常务委员会向大会作工作报告；县政协副主席赵吉永作《政协宁远县九届四次会议以来提案工作情况的报告》；县委常委、常务副县长齐纲要受县人民政府委托，作县政协九届四次会议以来提案办理情况的说明；县政协副主席肖红梅宣读表彰先进决定。县委书记肖质彬出席会议并讲话。会议召开选举大会，以投票方式选举吴新波为政协宁远县第九届委员会主席，尹国军、袁春芬为政协宁远县第九届委员会副主席，陈艳兰、欧阳宁芳为政协宁远县第九届委员会常务委员会委员。

29日—31日，宁远县第十七届人民代表大会第五次会议召开。县长唐何作县人民政府工作报告；县人大常委会主任张明贵受县第十七届人民代表大会常务委员会委托作工作报告；县人民法院院长吕新陵作县人民法院工作报告；县人民检察院检察长作县人民检察院工作报告；县财政局局长杨国基作财政工作书面报告，县发改局局长曾彩平作国民经济及社会发展计划工作书面报告。大会举手表决通过县长唐何所作的《宁远县人民政府工作报告》的决议，县人大常委会主任张明贵所作的《宁远县人民代表大会常务委员会工作报告》的决议，县人民法院院长吕新陵所作的《宁远县人民法院工作报告》的决议，县人民检察院检察长周辉所作的《宁远县人民检察院工作报告》的决议和宁远县国民经济和社会发展第十四个五年规划纲要的决议，宁远县2020年国民经济和社会发展计划执行情况与2021年计划报告的决议，宁远县2020年预算执行情况与2021年预算的决议。

△宁远九嶷河国家湿地公园通过国家林业和草原局评估验收，成为“国家湿地公园”。2019年以来，九嶷河国家湿地公园还先后获评“湖南省生态文明教育基地”、国家AAA级旅游景区、湖南省2020年度湿地公园质量管理评估优秀单位。

宁远概貌

九嶷山舜帝陵（李文/摄）

建置沿革

1万多年前，宁远先民就群居农耕，种稻制陶。4000多年前，今境域属南蛮、百越部落交错聚居处的苍梧之野，舜帝崩葬九疑，部分中原民族包括苍梧族和舜部落慕迁至此，为境域带来中原文化，蛮越文化与中原文化交融日深，境域渐入华夏文化圈。春秋时期，楚人南下入湖湘，楚灵王时（前540—前529）九疑舜陵即名彰楚都。至战国，境域属楚南苍梧郡之洮阳县或郴县。秦王政二十四年（前223），秦灭楚，设九疑县。秦统一后，改苍梧郡为长沙郡，境域属长沙郡之九疑县。

西汉初，改长沙郡为长沙国，高后二年（前186），废九疑县置泠道县（县治先在今蓝山境，后迁今宁远泠水）、舂陵县（县治在今柏家坪），隶属长沙国。文帝后元七年（前157）吴氏王室无嗣除国，在原长沙国南部设桂阳郡，泠道、舂陵二县属之。武帝元朔五年（前124）六月，封长沙国定王刘发之十三子刘买为舂陵侯，舂陵县遵制改为侯国，隶属桂阳郡。元鼎六年（前111）置零陵郡，并从泠道县析置营道县（县治在今道县蚣坝），泠道县、营道县、舂陵侯国转隶零陵郡。元帝初元四年（前45），第三代舂陵侯刘仁率族众476户北徙南阳，留子昌为两代侯王守墓，域北舂陵侯国并入泠道县。王莽居摄元年（6），改泠道县为泠陵县、营道县为九疑亭，改零陵郡为九疑郡，泠陵县、九疑亭属之。东汉光武帝建武元年（25），泠陵县复名泠道县，九疑亭复名营道县，九疑郡复名零陵郡，泠道、营道二县属荆州刺史部零陵郡。

三国吴甘露元年（265），从泠道县析置舂陵县，泠道、营道、舂陵三县隶属荆州营阳郡。凤凰元年（272），改舂陵县为舂阳县，隶属依然。

西晋太康元年（280），废营阳郡入零陵郡，境域三县隶属荆州零陵郡。怀帝永嘉元年（307）置湘州，境域三县隶属湘州零陵郡。东晋穆帝永和元年（345），舂阳县复名舂陵县。此后析零陵郡复置营阳郡，永和八年（352），境域三县隶属湘州营阳郡。安帝义熙十二年（416），裁湘州，境域三县隶属荆州营阳郡。

南朝宋武帝永初三年（422），复置湘州，境域三县隶属湘州营阳郡。梁武帝天监十四年（515，一说天监四年），改营阳郡为永阳郡，境域三县隶属荆州永阳郡。梁元帝承圣元年（552），境域三县隶属荆州之营州永阳郡。陈因之。

隋开皇九年（589），泠道、舂陵二县并入营道县，治所设原泠道县城，隶属永州。炀帝大业三年（607），复改永州为零陵郡，营道县隶属零陵郡。大业十三年（617），萧铣起兵反隋，建国号梁，析营道县置梁兴县（治所为今县城）。

唐武德四年（621）平萧铣，废零陵郡析置营州，营道县治迁州廓（今道县营江），营道县在今宁远境消亡，梁兴县更名唐兴县，隶属于江南道营州。次年，因北方有营州，南方营州更名南营州，唐兴县隶属江南道南营州。贞观八年（634），南营州改名道州，唐兴县隶属江南道道州。贞观十七年（643），废道州入永州，唐兴县隶属江南道永州。上元二年（675），析永州复置道州，唐兴县隶属江南西道道州。武则天长寿二年（693），改唐兴县为武盛县，隶属江南西道道州。中宗神龙元年（705），武盛县复名唐兴县，隶属江南西道道州。玄宗天宝元年（742），改道州为江华郡，改唐兴县为延唐县，隶属江南西道江华郡。肃宗乾元元年（758），江华郡复名道州，延唐县隶属江南西道道州。代宗大历二年（767）七月，析延唐县置大历县，治所设今清水桥镇座塘村。

五代后梁太祖开平年间（907—911），改延唐县为延昌县，隶属道州。后唐庄宗同光元年（923），延昌县复名延唐县。后唐末帝清泰年间（934—936），奉后唐正朔的楚国马希范政权析大历县置舂陵场。后晋高祖天福七年（942），改延唐县为延熹县，境域二县一场隶属江南道湘州之道州。南唐保大九年（951），奉后晋正朔的楚国马希萼政权为李璟所灭，延熹县复名延唐县。

北宋乾德二年（964），荆湖转运使张永锡奏以户口少，大历县、春陵场并入延唐县，延唐县又奉敕改名宁远县，隶属荆湖路道州江华郡。太宗至道三年（997），隶属荆湖南路道州江华郡。南宋高宗绍兴元年（1131），隶属荆湖东路道州江华郡。次年，隶属荆湖南路道州江华郡。

元世祖至元十三年（1276），宁远县隶属湖广行中书省道州路。

明太祖洪武元年（1368），宁远县隶属湖广行省道州府。洪武九年（1376），隶属湖广行省永州府道州。

清圣祖康熙三年（1664），宁远县隶属湖南省衡永郴桂道永州府。

民国建立，以《卿云歌》为国歌，当时全国有5个宁远县，经湖南都督谭延闿力争，保留下宋朝开国皇帝亲敕的湖南宁远县，撤销其余宁远县。民国3年（1914），宁远县隶属湖南省衡阳道。民国26年（1937）12月，隶属湖南省第九行政督察区，民国29年（1940）4月，隶属湖南省第七行政督察区。1949年8月，隶属湖南省湘南行政区。

1950年11月，宁远县隶属湖南省永州专区。次年，隶属湖南省零陵专区。1952年11月，隶属湖南省湘南行署。1962年12月，隶属湖南省零陵专区。1969年，隶属湖南省零陵地区。1995年11月，隶属湖南省永州市。至今依然。

表 1　　**宁远置县沿革表**

<table>
<tr><td colspan="4">九疑县（前223—前186）</td></tr>
<tr><td colspan="3">泠道县（前186—前124）</td><td>春陵县（前186—前124）</td></tr>
<tr><td colspan="3">泠道县（前124—前111）</td><td>春陵侯国（前124—前111）</td></tr>
<tr><td>营道县（前111—前45）</td><td colspan="2">泠道县（前111—前45）</td><td>春陵侯国（前111—前45）</td></tr>
<tr><td>营道县（前45—6）</td><td colspan="3">泠道县（前45—6）</td></tr>
<tr><td>九疑亭（6—25）</td><td colspan="3">泠陵县（6—25）</td></tr>
<tr><td>营道县（25—265）</td><td colspan="3">泠道县（25—265）</td></tr>
<tr><td>营道县（265—272）</td><td colspan="2">泠道县（265—272）</td><td>春陵县（265—272）</td></tr>
<tr><td>营道县（272—345）</td><td colspan="2">泠道县（272—345）</td><td>春阳县（272—345）</td></tr>
<tr><td>营道县（345—589）</td><td colspan="2">泠道县（345—589）</td><td>春陵县（345—589）</td></tr>
<tr><td colspan="4">营道县（589—617）</td></tr>
<tr><td colspan="2">营道县（617—621）
武德四年（621），营道县治移道州城</td><td colspan="2">梁兴县（617—621）
隋大业十三年（617），县治即设今县城</td></tr>
<tr><td colspan="4">唐兴县（621—693）</td></tr>
<tr><td colspan="4">武盛县（693—705）</td></tr>
<tr><td colspan="4">唐兴县（705—742）</td></tr>
</table>

续表 1

<table>
<tr><td colspan="3">延唐县（742—767）</td></tr>
<tr><td colspan="2">延唐县（767—907）</td><td>大历县（767—907）</td></tr>
<tr><td colspan="2">延昌县（907—923）</td><td>大历县（907—923）</td></tr>
<tr><td colspan="2">延唐县（923—942）</td><td>大历县（923—942）</td></tr>
<tr><td>延熹县（942—951）</td><td rowspan="2">大历县（942—964）</td><td rowspan="2">舂陵场（936—964）</td></tr>
<tr><td>延唐县（951—964）</td></tr>
<tr><td colspan="3">宁远县乾德二年（964），荆湖转运使张永锡奏以户口少，其大历县、舂陵场割入延唐县，又奉敕改为宁远县</td></tr>
</table>

说明：907 年为后梁开平元年，其年号共 5 年，此间改延昌县；936 年为后唐清泰三年即马希范楚奉后唐年号为正朔，此年从零陵县析置东安场；942 年为后晋天福七年即马希范楚奉后晋年号为正朔；951 年为南唐保大九年，此年马氏楚国奉南唐年号为正朔

行政区划与人口

【概　况】　2020年，宁远县辖舜陵街道、文庙街道、桐山街道、东溪街道4个街道，天堂镇、水市镇、湾井镇、九疑山瑶族乡、冷水镇、太平镇、保安镇、禾亭镇、仁和镇、棉花坪瑶族乡、中和镇、柏家坪镇、清水桥镇、桐木漯瑶族乡、鲤溪镇、五龙山瑶族乡16个乡镇。有406个行政村，12个城市社区，4个集镇社区。2020年年末，全县常住人口68.41万人，其中男性36.29万人，女性32.12万人，男女性别比112.96。常住人口中城镇人口32.81万人，城镇化率47.95%。全年上报出生人口7316人，人口出生率8.47‰。死亡人口4870人，人口死亡率5.42‰，人口自然增长率3.05‰。

自然地理

【区位面积】　宁远县位于湖南省永州市南部，南有九嶷山，北倚阳明山，东邻新田县、嘉禾县、蓝山县，南接江华瑶族自治县，西界道县、双牌县，北连祁阳县、金洞林场。地处北纬25° 12′ 01″ —26° 08′ 19″ 、东经111° 43′ 39″ —112° 15′ 13″ 之间，南北长101.5千米，东西宽53.2千米，总面积2510.96平方千米。

【地质地貌】　宁远属湘南山区，地形复杂，地貌四周高、中间低，呈舟状，山地、丘陵、岗地和平原俱全，其中山丘面积占全县面积的62.78%。境内最高峰海拔1959.2米，最低点海拔165米。主要分布有舂水、泠江、九嶷河、仁水4条河流，湖泊主要以山塘水库为主，其中水市水库、半山水库、双龙水库、凤仙桥水库、永佳水库5个中型水库，总库容达到6463万立方米。

【气　候】　宁远县地处南岭中段萌渚岭北麓，阳明山以南，属中亚热带季风湿润性气候区。冬寒期短，夏热期长；春温多变，寒流频繁；雨季明显，局部洪涝，夏秋多旱；光照充足，无霜期长，四季分明，生长期长。主要气象灾害有干旱、暴雨洪涝、冷害与连阴雨、大风、冰雹、冻

害、雷电等。

2020年，宁远年平均气温为19.5℃，比历年平均值偏高0.9℃；年极端最高气温为38.0℃，出现在7月25日；年极端最低气温为-1.0℃，出现在12月31日。年降水量为1448.7毫米，比历年平均值少1.6毫米；一日最大降水量为62.9毫米，出现在4月2日。年日照时数为1422.6小时，比历年平均值少163.6小时；年日照百分率为32%，较历年平均值少3%。无霜期日数为366天。2020年气温较历年平均值正常，降水量较历年平均值正常，日照偏少；年内出现重度连阴雨、暴雨洪涝、高温热害、中度干旱、强冷空气等灾害性天气，给宁远工农业生产和人民生活造成较大损失，整体气候为正常偏差年景。

主要气象要素及天气现象

【气　温】 宁远历年平均气温为18.6℃，年平均气温变动在17.5℃—19.4℃之间，变幅1.9℃。宁远气温年变化较大，以年较差数计算（即当年最热月份平均气温与最冷月平均气温之差），历年平均年较差为21.6℃，最大年较差为25.9℃，出现在1977年；最小年较差为18.7℃，出现在1997年。宁远年内最高气温普遍出现在7月中旬至8月上旬，极端最高气温为40.2℃，出现在2003年8月3日；年内最低气温普遍出现在12月下旬至2月初，极端最低气温为-6.2℃，出现在1999年12月23日。全年之中4—5月升温明显，正值春暖夏热之交。10—11月降温明显，正值秋凉转秋寒之际。宁远气温的日变化一般是凌晨最低，午后最高，变化幅度以气温日较差量化表示。气温的日变化有明显的季节性，一年之中的盛夏和初秋最大，春季和秋季次之，冬季最小。宁远气温日较差大，年内平均气温日较差为8.1℃，其中7月最大，为9.4℃；2月最小，为6.4℃。一日最大气温日较差为23.6℃，出现在1989年12月4日。

2020年气温较历年平均值（ΔT=0.9℃）正常。

表 2　历年各月平均气温表　单位：℃

月份	1	2	3	4	5	6	7	8	9	10	11	12	年均
气温	7.1	9.2	12.8	18.8	23.2	26.5	28.7	28.0	24.8	20.0	14.4	9.2	18.6

表 3　2020 年各月平均气温表　单位：℃

月份	1	2	3	4	5	6	7	8	9	10	11	12	年均
气温	9.0	12.9	15.1	16.9	25.8	28.1	30.0	28.9	24.2	19.0	16.1	7.8	19.5

【雨　量】 宁远年降水量在937.4毫米—2186.0毫米，年平均降水量为1450.3毫米。降水量年际变化较大，最大值为2186.0毫米，出现在2002年；最小值为937.4毫米，出现在1969年。从季节上看，4—6月是宁远的雨季，雨季总降水量为610.5毫米，占全年总降水量的42%；7—9月是宁远的旱季，降水量骤减至339.4毫米，仅占全年降水量的24%。2018年宁远年降水总量为1424.3毫米，月降水量以5月最多，达209.2毫米；2月降水量最少，为17.1毫米。宁远降水日数在127—195天，历年平均降水日数为164天，2018年全年降水日数为166天。降水日数年际变化也较为明显，最多为195天，出现在1970年，最少为127天，出现在2003年。降水强度以24小时降水量表示，最大降水强度为166.6毫米/24小时，出现在2004年6月16日。2020年降水强度峰值为93.2毫米/24小时，出现在3月5日。降水分布集中、强度大、持续时间长，易引发山洪暴发，造成洪涝泥石流灾害。

2020年降水量较历年平均值（ΔR%=0.1%）正常。

表 4　　年各月平均降水量表　　单位：毫米

月份	1	2	3	4	5	6	7	8	9	10	11	12	合计
降水量	75.1	105.1	151.8	196.6	219.0	192.0	133.6	140.0	65.3	65.3	62.8	43.7	1450.3

表 5　　2020 年各月降水量、降水日数表

月份	1	2	3	4	5	6	7	8	9	10	11	12	合计
降水量（毫米）	93.6	177.4	352.5	211.1	226.0	127.4	31.4	76.8	116.9	23.9	0.2	11.5	1448.7
降水日数（天）	10	17	21	14	11	13	9	9	16	5	2	9	136

【日　照】　宁远年平均日照时数为1616.1小时，年日照百分率为37%，其中1963年日照时数最多，达1973.6小时，日照百分率达45%；1960年日照时数最少，仅1343.6小时，日照百分率为30%。年内各月日照分布不均，且季节变化较大，以夏季（6—8月）最多，达639.5小时，占全年日照总时数的40%，其中7月日照以时数251.7小时、占比全年16.0%列夏季最高。1978年7月日照时数达332.3小时，而2月日照时数仅60.3小时；从另一层面看，2002年2月日照时数只有9.2小时，日照时数的季节差异和年际变化都比较明显。

2020年日照较历年平均值少163.6小时，日照百分率较历年平均值少3%。

表 6　　年各月平均日照时数表

月份	1	2	3	4	5	6	7	8	9	10	11	12	合计 / 年均
日照时数(小时)	65.2	56.9	62.4	98.1	135.5	165.4	247.3	218.0	158.1	136.1	126.6	116.6	1586.2（合计）
日照百分率（%）	20	18	17	26	33	40	59	55	43	38	39	36	35（年均）

表 7　　2020 年各月日照时数和日照百分率表

月份	1	2	3	4	5	6	7	8	9	10	11	12	合计 / 年均
日照时数(小时)	66.7	61.9	34.7	112.5	150.9	122.3	224.9	201.7	69.6	70.3	178.2	128.9	1422.6（合计）
日照百分率（%）	20	19	9	29	36	30	54	50	19	20	55	40	32（年均）

【气　压】　宁远地处湘南，纬度较低，气压感应部分海拔高度为205.0米，年平均气压较低，为991.4百帕。气压年际间变化不大，年平均气压最高位993.5百帕，最低位988.6百帕。气压的年内变化较大，夏半年主要受暖湿气流影响，气压较低；冬半年主要受干冷空气的影响，气压较高。月平均气压最高为12月的1000.6百帕，最低为7月的981.4百帕。历年极端最高气压为1016.2百帕，出现在1999年12月22日；历年极端最低气压为969.1百帕，出现在2007年8月11日。

2020年宁远气象站测得年均气压较历年偏低4.5百帕。

表 8　　年各月平均本站气压表　　单位：百帕

月份	1	2	3	4	5	6	7	8	9	10	11	12	年均
气压	1000.2	997.5	994.1	989.8	986.2	982.2	981.5	982.5	988.0	994.1	997.9	1000.7	991.2

表 9　　2020 年各月平均气压表　　单位：百帕

月份	1	2	3	4	5	6	7	8	9	10	11	12	年均
气压	993.8	993.5	987.9	989.3	979.8	977.2	977.3	978.1	983.0	990.0	993.4	996.8	986.7

【蒸发量】 宁远历年平均蒸发量为1438.1毫米，年蒸发量最多为1739.9毫米（1963年），年蒸发量最少为1113.9毫米（2002年）。温度作为影响蒸发量的主要因素具有明显的季节变化，因此蒸发量也存在夏季多冬季少的季节特点。宁远县历年7月蒸发量最大为233.6毫米，1月蒸发量最少为49.8毫米。蒸发量与光照、风速、气温呈线性关系。2020年宁远县蒸发量以8月最大达260.6毫米，1月最少仅52.7毫米。

2020年蒸发量较历年平均蒸发量多263.6毫米。

表 10　　年各月蒸发量表　　单位：毫米

月份	1	2	3	4	5	6	7	8	9	10	11	12	合计
蒸发量	49.8	54.0	71.3	97.4	134.8	160.8	233.6	199.0	158.9	124.6	87.6	66.3	1438.1

表 11　　2020 年各月蒸发量表　　单位：毫米

月份	1	2	3	4	5	6	7	8	9	10	11	12	合计
蒸发量	64.8	79.2	99.6	135.3	186.6	199.2	289.1	261.8	150.4	114.0	140.7	106.7	1827.4

【湿　度】 宁远的相对湿度年内变化不大，年平均相对湿度为79%，月平均最大为83%，最少为75%。春季3—5月相对湿度较大，平均相对湿度为82%；秋季9—11月相对湿度较小，平均相对湿度为76%。历年最小相对湿度为8%，出现在1977年5月3日和1990年12月7日。

2020年平均相对湿度较历年平均值正常。

表 12　　历年各月平均相对湿度表

月份	1	2	3	4	5	6	7	8	9	10	11	12	年均
相对湿度(%)	80	81	83	82	81	81	75	77	77	76	76	76	79

表 13　　2020 年各月平均相对湿度表

月份	1	2	3	4	5	6	7	8	9	10	11	12	年均
相对湿度（%）	81	81	88	79	79	81	71	73	86	79	72	77	79

【地　温】　宁远地表温度年平均值为20.9℃，最高地温为1966年和2007年的22.1℃，最低地温为1960年的19.8℃。年内地温最高值出现在7月，最低值出现在1月。地面极端最高温度为72.4℃，出现在1971年7月16日，极端最低地温为-11.4℃，出现在1963年1月15日。研究表明，地面温度与气温呈正相关。5、10、15、20厘米浅层地温的历年平均值分别为20.0℃、20.1℃、20.3℃、20.3℃。每层地温年平均值差别不大，其中地面至5厘米地温降低0.9℃、5厘米至10厘米地温差0.1℃、10厘米至15厘米地温差0.1℃、15厘米至20厘米地温相近，与上层地温较深层地温变化大这一结论一致。地温随深度的变化有明显的季节性差异：一年之中，3月至9月地温随深度的增加而降低且以7月这一特性最为显著；10月至次年2月地温随深度的增加而升高且以12月这一特性最为显著。土壤温度的日变化以地表温度的日变化为最大，向深层逐渐减小。

表 14　　年各月平均地温表　　单位：℃

月份	1	2	3	4	5	6	7	8	9	10	11	12	年均
地温	7.9	9.8	13.9	20.0	25.4	29.9	33.7	32.5	28.5	22.7	15.9	10.2	20.9

表 15　　2020 年各月平均地温表　　单位：℃

月份	1	2	3	4	5	6	7	8	9	10	11	12	年均
地温	10.0	14.1	16.0	18.9	29.3	31.4	35.4	34.1	26.9	20.9	19.4	9.4	22.2

【风】　风向　宁远的风向具有明显的季节性变化：冬季盛行偏北风，夏季多偏南风，春秋两季为冬、夏季风交替时期，风向较不稳定，但仍以偏北风的频率为最。宁远仅7月多偏南风，其他各月均以偏北风为主。

风速　宁远地处丘陵地区，平均风速较小，县城多年平均风速为1.8米/秒。各月平均风速在1.5—1.9米/秒之间，常给人以微风拂面的感觉。超过17.0米/秒的大风出现次数不多，年均2次，发生最多频次为1981年的10次，宁远站的极大风速为24.8米/秒，出现在2002年4月5日。平均风速随季节变化的特征不明显。

表 16　　年各月平均风速表　　单位：米 / 秒

月份	1	2	3	4	5	6	7	8	9	10	11	12	年均
风速	1.9	1.9	1.9	1.7	1.6	1.5	1.8	1.6	1.6	1.7	1.8	1.8	1.8

表 17　　2020 年各月平均风速和各月最多风向表　　单位：米 / 秒

月份	1	2	3	4	5	6	7	8	9	10	11	12	年
风速	1.6	1.2	1.5	1.2	1.5	1.4	2.0	1.6	1.4	1.4	1.7	1.6	1.5（年均）
风向	NE	C、NE	C、NE	C、NE	C、SE	C、SW	WNW	SSE	NE	NE	NE	NE	C、NE

说明：北（N）东北（NE）、北东北（ENE）、东（E）、东东南（ESE）、东南（SE）、南东南（SSE）、南（S）、南西南（SSW）、西南（SW）、西西南（WSW）、西（W）、西西北（WNW）、西北（NW）、北西北（NNW）、静风（C）

【霜】 宁远地理位置偏南，无霜期较长，历年平均霜日为14天，出现霜日的月份从当年的10月至次年的4月。年平均无霜期为297天。最长无霜期为348天，出现在1965年；最短无霜期为230天，出现在1966年。初霜日出现最早的为1992年10月29日，最迟的为1995年1月5日；终霜日最早的为1980年1月10日，最迟的为1969年4月6日。2020年无霜期为366天，刷新历年无霜期最长纪录。

【雾】 宁远2020年出现雾的天数为11天。

表 18　　2020 年雾日数月分布表　　单位：天

月份	1	2	3	4	5	6	7	8	9	10	11	12	年合计
出现雾日数	0	3	1	3	1	1	0	0	1	0	0	1	11

【霾】 宁远2020年出现霾的天数为0天。

【异常气候现象】 2020年2月，平均气温较历年同期异常偏高3.8℃，降水较历年同期异常偏多115.4毫米；3月平均气温较历年同期异常偏高2.4℃；5月平均气温较历年同期异常偏高2.7℃；8月平均气温较历年同期异常偏高7.2℃。年内月平均气温较历年异常偏高出现频率较多，尤以8月异常偏高7.2℃为最甚，年平均气温也相应偏高。

【持续不利天气影响】 2020年1月，出现4次冷空气过程：其中受地面强冷空气影响，日最低气温降幅8.9℃；受地面强冷空气影响，日最低气温降幅9.3℃。

2月15日—16日经历一次寒潮天气过程，24小时内日最低气温降幅为11.7℃。

3月1日—6日连续7天日降水量≥0.1毫米，且该过程日平均日照时数≤1.0小时，出现轻度连阴雨天气；2日—5日受地面弱冷空气影响，72小时内日最低气温降幅为4.8℃，13日—15日受地面中等强度冷空气影响，48小时内日最低气温降幅为6.2℃，26日—28日受地面强冷空气影响，48小时内日最低气温降幅为8.9℃。

4月1日—6日连续7天日降水量≥0.1毫米，且过程日平均日照时数≤1.0小时，出现轻度连阴雨天气；10日—12日有一次强冷空气过程，72小时内日最低气温降幅为9.0℃。

7月12日—18日与21日—31日，日最高气温≥35℃，月内连续发生两次轻度高温热害，降水距平百分率为-76.3%，达到中度干旱等级。

11月内21日—24日受中等强冷空气影响，日最低气温降幅6.0℃。

12月14日—16日受强冷空气影响，日最低气温降幅8.1℃；30日—31日受强冷空气影响，日最低气温降幅8.0℃。

【重要灾害性、关键性天气及其影响】 2020年3月，暴雨洪涝造成宁远县受灾人口7988人，直接经济损失1413万元，农作物成灾面积1359公顷，造成农业经济损失1565万元，工矿企业损失296万元，基础设施损失1413万元，公益设施损失193万元，家庭财产损失154万元。

4月，宁远县因强降水导致的暴雨洪涝造成受灾人数10497人，农作物受灾面积1031公顷，农作物成灾面积766公顷，农作物绝收面积511公顷，造成直接经济损失1929万元。

7月，宁远县持续干旱造成宁远县受灾人口24394人，农作物受灾面积1261公顷，农作物成灾面积957公顷，农作物绝收面积390公顷，造成直接经济损失1096万元。

自然资源

【土地资源】 全县总面积250086.52公顷，其中耕地面积41654.34公顷，园地面积12416.8公顷，林地面积162048.84公顷，草地面积8552.37公顷，城镇村及工矿用地面积10974.77公顷，交通运输用地面积3228.52公顷，水域及水利设施用地面积7626.41公顷，其他土地面积3584.47公顷。

【矿产资源】 宁远县已发现矿种25种，主要是锑、铅锌、铜、铬、铀、铁、钒、镍、钨、锡、汞、银、煤、砖瓦黏土、高岭土、灰岩、页岩、玄武岩、大理岩、钾长石等矿，其中中型矿区有2个，分别是新开锑矿和梅岗黏土矿，小型矿区有12个，分别是清水桥铅锌矿、仙子山铅锌多金属矿、挂钩冲锡矿、牛头江铀矿、铜矿岭铜矿、柏万城铁矿、华石盘灰岩矿、野鹿岗灰岩矿、纸厂里灰岩矿、冷水铺灰岩矿、桂里园高岭土矿、大尧砖瓦黏土矿。

【水资源】 宁远县水资源丰富，其中地表水主要来源为大气降水。丰水年水量约26.9亿立方米，枯水年约12.7亿立方米。4—7月径流量约占全年的56%。南、北山区水量每平方千米110万立方米。东部岗丘地区仅61万立方米。每年从蓝山县流入水量约1.08亿立方米。年均流量约19.8亿立方米。全县四大河流除部分河段受到污染外，总的水质良好，并正在加强对河流污染的治理。经各河流分段计算，全县水能理论蕴藏量11.24万千瓦，其中可供开发的水能资源为68615千瓦。宁远境内长度在5千米以上，流域面积在10平方千米以上的大小河流有60条，发源于县内的59条，发源于外县的1条。除黄司河流入祁阳县白水，下坠河经嘉禾、新田流入舂水外，其余河流均经县西注入潇水。其中，冷水、舂水、仁水、九嶷河为宁远四大河流水系。已有地下水，据湖南省地质局1/20万水文地质普查资料查明，全县有地下河42条，流量1282.1升/秒，较大泉井336个，流量722.09升/秒。二者总流量为2004.19升/秒，其中岩溶大泉34个，流量478.12升/秒。地下水分为松散岩类孔隙水、基岩裂隙水和碳酸盐类岩溶水三种类型。

松散岩类孔隙水 主要分布在泠、疑、舂、仁四水及主要支流沿岸的河漫滩和一级阶地中。含水层砂砾卵石厚度3—6米，地下水埋藏深度2—3米。因含水层不深，河床下切厉害，泉井出露位置较低，涌水量不大，孔隙水仅可作为居住人口的生活用水水源。

基岩裂隙水 主要分布在县境西北角步步岭、牛塘岭及南部九嶷山一带。含水层为变质砂岩、板页岩、花岗岩、石英岩等，节理裂隙发育，岩石风化破碎厉害，富含基岩裂隙水。

碳酸岩盐类岩溶水 主要分布在鲤溪、太平、保安、下坠、云潭、冷水、湾井、禾亭、桐山、逍遥岩等地。

县境东部太平镇，系碳酸盐岩类地层，岩溶发育，有较丰富的地下水。但地势较高，地下水埋藏深。

【动植物资源】 宁远县山地广阔，相对高差大。森林垂直分布差异明显，树种繁多。全县查明有森林植物2000多种，乔木和灌木树种87科、254属、596种，其中有栽培价值的236种，有适用推广价值的72种。按林种分，用材林218种，经济林96种（其中果木33种），防护林152种，薪炭林130种。优势树种是杉木、马尾松和油茶，其生长面积78.8万公顷；约占有林面积的80%。全县有珍稀优良乡土树种52种。属国家一级保护树种有水杉（引种）、摇钱树、红豆杉3种。二级保护树种有银杏、钟萼木、胡桃、福建柏、篦子三尖杉、杜仲、观光木、半枫荷8种。三级保护树种有红豆树、油杉、皂荚、黄连木、红楠、光皮树、交让木、栓皮栎、椴树、领春木、桢楠、白辛树、华南五针松、紫荆、凹叶厚朴、厚朴、红椿、南方铁杉、重阳木、三角槭、拐枣、鹅耳枥、榉树共23种。省属重点保护树种有中华五加、檫木、香榧、南方红豆杉、红花木兰、金叶白兰、白克木、香桦、湖南石槠、金毛柯、湖南山核桃、小叶黄杞、穗状猕猴桃、罗汉松、滇楸15种。尤有九嶷杉（属青枝杉），具有速生丰产、树干通直、木质透红芳香、材质特好、耐腐力强等特点。旧志载：叩之作铜铁声。质坚若铁、削之芳香四溢。湾井镇黄花园村将军庙原有6株九嶷古杉，2003年仅存一株，高39米、胸径1米，单株材积9.79立方米。野生动物资源丰富。属国家保护的野生动物有22种：属一类保护的有黄腹角雉；属二类保护的有穿山甲、水獭、鹿、果子狸、大鲵（娃娃鱼）、猕猴、苏门羚、白鹇、锦鸡、大灵猫、小灵猫、虎纹蛙、鹰；属三类保护的有竹鸡、野鸡、豪猪、黄鼬、刺猬、蛇、龟、蛙。

旅游资源

【概　况】 宁远，历史人文圣地。拥有中华第一古陵——舜帝陵，江南第一大孔庙——宁远文庙，科举让第第一人——李郃，湖广特科状元第二人——乐雷发。集古舜帝庙遗址等8处“国保”单位，“舜帝祭典”等诸多国家省级非物质文化遗产于一邑；毛泽东主席赋诗“九嶷山上白云飞，帝子乘风下翠微……”，历史人文熠熠生辉。宁远，山水生态绿地。生态禀赋出众，四季葱翠，森林覆盖率65%，森林蓄积量达425万立方米。有国家AAAA级旅游景区、国家森林公园、国家级自然保护区，国家级风景名胜区——九嶷山保存有湘南最大的原始次生林、最大的天然植物园、最大的天然珍禽园，三分石东南角为湘江之源，北为潇水之源，被誉为“绿色海洋、天然氧吧、生态胜境”。宁远，潇湘旅游福地。聚世界罕见的人文和原生态旅游资源于一身，舜文化、儒文化、瑶文化交相辉映。拥有江南第一大洞天福地——九嶷山、湘南第一奇峰——三分石、天下第一盆景——玉琯岩、江南第一村——下灌村、永南十二名洞——紫霞岩、世界一绝——斑竹。赢得“中国最美生态文化旅游名县、最美文化休闲旅游名县、中国天然氧吧县”称号。宁远区位优越，交通便捷。地处湘粤桂三省交界，素称“三省通衢”之地。二广、厦蓉两条高速穿境而过，距长沙、广州都在350千米内，距永州高铁站、郴州高铁站100千米，是“大湘南”宜商、宜居、宜游之地。

【旅游资源单体】 特品级旅游资源即五级旅游资源共6处：九嶷山，舜帝陵，宁远文庙，紫霞岩，玉琯岩，公祭舜帝陵活动。优良级旅游资源之四级旅游资源共15处：灌溪仙境，舜源峰，畚箕窝，三分石，大凤村飞拉达，下灌博物馆，万山朝九嶷，舜寝九嶷，斑竹园，原始次生林，石枞，香杉，永福寺，玉琯岩石刻，水市水库。优良级旅游资源之三级旅游资源共28处：娥皇峰，女英峰，箫韶峰，凤凰岩，桃花岩，读书岩，五里沟，白米下锅，竹海，逍遥岩，青山尾峡谷，舂陵侯城，泠道故城，森林乐园，珍稀竹类繁育场，紫霞岩题刻，云龙牌坊，骆家戏台，黄家大屋，瑶寨吊脚楼，小东江水库，水市水库大坝，下灌状元楼，五臣山，石城峰，金蛙湖，黄河瀑布，赛景岩。三级以下旅游资源单体25处。潜在旅游资源单体有大观堡，平头寨，智眉禅师（疑似建文帝）墓。

【九嶷山——舜帝陵风景名胜区】 2017年，经国务院批准的第九批国家级风景名胜区，规划面积150平方千米，由舜帝陵、灌溪仙境、青山尾峡谷三大景区组成。九嶷山历史悠久，是我国名山之一，位于湖南省宁远县城南25千米，处于湘南、粤北、桂东“三省通衢”之地，素以丰富的文物古迹、独特的自然风光、奇异的溶洞和别具一格的民俗风情著称于世，是国家AAAA级旅游景区、国家级风景名胜区、国家级森林公园、全国文明单位、湖南省新“潇湘八景”、国家省十大文化遗产、湖南省爱国主义教育基地、湖南省廉政文化教育基地、湖南省十佳旅游区、湖南省十大平安景区。景区以奇特壮美的喀斯特峰林自然景观为基础，以舜帝陵古建筑群、舜帝庙遗址等历史人文资源为核心，是集自然山水、历史文化和风土民俗于一体的山岳型风景名胜区。

【景区景点】 舜帝陵景区　亦称九嶷山景区，《舜帝陵志》作舜源峰景区，为九嶷山中心景区。这里的舜帝陵庙为历朝历代祭舜之所，也是历代文人墨客朝拜观光胜地。主要景点有舜帝陵庙、舜源峰及观景台、紫霞岩、黄家大屋古建筑、马蹄石“福”字石刻及娥皇峰、女英峰、石城峰等。

下灌旅游区　是国家AAAA级旅游景区，自然风光秀美、人文底蕴厚重，既有千年历史文化、名胜古迹，又是状元之乡、麻将故里，同时也是美丽乡村建设的典范。下灌人杰地灵、人才辈出。它孕育了唐代状元李郃和南宋特科状元乐雷发以及20余位进士。唐代状元李郃还是麻将前身叶子戏的发明者，被称为麻将鼻祖。享有“千年古村”“状元故里”和“状元第一村”的美誉。境内有下灌花海、下灌博物馆、飞拉达樊岩等景点。

玉琯岩景区　主要景点有玉琯岩摩崖石刻、古舜帝庙遗址及博物馆、无为洞、永福寺、半边山、凤凰岩、鲁女峰等。

三分石景区　三分石又名三峰石、舜公石、舜峰。海拔1822米，三分石上，三峰对拥，像舜帝与娥皇、女英相依；三分石下，林木丛生，枝繁叶茂，一派郁郁葱葱的景象。主要景点有神奇三分石、枫木铺瑶寨、原始次生林、住龙门、猴子坳、婆婆石、黄河高峡平湖、牛头江、望夫石等，还有九嶷猕猴、九嶷斑竹等众多珍稀动植物。

灌溪风光景区　位于九嶷山东部，景区峰林峻峭，山水相映。主要景点有箫韶峰、石楼峰、桂林峰、桃花岩（旧名莫知岩）、泠道故城遗址、下灌状元楼、路亭云龙牌坊、久安背古牌楼、五臣山、明月山、读书岩、象岩、青山尾十里画廊风光等。

潇水涵青景区　主要景点有九嶷河九坳十八湾、牛亚岭瑶寨、水市水库、烈士公园等。

九嶷山国防研学实践基地　位于宁远县东溪街道，距离县城3千米，占地面积136亩，建筑面积4580平方米。基地东、南、北三面环山，周围环境优美，设施完善，功能齐全，能容纳400人食宿、训练、教学、娱乐，是湖南省市级区域性中心训练基地，能满足永州南部六县基干民兵各类集训需求，也可作为学生军训、国防教育、役前训练、射击体验、户外拓展基地。

此外，县城景区主要景点有宁远文庙、周子先祖故里、丁字街、濂溪祠、石佛岩、逍遥岩、城头寨、五里沟等。潜在的境北舂陵景区主要景点有舂陵故城、平田宗祠、仙姑庙、怀德堂、大观堡、智眉（疑似建文帝）墓、平头寨等。

土特产品

【宁远葡萄】 宁远葡萄种植历史悠久，蓬勃发展于20世纪80年代，全县20个乡镇（街道）都有种植，主要分布在九疑山瑶族乡、城区4个街道、中和镇、天堂镇、水市镇、仁和镇、冷水镇。宁远葡萄属木质藤本，小枝圆柱形，有纵棱纹，无毛或被稀疏柔毛；卷须2叉分枝与叶对生；叶卵圆形，显著3—5浅裂或中裂；圆锥花序密集或疏散，多花，与叶对生；果实球形或椭圆形，直径1.5—2厘米；种子倒卵椭圆形。一般花期4—5月，果期8—9月。宁远葡萄具有高抗、耐瘠薄、丰产稳产、加工性能好等特点。

2019年，全县5100余亩葡萄都使用避雨设施栽培，标准化示范基地安装滴、喷灌系统和水肥一体喷灌系统，截止到2020年，全县种植面积8000余亩、产量10000余吨，产值1.2亿元。主要品种有阳光玫瑰、夏黑、巨玫瑰、金手指、维多利亚、魏可、红地球、美人指。主要种植方式为起垄栽培，有单壁篱架、普通棚架、宽顶篱架等。主要生产模式避雨栽培、果实套袋、一年两熟、根域限制等方法。主要经营方式有庭院经济、大户（合作社）种植、公司加基地加农户等。

湖南省九嶷山丰利农业开发有限公司成立了四个葡萄生态科研示范基地，以公司+基地+农户的合作方式，种植阳光玫瑰葡萄和夏黑葡萄，以阳光玫瑰葡萄为主打产品。阳光玫瑰葡萄呈黄绿色、椭圆形，有弹性，具有果粒紧密、果肉晶莹、口感香甜醇厚、浓郁玫瑰香味等特点，果实含糖量≥17%，可滴定酸含量≤0.4%。湖南省九嶷山丰利农业开发有限公司通过多年的葡萄种植总结出种植经验，在湖南省农业大学博士团队的精心指导培育下，2020年在全国优质葡萄品质评选大赛中获金奖。宁远葡萄获得农业农村部绿色食品认证。

【宁远脐橙】 脐橙是柑橘属橙类中的一个优良品种，因果顶有脐而名。宁远脐橙果大色艳、外表美观、富有香气、无籽多汁、耐贮运，有柑橘之王美誉。脐橙的生长发育、开花结果受温度影响最大，适宜生长在pH5.5—6.5的微酸性土壤中。一般2月下旬至3月上中旬发芽（芽为裸芽，混合芽，秋季花芽分化），3月现蕾，4月开花，5月第一次生理落果，6月第二次生理落果，7至9月果实膨大，11至12月成熟。成年果树一般亩产2000—3000千克，寿命长达40—50年。

宁远是脐橙发展优势区，生态、气候、土壤适宜，资源条件良好，比较优势突出，是国家“赣南—湘南—桂北”脐橙优势产业带基地县，全县现有脐橙5万余亩，种植范围广、经济效益好。主要品种有纽荷尔、蔡维林娜、福本等优良品种。总体布局是：“一线两圈三支”。“一线”即永连公路沿线；“两圈”即舜陵、天堂、水市圈和舜陵、湾井、冷水圈；“三支”指舜陵镇至中和镇公路沿线，舜陵镇至禾亭镇公路沿线，冷水至九嶷大道沿线，重点打造“宁远脐橙”品牌。

湖南省九嶷山丰利农业开发有限公司的阳光玫瑰葡萄

宁远县属典型农业县，工矿企业少，脐橙生产区域不受工业“三废”污染。全县土壤分8个土类、15个亚类、57个土属、158个土种，土种齐全，土层深厚，土质较好，富含有机质，不含重金属和有害物质，产地的环境条件符合NY/T391的要求，适合宁远脐橙的种植。脐橙园地生产灌溉水及加工企业生产用水均符合用水标准，脐橙园地未发现有害物质及重金属超标。因有得天独厚的气候及水土条件，该区域生长出来的脐橙农药残留和重金属检测合格，达A级绿色食品标准。色泽橙红，果面细腻；风味浓甜，汁胞细嫩；气味清香，品质上等。消费者赞誉“宁远脐橙品质佳，甜脆可口香满堂”。最突出的特点就是耐贮藏，货架寿命长，宁远脐橙在常温下贮存到次年5月中下旬，果肉无枯水、粒化现象，风味不减。宁远脐橙驰名邻近各省、市，20世纪80年代被确定为湖南省脐橙出口基地县之一。宁远县2002年被列入国家柑橘优势产业带（赣南—湘南—桂北柑橘带）脐橙产业项目基地县。

宁远脐橙果实球形、椭圆或倒卵形，果形指数0.99—1.05，单果重200—285克，色泽橙黄或橙红，油胞中等，多为闭橙。

湖南省天利成农业科技开发有限责任公司的九嶷脐橙

囊瓣肾形，10—12瓣，果心中大，半充实，果肉细嫩而脆、化渣，风味浓甜，甜酸适口，有香气，品质上等；可食率71%—80%，果汁率49%—51%，可溶性固形物11%—13.5%，每100毫升糖含量8—10.5克，酸含量0.6—0.9克，维生素C含量48—50.3毫克。果实11月中下旬成熟，较耐贮藏。宁远脐橙以留树保鲜为主，每年10月底采收鲜销，11月中旬留树保鲜采收完毕。2020年12月，宁远县天利成、九疑优果、鲜果农业三家企业选送的脐橙全部获首届“湘南脐橙”品评会金奖，占六个金奖中的一半。

【宁远大米】 又有九嶷素米之称，是宁远县九嶷山下的百姓对秋晚稻稻米的独特称谓。早稻米不能称作为素米，只有成熟于秋季的金色稻谷碾成的晶莹洁白的稻米才能称为素米。古代阴阳五行加以金配秋，其色白，故称为“素秋”。宁远县九嶷山下的百姓把稻米称为素米是因为金稻收获于“素秋”的缘故。宁远素米培植过程中，传承数千年的耕作智慧，采用传统质朴的耕作方法。

宁远属亚热带季风湿润区，气候温暖，雨量丰沛，年均日照1650小时，年均气温18.4℃，年均相对湿度79%，冬暖夏凉，四季如春。全年水稻播种面积60余万亩，是宁远主导产业。宁远素米主要产于九嶷山国家级森林公园划定的自然保护区，周围无工厂，无矿区污染，土壤、水质等自然生态条件良好，成熟于光照充足、昼夜温差大的金秋时节，营养物质积累多，非常有利于提高稻米品质，稻谷颗粒饱满，质地坚硬，色泽清白透亮。

宁远素米生产企业以宁远县好放心米业公司为代表。他们充分利用宁远县独特的自然环境优势和“烟—稻”水旱轮作模式，实行生态化种植，工业化管理，实施与推广生物防控技术、太阳能频振式灭虫灯诱杀害虫技术、性诱剂诱杀稻螟技术和稻鸭、稻鱼共生等生态环保种植技术，粮食从种植、收割到储运、加工、包装等各环节都确保绿色、健康、安全、清洁。

宁远县好放心米业公司先后获得2015年湖南省无公害农产品产地认证书、2015年中国中部（湖南）农业博览会金奖、2015年湖南名优特商品认定证书、2018年湖南省农业产业化龙

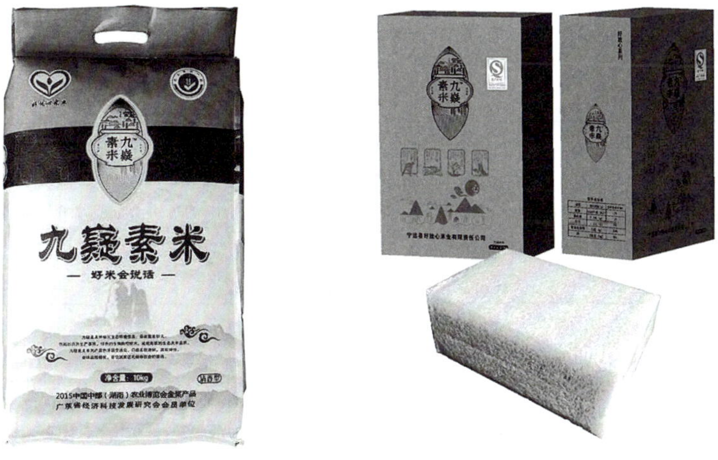

宁远县好放心米业有限责任公司的九嶷素米

头企业、2018年湖南省驰名商标等奖项和资质认定。2020年，宁远县农业农村局在水稻种植和打造宁远米业品牌上，加大政策引导和资金扶持，委派科技人员对企业和种植大户在技术上给予指导，深入湾井、水市、仁和等乡镇的田间地头，开展烟后高档优质稻绿色高产高效示范，两年合计推广40余万亩，经济效益和社会效益明显，获得2020年度湖南省农业丰收成果三等奖。

（整理 / 编写：胡兴、欧鹏遥）

国民经济和社会发展

【概　况】　2020年，面对国内外风险挑战明显上升的复杂局面和突发新冠肺炎疫情形势影响，全县上下在县委、县政府的坚强领导下，继续深入贯彻落实党中央决策部署，加大“六稳”工作力度，促进“六保”任务落实，抢抓机遇，应对挑战，开拓进取，真抓实干，全县经济社会保持了稳定发展的良好势头，实现“十三五”顺利收官。经济形势恢复向好，全县实现地区生产总值2323706万元，同比增长4.1%。其中，第一产业增加值361677万元，同比增长4.5%；第二产业增加值733010万元，同比增长5.3%；第三产业增加值1229019万元，同比增长3.2%。产业结构进一步调整。全县三次产业结构由上年的14.3∶30.7∶55调整为15.6∶31.5∶52.9，第一产业所占比重上升1.3个百分点，第二产业所占比重上升0.8个百分点，第三产业所占比重下降2.1个百分点。一、二、三产业对经济增长贡献率分别为15.1%、42.6%和42.3%，一、二、三产业分别拉动全县生产总值增长0.62、1.75和1.73个百分点。

【农　业】　农业生产稳定发展。全县完成农林牧渔业总产值753988万元，同比增长4.6%，其中农业产值251478万元，同比增长3.9%；林业产值152690万元，同比增长11.7%；畜牧业产值268570万元，同比增长1.2%；渔业产值48939万元，同比增长5%；农林牧渔服务业产值32311万元，同比增长8%。种植业平稳增长。全年粮食播种面积71.32万亩，粮食总产量达到305399吨，同比增长3.23%。经济作物中，烤烟种植面积70000亩，收购烟叶17.28万担。主要农作物播种面积及产量如表19。

表 19　2020 年主要农作物播种面积及产量表

品　名	播种面积（亩）	同比增长 (%)	产量（吨）	同比增长（%）
粮食作物	713235	3.59	305399	3.23
其中：稻谷	602880	3.39	260678	3.08
薯类	29775	1.90	15949	1.81
豆类	48975	6.55	10993	8.02
蔬菜	135104	2.5	329435	3.92
瓜果类	6280	2.45	17595	2.81

林业发展基本持平。全县森林覆盖率为60.94%。人工造林面积达到2800公顷。木材采伐量2.42万立方米。畜牧业增产稳供。生猪出栏67.3万头，同比增长0.78%；生猪存栏58.27万头，同比增长44.84%。水产品产量2.44万吨，同比增长5%。

表 20　2020 年禽畜存栏，禽产品、水产品产量表

品　名	计量单位	数　量	同比增长（%）
出栏肉猪	万头	67.3	0.78
出栏牛	万头	2.22	5.21
出栏羊	万只	3.32	6.41
出笼兔	万只	405.72	1
出笼家禽	万羽	777.28	2.5
禽蛋产量	吨	2800	2.3
生猪存栏	万头	58.27	44.84
牛存栏	万头	5.21	1.96
兔存笼	万只	149.89	0.8
家禽存笼	万羽	397.8	1.95
水产品产量	吨	24398	5

【工业和建筑业】　工业经济稳中有进。2020年，全县规模以上工业企业117家，该年新增规模工业企业14家。全年规模以上工业增加值同比增长5.6%。完成规模工业总产值1608118万元，同比增长6.5%，其中国有企业完成产值9051万元，同比增长6.9%；股份制企业1377566万元，同比增长9.1%；外商及港澳台商投资企业221501万元，同比下降7.1%。规模工业企业中，轻工业完成产值860574万元，同比增长6.2%；重工业完成产值747544万元，同比增长7.0%。

工业企业效益较好。全年规模以上工业企业主营业务收入1529819万元，同比增长4.9%；规模以上企业产品销售率达到96.1%。

规模工业主要产品产量如表21所示。

表 21　2020 年规模工业主要产品产量表

品　名	计量单位	产量	同比增长（%）
水泥	万吨	235.2	3.5
商品混凝土	万立方米	312.5	10.9
自来水生产量	万立方米	1679	1.4
服装	万件	453.2	12.8
大米	万吨	10.1	8.6
发电量	万千瓦时	108835	12.7

2015—2020 年规模工业增加值及增长情况示意图

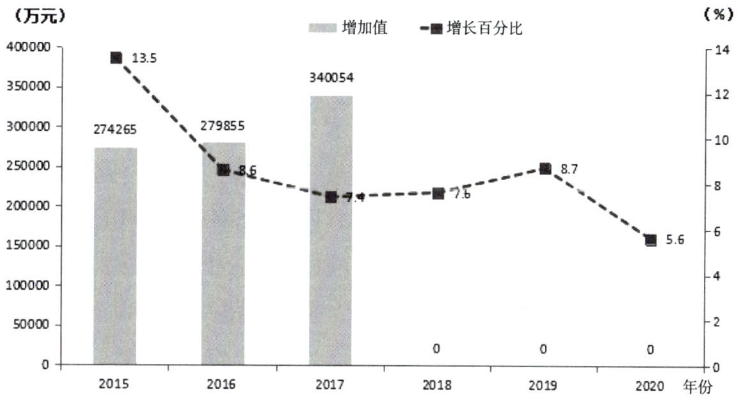

图 1

建筑业持续增长。全县实现建筑业增加值202280万元，同比增长5.8%。全县具有资质的建筑业企业达14家，分别实现总产值、利润410854万元和30552万元，同比分别增长12.6%和2.7%。房屋建筑施工面积522万平方米，同比增长5.9%，其中新开工面积416万平方米，同比增长11.5%。

【固定资产投资】 投资规模稳中趋缓。2020年，全县固定资产投资同比增长8.5%。其中，国有投资同比增长0.1%，非国有投资同比增长13.0%。从产业来看，第一产业投资同比增长19.6%；第二产业投资同比增长8.4%；第三产业投资同比增长5.3%。产业投资占全部投资的比重达到73.9%。

投资结构进一步优化。高新技术产业投资同比增长23.0%；民生工程投资同比下降2.3%；工业投资同比增长8.4%。房地产市场不断扩大，商品房销售面积55.41万平方米，销售金额达到323984万元；2020年全县商品房销售均价为5847元/平方米，同比增长9.8%。

【国内贸易】 消费经济冲击可控。全县完成社会消费品零售总额799270万元，同比下降2.4%。分地域看，城镇消费品零售额619557万元，同比下降2.63%；乡镇消费品零售额179713万元，同比下降1.82%。分行业看，批发和零售业零售额693200万元，同比下降1.01%；住宿和餐饮业零售额106070万元，同比下降10.9%。年末限额以上批发零售贸易企业56家，较上年持平；限额以上住宿餐饮业企业19家，较上年增加6家。

【招商引资和旅游】 招商引资态势向好。全年实际到位外资16932万美元，同比增长18.6%；内联引资49.7亿元，同比增长22.6%；完成外贸进出口额228250万元，同比增长19.1%。

旅游业疫情遇冷。全年接待游客596.82万人次，实现旅游总收入58.37亿元。

【交通运输和邮电】 交通条件稳步改善。宁远县管养线路总里程2445.33千米，其中按行政等级分，省道116.27千米，县道191.13千米，乡道701.04千米，专用公路1.88千米，村道1435.01千米；按技术等级分，二级公路41.32千米，三级公路14.33千米，四级公路2085.48千米，等外公路304.2千米；按路面类型分，沥青混凝土69.87千米，水泥混凝土1937.05千米，未铺装路面438.41千米。邮电通信持续升级。全年邮电业务总量达35365万元，同比增长6%。其中邮政业务总量6365万元，电信业务总量7600万元，移动业务总量14600万元，联通业务总量6800万元。年末电话用户497200户，其中移动217700户，联通146000户，电信125000户。固定电话用户8500户。

【财政与金融】 财政运行总体平稳。全年完成财政总收入201055万元，同比增长5.57%，其中县本级收入145814万元，同比增长7.07%；上划省级收入11647万元，同比增长4.21%；上划中央收入43594万元，同比增长1.17%。实现税收收入159898万元，占财政总收入的79.53%，同比下降1.81个百分点。全年财政支出932231万元，同比增长43.33%。其中，一般预算支出547024万元，同比增长4.18%。

金融市场日渐升温。年末全县金融机构各项存款余额2493271万元，较年初净增217540万元，同比增长9.56%。其中个人储蓄存款余额为2018634万元，较年初净增209577万元，同比增长11.58%。全县金融机构各项贷款余额为1777331万元，较年初净增267854万元，同比增长17.74%。

【教育与卫生】 教育事业扎实推进。全县有公办中小学校

229所，其中高中5所（含完全中学2所），初中25所，九年一贯制学校6所，小学59所，教学点127个，特殊学校1所，公办职高学校1所，民办职高5所。在校学生125102人，其中高中学生15591人，初中学生38342人，小学学生65859人，特殊学校学生92人，公办职高学生3248人，民办职高学生1970人。全县教师总数8837人（含民办学校教师），其中高中教师806人，初中教师1648人，小学教师3587人，特校教师30人，幼儿园教师2376人，公办职高教师202人，民办职高教师151人，教师进修学校教师37人。全县有公办幼儿园50所，学生14036人；民办幼儿园163所，学生13814人。卫生条件明显改善。年末全县实有卫生机构677个，其中综合医院4个，专科医院12个，街道社区服务中心2所，乡镇卫生院16所，卫生院分院9个，村卫生室510个，校医务室6个，门诊部10个，诊所41个，医疗服务站10个，医疗服务点54个，妇幼保健院1个，疾病控制中心1个，卫生监督所1个。卫生技术人员1837人，卫生机构床位数5956张。

【环境保护和安全生产】 节能减排成效突出。主要污染物总量减排四项指标均完成市级下达任务目标，化学需氧量、二氧化硫、氮氧化物、氨氮四项主要污染物同比分别消减了3.08%、3.08%、7.06%和3.2%。安全生产形势稳定。全县发生各类生产经营性安全事故1起、死亡1人，没有出现较大以及以上生产安全事故。

【人口、人民生活和社会保障】 2020年年末，全县常住人口68.41万人，其中男性36.29万人，女性32.12万人，男女性别比112.96。常住人口中城镇人口32.81万人，城镇化率47.95%。全年上报人口出生7316人，人口出生率8.47‰，人口出生性别比116.01。死亡人口4870人，人口死亡率5.42‰，人口自然增长率3.05‰。居民收入持续攀升。全县城乡居民人均可支配收入为22400元，同比增长6.7%。其中，城镇居民人均可支配收入为30765元，同比增长5.6%；农村居民人均可支配收入达到17186元，同比增长7.8%。社会保障不断完善。2020年年末，全县参加社会养老保险的总人数达到625068人，比上年增加75437人，其中机关事业单位参加基本养老保险人数为16088人，比上年减少230人；企业单位参加基本养老保险人数18980人，比上年增加6667人。城乡居民基本养老保险参保缴费总人数为59万人，比上年增加6.9万人。2020年农村最低生活保障户数15588户，人口达27984人，比2019年增加5490人；城镇最低生活保障户数4759户，人数达9327人，比2019年增加280人；五保户人数6300人；国家抚恤、补助各类优抚对象人数6628人。医疗保障全面覆盖。2020年，全县参加医疗保险人数745887人，其中城乡居民714643人，职工31244人。就业形势保持稳定。2020年，全县新增就业6123人，安排就业培训8333人，其中城镇企业职工培训1205人，农村劳动力培训4055人，失业人员培训25人，其他培训3048人。

中共宁远县委员会

九嶷山舜帝陵景区

综 述

2020年，宁远县委坚持以习近平新时代中国特色社会主义思想为指导，认真贯彻习近平总书记对湖南工作重要讲话指示精神，统筹推进疫情防控和经济社会发展，狠抓发展与安全两件大事，做好“六稳”工作，全面落实“六保”任务，推动全县各项事业取得新进展。获得全国农村创新创业典型县、全国电子商务进农村综合示范县、全国“十三五”易地扶贫搬迁工作成效明显县等省级以上荣誉30余项。

深入学习贯彻习近平新时代中国特色社会主义思想。坚持带头领学促学，40次县委常委会会议的第一个议题，传达学习习近平总书记重要讲话批示精神。举行中心组学习研讨10次，涉及19个主题。全覆盖开展学习贯彻党的十九届四中全会精神集中宣讲71场。习近平总书记考察湖南后，迅速召开常委会扩大会议传达学习，举办专题报告会，省委宣讲团团长、省委常委、省委宣传部部长张宏森到宁远主讲。党的十九届五中全会召开后，第一时间传达学习，召开全县领导干部会议进行安排部署。按照省委、市委要求，将贯彻落实习近平总书记重要指示批示情况纳入政治建设考察、政治生态研判、政治督查、纪检监察日常监督、巡视巡察、年度重点工作绩效评估的重要内容，制定下发3个责任分工方案，梳理27个方面180项具体任务，逐项明确牵头领导和责任单位。

认真抓好省委巡视、市委巡察反馈意见整改落实。成立县委巡视整改工作领导小组，召开5次常委会会议、12次全县性会议进行调度和安排。坚持“每周一调度、一旬一督查”，下发通报5期，通报问责单位34个次，立案查处18人，处分5人。省委巡视、市委巡察反馈问题已基本完成整改。

众志成城抗击新冠肺炎疫情。始终把人民群众生命安全和身体健康放在第一位，在疫情暴发初期，第一时间成立县委疫情防控工作领导小组，发布全民防控“十条”、小区防控“九条”、聚集场所管控“五条”，仅用15天实现县域确诊病例清零。坚决落实“四早”“四集中”要求，近90万宁远人民主动投身疫情防控斗争、筑牢疫情防控人民防线，成为全省第一批低风险区，连续11个月实现疑似病例动态清零，取得疫情防控重大战略成果。在防控形势总体趋稳向好的情况下，及时调整为“外防输入、内防反弹”，统筹疫情防控和经济社会发展，率先开启复工复产，帮助41家企业融资2.88亿元，发放纾困惠企补贴、减税降费和减免企业电费、租金、押金1.3亿元，疫情防控工作在全市作典型推介。派出4名医护人员驰援湖北黄冈，圆满完成支援保卫战任务。

全力打好三大攻坚战。召开13次县委常委会会议、8次全县性会议研究部署脱贫攻坚工作，举办抓党建促决战决胜脱贫攻坚专题培训，顺利通过国家发改委易地扶贫搬迁评估验收、省级扶贫项目资金第三方评估、国务院扶贫办建档立卡数据质量评估实地核查、市级实地核查、省级实地考核，自主开展全县普查、交叉检查，建档立卡贫困人口全部脱贫。狠抓中央、省级环保督察及“回头看”问题整改，全面小康环境指标100%巩固，承办全省国有林场和森林公园工作会议、风景名胜区保护管理培训会，生态环境执法、第二次全国污染源普查获评全国先进，创建九嶷河国家湿地公园、省级森林城市、省级生态文明建设示范县，野生动物禁养退养工作在全省推介。出台防范化解政府性债务风险“六条铁规”，建立健全国有企业风险评估预警机制、风险监控月报制度，组建城乡建设发展集团，县级财政管理绩效考核连续三年排全省第一。

加快推动经济高质量发展。集中抓好经济发展第一要务，地区生产总值、规模工业增加值、投资、消费、地方财政收入同比分别增长4.1%、5.6%、8.5%、-2.4%、7.1%，城乡居民人均可支配收入同比分别增长5.6%、7.8%。创新开展“稳就业、强基础、富家乡”主题活动，以“一稳”促“六稳”“一保”促“六保”。6次组织参加省市集中开工和签约仪式，签约23个，开工31个，建成投产12个，新能源新材料、电子信息两大产业产值占规模工业总产值的比重达到37%。新增标准厂房17.6万平方米，获评全国装配式建筑产业基地、全省新型工业化产业示范基地。粮食生产超额完成，烤烟生产保持全省第二、全市第一，规模农产品加工企业产值增长23.5%，9家企业被认定为粤港澳大湾区“菜篮子”生产基地，承办全市农民丰收节，被评为全省生猪稳产保供先进县。旅游迅速复苏，跻身全国县域旅游发展潜力百佳县、全省首批全域旅游示范区，下灌村入选第二批全国乡村旅游重点村名录。

坚定不移推进改革开放。召开县委全面深化改革委员会会议2次，分类有序推进4类、91项改革，入选全国宅基地制度改革试点、第一批第二轮土地承包到期后再延长30年试点、“互联网+政务服务”标准化试点和全省城乡社区治理和服务创新试验区，宅基地管理与改革在全国作典型发言，获评全国农村承包地确权登记颁证工作先进集体。出台《湘南湘西承接产业转移示范区宁远发展规划》《宁远县大力培育产业项目促进开放型经济高质量发展的若干政策措施（试行）》《宁远县招商引资工作制度》。外贸进出口额、实际利用外资、内联引资同比分别增长19.1%、18.6%、22.6%。

积极发展社会主义民主政治。督促县十七届人大四次会议上提出的议案建议284件100%办复到位，稳步推进乡镇民生实事项目代表票决制试点工作。推进政协云与政协履职深度融合，县政协九届四次会议的68件提案全部办理，20个乡镇（街道）实现“有事好商量”协商议事室全覆盖。支持深化“凝心聚力新时代”、同心美丽乡村创建、宗教领域安全隐患排查等行动，牛亚岭村被评为全省民族团结进步模范集体，九嶷山舜帝陵入选全省首批华侨文化交流基地。支持工青妇科文侨等群团组织充分发挥作用，科普、妇女儿童维权工作获全国先进，计生协会、文联工作获全省先进。召开2次县委全面依法治县委员会会议，配合做好全省首次党政主要负责人履行推进法治建设第一责任人及法治政府建设督察，“七五”普法通过省级验收，县公安局被评为全国公安机关执法示范单位，县婚姻家庭纠纷人民调解委员会被评为全国维护妇女儿童权益先进集体，九疑山瑶族乡西湾村被评为全国乡村治理示范村。

加强和改进宣传思想文化工作。认真落实意识形态工作责任制，结合省委意识形态专项巡视、县委第八轮和第九轮巡察意识形态专项检查，对全县党委（党组）开展意识形态工作调研督查和落实意识形态工作责任制述职评议。建立健全意识形态工作联席会议制度、网络舆情应急体系和运行机制，及时有效处置一批网络舆情。深化全国新时代文明实践中心建设试点，建成100个实践基地和广场。完成基本公共文化服务标准化建设、基层综合性文化服务中心建设，举办农民艺术节、中国户外健身休闲大会等活动，配合拍摄电影《天下麻将》《宁静致远》、电视剧《不负人民》，入选第二批革命文物保护利用片区分县名单，获评全省历史建筑保护利用示范县。

切实保障改善民生和维护社会稳定。加大民生支出，民生投入占比保持在75%以上，省市16件重点民生实事全部超额完成。全面小康“六覆盖”目标实现。强化社会保障，超额完成各项就业任务，县人社局被评为全国农民工工作先进集体；超额完成省定消除大班额任务，高考成绩再创新高；人民医院新城分院、妇女儿童医院和乡镇卫生院提质改造工程全面推进，村卫生室“空白点”全面消除；跻身全省养老服务体系建设示范县。改善城乡面貌，城市文明程度指数测评排全省第一，创建省园林县城，获评全省“党建+”老旧小区改造示范县；永州东部生活垃圾焚烧厂、梅岗风电场建成运行；湾井、柏家坪、清水桥等5

个乡镇创建省级生态文明建设示范乡镇。强化社会治理，建立稳定工作联席会议制度，开展扫黑除恶“六清”行动，集中化解房地产领域信访问题，落实第七次人口普查，统筹抓好安全生产、食品药品安全、应急救援、防汛抗旱、交通问题顽瘴痼疾整治等工作，被评为全省安全生产工作先进县。

纵深推进党的建设。启动政治建设考察和政治生态研判，完成对113个县管领导班子、588名领导干部的考察和“画像”。探索开展减轻基层负担与调动基层干部积极性相结合的体制机制改革试点，配合完成省委脱贫攻坚干部考察“四个一批”工作，推荐优秀干部55人。乡镇（街道）党校全部挂牌并启动农村党员轮训，建立党员干部教育示范基地15个。出台正风减负提能“十条措施”，实施“三个一”工作法，推进基层公共服务（一门式）全覆盖，基层党支部“五化”建设100%达标，村“两委”换届选举筹备工作全面完成。推动人才向基层一线流动，被评为全市人才工作先进县。一体推进扶贫领域腐败和作风问题专项治理、民生领域专项整治、人防系统腐败问题专项治理、重点岗位专项监察，立案267件、267人。问责履行“两个责任”落实不力109人次，为48名受到不实举报的干部澄清正名。开展2轮常规巡察、脱贫攻坚村级专项巡察，常规巡察单位占比91.21%，村居巡察实现全覆盖。积极落实民兵调整改革，推进民兵队伍建设转型发展，高标准建设民兵训练基地、九嶷山国防教育基地，在全省作典型发言。承办永州市军地联合防汛应急演练，完成省军区要地勘察、保交护路行动演练任务，承接全省森林防火应急救援演习任务。

认真谋划“十四五”规划和二〇三五年远景目标。年初，就将“十四五”规划编制工作纳入县委常委会年度工作要点，成立由县委书记任组长的文件起草组，及早启动规划编制。坚持把习近平总书记考察湖南重要讲话指示精神作为根本遵循，相继召开县直部门、专家、商会代表暨宁远籍在湘工作领导等10场座谈会听取意见，开展网上意见征求活动，收集整理意见建议97条。综合各方面的意见建议，贯彻“三高四新”战略，作出“五区两城”工作部署，深度谋划一批事关宁远长远发展的重大战略、重大政策、重大改革举措、重大工程项目，为奋力建设现代化新湖南作出宁远贡献。

（郑飞兵）

重要会议

【县委第十二届十二次全体会议】 12月23日，县委在县政务中心召开第十二届委员会第十二次全体会议。县委书记肖质彬主持，县委副书记、县长唐何，县政协主席李苏昭，县委常委曹辉正、陈海平、曾海波、李玲、文小武、陈李勇出席。县委委员应到35人，实到31人；候补委员应到3人，实到3人，不是县委委员、候补委员的在职党员县级领导和相关单位负责人列席会议。会上，肖质彬代表县委常委会向全会作工作报告。县委常委、县委办主任曹辉正作《中共宁远县委关于深入学习贯彻党的十九届五中全会和习近平总书记考察湖南重要讲话精神大力实施“三高四新”战略着力把准“三区两城”定位全面落实“五区两城”工作部署奋力建设现代化新宁远的决定（草案）》（以下简称《决定》）起草情况说明。县委副书记、县长唐何作《中共宁远县委关于制定宁远县国民经济和社会发展第十四个五年规划和二〇三五年远景目标的建议（草案）》（以下简称《建议》）起草情况说明。工作人员宣读《中国共产党宁远县第十二届委员会第十二次全体会议公报（草案）》（以下简称《公报》）。会议审议并表决一致通过《决定》《建议》《公报》。会议还就科学谋划2021年工作，抓好今冬明春农业生产、疫情防控、村（社区）“两委”换届等各项工作进行安排部署。

【县委常委会会议】 2020年，

宁远县委召开县委常委会会议44次。

1月3日，副市长、县委书记刘卫华主持召开第1次县委常委会会议。会议学习习近平总书记在中共中央政治局专题民主生活会上的重要讲话精神、习近平总书记2020年新年贺词、习近平总书记发表的文章《推动形成优势互补高质量发展区域经济布局》；传达学习《中共湖南省委办公厅关于印发〈贯彻落实习近平总书记重要指示批示的工作机制〉的通知》。会议听取宁远县委常委会“不忘初心、牢记使命”专题民主生活会情况通报、生态保护红线评估调整情况、全县居住环境改造情况（棚改、老旧小区改造工作）和九嶷山国防教育基地项目有关情况汇报，审议并原则同意《县委常委会2020年工作要点》《县委常委会“三重一大”事项集体决策制度（试行）》《湘南湘西承接产业转移示范区宁远发展规划》《2019年度县管领导干部年度考核工作实施方案》及中欣文旅小镇、万豪城市综合体项目有关协议及回报测算情况，对相关具体问题进行研究部署。

1月11日，副市长、县委书记刘卫华主持召开第2次县委常委会会议。会议学习习近平总书记在中共中央财经委员会第六次会议上的重要讲话精神、习近平总书记发表的文章《坚持、完善和发展中国特色社会主义国家制度与法律制度》，以及习近平总书记在中央“不忘初心、牢记使命”主题教育总结大会上的重要讲话精神。会议传达省、市“不忘初心、牢记使命”主题教育总结大会精神。会议听取县政府党组、县人大党组、县政协党组、县人民法院党组、人民检察院党组工作情况报告，听取全县群团组织工作、县委巡察工作、春节走访慰问工作等情况汇报，研究干部工作，审议基层党组织书记培训会辅导报告。

1月22日下午，副市长、县委书记刘卫华主持召开第4次县委常委会会议。会议学习习近平总书记对新型冠状病毒感染的肺炎疫情作出的重要指示精神，传达李克强总理、杜家毫书记、严华书记等领导对新型冠状病毒感染的肺炎疫情作出的指示精神，安排部署全县疫情防控工作。会议传达省、市“两会”精神，研究贯彻落实意见。会议通报1月19日水市镇小火亡人事故情况，传达省市安全生产电视电话视频会议精神，研究部署下一段安全生产工作。

1月27日，副市长、县委书记刘卫华主持召开第5次县委常委会会议暨新型冠状病毒感染的肺炎疫情防控工作领导小组会议。会议学习习近平总书记在1月25日中央政治局常务委员会会议上对新型冠状病毒感染的肺炎疫情作出的重要讲话精神，传达省市新型冠状病毒感染的肺炎疫情防控工作视频会议精神，传达学习省市县《关于进一步做好新型冠状病毒感染的肺炎疫情防控工作的通知》，听取全县新型冠状病毒感染的肺炎疫情防控工作情况汇报，研究部署下段疫情防控工作。

1月29日，副市长、县委书记刘卫华主持召开第6次县委常委会会议暨新型冠状病毒感染的肺炎疫情防控工作领导小组会议。会议学习1月27日习近平总书记对新型冠状病毒感染的肺炎疫情防控工作作出的重要指示精神，传达省委书记杜家毫对新型冠状病毒感染的肺炎疫情防控工作的指示精神，传达学习中共中央印发《关于加强党的领导为打赢疫情防控阻击战提供坚强政治保证的通知》，听取县新型冠状病毒感染的肺炎疫情防控工作领导小组10个工作组的情况汇报，研究部署下段全县疫情防控工作。

2月4日，副市长、县委书记刘卫华主持召开第7次县委常委会会议。会议学习习近平总书记在2月3日中央政治局常务委员会会议上的重要讲话精神和《关于做好春节后错峰返程加强疫情防控的通知》精神，传达省委、市委关于新型冠状病毒感染的肺炎疫情防控工作的部署要求，研究部署全县新型冠状病毒感染的肺炎疫情防控和节后复工复学等工作。

2月7日，副市长、县委书记

记刘卫华主持召开第8次县委常委会会议暨新型冠状病毒感染的肺炎疫情防控工作领导小组会议。会议学习习近平总书记在中央依法治国委员会第三次会议上的重要讲话精神，新华社文章《习近平总书记在中共中央政治局常务委员会会议上的重要讲话——凝聚力量鼓舞士气》精神，传达省委书记杜家毫在2月4日省委常委会会议上的讲话精神、在研究新型冠状病毒核酸筛查检测工作座谈会上的讲话精神以及省长许达哲在全省市州长视频会议上的讲话精神，听取全县新型冠状病毒感染的肺炎疫情防控工作、学校开学疫情防控等工作情况汇报，研究部署下段疫情防控工作。

2月12日下午，副市长、县委书记刘卫华主持召开第9次县委常委会会议暨新冠肺炎疫情防控工作领导小组会议。会议学习习近平总书记2月10日在北京调研指导新冠肺炎疫情防控工作时的讲话精神、李克强总理2月10日在中央应对新冠肺炎疫情工作领导小组会议上的讲话精神，传达学习省、市决战脱贫攻坚暨防控新冠肺炎疫情阻击战动员大会精神，听取全县新冠肺炎疫情防控、脱贫攻坚、选派驻企新冠肺炎防疫联络员、推荐全国全省劳动模范和先进工作者、全省决战脱贫攻坚暨防控新冠肺炎疫情阻击战动员大会（宁远分会场）会纪会风督查等工作情况汇报，对相关具体问题进行研究，安排部署下段工作。审议并原则同意《宁远县2020年决战脱贫攻坚工作总体方案》《2020年扶贫资金使用计划》《宁远县驻村帮扶工作队及村党组织第一书记管理》《宁远县2020年重点项目建设计划（第一批）》《宁远县2020年重点项目实施方案》《关于鼓励和支持全县重点项目打好新型冠状病毒感染的肺炎疫情防控阻击战、按期开工复工的八条措施》《大健康产业园项目合同书》《莲花城市广场综合体项目合同书》《印山公园游乐场项目合同书》《宁远县人民政府、南华大学附属第二医院合作共建宁远县人民医院新城分院合同书》，研究干部工作。

2月14日，副市长、县委书记刘卫华主持召开第10次县委常委会会议暨新冠肺炎疫情防控工作领导小组会议。会议学习习近平总书记在2月12日中央政治局常务委员会会议上的重要讲话精神、李克强总理2月11日国务院常务会议上的讲话精神，传达学习2月14日全市县区长视频会议精神，研究部署全县新冠肺炎疫情防控和企业（项目）复工复产工作。

2月25日，副市长、县委书记刘卫华主持召开第11次县委常委会会议。会议学习习近平总书记2月14日在中央全面深化改革委员会第十二次会议上、2月23日在统筹推进新冠肺炎疫情防控和经济社会发展工作部署会议上的重要讲话精神，学习市五届纪委五次全会精神和《纪检监察机关处理检举控告工作规则》，传达学习全市大气污染防治特护期“春季攻势”视频推进会精神，听取全县政法工作、扫黑除恶、信访工作、大气污染防治等工作情况汇报，对相关具体问题进行研究部署。审议通过《县第十二届纪委第五次全会工作报告》《宁远县乡村振兴战略规划（2018—2020年）》《关于坚持和发展新时代“枫桥经验”推动解决信访问题的意见》。

3月1日，副市长、县委书记刘卫华主持召开第12次县委常委会会议。会议学习习近平总书记在2月26日中央政治局常务委员会会议上的重要讲话精神、李克强总理在2月27日中央应对新冠肺炎疫情工作领导小组会议讲话精神，传达全市党务工作会议精神，听取前段疫情防控、2019年全县绩效考核和重点工作表彰、全县办公室、组织、宣传、统战、政法等工作情况汇报，对相关具体问题进行研究，安排部署下一段工作。审议并原则同意《关于2019年抓基层党建述职评议查摆问题整改方案》《2020年宁远县基层党建工作要点》《宁远县城市社区专职工作者管理办法（试行）》，会议研究干部工作。

3月9日，副市长、县委书记刘卫华主持召开第13次县委常委会会议。会议学习习近平总书记在3月4日中央政治局常务委员会会议上、在北京考察新冠肺炎疫情防控科研攻关工作时、在决战决胜脱贫攻坚座谈会上的重要讲话精神。传达学习全省积极应对新冠肺炎疫情决战脱贫攻坚工作部署会和省委农村工作部署会会议精神。听取全县疫情防控、脱贫攻坚、农村工作、《2020年县委经济工作会议报告》确定工作任务分解、全县公办幼儿园建设等工作情况汇报，对相关具体问题进行研究，安排部署下段工作。审议并原则同意《关于做好2020年粮食生产工作的意见》《宁远县2020年高标准农田建设项目实施方案》《宁远县农村人居环境整治“十镇百村万户”示范工程评选活动实施方案》《2020年县委经济工作会议确定事项分解分工责任表》《宁远县乡镇污水处理设施建设四年行动实施方案（2019—2022年）》，研究干部工作。

3月13日，副市长、县委书记刘卫华主持召开第14次县委常委会会议。会议学习习近平总书记在湖北省考察新冠肺炎疫情防控工作时的重要讲话精神，李克强总理在3月10日国务院常务会议上的讲话精神。会议传达市长朱洪武到宁远调研座谈会精神，研究贯彻落实意见。会议听取组建宁远九嶷山文化旅游发展集团有限公司、推荐2020年市县劳动模范和先进工作者等工作情况汇报，审议并原则同意《宁远九嶷山发展集团有限公司组建方案》。

3月18日，副市长、县委书记刘卫华主持召开第15次县委常委会会议。会议学习习近平总书记给北京大学援鄂医疗队全体“90后”党员的回信内容和3月13日省委常委会会议主要精神，全文学习《党委（党组）落实全面从严治党主体责任规定》，传达学习全市产业项目建设动员会和市委农村工作会议精神，听取全县农业农村、脱贫攻坚、开展政治生态研判等工作情况汇报，对相关具体问题进行研究，安排部署下一段工作。审议并原则同意《2020年产业项目建设年活动实施方案》《产业强链工程实施方案》《园区强基工程实施方案》《关于加快补齐“三农”领域短板对标全面建成小康社会的实施意见》《关于治理耕地抛荒六条措施》，研究干部处分工作。

3月23日，副市长、县委书记刘卫华主持召开第16次县委常委会会议。会议学习习近平总书记3月18日在中央政治局常务委员会会议上的重要讲话精神，学习习近平、赵乐际在第十九届中央纪律检查委员会第四次全体会议上的讲话精神，李克强总理3月20日在考察疫情防控与生活物资保障服务平台、国务院复工复产推进工作机制和宏观政策协调机制时的讲话精神，学习3月20日省委常委会会议主要精神和省委十一届十次全体会议精神以及《关于进一步做好防范境外疫情输入工作的通知》《湖南省社会公众科学佩戴口罩的指南》相关精神。听取全县统筹抓好疫情防控和经济社会发展重点工作情况汇报，安排部署下段工作。

4月11日，副市长、县委书记刘卫华主持召开第19次县委常委会会议。会议学习习近平总书记4月8日在中央政治局常务委员会会议上、4月3日参加首都义务植树活动时的重要讲话精神，勉励武汉东湖新城社区全体社区工作者回信的精神，以及对安全生产工作作出的重要指示精神，传达4月10日全市县区委书记视频会议、全省脱贫攻坚省级挂牌督战重点县座谈会、全省脱贫攻坚考核发展问题整改视频会、全市“六城同创”2020年一季度讲评会暨迎接国卫复审动员会、省市公安局长会议及全市禁毒工作会等会议精神，听取统筹抓好疫情防控和复工复产、复学复课工作，稳投资工作，春耕生产，应急管理，“十城同创、文明共建”工作，公安及禁毒工作等情况汇报，对相关具体问题进行研究，安排部署下段工作。

4月17日下午，副市长、县委书记刘卫华主持召开第20次县委常委会会议。会议学习习近平总书记对总体国家安全观发表的一系列重要论述精神，李克强总理4月14日在国务院常务会议上的讲话精神，汪洋主席在脱贫攻坚约谈会上的讲话精神，学习《关于新形势下党内政治生活的若干准则》《中国共产党廉洁自律准则》《中国共产党党内监督条例》《中国共产党巡视工作条例》《中国共产党问责条例》《被巡视党组织配合省委巡视工作规定》，全文学习《中国共产党机构编制工作条例》，传达学习中共中央办公厅《关于持续解决困扰基层的形式主义问题为决胜全面建成小康社会提供坚强作风保证的通知》精神。听取配合省委巡视工作准备、全县2019年度贯彻落实中央八项规定精神和开展形式主义官僚主义专项整治为基层减负、2020年一季度落实党风廉政建设监督责任、宁远县芙蓉学校项目建设等工作情况汇报，对相关具体问题进行研究，安排部署下一段工作。

4月19日，副市长、县委书记刘卫华主持召开第21次县委常委会（扩大）会议。会议传达学习4月15日中央政治局常委会会议精神和4月17日中央政治局会议精神，习近平总书记关于脱贫攻坚的重要讲话指示精神，国务院扶贫办和省委关于脱贫攻坚工作的有关要求，4月17日省委常委会会议精神，4月18日市委常委（扩大）会议暨全市脱贫质量“回头看”问题整改工作现场推进会精神，县扶贫办汇报脱贫攻坚工作情况，黄永英通报全县脱贫质量“回头看”问题整改、农村人居环境整治、城乡建设用地增减挂钩工作情况。

4月24日，副市长、县委书记刘卫华主持召开第22次县委常委会会议。会议学习习近平总书记在陕西考察时的重要讲话精神。听取一季度信访工作及省委巡视组在宁远巡视期间信访工作、县委组织部关于省委组织部脱贫攻坚干部考察工作等情况汇报，对相关具体问题进行研究，对统筹新冠肺炎疫情防控、做好经济社会发展工作和春耕生产等工作进行安排部署。

4月30日，副市长、县委书记刘卫华主持召开第23次县委常委会会议。会议学习4月29日习近平总书记在中央政治局常务委员会会议上、在中央全面深化改革委员会第十三次会议上的重要讲话精神，学习第16次市委常委会会议关于一季度经济形势分析有关精神。传达学习永州市新冠肺炎疫情防控工作视频会，湖南省经营类事业单位改革工作推进会，中央、省、市有关扫黑除恶工作会等会议精神。听取全县常态化疫情防控、全县经营类事业单位改革、省委巡视组转办信访件办理、污染防治及“夏季攻势”、自然保护地摸底调查、县劳动模范和先进工作者评选等工作情况汇报，对相关具体问题进行研究，安排部署下一段工作。审议并原则同意《宁远县经营类事业单位改革工作实施方案》《宁远县全面小康决胜年行动方案》《关于深化县纪委监委派驻机构改革的实施意见》《县纪委监委派驻机构改革方案》《宁远县2020年污染防治攻坚战工作方案》《宁远县污染防治攻坚战“2020年夏季攻势”任务清单》《宁远县2020年污染防治攻坚战考核办法、考核细则》，研究干部处分工作。

5月15日，副市长、县委书记刘卫华主持召开第24次县委常委会会议。会议学习习近平总书记5月6日、14日在中央政治局常务委员会会议上、在党外人士座谈会上、在山西考察时的重要讲话精神，学习习近平总书记在五四青年节对全国青年的寄语精神，习近平总书记在国际护士节对全国广大护士的寄语精神，市委书记严华5月13日到宁远调研时的指示精神。传达学习永州市重点项目建设工作协调推进会暨市易地搬迁和落实粮食省长责任制考核工作推进会精神，听取农村综合服务平台建设等情况汇报，对相关具体问题进行研究，安排部署下一段工作。

6月4日，副市长、县委书记刘卫华主持召开第25次县委常委会会议。会议学习习近平总书记在中央政治局第二十次集体学习时的重要讲话精神、对海南自由贸易港建设作出的重要指示精神、在专家学者座谈会上的重要讲话精神以及《关于全面建成小康社会补短板问题》文件精神。传达学习中央、省、市相关会议精神，重点学习《中华人民共和国民法典》相关精神，听取全县交通问题顽瘴痼疾集中整治、依法治县、基层党建、2020年第一批人才引进、省委第三巡视组反馈宁远县选人用人专项检查发现的立行立改问题整改等工作情况汇报，对相关具体问题进行研究，安排部署下段工作。审议并原则同意《中共宁远县委全面依法治县委员会2020年工作要点》《宁远县创建全国“七五”普法先进县工作方案》《宁远县党员领导干部联系基层党组织实施方案》《宁远县2020年县直企事业单位引进急需紧缺人才（第一批）拟聘任人员名单》《关于落实省委第三巡视组反馈宁远县选人用人专项检查发现的立行立改问题整改方案》《县委管理干部选拔任用工作实施办法（试行）》《县管干部任职前县委组织部听取县纪委监委党风廉政意见的实施办法》《需县政府任免或提请县人大任免的县管干部任免工作流程》《县委管理干部破格提拔操作流程图》《宁远县干部人事档案材料收集移交归档实施办法》，研究干部工作。

6月12日，副市长、县委书记刘卫华主持召开第26次县委常委会会议。会议学习习近平总书记在宁夏考察时的重要讲话精神，传达学习湖南省县委书记抓党建促决战决胜脱贫攻坚培训会、永州市工业园区工作推进暨经济形势分析会精神及《激励大学生参军入伍若干措施》文件精神，通报省委组织部脱贫攻坚干部考察反馈的优秀干部建议名单，听取省委第三巡视组指出及宁远县自查问题整改以及市委第二巡察组反馈问题、与湖南日报报业集团战略合作建设融媒体中心、农村教学点优化提质等工作情况汇报，对相关具体问题进行研究，安排部署下一段工作。审议并原则同意《宁远县贯彻落实〈湖南省整治形式主义官僚主义10条措施〉的细化及责任分工》《关于落实〈激励大学生参军入伍若干措施〉方案》《宁远县聚锂新能源项目合同》《宁远县迪瑞达新能源设备智能制造项目合同》《宁远鸿扬方聚制造项目合同》《宁远聚锂镁新能源项目合同》《宁远县动力锂电池项目合同》《永州润丰包装材料项目合同》《华电宁远风电项目合同》《宁远县城乡污水PPP项目合同》《宁远县拟建的交通项目建设方案》。

6月16日，副市长、县委书记刘卫华主持召开第27次县委常委会会议。会议学习习近平总书记发表的文章《充分认识颁布实施民法典重大意义依法更好保障人民群众合法权益》。传达全市1—5月产业项目建设讲评会、全市乡村振兴暨农村人居环境整治（厕所革命）工作推进会精神，研究宁远县贯彻落实意见。听取全县疫情防控、庚子年永州市祭祀舜帝大典筹备、九嶷山舜帝陵景区创建国家AAAAA级旅游景区等工作情况汇报，对相关具体问题进行研究，安排部署下段工作。审议并原则同意《庚子年永州市祭祀舜帝大典总体方案》《宁远县筹备庚子年永州市祭祀舜帝大典方案》《2020年宁远县农村人居环境整治工作方案》。

6月24日，县委书记肖质彬主持召开第28次县委常委会会议。会议就县委常委班子建设提出相关要求。会议学习习近平总书记关于统计工作的重要讲话、指示批示及《关于深化统计管理体制改革提高统计数据真实性的意见》《统计违纪违法责任人处分处理建议办法》《防范和惩治统计造假、弄虚作假督察工作规定》。传达全省新时代县域警务工作会议和全市乡镇（街道）警务工作会议精神，研究部署宁远县具体工作。听取2020年上半年纪检监察、全县推进基层公共服务“一门式”全覆盖、关于追授朱国敏为“宁远县优秀共产党员”、2019年县管干部年度考核、2020年国家级教育考试、涉贫信访舆情等工作情况汇报，对相关具体问题进行研究，安排部署下一段工作。

7月16日下午，县委书记肖质彬主持召开第29次县委常委会会议。会议就县委常委班子建设提出相关要求。会议学习中央全面深化改革委员会第十四次会议精神，学习习近平总书记对进一步做好防汛救灾工作的指示精神，第23次市委常委会会议关于脱贫攻坚及防汛抗旱工作精神，传达学习《中共永州市委关于充分发挥专门协商机构作用推进政协工作向基层延伸的实施意见（试行）》，全市乡风文明建设推进会，全市国土空间规划编制、自然保护地整合优化和“三线一单”规划编制工作推进会、全市总河长会等文件会议精神，研究宁远县贯彻落实意见。会议套开县委网信安全和信息化委员会第二次全体会议。听取全县网络安全和信息化工作、全县畜禽粪污资源化利用整县推进项目等情况汇报，安排部署下步工作。审议并原则同意《关于充分发挥专门协商机构作用推进全县政协工作向基层延伸的实施意见（试行）》《宁远县基层协商民主议事工作规则（试行）》《宁远县网络舆情应急预案（暂行）》《宁远县网络安全事件应急预案（暂行）》《宁远县网络信访舆情处置办法（暂行）》。研究干部处分工作。

7月27日，县委书记肖质彬主持召开第30次县委常委会会议。会议学习习近平总书记在企业家座谈会上的重要讲话精神，习近平总书记在吉林考察时的指示精神，湖南省产业项目建设推进现场观摩会相关精神，以及永州市委五届八次全会精神。传达学习《中共永州市委统一战线工作领导小组关于加强基层宗教执法主体和工作网络建设的指导意见》文件精神，研究宁远县贯彻落实意见。会议审议并原则同意县委十二届十一次全体会议方案、工作报告及决议草案，《中共宁远县委统一战线工作领导小组关于加强基层宗教执法主体和工作网络建设的指导意见》。会议通报市委管理干部职级晋升考察情况，并研究干部工作。

7月31日，县委书记肖质彬主持召开第31次县委常委会会议。会议传达学习省委第三巡视组巡视宁远的总体评价、问题清单及相关整改要求的主要内容，专题研究下步巡视整改工作。

8月19日，县委书记肖质彬主持召开第32次县委常委会会议。会议学习习近平总书记在中央政治局第二十二次集体学习时的重要讲话精神、习近平总书记对“十四五”规划编制工作作出的指示精神，以及习近平总书记对制止餐饮浪费行为作出指示精神。会议审议并原则同意《关于落实省委第三巡视组巡视宁远县反馈意见整改工作方案》《关于省委第三巡视组巡视宁远县反馈县委落实意识形态工作责任制问题的整改方案》《关于省委第三巡视组对宁远县委巡察工作专项检查反馈意见的整改方案》《关于落实省委巡视组〈反馈宁远县选人用人专项检查发现机构编制问题线索清单〉的整改方案》《关于落实省委组织部反馈选人用人专项检查发现问题线索整改工作方案》《宁远县2020年绩效考核实施方案》《宁远县2020年财政预算调整方案》《关于在全县开展“稳就业、强基础、富家乡”主题活动的实施方案》《宁远县砂石土矿专项规划编制》。听取宁远县舜源峰水泥厂搬迁关停和资产处置、宁远县自然保护地整合人优化重大问题处置等工作情况汇报，对相关具体问题进行研究，安排部署下一段工作。

8月24日，县委书记肖质彬主持召开第33次县委常委会会议。会议学习习近平总书记关于脱贫攻坚、污染防治有关论述，传达永州市污染防治攻坚战“夏季攻势”工作推进会精神，听取扶贫资产管理试点和扶贫小额信贷、全县易地扶贫搬迁问题清零、创建市域社会治理现代化试点地区等工作情况汇报，对相关具体问题进行研究，安排部署下段工作。会议审议并原则同意《宁远县扶贫资产管理试点工作实施方案》《宁远县扶贫资产管理实施意见》《宁远县扶贫资产管理清查摸底和确权登记实施细则》《宁远县2020年污染防治攻坚战：“夏季攻势”作战方案》《宁远县创建全国市域社会治理现代化试点地区实施方案》，并研究干部工作。

9月11日，县委书记肖质彬主持召开第35次县委常委会会议。会议学习习近平总书记在中央第七次西藏工作座谈会上、在纪念中国人民抗日战争暨反法西斯战争胜利75周年座谈会上、在经济社会领域专家座谈会上、在全国抗击新冠肺炎疫情表彰大会上的重要讲话精神。传达学习中央深改委第十四次、第十五次会议和省委深改委第八次会议精神，研究招商引资相关工作。会议传达省市基层党建有关会议，公安部、省公安厅和市公安局“坚持政治建警全面从严治警”教育整顿动员部署会议、全省消费扶贫推进会和消费扶贫培训班等会议精神，学习《永州市整治突出毒品问题三年（2020—2022年）行动实施方案》和《关于遏制公职人员涉毒吸毒问题的意见》的通知精神及毒品工作应知应会知识，研究宁远县贯彻落实意见。听取巡视整改工作、永州市庆祝2020年“中国农民丰收节”主题活动主会场（宁远县）筹备工作、应急管理和安全生产工作、宁远县参加湖南省国防动员实兵演习活动、宁远县友信高档灯饰项目等情况汇报，对相关具体问题进行研究，安排部署下段工作。会议审议并原则同意《宁远县招商引资工作制度审议稿》《宁远县大力培育产业项目促进开放型经济高质量发展的若干政策措施审议稿》《关于在全县大兴学习之风、调查研究之风、攻坚克难之风和互帮互助之风的实施意见》《国防动员实兵演习实施方案》《宁远县消费扶贫工作任务责任分解表》《宁远县2020年消费扶贫月活动方案》。

9月22日，县委书记肖质彬主持召开第36次县委常委会会议。会议学习习近平总书记在湖南考察时的重要讲话精神以及湖南省委常委扩大会议、永州市委常委会会议关于传达学习习近平总书记在湖南考察时的重要讲话精神的会议精神，研究宁远县贯彻落实意见。

9月28日，县委书记肖质彬主持召开第37次县委常委会会议。会议学习习近平总书记在教育文化卫生体育领域专家代表座谈会上的重要讲话、习近平总书记对供销合作社工作和对新时代民营经济统战工作的重要指示，传达永州市脱贫攻坚暨实施乡村振兴战略、农村人居环境整治推进会，全省扶贫对象动态调整培训会等会议精神，研究宁远县贯彻落实意见。听取扫黑除恶“六清”行动进展、出台“六条铁规”防范化解政府性债务风险、农村乱占耕地建设问题整治等情况汇报，对相关具体问题进行研究，安排部署下一段工作。会议审议并原则同意《宁远县防范化解政府性债务风险“六条铁规”》《宁远县脱贫攻坚“回头看、回头查、回头改”工作方案》《关于做好2020年度扶贫对象动态管理和信息采集工作的通知》《宁远县2020年贫困退出实施方案（送审稿）》。会议研究干部处分工作和干部工作。

10月16日，县委书记肖质彬主持召开第38次县委常委会。会议学习习近平总书记在中央政治局第23次集体学习时的重要讲话精神，9月28日在中央政治局会议上的重要讲话精神，在第三次中央新疆工作座谈会上的重要讲话精神，在中央党校（国家行政学院）中青年干部培训班上的重要讲话精神，在深圳经济特区建立40周年庆祝大会上的重要讲话精神，以及省委十一届十一次全体会议和市委第32次常委会关于脱贫攻坚工作相关精神。传达学习省纪委书记傅奎在全省纪检监察系统领导干部培训班上的讲话精神，传达永州市“六城同创”工作2020年第三季度讲评会、全市秋冬农业生产暨农业产业化现场推进会精神，研究宁远县贯彻落实意见。听取2020年第三季度纪检监察工作情况汇报，研究巡视整改相关工作。会议审议并原则同意《宁远县关于违反作风建设规定问责暂行办法（2020年修订）》《宁远县正风、减负、提能“十条措施”》《关于贯彻落实〈党委（党组）国家安全责任制规定〉的实施意见》《关于切实做好2020年秋冬农业生产的实施意见》。会议研究干部处分工作。

11月4日，县委书记肖质彬主持召开第39次县委常委会会议。会议学习习近平总书记在纪念中国人民志愿军抗美援朝出国作战70周年大会上、在10月22日中央政治局常务委员会会议上的重要讲话精神，中国共产党第十九届中央委员会第五次全会精神，全国农村承包地确权登记颁证工作总结暨表彰视频会议精神，第35次永州市委常委（扩大）会议关于前三季度经济形势分析精神，传达省委常委、宣传部部长张宏森到宁远开展学习习近平总书记考察湖南重要讲话精神的宣讲，调研基层党建、新时代文明实践工作的指示精神，全省组织系统深入学习贯彻习近平总书记重要讲话精神、贯彻落实新时代党的组织路线视频会议及全市村（社区）“两委”换届选举试点工作培训会，省市脱贫攻坚工作调度推进会等会议精神，研究宁远县贯彻落实意见。听取巡视整改工作、市委第二巡察组到宁远县开展营商环境专项巡察和工业园常规巡察工作意见反馈、污染防治攻坚战“夏季攻势”及生态环境保护督察“回头看”等情况汇报，对相关具体问题进行研究，安排部署下段工作。会议审议并原则同意《中共宁远县委关于省委第三巡视组巡视宁远县反馈意见整改进展情况的报告》《中共宁远县委关于巡视整改进展情况的通报》《中共宁远县委国家安全委员会工作规则》《中共宁远县委国家安全委员会办公室工作细则》《宁远县乡镇工作专项补贴实施办法》《宁远县村（社区）“两委”换届选举工作方案》《宁远县配合省生态环境保护督察“回头看”协调联络工作方案》《宁远县平台公司再减压方案》《2017年、2018年、2019年新增地方政府债券使用方案》。会议研究干部工作。

11月27日，县委书记肖质彬主持召开第40次县委常委会会议。会议学习习近平总书记在推动长江经济带座谈会上、在中央全面深化改革委员会第十六次会议上、在全国劳动模范和先进工作者表彰大会上、在中央全面依法治国工作会议上的重要讲话精神以及永州市委第39次常委（扩大）会议关于全省领导干部会议精神，研究宁远县贯彻落实意见。听取全面依法治县工作，2020年烤烟生产工作，全省森林火灾应急演练筹备工作，村（社区）“两委”换届选举试点工作，全县2020年第二批引进综合类、企业类急需紧缺高层次人才工作，县人大十七届五次会议、县政协九届五次会议筹备工作，全县食品安全及创建省级食品安全示范县工作、创建全国禁毒示范城市迎国检实地检查安排部署工作、县人民医院创建“县域三级综合医院”工作等情况汇报，对相关具体问题进行研究，安排部署下一段工作。会议审议并原则同意《宁远县创建全省法治政府示范县实施方案》《宁远县“访调对接”工作实施方案（送审稿）》《宁远县“诉调对接”工作实施方案（送审稿）》《宁远县关于加强行政执法监督工作的意见（送审稿）》《2020财政预算调整方案》《关于2021年烟叶生产工作的意见》《关于成立湖南省2020年森林火灾应急演练宁远县筹备工作领导小组的通知》《湖南省2020年森林火灾应急演练宁远县实施方案》《2020年宁远县推进食品安全放心工程建设“十二大攻坚行动”任务分解方案》《2020年宁远县禁毒工作专项调研实施方案》。会议对县委第39次常委会议定事项落实情况进行通报。会议研究干部工作。

12月11日，县委书记肖质彬主持召开第42次县委常委会会议。会议学习习近平总书记在中央军委军事训练会议、中共中央政治局会议、中共中央政治局常务委员会会议、中央政治局第二十五次集体学习时的重要讲话精神及湖南省委十一届委员会第十二次全体会议，省委副书记、省长毛伟明在永州长调研时的讲话精神，第40次市委常委会精神，传达学习《关于进一步规范移动互联网应用程序整治指尖上的形式主义的通知》文件精神和省、市村（社区）“两委”换届工作电视电话会会议精神，研究宁远县贯彻落实意见。听取宁远县农村商业银行入股东安农村商业银行、全县冬春季新冠肺炎疫情防控、农村改革等工作情况汇报，对相关具体问题进行研究，安排部署下一段工作。会议审议并原则同意《宁远县规范移动互联网应用程序整治指尖上的形式主义工作责任分工》《宁远县村（社区）“两委”换届选举工作方案》。

12月21日，县委书记肖质彬主持召开第43次县委常委会会议。会议学习习近平总书记在12月11日中央政治局会议上、在党外人士座谈会上、在中央政治局第二十六次集体学习时、在中央经济工作会议上的重要讲话精神，并研究贯彻落实意见。会议审议并原则同意县人民政府、县人大常委会、县政协常委会工作报告，2020年国民经济和社会发展计划执行情况与2021年计划草案的报告，2020年财政预算执行情况及2021年预算草案的报告以及县人民法院和县人民检察院工作报告，《县委十二届十二次全会方案》《县委常委会工作报告》《中共宁远县委关于深入学习贯彻党的十九届五中全会和习近平总书记考察湖南重要讲话精神，大力实施“三高四新”战略，着力把准“三区两城”定位，全面落实“五区两城”工作部署，奋力建设现代化新宁远的决定》《中共宁远县委关于制定宁远县国民经济和社会发展第十四个五年规划和二〇三五年远景目标的建议》《宁远县火车王鞋业项目合同书》《宁远县陆锦机械精密制造项目合同书》《宁远县劲诚电子塑胶智能一体化项目合同书》《宁远县智慧终端项目补充协议书》《宁远县液晶电视显示模组项目补充协议书》《宁远县3D打印项目补充协议书》《永州市易崎自动化设备项目合同书》。听取疫情防控、人感染禽流感防控，妇联、团县委、总工会、残联、科协等群团组织工作，村“两委”（社区）换届，招商引资，退役军人事务等工作情况汇报，对相关具体问题进行研究，并安排部署。原则同意《宁远县村（社区）团组织集中换届选举工作的实施方案》《宁远县村（社区）妇联换届选举工作方案》《宁远县招商小分队驻广东宁远商会开展招商引资工作的实施方案》《宁远县村（社区）“两委”换届责任清单》。会议研究干部处分和干部工作。

12月30日，县委书记肖质彬主持召开第44次县委常委会会议。会议学习习近平总书记在中央政治局民主生活会议上的重要讲话精神、湖南省委经济工作会议精神以及第44次永州市委常委会（扩大）会议精神。传达学习中央军委主席习近平关于国防和后备力量建设有关论述和全市人才工作会议精神，听取乡镇（街道）党（工）委书记代表2020年度党管武装工作述职，2020年全县武装工作，部分单位变更党组织设置，全县2020年第二批引进教育类、医卫类急需紧缺高层次人才等工作情况汇报，对相关具体问题进行研究，并安排部署。审议通过《村（社区）党组织书记调整方案》《宁远县2020年第二批急需紧缺高层次人才引进教育类、医卫类拟聘任人员名单》。

【县委书记专题会议】 2020年，宁远县共召开县委书记专题会议19次。

1月10日，副市长、县委书记刘卫华主持召开专题会议，听取对县公安局、住建局、司法局、机关事务服务中心、文旅广体局、县委党校、财政局、供销联社8个单位开展的十二届县委第七轮常规巡察综合情况汇报，研究明确相关事项。

2月14日，副市长、县委书记刘卫华在下灌村活动中心主持召开下灌景区重点项目推进专题会议。

2月17日，副市长、县委书记刘卫华主持召开会议，专题研究南部生态新城重点项目建设推进有关事项。

2月20日，副市长、县委书记刘卫华在硕宁电子三期就重点企业开复工进行现场办公。

2月28日，副市长、县委书记刘卫华主持召开工业园区工作调度会，专题研究工业园区建设和产业发展工作。

3月28日，副市长、县委书

记刘卫华在宁远航空城项目指挥部主持召开航空城项目推进现场办公会。

5月21日，副市长、县委书记刘卫华主持召开会议，专题研究富发公司相关问题整改等工作。

5月25日，副市长、县委书记刘卫华主持召开全县城区学位建设专题会议。

7月3日，县委书记肖质彬在县公安局召开专题会议，就扫黑除恶、信访等相关工作进行强调和安排部署。

7月13日，县委书记肖质彬在西部工业新城湖南千洋智能科技有限公司现场办公。

8月1日，县委书记肖质彬主持召开全县新冠肺炎疫情常态化防控工作会议，传达学习中央、省、市相关会议精神，安排部署疫情防控及安全生产、产业项目建设等重点工作。

8月12日，县委书记肖质彬主持召开全县财税暨政府债务化解工作专题会议。

8月18日，县委书记肖质彬主持召开专题会议，听取对县审计局、融媒体中心、信访局、统计局、医疗保障局、妇联、科协、产建投公司8个单位开展十二届县委第八轮巡察，对舜陵、东溪、文庙、桐山、中和、太平、禾亭、保安、鲤溪、清水桥、柏家坪、仁和、冷水、湾井、九嶷山、水市、天堂17个乡镇（街道）的170个村（社区）开展护航脱贫攻坚村级专项巡察的综合情况汇报，研究明确相关事项。

9月3日，县委书记肖质彬主持召开县委党校一、二期项目建设专题会议。

9月22日，县委书记肖质彬在县新时代文明实践中心主持召开新时代文明实践工作专题会议。

9月23日，县委书记肖质彬在县文旅集团主持召开景区建设和创国家AAAAA级旅游景区工作专题会议。

10月15日，县委书记肖质彬主持召开部分楼盘信访问题化解工作专题会议。

10月22日，县委书记肖质彬在产建投公司主持召开公墓区建设工作专题会议。

12月10日，县委书记肖质彬主持召开会议，专题研究招商引资工作。

【县委常委议事协调会议】2020年，宁远县各县委常委召开议事协调会议12次。

1月28日，县委副书记刘军君在禾亭镇卫生院组织召开定点留观医院建设调度会，研究将禾亭镇卫生院改造建设为新型冠状病毒感染的肺炎定点留观医院的相关工作。

4月8日，县委常委、县委办主任曹辉正主持召开宁远县陆旺游乐有限公司项目建设协调会。

5月15日，县委常委、县委办主任、老工业棚户区改造建设指挥部指挥长曹辉正主持召开会议，专题研究老工业棚户区改造项目建设有关工作。

6月2日，县委常委、组织部部长陈李勇主持召开老年大学项目建设协调会。

6月19日，县委副书记、常务副县长黄永英主持召开芙蓉学校项目建设推进会，专题研究解决芙蓉学校项目建设中存在的问题。

7月8日，县委副书记、常务副县长黄永英在九嶷山森林公园管理局主持召开会议，专题研究森管局有关工作。

9月10日，县委副书记黄永英主持召开县委党校项目建设协调会议，专题研究解决县委党校一、二期项目建设中存在的问题。

9月23日，县委副书记黄永英主持召开新时代文明实践工作协调会，就落实9月22日县委书记肖质彬在新时代文明实践工作专题会议上的工作要求作出安排。

10月10日，县委副书记黄永英主持召开县教育基金会借款回收工作协调会，专题研究部署县教育基金会借款回收工作。

11月12日，县委常委、县委办主任曹辉正主持召开会议，专题研究裕宁电子有限公司土地有偿收回相关工作。

11月17日，县委副书记黄

永英在宁远航空城项目指挥部主持召开航空城项目建设有关工作议事协调会，专题研究项目推进工作。

（雷小琴）

县委办工作

【概　况】　1949年11月，初设县委秘书处，后更名为秘书室。1953年4月，改称办公室。“文化大革命”开始后不久，受到冲击，基本停止工作。1973年7月，恢复县委办公室。1983年，宁远县机构改革，归口县委办公室的有县档案局、信访局、政策研究室、党史资料征集编纂办公室。1955年，县委督查室、机要科并入县委办公室。2002年，县委办公室（加挂县农村工作领导小组办公室牌子）。县委办内设6个职能科（室），即政策研究室、督查室、机要科（加挂国家保密局牌子）、文秘室、政工室、行政事务室（2003年6月撤销）。县委管理的直属事业单位有县委党校、党史与地方志征集编纂办公室、档案局。2016年，县委办内设机构有政研室、督查室、文秘室、机要室（加挂保密局牌子）、政工室、行政事务室。2020年，县委办内设14个职能科（室）：秘书室、值班室（县委总值班室、信访室、应急管理办公室）、文电室、综合调研室、督查室（县委督查室）、信息室、机要室（县委机要局、县密码管理局）、保密室（县委保密办、县国家保密局）、行政事务室、人事室、法规室（县委法规室）、档案业务法制室、台港澳事务室、绩效考核办。县委管理的直属事业单位有县委党史研究室、县委改革与发展研究中心、县接待服务中心。县委办下设4个股级公益类事业单位：县信息管理办公室、县海峡两岸交流中心、县机要保密信息技术中心、县档案馆。设立4个县委议事协调机构办公室：县委全面深化改革委员会办公室、县委财经委员会办公室、县委外事工作委员会办公室、县委密码工作领导小组工作办公室（日常工作由机要室承担）。2020年，县委办机关有编制57个，其中行政编制35个（不含县级领导）、事业编制13个、工勤人员编制9个。

（雷小琴）

【改革工作】　2020年，宁远县委改革办制定印发《中共宁远县委全面深化改革委员会2020年工作要点》，分为4大类、91项改革事项，承接市改革事项81项，新增农村建房试点、建立三社联动工作机制和工作体系等重点推进或有宁远特色需积极探索的工作10项。社会管理和公共服务综合标准化、农村宅基地制度改革、第二轮土地承包到期后再延长30年跻身全国试点，获全国农村创新创业典型县、全国电子商务进农村综合示范县、全国农村承包地确权登记颁证工作先进集体等17项市级以上荣誉和表彰，农村集体产权制度改革、农村宅基地管理与改革等15项工作在市以上作典型发言。公共文化服务体系示范区建设等6项市级以上现场会在宁远召开。新时代文明实践中心建设、“三变”改革以及探索建立三社联动工作机制和工作体系等改革经验，在中央电视台、《人民日报》、《光明日报》、《湖南日报》等省级以上主流媒体宣传推介。持续推进“减轻基层负担与调动基层干部积极性相结合的体制机制”改革试点工作，省委改革试点事中第三方评估组到宁远调研时，给予高度肯定。积极开展农村集体产权制度改革、疫情防控、复工复产、调动干部积极性等专题调研，撰写的《持续推进农村集体产权制度改革助推三农发展提质增效》在省委《改革简报》专刊专发。开辟《潮涌嶷山——宁远改革进行时》栏目，刊发7期。大力挖掘基层改革典型案例，《宁远县：确权颁证激活供给侧三农发展释放新动能》入选“湖南基层改革探索100例”。

（李　力）

【督查工作】　2020年，宁远县委督查室开展各类督查检查200余批次，办理省委、市委、县委主要领导批示件69件，下发督查通报23期，有力推动全县重点工作落实落地。县委办获评全市党委办公室督查工作先进单位。做好决策督查，坚持把县委经济工作会议报告、县委全会、县委常委会、县委常委办公会等会议确定事项作为督查工作的重中之重，梳理《2020县委经济工作会议报告》，细化为7个事项、78项具体任务，分解到各责任部门，明确目标任务和具体工作事项；对全年县委44次常委会、19次县委书记办公会、11次县委常委议事协调会研究的177个议题和524个具体事项，分解到责任领导和责任单位，对未按照规定时序进度完成目标任务的单位进行提醒督办，确保决策事项落实落地。狠抓专项督查，全年收到省、市、县领导批示件69件，全部高质高效办结，回复率、回访率、满意率均达到100%；组织开展常态化疫情防控、脱贫攻坚、文明创建、民生微实事等专项工作督查，现场交办问题200余个，下发督办公函15件次，解决一批群众反映强烈的民生热点问题。开展督查调研，撰写《关于宁远县公租房建设和运营管理情况的调研报告》《关于破解项目建设用地难的调查与思考》《关于加快宁远县旅游产业发展的思考与建议》等调研报告6篇，及时叫停未报备的“县交通顽瘴痼疾检查”“民生工程质量检查”等各类检查10余次，其中《关于宁远县“无界招商”的调查与思考》调研文章得到县委主要领导高度肯定。推进“形式主义官僚主义”整治。制定出台《宁远县贯彻落实〈湖南省深化整治形式主义官僚主义10条措施〉细化及责任分工》和《宁远县正风、减负、提能十条措施》及实施细则，定期对专项整治开展“回头看”，促进责任落实，提高工作效率，保障工作质量和成色；牵头落实县委“三个一”（一张清单下达工作任务、一支队伍抓好工作落实、一个口子开展督查考核）工作机制，赢得党员和群众广泛好评。

（郑生宇）

【绩效考核】 2020年，宁远县委办绩效考核办对照中央、省、市绩效考核方案，结合宁远实际，及时印发《宁远县2020年绩效考核实施方案》，并督促考核责任单位及时出台考核细则和计分办法，定期调度各项考核指标完成情况，督促各单位查漏补缺和创先争优。根据年初确定的县级层面督查检查考核计划和文件要求对全县表彰事项进行清理、规范、统筹。在上半年、前三季度、年终三个关键时间节点，对全县各项绩效考核指标任务完成情况进行全面调度汇总，形成书面材料向县委汇报。对指标落后责任单位下发交办函，对指标任务完成靠前的单位通报表扬。督促各单位对照目标任务查漏补缺，加强与上级部门对接，确保日常工作不扣分，亮点工作多加分，宁远县被评为2020年全市绩效考核先进县区。

（曾　贤）

【人事工作】 2020年，宁远县委办人事室抓实学习教育培训，以“双周学习”“学习强国”APP、理论学习中心组学习三大平台开展学习，组织16次“双周学习”，10次理论学习中心组学习，“学习强国”参学率100%。选派10名同志分别参加县委党校科干班、中青班、浙江大学党建专题培训班、全省档案从业人员岗位培训班、全省学习贯彻新修订《中华人民共和国档案法》培训班、全省对台交流工作培训班和全省涉台投诉协调专职培训班培训。组织1次以档案业务法规知识为主的党办干部政治业务培训。配齐配强工作队伍。人才引进1名、公开选调2名、调入9名同志进县委办工作。遴选16名同志到县委办跟班学习。狠抓党的建设，全年召开12次支委会，4次党员大会，上党课4次，民主生活会1次，组织生活会2次，主题党日活动12次。县委办党总支被评为五星级党总支，第一支部被评为全县先进基层党组织，第三支部被评为四星级党支部。

（唐芳华）

【档案业务法制】 2020年，宁远县委办档案业务法制室坚持依法治档，加强档案工作规范化管理、档案行政执法、档案业务培训等工作，组织开展档案工作规范化管理活动，下发《档案工作规范化管理活动方案》，从县财政争取资金196万元，分三年在全县开展档案规范化管理和档案移交进馆工作。开展档案行政执法，与县档案馆组成联合执法组，采取听看查问方式，对全县所有单位开展以档案基础设施、档案移交进馆、档案室等级、档案收集整理归档等为主要内容的档案行政执法检查。开展档案业务培训，举办县直单位、乡镇（街道）档案员业务培训，提升全县档案人员业务技能，利用“6·9”国际档案日等契机，组织召开座谈会，交流工作经验，面对面解答档案业务问题。

（陈爱萍）

【文电工作】 2020年，宁远县委办文电室突出控量、提质、抓常，做好文件精简，摒弃“无效供给”，以实际成效为基层减负减压，2020年文电工作在全市党委办公室业务工作考核中获评先进。探索建立“五个一律”机制，把准发文审核关，以县委及县委办公室名义印发的文件总数54件，同比减少45.5%，实现预期目标；印发县委常委会会议纪要39期，书记专题会议纪要18期，议事协调会议纪要10期。提升办文水平，以《党政机关公文办理》有关规定为根本，按照“四个坚持”（坚持会签流程记录、坚持正式文件分类存档、坚持密级文件借阅登记、坚持非密级文件印发信息化）要求，促进文件管理专业化。提升办文效率，以“三项转变”（转变“散、乱、慢”的模式、转变多头管理的做法、转变文件会签一拖再拖的现象）为抓手，探索实行“14680”限时办结机制（“1”即收文办理“即来即办”，做到当天收文，当天办理；“4”即一般性发文4个工作日内完成审核签发；“6”即涉及征求部门意见的文件6个工作日内完成审核签发；“8”即规范性文件8个工作日内完成审核签发；“0”即对于特别紧急和领导催办的文件，坚持急事急办、特事特办，在符合办文程序和保证公文质量的情况下，保证公文及时办理），促进文件办理高效化。

（雷小琴）

【秘书工作】 2020年，宁远县委办秘书室坚持“四个把控”（时间节点、会议规模、会议数量、办会质量），从实规范办会程序，做到会议每周一统计，每月一上报，每季一清查，按照“谁分管谁出席”的原则，对会议议程、参会人员、送审程序等关键环节审核把关，减少参会人员，杜绝跑会、守会、陪会现象，减轻基层负担，全年召开全县性会议22次，同比减少2次。承办县委常委会会议44次、书记专题会19次、议事协调会11次。按程序申报并承办大型扶贫电视连续剧《不负人民》开机仪式、2020年“中国农民丰收节”永州主会场活动、2020年中国户外健身休闲大会（宁远站）活动等上级重要活动。坚持“三个注重”（注重统筹协调、注重调研实效、注重规定遵守），从细管理公务活动。严格审批各部门考察调研邀请事项，科学统筹县领导考察调研安排，每周五合理规划制定县委主要领导下周活动预安排，增强县委重要会议活动的计划性和科学性。严格按照中央八项规定等相关要求，严谨制订活动方案，圆满完成接待省委副书记乌兰，省委常委、省委宣传部部长张宏森，副省长隋忠诚，原副省长郑茂清，市委书记严华等重要领导到宁远调研活动任务；县委主要领导下乡调研用餐，均按要求及时缴纳伙食费。坚持“两个严格”（严格专人管理、严格审批制度），从严执行用章制度，县委办公室印章定期更换密码，指定专人管理；县委主要领导私章由联络员专门管理，做到了每次用章登记一个不落，未经审批用章一个不盖，不符合程序的用章一个不办。

（石月华）

【值班工作】 2020年，宁远县委办值班室及时依纪依规上报党政主要领导外出请示报告和去向表，探索形成多维度应急值班值守工作架构。坚持24小时值班制度，采用“一主一副”人员配置。创新文件收发处理、会议通知台账登记模式，形成文件编号管理、文件办理情况追踪、文件流转去向追踪电子台账和纸质台账，做到查收一个登记一个、处理一个登记一个、批示办结即时登记。规范全县领导干部外出请示报告制度，严格接收标准，创新工作台账。全年接收领导干部外出请示报告420份。积极配合推动永州市党政机关协同办公系统在宁远县党委系统的推广和相关调试工作。

（唐　玉）

【法规工作】　2020年，宁远县委法规室坚持以习近平总书记党内法规制度建设重要思想为指导，始终把党内法规放在发展全局的高度来看待，成立宁远县党内规范性文件备案审查集体会商领导小组，明确分管领导和办公室人员，具体负责承担县委党内规范性文件的起草审核、备案清理、督促指导等职责，推动文件审核、文件备案和法规工作纳入全县绩效考核内容，形成由县委办公室统筹协调、上下联动、各方面共同参与的工作格局。严格审核备案，全年审核各类党内规范性文件144件。上报市委备案审查的17件规范性文件未出现政治性错误和违反国家法律法规实质性问题。创新工作机制，制定《宁远县2020年度党内规范性文件计划清单》，严格执行年度发文计划和临时性发文立项制度，形成下备一级工作体系。全年审核县委编办、县委组织部、县委政法委等报备的文件63件，对下级报备的规范性文件存在瑕疵或违反法律法规的，由县委法规室办理后报县委办分管领导审定，以县委法规室名义下发提醒函12件，全部整改到位。

（蒋永锋）

【综合协调】　2020年，宁远县委办综调室围绕县委中心大局，践行“五个坚持”，做到“五个始终”，不断提高工作质量和服务水平，调研工作在全市党委办公室业务工作考核中获评先进。坚持严守政治纪律和政治规矩，践行“两个维护”，办文办会办事、参政设谋调研严守政治标准。起草和参与起草全县疫情防控、保密、县委理论中心组学习、巡视整改等全县重大工作材料300余篇。严格按照《中国共产党重大事项请示报告条例》的相关规定，及时向市委报告有关重大事项，所有请示报告均通过机要交通传输，程序合规、上报及时。按照“脱贫路上不漏一户不落一人”工作要求，开展驻点村崇德村建设和贫困户结对帮扶工作，顺利通过团省委与市实地核查组核查，对核查组指出的问题做到立行立改，受访群众满意度100%，驻村工作队被推荐为县优秀工作队。

（郑会兴）

【信息工作】　2020年，宁远县委办信息室围绕县委中心工作，突出重点，创新方法，强化措施，为各级领导实施科学决策、研究指导工作，提供大量有价值的信息，发挥参谋助手作用。全年上报省市信息566条，被省委采用50余篇，省委办公厅信息点信息采用质量系数348分，全省排名第十三，永州市第一。健全完善全县信息工作制度，信息报送更加准确规范、及时有效，全面反映全县经济建设、社会事业发展的新动态、新经验和新成果。信息实效不断提高。紧贴党委、政府中心工作，紧贴领导思路，紧贴基层实际，发挥信息服务作用，使参谋服务真正“参”到点子上，“谋”在关键处。注重打好宁远“特色牌”，紧扣德孝之源、宜居宜业宜游生态文化县、农业大县等县域特点，及时整理推介上报创新工作举措和成功经验信息。2017年—2020年，连续四年被评为湖南省党委信息工作先进单位。

（欧阳哲毅）

【行政事务】　2020年，宁远县委办行政事务室依法依规做好各项费用核算和账务处理，合理支付各项开支；及时报送决算、预算、绩效评估、债务情况等多项表格及说明，做到准确无误。后勤管理方面，严格执行中央八项规定和公务接待有关规定，推进节约型机关建设，严把开支审核关，会议经费、公务接待费、公务用车运行维护费分别较2019年减少11.6万元、3.6万元、7.1万元。按照“规定动作要做好，其他工作要做实”的要求，提升服务能力，圆满完成全年重宾来访接待服务任务，在2020年省委第三巡视组到宁远巡视期间，服务接待细致周到，务实高效，为巡视工作顺利开展打下良好基础。全力改善办公条件，为办公室添置办公设备，维修部分办公室，保证办公环境整洁、舒适、明亮、安全。

（欧阳涛）

【台港澳事务】 2020年，宁远县委办台港澳事务室认真贯彻落实省委、市委关于台港澳及外事工作“一手抓防控新冠疫情，一手抓台企外企复工复产”部署要求，对全县港澳台及外籍人士全面摸底排查，积极指导防疫，全力开展服务帮扶，《宁远：三联三帮打开台企防疫复工新局面》《宁远三带三引领推动惠台政策落地见效》等工作经验及成效被《湖南日报》《永州日报》等多家媒体报道。创新平台，上半年在九嶷山舜帝陵对台交流基地建成近100平方米的对台宣传交流专题展厅并对外开放，省委台办主任肖祥清到基地视察时给予高度评价，得到省委台办拨付30万元基地建设经费的激励和支持。创新形式，为克服新冠疫情影响，采用线上线下相结合方式，于11月举办“君子六艺·双岸同胞云聚过中秋”网络直播互动交流活动，宁台两地现场参加活动人数200余人，网上参与者12000人，被省台办网站官宣为2020年度重大对台交流活动之一。创新宣传，指导湘南明德学校创建“永州市涉台教育基地”。积极总结宣传宁远台办工作经验及成效，全年在省、市台办官方网站发表新闻、通讯23篇，居全市各县区前列。

（童一飞）

【机要工作】 2020年，宁远县委办机要室狠抓机要密码工作要点落实，加强机要干部忠诚教育和机要传统教育，全年工作实现“三零”目标，被省委办评为湖南省党政系统密码工作先进单位，实现连续8年被评为省先进。密码通信服务保障做到优质高效，制定完善日常值班、紧急重要电报办理、应急密码通信、密码电报管理等各项工作标准。密码管理做到安全可靠，全面排查密码安全风险和隐患，创立“人+技术+管理”的管理模式，开展3次密码电报安全检查，确保密码安全。做好信息化建设和信创工作，按照省市时间节点，提前完成电子政务内网“纵向到底”二期工程建设任务和相关单位电子政务内网迁移工作，超额10%的比例完成省市信创工作任务。完成县乡视频会议建设管理任务、党委视频会议和书记幻真会议迁移工作。完成视频会议109次，较2019年增幅541%，其中党委视频会议71次，幻真视频会议6次，县乡视频会议32次，减轻基层负担，节约会议成本，提高工作效率。

（蔡红军）

【保密工作】 2020年，宁远县委办保密室认真履行保密行政管理职能，推进保密工作“三大管理”，做好各项保密工作。年初，在市保密局举办的“忠于保密事业，践行保密初心”主题教育演讲比赛中获第一名；在全市“护航新时代，保密伴我行”主题征文活动中取得一等奖一名，二等奖一名，优胜奖一名。积极开展撰稿投稿，工作经验得到《保密工作》和《湖南保密》推介；创新保密宣教模式，订购一批保密宣教用品发放给各级领导干部和涉密人员。到县委党校科干班、中青班以及县直单位开展保密知识讲座，全县干部职工保密意识进一步提高。2020年宁远县委办保密室被推荐为“‘十三五’时期湖南省保密工作先进单位”。

（唐雄群）

组织工作

【概　况】 1949年11月，设立中共宁远县委组织部。1968年3月，宁远县革命委员会内设组织部。1973年7月，恢复县委组织部至今。1983年，宁远县机构改革，归口组织部门的单位有县编制委员会办公室（简称编委办）、落实政策办公室。1989年2月，撤销县委落实政策办公室。1995年，县直属机关工委并入组织部。2002年6月，县直属机关工委更名县直属机关党委，归口县委组织部。2015年，调整内部机构设置，即撤销组织室，保留办公室、干部室、干部教育监督室、人才工作室，增设县委考核工作管理办公室、党建室、基层办、党代表联络办公室。调整后，内设机构由5个增至8个。2016年12月，设立中共宁远县委非公有制经济和社会组织工作委员会，作为县委组织部的挂牌机构。2018年3月，设立宁远县人才服务中心，为组织部所属股级公益一类事业单位。2019年9月全县实行机构改革，县委组织部统一管理县委机构编制委员会办公室、公务员工作、老干部工作、县直机关党建工作。设立公务员一室、公务员二室，不再保留县委考核工作管理办公室；设立党员管理室、取消党建室；设立研究室、组织指导室。调整后，县委组织部内设机构11个：办公室（老干部工作室）、研究室、干部室、公务员一室、公务员二室、干部教育监督室（举报中心）、人才工作办公室、组织指导室、党员管理室、党员教育中心、直属机关工作委员会办公室。县委基层党建工作领导小组办公室与组织室合署办公。下设宁远县人才服务中心（副科级）、宁远县老干部服务中心（副科级）和宁远县党代表联络办公室三个全额拨款事业单位。

2020年，县委组织部全面落实新时代党的组织路线，深入贯彻习近平总书记考察湖南重要讲话指示精神，聚焦主责主业，服务中心大局，为推动宁远经济社会高质量发展提供坚强组织保证。圆满完成全国排查解决农村发展党员违规违纪问题试点，多个做法被中组部采纳，在全省作经验介绍；成功举办“全省两新组织党员轮训示范班”，被省委组织部向中组部推介；获省“党建+”老旧小区改造示范县；被列为全市唯一的省委基层党建领导小组基层联系点，省委常委、宣传部部长张宏森到宁远调研时，对宁远的党建工作给予高度评价；在2020年全省县委书记抓党建促决战决胜脱贫攻坚培训班上作主题发言；全市人才工作现场会在宁远召开并作典型发言。党建促脱贫、人才促振兴、“稳就业、强基础、富家乡”主题活动等多项工作被《人民日报》《中国组织人事报》等国家级核心媒体推介。

【党组织和党员状况】 2020年，宁远县有党组织1463个，其中党（工）委79个，县直单位目前设有5个党组性质的党（工）委、16个机关党委，1个两新组织党工委，乡镇（街道）党（工）委20个，村（社区）党委37个；党总支161个，其中直属机关工作委员会辖党总支数22个、乡镇（街道）党（工）委辖党总支数139个；党支部1217个，其中直属机关工作委员会辖443个党支部，乡镇（街道）党（工）委辖686个党支部、两新工委辖88个党支部。全县有党员30121名。2020年发展党员420人，其中，产业工人（含农民工、劳务派遣工）38人，农牧渔民312人，35岁以下199人，少数民族10人。

【基层党建】 2020年，宁远县坚持以政治建设为统领，推动党建工作全面提质，引领全县经济社会高质量发展。建立健全党员领导干部联系基层党组织制度，33名党员县级领导带头联系140个村（社区）党组织，带动全县所有县直单位和乡镇（街道）党员班子成员全面建立基层党组织联系点。结合党建工作履职情况，实现政治建设考察和政治生态研判全覆盖。在全县创新开展“稳就业、强基础、富家乡”主题活动，以“一稳”促“六稳”，以“一保”促“六保”，着力建好一个系统（综合就业服务系统），抓好“三个一批”（在外出务工人员和致富能手中培养一批党员和入党积极分子、在党员和中青年人员中培养一批村干部和新乡贤、在基层干部和致富能手中培养一批先进典型），做好“四篇文章”（做好共谋大业、外出就业、返乡创业、合作兴业文章），持续推动经济社会高质量发展，活动做法被《人民日报》等17家中央级媒体推介。成功举办“全省两新组织党员轮训示范班”，被省委组织部向中组部推介；推进村级集体经济“三变”改革，收入5万元以上的村达到90%；基层公共服务（一门式）提质增效，入选全国“互联网+政务服务”标准化试点；全面推进“党建+基层治理”，打造县一中千禧山庄小区、县人民医院家属区、税苑小区等老旧小区党建示范点，获省“党建+老旧小区改造”示范县。坚持党建促发展，着力发挥基层党组织战斗堡垒作用和党员先锋模范作用，疫情防控和复工复产实现双统筹双胜利。

【党员教育管理】 2020年，宁远县坚持创新驱动，圆满完成全国排查解决农村发展党员违规违纪问题试点，多个做法被中组部采纳，在全省作经验介绍。在“2020年永州市党员教育工作骨干培训班”上，做党员教育工作体系建设典型发言。组织200名年轻农民参加“农民大学生”培养计划。精品党课《不忘初心来时路砥砺奋进新征程》纳入全省“党课开讲啦”精品党课目录。《初心无悔》获全省党员教育电视片观摩交流活动二等奖。拍摄中华人民共和国成立70周年视频宣传片《组织的力量》、组织工作总结片《时光不负追梦人》，党员的抗“疫”故事《春归》，激发党员干部深入学习的热情、干事创业的激情。

【村（社区）“两委”干部队伍建设】 2020年，宁远县结合推动基层公共服务（一门式）全覆盖，进一步加强村干部队伍管理，严格落实村干部坐班值班制度，422个村（社区）便民服务大厅均安装摄像头，实现远程督查、实时督查。全面推进社区专职工作者队伍管理改革，社区专职工作者全部划归县委组织部管理，建立健全工资待遇、员额管理、岗位等级晋升等考核管理制度。开展村（社区）“两委”换届工作，坚持“试点先行、全面铺开”，于11月在仁和镇16个村启动并完成换届试点工作。2021年2月3日，文庙街道新车村民委员会选举成功，至此，宁远县村（社区）“两委”换届选举全部完成。全县选举产生村“两委”成员2287名，其中，村党组织委员1534名，村委会委员1901名，村“两委”成员交叉任职1148名，比例达75%，其中书记、主任“一肩挑”375名，占比88.9%，较上一届提升63.3个百分点。村“两委”成员中党员有1711名，占比74.8%；女性701名，占比30.7%，较上一届提升6.1%；其中女性村主任44人，占比10.4%。从人员构成来看，外出务工经商返乡人员782名，退休干部回村任职14名，其中党组织书记4名。从年龄结构来看，村“两委”成员35周岁及以下的652名，占比28.5%，较上一届提升20%；36岁至45岁的655名，占比28.6%，较上一届增加111名；46岁至59岁的960名，占比42%，较上一届下降20%；60岁及以上的20名，占比0.9%，较上一届减少39名；村“两委”成员平均年龄42岁，其中，党组织书记平均年龄46.5岁，60岁及以上的3名，较上一届减少16名。从学历层次来看，村“两委”成员大专及以上学历的977名（其中本科及以上学历的120名），占比42.7%，较上一届增加709名，增幅为265%，其中，党组织书记大专及以上学历的200名，占比47.4%，较上一届提升26.5个百分点。

【驻村和结对帮扶】 2020年，宁远县选派336个扶贫工作队和149名村党组织第一书记，调动9015名党员干部、“两代表一委员”与2.7万户贫困户结“穷亲”，汇聚脱贫攻坚强大合力。开展“冲刺问题清零，党员冲锋在前”主题党日活动，220名单位“一把手”和1.5万名党员进村入户落实脱贫攻坚问题清零，凝聚脱贫攻坚强大力量。

【领导班子和干部队伍建设】 2020年，宁远县坚持政治标准，树正用人导向，加大正向激励，促进担当作为。全年调整干部13批次、326人次，提拔使用优秀干部119名，其中5名“四方面”人员被提拔进乡镇班子，4名优秀人员通过公开选拔方式进入县属国有企业领导班子。在全市率先开展公务员职级晋升，树立“实干者实惠，有为者有位”的鲜明用人导向，完成职级晋升302人。对113个县管领导班子，588名领导干部开展政治建设考察，考准考实干部政治表现，精准画好干部政治“肖像”，有效传导政治建设的责任和压力。着力强化人文关怀，出台正风减负提能“十条措施”，打出“减控并”组合拳，实行“三个一”工作法，即“一张清单下达工作任务、一支队伍抓好指导落实、一个口子开展督查考核”，切实有效减轻基层负担。

【干部教育监督】 2020年，宁远县加强乡镇党校建设，推动教育阵地向基层一线延伸，每个乡镇党校安排10万元专项经费，20个乡镇党校全部达到“六有”标准；围绕理论武装和党性教育，依托县委党校举办主体班4期，培训党员干部185人；组织63名党务干部赴浙江大学参加党建专题培训班，进一步开拓视野，增长见识；创新开发《柏忍的“忍”与“不忍”》情景党课，获全市红色教育大比武二等奖，并在全省两新组织党员培训示范班上演出。聚焦关键少数，对8个单位、11名领导干部开展经济责任审计；畅通群众监督渠道，构建“四位一体”的“12380”举报体系，受理办理选人用人问题举报13件，查实2件；开展领导干部提醒、函询、诫勉工作，对12名干部提醒谈话，诫勉1人，推动抓早抓小、红脸出汗成为常态，有效地培养干部的政治忠诚和纪律自觉。

【干部考核及工资福利】 2020年，宁远县坚持党管干部、量化考核、分类考核、奖惩分明四项原则，通过量化评分、考核组指导等形式，对县管干部和公务员开展考核，公务员年度考核被确定为优秀等次给予嘉奖和连续三年被确定为优秀等次记三等功。出台《关于提高乡镇机关事业单位工作人员工资收入的通知》，对公务员工资福利实行台账、系统化管理，乡镇工作专项补贴由乡镇工作年限补贴和乡镇工作差异化补贴（人才津贴）两部分构成，执行范围扩大到包括学校、卫生院在内的所有乡镇机关事业单位。

【公务员队伍建设】 2020年，宁远县坚持公平、公正、透明、公开原则，完成2020年公务员录用计划，全县招录公务员33名。制定《宁远县委管理干部职级晋升原则及操作流程》《晋升原则及流程》，推进职务与职级并行制度规范化、常态化。晋升各类职级人员395人，其中综合管理类255人（二级调研员1人、三级调研员16人、一级主任科员62人、三级主任科员69人、四级主任科员104人、一级科员3人）；执法勤务类129人（三级高级警长3人、四级高级警长1人、一级警长21人、二级警长16人、三级警长42人、四级警长46人）；司法助理员类11人（一级法官、检察官助理1人，三级法官、检察官助理3人，四级法官、检察官助理7人）。

【人才队伍建设】 2020年，宁远县引进急需紧缺高层次人才102人，其中博士、硕士研究生38人；引进宇拓新能源国家工程实验室、“江南南泥湾”农业生态旅游、丰利生态农业科技、台湾现代精致农业等人才项目7个，高层次专家67名，人才增量切实做大。多措并举育人才，依托县青年人才党支部，组织青年人才开展“致敬抗疫英雄、勇担青年责任”“传承红色基因，不负时代重托”等系列活动；创新举办“九嶷大讲堂”电商培训，开展“村播带货”培训4期，培训带货主播200人；输送农医特岗生49人到永州职业技术学院定向培养，人才活力充分激发。不拘一格用人才，促成康德佳与湖南中医药大学合作，研发“金丝皇菊”“女皇驾到”系列产品，获得全国农村创新创业项目创意大赛一等奖，康德佳湘南道地药材优培及深加工产品开发科技创新创业团队被评为“永州市2020年优秀企业科技创新创业团队”；积极引导人才下沉一线，服务乡村振兴，宁远县和水市镇同时获评“2018—2019年度湖南省科技特派员工作先进单位”；引进湖南城市学院教授、意大利威尼斯建筑大学博士王雨峰，负责全县老旧小区改造及城乡综合治理工作，获批为全国第一批“国家美好环境与幸福生活共同缔造培训基地”和全省“党建+”老旧小区改造示范县，人才效能充分发挥。千方百计留人才，修订《宁远县人才引进实施办法》，出台《引进高层次人才调剂使用编制管理办法》，设置人才引进专项编200个，灵活破解重点领域人才短缺和结构性矛盾；大胆使用、大力表彰优秀人才，全年公开选聘4人为县属国有企业副总，40名在疫情防控、科技创新等工作中表现突出的人才受到表彰；全力保障人才待遇，全年按时足额发放人才生活补贴、购房补贴386万元，33名新进人才入住“拎包入住”式人才公寓楼，人才环境显著优化。

【老干部工作】 2020年，宁远县完善党内关怀机制、走访慰问、志愿服务、困难帮扶机制，完善一人一策，精准服务全县老干部，全年走访慰问支出15万余元。打造司法局、教育局、宝塔社区、县一中、县人民医院、县老干部服务中心、山水城小区7个“美在金秋”老党员之家，在中和镇红军村成立永州市首个农村老党员之家。开展“传承红色基因，争做时代新人”主题教育、“最美孝心少年”评选、“传承优良家教家风”活动等，其中，太平镇岭头源完小唐成军被评为永州市“最美孝心少年”。广泛动员社会有识之士、企业家、爱心人士、各类商会组织，为困难学生捐资助学200余万元。老年大学整体搬迁和改造工作全面启动。

【“稳就业、强基础、富家乡”主题活动】 2020年，宁远县坚持抓基层、打基础，创新开展“稳就业、强基础、富家乡”主题活动。全县实现城镇新增就业5562人，职业技能培训7276人，失业人员再就业2781人，发放创业担保贷款3165万元，新增创业主体2655户，带动就业6044人。成立青年党支部20个，建立流动党支部9个，吸引646名返乡优秀人员成为村“两委”成员意向人选，从致富能人、外出务工人员、回乡优秀青年等人员中发展入党积极分子350人，完成农村党员、乡镇事业站所人员、入党积极分子、村干部1.1万人培训。“三专一平台”“村播带货”直播顺利启动，认定扶贫产品80种，完成长沙扶贫消费扶贫县域生活馆建设，全县新增企业734家，个体工商户2978家，成立521家合作社，406个村成立经济合作组织。

（聂四海）

宣传思想工作

【概　况】 中共宁远县委宣传部主要负责统筹协调全县党的意识形态和理论研究、学习、宣讲及精神文明建设、对外宣传、新闻发布等工作，负责全县新闻出版行政事务、电影行政事务。2020年，宁远县成功创建全国文明城市提名城市、湖南省全域旅游示范区。入选中央宣传部、财政部、文化和旅游部、国家文物局公布的第二批革命文物保护利用片区分县名单。在2020年全省城市文明程度指数测评中排名县级城市第一名，被通报表扬。宁远县委宣传部在全市宣传系统目标管理考核中排名第一，蝉联先进单位。宁远县“扫黄打非”工作领导小组办公室被评为湖南省优秀集体。宁远县新时代文明实践工作获市先进。

【强化思想引领】 2020年，宁远县委将学习习近平总书记重要讲话、指示精神及中央、省、市的决策部署纳入县委常委会会议议题。全年宁远县委理论学习中心组集中学习10次，学习专题24个。组织开展习近平总书记考察湖南重要讲话精神和党的十九届四中、五中全会精神宣讲会500余场，参学人数10万多人次。省委常委、宣传部部长张宏森到宁远开展习近平总书记考察湖南重要讲话精神集中宣讲。成功举办宁远红色教育公开课大比武活动，选送作品获全市红色教育公开课大比武二等奖。组织开展“新时代、新思想、新宁远”理论微宣讲系列活动，选送选手获全市理论微宣讲大赛一等奖。

【履责意识形态】 2020年，宁远县委宣传部健全意识形态联席会议制度，定期开展分析研判。结合省委第三巡视组意识形态专项巡视和县委第八轮、第九轮巡察，对24个单位开展意识形态专项检查，反馈问题43个，并督促限期整改到位，推动“四个责任”“四个纳入”向基层落实，继续强化各类阵地管理。

【管好舆论阵地】 2020年，宁远县委宣传部围绕“讲好宁远故事，传播好宁远声音”，以主流信息占领舆论制高点，牢牢掌握主动权、话语权。媒体宣传影响进一步扩大，在《人民日报》《经济日报》《湖南日报》《永州日报》等市级以上党报党刊上发表新闻作品1200余篇，其中在《人民日报》重要版面刊发《宁远贫困劳动力搭上返岗快车》《修好通往群众心里的路》2篇作品。中央电视台《消费主张》栏目制作播出《家乡的年味·湖南宁远》获得广泛好评，《迎新春，文化活动添彩中国年——湖南宁远坦坝村第三届春节联欢晚会》被中央电视台新闻联播采用，文化旅游融合工作被CCTV2专题报道。旅游电影《天下麻将》、扶贫电影《宁静致远》、电视剧《不负人民》，充分展示宁远风土人情。舆情应对处置进一步强化，网络舆情大幅下降。网络综合治理体系建设进一步深化，开展“净网”“清朗”“网络生态治理”等专项行动，网络空间日渐清朗。

【创新文明实践模式】 2020年，宁远县委宣传部以创建全国文明县城为载体，紧紧抓住全国新时代文明实践中心建设试点这一契机，全域推进“1333”新时代文明实践模式，获省、市委宣传部认可，全县完成志愿者注册12万余人，新时代文明实践工作获市先进。紧扣学习宣传习近平新时代中国特色社会主义思想，组织开展以“德孝之源·文明宁远”为主题的作文比赛、演讲比赛，评选“最美抗疫”家庭等活动，推动“道德之乡讲道德”深入人心。统筹推进“文明创建”工作，成立民生“微实事”基金，解决民生难点痛点问题，在2020年的湖南省城市文明程度指数实地测评中，宁远位列全省第一，成功入选全国文明城市提名城市。

【融合文生旅产业】 2020年，宁远县从三个方面抓好文旅产业的深度融合。一是争创示范。宁远县成功创建湖南省全域旅游示范区，入选“2020年全国县域旅游发展潜力百佳县”。下灌景区成功创建国家AAAA级旅游景区，九嶷河旅游区创建为国家AAA级旅游景区，下灌村入选第二批全国乡村旅游重点村名录。二是创新活动。举行“文旅乡村好韵味、网红带你游潇湘”暨宁远县“公共文化服务月”“中国旅游日、相约九嶷山”文化生态旅游宣传日等活动。三是加大营销。参加2020中国湖南（国际）文化旅游产业博览会暨宁远县全域旅游推介会、后疫情时代宁远全域旅游发展推介会、走进东北三省湖南文化旅游推介会等专场活动。

【发展文体事业】 2020年，宁远县示范区创建有为有位。宁远县公共文化服务体系示范区创建工作排名全市前列，获市委、市政府表彰。全国全民运动健身模范县创建工作排名全省第一。图书馆、文化馆总分馆制建设经验在全省公共服务领域重点改革任务培训班上被重点推介。全年开展电影下乡6528场、送戏下乡109场、送图书下乡18407册。文体活动开展精彩纷呈，举办“2020年中国户外健身休闲大会湖南首站（宁远站）”活动、湖南省2020年“我的书屋·我的梦”启动仪式暨“新时代乡村阅读季”示范引领活动，在2020年湖南省青少年举重锦标赛上获抓举、挺举、总成绩三块金牌。文化遗产保护精彩靓丽。宁远文庙保护与利用工作被省文物局编入《湖南省文物保护利用创新发展百佳案例》进行推介。高源土陶传承基地、九疑木雕传承基地、九疑派古琴传承基地被公布为永州市第一批非遗传承基地。

（欧阳嘉文）

统战工作

【概　况】 中共宁远县委统一战线工作部于1956年12月设立。1958年4月与县委宣传部合并，1980年5月恢复至今。2002年机构改革，设置中共宁远县委统一战线工作部（加挂中共宁远县委台湾工作办公室、宁远县人民政府台湾事务办公室牌子和宁远县人民政府宗教事务办公室牌子）。2004年12月，县委台湾工作办公室（宁远县人民政府台湾事务办公室）机构单设，为正科级行政机构，归口县委统战部管理。2017年7月，设立中共宁远县委统一战线工作部网络信息中心，为县委统一战线工作部直属股级公益一类事业单位。2019年机构改革，将县政府办公室（县民族宗教事务局、县旅游发展和外事侨务委员会）的民族事务、宗教事务、侨务管理职责划入县委统一战线工作部，对外加挂县民族宗教事务局牌子、对外使用县政府侨务办公室名称。县委统一战线工作部设办公室、干部室（加挂无党派人士和党外知识分子工作室）、民族事务工作室、宗教事务工作室、非公有制经济和新的社会阶层人士统战工作室、侨务和港澳台统战工作室6个内设机构。

2020年，全县统一战线聚焦中心、服务大局、主动担当、开拓创新，各项工作取得成效。九疑山瑶族乡牛亚岭村被省政府授予全省民族团结进步模范集体，舜帝陵入选湖南省华侨文化交流基地，湾井镇下灌村成功创建“省级同心美丽乡村”，原创瑶族舞蹈《鸡公鞋》在湖南省第五届少数民族文艺调演中获银奖；县委统战部和九疑山瑶族乡人民政府被市政府授予全市民族团结进步模范集体称号，县委统战部获全市统战信息工作先进单位，《以“统战+新乡贤”模式助推县域经济社会发展》获全市统战工作实践创新成果，《宁远县瑶族文化保护和传承的现状及对策》获评全市统战理论政策研究创新成果优胜奖，湾井镇周家坝村成功创建“市级同心美丽乡村”。

【政治引领】 2020年，宁远县委统战部把增进政治共识放在首位，举办党外代表人士履职能力培训班，在党外代表人士中开展“智慧宁远·共创辉煌”主题系列活动和“党外代表人士风采展”等系列宣传活动，通过开展学习培训、主题活动、宣传展播等形式，引导广大统战成员深入学习习近平新时代中国特色社会主义思想和党的十九届四中、五中全会精神，不断增强“四个意识”、坚定“四个自信”、做到“两个维护”，进一步筑牢共同思想政治基础。

【服务大局】 2020年，宁远县委统战部聚焦全县发展大局，引导党外代表人士围绕“三大攻坚战”、乡村振兴、脱贫攻坚、生态环保、园区发展、全域旅游等方面开展调研，提出意见建议12条，形成专题调研报告2篇。深入推进“万企帮万村”“万人帮千户”“暖阳工程”“金秋助学”等统一战线扶贫行动，组织25家民营企业定点帮扶47个贫困村；1万名爱心人士对接1200余户贫困户，采购农副产品350余万元；资助贫困学生400余人100余万元。创新开展“稳就业、强基础、富家乡”“海外人才智力援乡”系列活动，新建立565名在外乡贤联系通道，通过送倡议书、开恳谈会，深入开展经贸、文化、旅游等交流活动，为引资、引智、引才发挥积极作用。深入开展“同心抗疫”行动，向全县广大统战成员发出倡议书，发挥统一战线各领域成员的优势和作用，引导他们在医疗救助、公益捐赠、物资采购、正面发声、法律服务等方面参与疫情防控，据不完全统计，全县统一战线成员累计为抗击疫情捐款捐物折合共200余万元。

【民族团结】 2020年，宁远民族团结不断巩固。进一步推进民族团结进步创建活动；严格普通高校招生“两种考生”资格审核，298名考生享受优惠加分政策，实现零举报、零信访、零差错；民族特色村镇建设和民族文化传承进一步加强；外来少数民族服务管理进一步优化，少数民族群众安居乐业。

（唐武成）

机构编制

【概　况】 中共宁远县委机构编制委员会办公室（以下简称县委编办）为县委机构编制委员会的办事机构，承担县委机构编制委员会日常工作，作为县委工作部门，对外使用县事业单位登记管理局名称，归口县委组织部管理。下设4个内设机构，即办公室、机构编制管理股、实名制管理股、事业单位登记管理股。核定行政编制7名，实有7人。下设县机构编制事务中心，核定全拨事业编制9名，实有8人。2020年，县委编办大力推动各项机构改革工作落地生根，很好地完成各项工作任务。

【机构改革】 2020年，宁远县委编办继续做好机构改革后半篇文章，进一步理顺管理体制，优化职能配置，推进治理体系和治理能力现代化。全面完成乡镇机构改革。4月30日，印发全县20个乡镇（街道）“三定”规定，严格按照省市相关精神，重点考虑理顺乡镇（街道）管理体制、调整人员编制、规范领导职数三个方面，全面推动治理重心下移，保障基层权责一致、人事相宜。5月底，协同市委编办对新“三定”落实情况和乡镇运行模式等情况进行调研，为不断提升乡镇治理能力和服务能力掌握实时情况。稳步推进综合行政执法改革。严格按照时间节点稳步推进全县综合行政执法改革。在2019年开展调查摸底、锁定人员编制、初审转隶人员信息等工作的基础上，对各领域上报的改革方案进行认真审核，与各领域主管部门沟通衔接，对有关问题及时请示市委编办，逐步完善改革，县五个领域综合执法改革方案经县委编委会议研究通过后，以“两办”名义行文下发，全县五个领域综合行政执法机构均在12月3日前完成挂牌组建工作。开展人员转隶工作。根据《中共湖南省委深化机构改革领导小组办公室关于市县综合行政执法机构和人员编制划转的通知》，对整建制划转的人员在12月中旬全部划转到位；对按比例划转的人员根据“六个条件”原则，协同组织、人社、司法等职能部门对各部门上报的拟转隶人员资格进行复审后划转，将两类划转人员同步实施划转工作。拟订执法大队“三定”方案。除城市管理综合执法大队外（因市城市管理综合行政执法支队“三定”规定暂未出台），文化市场、农业、市场监管、交通运输4个领域综合行政执法大队“三定”规定在12月底全部印发。多次协调五个领域执法权限下放乡镇（街道）问题，牵头组织协调乡镇（街道）、县行政审批局、县司法局、县住建局、县自然资源局及五个领域改革相关单位，召开全县五个领域执法机构改革推进会，按照“依法下放、应放则放、宜放则放”原则厘清下放执法清单，经县行政审批局审核、县司法局核准，以县政府名义行文。全面完成经营类事业单位改革。参与县九嶷山水电管理站的转企改制工作，按照程序，依法撤销县自来水公司、县市政建设工程公司、县九嶷山水电管理站的建制，9月底按期完成生产经营类事业单位改革。基本完成事业单位和群团组织“三定”工作。全县纳入改革的30个科级事业单位及群团组织全部出台“三定”方案（或调整事项）。

【机构编制管理】 2020年，宁远县委编办严格按照规定规范机构编制管理，盘活机构编制资源，推动机构编制法定化。印发《关于学习宣传和贯彻落实〈中国共产党机构编制工作条例〉有关事项的通知》，要求各级领导班子深入开展《中国共产党机构编制工作条例》（以下简称《条例》）的学习宣传，推动《条例》纳入重要议事日程和理论学习中心组学习内容。严查违反《条例》干涉机构编制事项的行为。建立完善合法合规性审查制度，对拟出台的机构编制工作规范性文件认真审查核对。加强机构编制实名制管理。实名制管理业务全程网上办理。从人员用编、入编、异动、出编等均由各单位政工人事在湖南省机构编制综合管理平台上报，所有操作均上传相应电子附件作为佐证。涉及机构编制事项的省市县文件也都在系统中上传电子档登记，确保系统信息变更有依据、易查找。加强机构编制数据管理，运用系统与人社、财政等部门进行人员编制联合管控，对调出、退休、辞职、辞退、死亡等减员情况必须先由县委编办办理出编手续后，才能办理其他相关手续，实现实有人员与系统数据的一一对应，为领导决策提供准确的参考依据。优化机构编制资源配置。严格执行用编申报审批制度，同时主动与县组织、人社等部门协调配合，结合全县机关事业单位人员缺编及实际需要情况，本着从严控制人员增长，逐步优化人员结构的原则，提出招录计划。根据工作需要及时对有关单位机构编制事项进行调整，严格公开选聘和抽借调手续。加强特岗生定向培养计划，针对全县基层水利人才紧缺的情况，与县水利部门沟通衔接，及时向省里申报宁远县基层水利特岗人员定向培养计划。针对全县乡镇农医人才紧缺的情况，与县委人才工作领导小组办公室沟通，提出2020年乡镇农医特岗生定向培养招生计划（由永州市职业技术学校承担培养任务），并经编委领导同意后，上报市委人才工作领导小组。推动县人民医院、县中医医院、县妇幼保健院（县妇女儿童医院）等县属公立医院人事编制改革，加大公立医院编制探索创新和内部挖潜力度。拟定《宁远县县属公立医院人事编制管理实施办法（试行）》，经县委编委会议研究通过后行文印发。改革后，上收的编制一部分实行专户管理，用于县属公立医院引进急需紧缺专业技术人才实名制列编需要；一部分用于其他重点民生领域，如县妇女儿童医院（县妇幼保健院）、中小学校（公办幼儿园、特殊教育学校）、基层综合执法机构及全县人才周转池。完善事业单位登记管理。严格把好受理关、审核关和核准关，做好事业单位法人设立、变更登记，并实行归档管理。圆满完成事业单位法人年度报告公示工作，年报公示率100%。

（梁志涛）

网信工作

【概　况】　中共宁远县委网络安全和信息化委员会办公室（以下简称县委网信办）于2019年3月成立，为中共宁远县委网络安全和信息化委员会的办事机构，作为县委工作机关，为正科级独立核算行政单位，加挂宁远县互联网信息办公室牌子。2020年11月13日，设立宁远县网络安全应急指挥中心，为县委网信办所属正股级事业单位，主要负责网络舆情、网络安全和网络稳定的处置工作以及依法依规妥善处理各类网络安全应急突发性事件。

【网络意识形态】　2020年7月16日，宁远县委常委会专门研究网络意识形态工作，同步召开县委网信委第二次全体会议，审议通过《宁远县网络舆情应急预案（暂行）》《宁远县网络安全事件应急预案（暂行）》《宁远县网络信访舆情处置办法（暂行）》3个文件，工作制度逐步健全，为履行网络意识形态工作责任制夯实基础。督促各乡镇（街道）、县直各单位完成政务新媒体备案登记，实现政务新媒体有人建、有人管。全年各单位共完成政务新媒体备案登记120余个。

【网络安全】　2020年5月至11月，宁远县委网信办联合文旅广体局、文化执法、公安等部门在全县范围内组织开展网上“扫黄打非”专项行动，为建设现代化宁远提供强大网上舆论支持、可靠网络安全保障、有力信息化支撑；6月，开展全县2020年“清朗”专项行动，明确清理政治类有害信息、色情低俗信息，整治网络暴力信息和用户账号恶意营销乱象，严厉惩治侵犯公民个人隐私行为；7月，县互联网信息办公室联合县公安局开展为期一个多月的网络安全执法检查。对电信、税务等15家重点单位进行实地检查，发出整改建议15份，督促全县60余家单位完成网络安全自查，网络安全防护能力进一步增强；9月，围绕“网络安全为人民，网络安全靠人民”主题，县委网信办牵头组织开展“国家网络安全宣传周”活动。在县文庙广场设立宣传咨询台，采取摆放宣传展板、发放宣传资料和物品、接受群众咨询等形式，向群众宣传习近平网络强国战略思想、《中华人民共和国网络安全法》、网络安全基础知识等。开展网络安全进乡镇、集市、村（社区）活动，4个宣传小组分赴全县20个乡镇（街道）进行网络安全宣讲和资料发放，增强基层网络安全意识。加强网上巡查监测，定期开展网上巡查，及时关注、密切跟踪网上不良信息，对违规发布信息的自媒体进行约谈，要求自媒体删除暴力血腥、标题党等不良信息5条，请求上级网信部门处理违规新浪微博账号7个，对自媒体行业起到教育警示作用。

【网络问政】 2020年，宁远县委网信办采取专人搜集整理和上报、及时交办、及时回复、严格考核等举措，稳妥推进网络问政工作。8月，网信办组建宁远网上群众工作信息交流群，通过微信工作群交办帖文，缩短问政帖文交办时间。10月14日，红网发布的网上群众工作大数据显示，2020年9月，宁远县已办理网民留言386件，位居全省县市区留言办理榜首，宁远县委网信办名列网民留言办理单位第一名。2020年度宁远在红网“百姓呼声”交办2599件，回复率100%，名列全省第二名、全市第一名；红网《问政湖南》中“问政市委书记”交办81件，“问政市长”交办34件，永州新闻网“问政永州”交办73件，今日永州“民声”栏目交办108件，回复率100%。

【网络舆情】 2020年，宁远县委网信办建立健全风险防范、统一指挥、规范有序、快速反应、科学应对、高效处置的网络舆情应急体系和运行机制，牢牢把握主动权，最大限度地预防、避免、缩小和消除因网络舆情造成的各种负面影响。年初，共监控疫情谣言52条，均得以迅速处置、平息。坚持发声辟谣，督促指导有关部门第一时间发表声明，疫情防控领导小组办公室及卫健局等权威部门及时发布情况说明和信息通报，让谣言不攻自破，在宁远新闻网、宁远发布、红网等媒体上发布“辟谣侠盟”通讯稿10余篇。网信办及时监控“鲤溪镇骆家元村与小山田自然村村民打群架”“仁和镇大石洞村与十甲村村民发生冲突”“疫情期间中和镇赶集”“九一商务宾馆一年轻男子跳楼”“棉花坪涉贫舆情”等多起敏感舆情，在县委、县政府主要领导的大力支持、省市网信部门的精心指导及相关部门的配合下，正面引导舆论，将社会不稳定隐患消灭在萌芽状态。

（蒋　政）

改革与发展研究

【概　况】 2019年机构改革，组建县委改革与发展研究中心，为县委直属正科级公益一类事业单位，核定全额拨款事业编制10名，其中主任1名，副主任2名。主要围绕事关全县全局性、综合性、战略性、长期性的问题开展政策跟踪研究和超前谋划，为县委决策提供符合实际的依据和参谋服务；搜集县内外政治、经济、文化、社会、生态等方面的重要资料，为县委决策提供信息和依据；起草县委经济工作报告以及全局性、综合性的新闻发布、检查汇报、典型经验等材料；参与和配合有关部门起草、修订县委有关政策性文件、意见、制度；围绕县委总体工作部署、党的中心工作和县委领导交办的调研课题开展调查研究，提出预案和建议；针对党的路线、方针、政策开展专题研究，为县委决策提供参考。承办县委交办的其他事项。

【政研工作】 2020年，宁远县委改革与发展研究中心坚持“身在兵位，胸为帅谋”，谋文与谋事相结合，围绕中心、服务大局，做到谋势有战略眼光，谋策能抓住要害，辅政能有力有效。全年参与起草经济工作报告以及全局性、综合性的新闻发布、检查汇报、典型经验等材料300余篇、120多万字，平均每月起草25篇、10余万字，文稿质效的认可度、认同度、满意度不断提升。在市级以上报刊发表综合类文章20余篇，总结提炼的12项工作经验在省市作典型推介。

【调研工作】 2020年，宁远县委改革与发展研究中心把调查研究作为谋事之基、成事之道，作为干部职工的必修课。围绕县委总体工作部署、党的中心工作和县委领导交办的调研课题，围绕当前经济社会发展中的关键环节和瓶颈制约问题，围绕群众最关心、最直接、最现实的利益问题，大兴调查研究之风，有目的、有计划地开展专题调研11次，一大批成果转化为县委主要领导讲话，纳入县委、县政府决策依据。

【综合工作】 2020年，宁远县委改革与发展研究中心坚持高标准严要求，把小事当大事干，注重严之又严、慎之又慎、细之又细。财经工作方面，筹备召开3次财经委员会，以财经委员会名义发文7次，上报财经信息20余条，高质量发展排全市第三，县级财政管理绩效连续三年排全省第一。脱贫攻坚方面，牵头联系帮扶太平镇上下留村、竹峰村，争取项目资金500余万元，便民服务中心、饮水安全工程、道路硬化等一批基础设施和公共服务取得重大进展；结对帮扶21户贫困户，其中5户全部脱贫。疫情防控方面，牵头制定多项制度文件，总结经验在全市作典型发言、在全省推介。制度建设方面，健全完善领导班子分工负责制、沟通协调机制、议事决策机制、谈心谈话机制等相关制度；制定出台《县委改革与发展研究中心内部管理“1+X”制度》，完善优化业务工作流程，促进工作有序高效运转。

【队伍建设】 2020年，宁远县委改革与发展研究中心围绕打造具有“拳头”效应的核心智库，积极倡导“激情工作、快乐生活”理念，提升干部队伍凝聚力、向心力、创造力。按照“开口能说、提笔能写、问策能对、遇事能办”的基本要求，本着缺什么补什么，工作需要什么学什么的指导思想，发挥传帮带作用，写作队伍壮大到11人。牵头举办第五届全县现场写作比赛，参赛人员227人，其中党政机关58人，县直单位（学校）169人，县委改革与发展研究中心获奖人数5人，占机关获奖人数的1/3，展现一流队伍的一流素养、一流水准、一流状态。

（郑飞兵　蒋　为）

党史研究与地方志编纂

【概　况】 2020年，宁远县委党史研究室（地方志编纂室）编制10人，实有4人，单位班子配齐一正两副。工作中坚持“一突出、两跟进”的党史研究要求，按照“一纳入、八到位”的地方志工作机制和“两全目标”要求，把握“党史姓党”方向，为党修史立传，续写“红色家谱”，突出党史研究、年鉴编纂等工作重点，统筹推进党史工作和地方志事业转型升级，党史研究、党史宣传教育等取得新成效。2020年，县委党史研究室被市委党史研究室评为全市地方志工作先进单位。

【红军长征课题研究】 2020年5月，宁远县委党史研究室（地方志编纂室）组织专人专班开展“红军长征在宁远”课题史料征集整理、史实核实、书稿编写和资料上报等工作。征集史料8万余字，综合报告2.5万字，内容主要包括红军长征经过宁远的时间、路线和主要战斗，红军爱护百姓、开展革命活动，宁远人民支援红军三大部分。经过广泛征集研究，专题综合报告在原党史专题的基础上充实文献资料1.5万多字。经多次修改后如期上报省委党史研究院和市委党史研究室。参加宣传部门牵头的长征国家文化公园宁远段论证工作相关研究，助力挖掘整合红色资源，打造红色文化教育示范基地，传承红色基因。

【党史宣教】 2020年，宁远县委党史研究室（地方志编纂室）创新党史宣教形式，潜移默化，寓教于乐。配合外县搞好红军长征调研。6月29日，江西省宁都县政协考察组到宁远调研红五军团过宁远的情况，党史研究室派人全程陪同，考察寻访红五军团在宁远下灌、大界、包家、杨梅洞周家等宿营地遗址和屋脊岗战斗遗址、小南海战斗遗址等地情况，并提供相关资料。结合党建抓宣教。配合指导两新组织党建示范点建设，提供红色教育资料，多次派人到汤泉山庄党建示范点指导红色教育布展，提出建设性意见并提供相关资料。9月8日，指导桐山街道幸福村（横岭蒋家）开展红色教育工作。9月23日，指导宁远县九嶷河国家湿地公园管理局建设红色宣教馆，增加《红军长征过宁远英雄血洒九嶷河》等红色文化内容并审核把关，确保内容真实，史实有据。到机关、学校、社区、村等单位进行党史宣讲。利用纪念日等重要时间节点10余次进机关、学校、村（社区）宣讲党史，免费发放史志书籍。配合拍摄情景党课、微视频。积极配合县委组织部抓好党员干部教育培训现场教学示范基地建设，配合县委党校拍摄情景党课，提出指导性意见。为网信办提供拍摄“追寻先烈足迹”短视频有关资料。创新形式传承红色基因。指导成立宁远县柏忍烈士研究会，于12月27日在柏家坪镇柏家坪社区召开成立大会暨弘扬柏忍烈士精神座谈会。这是宁远县挖掘红色资源、传承红色基因、弘扬红色文化的又一重要举措。宁远县柏忍烈士研究会也是永州市第一个现代史人物研究会。

【年鉴编纂】 2020年，宁远县委党史研究室（地方志编纂室）有序推进宁远年鉴编纂工作，编纂质量明显提高。《宁远年鉴（2020）》在年内如期出版发行。实现从2017年以来一年一鉴，完成地方志工作“两全目标”任务。

【领导工作日志编辑】 2020年，宁远县委党史研究室（地方志编纂室）继续编辑领导工作日志，由县委办、政府办分别记录，党史研究室整理编辑《中共宁远县委书记刘卫华工作日志》《中共宁远县委书记肖质彬工作日志》《宁远县人民政府县长唐何工作日志》，为“存史、资政”打下基础。

【《永州市志》宁远县资料搜集】 2020年，宁远县委党史研究室（地方志编纂室）按照《永州市志》编纂办公室的安排部署，积极收集、整理、上报宁远概况、宁远人物志、艺文志、名优特农产品、宁远土语等《永州市志》所需的相关资料。特别是关于土语调研，聘请宁远方言专家，对全县方言进行普查登记和现场录音、记录，形成第一手资料，同时标注国际音标和汉语拼音，提供资料堪为全市样本。

【《嶷山发展》编纂】 2020年，县党史联络组组织召开4次党史联络组成员会议，研究党史联络工作，编纂《嶷山发展》。该书以九嶷山开发建设为主题，梳理九嶷山开发建设历史脉络、发展历程，客观总结宁远改革开放40年来的辉煌成就。经过全体编辑人员的共同努力，30万字的《嶷山发展》已定稿并进厂印刷。

（刘怀剑）

接待服务

【概　况】 宁远县接待服务中

心成立于2019年3月15日，前身是中共宁远县委县人民政府接待科，属财政全额拨款、独立核算的正科级参公管理单位，设立办公室、财务室、政工人事室3个股室。单位核定编制7人，正式在编在岗3人。另向其他单位、部门借调3人，大学生见习生1人，年底有干部职工7人。主要负责中央国家机关、省、市领导以及县委、县政府特邀客人到宁远县视察、指导工作的接待服务工作。

【接待批次】 2020年，宁远县接待服务中心贯彻落实中央八项规定和党政机关国内公务接待管理规定，接待来宾260批、6426人次，其中政务接待206批次、商务接待52批次、会务接待2批次；接待7位省部级领导、99位厅级领导、71位处级领导、24位重要客商。承办永州市重点产业项目建设提升流动现场会、湖南省2020年“我的书屋我的梦”启动仪式暨“新时代乡村阅读季”示范引领活动等省市级现场会；安排中国户外健身休闲大会宁远站、大型扶贫电视剧《不负人民》开机仪式、永州市农民丰收节等大型文体活动，接待人员2000余人。

【优化服务】 2020年，宁远县接待服务中心牵头组建一支专业素质高、形象气质佳、业务能力强的商务旅游服务人才队伍，对到宁远的重宾开展优质化、规范化、精细化全程跟踪服务。形成具有舜文化特色的接待文化，在考察路线安排、风土人情解说方面，展示宁远民俗风情和旅游景观，把接待工作与宣传、推介宁远有机结合；在食宿安排、生活服务方面，尽力吻合来宾的特点、习惯、嗜好等，全方位、多层次展现本地饮食文化、住宿文化，助力提升宁远接待的文化内涵与文化品位，实现接待效应最大化。坚持常态化开展“厉行勤俭节约、反对铺张浪费”主题教育，公务接待原则上安排在定点接待场所，确保一律不上酒水，严控接待餐费标准和住宿标准。2020年4月开始，宁远、道县、蓝山三县迎接省委第三巡视组历时60天巡视巡察工作（其中进驻宁远45天），宁远接待工作得到上级领导的高度肯定。组织参加2020年永州市接待业务知识竞赛，获综合一等奖，接待工作在全市作典型推介。

【创新管理】 2020年，宁远县接待服务中心致力开拓创新，利用现代科技实现接待工作信息化管理。由县接待服中心牵头研发的公务接待管理系统历经两次升级改造，完美匹配接待工作全流程，从任务审批到生成报表、从物品出入到费用结算，实现“一站式”信息化管理，工作愈加规范有序、高效便捷。由县接待服务中心牵头研发设计的创新成果——电子接待手册，预计将于2021年5月中旬正式上线，届时可实现自动排餐、排房、排车，成为宁远接待工作一张新名片。

（杨　航）

档案工作

【概　况】 宁远县档案馆成立于1958年11月，是全国首批建立的539个县档案馆之一。1980年12月设立宁远县档案科，归口县委办。1983年11月改科为局，1985年局馆合并，1987年局馆分设。2002年机构改革，局馆合一，“一个机构，两块牌子”，为县委直属正科级事业单位，参照公务员管理。2019年机构改革，实行局馆分设，在县委办增挂档案局牌子，承担原档案局（馆）的行政职能，档案馆单独设立，作为独立的县委办管理的公益一类副科级事业单位。2020年4月，县委机构编制委员会下发《宁远县档案馆职能配置、内设机构和人员编制规定》，核定档案馆全额拨款事业编制16名，设馆长1名，副馆长2名。下设4个部门，分别为综合部、档案保管利用部、档案征收整理部、信息编研展览部，2020年在职在编12人。

【档案保管利用】 2020年，宁远县档案馆修订完善档案馆库房安全管理、档案接收进馆、档案查阅等系列制度，织牢制度之网，规范档案保管保护等工作。进一步完善档案保管保护设备，档案库房安装水感、温感、烟感预警系统，采购大型真空充氮档案消毒机和档案盒专用打印机，启动馆藏老旧档案换盒打印消毒工作。按要求对库房所有窗户加装密封窗。配备微型消防站、吸尘器、鞋膜机等配套设施。实行台账管理，严格执行人员出入库和档案出入库登记，安排专人记录库房内的温湿度，保证库房恒温恒湿。定期对库房及设施设备进行安全检查，邀请县消防大队开展消防检查，对存在的问题及时整改，确保消防安全。全年接待查档6150人次，提供档案13879卷次，复制档案8010张。

【档案征集编研】 2020年，宁远县档案馆探索启动“名人、名商、名村”系列档案征集。编辑出版《2019年度宁远县大事记》，翻印新《中华人民共和国档案法》，赠送全县各单位。完成省级课题《大数据环境下档案管理模式的探究》项目的结题工作。进一步完善舜文化展厅建设。

【档案数据库建设】 2020年，宁远县档案馆馆藏档案目录数据库建设第一阶段进入收尾，对1953年土地房产档案、人口普查档案、山林定权档案、1994年深化农村改革档案的数字化档案进行挂接，以更好地服务民生。对所有馆藏档案进行全面清点。

【档案接收进馆】 2020年，宁远县档案馆完成2019年度档案进馆工作，接收人大办、药材公司、对台办档案3323卷、5192件、约153000页；完成2019年度馆藏资料分类整理、编目上架，整理书刊、资料410册。

【国有企业退休人员社会化管理】 2020年，宁远县档案馆组织相关人员进行专门培训，指导国有企业和专业公司对退休人员人事档案进行整理并数字化。对邮政银行、烟草公司、湘运公司等18家单位近4000卷人事档案全部规范整理并进行数字化，且已移交挂接。在全省县级综合档案馆率先建设专门的人事档案室。全面完成国有企业退休人员人事档案集中移交工作。

（朱　洪　冯　屹）

党校工作

【概　况】 宁远县委党校成立于1956年。2020年，宁远县委党校（宁远县行政学院）内设办公、教务、科研、政工、总务五室，有编制26名，在职教职员工19人。党校突出抓实干部教育，打造精品党课，服务中心大局，各项工作取得较好成效。在年初抗击新冠肺炎疫情工作中，党校主动作为，创作抗疫朗诵作品《我在，我来，我能！》在全县引起较大反响。全体教职工在朋友圈转发，树立正确的舆论导向，提振抗疫信心。禾亭社区为党校扶贫联系点，在10月迎国检时获优秀，为全县打赢脱贫攻坚战作出积极贡献。

【干部教育】 2020年，宁远县委党校以科级干部和中青年干部主体轮训班为载体，坚持党性教育与理论教育相结合，加强对全县党员干部的教育培训。注重理论教育。全年举办四期主体班，科级干部班和中青年干部培训班各2期，每期为时2个月，计培训195人次。邀请省委党校副校长吴传毅、省委党校教授唐月娥、李伟舵，市委党校常务副校长许洋名、副校长黄燕、教育长李跃军等到党校培训班上课，邀请县委书记肖质彬、县委副书记黄永英、县委组织部部长陈李勇、县委宣传部部长刘庚旺等多名县级领导及纪委副书记袁春芬到培训班上党课。涉及的内容涵盖政治、经济、文化等各方面课程，有党的理论课，又有专业技术课。注重党性锻炼。带领学员到韶山毛泽东故居、湖南省党史馆、邓中夏故居、郴州汝城沙洲村、井冈山、瑞金等地开展异地教学。立足本县舜帝陵廉政教育基地和烈士陵园、乐天宇生平事迹陈列馆、唐鉴故居等红色文化教育资源开展常态化现场教学，让学员们接受红色精神的洗礼，锤炼党性。注重发挥学员主体作用。每期主体班，均开展立足本县红色资源的故事分享比赛，选取乐天宇、柏忍、唐鉴等红色人物故事，变学员为教员，充分发挥其主动性和创造性，让学员在精心备课中了解，在分享中感悟红色故事的革命精神，进一步淬炼党性。

【精品党课】 2020年，宁远县委党校立足宁远县第一位共产党员，曾任共青团湖北省委书记的唐鉴烈士开发《青春是用来奋斗的——传承唐鉴烈士“继续奋斗”的革命遗志》，以宁远县第一位女共产党员柏忍为主人公，开发精品情景党课《柏忍的“忍”与“不忍”》，该课在永州市红色教育公开课大赛中获二等奖。10月，省“两新”组织党员近100人在宁远集训，此次集训是宁远县第一次承接大规模的外来集体培训，党校主动作为，把《践行入党誓词》《柏忍的“忍”与“不忍”》《芙蓉国里尽朝晖》精品党课搬上舞台，有故事更有思考，有感动更有铭记，汇报效果获得省“两新”组织党员好评和省、市、县委领导的一致认可。该台晚会内容组成的《不忘来时路，奋进新时代》系列党课在全省精品党课中获三等奖。县委党校还形成常态化的现场教学路线和体系化、精品化的现场教学课程，全年先后为市委党校处干班、省委巡察组相关领导、市委组织部与市委党校落实新《中国共产党党校工作条例》调研组、市委组织部调研组、旅游开发公司相关负责人等开设多场现场教学，得到他们的肯定，为提升宁远文化软实力，扩大宁远影响力发挥积极作用。

【教研工作】 2020年，宁远县委党校《宁远旅游“火起来”研究》《从农业大县到农业强县的“嬗变”——以宁远县为例》《扭转农村教育薄弱问题研究》《新时代文明实践中心建设宁远模式的实践与思考》《党建实功实做研究》5个课题在省委党校社科联结项，《发展夜市经济增强宁远县城镇建设的时尚与活力》《人居环境整治与基层治理问题研究——以永州市宁远县为例》2个课题成功立项。这两个课题结合新时代的新理论、新热点，紧紧围绕县委政府中心工作，立足宁远实际，实现理论与实践的高度统一。

（唐　娟）

宁远县人民代表大会

九嶷山云雾

综　述

【概　况】　2020年，宁远县人民代表大会设有财政经济委员会（预算工委）、监察与司法委员会（法制委员会）、教育科学文化卫生委员会、环境与资源保护委员会、农业与农村委员会、民族华侨外事委员会、社会建设委员会7个专门委员会；县人大常委会设有办公室（信访室）、选举任免联络工作委员会2个办事机构，另设立县人大信息中心。机关有在编人员45人，其中正处级干部2人、副处级干部6人、职级并行后享受副处级待遇干部10人、正科级干部9人、副科级干部8人、科员1人、工勤人员9人。2020年，县人大常委会认真学习贯彻党的十九大和十九届二中、三中、四中、五中全会精神以及习近平总书记关于坚持和完善人民代表大会制度的重要思想，紧扣常委会年度工作要点，全面履行法定职责，充分发挥代表作用，切实加强自身建设，迈出人大工作高质量发展的坚实步伐。全年召开县人大常委会会议6次、主任会议10次，听取和审议专项工作报告21个，组织视察、专题调研、执法检查13次，作出决定决议10项，较好地完成既定工作目标任务，为推动全县经济社会发展和民主法治建设作出积极贡献。

【人事任免】　2020年，宁远县人大常委会坚持党管干部和依法任免相统一，严格规范任免程序，严格执行任前调查、法律考试、任职发言、颁发任命书、向宪法宣誓等规定程序，全年依法依程序任免国家机关工作人员16人次，为全县经济社会发展提供坚强组织保障。听取和审议县政府工作部门2019年度工作情况的报告，“两院”2019年专项工作情况及有关业务庭（科）工作情况的报告并进行评价，促进被任命人员依法履职、担当作为。

【依法监督】　2020年，宁远县人大常委会坚持以人民为中心，综合运用多种监督形式依法监督、有效监督，促进“一府一委两院”依法行政、公正司法，积极改善民生、维护民利，推动全县经济社会发展。听取和审议国民经济和社会发展计划执行、财政预算决算、部门审计、国有资产管理、城乡供水、学位建设、刑事审判等专项报告，及时提出意见建议，作出决定决议，助力经济高质量发展，维护社会公平正义。落实人大预算联网监督，推动人大预算审查监督重点向支出预算和政策拓展，强化重大政策执行、重大项目投资、重大民生工程预算审查，有效避免财政支付性风险的发生。组织开展《中华人民共和国野生动物保护法》《中华人民共和国传染病防治法》《中华人民共和国行政处罚法》《中华人民共和国行政强制法》《中华人民共和国行政许可法》《中华人民共和国水污染防治法》《湖南省饮用水水源保护条例》《湖南省湘江保护条例》等法律、条例的执法检查，促进相关法律法规在全县的贯彻实施。开展对县林业局、县文旅广体局、县城管执法局三个单位的工作审议，就其中社会关注度高、群众反映强烈的热点难点问题，持续跟踪督办，促进政府工作部门进一步依法行政、改进作风，提高服务水平。努力化解信访矛盾纠纷。坚持把接待群众来信来访作为常委会了解民意、关注民生、维护民利、促进和谐的一项重要工作来抓，全年接待来信来访41件、65人次，为促进依法解决群众合理合法诉求作出积极努力。推进民生项目票决。研究出台《关于在全县乡镇逐步推行民生实事项目人大代表票决制工作的指导意见》。全县有13个乡镇实施民生实事项目票决制，实施民生实事项目38个，实施率81.2%，群众的获得感、幸福感和满意度不断增强。积极开展“三湘农民健康行”“农产品质量安全行”“民族团结进步行”“环保世纪行”等“四行”活动，推进基层医疗服务体系建设，打造健康村镇；强化农产品身份认证，促进品牌兴农；为民族地区发展献良策、为少数民族群众送温暖；持续解决环境领域的不平衡不充分的矛盾，推动全社会共同保护宁远的青山绿水。全力支持“十四五”规划编制。围绕全县发展定位、产业发展、城市建设、民生事业、乡村振兴等方面开门问策、建言献策，充分听取人大代表对规划编制的意见建议，督促政府及有关部门优化空间布局，增强规划的前瞻性、科学性，使“十四五”规划编制更好集聚民智、体现民意。

【代表工作】 2020年，宁远县人大常委会坚持代表主体，激发履职活力，充分发挥代表作用。9月，组织常委会组成人员、各专门委员会委员和部分人大代表、工作人员80余人分两批赴山西太原参加履职培训。10月，邀请省人大常委会法工委领导和市委党校专家到宁远给全体代表讲授《中华人民共和国各级人民代表大会常务委员会监督法》和《中华人民共和国民法典》有关知识，提高人大代表的政治理论水平和履职履责能力。抓实代表建议办理。在县十七届人大四次会议上代表们提出议案、建议284件。县人大常委会坚持按照“三个面对面”办理机制，用实打实的举措、面对面的沟通、点对点的督查，有力提高建议办理工作质量和实效，促使一大批群众反映的难点、痛点、堵点问题得到有效解决。代表履职渠道不断拓宽。全年邀请代表列席常委会会议和参加常委会组织的视察调研、执法检查、审议评议等活动280余人次，使人大代表的知情权、表达权和监督权在经济社会建设各方面得到体现。精心组织开展“迎中秋、庆国庆”系列活动，组织省、市、县三级人大代表开展丰富多彩的全民健身运动会，对3名市人大代表进行述职评议，加强学习交流、增进团结友谊，增强履职意识、提升履职能力，提振代表们干事创业的精气神。落实代表激励机制，对43名履职优秀的县人大代表和人大工作者进行表彰并将优秀事迹进行宣传报道，增强代表的荣誉感和责任感，激发代表履职热情。汇聚代表抗疫力量。新冠肺炎疫情发生后，常委会党组第一时间发出倡议书，及时作出《关于全力做好当前新冠肺炎疫情防控工作的决定》，动员和号召广大人大代表和人大工作者勇毅逆行，积极投身疫情防控阻击战。常委会领导到所联系的乡镇（街道）、村（社区）、企业检查督导疫情防控工作，巡查、到访疫情防控点60多个，向政府及有关部门提出各项意见建议100余条。全县各级人大代表和人大工作者闻令而动，主动参与，在年初的疫情防控阻击战中，有291位人大代表和人大工作者捐款526665元，捐赠口罩25750个，践行代表人民、为了人民、服务人民的光荣使命。省人大常委会主办的《人民之友》杂志以《聚力战‘疫’在一线》为题对宁远县的做法进行推介报道。

【专题调研】 2020年，宁远县人大常委会紧紧围绕县委中心工作，根据《宁远县人大常委会2020年度工作要点》，聚焦重大民生、热点问题开展一系列视察活动和专题调研，提出诸多富有建设性的意见建议，为县委、县政府决策部署提供重要参考依据，推动各项工作。9月29日，组织省、市、县三级人大代表赴永州东部生活垃圾焚烧发电厂、光电智能终端产业园（西部工业园）、水市镇易地扶贫搬迁点（朝阳新村）等视察产业建设和脱贫攻坚重点项目，提出一批建设性意见，有力推动全县的产业建设和扶贫攻坚工作。调研工作取得积极成果。其中，《没有人民的健康，哪有人民的小康——宁远县贯彻执行〈中华人民共和国传染病防治法〉的调研报告》提出“加强传染病防治体系建设、加快人才队伍建设、建立健全防治保障机制、突出防控工作重点、加大宣传教育力度”等富有建设性的意见建议，为打赢新冠肺炎疫情阻击战发挥积极作用。《关于宁远县职业技术教育的调研报告》提出“‘抓职教就是抓经济、重职教就是重民生’的发展理念，要在提高认识、整合资源、内涵发展等方面持之以恒提升职业教育的竞争力”等创新性意见建议，有力地推动全县职业教育的发展。《关于全县社区矫正工作情况的调研报告》提出“完善体制机制，加强组织领导、队伍建设、经费保障、部门配合”等建议，有效推动全县的社区矫正工作。

【自身建设】 2020年，宁远县人大常委会依托党组理论学习中心组、机关党支部“三会一课”、民主生活会等基本制度，不断强化政治建设、思想建设、作风建设，促使党员干部增强“四个意识”、坚定“四个自信”、做到“两个维护”。改进工作作风。坚持把政治规矩和政治纪律挺在前面，落实全面从严治党各项要求，常委会党组切实履行党建、意识形态、廉政建设主体责任，认真落实民主集中制，大力支持派驻纪检组工作，确保常委会工作始终沿着正确的政治方向推进。常委会机关认真落实党风廉政建设责任制，加强经常性反腐倡廉教育，机关党员干部严格落实“两个责任”，认真履行“一岗双责”，持之以恒贯彻中央八项规定和省委、市委、县委有关纪律规定精神。组织开展主题党日活动，全体干部职工分两批赴郴州汝城接受红色教育、参观警示教育基地、重温入党誓词，激发队伍活力，树立机关正气，凝聚发展合力。开展政治建设和干部作风整顿，组织开展党纪法规考试，自觉做到廉洁从政，维护人大常委会机关风清气正的良好形象。增强机关效能。积极推进“正风、减负、提能”行动，严控会议文件、严控督查考核、严控陪同接待。大兴学习之风、调查研究之风、攻坚克难之风、互帮互助之风。坚持用制度管人管事，健全完善机关学习培训、财务、会议、下乡等内部管理制度，注重改进和创新办文办会、后勤保障工作，确保机关高效有序运转。

【宣传工作】 2020年，宁远县人大常委会开展人大新闻舆论工作，注重宣传人大制度，讲好人大故事，改造升级宁远人大网，修订完善人大系统新闻宣传工作考核奖惩办法。全年在省市县各类报纸、杂志、网站上刊登、发表宣传人大工作的稿件130多篇（条）；在县广播电视台播放10名优秀人大代表事迹，以展板形式宣传33名代表的先进事迹，有效宣传人民代表大会制度，传递人大声音。

重要会议

【宁远县第十七届人民代表大会第五次会议】 2020年12月28日—31日，宁远县第十七届人民代表大会第五次会议在县政务中心召开。县委副书记、县长唐何作政府工作报告，县人大常委会主任张明贵作人大常委会工作报告，县人民法院院长吕新陵作法院工作报告，县人民检察院检察长周辉作检察院工作报告，县财政局局长杨国基作财政工作书面报告，县发改局局长曾彩平作国民经济及社会发展计划工作书面报告。大会表决通过上述工作报告。

【宁远县人大常委会会议】 2020年，宁远县人大常委会召开会议6次，听取和审议相关工作报告，及时形成决定决议，推动有关问题解决。

2月10日，宁远县十七届人大常委会召开第21次会议，审议和表决《关于全力做好当前新冠肺炎防控工作的决定》。

3月31日，宁远县十七届人大常委会召开第22次会议，审议和表决《宁远县人大常委会2020年度工作要点（草案）》《宁远县城乡污水治理PPP项目实施方案（草案）》《县人民政府关于办理农村饮水安全和城乡供水一体化情况的报告》《人民政府关于办理学位建设议案情况的报告和义务教育阶段师资队伍建设情况的报告》，任命吴国斌、邱向谊、刘志勇、李文忠、于胜等人员的职务，并举行向宪法宣誓仪式。

6月23日，宁远县十七届人大常委会召开第23次会议，听取县人民政府工作部门2019年度工作情况报告，县人民法院、人民检察院2019年度专项工作情况报告及有关业务庭、科2019年度工作情况报告并进行评价。

8月27日，宁远县十七届

人大常委会召开第24次会议，听取和审议《县人民政府关于2019年度全县财政决算草案的报告》《县人民政府关于2019年度县财政预算执行、部门预算执行以及其他财政收支的审计工作报告》《县人民政府关于2020年度全县财政预算细目编制情况和全县部门预算草案编制情况的报告》，任命齐纲要为县人民政府副县长。

11月30日，宁远县十七届人大常委会召开第25次会议，听取和审议《关于全县〈中华人民共和国野生动物保护法〉执法检查的报告》《全县〈中华人民共和国传染病防治法〉执法检查的报告》《关于全县职业技术教育情况的调研报告》《关于全县社区矫正工作情况的调研报告》《县人民法院刑事审判工作情况汇报》《县人民政府关于2020年财政预算调整情况的报告》《县人民政府、有关部门预算单位2019年度审计工作报告指出问题整改情况和审议意见研究处理结果的报告》《2020年度被审议单位的工作自查自纠情况》《县十七届人大五次会议筹备工作情况报告》，任命李志为县人大常委会联工委主任。

12月24日，宁远县十七届人大常委会召开第26次会议，听取和审议《县人民政府关于县十七届人大四次会议代表议案建议办理情况的报告》《县十七届人大四次会议议案和重点建议办理情况报告》《县十七届人大五次会议议程（草案）、主席团和秘书长名单（草案）、列席会议人员名单、议案审查委员会名单（草案）、计划财政预算审查委员会名单（草案）、代表资格审查委员会名单（草案）》《县十七届人大四次会议闭会以来代表异动情况（草案）》《县人大常委会工作报告（草案）》《县人民政府工作报告（草案）》《县人民法院工作报告（草案）》《县人民检察院工作报告（草案）》《县人民政府关于宁远县国民经济和社会发展第十四个五年规划纲要》《县人民政府2020年全县国民经济和社会发展计划执行情况及2021年计划草案的报告》《县人民政府2020年财政预算执行情况及2021年预算草案的报告》。

【宁远代表团市人大代表述职评议会】 2020年，为加强对宁远县选举的市人大代表的监督，促使其依法行政、廉洁自律、勤政为民，根据有关法律规定及《宁远县人大常委会2020年工作要点》要求，9月30日，县人大常委会组织召开宁远代表团市人大代表述职评议会。会上，对市第五届人大代表杨友忠、何辉平、黄满志进行述职评议。述职评议的内容主要是：遵守和执行宪法、法律、法规情况；出席代表大会审议报告和提出议案建议情况；参加统一组织的视察、专题调研、执法检查情况；联系选举单位情况；办好事实事情况。述职评议按“宣传发动、被评议代表个人自查、被评议代表述职、被评议代表接受询问、被评议代表接受测评”的程序进行。测评分为满意、基本满意和不满意三个等次，满意票80%（含80%）以上为满意，不满意票30%（含30%）以上为不满意，介于两者之间为基本满意。测评结果当场宣布。对测评为满意的代表，优先推荐为下一届市人大代表候选人，对测评为不满意的代表，劝其辞去代表职务，拒不辞职的，依法予以罢免。经述职测评，3位代表均被评为满意。会议由县人大常委会党组书记、主任张明贵主持。出席会议的有县委书记肖质彬，县委副书记、县长唐何，县委常委、组织部部长陈李勇，县人民政府副县长杨友忠。全体县十七届人大代表参加测评。会上，县委书记肖质彬要求全县各级人大及人大代表要坚定政治立场，在服务大局上更有作为；要密切联系群众，在集中民智上更有作为；要聚焦主责主业，在依法监督上更有作为；要强化责任担当，在促进发展上更有作为；要转变工作作风，在加强自身建设上更有作为。

（李国燕　万运新）

宁远县人民政府

宁远五里沟风光

综 述

1949年11月17日，宁远和平解放，同月24日，成立宁远县人民政府；至1955年4月，更名为宁远县人民委员会；1968年3月，改设宁远县“革命委员会”；1980年12月，恢复宁远县人民政府名称。

2020年，宁远县人民政府坚持以习近平新时代中国特色社会主义思想为指导，坚持稳中求进工作总基调，深入推进“三大攻坚战”，做好“六稳”工作，全面落实“六保”任务，统筹推进稳增长、促改革、调结构、惠民生、防风险、保稳定，高质量发展取得重要进展。获全国农村创新创业典型县、全国电子商务进农村综合示范县、全国宅基地制度改革试点县、全国“十三五”易地扶贫搬迁工作成效明显县、全国农民工工作先进集体、国家级众创空间、全国美好环境与幸福生活共同缔造活动培训基地、国家装配式建筑产业基地、省安全生产先进县、省生态文明建设示范县、省全域旅游示范区、省园林县城、省生猪稳产保供先进县、省历史建筑保护利用示范县、省“党建+”老旧小区改造示范县等先进称号。

慎终如始抓好疫情防控。面对突如其来的新冠肺炎疫情，坚决贯彻习近平总书记重要指示和中央、省、市决策部署，按照“坚定信心、同舟共济、科学防治、精准施策”的总要求，在党中央集中统一领导下，同时间赛跑、与病魔较量，迅速打响疫情防控的人民战争、总体战、阻击战，仅用15天实现确诊病例清零，成为全省第一批低风险区，连续11个月实现疑似病例动态清零。坚决扛起疫情防控重大责任，以战时思维及时决策、快速反应，第一时间成立疫情防控工作领导小组，第一时间启动重大突发公共卫生事件一级响应，统一指挥、统一协调、统一调度，县、乡、村三级迅速进入战时状态，做到军令如山、令行禁止。坚决落实“四早”“四集中”要求，建立联防联控、群防群治机制，1587个基层党组织、1661名医务人员、2.1万名党员干部、1255名民警辅警、4066名志愿者奋勇当先、奋战一线，90万宁远人民肩并肩、心连心，主动投身疫情防控斗争、筑牢疫情防控人民防线。始终把人民生命安全和身体健康放在第一位，把提高收治率和治愈率、降低感染率和病亡率作为突出任务来抓，建立预检分诊、专家巡诊、综合治疗、心理干预等18项医疗制度。适时将总体防控策略调整为“外防输入、内防反弹”，坚持思想不松、机制不变、队伍不散，推动防控工作由应急性超常规防控向常态化防控转变，统筹疫情防控和经济社会发展，在全市率先开启复工复产，努力把疫情不利影响降到最低，交出一份非同寻常的优异答卷，疫情防控工作在全市作典型推介。

坚定不移推进产业建设。保持定力、对冲压力、挖掘潜力，传统产业优化提升、新兴产业和旅游服务业培育壮大，产业结构调整为14∶29.6∶56.4。工业提质升级。坚持补短板与锻长板相结合，推动产业强链、补链、延链。规模工业企业达到120家。电子信息、新能源新材料等高新技术企业达到36家，产值突破100亿元。22个市重点产业项目完成投资54.8亿元，湘迪科技、鸿盛电子、沃尔顿新能源等10家企业建成投产；新入统规模企业15家。新建标准厂房27.3万平方米。跻身全省新型工业化产业示范基地。农业推进有力。培育形成“烟稻菜、猪牛兔、两茶一柑”九大特色优势产业，粮食总产稳定在30万吨以上；烤烟生产17.28万担，保持全省第二、全市第一；9家企业被认定为粤港澳大湾区“菜篮子”生产基地；生猪全产业链、九嶷山兔产业园建设加快推进，生猪出栏恢复到100万头，规模化养殖比重超过60%。新增省级以上农民专业合作社16家；新投产规模农产品加工企业9家，规模加工企业产值同比增长23.5%；农业综合机械化水平达到62%。成功举办全市农民丰收节，生猪稳产保供工作在省委农村工作会议上作典型发言。旅游业稳步回升。“旅游+文体、旅游+研学、旅游+生态”助推产业融合发展，全域旅游、九嶷山舜帝陵景区创国家AAAAA级旅游景区加快推进，新增国家AAA、AAAA级旅游景区各1家，成功举办中国户外健身休闲大会，跻身全省景区假期游客接待量前十位。九嶷山舜帝陵获评全省华侨文化交流基地，下灌村入选全国乡村旅游重点村。商贸物流、文化娱乐、电子商务等服务业加快发展，线上销售额达到3.2亿元。

全力以赴打好三大攻坚战。强化政治责任，增强攻坚能力，三大攻坚战取得决定性成就。脱贫攻坚如期收官。坚持精准方略，统筹抓好“战疫”与“战贫”，以“一脱贫三促进六覆盖”为主抓手，全面巩固脱贫攻坚成果。开展“户脱贫、村出列”“回头看、回头查、回头改”等5轮问题整改清零专项行动，全覆盖排查“四类对象”6.4万户、边缘对象679户，解决实际问题3429个。扶贫产品销售额达到4.1亿元，4.18万贫困劳动力返岗就业，新增扶贫小额贷款8513万元，6个扶贫基地、121家就业扶贫车间全部复工复产，52家陆生野生动物人工繁育场所全部处置补偿到位。分类管理、分色预警和差异化精准帮扶防贫机制得到国务院扶贫办推介，脱贫攻坚工作在全市作典型发言。污染防治成效显著。突出科学治污、精准治污、依法治污，大力实施污染防治“春季攻势”“夏季攻势”“冬季攻势”，狠抓中央和省级环保督察问题整改，生态环境质量持续改善，空气质量达到国家二级标准，优良天数比例稳定在97%以上、水环境质量优良比例达到100%。大力开展秸秆焚烧、河道采砂、黑臭水体、饮用水源地环境保护等综合整治。小水电清理整顿、河湖湿地保护修复、野生动植物保护等工作推进，九嶷河国家湿地公园、省级森林城市创建工作通过国家和省级验收。第二次污染源普查工作获全国先进。九嶷山国家自然保护区成功加入中国生物圈保护区网络。重大风险防控有力。制定“六条铁规”，健全化债考评机制，分类分批化解债务。平台公司压减转型步伐加快。争取政府专项债券6.89亿元，排全市第二。有效化解金融风险，加强重点领域风险排查，重拳整治民间借贷，坚决守住不发生系统性金融风险底线。政府债务处于风险等级最低的“相对安全地区”。

持之以恒促进城乡发展。充分发挥投资“稳定器”作用，上项目、打基础、利长远，推动城乡基础设施均衡发展。城镇建设卓有成效。全县城镇化率达到47.8%。舜阳大道、舜华大道、湘妃大道构成城市外环新骨架，园艺路、重华南路、崇德路、老旧小区和棚户区改造、供水供气等项目进展顺利。城市管理精细长效，垃圾集中处理率、污水集中处理率、供水管网覆盖率、绿化覆盖率分别达到99%、98%、98.6%、35.5%。“党建+”老旧小区改造建设经验在全省推广。深入实施小城镇“五个一”工程，新改建农贸市场18个、市民公园20个、文化广场21个。乡村振兴全面推进。大力实施“一拆二改三清四治五化”人居环境整治工程，完成农村改厕7381户，拆除“空心房”86.8万平方米，农村垃圾无害化处理率、生活污水处理率、卫生厕所普及率分别达到100%、83.6%、86.3%。推进文明创建工作，新时代文明实践中心建设模式得到国家和省市高度肯定。水市镇跻身省级农业产业强镇、省级卫生镇。基础设施不断完善。深入开展重点项目“百日攻坚”行动，组织6次省市重大项目集中开工和签约仪式，集中开工项目31个，完成投资24.8亿元；集中签约项目26个，合同引资116.5亿元。现代商贸物流园、5G基础设施、高科技智慧园区等一批打基础、管长远的项目启动实施；柏柑公路、二广高速宁远东互通至天堂公路、仁和至冷水公路等一批重点交通设施项目进展顺利；天堂至梅岗公路、禾亭至太平公路改扩建进入挂网招标阶段。仁和坝大型水闸除险加固、病险水库治理、涔天河灌区水田开发等一批涉农基础设施项目推进有力；永州东部生活垃圾焚烧发电厂、梅岗风电场等52个项目建成运行。

坚持不懈深化改革开放。革故鼎新、与时俱进，改革开放两手抓，发展活力与动能更加强劲。改革持续深化。乡镇机构改革、经营类事业单位改革、综合执法改革顺利完成。获评全国农村承包地确权登记颁证工作先进集体，跻身全国第二轮土地承包到期后再延长30年试点县；扶贫资产管理试点工作在全省先行先试，探索形成“五权五化”资产管理模式；农村集体产权制度改革、农村宅基地管理与改革在全省作典型发言。财政绩效管理连续三年排全省第一。创新持续增强。大力开展“稳就业、强基础、富家乡”主题活动，以“一稳”促“六稳”、以“一保”促“六保”，率先建立“一库三平台”就业服务体系，采集劳动力信息63.1万人、规模企业招工信息116家，纳入返乡优秀人才库611人，引导返乡农民工创办经济实体1125个，带动就业6516人。新认定高新技术企业15家，引进科技创新团队4个，创建省级工程技术中心和星创天地3个。发放创业担保贷款4665万元。新增市场主体4469户，达到2.51万户。开放持续加力。全面落实“创新引领、开放崛起”战略，对接融入粤港澳大湾区、湘南湘西承接产业转移示范区，抓实产业强链工程，开展产业链招商，成功引进“三类500强”企业3家，签约重大产业项目35个，总投资98.56亿元。外贸进出口额增长15%，实际到位外资、内联引资分别增长10.8%、16%。

全心全力增进人民福祉。不忘初心、牢记使命，始终把群众冷暖放在心中，保基本、兜底线、促公平，努力让人民群众生活得越来越好。社会保障稳步提升。新增城镇就业6123人，农村劳动力转移就业5031人。社会救助、最低生活保障、残疾人“两项补贴”扩面提标，城乡低保分别达到6600元/年、4020元/年；农村特困人员分散和集中供养分别达到5220元/年、7800元/年；困难残疾人生活补贴、重度残疾人护理补贴达到780元/年。建成居家和社区养老服务中心示范点6个，提质改造幸福之家、留守儿童之家454个，跻身全省养老服务体系建设示范县，“一老一小”工作经验在全省推介。残疾人托养中心、印山社区示范性康复站、精神残疾康复娱疗站建成投用。退役军人管理服务保障体系不断完善。百岁健康县创建工作扎实有效。社会事业协调发展。教育强县扎实推进，一中新校区、职业中专、十三小等学位建设项目加快推进，新增城区学位1.23万个，义务教育大班额全部“清零”，公办幼儿园在园幼儿占比达到50.4%。完成标准化食堂改造63个。全县二本以上上线1531人，增幅达到29.6%；一本上线665人，增幅达到53.9%。教师队伍建设持续加强，教师培训工作两次在全省作典型发言。医疗卫生事业加快发展，妇女儿童医院、人民医院新城分院建设和乡镇卫生院、村卫生室标准化建设扎实推进，村卫生室“空白点”全面消除。分级诊疗体系、医疗卫生网格化管理深入实施。农村及城镇低保适龄妇女“两癌”免费筛查、孕产妇免费产前筛查分别完成10116人、3802人，出生人口质量有效提升。公共文化服务体系进一步完善，农家书屋、文化广场、文化活动室实现城乡全覆盖，群众文体活动精彩纷呈，全民健身运动广泛开展。文化遗产保护和利用得到加强。住房保障体系不断完善，新建公租房72套、发放租赁补贴1006户。第七次人口普查进展顺利。国防动员、国防教育、人民防空和民兵预备役工作水平提高。统计、编制、科协、气象、档案、消防、民族、宗教、残联、地方志、工商联、融媒体、外事侨务、机关事务等各项工作取得新的成绩。工会、妇联、共青团、红十字、老科协、关工委发挥积极作用，科普、妇女儿童维权工作获全国先进，计生协会、文联工作获全省先进。

多措并举创新社会治理。树牢法治思维，提升治理能力，着力构建职责明确、依法行政的政府治理体系。营商环境明显改善。深化“放管服”改革，纵深推进210件“一件事一次办”。“三集中三到位”、基层公共服务“一门式”办理、“互联网+政务服务”实现全覆盖。设立“六稳”“六保”惠企政策综合服务窗口，企业开办全程网上办理，工程建设项目审批时间缩减80%以上，企业开办、不动产登记审批分别控制在1个、5个工作日以内。“互联网+政务服务”标准化试点入选国家社会管理和公共服务综合标准化试点项目。惠企纾困精准有效。集中精力做好“六稳”“六保”工作，制定出台支持企业开工复工、重点项目复工复产、金融支持企业发展等系列措施，推动优惠政策直达市场主体，为企业减税降费5305.9万元，发放纾困惠企补贴5027.4万元，清退保证金押金980万元，减免个体工商户电费1000万元、企业厂房租金540万元。常态长效开展政银企对接洽谈，建立信贷风险补偿机制，积极引导金融服务实体经济，帮助88家中小微企业贷款1.4亿元。社会治理体系不断健全。“一村一法律顾问”“一村一辅警”“两站两员”实现全覆盖。社会信用体系建设扎实有效。安全生产、应急管理、防灾减灾、信访调纠、综治维稳、小区治理、食品药品安全、交通问题顽瘴痼疾整治等工作不断加强，获评全省防汛抗灾先进集体。严厉惩治违法犯罪，深入推进新一轮禁毒人民战争，社会治安防控体系建设得到加强，公安执法、刑事科技工作获评全国先进，扫黑除恶专项斗争取得重大阶段性成果，治安秩序、社会风气和发展环境持续改善，群众满意度明显提高。

从严从实加强政府自身建设。切实增强“四个意识”、坚定“四个自信”、做到“两个维护”，敢于斗争、勇于担当，形成干事创业、风清气正新局面。严格执行人大及其常委会的决议、决定，积极支持人民政协履行职能。办理人大代表议案和建议284件、政协提案68件。一体推进法治政府、法治社会、法治宁远建设，严格落实重大行政决策事项公开，全面完成“七五”普法任务，顺利通过省级验收。狠抓执行落实，严格目标管理，推进“三个一”工作机制落实落地。严格执行中央八项规定，大力推行正风、减负、提能“十条措施”，坚决反对“四风”，力戒形式主义、官僚主义。加强审计监督，实现重大政策措施落实跟踪审计全覆盖，审计工作荣获全省先进。坚持政府过紧日子，财政一般性支出压减10%。严格落实“一岗双责”，加强政府系统党风廉政建设，坚决整治“拉款子”、“打牌子”、“提篮子”、串标围标、涉砂涉矿涉股等突出问题，廉政建设和反腐败斗争取得积极成效。

重要会议

【县政府全体会议】 2020年，宁远县人民政府召开两次全体会议。

9月1日，县政府召开2020年第一次全体会议暨全县政府系统廉政工作会议。会议深入学习贯彻习近平新时代中国特色社会主义思想，传达落实党中央、国务院及省、市、县相关会议精神，分析宁远县上半年经济形势及县政府重点工作实现情况，并部署下半年经济工作。齐纲要对全县项目建设、税收入库、规划编制、资产处置、棚户区改造、“三农”工作等重点工作进行全面安排部署。

12月27日，县政府召开2020年第二次全体会议。县政府发展研究中心、发改局、财政局分别就《政府工作报告（审议稿）》《关于宁远县2020年国民经济和社会发展计划执行情况与2021年计划草案的报告（审议稿）》《关于宁远县2020年财政预算执行情况与2021年预算草案的报告（审议稿）》作起草说明，审议并一致通过。会议还对疫情防控、农业生产、温暖过冬、安全生产等工作作出安排部署。

【县政府常务会议】 2020年，宁远县人民政府召开政府常务会议19次。

1月10日，县委副书记、县

长唐何主持召开县政府第一次常务会议。传达学习全市大气污染防治特护期“春季攻势”视频推进会议精神。听取国有企业对接国开行项目融资等工作情况汇报。审议并原则通过《2020年度政府工作报告目标任务责任分解表》以及国际商贸城等项目合同，听取县第十七届人大第四次会议议案办理工作情况汇报。

2月6日，县委副书记、县长唐何主持召开县政府第二次常务会议。会议传达学习习近平总书记关于新型冠状病毒感染的肺炎疫情防控工作的重要指示批示精神以及中央、省、市和县委的重要会议、文件精神，通报全国以及省、市、县新型冠状病毒感染的肺炎疫情情况，分别听取各副县长关于分管领域疫情防控工作和当前经济运行、重点工作推进情况汇报。

3月1日，县委副书记、县长唐何主持召开县政府第三次常务会议。会议听取2019年度全县绩效考核评估等工作情况汇报。会议审议并原则通过《关于进一步加强政府投资项目概算管理的实施办法》等方案。

3月4日，县委副书记、县长唐何主持召开县政府第四次常务会议。会议学习习近平总书记在统筹推进新冠肺炎疫情防控和经济社会发展工作部署会议上的重要讲话精神。传达全省应急管理工作视频会等会议精神，听取扫黑除恶专项斗争、疫情防控等工作情况汇报。审议并原则通过《宁远县乡镇污水处理设施建设四年行动实施方案（2019—2022年）》等方案。

4月14日，县委副书记、县长唐何主持召开县政府第五次常务会议。会议学习习近平总书记4月8日在中共中央政治局常务委员会会议上的重要讲话精神。听取芙蓉学校项目建设、稳投资等工作情况汇报。审议并原则通过《宁远县向上争资工作绩效考核办法》等方案。

4月28日，县委副书记、县长唐何主持召开县政府第六次常务会议。会议学习习近平总书记分别在4月17日中共中央政治局会议、4月20日在陕西考察时的重要讲话精神。传达学习全市新冠肺炎疫情防控工作视频会等会议精神。听取宁远县第七次全国人口普查等工作情况汇报。审议并原则通过《宁远县全面小康决胜年行动方案》等方案以及至善德医疗用品等项目合同。

5月19日，县委副书记、县长唐何主持召开县政府第七次常务会议。会议学习习近平总书记在山西考察、在第73届世界卫生大会视频会议开幕式上的重要讲话精神，以及关于防灾减灾救灾工作的系列重要论述。传达学习《关于切实做好“净地”供应工作的通知》等文件精神。审议并原则通过《宁远县建设项目用地保障方案》以及城乡污水治理PPP项目合同。

6月9日，县委副书记、县长唐何主持召开县政府第八次常务会议。会议组织学习全国“两会”精神。听取全县新冠肺炎疫情防控等工作情况汇报。审议并原则通过《2020年度宁远县扶贫小额信贷实施方案》等方案以及聚锂美新能源等项目合同。

7月7日至7月8日，县委副书记、县长唐何主持召开县政府第九次常务会议。会议学习习近平总书记在中央政治局第二十一次集体学习上的重要讲话精神。传达学习全省长江保护修复攻坚战推进暨水生态环境保护工作会等会议精神。听取重点民生实事项目进展等工作情况汇报。审议并原则通过《宁远县安全生产专项整治三年行动实施计划》等方案以及铭阳光显工控类显示屏等项目合同。

8月1日上午，县委副书记、县长唐何主持召开县政府第十次常务会议。会议学习习近平总书记在吉林考察时的指示精神，以及习近平总书记关于统计工作的重要讲话、指示批示和《防范和惩治统计造假、弄虚作假督察工作规定》等文件精神。传达学习市委五届八次全会等会议精神。听取上半年县政府重要工作结账等工作情况汇报。审议并原则通过《宁远县政府系统2020年度廉政工作要点》等方案。

8月28日上午，县委副书记、县长唐何在八楼会议室主持召开县政府第十一次常务会议。会议学习习近平总书记在中央政治局第二十八次集体学习时的重要讲话精神。听取全县综合应急救援能力体系建设等工作情况汇报。审议并原则通过《2020年县政府第一次全体会议暨全县政府系统廉政工作会议方案》等方案以及友信高档灯饰项目合同。

9月16日，县委副书记、县长唐何主持召开县政府第十二次常务会议。会议学习习近平总书记在中央财经委员会第八次会议、科学家座谈会上的重要讲话精神。听取生态保护红线评估调整等工作情况汇报。审议并原则通过《宁远县人民政府抓落实提效能六条措施》等方案。

10月13日，县委副书记、县长唐何主持召开县政府第十三次常务会议。会议学习习近平总书记在湖南考察调研时的重要指示精神、习近平总书记在中央政治局第二十三次集体学习时的重要讲话精神、李克强总理在经济形势部分地方政府主要负责人视频座谈会时的讲话精神以及中国共产党湖南省第十一届委员会第十一次全体会议精神。传达学习全市秋冬农业生产暨农业产业化现场推进会议精神。听取全县“十四五”规划编制等工作情况汇报。审议并原则通过《关于切实做好2020年秋冬农业生产的实施意见》等方案。

10月23日，县委副书记、县长唐何主持召开2020年县政府第十四次常务会议。会议学习习近平总书记在湖南考察时、在深圳经济特区建立40周年庆祝大会上的重要讲话精神。传达学习李克强总理关于森林防灭火工作的批示精神以及全国、全省森林防灭火工作电视电话会议精神。听取九嶷山兔产业建设等工作情况汇报。审议并原则通过《2020年宁远县对接粤港澳大湾区承接产业转移工作方案》等方案以及中基恒光（宁远）产业园项目合同。

11月6日，县委副书记、县长唐何主持召开县政府第十五次常务会议。会议学习习近平总书记在中央全面深化改革委员第十六次会议上的重要讲话精神。听取全县前三季度经济运行等工作情况汇报。

11月12日，县委副书记、县长唐何主持召开县政府第十六次常务会议。会议学习习近平总书记关于对国家中长期经济社会发展战略若干重大问题、川藏铁路开工建设以及平安中国建设作出的重要指示精神。传达学习11月11日晚上市委书记严华组织召开的全市脱贫攻坚工作视频调度会的会议精神。听取县人民医院创建县域三级综合医院、2020年全县贫困人口脱贫等工作情况汇报。

11月23日，县委副书记、县长唐何主持召开县政府第十七次常务会议。会议学习习近平总书记在中央全面依法治国工作会议上的重要讲话精神，在江苏考察时的重要指示精神；县司法局郑国华就《中华人民共和国民法典》进行解读。传达学习《永州市人民政府关于进一步加强政府性债务管理的实施意见》文件精神。听取扫黑除恶“行业清源”等工作情况汇报。审议并原则通过《2020年宁远县财政预算调整方案》等方案。

12月7日，县委副书记、县长唐何主持召开县政府第十八次常务会议。会议学习习近平总书记在全国劳动模范和先进工作者表彰大会、第十七届中国—东盟博览会和中国—东盟商务与投资峰会开幕式、中央政治局第二十五次集体学习时的重要讲话精神和听取脱贫攻坚总结评估汇报的重要指示精神。传达学习省市特护期大气污染防治推进会等会议精神。听取宗教领域安全等情况汇报。审议并原则通过火车王鞋业项目等合同以及《2020年宁远县大气污染防治特护期工作方案》等方案。

12月16日上午，县委副书记、县长唐何主持召开县政府第十九次常务会议。会议学习习近平总书记在12月11日中共中央政治局会议和中央政治局第二十六次集体学习时的重要讲话精神。传达学习全市电力迎峰度冬工作电视电话会议精神。听取全县审计工作、柑橘黄龙病防控的情况汇报。审议并原则通过《政府工作报告》等报告以及《宁远县国民经济和社会发展第十四个五年规划纲要》《宁远县财政奖补资金专项审计办法》。

【县长办公会议】 2020年县长办公会议，根据需要召开，全年共37次，择要简介12次。

2月10日，县委副书记、县长唐何主持召开会议，专题研究全县新冠肺炎疫情防控工作。

2月26日，县委副书记、县长唐何主持召开会议，专题研究2020年全县耕地开发工作。

3月12日，县委副书记、县长唐何主持召开会议，专题研究全县大气污染防治“春季攻势”和马路市场整治工作。

5月16日，县委副书记、县长唐何主持召开会议，专题研究全县医疗保障工作。

6月1日，县委副书记、县长唐何主持召开会议，专题研究全县城乡客运一体化示范县创建工作有关问题。

7月20日，县委副书记、县长唐何主持召开会议，专题研究生猪全产业链项目建设工作。

8月3日，县委副书记、县长唐何组织有关部门深入南部生态新城合一府、自来水公司旁地块、中梁地产、湘妃大道柳塘段改扩建项目进行现场调研办公。

9月18日，县委副书记、县长唐何召开会议，专题研究根治拖欠农民工工资工作。

10月13日，县委副书记、县长唐何主持召开会议，专题研究城市管理工作。

10月30日，县委副书记、县长唐何主持召开会议，专题研究防范化解政府性债务风险工作。

12月8日，县委副书记、县长唐何主持召开会议，专题研究人工湿地项目建设工作。

重要政务活动

1月15日，2020年全市“春风行动”启动仪式暨“促进转移就业、助力脱贫攻坚”大型招聘会在宁远县文庙广场隆重举行。

3月15日，宁远县市场监督管理局在官桥垃圾场举行“3·15”集中销毁假冒伪劣商品活动，对没收的一批假冒伪劣商品采取集中无害化销毁处理。销毁处理食品、药品、酒类、卷烟4大类、63个品种，货值260万元。

4月6日，宁远县在县人民医院举行援鄂医疗队员返宁远欢迎仪式，迎接抗“疫”英雄回家。宁远县援鄂医护人员屈桂月、李芳、李佳慧、刘琴，在圆满完成医疗救治任务后，于当天乘坐专车回到宁远。

5月10日，宁远县在文庙广场、石板塘工业园、沿江风光带等四个人员往来较多的地点组织开展2020年城市节水宣传周宣传活动，现场发放节约用水宣传资料1000余份。

5月29日，永州市公安机关“2020四个大抓建设年·大抓主责和主业”现场推进会暨“永警利剑·夏秋攻势”部署会在宁远县召开。

6月24日，宁远在县文庙广场组织开展健康人生、绿色无毒2020年“6·26”国际禁毒日宣传活动，计220多人参加。

8月27日，宁远县集中整治摩托车电动车“盔·带风暴”专项行动誓师大会在县文庙广场举行。交警大队组织现场有摩托车驾驶证的群众进行登记和免费发放头盔，接受群众对有关摩托车、电动车安全常识和法律知识咨询，并开展整治行动。

9月1日，宁远2020年县政府第一次全体会议暨全县政府系统廉政工作会议召开，会议深入学习贯彻习近平新时代中国特色社会主义思想，传达落实党中央、国务院及省、市、县相关会议精神，分析宁远上半年经济形势及县政府重点工作结账情况，并部署下半年经济工作。

9月11日，永州市决战决胜脱贫攻坚系列新闻发布会（宁远专场）在冷水滩召开，宁远县委副书记、县长唐何介绍宁远县决战决胜脱贫攻坚的经验做法和成效。发布会上，宁远县委、县政府分管领导还分别就扶贫资金投入保障、易地扶贫搬迁、决战决胜脱贫攻坚年重点工作回答记者提问。

9月29日，全省第二次重大项目集中开竣工活动宁远分会场活动在十里铺工业园举行，此次宁远县集中开竣工项目3个。

10月17日，宁远县召开2020年全县“扶贫日”活动启动仪式暨决战决胜脱贫攻坚推进会。会议对106名扶贫工作先进个人、10个先进单位和10个扶贫爱心企业、爱心组织进行集中表彰并颁奖。

11月7日，2020年中国户外健身休闲大会湖南首站在宁远拉开大幕，国家体育总局原纪检组长、中国奥委会原副主席王宝良，中国登山协会主席李致新，湖南省体育局党组书记、局长李舜，市委常委、副市长贺辉，国家体育总局登山运动管理中心新项目部部长李文茂，市文化旅游广电体育局党组书记、局长蒋井泉，县领导肖质彬、唐何、黄永英、张明贵、李苏昭，永州籍举重奥运冠军王明娟等领导和来自全国各地的2650名选手参加开幕式。

12月23日，宁远县召开2020年全县劳动模范和先进工作者表彰大会，隆重表彰过去5年来为全县经济社会发展做出突出贡献的劳动模范和先进工作者。

（颜学臻　简胜）

县人民政府办公室工作

【概　况】 1949年11月，设宁远县人民政府秘书组，后改为秘书室。1962年12月，更名为县人民委员会办公室。1968年3月，改称“革命委员会”办事组。1973年7月，复名办公室。1981年1月，改设为宁远县人民政府办公室。1985年内设经济调查研究室（后改调查研究室）。1995年6月，县政府法制办公室、县经济体制改革委员会（调查研究室）、县民委并入县政府办公室。后法制办、民委又从政府办析出。2002年3月重并入政府办，经济体制改革委员会撤销。2019年，机构改革后，县政府办内设机构有：机要室、党建办、综合调研室、督查室、文秘室、人事室、行政事务室、信息室、值班室、社会发展室、金融事务中心、禁毒工作社会化宣传教育中心。宁远县人民政府办公室机关行政编制35名，实有行政编制数30人；机关后勤服务人员9名；下设股级公益机构事业编制14名，实有事业编制数12人；县级领导编制在县行政编制总额内单列，至年底有县级领导编制数29名。

【综调工作】 2020年，宁远县人民政府办公室围绕服务全县发展大局，聚焦经济社会发展的热点问题、群众关心关注的难点问题，力求参在点子上、谋到关键处，做到文稿出精品、调研出实招、信息出质量。全年围绕小微主体发展、建筑市场整治、农村人工湿地建设等重点课题开展调研11次，高质量完成调研报告10篇，组织起草政府工作报告、领导讲话、情况汇报等文稿430多篇，充分发挥以文辅政的重要作用。

【信息工作】 2020年，宁远县人民政府办公室以“信息服务、挖掘亮点、宣传宁远”为主线，广泛搜集各类信息，准确捕捉工作亮点，整理、编撰、上报各类信息上报政务信息476条，为领导了解下情，科学决策，发挥桥梁和参谋助手作用。

【督查工作】 2020年，县政府督查室紧紧围绕党中央、国务院和省、市系列决策部署，以及县委经济工作会议、县《政府工作报告》提出的各项目标任务开展督促检查、推动工作落实。先后开展各类督查检查17次，下发督办函（交办函）46期、督查通报9期，切实做到监督到位、协调到位、解决到位。办理省、市领导批示交办事项47件，办理县委主要领导批示交办事项76件，协调办理人大代表议案建议284件、政协提案68件，所有事项全部限时办结，做到事事有回复、件件有回音。

【办文办会】 2020年，宁远县人民政府办公室以“正风、减负、提能”为抓手，严把公文办理起草关、审核关、缮印关、校对关、发送关。全年起草或审核文件406件。高水平承办会议457次，无一延误会议现象。积极推进机要档案管理标准建设，收到机要文件792份，其中处理件144件，对三密文件实行严格管理制度，全年没有失密泄密的现象发生。

（颜学臻　简　胜）

行政审批服务

【概　况】　2019年3月20日，宁远县行政审批服务局成立。2020年，县行政审批局认真贯彻县委、县政府决策部署，践行以人民为中心的发展思想，聚焦企业群众生活办事堵点、难点等问题，以更快更好方便企业群众办事创业为导向，多措并举创新政务服务方式，着力构建“进一扇门、到一个窗、办多件事”的政务服务新格局，实现多项改革任务精准落地凸显成效，“互联网+政务服务”标准化建设工作正常开展，企业和群众的获得感、满意度逐步增强。

【“放管服”改革和政务服务】2020年，宁远县行政审批局推进行政审批瘦身，基本实现监督事项即来即办，一般事项当天办结，复杂事项2—4个工作日办结。推动综合窗口建设，建成工程建设项目制度改革大厅，工程建设项目审批时间大幅压缩，平均减材料60%，减环节70%，减时间80%以上；医保窗口逐步事项贴近民生，一窗通办。坚持落地“红马甲”窗口单位领导班子成员服务带班制度和“好差评”制度，打通政务服务堵点、难点，提升办事群众满意度。全面开展政务服务帮代办工作，全程免费代办手续，“帮代办”窗口开通以来，接受咨询2000余人次，受理帮代办980次，办结980次，办结率和满意率均100%。帮代办工作被全市树立为典型，在全市帮代办工作推进会上作典型发言。开设企业开办窗口，对开办时营业执照、税务登记、银行开户和公章刻制等内容实行“一窗通办免费办理、一件事一次办”。截至12月18日，新增市场主体4413户，其中个体3534户；新增各类企业892户，认缴注册资本26.36亿元，同比增长17.52%。

【“一件事一次办”改革】　设立窗口。4月28日，宁远县在政务中心2楼大厅设立复工复产政策兑现“一件事一次办”窗口，对23项优惠政策与相关单位进行对接，对涉及县级可办的17项优惠政策进行梳理，对窗口工作人员组织业务培训。业务延伸。将“一件事一次办”业务知识及系统操作相关知识延伸至20个乡镇（街道）、11个社区以及10余个村级便民服务中心。优化流程。新增110项“一件事一次办”投入试运行，相关办理流程、申请材料、办理时限根据实际情况部分调整。事项对接。做到全域通办“一件事一次办”所涉及事项与单位核实确认可办情况，与省标准库事项对应情况。

【优化营商环境】　2020年，宁远县协调推进减税减负惠企工作，在全县范围内开展涉企押金保证金清退。截至9月底，清退各类保证金押金980多万元，减轻企业负担。通过日常监测和调研暗访，未发现减税减负有反弹现象。重点围绕省优化办《关于开展政策落实情况“回头看”的通知》中梳理的100项“干货政策”，对国家、省、市各项纾困惠企政策抓好协调督办，推进落实。协调推进暗访工作，加大投诉件办理。加强与县纪委党风政风监督室衔接沟通，初步建立损害营商环境问题线索移送工作机制。开展企业服务环境调研。上半年开展优化营商环境“大调研”行动，对收集到的10类问题进行分类汇总，形成问题清单，按程序实行交办，规定期限督办，除不符政策条件确不能办理外，均得到解决。抓实“限时办结制”。宁远县自2017年建立重点建设项目问题及时交办、限时办结、跟踪问效机制以来，优化工作合力大为增强，“三办两室”共同交办涉及县重点项目建设和重点企业服务方面的问题79批521项，办结率95.7%。协调推进“百日攻坚问题清零”工作。针对市营商环境“问题清零·百日攻坚”行动中交办的“宁远县永凌物流园项目”

合约未履行到位问题，宁远县组建由常务副县长任组长的专门班子，出台问题清零整改方案，督办协调县商务局跟进落实，并及时与项目方进行沟通。牵头协调落实市人大议案办理工作和牵头开展营商环境评估工作。多轮协调各主体牵头单位提供参评指标资料、佐证材料，评估工作正抓紧进行。配合完成优化营商环境专项巡察。5月至8月，积极配合市委第二巡察组对工业园开展的常规巡查、对全县开展的优化营商环境专项巡察。配合做好国务院“大督查”工作。完成前期各项资料汇总上报工作，发挥参谋协调作用。

【大数据中心】 2020年，宁远县政府网站总访问量822199人次，公开各类政务信息6384条（不包括县长信箱、政民互动、网上办事数据），政务信息内容实现全覆盖。政务联动处置平台［整合“12345”热线、网格平台、数字城管、政协云、县长信箱、微信公众号（随手拍）、“110”非警务事件七大平台］接收上报事件63458件，比2019年事件上报数（16609件）增加46849件，增长率282%。事件受理交办8824件，办结率99.87%，群众满意率98.2%。

（唐小红）

机关事务管理

【概　况】 2003年，宁远县设立机关事务局，是直属宁远县人民政府的事业机构，负责县委、县政府大院的所有机关事务。2015年机构改革，更名为宁远县机关事务服务中心，内设办公室、保卫股、物业管理股、公共机构节能管理股、公务用车管理股，2019年机构改革，定为政府直属公益一类正科级事业单位。2020年，宁远县机关事务服务中心按照年初制定的工作思路，认真履行服务中心的各项职责，坚持为机关服务、为来宾服务的思想理念，做好行政、后勤各项工作。在机关后勤管理、保障及服务等方面，取得可喜成绩。2020年，宁远县机关事务服务中心有工作人员69人，在编69人。

【安保服务】 2020年，宁远县机关事务服务中心聘有安保人员34人。按照“一落实两分类双加大”的工作思路，中心做到“人防”“技防”“物防”有效结合。加强门卫管理，不论是院内上班人员还是院外来开会、办事人员，一律佩戴工作人员证刷卡出入；外来人员进机关大院办事，必须事先预约，凭身份证或其他有效身份证明登记方可进入。尤其是疫情防控期间，按照县政府防疫工作的安排部署精神，中心保安部对工作岗位作出及时调整，由原来的三个班次调整为两个班次，实行12小时轮流值班制，南门、北门实行双岗，东西门实行防撞栓拦截，各安排一名保安人员值班。中心领导每天抽调公车中心4至6名工作人员，由中心主要领导带队到南、北门一线执勤测量体温，督促机关大院上班人员及外来人员戴口罩。加强车辆管理。制作车辆出入证，有序规范车辆停放，对284台乱停乱放车辆进行劝导和挪车。做好反恐应急处置工作。组织3次大型反恐演习，5次反恐演练；落实检查制度。不定期对机关大院内的重点及要害部位进行防火、防盗、防爆、防破坏、防自然灾害、防失密、防投毒等检查，消除安全隐患，制订突发事件预案，保障机关大院平安稳定的工作生活秩序。实现机关大院无政治事件、无刑事案件、无大案要案、无责任事故。

【会务服务】 2020年，宁远县机关事务服务中心把会务工作当作办公室服务工作的第一窗口、第一形象抓牢抓实，通过人性化、标准化、规范化服务，提升会议服务水平。落实“321”限时结办制度，即会务人员提前30分钟到场，提前20分钟完成工作任务，专管人员提前10分钟完成督促检查；建立“会前有会（动员准备会）、会后亦有会（总结会）”的例会联络制度，做到领导、专管、干事一条心，会前、会中、会后一盘棋。全年中心接待各类会议、活动服务1000余场次，优质接待省、市领导20余批次，各类参观团体10余次。

【食堂服务】 2020年，宁远县政府机关食堂有管理人员6人，聘用人员32名，年底，有食堂就餐单位130个，开卡数量5562张。食堂克服就餐人数多、菜量难把握等困难，认真研究菜谱，合理搭配膳食，严把食品安全关，保证菜品标准和服务质量，虚心接受就餐人员的意见建议并迅速整改。在接待工作中，严格按制度管理，坚持按规矩办事，降低接待成本，从优从俭不超标，实行一餐一单一函，不搞铺张浪费。全年食堂承担30桌以上的接待任务40多次，圆满完成每一次接待任务。

【工程维护】 2020年，宁远县机关事务服务中心对所辖区域进行节能改造，更换一批老旧灯具，行政楼附楼老旧机械电表更换为智能卡式电表。行政主楼公用卫生间和政务中心前停车场进行改造，健身场地搬迁，满足广大群众休闲健身需求。建设机关大院微型消防站，不定期组织工程部技术人员对机关大院电力设施、消防设备、市政设施等进行排查，消除安全隐患，保障各套设备设施正常运转。

【公车管理】 2020年，宁远县机关事务服务中心进一步完善公务用车平台建设，严格执行用车审批制度。加油实行一车一台账，每次加油将油量、里程数、金额进行登记、核对。严把车辆维修关，完善车辆维修制度，制定车辆维修流程，设定专人对维修车辆事前勘验，事后验收，一车一账，层层把关，有效控制车辆运行成本。完善司勤人员管理制度，定期组织培训。公车中心管理各类大小车辆40部，其中小轿车22部，越野车12部，7座以上车辆6部。全年派车2569次，总行驶里程71.9万千米，为各级检查组和县直各单位出行提供安全保障，做到安全行车“零”事故。2020年9月，对没有达到报废年限的33辆车辆按照有关程序进行公开拍卖，成交23辆，流拍10辆。拍卖资金约49万元全部进入财政账户。

【安全生产】 2020年，宁远县机关事务服务中心坚持做好公务车辆的定期维修、保养工作，确保车辆安全运行；做好食品安全工作，完善出纳、采购、仓管、验收等多个环节的管理制度，对餐厅人员进行食品安全责任分解，对餐厅的环境卫生、储存加工、清洁消毒等工作流程进行优化，对原材料购置、食品加工等各个环节不定期开展安全检查，确保食品卫生监管无盲区；做好机关大院安全保卫和消防器材的检查和维护，水电服务安排预防性、日常性维修和改善性维修，工程技术人员，定期对机关大院的电力设施、消防设备、市政设施等进行全面排查，填写好排查日记，消除安全隐患。全年维修电路故障万余次，维修下水管道、更换水龙头上千次，为机关大院内的水电供应提供保障。

【创建绿色机关】 2020年，宁远县机关事务服务中心补栽草花3800多平方米，累计修剪草坪6万多平方米、树木3000多棵，机关大院绿化覆盖率保持在85%以上。重要节假日和重大活动，在机关大院显著位置增加各种形式的宣传内容，提升大院节日气氛，营造文明、和谐、优美的办公环境。

【获评“国家级节约型公共机构示范单位”】 2020年，宁远县机关事务服务中心以节约为己任，发挥政府机关节能降耗示范和导向作用，把公共机构节能工作作为节约型机关建设的重头戏，大处谋划、小处入手，全面推进全县公共机构节能工作，取得明显成效，达到预期目的，机关事务服务中心成功创建为“国家级节约型公共机构示范单位”。

（胡新军）

信访工作

【概 况】 2020年，宁远县认真贯彻落实习近平总书记关于信访工作重要批示及十九届二中、三中、四中、五中全会精神，坚持以人民为中心的发展思想，开展“枫桥经验”试点、“三无”创建、“人民满意窗口”、省委巡视组交办件办理、信访法治宣传五项活动，创新领导下访、积案化解、网信办理、办证难治理、依法治访五项重点工作，确保省“两会”、全国“两会”、十九届五中全会等特护期实现“五个不发生一个确保”的工作目标，进京越级访同比下降140%，进京在非信访场所上访实现“零登记”目标，2020年在全市平安建设考核中，宁远县信访工作实现零扣分目标，与新田等六县并列全市第一，信访工作跃上新台阶，全县信访形势持续向好发展。

【信访会议】 2020年，宁远县委、县政府高度重视信访工作，先后召开4次县委常委会会议、3次政府常务会议、9次信访联席会议、5次全县性信访工作推进会，研究部署信访工作，明确安排信访工作专项经费，制定完善信访机制，加强信访工作力量，布局全县信访工作“一盘棋”。县委书记肖质彬，县委副书记、县长唐何多次听取信访工作汇报，带头包大案难案，到一线接访处访。在主要领导的带动下，全县各级各部门形成主动下访、一线处访的良好氛围。

【领导下访】 2020年，宁远县创新接处访工作机制，出台《宁远县领导干部下访活动工作方案》，从第二季度开始，以信访积案和复杂的初信初访为主，每个季度列出下访清单，安排县级包案领导带案下访、走访、回访，取得明显成效。省委第三巡视组巡视宁远的两个月里，县级领导有350人次下访、860名信访对象，就地解决信访问题276件。市级领导包案件9件，办结9件，其中息访5件；县级领导包案“千案攻坚”交办92件，全部办结，其中息访息诉23件，三级终结14件，引入司法程序1件，其他51件；县级积案交办83件，全部办结74件，息访7件。5月21日，《湖南日报》市州版以《宁远“送访上门”解难题润民心》为题对宁远县县级领导大下访活动进行报道。

【推广“枫桥经验”】 2020年，宁远县大力推进“枫桥经验”试点工作，制定下发《关于坚持和发展新时代“枫桥经验”推动解决群众信访问题的意见》及实施方案、实施细则等文件，召开推进会，实行点对点督导。市级试点乡镇一个即仁和镇，市级试点村（社区）两个即仁和镇陈安村、桐山街道舜源社区，按照要求圆满完成各项任务。中和、水市等乡镇（街道）加强制度、阵地建设，“枫桥经验”在宁远落地生根。文庙街道的《“枫桥经验”显实效，“三级联动”解纠纷》在“中国基层网”等多家媒体报道推广。县接访中心组建人民调解室推行“访调对接”工作，推动6件信访积案化解。

【省委巡视信访件办理】 2020年4月—6月，省委第三巡视组在宁远县巡视，交办宁远4批、1052件信访件（重复交办286件），通过首次办理和后期反馈整改，全部办结，其中息访息诉74件。第四季度，省委巡视组在永州其他县区巡视期间，通过市联席办分4批转交宁远县信访件50件，全部按期办结。省委巡视期间，副市长、时任宁远县委书记刘卫华主持召开两次县委常委会会议、一次全县推进会、两次联席会议，专题研究部署和推动省委巡视组交办转办信访件的办理工作。通过严格政治纪律，规范办理流程，安排专人专班负责，按期优质高效完成转办件办理工作，赢得巡视组的肯定。

【畅通信访渠道】 2020年，宁远县加强接处访工作，畅通群众来访渠道。县信访接待中心坚持“分块联合接访”，建立健全“一站式接待、一揽子解决”工作机制，实行周一大接访、其他工作日县级领导在信访接待中心视频接访室坐班接访，特护期每天安排县级领导坐班接访，推动案结事了。受新冠肺炎疫情影响，从3月底开门接访，60名县级领导410人次坐班接访，各接访室共计接待来访群众3080批、6446人次，涉及初信初访事项677件，化解306件，交办277件，全部按期办结，化解106件；加强网信工作，畅通网上信访渠道。推进“让群众最多访一次”工作，办信室受理办结网上信访件1638件（含意见建议50件），按期办理1517件，网信工作回访满意率位居全市前列，“五率”得到大幅提升；加强复查复核工作，畅通三级终结渠道。县政府信访事项复查复核办公室收到信访事项复查申请73件，其中受理复查申请12件，不予受理61件，均按程序送达信访事项复查申请受理或不予受理告知书；加强督查工作，畅通办理渠道。信访联席办督查室坚持每天调度、每周跟踪督查并通报进度，确保各级交办信访案件按时按质按量办理或结案，群众满意度普遍提高。

【信访积案化解】 2020年，宁远县相继开展信访积案百日攻坚、“四重攻坚”、“千案攻坚”、重复访治理及信访积案化解活动，印发《2020年信访积案集中交办化解活动方案》《信访积案百日攻坚专项活动方案》《宁远县集中治理重复信访及积案化解专项工作实施方案》等文件，逐一落实县级领导包案制度，坚持分类依法化解，集中批量解决信访积案。其中国家和省市交办的“四重攻坚”案件5件均办结息访；市联席办交办的“千案攻坚”信访积案92件，已化解70件；市委书记、市长批示件2批6件按期办结，息访3件；使用信访救助资金35万元化解13件特殊疑难信访案件；国家信访局交办重复信访积案138件（含重复交办20件），宁远县拟定三年攻坚计划，确保三年内全部化解，截至12月底已化解并录入信访信息系统46件，如期完成市局交办的化解任务。

【信访法治宣传】 宁远县将2020年6月定为法治宣传月，组织开展送法下乡活动，印发1.2万余册口袋书、2.5万份活动宣传册，制作100条横幅标语，印发公、检、法、司、信访5家联合出台的《关于依法打击违法信访行为的通告》，在县融媒体中心通过电视台、网站、微信公众号制作并播放滚动式公益广告、公开曝光违法典型案例及法治宣传动漫作品，群众喜闻乐见，社会反响很好。其中宁远县设计制作的动漫小视频《信访路上》被推荐到国家信访局采用，有14篇通讯报道在省级媒体发表。

【房地产办证难信访问题专项治理】 2020年，宁远县信访联席办出台《宁远县集中化解房地产办证难信访突出问题专项行动实施方案》，成立宁远县集中化解房地产办证难信访突出问题专项行动领导小组，建立台账，摸排23个楼盘项目列出84个问题，开展办证难信访突出问题“百日攻坚”专项行动，副县长欧阳国春先后组织召开7次协调会议专题研究房地产领域信访突出问题。截至12月底，化解46个问题，18个问题落实责任基本化解，20个问题正在积极推进化解，其中有11个小区需要办证4970本，已经办证3362本，化解率67.65%，居全市第二位。

【依法治访和问责】 2020年，宁远县委政法委牵头，从公检法司抽调专人组建依法打击工作组，进驻县信访接待中心集中办公，全面推进依法治访工作。全年行政拘留32人次，刑事拘留1人，判刑3人次，训诫35人次。对近年来全县4起典型违法信访案例通过电视、网络等媒体向社会予以曝光，产生较强的震慑效果。同时，严格落实信访工作责任制，严格追责，下发5期追责通报，对30个单位通报批评，对7名责任领导进行约谈，对3名责任领导诫勉谈话，对1个单位实行重点管理半年。

（石循柱　谢兴明）

脱贫攻坚

【概　况】 2002年，宁远县被列为省级扶贫开发重点县。2018年4月，省政府批复宁远县脱贫摘帽。实施精准扶贫以来，宁远县深入学习贯彻习近平总书记关于扶贫工作重要论述，用心用情用力打好打赢精准扶贫攻坚战。截至2020年年底，全县建档立卡贫困人口27185户、102941人全部脱贫，其中2020年脱贫1052户、2173人，119个贫困村出列，巩固提升率100%。2015、2016、2017、2019年，进入全省脱贫攻坚先进县行列。2015年—2019年宁远县连续五年被评为全省全面小康“十快进”县（优秀县）。

【扶贫责任落实】 2020年，宁远县按照习近平总书记“四个不摘”的要求，推动责任落实、政策落实、工作落实。一是摘帽不摘责任。县委、县政府始终把打好脱贫攻坚战作为最大的政治责任、政治任务，全年召开13次县委常委会（领导小组会议）、14次政府常务会（专题会）、8次全县性会议、3次县委中心组集中学习、2轮集中培训，学习贯彻习近平总书记关于扶贫工作重要论述，研究部署脱贫攻坚工作；县委、县政府主要领导认真履行第一责任，坚持每月专题研究一次脱贫攻坚，每月抓扶贫工作不少于5天，每月带头开展“三走访三签字”，示范带动各级领导干部“七进农家”。二是摘帽不摘政策。保持全县扶贫政策连续性、稳定性，突出巩固提升这一主线、产业就业这一重心、贫中之贫这一重点，制订《2020年决战决胜脱贫攻坚工作总体方案》，29个行业扶贫部门对标出台水、电、路、信、房、环、业、教育、医疗、兜底保障、公共服务等决战决胜方案；出台《宁远县2020年涉农资金整合使用方案》，全年投入财政扶贫资金6.4亿元，确保解决“两不愁三保障”问题清零所需和产业就业扶贫到户资金只增不减。三是摘帽不摘帮扶。坚持尽锐出战，为每个乡镇（街道）选派一名驻村工作总队长，挂职班子成员，列席党（工）委会；按照“大稳定、小调整、做加法、全覆盖”原则，为每个重点帮扶贫困村和非贫困村安排一个大科局驻村帮扶，为每户深度贫困户选派一名科级领导干部结对帮扶，始终确保驻村和结对帮扶全覆盖。健全帮扶激励和督查机制，为所有扶贫工作队员购买人身意外伤害保险、安排体检，分别按30%、25%的比例表彰优秀扶贫工作队和队员，全年优先提拔重用扶贫干部36名；开展常态化督查，实行“三挂钩六凡是”，下发通报19期，问责干部171人次。四是摘帽不摘监管。加强扶贫资金和项目监管，建立“互联网+监督”平台、脱贫攻坚项目库、重点扶贫资金项目绩效评价机制、“一统筹两监督三制度”和“四自两会三公开”项目实施监管体系，财政扶贫资金使用率93.37%，各类补助通过“两卡两折”全部及时发放到位，县级财政管理绩效考核连续三年排全省第一；安排278万元为所有贫困户和边缘户投保防贫责任保险；全年未发生重大涉贫舆情、重大典型涉贫信访事件、精准识贫、精准脱贫或扶贫资金项目管理方面的突出问题。

【克服疫情影响】 2020年，宁远县认真落实克服疫情影响的“十条措施”，全力帮助贫困群众补损增收，努力降低疫情对脱贫攻坚的不利影响。抓实稳岗就业。开展“稳就业、强基础、富家乡”主题活动，以“一稳”促“六稳”，以“一保”促“六保”，通过开展劳务协作、组织劳务输出、点对点就业服务、发放交通补贴等措施，新增贫困劳动力转移就业2010人，外出务工贫困劳动力39870人，超出2019年外出务工贫困劳动力3075人。建立返乡回流台账，开展“311”就业服务，纳入帮扶台账服务105人，一对一就业帮扶率、有就业意愿的就业率100%。成立县稳岗就业工作专班，外出务工贫困劳动力务工信息真实性、准确性99%以上，数据融合率99%以上。全面落实就业扶贫政策，发放交通补贴28558人、一次性求职创业补贴3622人、就业创业服务补贴450人、以工代训补贴104人、岗位补贴20人；贫困劳动力技能培训1051人，为年任务

630人的166.8%；贫困家庭两后生培训153人，为年任务140人的109.3%；人岗匹配跟踪服务落实774人，落实率100%。抓实消费扶贫。精准认定扶贫产品，通过“一审二看三评四议”，录入全国消费扶贫工作系统经营企业38家、扶贫产品126种，其中国家扶贫办社会扶贫网公示企业14家、扶贫产品44种，联结带动农村合作社100余家、贫困人口4万余人。全力助销扶贫产品，完成省定财政预留份额采购指导计划37万元，扶贫产品销售额4.1亿元，为省定计划2.68亿元的153%，仅“消费扶贫·你我同行”系列活动，助销扶贫产品400余万元；推进消费扶贫专区、专馆、专柜和平台建设，和润万家超市、金印百货、桐山农贸市场3个扶贫产品销售专区投入运营，长沙市中部（国际）农博园消费扶贫县域生活馆开馆营业，县政府食堂等5个专柜点安装柜机20个，将扶贫产品纳入湖南省消费扶贫公共服务平台展示销售，纳入产品50多种，销售额居省市前列。抓实禁食退养帮扶。严格落实禁食退养、禁捕退捕政策，加大转产转业帮扶力度，52家陆生野生动物人工繁育场所全部处置补偿到位。针对禁食退养所涉4户贫困户、1户边缘户，逐户签订退出补偿和动物处置协议，出台精准帮扶方案，由县林业局班子成员包保到户，逐户制订“一户一策”帮扶计划，建立健全帮扶台账，转产转业安置率100%，其中引导林下养殖4户、发展肉牛养殖1户、安置生态护林员3人、公益林护林员2人，退养户满意度100%。

【脱贫成果巩固】 2020年，宁远县紧紧围绕户脱贫“一超过两不愁三保障”、村出列“两完善”，持续巩固脱贫摘帽成果。做大做强扶贫产业。累计投入产业扶持资金11.99亿元，贫困人口加入合作社4.2万人、自主发展特色产业1.8万人、劳务就业4.3万人，委托帮扶边缘易致贫户679户，实现产业扶持全覆盖；坚持“四跟四走”，强化“四带四推”，通过财政奖补、技术指导、委托帮扶、股份合作、订单农业等，3973户有产业发展能力和意愿的贫困户（边缘户），实现产业扶持利益联结全覆盖；119个贫困村建立运行正常、带动贫困户发展产业的种养合作社127个，吸纳贫困人口2.6万人，产业扶贫组织化程度和可持续性不断提升。稳步推进小额信贷。实施信贷管护、产业指导、科技特派和电商服务“四员”共帮，全年新增扶贫小额贷款8513万元，任务完成率107.5%，累计发放贷款5.87亿元，年度贷款总量及历年累计放贷总量均居全市前列，逾期贷款为零。建立健全防贫机制。落实防止返贫致贫实时监测和帮扶措施，实施分类管理、分色预警和差异化精准帮扶，构建“未贫先防、临贫即防”的防返贫机制，得到国务院扶贫办的肯定和推介。强化兜底保障。对建档立卡贫困户中符合条件的全部纳入兜底保障范围，实行动态管理，实现“应兜尽兜”“应退尽退”，困难残疾人生活补助、重度残疾人护理补贴达到65元/月。推行集中办证、上门办证等便民措施，打通残疾人办证服务“最后一千米”，全年新增办证3173人，为1693名贫困残疾人提供下乡上门办证服务，其中精神残疾807人。

【突出问题整改】 2020年，宁远县全面彻底、不留死角推进问题整改清零，省市交办和自查发现问题整改率100%。一是查存量。从2月开始，先后组织开展“户脱贫”“村出列”突出问题集中摸排、“3+1保障”及就业扶贫问题排查整改、脱贫质量“回头看”、“冲刺问题清零决胜脱贫攻坚”、脱贫攻坚“回头看、回头查、回头改”等5轮问题整改清零专项行动，对6.4万户“四类对象”、679户边缘对象进行全覆盖问题排查，排查发现问题3429个。二是提质量。坚持整改不彻底不收手、成效不达标不放过，实行清单交办、台账调度、比对问效，逐乡逐村逐户开展问题清零会商，筹集投入问题整改清零资金2.57亿元，存量问题限时清零，增量问题动态清零。三是控增量。坚持以作风攻坚促脱贫攻坚，深入开展扶贫领域作风和腐败问题专项治理，开展“一季一专题”集中治理回头看，严查“微腐败”和“四个不摘”落实不力问题，立案112件，处理433人，党纪政务处分78人，移送司法1人，收缴违纪资金568.5万元，退还群众资金222.9万元，连续两年被评为全省扶贫领域作风和腐败问题专项治理工作一类县。

【扶贫资产管理】 2020年，宁远县推行“五权五化”扶贫项目资产管理，经验做法得到国务院扶贫办肯定，被列为省市扶贫项目资产管理试点县。一是所有权明晰化。严格遵照《中华人民共和国民法典》《中华人民共和国物权法》《不动产登记暂行条例》，建立健全“1+5+行业”确权登记管理制度体系，确权登记2014年以来的扶贫资产6638个、23.42亿元，其中经营性扶贫项目资产308个、9.26亿元，公益性扶贫项目资产2904个、7.66亿元，到户类扶贫项目资产3426个、6.5亿元。二是经营权多元化。促进专项扶贫资金转股金、村级资源转股权、集体资产转红利，推动扶贫经营性资产入企、入股、入市。对确权到乡村的产业发展资金，通过“村社+镇社+联社”方式，投入温氏集团和现代农业集团，年保底收益率8%以上，可年增加村集体经济收入200余万元，实现资金—资产—资金的良性循环。三是收益权持续化。坚持取之于贫，用之于贫，实行扶贫资产收益二次分配，到村经营性资产收益，一部分用于村级公益事业，一部分用于困难边缘对象保障，确保一次分配精准、二次分配公平，增强群众获得感。四是处置权规范化。凡属资产净值0.1万元以上的扶贫项目资产处置，由县扶贫办、县国资办、县扶投公司三方共管处置，通过拍卖、转让、注销、损耗等方式处置。五是监督权阳光化。在资产的权属界定、运维管理、收益分配、资产处置等各环节，通过政府门户网站、“三资”管理平台、“互联网+监督”平台、智慧宁远平台、手机APP终端等载体接受社会监督。

【扶贫先进典型】 2020年，宁远县在决战决胜脱贫攻坚战役中，涌现出一批可歌可泣的先进典型，一批先进集体和先进个人受到党中央、国务院、省扶贫开发领导小组和县委、县政府表彰。易地扶贫搬迁工作于2020年8月顺利通过国家发改委评估核查，被国家发改委评为全国“十三五”易地扶贫搬迁工作成效明显县，县联席办主任蒋全被评为全国“十三五”奋进易地搬迁干部。县易地扶贫搬迁工作联席会议办公室于2020年被中共中央、国务院评为“全国脱贫攻坚先进集体”；2020年10月，县扶贫办综合股长许慧生被评为“2020年湖南省百名最美扶贫人物”；2020年10月，经县委、县政府批准，表彰一批先进集体和个人，其中10个消费扶贫先进单位、5家“扶贫爱心企业”、5个“扶贫爱心组织”、46名“最美扶贫人物”、20名“优秀村（社区）党组书记”、20名“优秀驻村工作队队长、队员”，20名“脱贫致富能手”。

【脱贫攻坚殉职人员】 2020年，宁远县根据国务院扶贫办等七部门《关于做好脱贫攻坚殉职人员认定抚恤工作的通知》、湖南省扶贫办等七部门《转发国务院扶贫办等七部门〈关于做好脱贫攻坚殉职人员认定抚恤工作的通知〉的通知》和省扶贫开发领导小组办公室《关于推进脱贫攻坚殉职人员认定抚恤工作的重要提示》，按照相关法律法规精神，经县委、县政府批准，认定太平镇人民政府农林水事务中心原工作人员唐奇昂、县文化综合执法大队原工作人员龙晓斌、县人民检察院原党组成员郑志刚、中和镇人民政府原党委副书记唐剑勇、保安镇人民政府原工作人员朱国敏5人为脱贫攻坚因公牺牲；认定保安镇许家村原党总支书记许尚球为脱贫攻坚因公死亡。

（许慧生）

政协宁远县委员会

宁远五里沟风光

综 述

【概 况】 政协宁远县第九届委员会设14个界别，即中共、工会、共青团、妇联、工商联、文化艺术、科学技术、经济、农业、教育、体育、医药卫生、少数民族、特邀，有政协委员229名，其中常委45名。设正科级办事机构1个，即政协办公室，县政协办公室下设县政协云中心，为办公室所属副科级公益一类事业单位；设专门委员会6个，分别是县政协委员学习联络委员会、提案委员会、经济科技和外事委员会、农业农村和人口资源环境委员会、文教卫体和文史委员会、社会法制和民族宗教委员会。机关工作人员28名，4个街道办事处设立政协联络工作委员会，各设主任1名，16个乡镇各配正科级政协联工委主任1名。2020年，在中共宁远县委的坚强领导下，九届县政协及其常委会坚持以习近平新时代中国特色社会主义思想为统揽，全面贯彻落实党的十九大及十九届二中、三中、四中、五中全会精神，深入学习贯彻习近平总书记考察湖南重要讲话精神，牢牢把握新时代人民政协工作新方位新使命，把加强思想政治引领、广泛凝聚共识作为履职的中心环节，担当尽责，发挥作用，各项工作取得新成绩，迈出新步伐。

【政治建设】 2020年，县政协强化理论武装自觉把学习贯彻习近平新时代中国特色社会主义思想作为首要政治任务，系统学习习近平总书记关于加强和改进人民政协工作的重要思想，深入学习贯彻习近平总书记考察湖南重要讲话精神，及时跟进学习中共十九届五中全会精神，认真领会习近平总书记重要讲话精神，系统学习宪法、党纪党规、政协理论、政协章程以及全国、省、市“两会”精神，用好用活“学习强国”“政协云”等智慧学习平台，推动学习贯彻往心里去、往深里走、往实处落。坚持党的领导。把党的领导作为政协工作的生命线，自觉接受、紧紧依靠党对政协工作的全面领导，严格执行重大事项请示报告制度，主动向县委汇报重要工作、报告重要活动，邀请县委、县政府领导参加政协重要会议和重要活动，使政协一切工作都在县委领导下开展和进行，切实做到政治忠诚、思想纯洁、组织服从、行动同步。落实工作部署。县政协坚持把中共十九届四中、五中全会和中央、省、市、县委政协工作会议精神一体领会一体把握一体践行。坚决做到政协工作与党委、政府的决策部署保持高度一致，努力做到县委、县政府中心工作推进到哪里，政协履职工作就聚焦到哪里、就跟进到哪里。

【协商议政】 2020年，县政协充分发挥政协全会集中协商、常委会会议专题协商、主席会议重点协商、界别协商、对口协商、提案办理协商作用。围绕加强公共卫生安全体系建设、推动全面实施垃圾分类、维护中小微企业职工权益、加快镇村公共绿地建设、助力国家森林城市建设等内容，组织各界别、各阶层、各团体参与协商议政和监督视察活动。全年开展重要协商活动35次，其中，专题议政性协商3次，界别协商6次，重点提案办理协商20次，民主监督协商6次。积极推进政协协商与基层协商有效衔接，协助县委出台《关于充分发挥政协专门协商机构作用推进全县基层协商民主建设的实施意见（试行）》，制定并印发《政协基层民主协商议事指导意见（试行）》，推动中央和省、市、县委对政协工作的新部署新要求更好落实落地。实现“有事好商量”协商议事室在全县20个乡镇（街道）全覆盖，初步构建起“党委领导、政府支持、政协搭台、各方参与、服务群众、治理有效、推动发展”的协商工作格局。

【重点调研】 2020年，县政协围绕粮食生产、公共卫生安全体系建设、文旅服务体系建设、垃圾分类、生猪产业健康发展、红色资源开发利用、公益诉讼、维护中小微企业职工权益等与人民群众密切相关的热点难点问题，深入产业园区、工程项目一线开展调研。形成《狠抓粮食生产，铸牢安全基石》《充分发挥检察公益诉讼职能，守护好宁远青山绿水》《关于宁远县生活垃圾分类和资源化利用的建议》《完善公共卫生服务体系，加快健康宁远建设》《大力发展现代服务业，推动经济高质量发展》《深入推进公共文旅服务体系建设，提升人民群众幸福感》等30余篇高质量调研报告。

【专项视察】 2020年，县政协围绕文明创建、打赢“三大攻坚战”等重点工作，聚焦做好“六稳”工作、落实“六保”任务，组织相关委员通过提案督办视察、调研视察等途径，先后对县城管局、县卫健局、县司法局、县教育局、县农业农村局、县交通局和文庙街道、仁和镇、湾井镇、禾亭镇、五龙山瑶族乡、九疑山瑶族乡等单位进行走访视察，提出意见建议110余条。对促进被视察单位抗击疫情，依法行政，转变作风，提高效率，密切联系群众，加快推进农村“三基”建设，促进粮食生产，增进乡风文明，强化乡镇经济服务功能提供重要参考。

【民主监督】 2020年，县政协加强提案督办。县政协九届四次会议委员提案68件，其中经济建设方面提案17件、政治建设方面提案6件、文化建设方面提案9件、社会建设方面提案31件、生态文明建设方面提案5件。精选“关于大力推进村庄清洁行动，打好美丽宁远持久战”“关于进一步推进交通问题顽瘴痼疾集中整治行动的建议”等重点提案7件，分别由正、副主席和常委领衔督办，组成督办调研组，深入农村、学校、留守老人家中、农贸市场、工业园等现场，有针对性地开展督办活动，有效提高提案办理质量，提案办理情况委员满意率达97.8%。用心反映社情民意。充分利用“政协云”手机APP、委员微信群等平台，进一步拓宽社情民意信息收集和反映渠道，全年累计向省、市政协和县委政府报送社情民意信息和微建议142条，提出建设性意见260余条。提出的意见建议契合县委、县政府阶段性工作重点，助推关系群众切身利益的民生问题更好更快解决。发挥委员监督作用。按照聘请与选派相结合的原则，组织80多名政协委员参加教育卫生、招考巡视、公检法司、招标投标、结对帮扶以及软环境建设等行业部门的行风评议、现场监督和问卷调查等活动，在促进公正司法、依法行政、精准扶贫和优化发展环境等工作中发挥民主监督作用。

【促进社会和谐】 2020年，县政协尽心尽力参与产业发展、文明创建、脱贫攻坚、环境治理、信访工作、项目建设、招商引资等重点工作。疫情防控期间，引领带动全县政协组织、各参加单位和广大委员积极参与人员管控、稳产稳岗、纾解情绪等工作，捐款捐物100多万元，就疫情防控、复工复产等提交社情民意、微建议60余条。围绕县委、县政府提出的“稳就业、强基础、富家乡”目标任务，推进“引老乡、回故乡、建家乡”活动，为推进开放引进、招商引资凝心聚力。积极参加党政重要会议和活动，主动参政议政，开展全县干部大走访攻坚行动包案调处信访工作，努力为县委、县政府分忧解难、献计献策，为推进全县经济社会事业发展贡献力量。

【联谊交往】 2020年，县政协积极参与县委、县政府对外宣传工作，主动加强与省、市政协对口部门联系，协助和配合省、市政协到宁远开展调研考察等活动。不断加强与各地县（市、区）政协的横向联系与沟通，全年接待外地政协到宁远考察15批次，外出学习调研5次。继续加强与非公有制经济人士、新的社会阶层人士等的联系沟通，动员他们为宁远的发展献计出力，政协团结的层面越来越宽，团结的合力越来越大。

【文史宣传】 2020年，县政协重视发挥文史资料“存史、资政、育人、团结”的作用，立足抓重点、创特色、出精品，注重抢救与挖掘，编辑出版25万字的《宁远知青》一书。

【脱贫攻坚】 2020年，县政协在常态化开展“三进三助”活动、“三个一”扶贫行动的基础上，推进“万户帮扶行动”。选派7名机关干部到贫困村任驻村工作队长、第一书记和工作队员，全面投身脱贫攻坚主战场；20多名政协机关干部结对帮扶149户贫困户；全县224名县政协委员联系帮扶500多户贫困户，实现政协组织、政协委员、政协干部投身脱贫攻坚全覆盖。选派12名政治素质好、业务能力强、有责任心的党员干部带队，开展脱贫攻坚问题清零核查工作，高质量地完成各项工作任务。

【自身建设】 2020年，县政协深入贯彻《中国共产党支部工作条例（试行）》，完善基本队伍、基本活动、基本阵地、基本制度、基本保障等基础工作，开展党员培训，推进党建工作与业务工作融合促进；规范党员到驻地社区报到、党员思想状况分析等工作，推进“五型”支部建设。树立担当作为的鲜明导向，引导机关干部严谨细致、精益求精，以强烈的使命担当和责任意识，大力推进履职实践，打造作风优良的政协机关。始终把保持清正廉洁作为长期任务，坚持经常性教育、常态化管理，把严的标准、严的措施、严的要求贯穿机关建设的全过程和各环节，打造清正廉洁的政协机关。充分发挥委员作用，认真落实《关于委员履职管理若干规定》，完善委员履职信息库建设，将委员参加政协会议活动、提交提案、报送社情民意信息、提交“微建议”等履职情况详细进行记录，作为委员换届留任和评优评先的重要依据。进一步发挥专委会、界别组的基础作用，落实各专委会和界别与县直有关部门的对口联系制度，强化对各界别、联络组开展履职活动的指导和支持，不断创新履职方式和载体，充分发挥委员资源优势和主体作用。

重要会议

【县政协九届五次会议】 12月27日至31日，县政协九届五次会议在宁远县城召开，会议补选主席1名、副主席2名、政协常委2名。会议期间，县委书记肖质彬出席会议并作重要讲话，会议审议通过九届政协常委会工作报告和提案工作报告，举行委员大会专题发言，听取县委常委、常务副县长齐纲要作关于县政协九届四次会议以来提案办理情况的说明，列席县十七届人大五次会议，听取讨论《政府工作报告》和其他报告，通过《政协宁远县第九届委员会第五次会议提案审查情况的报告》和《政协宁远县第九届委员会第五次会议决议》。围绕宁远改革发展的重大问题、群众关注的热点难点问题，通过大会发言、分组讨论、提交提案等形式，深入协商讨论，踊跃建言献策。

【县政协常委会会议】 2月28日，县政协党组书记、主席李苏昭主持召开县政协第九届第十三次常委会会议，政协九届常委会组成人员参加会议。会议学习习近平总书记在统筹推进新冠肺炎疫情防控和经济社会发展工作部署会议上的讲话精神；协商县委有关人事安排。

10月14日，县政协党组书记、主席李苏昭主持召开县政协第九届第十四次常委会会议，政协九届常委会组成人员参加会议。会议协商增补宁远县九届委员会委员，表决同意李春茂、谢昌波辞免职务的请求。政协党组书记、主席李苏昭作“引老乡、回故乡、建家乡”活动动员。

12月15日，县政协党组书记、主席李苏昭主持召开县政协第九届第十五次常委会会议，政协九届常委会组成人员参加会议。会议协商讨论《宁远县2020年度政府工作报告（征求意见稿）》。

12月24日，县政协党组书记、主席李苏昭主持召开县政协第九届第十六次常委会会议，政协九届常委会组成人员参加会议。会议协商讨论人事工作；协商并通过《政协宁远县第九届委员会常务委员会关于九届四次会议以来提案工作情况的报告》；协商并通过县政协九届五次会议议程、日程。

12月27日，县政协党组书记、主席李苏昭主持召开县政协第九届第十七次常委（扩大）会议，县委常委、统战部部长、县政协党组副书记（兼）李玲，政协九届常委会组成人员、县政协副主席提名人选尹国军、袁春芬，县委组织部常务副部长鲁素春参加会议。会议表决通过免去和补选九届县政协主席、副主席、常委的决定；协商政协宁远县第九届委员会第五次会议选举办法（草案）；协商政协宁远县第九届委员会第五次会议选举大会总监票人、监票人建议名单；报告政协宁远县第九届委员会第五次会议选举大会总计票人、计票人名单。

12月28日，县政协党组书记、主席李苏昭主持召开县政协第九届第十八次常委会会议，政协九届常委会组成人员参加会议。会议听取各讨论组讨论县政协九届常委会工作报告、提案工作报告、县人民政府工作报告、县国民经济与社会发展第十四个五年规划纲要，县2020年国民经济和社会发展计划执行情况及2021年计划草案的报告、县2020年财政预算执行情况和2021年财政预算草案的报告，县人民法院、县人民检察院工作报告情况汇报；听取各联组协商补选县九届委员会主席、副主席和常务委员会委员提名候选人情况汇报；听取各联组协商县政协九届五次会议选举办法（草案）情况汇报；听取各联组协商总监票人、监票人建议名单情况汇报；审议通过政协宁远县第九届委员会第五次会议政治决议、常务委员会工作报告的决议和提案工作情况报告的决议；审议通过关于县政协九届五次会议提案审查情况的报告。

（伍梦薇）

中共宁远县纪委
宁远县监察委员会

宁远下灌国家AAAA旅游景区（李文/摄）

综　述

【概　况】　宁远县纪委监委机关内设部室14个，核定编制54名，2020年有工作人员42人，设有13个副科级派驻纪检监察组，其中综合派驻9个、单独派驻4个，每个派驻纪检监察组核定行政编制4名，实有工作人员51人。县委设正科级巡察工作领导小组办公室1个，巡察组4个。全县20个乡镇（街道）有纪检干部130人（含兼职纪委委员）。2020年，宁远纪检监察工作质效大幅提升，惩治腐败和作风整治力度不断加大。2018年至2020年，宁远县连续三年被评为全省扶贫领域腐败和作风问题专项治理工作一类县。

【“两个维护”】　2020年，宁远县纪委监委坚持政治为首，层层传导责任压力，推动“两个维护”在宁远落实落地。对20名乡镇（街道）党（工）委书记和5名县直单位党组织书记开展集中述职述廉述德，问责履职不力党员干部115人次。制定《关于开展政治生态研判工作的实施意见（试行）》，对113个单位党组织588名班子成员进行精准“画像”。发出纪检监察建议书24份，回复廉政意见613人次，对拟提拔任用和评先评优的54名县管干部出具非肯定性意见。运用监督执纪“四种形态”处理8797人次，其中第一种形态8472人次、第二种形态115人次，占比97.61%，咬耳扯袖成为常态。

【作风建设】　2020年，宁远县纪委监委出台正风、减负、提能“十条措施”，开展全县干部作风大整顿，通报问责113人次，立案11人次，诫勉谈话12人次，约谈27人次，提醒谈话28人次。通过“互联网+监督”大数据比对发现疑似问题168个，立案7件，给予党纪政务处分7人，组织处理16人，通报诫勉34人，移送司法1人，追缴资金53.63万元。选择县民政局、县审计局开展公务用餐监督子系统试点工作，督促及时录入公务用餐信息。认真落实“三个区分开来”，及时为51名受到不实举报的干部澄清正名。

【专项整治】　2020年，宁远县纪委监委强化疫情防控各个环节监督检查，坚决查处有令不行、敷衍应付、不作为乱作为等失职失责行为，问责疫情防控工作不力321人次，立案4人，免职5人，停职3人，降职2人，诫勉谈话27人次。一体推进扶贫领域专项治理、民生领域专项整治、人防系统腐败问题专项治理，扶贫领域腐败和作风问题专项治理立案131件131人，组织处理113人，追缴资金620.82万元，退还群众资金262.73万元。“一季一专题”集中治理发现问题1450个，立案47件47人，追缴资金143.9万元，退还群众资金32.4万元，下发整改交办函38件。人防领域腐败问题专项整治发现问题线索14条，追缴欠缴人防易地建设费3173.23万元，给予诫勉谈话1人，约谈3人。

【惩治腐败】　2020年，宁远县纪委监委大力开展“三带”活动（带问题下乡、带被子进村、带感情入户）、“纪委请你来监督”活动，对问题线索进行大起底、大排查、大清理，受理涉纪信访举报336件。全面推行办信处访“三个到位”工作措施，做到调查核实到位、处理处分到位、思想工作到位，省纪委下转件同比下降23.88%，26件重点疑难信访件办结22件，办结率84.61%。用好用实纪检监察片区协作机制，全面推行审查调查“六个一”工作措施，立案268件268人，开展函询39人次。派出骨干力量参与查办湖南邮政公司邵阳分公司党委书记、总经理汤某，怀化市政协原主席方某某，常德市人大常委会原副主任兼石门县委原书记谭某某，省卫健委原党组副书记、副主任黄某某，郴州市委原常委、政法委书记袁某某等系列严重违纪违法案件。

【巡视巡察】　2020年，宁远县纪委监委开展两轮常规巡察和脱贫攻坚村级专项巡察，发现问题

558个，移交问题线索50条。高质高效办理巡视巡察交办问题线索，省委第三巡视组交办信访件86件，办结85件，立案19人处分16人；交办问题线索7条，办结6条，立案2人处分2人；市委第二巡察组交办问题线索11条，办结11条，立案9人。认真做好巡视巡察整改“后半篇文章”，督促被巡察单位纠正整改不到位问题63个，清退、上缴违规违纪资金278.2万元，建立完善各类制度196项。

【廉政宣传】 2020年，宁远县纪委监委开展净化政治生态专项警示教育活动，上万名党员干部集中观看《叩问初心》《忠诚与背叛》等警示片，全县15270名国家公职人员先后两次组织法纪知识测试。举办“清风九嶷·廉洁宁远”党务法规知识抢答赛，开展“送纪法进机关”“送纪法进乡村”“培育好家教、传承好家风”、廉政文化作品巡回展览活动，讲好宁远廉政故事，传播廉洁正能量。

【队伍建设】 2020年，宁远县纪委监委着力锻造政治过硬、本领高强的纪检监察铁军，持续深化“四提升四打造”“干部素质提升年”活动，严格执行“411”学习制度，集中学习17次，外出培训学习58人次。率先推行纪检监察工作纪实管理，对每位纪检监察干部实行工作“日记录、月小结、季点评、年考核”，推动监督职责落实落细。加大干部交流力度，内部调整干部岗位22人次。坚持刀刃向内，从严从重查处纪检监察干部违纪案件4件处分4人，诫勉谈话1人，约谈1人。

（唐振军）

巡察工作

【概　况】 宁远县委巡察办公室于2017年7月13日挂牌成立，为县委巡察工作领导小组日常办事机构，正科级独立核算行政单位，属县委工作机关，设在县纪委。2020年，县委巡察工作领导小组及其办公室全面贯彻落实《中央巡视工作规划2018—2022年》及中央、省市系列巡视巡察工作会议精神和决策部署，以“两个维护”为根本任务，紧扣“三个聚焦”要求，不断深化政治巡察，推进全面从严治党，巡察工作取得明显成效，县委巡察工作得到省市巡视巡察机构的充分肯定，在10月28日的全市巡察工作推进会议上，宁远县作典型发言，巡察工作经验在《湖南巡视巡察》上推介。

【巡察组织领导】 2020年，宁远县委始终把巡察工作作为推进全面从严治党的重大举措抓紧抓实，全年召开常委会1次、书记专题会2次，深入学习贯彻落实中央关于巡视巡察工作部署特别是全国和省市县巡视巡察工作会议精神，听取、研究、部署巡察工作。县委巡察工作领导小组2次召开会议，组织实施本届县委第八轮、第九轮常规巡察和护航脱贫攻坚村级专项巡察，有力保障全年巡察工作任务圆满完成。

【政治巡察监督】 2020年，宁远县委巡察办、巡察组准确把握政治巡察定位，把“两个维护”作为根本任务，紧扣“三个聚焦”，突出“三大攻坚战”“六保六稳”等重大决策部署开展巡察监督。全年开展2轮常规巡察、1轮专项巡察，巡察县直单位21个、巡察村（社区）170个，发现问题558个、移交问题线索50条。截至2020年底，全县累计完成常规巡察对象83个，占比88.3%，累计完成村（社区）巡察422个，实现全覆盖，总体完成率居全市前列。

【巡察问题整改】 2020年，宁远县委巡察工作领导小组着力压实被巡察党组织整改主体责任和第一责任人责任，督促被巡察党组织认真制定整改方案，建立问题清单、责任清单、任务清单，做到立行立改、全面整改，举一反三、建章立制，巡察整改成效明显提升。十二届县委第七、第八轮巡察反馈的558个问题已完成整改547个，完成率98%；被巡察单位建立健全各类制度114项，退还、上缴违规资金243.64万元。开展问题整改督查2次，督促各被巡察单位纠正主体责任落实不力、整改不彻底等问题63个。

【巡察成果运用】 2020年，宁远县纪委监委、县委组织部切实强化巡察整改日常监督和问题线索查办，给予党纪政务处分13人、组织处理64人次。县委组织部在选拔调整干部前，向县委巡察办征求意见7批400人次。县委巡察机构对巡察整改不重视、不及时、不彻底的17个单位予以绩效考核扣分。

【巡察队伍建设】 2020年9月24日，宁远县委编制机构委员会批复成立宁远县巡察信息中心，为县委巡察办直属股级事业单位，定编6名。县委巡察干部始终遵循“打铁必须自身硬”的要求，切实加强巡察队伍素质能力建设，参加中央、省、市巡视巡察机构举办的培训班4期，参加县纪委监委组织的常态化学习16次，开展巡察干部集中培训2次，选派2名巡察干部参加市委巡察“以干代训”，派出1个巡察组赴江华县开展交叉巡察。积极对标中央和省委、市委巡视巡察工作新精神新要求，出台制度4项，对问题线索处置、纪检监察机关和组织部门配合巡察工作、巡察整改成效评估等工作进行规范，推动巡察工作高质量发展。在全市率先出台《县委巡察整改量化评估实施办法》。加大宣传力度，全年在《湖南日报》《永州日报》和省市廉政网站上发表有价值的信息文稿25篇，县委巡察工作得到有力推介。

（刘智连）

群众团体

宁远下灌景区——灌溪仙境（李文/摄）

宁远县总工会

【概　况】 1926年9月，宁远县总工会成立筹备处，11月成立宁远县总工会。1949年11月，成立宁远县总工会筹备委员会。1950年12月，召开宁远县首届工会会员代表大会。是时，基层工会6个。1954年3月，县总工会改称县工会联合会。“文化大革命”初期，工会机构瘫痪。1968年5月，成立宁远县职工代表委员会，代行县工会职权。1969年11月县职工代表委员会并入县革委群工组。1973年6月，召开宁远县第八届工会会员代表大会，恢复宁远县总工会，各基层工会随之恢复。2020年，宁远县有基层工会510家，入会职工48650人。县总工会有在职干部职工9人；班子成员3人，即党组书记、第一副主席1人，党组成员、副主席2人；挂职副主席1人，兼职副主席2人。内设机构有综合办公室（经审委办公室）、组织宣传部、权益保障部（女工部）、劳动和经济服务部、职工服务中心、工人文化宫。2020年，县总工会紧紧围绕服务大局、服务基层、服务职工，积极创新争优，大胆转变思路，创新体制机制，改善方式方法，创造性地开展工作，取得了显著成绩。县总工会被评为湖南省第四届科学素质网络大赛优秀组织奖，县区工会主要工作考核被市总工会评为优秀单位，永州市高技能领军人才、劳模工匠师徒“结对子”优秀组织单位。

【组织建设】 2020年，宁远县总工会积极推进农民工入会工作，全年新建农民工工会组织8家，发展会员478人。继续加强基层工会组织规范化建设，大力开展基层工会组织和工会会员实名制管理工作，20000余名工会会员新纳入湖南省工会组织和会员实名制信息采集系统，增强基层工会活力。指导全县机关事业单位开展工会规范化行动，全年为全县272家基层工会组织办理工会法人资格证，开设独立的工会账户，保障工会经费合法合规使用和工会活动的正常开展。5月，工业园工会联合会、邮政银行工会委员会、远威鞋业工会委员会、硕宁电子工会委员会被永州市总工会评为模范职工之家，湾井镇、东溪街道联合工会被永州市总工会评为“六好乡镇街道”工会；6月，邬曦被永州市总工会评为“芙蓉百岗明星”，宁远县税务局第一税务所被永州市总工会评为“芙蓉标兵岗”；10月，司法局工会委员会被湖南省总工会评为“湖南省模范职工之家”；11月，东溪街道工会联合会被湖南省总工会命名为省“百佳（乡镇）街道工会”。2020年6月2日，顺利召开宁远县工会第十三届委员会第二次会议，选举产生新一任工会主席，县委常委、组织部部长陈李勇当选为新一届县总工会主席。

【思想引领】 2020年，宁远县总工会坚持把学习宣传习近平新时代中国特色社会主义思想作为首要政治任务，12月11日举办全县工会系统干部十九届五中全会精神学习培训班，聘请省总工会干部学校教授到宁远授课。组织基层工会参加“湘见小康奋斗有我”湖南省职工短视频大赛活动，大力弘扬劳模工匠精神、抗疫精神等。五一劳动节、国庆节期间，市委、市政府和县委、县政府走访杨振宇、李德生等部分全国、省、市劳模，在全县营造尊重劳模、学习劳模、争当劳模的良好氛围。丰富职工精神文化生活，组织开展“九嶷悦读·书香宁远”——“湘”见全面小康阅读比赛。

【帮扶救助】 2020年，宁远县总工会制定下发《关于做好城市困难职工建档立卡、脱困退出动态调整工作的通知》，在个人申请、基层工会审核、县总工会入户调查的基础上，对109名城市困难职工建档立卡，分类管理。严格执行分类帮扶，实名救助和先建档后救助的原则，对困难职工群体的帮扶实行动态化管理。加大资金投入，做到真心帮扶。元旦、春节期间慰问困难劳模和劳动岗位一线职工217人，发放慰问金68万元，其中困难女职工82人。会同人社局举办各类招聘会3场，成功签约2186人。7月—8月，慰问1800多名高温岗位职工，赠送饮料、毛巾、十滴水等10.8万元的防暑用品。9月，“金秋助学”资助困难学子32人，发放助学金7.4万元。深化职工医疗互助活动，2020年有149个单位、10939人参加医疗互助，收缴互助金103.2万元，报账740余人次，发放互助金105.19万元。开展大病救助活动，大病救助39人，发放救助金18.3万元，有效缓解患病职工经济压力。积极开展城市困难职工脱困解困，为切实帮助受新冠疫情影响的部分职工缓解生活困难，县总工会为156名城市困难职工下发1000元至2000元的疫情防控特殊慰问金计169000元。

【维护权益】 2020年，宁远县总工会成立工会法律援助中心，主动与司法部门联动，组建由7名法律工作者组成的法律援助小队，同时，在全县各乡镇（街道）、工业园区、大型企业建立法律援助工作站23个，聘请律师志愿者、劳动争议调解员20余名，开展法律宣讲、法律咨询10余场次，接待来信来访50人次，答复办理率100%，配合县人社局办理拖欠农民工工资案件3起。

【疫情防控】 2020年，新冠肺炎疫情发生后，宁远县总工会闻令而动，敢于担当，迅速投入新型冠状病毒疫情防控阻击战中，安排专项资金30万元用于疫情防控工作，并向全县广大职工发放倡议书，动员全县各级工会组织引导广大职工参与做好疫情防控工作。先后到县人民医院、疾控中心、高速路口、客运总站等地全覆盖走访慰问抗击疫情一线工作人员以及驰援湖北黄冈的四名医护人员家属，累计发放慰问金和慰问品17万元。向省总工会争取疫情防控特殊慰问金95万元，是永州市争取资金最多的县；同时主动协调，积极推动《关于广泛开展关心关爱抗击疫情一线广大职工工会会员活动,引导积极消费,促进就业繁荣市场的通知》和《湖南省总工会湖南省财政厅关于进一步动员全省广大职工工会会员积极消费繁荣市场发展经济的通知》文件精神在宁远落实落地，全县各级工会组织发放特别慰问消费券和节假日慰问金1643万元。县总工会主动与农业农村局、扶贫办等部门联合开展“消费扶贫，工会在行动”活动，鼓励职工群众购买农副产品600余万元，为促进市场繁荣、争取疫情防控和经济社会发展双胜利贡献工会力量。2020年10月，县总工会被县扶贫开发领导小组评为“消费扶贫先进单位”。

【建功立业】 2020年，宁远县总工会深入开展重点项目劳动竞赛活动，将城市建设投资开发有限公司、农村建设投资开发有限公司、光大环保能源（宁远）有限公司推荐为市重点项目劳动竞赛先进单位；将一中新校区项目木工班、钢筋工班推荐为市重点项目劳动竞赛先进班组；将李平辉、吴旺华、黄敏推荐为市重点建设项目先进个人。开展职业技能比武和培训，设立劳模工作室两个，开展劳模工匠师徒结对子15对，激发职工创造活力。全年有82家企业13200名职工参加“安康杯”竞赛活动。开展各级劳动模范、先进工作者的推荐评选工作。推荐评选湖南省劳动模范1名：王斌，先进工作者1名：黄莹；永州市劳动模范5名：陈国宏、李亚敏、欧家杰、彭辉、李小红，先进工作者3名：许慧生、屈桂月、何进平；积极争取以县委、县政府名义表彰宁远县首届劳动模范16名：王承远、张保剑、欧阳冬晨、何俊、唐华、邝亮、王芳、何学祥、黄满志、蔡万富、柏吉清、李小红、肖小英、欧阳瑶力、邬曦、蒋春红。先进工作者14名：刘永生、魏阳涛、李海胜、陈晓泉、梁宏峰、骆辉、何年恩、欧启明、奉婕、蒋文、屈桂月、李芳、李佳慧、刘琴。激发全县广大职工在各自的岗位上乐其业、负其责、精其术的正能量，诠释“劳动光荣、创造伟大”的深刻内涵，营造崇尚劳模、学习劳模、争当劳模的时代新风尚。6月，县总工会联合县财政局、人社局、科工局先后举办“中国创翼”“创客中国”创新创业竞赛，选送的湖南省粤宁康生物科技有限公司“女皇驾到”菊花深加工项目获“农行杯”第四届全国农村创新创业项目创意大赛初创组一等奖。9月，县总工会联合人社局、住建局、商务局、文旅广体局、民政局共同举办宁远县职业技能大赛。

（冯绍春）

共青团宁远县委

【概　况】　1926年，中国共产主义青年团宁远特支成立，有团员4名。新中国成立后，改称中国新民主主义青年团。1950年3月，新民主主义青年团宁远县工作委员会成立。1954年更名为新民主主义青年团宁远县委员会。1957年5月更名为共产主义青年团宁远县委员会。“文化大革命”初期，团组织活动停止。1968年3月至1972年4月，共青团工作由革委群众工作组代行。1972年5月1日，召开共青团宁远县第八次代表大会，成立新的团县委，恢复共青团各级组织活动。1978年，中国共产主义青年团宁远县委员会（简称团县委）内设办公室、组宣部、活动部。2003年，团县委内设综合性办公室（加挂县希望工程工作办公室牌子）。2020年，经改革后团县委内设综合办公室（社会联络部）、组织宣传部、青年发展部（权益部）、学少部（希望工程办公室）4个股室及县青少年网络文化发展中心、县青年志愿者指导中心2个股级公益一类事业单位。有在编在岗人员5人。2020年，团县委聚焦主责主业，狠抓基层基础，服务中心大局，从严团要管团，推动共青团事业发展取得新成效。

【青少年思想引领】　2020年，宁远团县委围绕“新中国成立71周年”“五四运动101周年”“少先队建队71周年”“雷锋活动月”等重大节点，开展“传承雷锋精神争当抗疫先锋”“争做新时代好队员”“纪念五四运动101周年”等主题团、队日活动10余场，增强青少年理想信念。

【选树典型模范】　2020年，宁远团县委向团中央推报第24届“中国青年五四奖章集体”集体1个、个人2名；向团省委、团市委推报“湖湘青年英才”“永州市青年英才”“湖南省青年讲师团”等集体7个，个人29名；团县委表彰2019年度“双红双优”“青年文明号”“青年岗位能手”“优秀青年志愿者”“优秀青年志愿者集体”集体21个、个人71名。

【“网上共青团”建设】　2020年，宁远团县委利用团县委官方微信公众号“逐梦宁远”发布最新思想、社会正能量文章，抢占青年的移动终端运用空间，全年累计发布公众号176篇，截至2020年12月底，有粉丝10198人。推进“青年大学习”网上主题团课，每周固定开展线上主题学习活动，全年组织学习80余期，参与青年7万余人次。

【希望工程】　2020年，宁远团县委开展“希望工程一元捐”捐资助学活动，团结和凝聚社会力量，助力全县贫困学子“求学梦”，筹集爱心资金113958.44元，用于资助小学生106名，初中生28名，高中生10名。积极争取“国酒茅台”“芙蓉学子”等爱心助学款项5万元，资助大学本科新生8人，小学生10人。

【志愿服务】　2020年，宁远团县委在疫情防控的关键阶段，招募110余名防疫志愿者，就近分配到城区的主要路口、居民小区、商场以及村镇，协助村“两委”、社区干部开展防疫志愿工作，展现团员青年面对困难冲锋在前的精神风貌。组织青年志愿者服务“春风行动”招聘会，为求职招聘的群众提供文明劝导、政策咨询等服务，帮助外出务工群体实现在家门口就业，为全县乡村振兴工作提供新思想、新契机。助力农村人居环境整治村庄清洁活动，由各乡镇（街道）团组织牵头，组织辖区内的团员青年带头参与村庄清洁行动，清理生活垃圾、村内塘沟、畜禽养殖粪污等农业生产废弃物，改善农村人居环境，为建设美丽宜居乡村贡献青春力量。8月，组织开展“七彩假期情暖童心”关爱农村留守儿童志愿服务活动10场，覆盖13个乡镇（街道），惠及500余人，丰富留守儿童假期生活。10月，在社会福利中心举行“情暖空巢·亲情陪伴”关爱老年人志愿服务活动启动仪式暨重阳节慰问公益活动，营造爱老敬老的良好氛围。

【招募兼职副书记】 2020年，宁远团县委发布公开选拔招募宁远籍在校大学生兼职宁远县乡镇（街道）团（工）委副书记的公告，吸引50余名在校大学生报名参加，经过层层选拔审核，最终录用20名返乡大学生，兼任时间1年。促进校地合作的同时，引导广大宁远籍大学生积极参与脱贫攻坚、投身乡村振兴，加深宁远籍学子对家乡的归属感和认同感。

（盘玲珠）

宁远县妇女联合会

【概 况】 宁远县妇女联合会（以下简称县妇联）是正科级参公管理单位。2020年6月，经县编办批准下文，县妇联机关内设4个股室，分别为综合部、组织宣传发展部、权益部、家庭和儿童工作部（妇儿工委办），有在岗在编人员6名。有所属事业单位2个，分别是宁远县妇女儿童活动中心和宁远县妇联E网中心。2020年，县妇联利用“宁远女声”等新媒体线上展示等方式，深入开展党的十九届四中全会精神和省妇女十三大精神宣传教育、疫情防控知识教育，在“宁远女声”公众号开辟“战疫巾帼英雄谱”“战疫家书”“新时代巾帼风采”等专栏，推出典型事迹宣传30余期。号召全县各级妇联组织立足妇联职责，充分发挥妇女“半边天”作用，带领广大妇女特别是巾帼志愿者、最美家庭、五好家庭、文明家庭率先垂范做好疫情防控工作，使每个家庭坚定信心、同舟共济，为坚决打赢疫情阻击战贡献巾帼力量。2020年，县妇联荣获省“扶贫扶志我先行先进县区”、省“宣传舆论阵地建设先进集体”、市“妇女儿童工作先进集体”等称号。

【巾帼建功】 2020年，宁远县妇联积极开展巾帼抗疫暖人心活动。成立防控新冠肺炎疫情领导小组，迅速向全县各级妇联组织下发紧急通知，发出倡议书以及巾帼招募令，发动各级妇联组织为疫情防控捐钱捐物累计10余万元。对全县各级各部门中涌现出来的典型事迹进行宣传推介。组织招募巾帼志愿者深入社区协助疫情防控工作。关心关爱全县医务工作者。县妇联分别走访慰问赴黄冈驰援抗疫一线女医务人员家属和30名坚守在抗疫一线的女医务工作者代表及家属。开展助力复工复产工作。县妇联开通线上“爱心助农，一路同行”，推介优质农副产品，解决农产品滞销问题，助力脱贫攻坚。“三八”节期间，县妇联组织巾帼志愿者助力春耕生产，帮助天堂镇烟农盖地膜，开展义务植树活动；全县各级妇联组织纷纷开展“战疫情 助春耕”活动。联合人社局开展“稳就业、强基础、富家乡”专场招聘会。开展巾帼脱贫行动。县妇联班子及帮扶责任人对棉花坪沙子田村109户贫困户逐户走访，开展“冲刺问题清零 决战脱贫攻坚”帮扶行动，解决问题12个，确保全力打赢脱贫攻坚战。县妇联驻村工作队队长何六志被县委、县政府评为“最美扶贫人物”。举办“脱贫攻坚 巾帼同行”育婴员及养老护理员培训班4期，培训城乡妇女200人。县妇联积极发动各级妇联执委深化“户帮户亲帮亲 互助脱贫奔小康”活动，2020年9—12月，全县“户帮户亲帮亲”走访活动的数据在省市排名第一。6月28日—30日，湖南省妇联举办的《出手吧，姐姐》“七一”扶贫大直播活动，县妇联执委走进康德佳花茶旗舰店直播间，助力消费扶贫，这次活动助力康德佳人气主播排位赛居全省第七、全市第一。开展“文明创建”工作。带领各级妇联组织及巾帼志愿者积极参加文明劝导、爱国卫生运动、义务植树、学法普法、保护生态环境、“书香公益 传颂国学”“不让毒品进我家”等活动，组织各级“妈妈禁毒联盟”队伍常态化开展“六进”宣传活动，县妇联创作的禁毒文艺作品《禁毒妈妈齐上阵》，获小品类二等奖，被推荐参加县“平安宁远 法治宁远”文艺会演。联合县总工会、团县委举办“青春相约·缘定九嶷”——宁远县机关企事业单位单身青年交友联谊会。

【维权服务】 2020年，宁远县妇联大力实施巾帼健康行动。为10116人进行城镇低保妇女、农村适龄妇女“两癌”免费检查。大力推广女性健康保险，有1.3万人投保女性健康保险，进一步提升妇女健康意识。争取全国妇联、省妇联农村贫困母亲“两癌”贫困妇女救助金62万元，救助62人。实施巾帼普法行动。号召全县妇女积极参与“湘妹子”答题挑战活动——反家暴答题、市妇联发动的“答题赢红包活动”；充分利用“法制宣传月”、“网络安全宣传周”、“防震减灾宣传”、“6·26”国际禁毒日等宣传节点，大力组织巾帼志愿者开展宣传活动，切实增强全县广大妇女的维权意识和维权水平。实施巾帼维权行动。切实维护妇女儿童权益，县婚调委工作开展有条不紊，各乡镇婚调服务站、各村婚调室工作日常化、规范化。县婚调中心全年接待婚姻咨询352人次，调解案件253件，其中调和76件，调离177件。实施关爱妇儿行动。春节期间，联合县委巡察办、水市镇、文庙街道、禾亭镇、家文化俱乐部、笔杆子学苑开展“把爱带回家”系列活动；“六一”期间，县四大家主要领导及部分常委走访慰问部分学校及少年儿童，送去关怀慰问资金7.6万元；争取“中国烛光教育基金”助学金，连续三年支助30名品学兼优的贫困学生每人每年1500元；县妇联联合县教育局、棉花坪瑶族乡开展“书香飘万家 无毒万家兴”禁毒知识朗诵比赛；联合中医院开展“科学育儿·孕育新生”——宁远县飞鹤公益行活动。开展家风家教宣传活动。联合县文明办开展九嶷山新时代幸福家庭节活动，选树、表彰10户“抗疫最美家庭”，引领全县广大家庭学习“最美”，争当“最美”；六一国际儿童节期间举办宁远县2020年“好家风、好家规、好家训伴我成长”少儿征文大赛；赴沙子田村、第二机关幼儿园开展“莲姐姐家教课堂进社区”公益巡讲活动，进一步推进家庭文明建设。

（周英华 何 阳 李辉庭）

宁远县科学技术协会

【概 况】 1959年5月，宁远县科学技术委员会和科学技术协会（简称科委和科协）成立。“文化大革命”期间，机构瘫痪，科技人员调走，科技工作停滞。1978年7月，宁远县恢复科学技术委员会。同年12月，恢复科学技术协会。科委科协合署办公，“两块牌子，一套人马”。1985年3月，宁远县科协单设编制4人，2020年扩充至12人，内设综合部、科学普及工作部、学会学术工作部，有在职在编干部职工8人，全县20个乡镇（街道）、422个村（社区）均成立科协组织。县规模以上工业企业已建立企业科协11个，其中，实体科协组织10个，企业科协联合会1个（含85个规模以上工业企业）。全县有学会15个，农技协2个，新时代文明实践科技与科普志愿服务队31支，截至2020年12月31日，科普志愿者注册884人，科普信息员注册15358人。2020年，县科协认真履行“四服务一加强”职责，积极推动开放型、枢纽型、平台型科协组织建设，团结引领广大科技工作者开展各项工作，获全国科普中国信息员队伍建设优秀组织单位、湖南省全国科普日优秀活动奖、湖南省第四届科学素质网络大赛优秀组织奖、永州市第三届科学素质大赛优秀组织奖等称号。

【疫情防控】 2020年新冠肺炎疫情期间，宁远县科协利用科普E站、电子显示屏、宣传栏、印刷资料及微信、抖音等新型自媒体，开展新冠肺炎疫情防控应急科普，通过组织县、乡、村三级科协联动，向全县科技工作者发出倡议，在打赢疫情防控阻击战中发挥支撑保障作用。

【参加第25届永州市青少年科技创新大赛】 2020年，宁远县科协联合县教育局组织全县青少年参加第25届永州市青少年科技创新大赛，报送参赛作品32件（科技创新作品类11件，科幻绘画作品21件），获大赛创新成果类三等奖2名，科技创意类二等奖1名，科技创意类三等奖1名。

【参加永州市第三届科学素质大赛】 2020年，宁远县科协组织全县公务员、农民、城镇劳动者、社区居民、青少年参加宁远县第三届全民科学素质大赛，推荐4名选手参加永州市第三届科学素质大赛，其中获一等奖1名，二等奖2名。

【“五美”评选】 2020年5月29日，宁远县召开科技者工作日庆祝表彰大会，县科协联合县委组织部、县科工局表彰“最美科技工作者”8人、“最美防控战士”8人、“最美科技志愿者”8人、“最美基层科协工作者”8人、“最美学会工作者”8人，推荐2人参加湖南省2020年科协系统“五美”评选，获“最美科技志愿者”称号、“最美基层科协工作者”提名各1人。

【古村落调查推广】 2020年，宁远县科协联合市广播电视台开展《走进古村落》拍摄工作，先后到琵琶岗村、下灌村、路亭村采拍，并制作《宁远下灌：麻将始祖状元故里》等系列宣传片。

【推进《科学素质纲要》实施】 “十三五”期间，宁远县坚持“党委领导、政府推动、全民参与、提升素质、促进和谐”的工作方针，全力推动《全民科学素质行动计划纲要》（以下简称《纲要》）各项工作任务落实。8月12日，永州市纲要评估组对宁远“十三五”《纲要》实施情况进行现场评估；8月14日，中国科协对文庙街道文星社区居委会、桐山街道宝塔社区居委会、太平镇塘壁村和骆全村开展抽样调查，两级评估均对宁远县全民科学素质纲要实施工作给予充分肯定。年底，县科协对全县20个乡镇（街道）科学素质工作进行调研评估。

【全国科普日系列活动】 2020年9月17日下午，宁远县2020年全国科普日活动启动，活动围绕“决胜全面小康，践行科技为民”主题，包含科普进乡村、科普进校园、科普进企业等系列内容，通过发放科普资料、开展培训讲座、免费咨询服务、举行趣味知识竞赛、赠送科普书籍、开放科普蝶艺馆、参观科普展厅等形式，为宁远人民带来一场科普盛宴。

（杨臣山　周银燕　吴明辉）

宁远县归侨侨眷联合会

【概　况】 1978年，宁远县成立侨务办公室和侨联小组，1983年5月成立宁远县归国华侨联合会。2016年10月，宁远县召开第一次归侨侨眷代表大会，选举产生主席、副主席、秘书长，实现县侨联“有牌子、有人员、有经费、有场地、有活动”的目标。

【疫情防控】 2020年，宁远县侨联通过微信朋友圈、侨联工作群、侨联委员群转发中央、省、市、县侨联关于号召归侨侨眷、海外侨胞为打赢疫情防控阻击战贡献力量的倡议书。发动侨商积极参与省侨联、省侨商会组织的爱心义捐和认购活动，县侨联副主席（兼）、省侨商会理事夏蓝蓉义捐价值2万多元的九嶷山酒，所得款项全部用于统一购买防疫物资。争取湖南省侨联副主席（兼）、澳门君天集团董事局主席叶惊涛定向捐赠宁远医用口罩8000只、护目镜200副、医用手套12000只、医用防护帽1000只、84消毒液40桶。

【引智引资】 2020年1月，宁远县侨联邀请澳大利亚墨尔本大学终身教授方忠祥到母校宁远县二中为高中学生作励志报告，引导他们正确认知自我、挑战自我，努力实现自己的奋斗目标。10月，接待墨西哥湖南商会考察团5人；12月，接待省侨商会和来自日本、泰国、老挝等地的侨商30人，考察宁远县的特色农业、文旅、房地产等领域，达成初步投资意向。

【侨务基础】 2020年，宁远县侨联与县委统战部联合开展港澳侨情普查、侨资企业调研，进一步掌握全县侨务工作基础数据；组织县乡两级侨务工作者开展侨务知识专题培训，提高侨务工作者业务素质；协助做好“三侨”考生加分和侨胞身份认定政策宣传工作；在舜陵街道莲花社区创建全县首家“侨胞之家”，将侨胞之家建设和社区统战工作有机结合，打造本地侨联基层建设亮点；走访慰问侨胞、侨眷、侨商近百人次。

【创新活动】 2020年，为推介宁远，吸引海外青少年深入了解宁远县深厚的文化底蕴，促进文化交流，县侨联与文旅集团合作拍摄《寻根》“VLOG”短视频，尝试以年轻人喜欢的方式记录与“舜”有关的故事，讲述与文化的相知、与美食的相遇，增进他们对弘扬中华民族优秀传统文化的认同感。2020年，九嶷山舜帝陵被省侨联评为湖南省第一批华侨文化交流基地。

【归侨侨眷权益保护法宣传】 2020年是《中华人民共和国归侨侨眷权益保护法》颁布30周年。宁远县侨联组织全县侨务工作者、侨联委员坚持参加每周一轮的第二届“侨商杯”法律知识竞赛；在县委统战部“新时代同心九嶷”公众号上转载“侨法30年”图说普法系列；与县司法局合作，把侨法宣传纳入全县农村法治宣传月活动内容，让侨务政策、侨法知识走进千家万户。

（李仕卓）

宁远县工商业联合会

【概 况】 2020年，宁远县工商业联合会牢固把握“两个健康”主题，务实笃行，努力推动民营企业高质量发展。县总商会获“宁远县扶贫爱心组织”称号，东溪街道商会获全省“四好”商会称号。

【脱贫攻坚行动】 2020年，宁远县工商业联合会组织会员企业捐款2万余元对口扶持黄沙坪村；深入引导民营企业家参与“万企帮万村”活动，开展台账评估交流专项行动，管理系统数据统计新录入信息7对，调整录入信息24对，纠错信息12对。截至年底，有25家企业与47个贫困村进行定点帮扶，企业投入帮扶金额4720.2万元，帮扶贫困人口8806人，企业实施项目39个，其中，产业帮扶投入4361.1万元，帮扶人口7076人，就业帮扶投入252万元，帮扶人口236人，公益帮扶投入72.1万元，帮扶人口2448人，技能帮扶投入35万元，帮扶人口180人。

【帮助企业融资】 2020年，宁远县工商业联合会为推动解决“万企大走访、同心促发展”活动中企业普遍反映的“融资难、融资贵”问题，6月18日下午，与县委统战部携手建设银行宁远支行举办银企合作洽谈会，县内20多家民营骨干企业参加。会上，各企业代表介绍各自企业的经营情况和发展前景，汇报在融资过程中遇到的各种困难。银行方面介绍自己的产品种类和发展动态，并就银行为企业解决融资问题的途径与办法进行现场解说，指导各企业针对经营项目的不同选择有效的贷款途径和方式。通过银企双方沟通交流，9家企业与银行现场达成意向贷款1500余万元。

【培育发展商会组织】 2020年12月12日至13日，惠州市湖南宁远商会成立大会暨招商推介会在惠州举行。会上签订两地《文化旅游战略合作协议》和《宁远华人华侨中心战略框架合作协议》。12月19日，宁远县政府在南宁召开对接东盟商务座谈会暨南宁宁远商会成立大会。

【第九届五次执委会会议】 2020年7月9日，宁远县工商业联合会（总商会）召开第九届五次执行委员会会议，总结回顾2019年工作，安排部署2020年重点工作任务。县委常委、统战部部长李玲出席并讲话，县政协副主席、工商联主席欧桥贵作工作报告。会议选举增补10名执行委员，其中7名为副会长，通报2019年度县工商联会费收支情况，开展税费知识培训。

【投身光彩事业】 2020年，宁远县工商联积极开展光彩事业主题活动，积极引导广大非公有制经济人士致富思源、回报社会，自觉履行社会责任。县（工商联）总商会组织非公经济人士向县二中捐赠图书3000余册，价值8万余元。下坠商会向下坠中学捐赠体育器材用品价值3万元。9月，中和商会召开2020年高考优秀学生表彰大会，为近90名优秀学生颁发奖金14.25万元。中和商会成立至2020年年底共奖励优秀大学生225人，发放奖金33.7万元。各乡镇（街道）商会均成立奖励优秀大学生基金会，奖励优秀学子资金已达500万元。

（林文才）

宁远县文学艺术界联合会

【概　况】 宁远县文学艺术界联合会（简称“宁远文联”）成立于1986年10月。2013年5月，经市委组织部批准为正科级单位，编制核定为3人。下设作家、书法、美术、摄影、音乐、舞蹈、京剧、戏剧与曲艺、诗词、企业书画家10个专业协会。截至2020年，共召开四次文代会，每次文代会均产生新的文联主席、副主席、秘书长。2020年，宁远文联坚持文艺“为社会主义服务，为人民服务”的方向和“百花齐放，百家争鸣”方针，充分发挥联络、协调、服务职能，团结带领各艺术家协会，围绕中心、服务大局，积极主动，开拓创新，很好地完成上级安排的各项工作任务，为繁荣宁远文艺创作，培养文艺新人，不断满足人民群众精神文化生活需要，促进全县物质文明、精神文明建设做出较大贡献。

【队伍建设】 2020年，宁远县文艺队伍不断壮大，省、市、县会员数量实现新的突破。县文联坚持“请进来”和“走出去”，对全体会员持续进行思想政治宣传教育和业务知识培训，增强会员的组织纪律和文学素养，各协会会员的凝聚力、吸引力不断增强，协会成员不断增加。培养雷必佳、李泉等8位文学爱好者加入永州市作家协会。

【精品创作】 2020年，宁远作家在域外文学期刊和报纸上发表作品700余篇次，在社会上产生广泛影响。陈智军等人的一大批精品力作被国家、省、市级的报纸刊物发表、转载。宁远作家创作发表约22万字的作品，为宁远发展集聚正能量。6月1日至10月1日，举办“道德之乡讲道德”征文比赛，获奖作品刊登在《九嶷山》杂志上。作家黎成钢采访创作的长篇英烈故事《人民公安为人民·蒋学远》和《献身强军目标的好兵·李影超》于6月在全国中小学生中推广，对英烈事迹广泛宣传。舞蹈家协会创作的原创作品《鸡公鞋》获湖南省第五届文化馆（群艺馆）站业务竞赛永州选拔赛金奖。全年出版四期《九嶷山》杂志，一期《九嶷诗词》，一期《九嶷山舜文化》，为宁远艺术家提供发表文章、交流艺术的平台。

【文艺活动】 2020年，宁远县文联紧紧围绕中心工作，开展一系列活动。1月13日至19日，组织书法家协会、摄影家协会会员开展为期一周的义务送春联、送全家福下乡活动；1月12日至2月9日，组织摄影家协会与冷水滩区摄影家协会联合举办优秀摄影作品展，展出优秀摄影作品60余幅，优秀短视频8个；1月23日至2月23日，在宁远文庙举办为期一个月的“九嶷五兄弟”书画联展；疫情发生后，积极组织艺术家开展“抗击疫情：宁远艺术家在行动”文艺创作活动，创作作品300余篇

（幅），并于5月10日举办“抗疫作品研讨会”，选择其中54篇（幅）优秀作品在《九嶷山》杂志刊发，出版抗疫作品专辑，声援抗疫。作家黎成钢创作的抗疫作品《“孤独”的年夜饭》在全省产生广泛影响；5月20日至6月20日，与县创森办联合举办“创建国家森林城市”主题教育和征文比赛，《九嶷山》杂志结集出版“创建国家森林城市”获奖作品专刊，刊登所有获奖作品；6月至7月，组织书法家协会与湘潭市岳塘区书法家协会联合开展“决战决胜脱贫攻坚”书法篆刻作品联展；6月1日至10月1日，举办“道德之乡讲道德”征文比赛；7月1日，美术家协会组织3名会员参加湖南省美术家协会在韶山举办的“深入学习贯彻习近平文艺思想”专题培训班；7月20日至8月20日，在县文化馆举办为期一个月的书法、美术免费培训，培训学生80余人；7月28日至8月28日，在县非遗馆举办2020年暑假公益葫芦丝免费培训班，26名青少年接受免费培训；8月16日，摄影家协会组织会员开展爱心活动，到水市水库卜家村看望留守孤独老人，并送去大米钱粮等生活物资；8月22日至30日，组织作家协会、音乐家协会、九嶷诗社等艺术家组成采风团到江西、福建等革命老区采风；9月28日至10月18日，在县文庙举办姜加军“家国情怀”个人书法展；10月14日至22日，组织书画家到十二完小开启为期一个星期的“书画艺术进校园”活动。

（黎成钢）

宁远县残疾人联合会

【概　况】 截至2020年12月底，宁远县持证残疾人为19802人，其中一级、二级重度残疾人10322人，建档立卡残疾人6112人，其中未脱贫残疾人471人。2020年，宁远县残联内设股室4个，增加编制2名，残联机关核定全额拨款事业编制10名，下属残疾人服务社核定事业编制14名，实有工作人员19人。

【思变创新】 2020年，宁远县残联坚持问题导向，认真对照省委巡视组反馈的问题，狠抓巡视反馈问题整改。对照巡视整改方案四大类十个问题进行查摆整改，并适时进行“回头看”，确保整改到位并长期坚持。为残疾人康复定点医院和扶贫村赠送消毒水和口罩及粮食等抗疫物资，印制疫情防控宣传资料5000余份，并通过微信等媒体推送疫情防控措施、法律知识，发出倡议等。对因疫情影响而导致生活困难的贫困残疾人发放临时救济金近25万元。按照市政府工作要求，全面完成民生实事项目：其中对“0—6岁”残疾儿童抢救性康复完成64例，超任务数3例；选定舜陵街道印山社区建设一所高标准社区康复示范站，以县澍康精神病专科医院为主体建设一所精神残疾娱疗站，依托县民政局福利中心，通过资源共享方式建设一所残疾人托养中心。通过不断优化营商环境，推进“让数据多跑路，让群众少跑路”优质服务，通过“互联网+政务”，对各项行政审批事项集中到政务大厅窗口统一办理和部分事项下放到乡镇（村）。

【惠残政策落实】 康复工作。2020年，宁远县残联全面落实《湖南省人民政府关于建立残疾儿童康复救助制度实施意见》文件精神。对64名残疾儿童进行精准康复；开展助听工程，筹资24万元免费对73名听力残疾人发放助听器，免费听力测试和健康检查人数达1000余人；免费对210人进行视力检测，实施白内障复明手术35例；对202名精神残疾人免费进行价值600元/人的药物救助；发放轮椅、助行器等辅助器具1184件，确保残疾人“人人享有康复”。就业工作。加大对残疾人实用技术培训，开发适合残疾人的就业岗位，帮助残疾人脱贫致富。全年组织300多名贫困残疾人参加技能培训，逐步提升就业能力，安排残疾人就业113人。通过争取上级资金、县财政配套资金，扶持19名残疾人创业。通过筹集资金对100多名贫困残疾人家庭进行扶持发展生产，确保在脱贫攻坚和建设小康社会的路上残疾人一个都不掉队。残疾人教育。认真做好残疾人义务教育均衡发展工作，“三残”儿童入学率提高到93%。筹措资金6万元支持县特殊教育发展。配合教育部门对149名重度残疾儿童少年送教上门。选送3名优秀残疾学生到湖南省特教中专就读。对7名残疾高中生按照每人每年1400元标准，22名贫困残疾人家庭子女高中生每人每年1000元标准，对2名残疾人大学生按照一次性资助标准和13名贫困残疾人家庭大学生子女进行资助，按时发放资助资金9.14万元。

【扶贫解困】 2020年，宁远县残联为保证脱贫攻坚问题清零，确保所有残疾人政策享受到位，对全县1694（其中精神残疾429人）名贫困残疾人实行办证清零。协调县人民医院和澍康精神病专科医院及康乐精神病专科医院医生历时4个月，为一些瘫痪在床和暴力倾向精神残疾人办理残疾人证，确保这些贫困残疾人及时享受到各项服务和国家扶贫优惠政策。落实“两项补贴”制度。截至11月15日，享受重度残疾人护理补贴的残疾人8970人，享受困难生活补贴的残疾人7711人，发放补贴资金1105910元。通过与民政、卫健、医保、退役军人事务局等部门比对，对3381名贫困重度残疾人和建档立卡贫困残疾人以本人先买后返的方式返补医疗保险金150.3万元。政府统筹资金为全县重度残疾人全额代缴最低档次养老保险费，为2372名非重度贫困残疾人代缴养老保险费50%，代缴返补资金41.3万元。为359名下肢肢体残疾人按照260元的标准发放燃油补贴93340元。为全县17196名残疾人购买人身意外伤害保险。通过政府购买服务，为120户贫困智力、精神和重度肢体残疾人提供上门家政、医疗服务的方式实行居家托养。

（樊志群）

宁远县红十字会

【概　况】 宁远县红十字会成立于1989年7月，挂靠县卫生局，没有确定级别。2011年县红十字会开始独立设置，为县卫计委下属二级机构，是隶属县政府领导联系的参照公务员管理的副科级事业单位，是从事人道主义工作的社会救助团体，列为群团组织的序列管理。2020年，县红十字会紧扣年初确定的目标任务，强化组织领导，细化工作措施，狠抓工作落实，各项工作取得明显成效。

【造血干细胞及器官捐献】 2020年，宁远县红十字会认真做好无偿献血工作，建立无偿献血领导机制，协调财政给予无偿献血经费充足保障，将位于中医院门前的献血屋搬迁至人流更集中的文庙广场，献血条件得到改善，成效大大提升。注重日常督促与定期提醒相结合，经常深入乡镇（街道）、县直机关宣传发动，号召动员全社会广泛参与。全年全县无偿献血完成献血量960000毫升，保证临床用血需求。积极推动造血干细胞捐献和遗体（器官）捐献工作。全县采集造血干细胞标本32例，发放宣传资料1200份，为发展造血干细胞队伍营造良好的氛围和基础，有4名志愿者签订遗体器官捐献协议书，并捐赠成功。

【救护培训】 2020年，宁远县红十字会把救护培训工作摆在重要位置，安排两位有经验的同志专门负责，积极推进救护培训“进农村、进社区、进学校、进企（事）业、进机关”。在正浩制衣有限公司、裕林鞋业有限公司、远威鞋业有限公司成立三支志愿者队伍；组织居民、工商业人员、入党积极分子开展救护知识宣传培训活动，提升大家的应急救护技能。全年完成救护员培训46人，救护知识普训5000人次，发放红十字救护知识宣传资料10000份。救助工作有新的突破，积极为大病贫困家庭向省、市红十字会申请人道救助，获批救助家庭7户，救助金额35000元。

【疫情防控】 2020年，新冠肺炎疫情发生后，宁远县红十字会迅速行动，广泛宣传发动社会各界参与疫情防控。根据县委、县政府总体部署，县红十字会在电视台发出募捐公告，号召社会各界积极开展募捐活动，筹集赈济款物，组织广大红十字会会员和志愿者开展社会救助和社会服务工作；全力配合做好社会各界捐款接收及抗击疫情所需医用耗材、防护用品等捐赠物资的接收调配工作。并依据《中国红十字会捐赠工作管理办法》有序接受社会捐赠，认真做好捐赠款物的接收使用管理工作，确保公开透明。在电视台、政府网发布疫情防控专项捐赠公告，全力做好接收捐赠工作准备。截至12月10日，县红十字会累计接收疫情防控专项款物100批次，价值761.88万元。其中接收物资74批次，价值668.34万元；接收社会捐款26批次，计93.54万元。接收的物款由县疫情防控领导小组物资资金保障组统筹调配，发放到疫情防控一线，为抗击新冠肺炎疫情提供物资资金保障。

（胡彦辉）

宁远县计划生育协会

【概　况】　宁远县计划生育协会成立于1989年，从2007年开始，宁远县计生协“参公、入序、三定”，列为参公管理的群团组织，2016年6月，列为财政一级预算单位。2020年9月，县委免去杨丢清的会长职务，任命副县长胡红灯为会长，免去廖保发的常务副会长职务和姜德宴的专职副会长职务、夏双青的秘书长职务，任命夏双青为专职副会长主持县计生协会工作。2020年，宁远县计生协会工作经省计生协综合评定，被授予全省计生协重点工作绩效评价优秀单位称号，这是自全省计生协会工作实行绩效考评以来连续5年获此荣誉；禾亭镇、湾井镇获评全省基层群众自治示范乡镇，清水桥镇大金盆村、湾井镇周家坝村获评全省基层群众自治示范村；县计生协专职副会长夏双青获评全省计生特殊家庭重大病住院护理补贴工作先进个人。

【基层协会组织】　截至2020年年底，宁远县20个乡镇（街道）都成立计生协会，县职业中专、县人民医院、县中医医院等7个单位成立计生协组织，有村（社区）计生协会组织422个，流动人口计生协会组织11个（其中外出流动人口计生协会组织7个）。实现在全县乡镇（街道）、机关、村（社区）、医院、企业和流入、流出人口聚集地计生协会组织的全覆盖。乡镇计生协会的会长由分管卫生健康的领导担任，常务副会长由热爱计生工作的副科级领导干部担任，秘书长由卫健办主任担任。

【基层计生协骨干培训】　2020年5月28日，宁远县计生协联合县妇幼保健院举办“出生缺陷预防”服务专业化知识讲座和计生协业务知识培训，全县计生协会会长、常务副会长、秘书长参加，培训内容为计生协的组织建设、阵地建设、生育关怀行动、基层群众自治、计生“三结合”、“创业贷款贴息”、计生系列保险等。通过培训，进一步健全组织网络，提升计生协队伍服务能力，推动计生协服务项目化、工作规范化。

【关爱计生贫困家庭】　2020年，宁远县各级计生协组织利用春节、“5·29”会员活动日、母亲节、“7·11”世界人口日等重大节日活动，对计生贫困家庭、计生特殊家庭、因病因灾基层计生工作人员、节育手术并发症家庭、独生子女死亡伤残家庭、贫困独生子女户、贫困母亲、留守儿童和空巢老人等弱势群体开展生育关怀帮扶和临时救助活动，按照每户400元—1000元标准组织协会志愿者、驻村扶贫工作组、乡镇领导、各理事成员、骨干会员和志愿者进行“全覆盖”式走访慰问，了解他们及其家庭成员健康状况和生活情况，为近7800户贫困计生家庭送温暖，发放生育关怀资金368.68万元。

【计生家庭项目帮扶】　2020年，宁远县计生协向省计生协申报计生家庭创业发展扶贫项目5

个，批复3个，即宁远县文庙街道陈理嫦“希望”畜牧水产养殖“三结合”示范项目1个，宁远县茂源农业开发有限公司唐艳辉沃柑种植、水市镇郑会林“桔丰”柑橘种植2个“计生家庭创业贷款贴息”项目，争取省级项目资金19万元，让更多的计生家庭走上致富路，为脱贫攻坚贡献计生协会力量。

【计生特殊家庭住院护理补贴】2020年，宁远县有特殊家庭和手术并发症家庭178户、275人，其中失独家庭114户、171人。对身患45种重病和48种大病的，或年自付合规医药费用3000元以上严重影响其生活能力的计生特殊家庭人员，每人每天补助100元，最高补贴50天，累计补贴51人56900元。

【关爱留守儿童】 截至2020年，宁远县计生协连续5年为留守儿童、贫困学生提供亲情陪伴、心理辅导、学业帮扶、生活救助等关爱活动，为留守儿童撑起一片爱的天空，架起一座爱的桥梁。6月1日，县计生协联合县骨科医院志愿者带着采购的微心愿礼物，到县第十完全小学开展以“关爱留守儿童、助力贫困学生”为主题的关爱贫困留守儿童捐赠活动。在捐赠仪式上，县计生协会和志愿者为35名留守儿童和贫困学子每人发放一个红包、赠送一个漂亮的新书包、两本笔记本、一支改正笔、一盒画笔、一桶植物油、一袋米、一箱蛋糕，帮助他们实现小小的心愿。

【基层群众自治示范创建】2020年，宁远县计生协不断创新、完善和强力推进，建立“党委领导、政府指导、协会主导”新格局和“两委负总责、专干抓落实、协会当骨干、群众做主人”的基层群众自治示范创建新机制，对2020年验收合格确认达到“六好”标准的30个群众自治示范村（社区），实行“以奖代补”，每村（社区）3000元，激发基层开展创建活动的积极性。

【宣传服务活动】 2020年，宁远县计生协围绕各项重大主题，开展丰富多彩的宣传服务活动。在“5·29”会员活动日和“7·11”世界人口日，全县各级计生协会组织开展大型广场宣传服务活动18场，举行纪念中国计生协成立40周年座谈会20场，举办书法、绘画、剪纸主题创作活动1场，收集整理专项主题创作作品40余幅，专场文艺演出4场，知识讲座与青春讲堂12场。强化阵地宣传。把全县各村（社区）阳光计生宣传栏、村级计生宣传阵地做到规范和统一标准，宣传栏内容公开及时，全面准确。在县城文庙街、各大型集贸市场、九亿广场、九嶷山风景区等人口密集或醒目位置，设置内容温馨、形式美观、富有时代感、与环境相融合的宣传画（宣传牌、宣传栏）及宣传标语等。注重日常宣传。开展以“宣传教育进农家、政策法规进农家、奖励优惠进农家、关怀关爱进农家”的“四进农家”服务方式，宣传新型生育文化、全面“两孩”政策等人口与计划生育法律法规、党和国家的方针政策和出生缺陷综合防治、优孕优生优育、生殖健康、艾滋病防治等卫生计生知识，严厉惩治“两非”，推进关爱女孩行动，并将计生特殊家庭联系人、免费计生保险的参保对象、保险范围、理赔流程等内容纳入村级阳光计生宣传栏公示。加强媒体宣传。全县计生协积极撰写新闻稿件，宣传计生协的各类先进典型。全年在省级以上媒体公开发表稿件74篇，其中省计生协网站发表29篇，有力推介全县计生协会工作，扩大计生协会影响力。

（夏双青）

宁远县关心下一代工作委员会

【概　况】 宁远县关心下一代工作委员会（以下简称宁远县关工委）经县委、县政府批准于1987年9月成立，以热心关心下一代工作的离退休老同志为主体、党政有关部门和群团组织负责人参加的，以关心、教育培养青少年健康成长为目的的群众性工作组织，是党和政府联系青少年的桥梁和纽带。关工委的主要职责是组织动员全县“五老”（老干部、老战士、老专家、老教师、老模范）队伍加强青少年的思想政治教育，维护青少年的合法权益，优化青少年成长的社会环境，协调社会各有关方面积极为青少年办好事、实事。宁远县关工委下设办公室，编制2名。2020年，按照省市关工委部署和县委、县政府要求，聚焦立德树人和“五老”关爱两项重点工程，克服新冠肺炎疫情期间各种困难，坚持抓特色、抓经常、求实效，开展丰富多彩的活动，灵活机动、有计划、有步骤地按照全年工作要点抓好落实，取得一定工作实效。

【祭奠革命先烈】 2020年清明节期间，县教育局关工委牵头，组织水市镇部分中小学生到水市烈士陵园集中祭奠革命英烈，缅怀先烈们为党为人民的事业抛头颅、洒热血、英勇无畏的英雄气概和坚贞不屈的革命意志。桐山、文庙、九嶷山、鲤溪、太平等乡镇（街道）关工委，以各种方式开展宣讲红色故事、继承先烈遗志活动，激发广大青少年不忘革命历史、继承先烈遗志、为国发奋读书的热情。

【禁毒工作进校园】 2020年，宁远县关工委联合县公安局禁毒大队和相关派出所，分别到县城莲花小学、职业中专等8所中小学校和天堂、棉花坪、水市、九嶷山、冷水、鲤溪、仁和等乡镇中心校和完小开展禁毒知识宣讲活动，用鲜活的事例和重点案例诠释禁毒工作重要性和紧迫性，听课师生2.3万人次。

【关爱留守儿童】 2020年，宁远县关工委认真安排，一些条件具备的行政村（社区）关工委，组织3—5名“五老”同志，就地开办“四点半”学校或“留守儿童之家”，对所有留守儿童实行校外集中管理，开展一些满足儿童爱好和兴趣的培训。暑假期间，通过培训既能使他们增加社会知识，又能防止安全事故发生。湾井镇下灌社区自组建关工委以来，安排6名退休退位的教师和村干部组成“五老”队伍，在全村中小学生中组建舞龙队、舞蹈队、腰鼓队，暑假期间开办书画培训班、礼仪教学班，利用“儿童之家”，为全村32名留守儿童开设网络视频服务，为孩子们提供与父母隔空交流和远程互动的平台和机会，有效缓解孩子们的亲情饥渴，增进家人之间的沟通，消除家长们对孩子成长的担心。水市镇游鱼井村优秀创业青年刘休夫妻在抓好自己创业项目的同时，在镇、村关工委的支持下，回到家乡投入上百万元创办“大元社”留守儿童艺术培训学校，夫妻二人不仅发挥自己的书画艺术专长，还动员和联系自己省内外的同学、同事、学者、艺术家暑期到村为30多名留守儿童和书画艺术爱好者无偿授课。此事引起全社会关注，8月，湖南经视记者专程到宁远采访，湖南电视台作专题报道。9月，有4名儿童的书画作品被推荐到上海参展。

【隔代家庭教育】 2020年7月16日，宁远县关工委举办隔代家庭教育知识培训会，各乡镇（街道）、县直单位关工委正副主任，试点村关工委主任200余人参加，由县关工委2名班子成员授课，并将讲课材料打印成册，连同《永州市隔代家庭教育简明手册》发至每个参训人员。培训结合当今社会实际和典型案例，深入浅出阐述隔代家庭教育的重要性，使参训人员听得懂、易掌握、好领会。会后各乡镇（街道）关工委都开展试点工作，效果较好。11月，由县委老干部局、关工委、老科协组织的“五老”宣讲团，分别到县八中、三中、职业中专、冷水中心校、宝塔社区、老年大学等单位宣讲党的十九届五中全会精神、习近平总书记到湖南考察重要讲话、乐天宇教授感人事迹、红色故事、隔代家庭教育等内容，收到较好的宣传效果。

【关爱助学活动】 宁远县各级关工委积极开展关爱助学活动，动员各社会团体、商会、事业成功人士、志愿者组织通过各种形式纷纷捐资助学，帮助很多贫困学子圆大学梦，帮助一些农村特困家庭子女终止失学辍学，重返学校，累计捐款150多万元。县教育局关工委、县教育基金会为全县50名贫困大学新生助学和奖励20万元；桐山街道宝塔社区为7名大学新生助学奖励6.2万元；仁和镇春水、陈安等村社会捐资助学40余万元；禾亭镇4万元；天堂镇一名流动党支部书记组织筹集资助14名特困学生；中和商会年年都为该镇大学新生资助和奖励20多万元；桐山街道五里桥村党支部书记、关工委主任黄成和除每年定点资助宁远一中10名特困学生外，从2020年开始又对宁远九小每年捐款10万元，设立教育奖励基金，用于奖励优秀师生及资助贫困学生。

【讲好抗疫故事】 2020年年初，新冠肺炎疫情突如其来。为讲好抗疫故事，宁远县关工委按照省市关工委统一安排，由县教育局关工委组织一个“抗疫故事宣讲团”，按照市关工委组织拟写的4个课题内容，有组织、分步骤地在县城所有学校进行宣讲，收效良好。县城几所重点中小学都以不同形式分别开展“学抗疫英雄，讲抗疫故事”的演讲和作文比赛。

（邓竹青）

宁远县老科学技术工作者协会

【概　况】 宁远县老科学技术工作者协会（以下简称宁远县老科协）是离退休的老科技工作者组成的群众组织，是党和政府联系老科技工作者的桥梁和纽带。2020年，宁远县老科协发挥优势，积极作为，主动担当，乐于奉献，各方面工作都取得新发展、新成果、新突破。县老科协被评为省市老科协先进集体，获全市2019—2020年度老科协六项重点工作综合考核一等奖；县教育局老科协分会被评为全省科普工作先进集体暨市老科协工作先进集体；中和镇、九疑山瑶族乡新塘村、柏家坪镇柏家坪社区被评为市“创百”工作先进集体；县老科协金秋艺术团在庆祝新中国成立70周年“欢乐潇湘”全省群众文艺会演活动中获评优秀文艺团队（单位）；县委副书记黄永英获评全省“热心支持老科协工作的好领导”；县老科协会长邓丽华获评全省离退休老干部先进个人。县老科协办公室主任胡德庭获评省老科协优秀服务工作者；老科技工作者鲁茂祥获省老科协老年科技创新奖；县中医院老科协分会长陈仁发获评全省老科协最美防控老科技工作者；县老科协副会长罗丽菊、太平镇老科协分会长骆光辉获评永州市优秀老科协工作者；县教育局老科协总会会长欧阳秉民、县农业农村局老科协秘书长蒋毛庚、县中医院老科协分会长陈仁发获评永州市优秀老专业技术人员。各分会联手老年党支部，把学习习近平总书记系列讲话精神融入党日主题活动，激发老有所为的奉献热情。

【开展活动】 2020年，宁远县老科协利用科普日、老科技工作者日和老年节等重要节点，与相关部门联手创新开展六项活动：与县老干局、县关工委共同组成“五老”宣讲团，走进乡镇、社区、学校和县老年大学等地宣讲习近平总书记关于中国老科协成立30周年重要批示精神、习近平总书记考察湖南重要讲话精神；与县老干部服务中心、县全民健身中心、县太极拳协会联手举办全县首届老年人运动会；组织同仁医院、金秋艺术团和舜联公益爱心志愿者团队到湾井镇朵山村，为老人送医送戏送礼；与舜陵街道、印山社区联合举办“欢庆节日，放歌新时代”文艺联欢晚会；与县太极拳协会共同举办两期太极拳培训班；在清水桥镇召开乡镇（街道）分会长培训暨经验交流会。通过系列活动，大力营造老有所乐、老有所为的良好氛围。

【服务“三农”】 2020年，宁远县老科协下发《宁远县老科协服务“三农”助力春耕的实施意见》，组织配送种子2250千克，分送科技资料5500份，帮扶种养户135户，举办专业培训班三期，受益听众830余人。县老科协班子成员经过实地调研，将中和镇的天利成科技有限公司脐橙基地、棉花坪瑶族乡的藤森科技有限公司茶叶基地等8个基地确定为县老科协科技示范基地。各老科协分会发挥自身优势，服务擅长领域。县农业农村局分会，组织离退休农业科技人员下乡60余人次，为群众解决农作物种植问题20余个，结合县“科技助力精准扶贫”行动计划，组织乡镇62人次贫困户到麻池塘村食用菌专业合作社参观学习食用菌栽培技术。县畜牧水产事务中心分会到太平镇、柏家坪镇等地养殖场帮助防治禽流感。九疑山瑶族乡老科协分会联合乡工会和乡扶贫办，帮助新塘村长新水果种植合作社解决产品销售难问题。

【推进“创百”】 2020年，宁远县老科协积极推介“两坪”典型经验，组织乡镇老科协分会长参观柏家坪社区，推介其“创百”活动阵地建设经验；参观清水桥镇刘家坪村，推介其保护生态、孝老爱亲、健康长寿的经验。大力推动健康机关创建，补齐创建百岁健康县的最后一块拼图。“创百”活动写入《政府工作报告》和宁远县“十四五”规划。

【建言献策】 2020年，宁远县老科协认真组织开展调查研究，为党委政府出主意、谋良策。县老科协副会长罗丽菊在《政府工作报告》征求意见座谈会上，提出“开发旅游资源，既要注重自然景观开发，也要注重红色旅游资源开发”“建设养老机构，就近就便建成县老年活动中心”“重视教育整体发展”“巩固‘创百’成果，建设健康宁远”4条意见建议；县老科协名誉会长欧日粉向县委提交一份题为《旅游要在“留住人”上下功夫》的调研报告，提出4条建议：从县城抓起，稳住第一站旅客；增加九嶷山景区看点，丰富参观内容；延伸旅游线路，形成循环观光；开拓相关产业，扩大旅游范畴。这些真知灼见获得县委、县政府领导和有关部门的重视和采纳。

【外宣活动】 2020年，“新湖南”客户端、省《老科协通讯》、“老科协大讲堂”、《中老年自我保健》、《永州日报》、市《老科协简报》、市红网、县新闻网、手机报等媒体和内部刊物，刊用老科协会员撰写、反映老科协工作的新闻稿件70余篇，其中省级38篇，市级21篇。组织参加中国老科协举办的征文活动，县老科协组织报送的8件作品收入《“2020年中国老科协征文活动”征文集》和《“2020年中国老科协征文活动”征文汇编》；参加省老科协与省电大联合主办的“万众一心，抗击疫情”原创作品征集大赛，县老科协欧阳秉民组织报送的5件作品被评为大赛优秀作品（不设等次奖）；参加市老科协举办的“不忘初心，牢记使命”主题教育征文活动，县老科协报送9件作品，其中1件获二等奖，1件获三等奖，7件获优秀奖。

（黄国庆）

法　治

宁远下灌景区——十里画廊（李文/摄）

政法委及综治

【概 况】 2020年，宁远县政法机关深入贯彻中央、省委、市委政法工作会议和县委经济工作会议精神，围绕实现“八个不发生”“两提升一保一创”目标，推进更高质量更高水平的平安宁远、法治宁远建设，为建设宜居宜业宜游的生态文化公园创造安全的政治环境、稳定的社会环境、公正的法治环境、优质的服务环境。县公安局被公安部授予“全国公安机关执法示范单位”，县人民检察院获全省检察机关扫黑除恶专项斗争先进集体、县人民法院获全国法院警务工作先进单位，涌现出“全国公安百佳刑警”王春山等一大批先进典型。

【平安建设】 2020年，宁远县政法机关以政治建设为统领，以风险防控为主线，全力推进更高质量更高水平的平安宁远建设。县委政法委牵头抓好疫情防控期间社会秩序工作，组建工作专班开展专项核查，核查人员信息15000余条，车辆信息1800余条，自主申报2000余条，境外人员信息500余条，做好矛盾纠纷排查化解以及重点部位守控、重点人员稳控、重点物品查控、重点路段巡控、重点领域盯控等工作。办理惩治涉疫情治安案件8起，行政拘留45人，罚款9人。侦办涉疫刑事案件6起，刑事拘留13人。学习“枫桥经验”，健全矛盾纠纷多元化解机制，与法院和信访局分别建立“访调对接”和“诉调对接”两个机制，充分发挥人民调解“第一道防线”的作用，不断加大矛盾纠纷排查调处力度，2019年11月至2020年年底，全县20个乡镇（街道）、调委会调解矛盾纠纷2331件，成功2322件，其中复杂疑难案件248件，调解率100%，成功率99.6%；全县的专业性行业性调委会调解纠纷2983件，调解成功2974件，成功率99.6%。

成立市域社会治理建设领导小组，统筹推进社会治理建设过程中的重大问题。各级党委（党组）书记亲自部署、亲自协调、亲自落实，全力推动社会治理建设纵深发展。全县上下构建起党委领导、政府负责、民主协商、社会协同、公众参与的社会共治同心圆。全县422个村（社区）全部组建“五老”义务调解员队伍，推行“十户联防”，开展“红袖章”志愿者活动和“蓝背心”工程，不断壮大群防群治力量。持续推进基层民主法治创建，2个村被评为全国民主法治示范村，11个村被评为全省民主法治示范村。全面落实村“两委”换届候选人县级联审机制，坚决把受过刑事处罚、存在村霸和涉黑涉恶、涉邪教等问题的人清理出村干部队伍。组织全县党员签订扫黑除恶承诺书，开展以“认清黑恶势力，积极检举揭发”为主题的党日活动。先后对1.1万人进行违纪违法涉黑涉恶问题和履职情况进行排查联审，调整不合格不胜任不称职村（社区）干部117名，排查转化软弱涣散党组织111个。强化网格管理，把社会治理触角延伸到每个楼栋、每户家庭。“智慧宁远”指挥平台按照“1+N”模式、“六步闭环”流程处置网格事件。全年处置各种网格事件14000多件，为群众解决一大批烦心事、揪心事。全力推进雪亮工程建设，建成公共安全视频监控点位4400余个，安装各类视频监控摄像机5000台，基本实现“城区全覆盖、公路全监控、农村全推进”。加强重点要素管理，在校园安装安保监控设备3208套，人脸识别95路。推进综治视频联网建设，覆盖县乡两级77个村（社区），实现互联互通。充分发挥“互联网+”优势，县公安局建成一体化执法办案中心，构建含1000余万条信息的数据库，为审讯和侦查破案提供有力支撑。县人民法院推行裁判文书全面网上公开，深入推进庭审网络直播，全力提升审判质效。县司法局开发社区矫正信息管理平台和“面部+指纹识别”考核管理系统，采用先进的LBS基础定位技术，实现对社区矫正人员全天候、全方位及时定位和轨迹查询。编发本土家风故事书籍《九嶷家风》，挖掘小桃园禁赌家规、下灌让第家风、白田村规民约等，举办“依法治国与舜文化”研讨会、“领导干部家风建设”研讨会。创建县级以上文明单位98个、文明村镇170个，跻身全国新时代文明实践中心建设试点县。建立常态化的失信被执行人名单公布制度，通过电视、网站、微信公众平台公布失信被执行人名单。全县累计有1858人被列入失信被执行人名单。大力开展各类文明创建和道德楷模选树活动，引导群众崇德向善、见贤思齐，形成“以文化人、以德树人、文德贯通、润心育德”的德治新模式。

组织全县53名县处级干部和13472名国家工作人员参加无纸化普法学法。全县中小学邀请法治副校长不定期为中小学上道路交通安全、预防校园欺凌等不同主题法治课，提升青少年的法治意识。在开学季，组织干警送法进校园，举办法治报告会20场，法治授课20次，受教育青少年800余人次。大力实施“法律明白人”培养工程，培养农村“法律明白人”380名。结合各种主题宣传日开展法治宣传咨询活动，在全县范围内组织各类法律宣传活动50场次，设立宣传台60多个，悬挂横幅300多条，各类法治宣传展板20余套，发放各类宣传资料15万余份，受教育20万人次。

【扫黑除恶】 2020年，宁远县起诉涉恶案件1起8人，一审判决涉恶案件3起，判决犯罪人数12人，判处重刑5人。全国12337举报平台分流交办线索9件，其中2020年交办线索3件，于12月8日前全部办结；省扫黑办交办问题线索13件，其中2020年交办线索3件，于12月15日前全部办结；市扫黑办交办问题线索35件，其中2020年交办线索4件，于10月14日前全部办结。推行领导包案，加强案件会商。宁远县2起涉黑案，“9·10”涉黑案、“11·23”重大涉黑专案均二审判决生效；全县侦办11起涉恶案件全部判决生效。在“百日追逃”专项行动中，宁远县3名涉黑涉恶人员全部缉拿归案，实现逃犯清零。全面推行“六必查”机制，实现黑恶团伙打财全覆盖，全县查封、冻结、扣押涉案资金资产1229.84万余元，其中扣押涉案资金102万元、涉案车辆11台，冻结房产11套。落实“两个一律”“一案三查”“六个一”工作制度，完善纪法协调联动机制。全县各级纪检监察组织摸排涉黑涉恶问题线索100条，办结100条；受理群众举报涉黑涉恶“保护伞”线索15条，办结15条；查处党员干部涉黑涉恶、“保护伞”问题案件11件，立案审查10件10人，处理处分11人，其中给予党纪政务处分10人，组织处理1人，发出监察建议书15份。

开展乡村治理领域突出问题专项整治，全面摸排和惩治村霸、宗族恶势力，净化农村社会生态，破获农村涉恶团伙、宗族恶势力2个，破获刑事案件5起，刑事拘留18人，行政拘留2人，批准逮捕18人，移送起诉18人。深入推进“五化”提质工程，推动全县基层党支部“五化”建设100%达标；持续整顿软弱涣散党组织，全年整顿提升4个软弱涣散党组织，调整不合格不胜任不称职村（社区）干部42名；持续推进村党组织书记、村主任“一肩挑”，“一肩挑”比例84.6%以上；提前谋划村（社区）“两委”换届工作，全面摸清外出优秀人才，建立村（社区）“两委”换届意向人选台账，将272名外出务工人员和致富能手及时纳入村级后备干部，1118人入选新乡贤；对全县基层党组织书记和村（社区）“两委”干部轮训，着力提升基层党员、干部政治素质和业务能力，增强乡村对涉黑涉恶问题的“免疫力”。抓实乡村治理，突出文明创建活动、移风易俗行动、乡村社会治理，统筹实施雪亮工程、夜间巡逻、一村一辅警，提升群众文明和法治素养。

集中组织十大重点行业领域突出问题专项整治牵头单位主要负责人在县电视台作公开承诺，接受群众监督，倒逼责任上肩。侦破涉枪涉爆刑事案件7起，刑事拘留7人，查处行政案件1起，收缴爆竹51箱、烟花1061件、枪支81支、子弹2000余发、各类管制刀具14把；破获6个盗窃诈骗犯罪团伙、侦办黄赌刑事案件17起，查处行政案件52起，刑事拘留涉黄赌人员39人，行政拘留涉黄涉赌人员234人，破获涉黄涉赌窝点6个。加强基层组织建设，推进基层树立文明乡风，全县422个村（社区）中328个村（社区）将扫黑除恶内容列入村规民约；排查农业经营主体2000余个，摸排查处农村"三资"线索6起，处分2人，追缴资金13.14万余元，查处非法调运玉米种子、违规使用高毒农药、违规经营劣质农药、渔业违法等案件40起。严厉惩治非法金融活动，排查各类机构2042家，走访重点领域企业38家，立案处置非法集资案件3起；整治商品混凝土砖瓦、砂等行业，整治入库税款1.12万元，入库环境保护税款3.61万元。查处建筑市场违法开工、关键岗位人员不到岗履职、施工扰民扬尘防止不到位等项目27个，查处房地产违规预售、无资质开发、一房多卖等项目8个，曝光2家限制市场准入的"黑名单"企业。查处非法从事客运经营的摩托车、面包车等100余台。深入开展不正当竞争、医疗机构虚假广告、传销、食品安全、"护农"行动、无证无照经营等专项整治，立案193件，立案147件，案值1196.24万元；惩治食品药品违法犯罪，破获食药环刑事案件10起，刑事拘留17人，查处行政案件33起。集中整治清水桥镇恒安沙场、柏家坪镇大型沙场、冷水镇三联水库非法开采山砂、冷水镇下胡家砂场等，7家非法采制砂企业的机械设备予以强行拆除，责令停产整治整改16家；印制封条，查封采制砂机械设备43台（套）；开展建筑扬尘、散乱污企业、露天禁烧等专项整治行动，查处各类违法行为165起；强化执法监督，检查企业130家，责令整改环境违法行为24起，行政处罚5起，罚款6.5万元。开展"净网2020"专项行动，破获信息网络犯罪活动案件3起，抓获犯罪嫌疑人7名。对全县文化行业经营单位60余家网吧、歌厅、游戏厅进行全面排查整治，突击检查带团的本地和外埠导游30余名。开展未成年人违法犯罪问题隐患摸排、预防校园欺凌事件及周边治安综合治理，摸排出存在典型问题的学校12所，典型问题学生6名，典型乱象11种，发现、收缴金属小刀、塑料刀、剪刀等违规违禁物品500余件；缴获鬼火摩托3台，抓获飙车社会青年3人。纪检监察、公检法发出"三书一函"83份，跟踪督促行业部门加强监管，正本固源。

紧盯"深挖整治""长效常治"的目标要求，突出问题导向，出台《宁远县建立健全遏制黑恶势力滋生蔓延长效机制工作方案》，从预防、发现、查处、追责四个重点环节着手，围绕依法严惩、铲除土壤、人民满意三个方面，全面建立健全惩治、整治、管理、建设的长效机制，推进全县扫黑除恶专项斗争法治化、制度化、常态化。制定出台《宁远县关于规范办理黑恶势力刑事案件涉案财产协查工作的实施意见》《宁远县纪委监委深挖彻查"保护伞"会商机制》《宁远县人民法院涉黑涉恶刑事案件快审快判机制》《宁远县司法局法治宣传工作制度》《宁远县工程建设招标投标领域扫黑除恶工作办法》《关于严厉惩治河道非法采砂行为的指导意见》等102个长效制度文件。

【维护稳定】　2020年，宁远县政法机关以情报信息搜集为抓手，以矛盾纠纷排查化解为重点，做好群体性事件和突发事件应急处置工作，健全完善维稳工作各项制度，实现不发生政治安全事件、不发生暴力恐怖事件和个人极端事件、不发生大规模群体性事件、不发生重大公共安全事件的工作目标。县委政法委牵头组织县公安局反恐大队与治安大队开展涉恐安全隐患大检查，对全县89所中小学校、216所幼儿园、33家医院、20家加油站、8家大型商场、3个开放式广场、2家自来水厂、2个汽车站、1个开放式公园、1个寄递安检中心及党政机关等重点场所、重点部位、重点目标单位全面开展地毯式安全隐患大排查，设置隔离墩、路桩180余处，排查安全隐患455处，下达整改通知书149份，督促全面整改落实到位。继续实行日常排查与专项排查相结合的工作制度，突出元旦、春节、清明节、建军节、国庆节和“6·4”“7·5”等重大节日、重大活动和敏感时段隐患排查，进一步完善不稳定隐患分类、交办、销号制度，实行动态跟踪管理，确保不稳定隐患稳控化解责任落实，全县召开1次维稳联席会议全体会议，3次稳定形势分析会，对全县维护稳定工作进行分析、研判、部署；开展2次专项排查化解活动，对24个领域、47类社会安全隐患进行全面排查；由政法委牵头对全县20个乡镇（街道）和部分重点单位开展2次专项调研活动，掌握全县社会稳定工作情况和矛盾隐患底数，排查各类矛盾隐患1000余起。在排查中聚焦重点问题和重点人员，初步建立社会安全重大风险台账和重点人员台账。化解各类矛盾隐患1000余起，基本实现“小事不出村，大事不出乡镇，矛盾不上交”的工作目标，矛盾化解率96%以上，各类重点人员得到有效管控。进一步拓展稳定风险评估领域，增强维稳工作科学性、预见性和有效性，压实稳定风险评估业主单位和决策单位的工作责任。对S345新田县宋家湾至二广高速宁远互通（宁远段）公路建设项目等19个重大工程项目开展社会稳定风险评估。全年编撰《宁远维稳要情》11期，《宁远国安信息》11期，《网络快报》2期，未出现漏报、迟报、瞒报现象。协调组织公安、信访和涉事乡镇、单位妥善处理重大矛盾纠纷45起，其中群体性纠纷9起，非正常死亡事件36起。

【反邪教】　2020年，宁远县防范处理邪教工作根据“团结教育挽救绝大多数，依法打击极少数”的方针，开展反邪教斗争，协调相关部门开展重点人员稳控教育转化巩固工作。督促逐级落实好巩固工作责任。“反邪教宣传周”期间，全县流动摆放各类反邪教宣传展板46个，悬挂横幅12条，发放宣传材料35000余份，出动宣传车60余次，到20个乡镇（街道）、学校、社区、市场和大街小巷，广泛宣传反邪教打击“全能神”“主神教”“精神传销”等有害培训。

【执法监督】　2020年，宁远县政法机关接待来信25件，来访182件，根据案件性质受理141件，交办政法各单位办结107件，导入司法程序7件，评查重点案件10件，息访息诉信访积案29件，开展司法救助案件16件，发放司法救助49万元。市委政法委交办的2起重点案件全部限时办结。推进涉法涉诉信访接待室建设，加强政法各单位接处访工作督查督办，将情况纳入政法各单位年终综治考评和领导班子绩效考评内容。加大导入法律程序信访案件的追踪、督查力度，督促政法相关单位依法按照程序在法定时限内公正办结，做到该纠正错误的依法及时纠正、该追究执法过错责任的依纪依法严肃追究、该给予国家赔偿的依法足额赔偿、该给予司法救助的依法有效救助，导入司法程序案件7件。组织开展积案攻坚活动，建立健全工作台账，按照“一件积案、一名领导、一套班子、一个方案、一抓到底”的要求，落实责任，化解信访积案29件。强化案件评查，将省委、省委政法委、市委、市委政法委交办的重点案件、中央扫黑除恶第16督导组交办案件、涉新冠肺炎疫情防控案件、赴省进京信访案件、社会反映强烈的产权纠纷案件、影响服务发展和脱贫攻坚的案件列为重点，遴选2020年办理的10件重点案件，从案件事实是否清楚、证据是否充分、法律适用是否准确、办案程序是否合法、法律文书是否规范齐全、执法效果是否良好、信访诉求是否合理、解决问题是否到位、办案人员是否存在违法违纪等9个方面进行评查，确定合格等次以上案件10件，发现瑕疵7件，督促整改执法问题10处。

【政法队伍建设】　2020年，宁远县政法机关坚决贯彻《中国共产党政法工作条例》大力推进政法队伍“四化”建设，出台政治督察、纪律作风督查巡查、政法委员述职、县委政法委派员列席县直政法单位党组（党委）领导班子民主生活会等制度，对县人民检察院、县司法局开展政治督查和纪律作风巡查，开展县委政法委班子成员联系政法基层党支部活动。政法各家采取集中培训、网上培训、随岗培训、案例点评、旁听庭审、外出学习、实战练兵和不定期邀请专家、教授授课等形式，大规模开展培训；推行“AB”岗工作模式、青年干警列席旁听检（审）委会、青年干警轮流接访等制度，培养和锻炼青年干警综合素质能力，全年开展各类培训、练兵27次。坚持从严治警。综合运用案件评查、专项督查等手段，着力解决群众反响强烈的执法司法不公不严等突出问题。向政法各单位发出通报60余期，通报200余人次；坚持从优待警。在抗击新冠肺炎疫情期间，对抗疫第一线表现特别优秀的民警火线入党2人，提拔为派出所所长、教导员职务的副科级干部18人，立功受奖5人；坚持待遇上保障。为公安干警争取150套公租房，改善政法干警工作生活条件；坚持人文上关怀。以崇法书屋为基地，以泠江夜读协会为平台，搭建政法干警思想交流阵地。构建起“一网两微两号”的政法新媒体矩阵，把镜头聚焦政法一线、社会热点、政法业务，主动对接《法制周报》、湖南长安网、《永州日报》、永州电视台、宁远电视台等新闻媒体，做到电视有画面、报纸有文字、网站有报道，提高群众对宁远政法工作和政法队伍的关注度、认同度和参与率，宁远县在全市政法宣传舆论工作座谈会上作典型发言。

（蒋贤军　奉军辉）

县综治中心（网格事务中心）

【概　况】　2020年，根据宁编发〔2020〕6号文件精神，将宁远县行政审批服务局所属网格事务中心调整为宁远县委政法委所属副科级公益一类事业单位，调整后宁远县社会治安综合治理中心（简称县综治中心）与县网格事务中心合署办公。

【网格事件联动处置】　2020年，宁远县综治中心与县网格事务中心合力推进网格事件联动处置。整合事件上报渠道。通过与行政审批服务局大数据服务中心进行业务梳理、工作整合，将“12345”热线平台、县长信箱、网格员上报手机APP、微信公众号、数字城管、“110”非警务平台等多条接报渠道整合，实现统一受理、处置、回复的规范化流程。规范事件处置流程。通过会议调度，进一步明确各责任单位分管领导及具体负责人。重新编制印发《宁远县“12345”热线与网格事件联动处置执行标准》，将联动处置事项分为部件（91项）和事件（246项），对各个不同事项的责任部门和处置时限作出明确规定，为处置网格事件提供操作遵循，避免职能交叉部门在联动处置工作中相互推诿的现象。全年接收网格事件151912件，受理办结事件151822件，办结率99.88%，排名全市第二。强化责任落实机制。每月整理一期联动处置情况通报，全年在宁远县政府网、智慧宁远官方公众号下发12期，先后对64个责任单位在全县范围通报。

【“网格化管理+”】　2020年，宁远县综治中心与县网格事务中心协助禁毒办、消防大队等部门，建立“网格化+党建”“网格化+应急管理”“网格化+禁毒”“网格化+消防”“网格化+城管执法”等工作机制，全力推动各项工作进网格，实现网格化管理的拓展延伸。尤其是“网格化+政务服务”方面，协助县政务服务中心对各村（社区）便民服务中心工作人员举办业务培训40余次。办理老年人优待证等事项15600余件。

【综治信息基础数据】　2020年，宁远县综治中心与县网格事务中心充实综治信息系统，先后召集各乡镇（街道）组织基础数据录入培训会议2次。通过城乡网格化服务平台录入社会治理信息系统各类综治信息数据100万余条，其中人口69.12万余条，实有房屋24.9万余条，机构队伍1047条，老年人11.4万余条，特殊人群5768条，重点场所456个，护路护线251条，校园周边135条，两新组织289条，村情村貌8320余条，矛盾纠纷594条，进一步夯实综治信息基础数据。

【综治中心标准化试点建设】2020年，宁远县依据综治中心建设国家标准，大胆探索综治中心示范点建设。出台《宁远县综治中心标准化试点建设方案》，明确柏家坪镇等4个乡镇、柏家坪社区等4个村为综治中心标准化建设试点单位。通过政府采购招标的形式，为试点乡镇及试点村配备大型显示屏、电脑等设备设施。利用智慧宁远指挥平台，升级开发矛盾纠纷多元化解（智慧综治）管理平台。该系统进入试用推行阶段。

（蒋闯元）

公　安

【概　况】1949年11月24日，宁远县人民政府设立公安局。1967年，受“文化大革命”冲击，公安机关处于瘫痪，公安中队改为中国人民解放军建制，由人民武装部领导。11月，成立中国人民解放军宁远县公、检、法军事管制小组，1968年10月，县革命委员会设立人民保卫组代行公、检、法职能。1973年7月，恢复公安局。2020年，宁远县公安机关以政治建警为统领，以风险防控为主线，深入推进“四个大抓”和“两创一建”警务战略，统筹做好疫情防控和打防管控服稳工作，全县公安工作得到跨越发展、长足发展。公安绩效考核连续三年蝉联全市区县公安局第一，获得“国字号”荣誉3项、“省字号”荣誉3项，在全市公安局长会上获评8项荣誉，获评“全国公安机关执法示范单位”“全国示范刑事科学技术室”“全省十佳公安局”“全省公安刑事技术工作成绩突出单位”“全省公安机关打击治理电信网络新型违法犯罪工作成绩突出单位”“全市区县公安局绩效评估标兵单位”“全市2020年度区县公安局新时代县域警务优秀单位”“全市‘永警利剑·夏秋攻势’专项行动成绩突出单位”“全市公安机关打击治理电信网络新型违法犯罪工作成绩突出单位”“全市公安重点工作专项冲刺成绩突出单位”“全市公安机关禁毒工作优秀单位”“全市公安机关外流贩毒整治工作成绩突出单位”“全市‘法治公安建设’成绩突出单位”。先后7次在省市公安工作会议上作典型发言，5月28日、10月23日，全市大抓主责主业现场推进会暨“永警利剑夏秋攻势”专项行动部署会、全省公安机关县域智慧新刑技建设应用现场推进会先后在宁远县召开，王春山被评为“全国百佳刑警”和“全省最美基层民警”。

【平安创建】2020年，宁远县公安机关牢固树立总体国家安全观，全力排查化解政治安全风险，做好重要节庆和重大敏感节点安保工作，收集各类情报信息106条，预防、制止群体性纠纷械斗4起，化解上访、闹事苗头30余次，依法打击处理非访人员26人，其中刑事拘留1人，行政拘留25人，判刑3人，受理违反《中华人民共和国反恐怖主义法》行政案件1起，行政拘留1人，实现“五个不发生”和“零非访、零滋事、零登记”工作目标。

【侦破打击】2020年，宁远县公安机关深入开展“永警利剑·夏秋攻势”专项行动，刑拘各类犯罪嫌疑人765人，6起现行命案全破，破获14年前命案积案1起。扫黑除恶专项行动以来，破获涉黑组织2个、涉恶集团和团伙11个，禁毒执法工作排名全市第一，全县外流贩毒人数下降到9人，下降率70%。

【县域警务】2020年，宁远县公安机关把新时代县域警务工作作为防范化解重大风险隐患攻坚战的抓手，夯实筑牢政治安全和社会稳定根基。对全县所有社区行政村进行大起底、大梳理、大排队，划分为一类风险村128个、二类风险村199个、三类风险村95个，精准防范化解重大风险。健全落实八大防控风险工作新机制，实现风险联防、问题联治、平安联创，基层社会治理根基不断夯实。

【基层基础】　2020年，宁远县公安机关坚持改革强警、科技兴警，紧紧围绕“1.3.5”分钟快速反应目标，建成“永州快警”区防平台2个、巡防平台4个、群防平台13个。全面落实“放管服”改革措施，优化简化行政审批事项，实行一站式办理，群众办理业务更加高效便捷。加强基础设施建设，建成县强戒所和三合园派出所，完成涉案财物管理中心、DNA实验室和打击治理电信网络新型违法犯罪中心建设。

【队伍管理】　2020年，宁远县公安机关坚持把政治建设摆在首位，发挥基层党组织的政治功能和思想政治工作优势，加强政治理论集中学习。全面执行新时期好干部标准，新提拔2名党委委员，选好配强领导班子和领导干部。落实“四个铁一般”标准要求，开展“坚持政治建警全面从严治警”教育整顿，强化开展“七涉”和“三非”专项整治，推动警营风气持续好转。

【疫情防控】　2020年，宁远县公安机关坚持“疫情就是命令，防控就是责任”，做到“疫情在前，民警向前”，强化疫情防控社会面治安巡逻守卡、隔离点安全保卫、侦破打击和服务复工复产复学。抓好重点人物筛查，核查人员信息6000余条，车辆信息1800余条，自主申报2000余条，境外人员信息800余条，实现疫情平稳可控。

（周　鹏）

道路交通安全管理

【概　况】　宁远县公安局交通警察大队位于桐山街道建设路149号，是县公安局领导下的负责全县道路交通安全管理工作的正科级行政单位。2020年，有民警职工67人，平均年龄43.6岁，其中授衔民警41人（男民警33人，女民警9人），职工26人，大队内设“五队七室一中心”，即一、二、三、四中队，机动巡逻中队；政工监督室，办公室，制与信访室，网络安全中队，交通事故处理中队，车辆管理中队，驾驶员管理中队；处罚中心。

2020年，宁远县公安局交警大队按照县委、县政府决策部署和上级公安机关工作要求，坚持“四个大抓”，围绕“坚决杜绝重特大道路交通事故、坚决遏制较大道路交通事故”总目标，以“压事故、保畅通、强能力、严问责”为总要求，以深化顽瘴痼疾集中整治和县域警务工作为总抓手，以提升道路交通安全治理能力现代化为总支撑，全面落实道路交通安全管理各项工作，全县道路交通安全总体形势平稳可控。在2020年全市公安交警系统春运道路交通安保工作考核排名第一，交通问题顽瘴痼疾集中整治行动、交警业务考评、永警利剑·夏秋攻势专项行动、“盔·带风暴”行动等专项在全市交警系统考评中均排前列，机动巡逻中队被评为宁远县“十佳基层政法单位”。

【道路交通管理队伍建设】　2020年，宁远县公安局交警大队坚持严管厚爱，建立完善“不忘初心、牢记使命”主题教育长效机制，严格落实党风廉政建设“两个责任”，全力锻造“四个铁一般”的高素质过硬公安交警队伍。强化基层党组织“五化”建设，坚持以党建带队建，不断夯实党支部战斗堡垒作用。大队全年召开党员大会4次，支委会20次，支部委员集中学习12次，理论学习中心组集中学习研讨活动9次，党小组会议12次，上党课4次，开展主题党日活动12次。强化政治理论学习，以学习贯彻党的十九届四中、五中全会精神为主线，教育引导全队人员切实增强“四个意识”、坚定“四个自信”、做到“两个维护”，在思想上、政治上、行动上，同以习近平为核心的党中央保持高度一致，做到绝对忠诚、绝对纯洁、绝对可靠。抓牢党风廉政建设，严格执行民主集中制、“三重一大”事项集体决策和领导干部“一岗双责”，强化队伍风险研判、廉政教育、预警提示，全年开展专项督查70余次，下发督查通报29期，全力营造风清气正的警营环境。掀起全警实战大练兵热潮，依托交警网校，举行政治理论测试，组织开展政治理论学习50余次，交警网校培训86期，开展体能训练30余次，组织民警实弹射击2次。做实战时思想政治工作，疫情防控期间，累计推介先进典型5人，开展战时慰问10人次，提供战时心理健康疏导6人次，通过一系列举措，队伍士气空前高涨，干事创业激情竞相进发。

【道路交通安全源头管控】
2020年，宁远县公安局交警大队在防大、控小、减量上下苦功夫，从严从实从细抓好事故预防各项措施落实。强化源头治理。常态化开展两客一危一校隐患清零工作，有效消除安全隐患，严防潜在的风险演变为现实危害。全县“两客一危”车辆检验率、报废率、违法处理率均达到100%。强化隐患排查。多次对全县事故多发点段、山区临水、临崖、临谷路段，交通安全设施不全，交通标志、标线和安全防护、警示设施缺乏及交通事故多发路段以及道路管理上的缺陷等进行全面摸底排查，严格按“一单四制”要求建立安全隐患路段台账。全年排查出安全隐患路段123处，均上报县道交委下发交办函至各责任单位进行整治。全面取缔马路市场。根据县安委办部署，积极配合乡镇取缔马路市场，通过设置警示标志牌和物理隔离栏、安排专人值守等措施，全县存在安全隐患的38处马路市场已全部取缔，道路交通事故预防总体形势继续稳中向好，重特大事故“零发生”，道路交通事故死亡人数同比下降24.83%，圆满实现“两个坚决”的目标。

【道路交通违法集中整治】
2020年，宁远县公安局交警大队结合工程运输车交通违法行为集中整治、“文明创建”交通秩序整顿等专项行动，全面整治道路交通违法行为。大队日均出动警力150余人次，警车15辆次，查处交通违法行为64892起。其中，酒后驾驶376起，醉酒驾驶165起，超载1704起，超员128起，涉牌涉证14431起，不戴安全头盔16805起，“百吨王”违法行为43起，工程运输车违法行为3896起。

【道路交通基础设施建设】
2020年，宁远县公安局交警大队与时俱进加快信息化建设步伐，推进智能型交通建设。截至年底，大队有红绿灯指挥系统27处，红绿灯电警抓拍设备24处，违章停车电子抓拍系统87处，限行路段电子警察抓拍设备6处，固定测速卡口3处，违章掉头抓拍设备1处，不礼让斑马线设备9处，行人闯红灯抓拍系统1处，区间测速设备1处，驾车使用手机、驾车时未按规定使用安全带设备7处。全年查获各类电子监控违章计123761起。其中超速7003起，闯红灯2037起，不礼让斑马线27301起，压线17900起，不按车道行驶6812起，违反禁令标志停车26074起，逆行566起，驾车使用手机8134起，驾驶车时未按规定使用安全带21982起。同时充分利用缉查布控应用平台，结合实战运用，查处违法车辆648起，假牌汽车10台、套牌汽车15台，其中部局布控假车2台、套牌车辆4台，拦截移送法院、检察管控车辆7台。

【交管业务“放管服”改革】
2020年，宁远县公安局交警大队适应形势，把“放管服”改革推向更深层次、更宽领域、更高水平。全年受理机动车业务54183台次，其中注册登记19321辆、转移登记3565辆、变更登记4835辆、抵押登记4212辆、注销登记1483辆、转入登记1470辆、档案更正业务5次、核发检验标志14900辆，其他业务4392辆，同比2019年上升29.9%。受理驾管业务22934笔，其中初次申领驾驶证3633本，增驾申请3863人，补证换证13325本，满分学习1309人，注销驾驶证78本，转出驾驶证725本。为进一步深化“放管服”工作，1月8日，成立“宁远县公安局交警大队兴隆机动车服务站”，车辆外廓尺寸自动测量仪和称重仪等三位一体PDA智能查验系统短期内正式投入使用，大型汽车、挂车、特种车辆业务由支队下发到车管所办理。设立“电动自行车登记业务受理”窗口6个，分别是车管所、交警一中队、交警二中队、交警三中队、交警四中队、交警巡逻中队。截至12月31日，办理电动自行车注册登记75438辆。推行带牌销售及派出所代办车驾管业务工作，根据永州市公安局交警支队《关于落实农村派出所代办车驾管业务工作的通知》和《关于推进摩托车带牌销售工作实施方案》的要求，车管中队积极响应，多渠道探索工作开展方法，截至年底，农村派出所代办车驾管业务工作和摩托车带牌销售工作已正常开展。

【县域道路交通风险防控】2020年，根据省交警总队逐一“扫描体检”，宁远县被评估为道路交通安全一类风险区，作为行政执法量最大、与广大群众接触最密切的警种，宁远县公安局交警大队在推进县域警务工作中当主力、打头阵、站排头，严格对标对表，全面加强县域道路交通安全风险监测预警和风险防范管控，加强交通安全风险防控机制建设和风险防控能力建设，对辖区所有村（社区）道路交通安全风险情况进行大起底、大梳理、大排队，全面澄清风险底数，推进县域公安交管工作现代化。

【道路交通安全宣传教育】2020年，宁远县公安局交警大队围绕农村、城市两大站场，利用线上线下结合的方式，推进“七进”宣传，大力提高全民交通安全意识。全年开展“七进”宣传88次，悬挂宣传横幅800余条，发放各类宣传资料6万余份，发送短信18万余条，发布宣传提示信息2000条，在县电视台开展宣传40次，在省市县各类媒体发稿220余篇。全面引导广大群众和司机朋友文明出行、安全行车，进一步提高广大道路交通参与者的交通安全意识。

（成　琴）

森林公安

【概　况】宁远县森林公安局原名宁远县林业局公安股（宁远县公安局林业股），成立于1986年3月，1997年8月升格为宁远县公安局林业分局，2003年12月更名为宁远县林业局森林公安分局（宁远县公安局森林分局），2009年10月正式更名为宁远县森林公安局；2020年12月10日，县编委下发《关于森林公安机关管理体制调整的通知》文件，对县森林公安管理体制进行调整，县森林公安局正式划归县公安局直接管理，县林业局不再对森林公安进行管理。管理体制调整后队伍整体架构和力量布局保持稳定，继续沿用宁远县森林公安局机构名称，辖九嶷山、柏家坪、中和三个森林公安派出所。负责全县内涉食品、药品、知识产权、生物安全、自然资源、生态环境、森林和野生动物资源刑事案件立案侦查；协同林业局开展森林防火工作。

【执法办案】2020年，宁远县森林公安局坚持“破案才是硬道理”，紧握执法质量生命线，加大对各类涉林涉野违法犯罪行为的打击力度，适时在全县范围内开展“春季森林火案专项打击行动”“新冠肺炎疫情期间打击破坏野生动物资源犯罪专项行动”“昆仑2020”专项行动，全局民警增强责任感、紧迫感，全力以赴投入案件侦破查处工作。刑事立案52起，破案44起，抓获犯罪嫌疑人45名，有效保护森林及野生动植物资源，维护林区和谐稳定。其中，参加全国范围内开展的“昆仑2020”专项行动，完成市局案件任务的240%，任务完成率全市第一，因成绩显著被省森林公安局记集体三等功一次。

【疫情防控和野生动物保护】2020年，新冠肺炎疫情期间，宁远县森林公安局坚决贯彻执行县委、县政府的决策部署，全警动员，放弃休假，主动担起疫情防控期间惩治非法猎捕、非法交易野生动物行为的工作主责。先后出动警力772人次，巡查监管城乡农贸市场、宾馆酒店、野生动物驯养场所464家次，协同林业、市场管理部门取缔野生动物销售摊点12家，整顿取缔销售人工养殖牛蛙鳄鱼龟等两栖野生动物摊点15处；侦破非法狩猎刑事案件8起，抓获犯罪嫌疑人11人，收缴猎夹40只，收缴销毁捕鸟网1张，救助放生国家二级保护动物猫头鹰3只、国家二级保护动物斑林狸1只、野生竹鼠3只；协同祁阳县森林公安破获非法经营野生动物刑事案件1起。有效遏制野生动物非法交易和非法猎捕野生动物违法犯罪行为。两名民警因办案与新冠病毒肺炎疑似病例嫌疑人（后两次检测为阴性）密切接触，接受专家建议居家自我隔离14天。

【森林防火】 2020年，宁远县森林公安虽然划归县公安局直接管理，但森林防火职能并没有全部划转，森林公安局仍是县森林防火指挥部成员单位，在森林防火的宣传预防、巡逻巡查、火灾扑救、火案侦破等方面仍有着相当重要责任。该局适应新形势新任务，迅速出台新方法新举措，提前安排部署，加大巡逻巡查力度。制订《宁远县森林公安局森林防火工作应急预案》《宁远县森林公安局森林防火巡逻巡查工作方案》《宁远县森林公安局"一岗双责"工作制度》等工作方案和制度，提前启动森林防火工作。在春节、清明两个节点和高火险天气时节，森林公安民警全部出动，在全县各主要路口全部设卡守点，并成立3个宣传小组，出动巡逻巡查车3台，深入重点林区、200个重点村、重点路段开展巡逻巡查，警示教育广大林区群众。聚焦主业，加大对违法行为的惩治力度。出台《春季森林火案专项打击行动工作方案》，通过实施"四定一包"（定重点、定人员、定任务、定奖惩、包破案）办案制度，全局民警克服办案经费不足、人少事多等困难，在火案侦破上勇于担当，无私奉献，放弃休假，加大对失火犯罪和违令用火行为的惩治。查处各类火灾案件34起，其中刑事立案24起，侦破18起，抓获犯罪嫌疑人18人，火案破案率达75%，破案率全省排名前列；查明移送林业局处理的行政案件10起，在社会上起到震慑教育作用。

（何　宇）

人民检察

【概　况】 1955年10月成立宁远县人民检察院。1967年11月，宁远县公检法实行军管。1968年8月，宁远县人民检察院被撤销，检察职权由公安机关行使。1978年7月，恢复重建宁远县人民检察院。宁远县人民检察院从成立、撤销、恢复重建，先后在北正街中山堂、九嶷中路90号、九嶷南路666号办公。2010年9月，从九嶷中路90号搬迁到九嶷南路666号，占地面积16849平方米，检察综合技术大楼总面积8315平方米；"档案室"2010年10月被评为全省"特级档案室"。2020年9月2日，内设机构由过去的11个改为5个，分别是第一、二、三检察部、政治部和办公室。2020年9月3日，检察院大门门牌由过去的"宁远县人民检察院"悬挂为"湖南省宁远县人民检察院"。编制49人，在岗在编47人。2020年获第十届全国检察机关"全国文明接待室""全省检察机关扫黑除恶专项斗争先进集体""湖南省园林式单位"等称号，办理的"欧阳晓勇等人涉黑案"被评为省级优秀案件，有30个集体、7名个人受到县级以上表彰。扶贫对象中和镇杨柳田村45户贫困户全部脱贫摘帽。

【主要业务】 2020年，宁远县人民检察院受理提请逮捕406件

543人；不予批捕98件127人。受理起诉意见书774件、1057人；起诉623件、810人，不诉87件、123人。受理未成年人犯罪案件：批捕37件、52人；不予批捕16件、18人；起诉41件、54人；不诉5件、6人。扫黑除恶案件批捕1件、1人；起诉1件、8人。受理涉嫌危险驾驶罪243件、243人；起诉213件、213人；不诉29件、29人。立案监督16件、16人；纠正漏捕12人；纠正漏诉16人。成功抗诉3件、4人。公益诉讼受理线索97件，立案98件，适用诉前程序52件，发检察建议80份，均整改到位。为国家挽回生态环境经济损失1200余万元。办理民事案例活动监督案件40件，民事执行活动监督案件31件。全年适用认罪认罚办理案件646件、824人。主动接受各界监督，召开5次听证会，参会人员110人次。对5名在校未成年人附条件不诉帮助继续完成学业。刑事执行检察交付社会矫正人员460人。控申接待来信18件，来访18件、361人，件件有回复。办理申诉案件3件、3人，交办案件8件、8人；开展司法救助3件、3人，救助金额9万元。司法警察大队送达法律文书986件，押解犯罪嫌疑人6件、12人次，协助侦查64件次，保护公诉人出庭3件、6人次。

【队伍建设】 2020年，宁远县人民检察院将原11个内设机构重塑为5个部门。开展内设机构人员竞争上岗，通过“公开、公平、竞争、择优”的选人用人方式推选出12名部门正副职，平均年龄33岁，90%以上具有全日制法学本科学历，实现人员扁平化管理与队伍专业化建设。深化“捕诉一体”办案机制，充分发挥“1+1+1”（即1名员额检察官+1名检察官助理+1名书记员）检察官办案组的办案优势，落实办案司法责任制，院领导直接办理案件283件，确保司法体制改革取得积极成效。

【文化建设】 2020年，宁远县人民检察院为推进“四大检察”“十大业务”稳步发展，借助“两微一端”平台创新检察工作，发布微博229条，推送微信59条。在检察信息内网（最高检、省院、市院）发布44篇；在社会宣传媒体（国家级、省级、市级、县级）发表61篇；调研论文2篇，均获奖；其中中南大学法学会1篇，宁远九嶷法学会1篇，文化建设全方位宣传检察职能和宁检工作特色。

（王承松）

人民法院

【概　况】 2020年，宁远县人民法院牢牢把握“司法为民、公正司法”工作主线，紧紧围绕“努力让人民群众在每一个司法案件中感受到公平正义”工作目标，以服务经济社会发展大局为着力点，忠诚履职、奋发进取，各项工作取得新进步。全年受理各类诉讼案件4482件，审结4285件；受理各类执行案件2746件，执结2573件。两个“一站式”建设考评排全国第一，扫黑除恶专项斗争工作被省高院记集体二等功，诉源治理工作和案件收结比排全市第一。

【刑事审判】 2020年，宁远县人民法院受理刑事案件610件，审结582件，判处被告人623人，其中判处五年以上刑罚的占23.5%。深入开展扫黑除恶“六清”行动，进入审判程序的涉黑涉恶案件全部审结，收缴“黑财”20.3万元。积极协助市中院做好社会影响极其恶劣的欧阳某某等26人重大涉黑案的审判工作，3人被判处死刑，3人被判处死刑缓期二年执行，1人被判处无期徒刑。保护公民人身权利不受侵害，审结故意伤害、寻衅滋事、聚众斗殴、强奸等侵犯公民人身权利案件85件，判处罪犯102人，着力提升人民群众安全感。加大对电信诈骗犯罪的惩治力度，审结电信诈骗案件15件，判处罪犯27人，为受害人挽回经济损失300余万元。设立九嶷山生态保护法庭，开启法院参与环境资源保护新模式。充分发挥刑事审判对生态环境的保护作用，依法严惩潘某某、胡某某等人特大跨省环境污染案。精准惩治涉疫犯罪，助力常态化疫情防控，审结利用疫情诈骗案件3件，判处罪犯3人，为被害人追回损失80.3万元；审结非法狩猎案件13件，判处罪犯17人。保持惩治腐败高压态势，审结职务犯罪案件3件，判处罪犯3人。对回龙圩管理区原党委书记赵某某以贪污、受贿、滥用职权罪判处有期徒刑十年。深入开展打击“黄赌毒”专项审判，净化社会风气，全年审结涉黄赌毒案件75件，判处罪犯141人。

【民事审判】 2020年，宁远县人民法院充分发挥司法化解社会矛盾的功能，积极引导各类民商事纠纷在法律框架内获得平息，努力实现案结事了人和。全年受理各类民商事案件3872件，审结3703件。优质高效审理涉民生案件，审结婚姻家庭、遗产继承、相邻关系等案件802件，妥善化解家庭邻里矛盾。审结交通事故、追索劳动报酬等案件272件，切实维护弱势群体合法权益。积极化解经济下行和疫情影响双重压力下的各类矛盾纠纷，妥善应对民间借贷、企业融资纠纷增长态势，引导民间融资秩序理性回归，审结民间借贷纠纷案件886件。主动服务全县发展大局，积极开展服务金融专项审判活动，直接或间接为辖区金融机构回收不良贷款6600余万元，维护全县的金融秩序稳定。民事案件坚持“能调则调”原则，把调解工作贯穿审判工作全程，努力从根本上化解社会矛盾，民商事案件调解结案1003件、撤诉结案573件，刑事附带民事案件调解结案35件，力促案结、事了、人和。

【行政案件审理】 2020年，宁远县人民法院坚持行政审判合法性审查原则，积极开展行政案件审判。受理林业行政诉讼案件15件，结案15件，受理行政审查案件30件，结案30件。依法审查行政机关申请强制执行的非诉行政案件，执结非诉行政案件106件。在行政审判工作中，坚持从促进依法行政和维护社会稳定大局出发，积极做好疏导协调工作，及时化解矛盾，减少社会不稳定因素。

【案件执行】 2020年，宁远县人民法院积极推进“决胜执行难战役”专项行动，全年受理各类执行案件4178件，结案3897件，实际执行到位金额3.8287亿元。执行工作总体呈现收案多、结案多、执结率高、标的到位率高的良好态势，基本实现良性循环。认真做好巡视整改工作，深入开展“执行攻坚百日大会战”，组建工作专班，由院领导带队对历年来所有未实际执行到位的6017件执行案件进行再次回头看。经过“五查控”和现场核查，确无财产可供执行的“执行不能”案件3634件、虽有部分财产可供执行但不足以结案的1473件、当事人已经达成分期履行协议的312件，其中598件有财产可供执行的案件已经全部执行到位，到位金额1.42亿元。加强司法网络查控平台建设，全年查询执行案件6740件，查询存款6870万元，反馈信息54302条。强化网络司法拍卖，提高拍卖成交率和成交价，全年通过淘宝网司法拍卖132宗，成交金额4057.66万元。全面加强“一案一账户”执行案款管理系统应用，规范执行案款管理，防范廉政风险。完善失信联合惩戒机制，建立常态化的失信被执行人名单公布机制，全年通过电视、网站、微信公众平台向社会公布失信被执行人22批246人次。县文明办对拟授予的18个各级文明单位，县委组织部对拟任村（社区）“两委”干部1889人征求法院意见。严厉惩治拒执犯罪，以涉嫌拒不执行人民法院判决裁定罪向公安机关移送立案侦查15件16人。

【审判监督】 2020年，宁远县人民法院向县人大常委会专题汇报刑事审判工作；对涉及全县经济发展大局和涉及民生的重大、疑难、复杂案件及时请示报告，主动邀请人大代表和政协委员视察工作、旁听庭审；提交县人大常委会专题审议刑事审判工作，并对审议中提出的意见及时进行整改。全年邀请代表、委员旁听庭审12场、70余人次，参与座谈3次；认真办理人大议案、政协提案，做到件件有落实，事事有回音；依法接受检察监督，认真对待检察建议；正确对待新闻媒体、社会舆论对法院工作的评价，积极回应社会关注的热点问题。

【司法便民】 2020年，宁远县人民法院认真落实诉讼费用减、缓、免制度。将弱势群体和涉民生案件当事人纳入司法救助范围，尽力把有限的救助资源用到最需要的当事人身上；全年依法为困难当事人减、缓、免交诉讼费20余万元，发放司法救助款68.8万元；加强法律援助工作，为75名符合条件的刑事被告人指定辩护律师提供法律援助，彰显司法人文关怀；发挥人民法庭前沿阵地作用，努力打造基层矛盾化解“桥头堡”，水市人民法庭入选“全市示范人民法庭”。积极开展巡回审判和送法进社区、校园、村组活动，全年开展巡回审判21场次，开展送法进校园、进农村活动11次，推动全社会形成遵法、守法的良好氛围。

【基础设施】 2020年，宁远县人民法院深入开展人民法庭建设和院机关基础设施提质改造，中和法庭、水市法庭和诉讼服务中心相继建成并交付使用，“六专四室”建设顺利通过省高院验收，诉讼环境不断改善；禾亭法庭主体工程完工，柏家坪法庭进入省财政招标程序，九嶷山法庭办理立项中。

【审判涉疫情案件工作】 2020年，宁远县人民法院充分发挥审判职能精准惩治涉疫犯罪，助力常态化疫情防控，全年审结利用疫情诈骗案件3件，判处罪犯3人，为被害人追回损失80.3万元；认真贯彻全国人大常委会《关于全面禁止非法野生动物交易、革除滥食野生动物陋习、切实保障人民群众生命健康安全的决定》，审结非法狩猎案件13件，判处罪犯17人。新冠肺炎疫情期间积极组织干警无偿献血和捐款，助力疫情防控，组织13名干警献血5200毫升，全院干警为抗击疫情捐款22300元。针对疫情防控需要，积极提升诉讼服务，完善网上立案功能、开通跨域立案服务，利用“湖南移动微法院”“湖南网上法院”“云上庭审”等平台办理网上缴费、退费、立案、调解、审判和执行，充分保障群众诉讼权利。

【涉诉信访】 2020年，宁远县人民法院结合全县“百案攻坚”“百日会战”活动对重点领域、重点群体、重点人员、重点问题开展信访矛盾专题调研分析，切实做好矛盾化解、教育疏导和稳控等工作，接待群众来访2000余人次，办结巡视（巡察）组交办案件6件，省市县交办的信访案件全部如期办结。信访总量明显下降、信访形势明显好转，实现全年特护期赴省进京上访零登记、零挂号。

【司法改革】 2020年，宁远县人民法院根据省高院部署，进行内设机构改革，内设机构由13个精简为10个；积极开展繁简分流和速裁工作，组建速裁团队，在立案阶段对案件进行分类，对案件事实清楚、法律关系明确、双方争议不大的案件引导适用速裁程序，实行快立、快审、快结，全年通过速裁程序结案1396件，占全院民事案件的35.44%，平均审理周期8.56天，大大提高审判效率；探索民事案件专业化审理，对不宜适用速裁程序的案件按照案由分流到不同的审判部门进行集中办理，统一类案裁判尺度；建立健全院庭长办案考评机制，对院庭长明确办案任务数和奖惩办法，院领导办案695件，庭长办案1889件。推进以审判为中心的诉讼制度改革。坚持让审理者裁判、让裁判者负责原则，推进员额法官负责制，推进审判权下放改革，落实院庭长的监管职责，改变传统盯人盯案监督模式，实现从微观的个案审批、文书签发向宏观的全员全过程的监督管理机制转变，全院工作实现“以法官为中心”向“以审判为中心”转变。严格贯彻罪刑法定、证据裁判、非法证据排除等法律原则，大力推进庭审实质化。充分发挥专业法官会议作用，全年专业法官会议为法官办理疑难复杂案件提供参考意见100余条。

（潘彦军　夏小琳）

司法行政

【概　况】　宁远县司法局是县政府工作部门，为正科级。内设办公室（信访办公室）、社区矫正管理股（县社区矫正管理局）、行政复议与法律事务股（县政府行政复议办公室）、行政执法监督与规范性文件管理股、普法与依法治理股、人民参与与促进法治股（人民陪审员和监督员选任管理办公室）、公共法律服务管理股（县公共法律服务中心）、律师工作股、装备财务保障股、政工室（党建办）10个股室，全局政法专项编制19名，中共宁远县委全面依法治县委员会办公室设在县司法局；派出机构有20个乡镇（街道）司法所；所属事业单位有法律援助中心（副科级公益一类事业单位，编制25名）、公证处（股级公益二类事业单位，编制5名）；归口管理的单位有湖南舜源泽律师事务所、湖南铭慧律师事务所、湖南盛仁律师事务所、湖南恳业律师事务所、湖南箫韶律师事务所、湖南富航律师事务所、永州舜源司法鉴定所、湖南大鹏法律服务所、湖南舜峰法律服务所、湖南群益法律服务所。2020年，县司法局以创建全国“七五”普法先进县和全省法治政府示范县为载体，统筹兼顾，突出重点，真抓实干，积极为宁远社会经济和社会发展营造安全稳定的社会环境和公平正义的法治环境。宁远县司法局获“全国人民调解工作宣传先进集体”“湖南省模范职工之家”“全省示范离退休干部党支部”“永州市巾帼建功先进集体”等称号。

【依法治县工作】　2020年，宁远县司法局一体推进法治政府、法治社会、法治宁远建设。强化工作保障。6月4日和11月27日，分别召开县委全面依法治县委员会第二次、第三次会议，学习传达习近平法治思想，审议通过《中共宁远县委全面依法治县委员会2020年工作要点》《宁远县2020年普法依法治理工作要点》《全面依法治县工作联络、述职评议制度》和《宁远县创建全国“七五”普法先进县工作方案》《宁远县法治乡村建设实施方案》《宁远县创建全省法治政府示范县实施方案》等文件，研究部署对“七五”普法验收迎检工作、全面依法治县和创建全省法治政府示范县相关工作。助力抗击疫情。2月13日，组织召开县委全面依法治县办（扩大）专题会议，传达中央全面依法治国委员会第三次会议、依法治国办、依法治省办相关会议精神，调度依法打好全县疫情防控战。开展“送法进企业、助力复工复产”活动，成立新冠肺炎疫情防控法律志愿者服务队，调处邻里矛盾，为困难群众和工厂企业复工复产免费提供法律服务。协助立法调研。配合市人大及其常委会做好《永州市古树名木保护条例（草案）》的立法调研工作，广泛征求意见和建议，并综合形成8条意见上报市人大常委会法工委，为市人大立法工作贡献基层智慧。7月16日，配合省扶贫办和省司法厅开展《湖南省农村扶贫开发条例》修订调研，进言献策。8月30日，省司法厅傅莉娟副厅长带领省司法厅立法处相关人员到宁远县考察省政府基层立法联系点的选址工作，确定宁远县人民政府作为省政府的基层立法联系点。建设法治政府。牵头组织各部门梳理保留证明事项清单及推行证明事项告知承诺制，继续深入推进行政执法“三项制度”改革，组织开展专题培训，完善执法人员资格管理制度，办理涉改单位执法人员流动后执法证换证1253人次。10月15日—23日，组织全县43个单位939名考生在县三中参加全省2020年行政执法人员执法资格电子化考试，是全省参考单位和参考人数最多的县。开展2020年案卷评查工作，在市场监管、生态环境、农业农村等12个部门中抽取各类执法案卷72件，其中行政处罚64件、行政许可案卷8件，邀请重点领域执法部门工作人员、政府法律顾问等组成评查组，进行集中评查和交叉评查。

加强规范性文件管理，2020年，开展文件合法性审查52件，提出意见建议160多条；分别开展涉市场公平竞争领域、涉野生动物保护领域、涉民法典精神、原则和规定不一致的规范性文件专项清理工作，协调指导村规民约的清理和法制审核工作。全面执行合法性审查制度，司法局共审查政府合同86份，提供法律意见书88份；积极办理行政复议和指导重大行政诉讼案件应诉案件，收到行政复议申请11件，其中受理6件，维持原行政行为1件、调解结案1件，办理行政应诉案件4起，联合县检察院共同办理行政复议调解案件1件。9月11日，省委依法治省办成员、省司法厅一级巡视员唐世月率调研组到宁远调研依法治县工作，先后实地考察汇盛鞋业有限公司、莲花山法治公园、县人民检察院、县司法局等地，对宁远县全面依法治县、法治政府建设、法治化营商环境等法治建设的开展情况给予充分肯定。

【普法工作】 2020年，宁远县司法局争创全国“七五”普法先进县。以创建全国“七五”普法先进县为工作重点，做好迎接全国全省“七五”普法考核验收相关工作，6月30日召开迎接全省“七五”普法考核验收动员会议，分解任务，统筹推进。10月8日，省委全面依法治省委员会办公室对“七五”普法工作进行验收，对宁远县“七五”普法工作给予充分肯定。抓好重点对象学法用法。分别制定年度学法计划，各乡镇、县直各单位制定党委（组）集中学法计划、干部职工年度学法计划；举办各类学习十九大、《中华人民共和国民法典》和习近平讲话精神培训班，2020年组织全县53名县处级干部和13472名国家工作人员参加无纸化普法学法。全县中小学邀请法治副校长不定期为中小学上好道路交通安全、预防校园欺凌等不同主题的法治课，全面提升青少年的法治意识。组织干警送法进校园，开展法治报告会20场，法治授课20次，受教育青少年800余人次。大力实施“法律明白人”培养工程，各乡镇利用各类培训完成村“两委”干部的宪法、土地流转、环境保护、社会治理等与生产生活密切相关的法律法规和党内法规培训。全年培养农村“法律明白人”380名。法治文化内涵提档升级。拓展升级法治文化阵地，投入100多万元对莲花山法治文化公园进行巩固提升，将社会主义核心价值观和舜德文化融入法治公园元素之中。建立民主法治示范村（居）动态管理机制，对全县14个民主法治示范村（居）建设情况进行全面梳理，顺利完成市检查组的实地复核。不断丰富法治宣传教育平台。结合各种主题宣传日开展法治宣传咨询活动，组织各类型法律宣传活动50场次，设立宣传台60多个，悬挂横幅300多条，各类法治宣传展板20余套，发放各类宣传资料15万余份，受教育人数达20万人次。2020年在电视台开办《法治宁远》普法专栏，制作播放法治普法专题节目8期，“宁远司法行政”微信公众号信息每天更新推送普法内容3篇。深入开展新法规宣传活动。成功开展以“加强法治乡村建设，助力决胜脱贫攻坚”为主题的“农村法治宣传教育月”活动，在全县范围内深入开展“法律八进”活动。针对疫情防控、优化营商环境、农民工权益维护等重大决策部署开展普法宣传活动；结合各类主题日、纪念日、活动日等重要时间节点，重点宣传宪法、刑法、社区矫正法、治安管理处罚法、刑事诉讼法、禁毒法等法律法规。落实《关于完善国家工作人员学法用法制度的意见》，推进尊法学法守法用法。深入开展《中华人民共和国民法典》学习宣传活动，免费向机关单位、景区宾馆、农村社区赠送《中华人民共和国民法典》1万册。

【公共法律服务】 2020年，宁远县司法局践行司法为民，提升法律服务质效。提升公共法律服务体系建设，重点调整、改进镇、村两级实体平台建设思路办法。乡镇（街道）公共法律服务工作站、社区（村）公共法律服务工作室建成率全面建成。深化“一村（社区）一法律顾问”工作，拓展服务领域和方式，出台《宁远县村（社区）法律顾问工作考评办法（试行）》，选取61个村（社区）作为示范点，律师下村开展法律服务工作，并将全县422个村（社区）法律顾问的个人信息、联系电话、服务范围等，通过张贴宣传单、发放联系卡等方式进行公示，做到家喻户晓。建立法律顾问微信群，推行“在线法律顾问”模式，增强工作效果，为群众免费代理民事诉讼4件，参加矛盾纠纷调解21件，接受法律咨询200余次，有力地推动“法治宁远”“平安宁远”建设。充分发挥律师、基层法律服务工作者职能作用。进一步加强和规范法律服务执法执业市场管理，组建律师志愿者队伍提供法律服务，选派优秀律师担任县政府和村（社区）法律顾问，持续激发律师行业党组织的主动性、创造性。宁远县党员律师为社会维稳、疫情防控、旧城改造、普法依法治理、精准扶贫、人民调解、企业复工复产、农民工讨薪等中心工作积极提供法律服务，累计义务解答法律咨询880余人次，提供法律援助55人次，参加法治宣传教育活动28次，举办法治讲座19场，实现党建和业务联动推进，良性互促，为宁远经济建设提供优质高效的法治保障。加强司法鉴定和公证监管。圆满完成司法鉴定机构和鉴定人的清理整顿工作，进一步规范执业秩序。公证处进驻县政务中心，拓展公证业务，为贫困家庭、企业减免公证服务费用，办理各类公证2029件。切实做好法律援助便民服务。实现法律援助“一件事一次办”和“法律援助网上办”，继续扩大法律援助覆盖面，实现应援尽援、应援优援，实现刑事案件律师辩护全覆盖、农民工讨薪全覆盖，办理法律援助案件328件，其中受理民事案件153件，受理刑事案件175件，涉及农民工97件，为民工讨薪300余万元，妇女52件，残疾人27件，老年人28件，未成年人120件。助推疫情防控和经济社会发展。疫情防控期间，开展送法入企活动，联系口罩供应商，寻找购买口罩的渠道，通过短信、微信、公众号等渠道，发布企业招工信息，助力企业正常有序复工复产；组织律师、工作人员、“法润三湘”志愿者，成立新冠肺炎疫情防控法律志愿者服务队，活跃在全县街道社区、乡镇农村、车站周边、企业工厂，宣传依法防控，调处邻里矛盾，为困难群众和工厂企业复工复产免费提供法律服务，为居民群众测量和登记体温，为疫情防控工作奉献法治力量。舜源泽律师事务所在全市率先作出承诺，对4名出征湖北的逆行者提供3年免费法律服务，对全县170余名抗疫一线医护人员提供1年免费法律服务。

【社区矫正和安置帮教】 2020年，宁远县投入180万元建成宁远司法行政指挥中心，将“智慧矫正”系统融入其中，抓实社区矫正“规范化、社会化、信息化、一体化”建设，强化社区矫正领域风险防控，在全县范围内深入学习宣传贯彻《中华人民共和国社区矫正法》。全年接受有关机关委托开展适用社区矫正调查评估71例，全县接收社区矫正对象303人，解除矫正333人，提请撤销缓刑4人，在册社区矫正对象419人，无一人因脱管漏管而导致重新违法犯罪，实现“零脱管漏管、零负面舆情、零恶性案件”目标。建立公益活动基地1个，全县累计组织开展集中教育学习63场次，进行个别教育236人次；开展心理辅导57人次；建成就业基地1个，协调有关部门开展技能培训16人次，协助就业或就学22人次；落实低保1人次。着力提高安置帮教水平。在疫情防控时期，做好刑满释放人员的安置帮教工作，把好“衔接关”“安置关”“帮教关”。强化“无缝衔接”措施，落实刑满释放人员必接必送制度，全年“无缝衔接”刑满释放人员196人，落实安置和教育帮扶。

【人民参与和促进法治】 2020年，宁远县司法局深化社会治理，维护和谐稳定。不断提升社会矛盾纠纷防范化解实效。继续继承发扬“枫桥精神”，健全矛盾纠纷多元化解机制，与法院和信访局分别建立“访调对接”和“诉调对接”两个机制，充分发挥人民调解“第一道防线”的作用，不断加大矛盾纠纷排查调处力度，2019年11月至2020年12月，调委会调解矛盾纠纷2331件，成功2322件，其中复杂疑难案件248件，调解率100%，成功率99.6%。全县的专业性行业性调委会，交调委调处445件，婚调委175件，医调委调处25件，流动调解庭5件，旅调委调处2件。全县所有调委会调解纠纷2983件，调解成功2974件，成功率99.6%。全力参与“扫黑除恶”专项斗争。及时发现并报告黑恶势力犯罪案件线索，向县扫黑办提供线索1条。全面开展村规民约和居民公约法制审核工作。审查村规民约422份，提出法律意见230条。

【队伍建设】 2020年，宁远县司法局加强理论学习，提升思想认识。以深入贯彻《中国共产党政法工作条例》为主线，提出抓好政治建警、制度建警，把意识形态工作纳入学习内容，抓好干部职工思想教育和理论学习，取得一定成效。引进研究生人才1名，培养入党积极分子2人，发展对象2人。提高政治站位，强化政治思想教育。坚持党对政法工作的绝对领导，强化党建引领，抓实“三会一课”、集中学习、主题党日活动常态化。以党建工作为抓手，着力提高队伍的政治素质。落实“学习强国”学习制度，实行学习情况日通报制。突出规范管理，加强制度建设。先后出台《请销假制度》《协警管理制度》《奖惩制度》《司法所考核制度》《人民调解工作考核制度》《矫正工作考核制度》等十余项管理制度，注重平时督查与年终检查相结合，注重制度落实，用制度管人、管事。抓好中心组学习，加强意识形态工作。围绕党章党规、常态化疫情防控、党委（党组）意识形态工作责任制、《中国共产党宣传工作条例》、精准扶贫、《政法工作条例》、禁毒、十九届五中全会会议精神、全面依法治国工作会议、《习近平谈治国理政》第三卷、习近平总书记考察湖南重要讲话精神等内容组织中心组学习12次。

【党风廉政建设】 2020年，宁远县司法局狠抓整改落实，配合做好巡察工作。2019年9月26日至11月27日，县委第二巡察组对司法局党组开展为期2个月的常规巡察。2020年3月2日，巡察组对巡察情况进行反馈。7月15日县委第五考察组对司法局领导班子及成员进行政治建设和政治生态情况进行考察研判。局党组对巡察组反馈的7个方面27个问题、政治建设考察反馈的4个方面问题逐一整改，全部整改完成。聘请宁远九嶷山联合会计师事务所对公证处进行财务审计，对公证处的财务管理进行全面整顿规范，对原公证处主任进行免职处理。建立健全各项规章制度。完善落实“三重一大”事项集体决策制度，坚持定期不定期进行公开，加强对权力运行的监督；针对本单位、本部门重点岗位、重点环节建立健全预防腐败制度，修订《机关财务管理制度》，深化资金专项管理，建立长效机制，重点监管“三公”经费支出，严禁公款旅游、超标准接待和违反规定发放津补贴，做好财务公开；严格执行公车管理有关规定，严禁公车私驾、公车私用。狠抓作风建设，打造忠诚干净担当干部队伍。完善考勤、请销假、外出报备制度，突出制度执行，强化制度约束，做到常抓常管常严。开展正反典型案例警示教育活动。组织党员参观舜帝陵廉政文化教育基地、司法局党员干部教育警示基地和九嶷山乐天宇生平事迹陈列馆接受廉政教育；赴汝城沙洲村“半条被子故事发生地”、桂东沙田镇“第一军规颁布地”和蓝山土市新村“一块门板的故事发生地”传承红色文化基因；观看《叩问初心》《忠诚与背叛》《迷失的初心三》《亮剑》等警示教育片，做到党纪法规牢记心中，不碰底线不触红线。强化责任担当，严格落实党风廉政建设责任，把党风廉政建设责任落实到实处。局党组对班子成员和中层干部进行廉政提醒、廉政例行谈话36人次，不定期开展作风督查，下发作风通报5期，对发现问题突出的司法所进行通报批评，对司法所负责人进行约谈，对违反工作纪律的工作人员通报批评并扣发绩效奖。

（彭平胜　邓　昀）

军　事

宁远县城莲花山公园附近（李文/摄）

人民武装

【概　况】　2020年，宁远县人武部在永州军分区和县委、县政府坚强领导下，贯彻落实习近平主席新形势下强军思想，坚持强化责任担当，坚持政治强军、改革强军、科技强军、人才强军、依法强军，积极参与地方建设，各项工作稳步有序推进，单位全面建设呈现良好发展态势。被省军区评为先进人武部、军事训练先进单位，被军分区评为征兵工作先进单位。

【思想政治建设】　2020年，宁远县人武部巩固深化“不忘初心、牢记使命”和“传承红色基因、担当强军重任”两项主题教育，利用“学习强国”“军职在线”等平台，推动学习常态化；利用民兵集中轮训和专武干部集训时机，通过部领导授课讲解、集中讨论交流、发放资料等，夯实广大民兵预备役人员的思想根基。定期开展思想形势分析和作风纪律教育，组织观看教育警示片，贯彻落实各级关于作风建设的通知精神，反对和克服形式主义、官僚主义，大力整治“四风”问题。

【主责主业】　2020年，宁远县人武部深化民兵调整改革。先后召开党委会、部署会、推进会，邀请县委书记和相关县级领导到会指导，将国防动员、民兵整组工作纳入政府绩效考评。严格对标对表落实各类人员编组比例要求，军地协同督查督导，优化结构，编实队伍，圆满完成基干民兵整组任务。狠抓战备训练落实。召开专题党委会，学习领悟习近平主席备战打仗的战略意图，调整修订各类战备方案，组织经常性战备演练。组织战备拉动演练、军地联合防汛救灾和夜间拉动演练、营区防卫演练，开展专武干部集训和业务培训，高标准完成军分区下达的基干民兵年度军事训练任务，选送基干民兵参加永州市民兵新质力量比武并取得较好成绩。征兵工作成效明显。利用春节大学生返乡和毕业大学生就业“春风行动”、志愿填报、高考等时机，通过搭建征兵宣传站，现场发放宣传资料、播放宣传影片、设置宣传展板、面对面解读政策等多种方式进行宣传发动，严格体检、政审标准，狠抓兵员质量。圆满完成新兵入伍任务。国防教育氛围浓厚。贯彻习近平主席关于“加强国防教育”重要指示精神，结合宁远实际，创新教育方式方法，通过依托九嶷山国防教育基地，在全县中小学校开展国防教育暨军事体验研学活动，组织开展国防教育授课比赛、演讲比赛、专题文艺晚会、观看红色影片、国防教育日配套活动等方式，提升国防教育实效。

【全面建设】　加强星级达标建设。联合县委组织部、县人社局印发《宁远县基层人民武装部全面建设星级达标建设活动实施方案》，明确将考核结果作为党管武装绩效考评和考察识别干部的重要依据。通过议军会，协调县财政局安排专项资金保障，在文庙街道试点，打造样板工程，组织观摩活动，示范引领，推进基层阵地建设，在年底省市考核验收中，创建五星级基层人民武装部1个、四星级3个。全力推进人武部正规化建设。把正规化建设纳入党委重要议事日程。组织全体干部职工认真学习“四个秩序”规范，在学习中明规章，在规范秩序中落实各项规章制度。及时向县委、县政府汇报正规化建设存在的困难，对篮球场进行重新改造，在安保分队建立1个文化活动中心，对人武部营院围墙加装安防监控和门禁系统改造。严格落实安全管理规定。组织学习宣传贯彻《军队安全管理条例》，按照从严治军要求，围绕省军区关于安全工作“三个不能出”目标，紧盯关键要素，强化制度刚性落实，突出隐患排查和问题整改，加强日常安全管理和重要目标管控，开展安全行车整治和教育，严格落实车辆派遣和枪支弹药管控要求。开展疫情防控工作。新冠肺炎疫情发生后，第一时间成立领导机构、多手段多渠道加大宣传力度、发布疫情防控倡议书、发放疫情防控小手册和生活防疫物资，形成县、镇、村三级联防联控，上下联动的防疫常态化模式，确保单位高度安全稳定。

【党管武装】 宁远县委、县政府在全省新建县级民兵训练基地，于2019年4月投入使用。2020年，投入专项经费保障湖南省军事行动演练任务。县委、县政府在随军家属就业、转业干部安置、职工招录方面给予关心关怀，2020年议军会提出的所有问题，县委政府照单全收、全部解决，体现很强的政治意识和责任担当。基地建成后，县人武部先后承办永州军分区正规化建设暨群众性练兵比武活动现场会、民兵训练基地情况介绍会，举办“公安大练兵”，多警种联动、军警民联合，民兵训练基地影响力迅速提升，吸引两广、湖南22家友邻单位到基地参观学习。2020年，宁远县作为县区唯一代表就民兵训练基地建设在全省作先进典型发言。县人武部牢固树立宗旨意识，带领民兵预备役人员积极参建参治、抢险救灾、扶贫帮困，努力在地方经济社会建设中发挥作用。全年出动民兵参加疫情防控、义务植树1次、助民劳动1次，抢险救灾2次，安排联系乡镇开展精准扶贫。

【承办永州市军地联合防汛应急演练活动】 2020年4月14日，宁远县承办永州市军地联合防汛应急演练，120余名官兵参加。此次演练专门设点在常年易发洪涝地区——清水桥镇晓睦塘村马栏背水库开展实地演练，设置紧急疏散群众、医疗救护、道路清障、救援装备展示、孤岛救援、水上救生6个科目，还特别增设晚间应急拉动演练，充分检验基干民兵、防汛应急队伍快速集结出动、应急保障和处突能力。

【承担省军区首长带机关人员要地勘察任务】 2020年7月7日，省军区带队到宁远县开展要地勘察活动。先后对九嶷山和民兵训练基地进行实地考察。县委副书记、县长唐何陪同考察。

（周安娜）

武警宁远中队

【概　况】 中国人民武装警察部队湖南省总队永州支队执勤二大队宁远中队（简称武警宁远中队），于2018年1月1日武警部队新编制体制改革后调整改称，中队位于宁远县桐山街道祥文福肖家村监管中心内。2020年，武警宁远中队以新《基层建设纲要》为依据，紧跟三级党委扩大会议暨基层建设会议决策部署，认真落实年度工作计划，把握疫情期间部队建设特点规律，精心谋划、精细落实，稳字当头、实字为要，凝心聚力保一致、保中心、保稳定，推进部队全面建设，狠抓各项工作落实，实现年度工作稳步推进。中队党支部被武警湖南总队评为2020年先进基层党组织。

【抓实备战】 2020年，武警宁远中队狠抓主责主业谋打赢。抓实战备工作。刚性落实执勤方式优化改革相关内容，大力纠治官兵执勤“常见病”“多发病”，确保执勤工作安全无事故。严格落实“3+1”战备力量编成，常态化组织战备拉动演练，保持良好战备状态。11月15日，中队在宁远县戒毒所东完成一起扑灭山火事件。严格按纲施训。中队着眼新《大纲》规范要求，刚性执行军事训练“八落实”和“六种组训模式”，坚持任务导向，紧紧抓住体能训练这一基础，扭住干部骨干这一重点，突出训战一致这一原则，重点加强重难点训练，涌现一批训练典型。支队勤训轮换，中队士官1人取得士官总排名第3名、义务兵1人取得义务兵总排名第7名，中队参加支队保障力量大比武取得团体第4名。树牢备战导向。严格落实训练奖惩有关规定，设立军事训练龙虎榜，配合组织“创纪录、当尖兵”活动，表彰训练尖子，在“双争”评比、入党、士官选晋、推荐考学等问题上优先考虑，释放出“训练有功、训练有为、训练有位”的强烈信号。

【强基固本】 2020年，武警宁远中队注重从强化基础入手，推进年度工作稳步开展。在抓学习中谋好篇。抓好三级党委扩大会议暨基层建设会议精神和“两会”精神传达学习，开展“深入学训词、奋斗决胜年”专题教育、“传承红色基因，担当强军重任”主题教育，采取多种方式浓厚学习氛围，做好实践转化，加强与宁远县文旅广体局联系，协调组织“百场电影进军营”“文化活动服务月·欢乐送军营”等活动，完成宁远县图书馆驻武警中队流动服务点的筹备建设，与宁远县文化馆建立兴趣爱好培训班合作机制，充分发挥军民融合效益，丰富官兵生活。在辨形势中定好位。开展按纲建队形势分析，结合基本队情，对标“三个过硬”标准，厚实中队内涵底蕴。积极研判疫情影响，深入分析新兵第二适应期，坚持抓细抓小抓实，带着感情工作，做好一人一事思想工作，积极解难帮困，把思想政治工作做稳妥、把安全管理工作做扎实。在强能力中奠好基。开展新《纲要》《正规化管理若干规定》的学习，采取“干部领学、骨干带学、个人自学”方式，对标对表新内容，努力提高中队按纲抓建和正规化管理水平。狠抓精细化管理，压实各级责任，从严规范“四个秩序”，常态落实安全工作“八个规范”，逐步解决组织功能弱化、思路不清、标准不高等问题。中队被武警湖南总队表彰为暑期百日安全竞赛活动优胜单位，2人被总队通报表彰。

【疫情防控】 2020年，面对新冠肺炎疫情，武警宁远中队精确部署。及时成立中队疫情防控领导小组，坚持主官主抓、上下联动，中队积极谋划部署，压实责任，主动作为，加强与目标单位的通联，及时准确掌握疫情动态，建立联防联控和应急机制，成功应对一起看守所疑似病例突发情况。精准摸排。在支队配发医疗物资基础上，根据实际需要，积极克服困难，充实防疫物资准备，增强打赢疫情防控阻击战的底气。精细管理。认真落实防疫相关制度规定，加强四类人员（在队人员、休假人员、归队人员、发热人员）和六个重点环节（体温测量、外来人员车辆、副食品配送、营区环境消杀、哨位防疫、隔离点）管控，实现“努力做到不传入，确保实现不蔓延、不扩散、不亡人”目标。

（李章继）

人民防空

【概　况】 宁远县人民防空办公室是县国防动员委员会的常设办事机构、县政府人民防空工作主管部门。2019年3月，政府机构改革时，县人防办与县住建局合署办公，实行一套工作机构、两个机关名称。2020年，县人防办被市人防办评为安全生产先进单位。

【指挥通信】 2020年，宁远县人防办组织修订《宁远县人民防空方案》，编制城区警报规划布局图。增加安装防空警报器，分别于4月4日上午纪念因感染新冠疫情而逝世的同胞、11月1日全省警报试鸣日发放防空警报信号，确保全县警报音响覆盖率100%、完好率100%、统控率100%。8月，人防专业队参加省军区组织的保交护路演习，确保人防指挥通信顺畅。

【行政审批】 2020年，宁远县人防办按照“互联网+政务服务、一网、一门、一次”的要求，严格落实“应建必建、应收尽收”规定，优化窗口办事流程，简化办事环节，提升政务服务效能。全年审批建设项目，按要求收缴人防易地建设费和追缴人防易地建设费。

【人防工程】 2020年，宁远县人防工程项目竣工并投入使用，消除全县“零结建”情况。市重点建设项目县人防指挥中心完成立项、选址，土地划拨等手续，正启动图纸设计工作。

【宣传教育】 2020年，宁远县人防办按照人防宣传教育“五进四化”要求，8月，组织学校新训学生约5000余人开展校园防空防灾疏散演练，发放《现代防空防灾》知识读本1000册，让学校师生了解识别防空防灾警报信号方法，基本掌握应急疏散和自救互救技能；组织以“巩固国防、加强人防”为主题的人防杯排球赛；组织首届“人防杯”书法赛，并将优秀奖17幅、入展奖63幅获奖作品制作成宣传图册进行发放；在县城核心区域（帝景湾河边广场）建成首个人防宣传教育基地，把人防教育融入公共文化服务体系，融入市民日常文化生活，使市民在休闲、健身、娱乐的同时，了解人防知识，提升国防观念和人防意识。

【行业整治】 2020年，宁远县人防办认真落实全省人防系统行业整治工作部署，清理2013年以来所有报建项目收取欠缴人防易地建设费。人防办主动作为、多方协调、上下联动、共同发力，确保所有问题项目按期清零。

（陈先辉）

综合经济与管理

宁远县城一角(陈顺兴/摄)

发展和改革

【概　况】 1954年，宁远县设立计划统计科，管理和编制工、农业生产和商品流通计划。1955年8月，设县计划委员会，主管全县经济计划工作。1968年3月，与科委等机构合称计划科技组，于同年12月撤销。1969年5月设计划统计组。1973年7月复称计划委员会。内设办公室、劳动工资组、统计科。1979年4月，设立劳动局。1980年，设统计科、物价科。1983年，机构改革，统计科、物价科分出设局。1987年4月，设经济信息中心。1995年，增设以工代赈办公室。1995年6月，计委与物价局合并，组建计划物价局。11月，又分设计划委员会、物价局。2002年3月，计划委员会更名为发展计划委员会，物价局并入，保留牌子，内设办公室、综合法规办、项目投资管理办、纪检监察室，编制17人。2004年，更名为发展和改革委员会，内设机构未变。2015年12月，因职能转变，物价局整体并入发改委，设立发展和改革委员会，为县人民政府工作部门。县发展和改革委员会对外可使用县物价局名称开展工作。内设办公室、综合改革规划股（加挂县国民经济动员办公室牌子）、法规股（加挂县公共资源交易管理委员会办公室牌子）、固定资产投资股、农村经济股、社会发展股、价格收费管理及调控股（加挂县价格成本调查队牌子）、价格监督检查股（对外称宁远县价格监督检查局，同时加挂价格举报中心牌子）。设立所属事业单位县重点建设项目办公室、县价格事务中心（加挂县价格认证中心牌子）。2019年4月，机构改革，优化县发展和改革委员会职责。将县商务和粮食局的粮食行政管理、重要消费品储备管理职责，县民政局的救灾物资储备管理职责，以及其他部门的物资储备管理职责划入县发展和改革委员会，县发展和改革委员会更名为县发展和改革局，对外加挂县粮食和物资储备局牌子。内设办公室、综合改革规划股、法规股（加挂县公共资源交易管理委员会办公室牌子）、固定资产投资股、行政审批股、农村经济股、社会和财贸股、工业和高技术发展股、能源股和基础设施股、资源节约和环境保护股、价费管理及调控股、粮食行业管理和执法监督股。设立所属事业单位县重点建设项目服务中心、价格认证和监测中心、粮食和物资储备中心、政府投资项目评审中心。2020年，全局编制69人，在编在岗49人。2020年10月，宁远县被评为全国“十三五”易地扶贫搬迁工作成效明显县；获评全省光伏扶贫工作先进集体；在全市产业项目建设现场会上作典型发言；绩效考核、精准扶贫等11项工作获县先进单位。县发改局副局长、易地扶贫搬迁联席办主任蒋全被评为全国“十三五”奋进易地搬迁干部。

【规划编制】 2020年，宁远县发改局编制完成《湘南湘西承接产业转移示范区宁远发展规划》《宁远县乡村振兴战略规划（2018—2022年）》《宁远县物流产业发展规划》《宁远县关于促进现代物流业加快发展的若干政策措施》。高质量完成《宁远县国民经济和社会发展第十四个五年规划纲要》的编制，确定“十四五”期间宁远经济和社会发展的指导思想、发展定位和发展目标，谋划372个拟实施的重大项目，为宁远未来五年的发展描绘宏伟蓝图。

【跑项争资】 2020年，宁远县谋划包装项目150个，全县向中央和省争取项目542个，到位资金20.22亿元，其中非政策性项目246个，争取资金总额15.89亿元；政策性项目281个，政策性资金到位18.05亿元。其中发改口争取项目19个，下达指标2.489亿元，资金到位2.489亿元，项目开工率100%；2020年专项债券到位资金6.89亿元，抗疫特别国债1.03亿元；五个平台公司融资到位资金15.043亿元（不含专项债券）。

【产业项目】 2020年，宁远县入选省重大产业项目1个，市重大产业项目22个，年度计划投资37.5亿元，全年完成投资56.3亿元，占年度计划的150.1%。列入市重大产品创新项目3个，总投资2.86亿元，年计划投资1.1亿元，全年完成投资1.46亿元，占年度计划的133%。列入市重大科技创新项目3个，总投资2.31亿元，年计划投资1.27亿元，全年完成投资1.63亿元，占年度计划的128%。年度计划引进500强企业2家，成功签约“三类500强”企业3家，超额完成年度计划任务150%。制定宁远县人才引进优惠政策，在薪酬待遇、职称评审、项目立项、税费减免、家属随调随迁、子女入学、提供住房保障等方面给予优惠，对带项目、带技术、带成果到宁远县落户的创新创业团队提供100万—600万元资金资助。年度计划引进重大科技人才3个，引进海南大学材料科学与工程学院陈永博士、中国科学院大学温州研究院何晓俊博士、钱宇娜博士，完成全年人才引进任务100%。

【重点项目】 2020年，全县安排县重点项目172个，其中新建项目53个，产业项目88个。全年开复工项目165个，完成固定资产投资141亿元，占全县固定资产投资的87.57%。31个市重点项目，全面开复工，完成投资63.44亿元，占年度计划投资的114.1%，进度好于预期。全年先后组织参与6次省市重大项目“双月”集中开工和签约仪式，集中开工项目31个，完成投资24.8亿元，集中签约项目29个，合同引资99.26亿元。

【重点改革】 2020年，宁远县发改局驻政务中心行政审批窗口办结企业备案、企业核准、政府审批事项336个，涉及资金483.6641亿元。审批项目比2019年增加136个，涉及资金增加162.84亿元。加强“互联网+政务服务”对接，认领权力清单25项、权责清单25项、“一件事一次办”2件，填报率、质检通过率、发布率均为100%。全面实现投资项目“一窗告知、一站受理、一网办结、并联审批、一项一码、限时办结”，做到系统之内及时公开，系统之外无审批。网办率85%以上、审批时间精减90%以上、审批材料减少50%以上。进一步推动信用体系建设，录入“信用永州”的数据979条，其中行政许可类132条，处罚类8条，信用承诺182条，信用核查203条，信用奖励反馈7条，信用信息发布5条，信用制度发布2条、行业信用评价170条、企业备案132条，政府审批录入138条。

【疫情防控】 2020年，宁远县发改局在新冠肺炎疫情期间对各类市场进行价格监测，对特殊防疫物资进行价格备案销售。对疫情防控物资生产企业生产经营所需的水、电、气等，实施“欠费不停供”政策措施。执行计收电费按原到户电价水平的95%结算的政策措施，对1.7万户一般工商业用户减轻电费负担852万元。落实非居民用气价格降低0.04元/立方米减税降费政策规定，对21家非居民用户累计减少费用3539.32元。做好阶段性价格临时补贴工作，发放阶段性价格临时补贴39.5万人次，资金2160余万元。

【脱贫攻坚】 “十三五”期间，宁远县投入12.8亿元，建设易地搬迁安置房42万平方米，搬迁4181户、17493人，搬迁户100%稳定脱贫。2020年，宁远县采取一系列举措，大力推进精准扶贫，进一步巩固脱贫成果。强化政策供给。制定《关于进一步做好易地扶贫搬迁后续工作的实施意见》《关于进一步做好易地扶贫搬迁后续工作的若干意见》《宁远县易地扶贫搬迁集中安置区党支部（管委会）工作职责》等后续配套文件，进一步补充构建全县易地扶贫搬迁后续管理“四梁八柱”的政策制度体系。住房安全质量、拆旧复垦复绿问题清零。对全县27个集中安置点摸排出的存在问题进行点对点交办，责令乡镇（街道）对拆旧复垦复绿复核验收中发现的问题全面整改清零。乡镇（街道）针对国家、省、市各类巡查、检查中交办问题举一反三，进行全面排查。保障后续帮扶。通过落实对接帮扶、大力发展现代农业、新型工业和旅游服务业等措施，实现易地搬迁户就地就近就业、增产增收。全面评估核查。组织开展“十三五”易地扶贫搬迁全面评估核查工作，评估全县20个乡镇（街道）27个集中安置区，评估验收率100%。“易地扶贫搬迁”工作于2020年8月顺利通过国家发改委全面评估核查，国家发改委核查组认为宁远县对易地扶贫搬迁政策研究透彻，落实到位，安置区配套设施齐全，管理规范细致，后续帮扶扎实有力，搬迁群众满意度高，工作成效明显。

【粮食安全】 2020年，宁远县粮食种植面积稳定在71.48万亩，比2019年增加0.9万亩。全县优质稻面积51.2万亩，产量22.8万吨，分别比上年增加0.6万亩，0.9万吨。全县储粮点27个，能完好储粮的有8个，有效仓容15000吨。完成县级储备粮轮换任务2800吨。为缓解仓容紧张问题，自筹资金4000万元在水市镇058县道旁新建粮食储备和应急配送中心，建设完工后，将新增仓容2.5万吨。启动最低收购价收购模式，加快粮食销售出库和腾库并库工作，投资75万元为禾亭、柏家坪等储粮仓进行升级改造并配置收购设施。常年开展各级储备粮管理监督检查，不断提高企业保粮水平，确保粮食储存安全。坚持开展节日期间粮油市场专项检查，不断规范粮油经营行为。夏秋两季开展粮食收购市场联合执法检查，查处无证收购、掺杂使假等违法收购行为。主动协调农业发展银行和其他金融机构，落实政策性粮食收储、轮换等资金，解决农民“卖粮难”问题。

【保供稳价】 2020年，宁远县发改局配合市监局开展转供电主体专项检查，责令退还多收电费26.7万元，立案查处2家转供电企业，罚款11.8万元；完善全县乡镇污水处理收费政策和征收管理制度，会同财政、城管、水务集团召开2次会议进行论证，经政府常务会审议，确定农村污水处理费标准为居民生活用水污水处理费0.85元/立方米，非居民生活用水污水处理费1.2元/立方米，特种用水污水处理费1.2元/立方米；进一步规范学校收费标准，在各学校收费公示栏公示教辅材料品种及价格，开展全县普惠性民办幼儿园认定工作，对全县申报的民办幼儿园进行评估认定。启动定价程序，对全县城乡公交和农村客运进行摸底。

【农网改造】 2020年，宁远县新建、改造10千伏线路137.50千米，新建、改造220—400伏线路196.235千米，新增、改造配变电121台/23160千伏安，涉及54个行政村、11个县城台区、26条10千伏线路改造项目，动态概算投资为5945万元。农网升级改造按计划于12月底基本完工，2021年1月全部竣工投运。

【前期能源】 2020年，宁远县开发储备“十四五”能源电力领域重大项目30个，计划投资100亿元以上。九嶷河水源地治理项目、泠江河综合治理项目、鲁观45兆瓦风电场项目、工业园屋顶40兆瓦光伏发电项目、全县村级集体（户用）屋顶光伏发电项目等项目取得重大进展，其中2个光伏项目当年立项当年投资建设，年内完成投资额在2亿元以上。对全县41座小水电站清理摸排，对其中9座未办理立项审批手续的小水电站进行行政执法，处罚到位并补办立项手续。加强华电梅岗风电场项目、太平五里坪渔光互补光伏发电项目、全县分布式光伏发电项目、工业园屋顶光伏项目等项目的协调服务，配合投资企业年内处理项目用地、用工、施工矛盾纠纷等方面的问题40起，为项目顺利推进实施打下良好基础。

（张才华）

审计管理

【概　况】 1984年，宁远县审计局成立，内设行政事业审计股和财金贸易审计股。1985年，增设办公室，财贸审计股改为工业企业审计股。后工业企业审计股分为工交基建审计股、财经贸易审计股。1989年，增设内审、社审股。至此，审计局内设股室为一室四股。1991年，新增农业水利股、法制法规股，内设股室扩大为一室六股。1993年，复改为一室四股。1998年至1999年，分别增设乡镇财政审计股、经济责任审计股。2002年，内设办公室、经济责任审计股、行政事业外资审计股，财政金融企业审计股，法制基建审计股。2003年12月，内设办公室、法制股、财政金融审计股、行政事业审计股、经济责任审计股、企业外资股。2018年，审计局有内设机构8个：办公室、经济责任审计室、财政金融审计股、行政事业审计股、企业外资审计股、固定资产投资审计股、审计技术法规股、审计执行股。2019年，县审计局职责和机构编制进行调整，设宁远县审计委员会办公室，新设政策跟踪和重大项目稽查审计股、财政预算监督检查股，企业外资审计股更名为经贸审计股，县政府投资审计中心更名为县审计事务中心。调整后，审计局内设机构10个：办公室、审计执行股、审计技术法规股、经济责任审计室、财政金融审计股、行政事业审计股、固定资产投资审计股、经贸审计股、政策跟踪和重大项目稽查审计股、财政预算监督检查股。设下属两个机构：县审计事务中心，县审计技术服务中心。2020年，审计局有在职干部职工37名。

【审计工作】 2020年，宁远县审计局开展审计项目103个，完成审计项目103个，审计查出管理不规范金额14823.97万元，违规金额103.36万元，归还原渠道资金36.40万元，增收节支4481.95万元，向被审计单位提出意见建议100余条。其中，完成政府投资审计项目80个，审计金额13.07亿元，在财政评审的基础上核减工程价款3730.93万元。配合省、市、县巡视巡察、财务清理、财务检查、专项审计抽调16人次，进行各类审计40余次，为规范财政预算管理、深化财税体制改革、提高财政资金效益发挥重要作用。

【预算执行审计】 2020年，宁远县审计局组织实施2019年度县本级财政预算执行及其他财政收支情况审计，对县住房和城乡建设局、县交通管理大队2个单位的部门预算执行进行延伸审计。查实县本级预算编制管理、预算执行和财政管理方面存在年初预算编制欠科学、欠合理、部分单位未按规定编制政府采购预算、非税收入征收管理局未及时清理待查收入972.32万元、存量资金未及时收回财政3600.43万元、往来账款未及时清理5146万元、专项指标结余较大、未充分发挥资金使用效率等问题；部门预算执行方面存在部门预算收支与实际收支相差较大、部分支出未细化到具体项目、预算调整不及时、超预算列支三公经费4.83万元、往来账款未及时清理996.22万元等问题。提出进一步完善全口径预算编制、加强专项资金整合管理、提高资金使用效益的审计建议，县人大常委会给予肯定。

【经济责任审计】 2020年，宁远县审计局完成任期经济责任审计项目11个，对11个单位的13名主要负责人进行任期经济责任审计。发现超预算列支三公经费31.82万元、违规支出0.56万元、专项资金使用不规范153.67万元、白条抵库80.26万元、违规发放补助19.42万元、采购商品物资23.86万元未办理政府采购手续、结转两年以上存量资金26.06万元未及时收回财政、往来账款未及时清理2343.17万元等问题。

【重点领域审计】 宁远县审计局在防范化解重大风险攻坚战方面，有效摸清县级政府性债务的规模与结构、投向与作用，对全县政府债务进行审计认定，为防范化解全县债务风险出谋划策提供科学建议；在精准脱贫攻坚战方面，派遣1个11人的审计组，开展全县2018年至2019年扶贫专项资金审计，有效促进扶贫政策措施落实落地；在污染防治攻坚战方面，派出审计组对湾井镇开展自然资源资产审计，为全县环保和污染治理工作提供有效决策参考。

【配合上级审计机关工作】 宁远县审计局长期派遣2人配合省厅开展审计工作，临时派遣6人次配合省、市、县做好巡视巡察工作，安排2个审计组计15人次，完成2019年度棚户区改造项目、疫情防控资金和捐赠款物专项审计。针对审计发现的问题提交审计要情2篇，提出合理化审计建议6条，提供审计报告100余份。

【县委审计委员会第三次会议】 2020年11月25日，宁远县委书记肖质彬主持召开县委审计委员会第三次会议。会议传达学习习近平总书记在中央审计委员会第三次会议上的重要讲话精神以及时任省委书记杜家毫在省委审计委员会第四次会议上的讲话精神，学习《重大政府投资建设项目审计监督实施办法》。听取2020年全县审计工作情况汇报，审议并原则通过《宁远县领导干部自然资源资产离任审计实施办法（试行）》，会议原则同意县审计局增加人员编制和大数据审计平台建设。

【出台规范审计相关制度】 2020年，宁远县审计局出台《宁远县领导干部自然资源资产离任审计实施办法（试行）》，属永州市首次，为推动宁远生态文明建设和绿色发展发挥积极作用。

（万　镇）

统计调查

【概　况】 1956年6月，设统计科。1958年9月，并入计划委员会。1962年，恢复统计科。1968—1980年，与计划等机构合并。1982年2月，宁远县统计科恢复。1982年年初，统计科下设农村抽样调查组。1983年12月，统计科改为统计局。1984年10月，组建宁远县农村抽样调查队，隶属统计局，后改为宁远县农村社会经济调查队。1989年，统计局内设办公室、业务股，1990年，设电子计算机站。1992年，增设统计法检查股。1996年7月，增设城市调查队和统计事务所。2003年，统计局设办公室、业务股。股级事业单位有电子计算机站、统计事务所。2015年12月，统计局设3个内设机构：办公室、政策法规股、统计业务股。3个下属事业单位：县社会经济调查队（副科级公益一类事业单位）、县民意调查中心（副科级公益二类事业单位）、县电子计算机站（股级公益二类事业单位）。2020年年底，全局编制23名，在职在岗人员19人。

【基层统计】 2020年，宁远县新增入统“四上”企业44家，其中规上工业企业14家，资质以内建筑业企业1家，限上批零住餐企业15家，规上服务业企业7家，房地产开发企业7家；大个体户34家；5000万元以上投资项目入库33个，5000万元以下投资项目入库139个。

【统计报表】 2020年1月—12月，宁远县生产总值完成232.37亿元，同比增长4.1%，排全市第三位。其中，第一产业、第二产业、第三产业分别同比增长4.5%、5.3%、3.2%，三次产业结构调整为15.6∶31.5∶52.9，分别拉动生产总值增长0.62、1.75和1.73个百分点。规模工业增加值同比增长5.6%；固定资产投资同比增长8.5%；社会消费品零售总额完成79.93亿元，同比下降2.4%；城镇、农村居民人均可支配收入分别增长5.6%、7.8%。

【统计执法】 2020年，宁远县抽查单位5家、企业20家，查出迟报统计资料1起，责令责任单位进行整改。

【第七次全国人口普查工作】 2020年，宁远县开展第七次全国人口普查工作。4月15日县政府下发《关于认真做好宁远县第七次全国人口普查工作的通知》，成立县普查领导小组和办公室，

20个乡镇（街道）都成立普查领导小组，村（居委会）成立普查小组。全县设422个普查区，2080个普查小区，选聘“两员”（普查指导员和普查员）2684人（其中大学生225人），县乡两级分别按阶段组织多次培训。县政府将人口普查经费930万元列入财政预算，把人口普查工作作为县政府重点工作列入绩效考核，为普查工作提供保障。

（张　勤）

国家统计局宁远调查队

【概　况】 国家统计局宁远调查队（以下简称宁远调查队）为中央驻宁远单位，隶属国家统计局，成立于1984年，原名宁远县农村社会经济调查队。2007年，正式改名为国家统计局宁远调查队。新成立的国家统计局宁远调查队正式编制为8人，目前在编在岗8人。内设办公室、业务股、监测股3个股室。单位性质为参照国家公务员管理的正科级事业单位。主要承担住户调查、劳动力调查、农产量调查、畜禽监测调查、主要农产品生产价格调查、农产品中间消耗调查、农民工监测、农户固定资产投资调查、工业生产者价格调查等国家统计局交给的常规专业调查任务，同时承担湖南调查总队和地方政府安排的临时性专项调查任务及地方政府安排的中心工作等。2020年，宁远调查队通过省级文明单位复核。

【数据质量】 2020年，宁远调查队顺利推进住户样本轮换工作，为提供准确的数据质量奠定基础。全县居民可支配收入22400元，同比增长6.7%，高出全市平均增幅0.2个百分点，全市增幅并列排名第二；城镇居民可支配收入30765元，同比增长5.6%，与全市平均水平持平，全市增幅排名第六；农村居民可支配收入17186元，同比增长7.8%，高出全市平均增幅0.5个百分点，全市增幅排名第二。全面开展劳动力调查。县委、县政府分管领导、队领导高度重视，多次召开专题会议研究部署，增加经费和人员投入，确保调查物资供应和调查工作效率。联合人社局、各乡镇加强宣传，10月，县广播电视台及红网进行跟踪宣传报道，使调查工作深入人心、家喻户晓。加强业务培训和入户陪访。全年组织3次业务培训，每月均由分管队领导带队对总队要求陪访的社区进行重点陪访，其他社区有针对性地进行指导随访，队长郑会后于5月、8月、10月到冷水铺社区、太平社区和舜峰社区进行劳动力陪访和指导，力求调查数据真实可靠。2020年，城镇调查失业率5.9%，稳居全市第一方阵。

【脱贫攻坚普查】 2020年，宁远调查队按照《湖南省脱贫攻坚普查实施方案》要求，成立以县委书记为组长的脱贫攻坚普查领导小组，坚持“高质量、零差错”工作目标，对照普查标准和要求，制订详细工作方案，在全县范围内抽调122名业务熟练、基层工作经验丰富的工作人员，进行为期5天的集中培训，从7月18日至8月31日在新田开展普查，工作有条不紊，求真务实，如期完成脱贫攻坚普查任务。

【参与文明创建】 2020年，宁远调查队开展文明劝导、街道卫生清扫、社区治安巡逻、青年志愿者服务等活动，与县文明办联合开展城市文明程度指数模拟测评。主动与县委宣传部等职能部门沟通，为全省文明城市测评工作出谋划策。

【服务地方经济】 2020年，宁远调查队向县两办报送各类信息、分析材料43篇，强化与县两办的信息共享，及时为县委政府提供经济形势预测预判，主动服务地方政府。利用队内网站、县红网、县手机报等大众媒体，宣传宁远调查队业务，发布相关统计调查数据，树立形象，扩大影响。加强与调查对象、辅助调查员的沟通联系，利用节假日对一些家庭困难的调查对象走访慰问，增进感情，最大限度争取他们的支持和配合。及时反馈分户数据，体现“为国记账，为己理财”。

（唐艳文）

市场监督管理

【概　况】　2015年8月，原工商局、质监局、食药监局合并，组建宁远县市场和质量监督管理局（挂县食品药品监督管理局和县食品药品安全委员会办公室牌子），原工商行政管理局9个基层工商所成立9个分局（加挂食品药品监督管理分局牌子）。2017年3月，改为宁远县食品药品工商质量监督管理局，加挂县食品安全委员会办公室牌子。2019年3月，组建宁远县市场监督管理局。将县食品药品工商质量监督管理局的职责，以及县发展和改革委员会的价格监督检查与反垄断执法职责，县商务和粮食局的经营者集中反垄断执法职责，县盐务管理局的盐业监管职责，县科技和经济信息化委员会（县知识产权局）的知识产权管理职责整合，组建县市场监督管理局，加挂县食品安全委员会办公室牌子。2020年12月，宁远县市场监督管理综合执法大队更名为宁远县市场监管综合行政执法大队，副科级，归口宁远县市场监督管理局管理。以县市场监督管理局的名义统一行使工商、质检、食品、药品、物价、商标、专利、盐业、商务等领域的行政处罚权以及与之相关的行政检查、行政强制权等执法职能。2020年，宁远县市场监督管理局积极探索新形势下的市场监管工作。进一步加强市场监管，坚持疫情防控与复工复产“两手抓”，转作风严执法优环境，保障全县食品、药品、特种设备、工业产品安全，全县市场监管稳中向好，全年未发生一起大的食品药品安全和质量安全事故，为全县经济高质量发展贡献市场监管力量。获得全省食品安全先进县、全省“3·15”活动创意奖、湖南省疫情防控消费维权知识竞赛优秀组织单位、全市市场监管真抓实干工作综合考核先进单位第一名、全市市场主体年报公示工作先进单位、全市市场监管系统行业扶贫工作先进单位、全市县区消委组织工作考核红旗单位等称号。

【市场主体】　截至2020年年底，宁远县有市场主体25117户，其中个体工商户20796户，各类企业4956户，认缴注册资本377.6亿元。全年新设个体工商户3668户，新设企业921户，注销登记236户，变更登记625户，换照41户，备案86户。

【信用监管】　2020年，宁远县应报市场主体21849户，年报21698户，年报率98.55%，比2019年98.23%略有提高。部署“双随机、一公开”抽查任务27项，抽取检查对象393户，全数完成公示。全面推进“信用永州”信息公示工作，累计公示行政许可20532条、行政处罚924条、信用承诺253条、信用核查62条、新闻政策发布5条。

【优化营商环境】　2020年，宁远县企业开办时间再减半，再次压缩企业开办时间至1个工作日办结，全程电子化网上申报一经通过即可当场发证。先后实施“先照后证”“多证合一”到“证照合一”改革，7月1日实行食品药品“证照合一”改革以来，办理食品药品“证照合一”营业执照583件，开办和申报时间由原来的15个工作日压缩为即办件。全年办理注销企业236家，简易注销51家，简易注销占所有注销的21.61%。

【食品安全监管】　2020年，宁远县市场监督管理局加强食品全链条日常监管，集中力量对食品生产、流通、餐饮环节的隐患开展“拉网式”排查，先后开展“年关守护”、“百日行动”、“护苗行动”、“长江禁捕打非断链”、创文创卫暨疫情防控食品安全等整治，完成各类重大活动食品安全保障30次，全县未出现食物中毒事件。查办食品安全违法案件312件，食品安全违法罚金200余万元。通过两法衔接，向公安部门移交案件线索3起，其中移送食品案件线索2起，刑事拘留2人。

【药品监督管理】 2020年，宁远县市场监督管理局开展医疗机构药品医疗器械质量、特殊药品、专管药品流通监督检查，中药饮片等专项整治行动，出动5260人次，检查药店191家，医疗机构514家，上报药品不良反应报告366份、医疗器械可疑事件40份、化妆品不良反应报告44份、药物滥用35份。

【食品监督抽检】 2020年，按照“十三五”规划要求以及食品安全示范县创建标准要求，按照4批次/千人的标准，宁远县食品及食用农产品定性定量检测2946批次，其中市场监管部门抽检2478批次；食品及食用农产品抽样2478批次，合格2433批次，合格率98.59%；食用农产品抽检不合格率2.21%，食品及食用农产品结果全部录入国家食品安全抽样检验信息系统。

【特种设备安全监管】 2020年，宁远县市场监督管理局开展特种设备安全生产风险隐患“大排查大管控大整治”“强执法防事故”行动、超期未检特种设备专项整治行动，对304家特种设备使用单位进行现场检查，发现各类特种设备安全隐患317个，现场整改193个，责令限期整改124个，全部整改到位。

【价费专项整治】 2020年，宁远县市场监督管理局开展春运、疫情防控、医疗服务、供电、供水等价费整治，检查73家转供电主体，对2家转供电企业进行立案调查，责令退还违法所得金额21.27万元。开展县直部门涉企收费检查工作，未发现乱收费现象。

【行政执法办案】 宁远县市场监督管理局落实食品药品领域“护源”“护苗”“护老”“护美”“护康”等“五护”行动；落实工商领域打击传销、无证无照经营、商业贿赂、不正当竞争、垄断经营、侵权、假冒等“七打”行动；落实质量领域食品相关产品、建材产品质量、石油、燃气、危险化学品等专项整治“五个利剑”行动。全年办结各类行政执法案件288起，全部通过综合信息管理系统同步公示，罚没款314.47万元。

【消费维权】 2020年，宁远县市场监督管理局围绕“凝聚你我力量”年主题，开展消费维权进景区、进校园，慰问县人民医院援鄂医疗队员等活动。强化消费者反映突出的商品质量和服务领域消费侵权问题整治，受理消费投诉举报件611起，成功调解消费纠纷378起，按照规定终止调解178起，为消费者挽回经济损失50.67万元。

【知识产权】 2020年，宁远县知识产权工作在全市排名第一。在知识产权创造方面，全县专利申请量700件，万人发明专利拥有量为1.16件，提交马德里国际商标申请58家。在知识产权运用方面，湖南中明新材料、舜德医药、莱斯绮生物、裕宁电子等4家企业与银行达成质押贷款合同，获得知识产权质押贷款额3350万元；湖南省康德佳林业科技有限公司成功申报2020年湖南省级知识产权战略专项，通过湖南省知识产权重点企业保护项目获奖10万元。组织宁远县九嶷山兔业协会申请国家地理标志产品，组织宁远柑橘产业等3个协会分别申请“宁远脐橙”“宁远大米”“宁远葡萄”地理标志商标。在知识产权保护方面，开展“铁拳”“雷霆”知识产权专项执法以及双打成员单位联合执法行动，查处商标侵权案件5起，涉案金额22.4万元，罚款10.6万元。查处涉嫌假冒专利案件45起，纠纷调解9起。

【质量监管】 2020年，宁远县召开质量工作大会，确保全县宏观质量、产品质量、建筑质量、环境质量、服务质量等工作顺利开展。邀请专家举办企业质量管理培训会，培育硕宁电子申报市长质量奖，参加省级QC质量小组活动评选，获得二等奖。在全县建筑材料、成品油、食品相关产品中抽取108个样品送检，2个样品不合格，合格率98.14%。运用质量认证手段服务地方经济发展，提升企业管理能力和产品质量，指导12家企业成功申报ISO 9001/ISO 14001等体系认证，获证书20个。

【示范创建】 2020年，宁远县创建省级食品安全示范县，于8月14日申报创建，11月4日被湖南省食品安全委员会办公室纳入第三批省级食品安全示范县创建单位名单。推进学校食堂提质改造，提高学校食堂“明厨亮灶”覆盖率，建成55家标准化食堂。开展“五好”基层示范所创建，以九疑山分局为试点，“五好”市场监管所规范化创建工作取得实效。

（陈思怡）

市场管理

【概　况】 宁远县市场服务中心于2000年成立，属经费自筹正科级事业单位。2017年7月，事业单位改革纳入财政预算，实行收支两条线管理，为正科级公益二类事业单位，2019年，县机构改革调整为县商务局所属正科级公益类事业单位。内设办公室、人教股、财务股、市场建设规划股、市场经营股、市场管理股，派出4个市场管理所和3个私营市场管理办公室。有干部职工174人，管辖5个国有市场，对城区3个私营市场进行协助管理与督导，对乡镇集贸市场进行业务指导。

【市场标准化建设】 2020年，为改善和提升全县农贸市场购物环境和管理水平，取缔马路市场，规范市场秩序，繁荣市场经济，宁远县提质改造18个市场，新建华荣、猫仔砠、跳墩石鸡鸭批发3个市场，改扩建湾井、保和、永安、上宜、岭头源、太平、琵琶、中心铺、仁和、双井圩、清水桥、鲤溪、城北、笔架山15个市场。通过对市场提质改造，取缔马路市场及改造乡镇集贸市场，增加摊位1000余个，逐步改变农贸市场人车混杂、交通混乱、购物环境差、硬件设施简陋、容量狭小等问题，满足城乡居民日益增长的生活需求，提高集贸市场整体质量，建设群众满意市场，增强群众幸福感。

【市场经营交易】 2020年，宁远县有农产品交易市场62个，其中鸡鸭、水果和蔬菜3个临时批发市场和天堂牛市1个专业市场，综合农贸市场58个（国有市场43个，私营市场15个），摊位9800余个。年交易额约27.8亿元。全年完成经济收入423万元，其中，摊位租赁费350万元，卫生费收入73万元。完成增值税上缴9.6万元。

【市场秩序管理】 2020年，宁远县市场服务中心将新冠肺炎疫情防控与H5N6禽流感防控相结合，进行疫情防控常态化建设。根据省、市、县疫情防控相关文件要求，成立疫情防控领导小组，加强组织领导；对市场进行严格管控，在市场入口处，进行体温检测并登记，发现体温异常者严格按照“体温异常者处理流程”处理；建立健康检测台账，每天对工作人员进行体温检测并登记；引导做好个人防护，要求工作人员及引导市场内从业人员佩戴口罩，活禽销售及宰杀人员及冷冻冷链食品从业人员佩戴口罩及手套；建立进销台账，确保产品溯源；坚持“一日一清洗，一日一消毒，垃圾日产日清”原则，活禽交易及宰杀区坚持“1110”制度；运用小喇叭、横幅或海报进行防控知识宣传，营造良好的科学防控氛围。市场服务中心上下齐心，全力做好各项防控工作。根据县政府《关于研究全县大气污染防治“春季攻势”和马路市场整治工作的会议纪要》文件精神，理顺职责分工，市场服务中心为城区市场建设的实施主体，乡镇为乡镇市场建设的实施主体。乡镇负责对乡镇市场进行管理和收费，对乡镇市场管理人员进行管理和考核。乡镇市场管理人员专职负责市场管理，7月底完成35个集贸市场移交。落实常态化管理措施，实现农贸市场标准化、规范化、精细化管理。中心与基层所、基层所与所员签订目标管理责任状，明确职责任务。市场实行分区包干管理，定岗定责定人，责任人包秩序、包卫生、包设施守护。依据文明创建要求，加大市场环卫投入，聘请专业保洁公司负责城区泠江、高峰、杨家岭、东溪、鸡鸭批发市场5个农贸市场和工业品市场的日常保洁服务工作，实行绩效考核，实现市场清扫保洁精细化。利用专业清洗车定期对市场进行清洗和大扫除，保证市场地面和摊位整洁，确保市场卫生整洁，提升市容市貌。

（范　红）

应急管理

【概　况】 宁远县应急管理局于2019年3月20日成立，负责应急管理工作，指导全县各地各部门应对安全生产类、自然灾害类等突发事件和综合防灾减灾救灾工作；负责安全生产综合监督管理和工矿商贸行业（含煤矿）安全生产监督管理工作。2020年，内设机构有办公室、应急指挥中心、救灾和物资保障股（风险监测和综合减灾股）、救援协调和预案管理股、火灾防治管理股、防汛抗旱股（地震和地质灾害救援股）、矿山和工贸行业安全监督管理股、危险化学品和烟花爆竹安全监督管理股、安全生产综合协调股（调查评估和统计股）、政策法规股（行政审批股）、规划财务股、宣传教育股（科技和信息化股）、政工室，下设安全生产执法监察大队、地震办、应急救援指挥中心、森林消防事务中心。全局有编制数67人，在岗人数53人。2020年，宁远县应急管理工作坚持稳中求进总基调，以有效防范各类事故、坚决遏制较大及以上事故为目标，强化应急救援，加大安全生产风险防控，较好地实现突发自然灾害类事件处置有力、安全生产总体形势稳中向好转变。全县未发生较大及以上生产安全事故。宁远县被评为全省安全生产工作和消防工作优秀县区，县应急管理局获评湖南省防汛救灾先进集体。

【安全生产】 2020年，宁远县应急管理工作突出责任落实和齐抓共管，全县“大安全”格局逐步形成。建立完善党政领导责任体系。县委、县政府将安全生产工作作为全县经济社会发展的重要工作之一，县委常委会5次、县政府常务会7次听取安全生产和消防工作汇报，研究解决具体问题。制定《县委县政府领导班子成员安全生产工作责任清单》，确定每位领导班子成员承担的具体工作职责。年初印发《关于开展2020年度县级领导带队检查安全生产和消防工作的通知》，对县级领导带队检查频次、检查内容和工作要求进行细化明确。分行业领域、属地明确非生产安全事故防控责任，有效防范各类事故发生。持续强化部门协作配合。在岁末年初、节后复产复工、“两会”、节假日以及防火期、汛期等重要时间节点制订专门工作方案，发挥安委会尤其是工作专班作用，采取集中整治、综合督导、专题调研等方式，推动安全防范工作落实落细。按照安全问题隐患“一月一排查，一月一交办”工作要求，县安委办集中交办隐患45批次、698处，隐患整改率98%。严格实施目标管理考核。根据机构改革新形势制定安全生产和消防工作考核办法，统筹考核安全生产、森林防火、消防工作，明确规定给予“黄牌警告”和“一票否决”的11种情形，督促在抓落实上下功夫。对乡镇（街道）开展季度考评；对安全监管执法部门实行双月考评，对连续排名靠后的乡镇、部门负责人给予诫勉谈话或政务警告，促进“三个必须”大安全格局逐步形成。

【安全管理】 2020年，宁远县应急管理创新工作方法，推动企业本质安全管理水平继续优化提升。精准服务助力复工复产。在2月份疫情防控的关键期和企业陆续复工复产的高峰期，县委、县政府及时出台《宁远县2020年工业企业复工复产工作方案》，采取一个企业、一名县级领导、一套班子、一个县直单位、一个方案、一抓到底的“六个一”服务机制，帮助全县104家工业企业有序完成复工复产任务。制定清单完善安全条件。开展“生产经营单位安全生产条件完善和保障年”活动，帮助企业逐步改进完善安全生产条件，10家试点企业全部实行岗位安全生产条件清单式管理，年底前基本完成所有生产经营单位安全生产条件清理工作。突出主体激发内生动力。组织拍摄“企业安全文化宣传与安全承诺”电视媒体宣传片10期，进行广泛宣传，提升企业的社会美誉度和责任感。建立健全信用约束机制，将企业违法行为行政处罚情况纳入社会信用系统，向全社会公开。

【专项整治】 2020年，宁远县应急管理工作先后成立道路交通顽瘴痼疾整治专班、马路市场整治专班、专项整治三年行动工作专班，从相关单位抽调人员集中独立办公承担日常工作，将各单位工作开展情况纳入县委督查室、政府督查室、县安委办重点督查考核内容，层层压实责任，重点行业领域安全生产进一步好转。交通运输领域。突出抓好交通违法行为整治，查处交通违法行为46376起。开展货运车辆超限超载治理，查处超限超载车辆400余台、卸（转）载货物3800吨。对全县128台“两客”车辆全部安装主动安全防范终端，车辆动态监控上线率、轨迹完整率、数据合格率均99.9%。全县道路交通事故死亡人数同比下降22.95%。建筑施工领域。对在建工地安全、起重机械、有限作业空间及消防等方面开展大排查大整治，停工整改19家次，认定不良行为记录2个。加强农村自建房的安全保障，将实现农村建房日常监管和行政处罚权下放乡镇（街道）。消防领域。开展“生命通道”畅通工程，完成全县24个住宅小区的消防车道划线工作。推进民政系统消防安全质量提升工程，为养老福利机构加装火灾自动报警系统和自动喷水灭火系统。开展消防监督执法检查，政府挂牌督办重大火灾隐患单位4家，全部整改到位并销案摘牌。全县未发生较大以上火灾事故，火灾起数同比下降17.02%。马路市场安全隐患整治。按照“一场一策”要求对排查出来的安全隐患分类分批进行整治，“搬迁入市”24处、新建4处、改建10处。由县农建投公司、县农业发展银行与乡镇合作，发放贷款共同开发建设农贸市场。出台《宁远县集贸市场常态化管理办法》，明确城乡农贸市场管理机构、落实监管责任。全县38处马路市场按期全部整改到位。

【防灾减灾救灾】 2020年，宁远县通过加强应急管理，构筑起牢固的防灾减灾救灾人民防线。防汛工作。4月14日，承办全市2020年军地联合防汛应急演练，提高队伍实战能力。5月至6月，宁远县两次经历强降雨过程，根据预警情况及时召开会商会分析研判汛情，县委、县政府主要领导亲自调度指挥，县级领导全部下沉到联系乡镇指导防汛抗灾工作，确保安全度汛。抗旱工作。7月开始，宁远县受连续晴热高温天气影响出现大面积旱情，县政府及时成立3个工作指导组进驻乡镇（街道）指导抗旱，新建及维修电排20座，购置抽水设备504台，打井、筑坝等开辟新水源62处，开展人工降雨作业12次，将旱灾损失降到最低。森林防火工作。森防指正、副指挥长在清明、国庆等重点时段带队开展督导检查，值班指挥长在高火险期实行当日督查通报制度，实时抽查乡镇工作开展情况。通过县电视台、防火宣传车、“村村响”广播、群发短信、制作宣传牌等形式宣传防火知识，发布森林火险等级预报。全县护林防火专职巡逻员、生态护林员和村组干部在主要公路及重点区域开展防火巡查，县专业扑火队在县备勤中心备勤待命，确保“打早、打小”。全年防火期森林火灾起数同比大幅下降。救灾工作。全县因洪涝、风雹、干旱等灾害受灾人口49898人，农作物受灾面积4439亩，经济损失7022万元。在组织群众积极开展自救的基础上，及时筹备发放救灾物资，发放衣被3920套、大米4609袋、食用油6520桶，因灾倒房户16户全部完成重建。

【基层基础】 2020年，宁远县立足长远，强化基础，抓好大安全、大应急。体制机制建设方面，建立行政首长负责制的防汛抗旱、森林防火责任体系，明确地质灾害隐患点、重点林区域群测群防员及县、乡、村三级责任人，推动落实灾害防御“六个百分之百”制度、森林防火十二条硬规，织牢自然灾害防控责任网。《湖南日报》于7月29日刊发《宁远县应急管理凝心聚力开新局》，予以推介。应急宣传教育方面，开展安全生产和消防宣传进企业、农村、社区、学校、家庭“五进”活动1085场、参与人数9万余人次，制作50米长安全文化宣传长廊21处，制作宣传专栏403处，覆盖全县各乡镇（街道）和村（社区）。建设狮子山消防主题公园，扩大安全宣传受益人群。积极参加第二届全国应急管理普法知识竞赛，参赛人数居全市第一，成绩名列前茅。应急救援队伍建设方面，出台《县综合应急救援能力体系建设方案》和《县综合应急救援大队组建方案》，组建一支40人的综合应急救援队伍和12支专业应急救援队伍，完善全县综合应急救援能力体系。应急训练基地建设方面，争取中央投资577万元国家森林消防应急能力建设项目，是全省15个县之一。向国家申报永州南应急能力教育培训体验中心专项债项目，项目规模2.6亿元。消防训练基地暨第二消防站项目全部完工，基本具备驻勤条件。

【筹备全省森林火灾应急演练】 2020年，宁远县接到省森防指关于筹办全省森林火灾应急演练的任务后，县委、县政府高度重视，成立由县委书记和县长挂帅的演练工作领导小组，把承办好演练摆上重要议事日程抓紧抓好。县委常委会、政府常务会、县森防指先后组织召开3次工作会议，研究落实筹备工作。主动加强与省、市应急管理部门的沟通汇报，在业务指导、工作经费等方面争取支持。通过线上沟通、深入现场等方式，研究确定演练相关事项，10月20日，配合省应急厅火灾防管处副处长徐艺带队到宁远县开展选址工作；11月上旬，应省应急管理厅要求，选派人员赴山西太原市观摩森林火灾应急演练，学习借鉴先进经验。11月19日，省航空护林站站长易宏一行到宁远县实地调研直升机救援工作。积极加强与演练专业机构交流合作，帮助编导人员熟悉演练场地情况，就演练场景设计、演练脚本、流程环节及技术支撑等方面提出建议意见。县财政先行拨款50万元，确保演练筹备工作顺利进行。

（李　隽）

消防救援

【概　况】 1949年11月17日宁远和平解放后，消防工作由公安局主管。1955年，宁远县有义务消防队18个，防火小组221个，防火突击队18个，林区护林防火委员会72人。1978年，县公安局设立消防股，消防员由公安干警义务担任。1983年1月，消防股改为消防中队，纳入中国人民武警部队序列。1984年12月，消防中队改为宁远县公安消防股。1997年5月，消防股升格为宁远消防大队，称中国人民武警部队宁远县消防大队，隶属于永州市消防支队。1998年，宁远县成立专职消防队，由消防大队管理。2002年12月，专职消防队撤销。2003年1月，中国人民武装警察部队宁远消防中队成立，与县公安消防大队合署执勤，2003年年底，全县有公安消防大队（中队）1个。2018年3月，中央印发《深化党和国家机构改革方案》，公安消防部队不再列入武警部队序列，全部退出现役。2018年10月9日，公安消防部队正式移交应急管理部，53年的消防部队成为历史。2018年11月，宁远县消防大队和全国消防部队一起，正式划归应急管理部，由应急管理部管理，实行统一领导、分级指挥，设有专门的衔级职级序列和队旗、队徽、队训、队服。宁远消防大队更名为宁远县消防救援大队，全体消防救援人员从“橄榄绿”变身“火焰蓝”。2020年，大队被评为全市消防队伍先进基层党组织。

【火灾扑救及抢险救援】 2020年，宁远县消防救援大队共接警295起（含增援），消防人员2801人次，抢救被困人员39人，疏散遇险人员340人。全县发生火灾92起，无人员伤亡，挽回直接财产损失1009万元。火灾起数同比下降17.02%，火灾造成直接财产损失数同比下降1.22%，未发生较大以上火灾事故，为全县经济社会高质量发展营造良好的消防安全环境。

【消防安全及责任落实】 2020年，宁远县委、县政府将消防工作纳入政府目标责任、平安创建等考评内容。确定县长为全县消防工作第一责任人，常务副县长为消防工作主要负责人，分管全县消防安全工作。县委、县政府分别就解决消防工作重点、难点问题召开县委常委会会议1次，政府常务会议1次。县委、县政府主要领导多次带队开展消防工作检查，带头落实消防安全责任。县消防安全委员会出台《宁远县消防安全委员会工作规则》《宁远县消防安全委员会成员单位工作职责》《宁远县消防工作约谈制度》，对宁远县水市镇大界粮站仓库木材厂“3·21”火灾事故启动事故调查和事故问责程序，对10余名相关责任人员进行约谈，推动消防安全责任落实，保障消防工作有效开展。2020年，宁远县消防救援大队重新调整确定消防安全管理重点单位179家。各社会单位消防安全工作实行“安全自查、隐患自除、责任自负”的消防安全管理机制，落实消防安全主体责任。

【消防宣传及教育培训】 2020年，宁远县消防救援大队成立由7人组成的消防宣传服务队，不断拓展消防宣传形式，提升消防宣传工作的机动性和灵活性，开展消防安全“五进”、乡镇及村两委负责人消防安全培训、“消防安全开学第一课”、公安派出所消防监督业务培训、企业“三项岗位人员”培训、“关注消防、生命至上”119消防宣传月等一系列消防培训及宣传活动。继续在县广播电视台开辟《直通119》消防宣传专栏，深度报道消防安全知识和典型火灾案例，利用LED显示屏播放宣传标语5000余条，发送消防安全提示手机短信20余万条，发放宣传资料5万余份，全方位多层次开展消防宣传。全年印制《消防安全知识读本》5万册，并分发到户，全面提高广大群众消防安全意识和自防自救能力。11月，完成狮子山消防主题公园建设，占据消防宣传主阵地，扩大消防宣传受益人群，普及消防安全知识，提升民众预防火灾及逃生自救能力。

【消防检查及监督执法】 2020年，宁远县消防救援大队严格按照“双随机、一公开”消防监督执法模式，开展消防监督执法检查，重点加强对民政、教育、文化娱乐、文物古建筑、商务、易燃易爆等行业领域的监管。适时调整消防安全重点单位，在设有消防控制室的消防安全重点单位设置远程监控系统，对单位消防控制室人员值班情况、消防设施设备运行情况、消防安全责任落实情况实施远程监管，确保单位主体责任、行业监管责任以及部门监督责任全面落实。积极协调县应急管理局结合安全生产督查考核，对全县20个乡镇（街道）开展年终安全生产和消防工作督查考核。联合开展“打通生命通道”专项整治，全面完成全县24个住宅小区的消防车道划线工作；联合开展生产企业复工复产帮扶指导服务10余次；联合开展第一批校园开学复课工作检查验收，抽查学校近40所；对民政系统所有养老福利机构消防安全开展联合检查，为冷水、保安等养老福利机构加装火灾自动报警系统和自动喷水灭火系统，推进民政系统消防安全质量提升工程；对全县国家级文物古建筑开展联合检查，在文庙消防安全改造初步完成的基础上，启动久安背翰林祠、路亭王氏虚堂等多处文物古建筑消防安全提质改造。全年检查单位305家次，发现并督促整改火灾隐患或违法行为267处，报请政府挂牌督办重大火灾隐患单位4家，全部整改到位并销案摘牌。

【岗位练兵及优抚优待】 2020年，宁远县消防救援大队按照“贴近实战、打牢基础、科学兴训”的要求，突出全员性、针对性、实战性训练。组织参与在清水桥镇开展的全市防汛抗洪综合演练，在水市镇开展的森林火灾扑救综合演练，联合各职能部门开展二广高速隧道车辆事故应急救援综合演练，联合各职能部门在汽车客运总站开展安全生产月车辆事故综合救援演练，联合各职能部门在宁远县华润燃气有限公司开展城市供气事故应急救援综合演练等综合性实战化演练，全年修订完善灭火作战预案100份，开展灭火救援预案演练150余次，实战能力显著提高。大队积极主动向县委、县政府汇报，经政府常务会议研究并出台《宁远县人民政府办公室关于宁远县消防救援队伍职业保障机制的实施意见》，明确工作机制、职业荣誉保障、优先政策、生活待遇保障、社会优抚保障、财政预算保障，全面营造消防救援队伍拴心留人的优抚优待环境。不断丰富消防员的文化生活，分别与辖区健身房、舞蹈工作室、心理咨询中心、电视台签订协议，聘请专业人员对消防员开展文化学习和培训，丰富指战员的文化生活，培养消防员的业余才干技能。

【队站建设及装备建设】 2020年，永州市消防训练基地暨宁远县第二消防站项目相关主体建设工程全部完工，辅助配套训练设施、绿化、亮化工程正在建设或安装，生活及办公家具家电正在逐一采购，第二消防站营房基本具备驻勤条件。全县16支乡镇专职队，配备政府专职消防员42名，配置小型消防车辆、机动泵等基本的灭火救援装备，对全县16个乡镇专（兼）职消防队人员进行消防技能集中普训，结合安全生产和消防工作督导检查，4次到乡镇进行指导督促，对乡镇专职消防队伍进行不定时拉动演练，推进乡镇专职消防队建设和管理正规化，有效提升乡镇、农村排查火灾隐患和处置初起火灾的能力，确保关键时刻能够及时、正确处置。

（许　彦）

住房公积金管理

【概　况】 宁远县住房公积金管理部成立于1995年，隶属县房改办。2002年，按国务院、省政府的统一安排部署，对住房公积金管理体制进行改革，全市只设一个住房公积金管理中心，当年底体制改革完成，宁远住房公积金管理机构上收，更名为永州市住房公积金管理中心宁远县管理部，是不以营利为目的的正科级事业单位。2020年有正式在编人员5名。

【业务指标完成】 2020年，宁远县有住房公积金缴存单位538个、缴存职工20823人，当年新增缴存单位76个，新增缴存人数1404人，完成全年任务1400人的100.3%。全县完成住房公积金归集额2.81亿元，完成全年任务2.75亿元的102%。归集余额为10.44亿元。全年提取住房公积金15002.07万元，其中，购建房提取3915.13万元；还贷提取7172.42万元；离退休提取3244.67万元，其他提取669.85万元。全年发放住房公积金贷款561户、2.0785亿元，完成全年任务1.95亿元的106%，其中，现房贷款104户、3587万元；期房457户、17198万元，累计向7005户职工发放贷款15.46亿元，贷款余额10.01亿元，拉动住房消费4.6亿元。

【支持地方经济建设】 2020年，宁远管理部为推动当地房地产市场健康、有序、平稳地发展，转变工作作风，改变工作思路，经常到各房地产楼盘实地调查情况、核实需求、摸清底子、宣传政策。当年市中心分配到宁远的贷款计划仅有1.95亿元，贷款计划实行按月发放，贷款供需矛盾非常突出。为均衡有序地发放贷款，管理部工作人员到各开发商楼盘详细了解贷款需求，制定贷款发放计划需求表，实行贷款轮候制，多次向市中心领导汇报，争取贷款额度，缓解贷款压力，年底市中心为宁远管理部增加1200万元贷款额度，解决大家的贷款需求。年底贷款逾期率为零，实现贷款逾期清零。为缓解资金流动压力，减轻贷款供需矛盾，管理部于6月推出“公积金+商业银行”组合贷款模式，签约楼盘7家，可发放组合贷款银行5家，发放组合贷款116笔，有效缓解供需矛盾，维护广大缴存职工的切身利益，促进经济社会发展。

【疫情防控】 2020年，宁远管理部配合做好新冠肺炎疫情防控工作，在县政务服务中心办公的工作人员，严格按照规章制度，对办公环境、办公区域定期清洁及消毒。积极采取住房公积金“网上办”、“预约办”、手机APP“掌上办”等方式进行不见面业务办理，做到疫情防控和业务办理两不误。

【服务质量】 2020年，宁远管理部持续深化“放管服”改革，认真落实“简政放权、放管结合、优化服务”要求，按照市中心及宁远县委、县政府工作安排部署，于2019年10月业务办理进驻县政务服务中心，按照县政务服务中心的要求，严格遵守各项规章制度和工作纪律，统一着装，佩证上岗，树立“服务无小事，小事见服务”的理念，主动热情服务对象，尽力为职工着想，不让职工多跑路，不让职工受冷落，不让业务有偏差。单位职工朱丽梅获县政务服务中心第一季度“服务明星”、第四季度先进个人，欧阳艳辉获县政务服务中心第二季度先进个人，罗兰获县政务服务中心第三季度先进个人。

（朱延辉）

农业　林业　水利

宁远县城印山公园附近（李文/摄）

综　述

2020年，宁远县完成农林牧副渔总产值51.91亿元，增长3.5%，实现增加值29.09亿元，增长3.5%，其中，农业实现增加值12.78亿元，增长0.2%；林业实现增加值2.05亿元，增长8%；牧业实现增加值11.15亿元，增长6%，渔业实现增加值2.95亿元，增长5.2%。全县农作物播种面积124.6万亩，总产量89.24万吨，总产值25.9亿元。全县粮食种植面积73.83万亩，粮食总产量31.78万吨。完成早稻集中育秧秧田面积0.2万亩，插栽大田13.2万亩；高档优质稻30.22万亩，建立“湘米工程”高档优质稻订单基地15.64万亩。全县11种经济作物（果、茶、烟、瓜、蔬、糖、棉、麻、蚕、花、药）总种植面积50.1万亩，总产量57.5万吨，总产值17.6亿元。完成柑橘12.5万亩，总产量6.4万吨，产值2.5亿元；时鲜水果6万亩，总产量2.8万吨，产值1.5亿元；蔬菜播种面积20.3万亩，总产量41.6万吨，产值7.9亿元；茶叶种植1.05万亩，总产量300吨，产值0.15亿元；烤烟面积7.8万亩，总产量达9000吨，产值2.38亿元；药材种植5.06万亩，总产量可达2.23万吨，产值可达10亿元以上。有1000亩生产基地12个、国家级、省级标准园生产基地3个、省级农业产业园6个、市级农业产业园5个、县级产业园12个。通过推广良种、合理密植、绿色防控、减药减肥及机械育插秧等先进技术，全县创办优质稻绿色高效万亩示范片3个，千亩片17个，百亩片50个，优质稻种植面积51.9万亩，全县17个乡镇（街道）250个村（其中贫困村39个），3.56万户（其中贫困户2155户）户平增收1500元以上。依托水市镇省级农业产业强镇项目，大力推进九嶷山兔产业园建设，一期工程总投资预算1.5亿元，占地面积400亩，已投资7000万元，建成现代化九嶷山兔保种基地1个，存笼种兔2万只，辐射带动全县20个乡镇（街道）2000户贫困户发展产业脱贫致富。

（陈　源）

农业农村工作

【概　况】 1954年设立中共宁远县委农村工作部。1961年9月与县委中心办公室合并，改称县委农村办公室。1968年3月，成立宁远县革命委员会生产指挥组，内设农、林、水各组。1973年，恢复农村办公室。1983年12月，改为农业委员会归属县人民政府机构。2015年10月，机构改革，农村工作部、农业局并入农业委员会。2019年3月，将县农业委员会（县委农村工作办公室）的职责，以及县发展和改革委员会的农业投资项目、县财政局的农业综合开发项目、县国土资源局的农田整治项目、县水利局的农田水利建设项目等管理职责整合，组建县农业农村局，为县政府工作部门。县委农村工作领导小组办公室设在县农业农村局，县农业综合开发办公室的职能划入县农业农村局。县畜牧水产事务中心为所属正科级公益类事业单位，县农机事务中心为所属副科级公益类事业单位。整合县农村能源服务、农业技术推广等公益服务职能，组建县农业综合服务中心，为所属副科级公益类事业单位。2020年，农业农村局机关行政编制22人，下设18个行政股室，行政人员36人，实有班子成员6人。局直属事业单位有农业综合服务中心（副科）、县土地开发整理中心（副科）、县原种场（县农业科学研究所）、县植保植检站、县农产品质量安全综合检测站、县乡镇企业技术服务站、县农业广播电视学校等7个二级事业单位，事业编制105人，其中专业技术人员63人，管理人员1人；工勤技能人员41人。2020年，农业农村局认真贯彻落实党的十九大精神和省、市、县的重大决策部署，以“乡村振兴战略”为总抓手，紧紧围绕“农业更强、农民更富、农村更美”的总体目标，大力发展现代农业建设，持续推进农村人居环境改善，不断完善农村基层体系建设，加快夯实农业基础建设，巩固提升脱贫攻坚成果，加快“十四五”农业规划编制，成效显著。获全国农村承包地确权登记颁证工作先进集体、全国农村创新创业典型县，被列入全国第二轮土地承包到期延包试点县、全国农村宅基地制度改革试点县；被评为全省农村人居环境整治先进县、全省高标准农田建设工作表现突出单位，全省畜牧水产和生猪稳产保供“双先进县”；获全市粮食生产先进县；成功举办市庆祝“中国农民丰收节”主题活动。水市镇被评为省级“农业产业强镇”，清水桥镇刘家坪村获省级美丽乡村建设示范村、湾井镇下灌村获省级精品乡村称号，康德佳公司被认定为省级农业产业化龙头企业，粤宁康公司“女皇驾到”菊花深加工项目荣获全国农村创新创业项目创意大赛初创组一等奖，宁远季丰农业有限公司柑橘特色产业园获评湖南省现代农业特色产业园省级示范创建项目。

【农业产业化建设】 2020年，宁远县农产品加工企业474家（当年新增31家），规模以上农产品加工企业76家（当年新增9家）；规模以上入统加工企业的加工产值53.27亿元（同比增长-18.54%），农产品加工总值预计137.56亿元（同比增长118.28%），农业总产值66.45亿元（年增长13.82%），农产品加工产值与农业总产值比值为151%，产值过亿元农业产业化龙头企业7家。有省级重点龙头企业3家，市级重点龙头企业27家。全县具有一定规模的休闲农庄112家（当年新增16家），其中农家乐63家、休闲农庄49家（国家级四星级休闲农庄1家、省级五星级休闲农庄2家、省级四星级休闲农庄11家）。种养大户4969户，新增150余户。农民专业合作社1280家。

【农业技术服务】 2020年，宁远县大力推行“水稻+”种植模式，推广水稻集中育秧和农作物绿色高产高效栽培技术，完成“烟-稻”轮作8万亩、“稻—（稻）—油/肥”7.5万亩，“稻—（稻）—菜”8万亩；完成早稻集中育秧机插秧13.2万亩；建立粮、油、菜、水果、茶叶等绿色无公害高产高效“万、千、百”基地150个。建立湾井周家坝、水市旗形、仁和刘安仲3个高档优质稻万亩示范基地，冷九大道万亩油菜示范基地，太平沙漯塘九疑小籽花生千亩示范基地。2020年宁远与省农科院、湖南农大开展技术战略合作，建立南方黄牛选育、推广专家站、康瑶生物星创天地、九嶷山兔深加工技术开发基地、茶叶高产高效产业开发基地。抓办点示范，建立110亩集中连片新品种展示示范基地5个，建立病虫害绿色防控核心示范区3个面积1.1万亩，培育专业化防治队伍70个、防治人员1000人，完成专业化防治服务面积36.6万亩，完成绿色防控面积30.5万亩；建立重大农作物病虫害监测点，开展突发蝗虫应急防控，完成作业面积1.2万亩；创建绿肥示范片1000亩5个，发展冬季绿肥15万亩；完成秸秆还田面积53万亩；推广测土配方施肥面积94万亩，建立耕地地力监测网点20个，水肥一体化推广面积1.1万亩，商品有机肥推广应用面积6万亩。

【农村人居环境整治提升】 2020年，宁远县建设1个省级、2个市级、19个县级美丽乡村示范村、35个农村人居环境整治联点共建村；完成农户改厕省定任务3750口，农村公共厕所50座。推进畜禽粪污资源化利用工作，引进省内有机肥龙头企业金叶众望开发合作建设有机肥厂；成立宁远立诚生物科技有限公司，对老旧场进行改造，畜禽粪污资源化利用率可达到90%，规模场粪污处理设施设备配套率可达到100%。实现村规民约、“门前三包”所有行政村全覆盖，261个村建立“红白”理事会。

【农村深化改革】 2020年，宁远县土地经营权证书发放15.99万本，完成率98.5%；完成承包合同签订16.02万户，完成率98.7%，完成农户档案整理和档案扫描158196户。8月，宁远县入选全国农村土地承包合同网签2个试点县之一。农村集体产权制度改革工作全市领跑，清查核实2019年度集体资产4.42亿元，集体土地面积359.16万亩。《永州日报》报道宁远县农村集体产权制度改革的经验做法；省委全面深化改革委员会以《宁远县持续推进农村集体产权制度改革，助推三农发展提质增效》为题编发简报，在全省范围内推介宁远的改革做法和经验。第二轮土地承包到期后再延长30年试点工作成绩斐然。5月，宁远县获批全国第一批第二轮土地承包到期后再延长30年试点县，农业农村部调研组对宁远县第二轮土地承包到期后再延长30年前段试点工作开展给予充分肯定，在农业农村部举办的“农村土地承包管理与改革”培训班上，宁远县试点仁和镇陈安村作为典型案例推介。农村宅基地管理改革工作稳妥铺开，以满足群众建房需求为切入，以规划先行为抓手，以先批后建、一户一宅、建新必须拆旧为原则，以盘活农村闲置宅基地、农村闲置宅基地有序退出为突破口，加强动态巡查监管，顶格处理违法用地和违法建房行为，被列为全国农村宅基地制度改革试点县。全县2020年新增建房登记审批发证194宗（拆旧建新129宗、新增建设用地65宗），审批发证面积27877平方米（拆旧建新18264平方米、新增建设用地9613平方米）。

（陈　源）

种植业

【概　况】　宁远县农作物种植历史悠久，粮、油、经全面发展。粮食作物主要有水稻、红薯、大豆、玉米、高粱、小麦、荞麦、蚕豆、豌豆、绿豆、马铃薯等，以水稻为主，大力发展高档优质稻；油料作物主要有油菜、花生、芝麻等，大力推广杂交油菜、两糯高粱和九嶷小籽花生；经济作物主要有烤烟、水果、油茶、茶叶、西瓜、花卉、药材等，烤烟和水果是宁远县支柱产业，油茶、茶叶、花卉和药材比较效益高，越来越受到重视。2004年起每年中央1号文件关注“三农”，各项惠农支农政策实施、各种增产增收技术配套推广和财政资金加大投入，有力地推动全县特色产业发展。2020年，宁远县农业供给侧结构进一步优化，粮食生产稳定，经济作物提质扩面，“菜篮子”工程基地发展良好，粤港澳大湾区“菜篮子”生产基地认证10个，农业技术服务效果突出，农业产业化和全产业链建设稳步提升。

【粮食生产】　2020年，宁远县粮食播种面积73.6万亩，完成计划任务的103.4%，比上年增加4.75万亩，增长6.9%；产量31.74万吨，完成计划任务的104.1%，比上年增加2.16万吨，增长7.3%；总产值8.3亿元，增加0.8亿元，增长10.7%。建立高档优质稻基地30.2万亩，示范基地面积8.5万亩，“湘米工程”高档优质稻订单基地15.6万亩；完成抛荒耕地治理2.724万亩。

【特色产业】　2020年，宁远县果、茶、烟、瓜、蔬、棉、麻、花、药9种经济作物总种植面积50.1万亩，比上年增加1.15万亩，总产量57.5万吨，比上年增加1.6万吨；总产值17.6亿元，比上年增加1.3亿元。完成柑橘12.5万亩，总产量6.4万吨，产值2.5亿元；时鲜水果6万亩，总产量2.8万吨，产值1.5亿元；蔬菜播种面积20.3万亩，总产量41.6万吨，产值7.9亿元；茶叶种植1.05万亩，总产量300吨，产值0.15亿元；烤烟面积7.8万亩，总产量9000吨，产值2.38亿元；药材种植5.06万亩，总产量2.23万吨，产值10亿元。至年底，有1000亩生产基地12个、国家级、省级标准园生产基地3个、省级农业产业园6个、市级农业产业园5个、县级产业园12个。

【农业园区】　2020年，宁远县有九嶷山兔特色产业园、太平鑫农淮山特色蔬菜产业园等5家现代农业特色产业园省级示范园和星宇农业食用菌等农村创新创业示范园区25家，拥有众创空间、康德佳现代农业星创天地等孵化实训基地2个，入驻企业98家，吸引各类网店230多个，培育国家高新技术企业22家，国家级众创空间1个、星创天地1个，省级星创天地2个、企业技术科研中心8个，市级工程技术研究中心2个，“12396”服务平台4个。组织创新创业培训5500人，培育农村创新创业带头人2150人，创办农业企业474家、家庭农场280家、农民专业合作社1260家、休闲农庄110家，年销售收入7.15亿元，带动农村富余劳动力1.825万人就业。

【农业品牌】 2020年，宁远县推广“永州之野”农业公用品牌九嶷系列6家，“湘江源”蔬菜公用品牌企业1家，突出以九嶷山兔为主的农业品牌，打造九嶷山兔地理标志产品品牌1个。高度重视九嶷山兔品牌建设和企业发展壮大，扶持建设肉兔加工企业2家，建设九嶷山兔产业园1个。舜天恒禾的雪花牛肉、天功农业的九嶷白茶、宁箭红茶、九凝兔业公司的九嶷兔肉、天利成农业的九嶷脐橙，市场占有率、美誉度都在提高。粤宁康生物科技有限公司“女皇驾到”菊花深加工项目获“农行杯”第四届全国农村创新创业项目创意大赛初创组一等奖。

【农业基础建设】 2020年，宁远县全面完成2019年高标准农田建设2.4万亩，总投资3877.16万元；启动建设2020年高标准农田建设3.21万亩，总投资5636万元，工程项目分布在全县12个乡镇40个行政村。实施农田水利抗旱工程，包括中型以上水库干渠清淤、电排新建维修、采购抽水机、打井抗旱等内容；秋冬修农田“五小”水利设施建设总投入1000万元以上，建设项目223个，实现乡镇（街道）全覆盖。

【农产品质量安全】 2020年，宁远县未发生一起农产品质量安全事故。主管部门加强对种植基地、农贸市场、超市、农产品加工厂等重要场所监管巡查，检测蔬菜样品5541批次、水果464批次，农残总合格率99.72%。定量监测蔬菜、水果、茶叶及稻谷200批次，除稻谷外，合格率100%。农业农村部广州检测中心、长沙检测中心以及省市农业农村部门开展畜牧水产抽检均100%合格。完成5个农业标准化生产示范创建，启动宁远县农产品质量安全综合检测站实验室“双认证”工作，推进农产品“身份证”管理和质量安全追溯体系建设，湖南舜天恒禾农业科技有限公司、瑞果生物、天利成农业、云泰农业等6家企业10余个产品入驻湖南省农产品“身份证”管理和追溯平台，宁远县季丰农业、康德佳农业开展完成追溯网点建设，宁远县茂源农业开发有限公司、宁远县东兴农牧业有限公司、宁远县华舜农业开发公司等11家企业入驻国家农产品质量安全追溯信息平台；开展“春雷”农资打假春季行动、农资打假夏季百日行动、秋季农资打假专项整治行动，完成农业投入品监督抽检任务83批次，检查农药经营单位112个次，抽检农药品种35个，标签抽样数量35个，检查水果、蔬菜生产基地等31个，发现检测不合格农资产品2批次，查处农资案件5起。严格管控受污染耕地，完成中、轻度受污染耕地安全利用面积11720.25亩，完成年度任务的102.5%；完成严格管控类耕地种植结构调整面积311.53亩，完成年度任务的102.9%；对安全利用类耕地采取选用低镉品种、加强水分管理、施用生石灰、增施有机肥、补施叶面肥、深翻耕、稻草离田等农艺措施，有效降低农作物对重金属的吸收；对严格管控区生产的稻谷落实闭环管理措施，确保超标粮不流入口粮市场，切实维护农产品质量安全和人民群众的身体健康。

【农民科技培训】 2020年，宁远县开展农业科技培训24期。通过集中办班、科技咨询、现场讲解、发放资料、网络授课等形式，聚焦优质粮食、蔬菜、水果、茶叶、中药材等种植业，生猪、肉牛、九嶷山兔、山羊、家禽等养殖业，蔬菜、茶叶、茶油等农产品加工业，农村信息站点建设等行业，培训各类农村实用技术人才10578人次。

（陈　源）

农业综合执法

【概　况】　2016年6月，根据县委、县政府机构改革方案撤销县农委农业执法大队，设立宁远县农业综合执法大队，属县农业委员会二级机构。主要职责是负责全县农业领域综合执法、监督检查、承担全县农产品质量安全、种子管理、农药管理、植保检疫、肥料管理、农业环境保护等方面行政处罚和农业法律宣传职责。2020年，宁远县农业综合执法大队有在职干部职工11人，内设股室4个。

【农资市场整顿】　2020年，宁远县农业综合执法大队有序组织开展“春季农资打假”“夏季农资打假百日行动”等专项治理行动，对全县范围内的种子、农药、肥料经营企业（户）进行拉网式排查。出动执法人员850人次，执法车辆160台次，检查农资经营网点530个次。发现违规经营行为38起，责令整改33起，立案查处5起，结案5起，办案结案率100%，无一起行政复议和行政诉讼案件，有效维护县农资市场安全。

【渔政联合执法】　2020年，宁远县农业综合执法大队与畜牧水产事务中心联合开展渔政专项执法行动，收缴电鱼设备23套，渔网12副，地笼网700余米，行政处罚2起。

【农业法律宣传】　2020年，宁远县农业综合执法大队围绕“3·15”“食品安全宣传月”“文化、科技、卫生三下乡”等活动，宣传普及农资识别辨假常识，引导群众理性购买、科学使用农资产品，提升农民依法维护自身权益的能力。全年出动宣传车20台次，悬挂横幅12条，组织有关农业技术专家和执法人员60人次，接受农民咨询1600多人次，发放宣传资料1万余份，提高农民维权意识和自我保护能力，增强农资经营者的守法诚信意识，营造农业执法良好社会氛围。

（乐文波）

农村经营管理服务

【概　况】　1984年，设宁远县农村经营管理服务站，后各乡镇陆续设立农村经营管理站。1991年，全县46个乡镇有40个乡镇设立经营管理服务站。1995年，宁远县撤区并乡建镇，全县17个乡镇除棉花坪、桐木漯两个瑶族乡外，均设立经营管理站。2002年，宁远县设农村经营管理局，17个乡镇均设经营管理站。2015年，机构改革，撤销农村经营管理局，设宁远县农村经营服务站，为县农业农村局下属副科级公益一类事业单位。2020年有工作人员16人。

【承包土地确权登记颁证】　2020年，宁远县土地承包工作稳中求进，获评全国先进集体，是全省获得该项荣誉的两个县之一。完成对各乡镇（街道）、村组、农户数据修正，对资料入库开展自查梳理和整改落实，合同签订、资料整理归档入馆100%；确权资料整理形成15卷县级成果档案、9845卷乡级成果档案、154826卷农户档案和56件影像资料档案，开始向县档案馆移交。严格做好土地确权工作，采取入户调查、现场勘察、公示审核程序对确权错误信息核实，全部纠正到位并及时变更登记信息，网签目标达成。九疑山瑶族乡新塘村、桐山街道五里桥村两个纠错试点村实现数据库同步变更及合同网签，对16户承包方代表（承包户主）信息和家庭成员信息进行变更；5户地块坐落、名称、承包面积、土地征收信息发生变化进行变更。形成数字化管理，对确权工作形成的文书档案、确权登记档案、实物档案、声像档案进行收集、整理和数字化服务，电子档案挂接至县档案馆综合档案管理平台和县农村土地综合应用平台。8月26日，全县农村土地承包经营权确权登记颁证成果顺利通过省级档案专项验收。

【土地延包30年试点】　2020年，宁远县土地承包到期后再延长30年试点工作开局良好。成立第二轮土地承包到期后再延长30

年领导小组，抽调有丰富农村工作经验和较高政策理论水平的工作人员专抓土地延包工作，指导镇村同步开展试点工作。仁和镇陈安村成立延包试点专项工作小组，明确工作职责、试点内容和延包工作一般程序。召开村民代表大会和延包试点工作动员会，进一步做好入户调查走访及村民小组会议等前期工作。农业农村部调研组在9月的调研中对宁远县的做法给予充分肯定，宁远县设计的调查摸底表格和调查报告模板在全国推广使用，试点村陈安村的典型案例被全国推介。

【土地流转】 2020年，宁远县土地“三权分置”工作纵深推进。各乡镇（街道）、村（社区）根据“依法、自愿、有偿”原则，发挥村级主体引导作用，加强土地流转的规范引导，鼓励土地承包双方开展土地承包经营权有序流转，取得良好效果。农村土地流转进一步向规模化、集约化发展，截至年底，全县土地流转面积累计43.67万亩。经营权抵押贷款工作有序开展，土地经营权抵押贷款初具规模，累计贷款2009万元。

【农村宅基地制度改革试点】 2020年，宁远县宅基地改革制度有序推进。严把建新审批关，通过盘活农村闲置宅基地、农村闲置宅基地有序退出，坚持“规划先行、先批后建、一户一宅、建新必须拆旧”的原则，全县各乡镇（街道）共审批宅基地1087宗。加强动态巡查监管，顶格处理违法用地和违法建房行为，制止违法占地建房97起。优化服务流程，搭建起乡镇（街道）一门式受理、多部门内部联动的审批平台，优化梳理审批流程。宁远县结合宅基地管理审批职能移交的做法被省市推广，多次受邀在农业农村部管理干部学院举办的全国宅基地管理与改革培训班上介绍经验。

【农村集体产权制度改革】 2020年，宁远县农村集体产权制度改革工作保持全市领跑，410个行政村共清查核实2019年度集体资产44.16亿元（其中经营性资产2.22亿元，非经营性资产41.94亿元），集体土地面积359.16万亩。1月，《永州日报》报道宁远县农村集体产权制度改革的经验做法。3月，省委全面深化改革委员会在全省范围内推介宁远的改革做法和经验。11月，代表全省迎接国家级监测评估，获专家组一致好评。

【集体经济组织成员身份确认及登记赋码颁证】 2020年，宁远县在2019年完成410个行政村、2514个村（居）民小组清产核资任务基础上，进一步做好各集体经济组织成员身份认定工作，组织开展村集体经济组织成员身份认定“回头看”，确认集体经济组织成员身份792243人；382个经济合作社、28个股份经济合作社全部完成登记赋码、颁发登记证书、雕刻公章，开设银行账户等既定程序。

【村集体“三资”监管】 2020年，宁远县全面搭建“三资”监管体系，完善监管机制，加快农村集体资产监督管理平台建设。制定《农村集体资产权属界定、价值评估、监督管理的具体办法》《政府拨款、减免税费等形成资产的移交办法》，进一步规范和完善“三资”监管。加大问题移交及线索查处。建立农村集体财务审计问题移交、定期通报和责任追究查处制度。全年调查核实各类“三资”问题线索17个，移交纪检监察立案调查侵占村集体“三资”案件16件，涉案金额18.98万元，调查结果及时向村民反馈。发挥监管功能，参与村（社区）“两委”换届财务审计。依托清产核资系统“三资”数据平台，对全县各村（社区）“两委”换届前村集体固定资产、集体资金、资源性资产发包全面开展财务清理及审计工作。

【新型经营主体培育】 2020年，宁远县以农民自愿为前提，坚持“民办、民营、民受益”“扶优、扶强、扶大”原则，大力发展具有较强辐射带动力，较高附加值的农业龙头新型农业经营主体，加速资源整合，推动农业产业化的经营和发展。全县有各类农民专业合作社1250家，家庭农场4668家，全年新增农民专业合作社72家，新增农场155家；国家级农民专业合作社7家，省级示范社10家，市级示范社14家，县级示范社20家；湖南省百强农民专业合作社2家，湖南省百强联合社2家，旗舰社1家；产业扶贫合作社8家；省级示范家庭农场12家，市级示范家庭农场20家，县级示范家庭农场24家。全县119个建档立卡贫困村全部建立新型农民专业合作社，参加的贫困户达6923户27694人，占主体成员的62%。按照上级要求，全县所有省、市、县示范性家庭农场均纳入全国家庭农场名录系统管理。

【村集体经济发展】 2020年，宁远县进一步扩大发展壮大集体经济试点范围，探索资源变资产、资金变股金、农民变股东有效路径。鼓励多渠道多路径发展村集体经济的同时，紧盯项目申报和扶持实效。筹集省级、县级财政资金1390万元对41个行政村集体经济发展予以扶持，扶持村集体经济收入平均增加2.2万元。323个行政村收入超过5万元，占比78.78%，相较2019年提高21.7%。119个贫困村集体经济收入均超过5万元。打造下灌至舜帝陵公路集体经济示范带，将旅游业与种养业相结合，集体经济收入稳步增长，涌现新塘村、和平村等集体经济强村。

（王小旺）

农机事务

【概　况】 宁远县农机事务中心为县农业农村局所属副科级一类事业单位。内设机构5个：综合部、生产服务部、产业发展部、技术推广部、安全监理部；直属事业单位1个：宁远县农机化技术推广服务站。2020年，全中心有干部职工31人，其中参加公务员管理人员8人，事业专业技术人员7人，事业工勤人员16人。

【农业机械化】 2020年，宁远县拥有农业机械14.25万套、总动力119.54万千瓦，较上年净增2.34万千瓦，增长2.1%。机械耕整地面积118.92万亩，耕整地机械投入量2440台套，其中水稻机耕水平97.8%，油菜机耕水平51.42%；水稻机插秧面积20余万亩，水稻插秧机投入量429台，机插水平33.98%；油菜机播面积2.8万亩，油菜直播机投入量4台；水稻机收面积57.65万亩，水稻机收收割机投入量1283台，水稻机收水平77.95%；油菜机收面积3.6万亩，油菜机收收割机数量5台；跨区作业的收割机数量1台，参加跨区作业的收割机作业量0.5万亩。2020年插秧机拥有量491台，烘干机拥有量58台，植保飞机拥有量9台，机械化植保面积0.36万亩。全县工商登记注册合作社55个，入社成员382户，服务农户589户；入社经营土地面积28.75万亩；作业服务面积49.91万亩；合作社年度总收入774.3万元，其中田间作业收入692.1万元，修理服务收入55.89万元，其他收入26.3万元。

【农机购置补贴】 2020年，宁远县国补分配资金610万元，后追加国补资金100万元，其中2019年结转资金43.148万元，国补可用资金753.148万元，国补使用资金752.127万元，国补资金使用比例99.86%，国补结算比例74.39%。省补资金指标500万元，使用49.8848万元，省补使用比例9.98%。截至12月底，全县实施农机购置补贴资金803.0118万元，补贴机具1888台套，受益农户1506户。其中补贴耕地机械862台，整地机械75台，播种机械3台，抛秧机17台，施肥机械39台，田间管理机械6台，联合收割机49台，谷物烘干机5台，碾米机608台，饲料粉碎机44台，拖拉机114台，农业用北斗终端53台，遥控飞行喷雾机8台；报废更新一台，补贴1万元。

【农机安全监理】 2020年，宁远县农机事务中心坚持“安全第一、预防为主、综合治理”的方针，以落实安全生产责任制，提高农机安全监管水平为重点，以源头管理、执法监控、宣传教育为抓手，认真落实安全生产有关文件精神和工作部署，开展“农机安全生产月”“变型拖拉机集中整治”“安全生产大排查大整治”“拖拉机顽瘴痼疾专项整治”等活动，巩固“平安农机”创建成果，严防重特大事故的发生，促进农业机械化安全发展。全年发放农机安全生产宣传资料4680份，制作宣传标语42条，给机手倡议信2500封。组织6期拖拉机、收割机、农业工程机械驾驶（操作）培训和考试，考试通过69人。全年拖拉机注册登记116台、年检年审147台次；联合收割机注册登记43台。

【农机科技推广】 2020年，宁远县农机事务中心大力推广先进适用农机化技术，加快推进“飞防减药、深施减肥、转化减污”为主要内容的农机“三减量”行动，把无人植保飞机、畜禽养殖废弃物利用设备等农机“三减量”机具作为农机推广的重点工作，采用理论结合实际的措施，带领农民参观烤烟、水稻育秧示范基地，进行现场作业演示，引导农民熟悉并应用农机新技术和新机具。全年推广拖拉机114台、联合收割机49台、遥控植保飞机8台。先进适用农机化技术、农机具的推广，大大提高农机作业生产效率。

【农机科技培训】 2020年，宁远县农机事务中心采取集中授课、现场指导、以师带徒等方式进行农机化技术教育培训。全年举办各类培训班9期、现场演示会2次，发放技术资料900余份，培训各类农机人员1043人，其中农机管理人员71人、农机技术推广人员124人、农机维修人员44人，培训植保无人直升机操控手、拖拉机、联合收割机驾驶操作人员409人，其他农机手395人。新培育农机专业合作社6家，创建1家“现代农机专业合作社”。

（黄安顺）

畜牧水产事务

【概　况】 宁远县畜牧水产事务中心是公益一类正科级事业单位，隶属于县农业农村局，所属事业单位有县动物卫生监督所、县动物疾病预防控制中心、县鱼苗鱼种场、县良种猪育繁场4个二级机构，2020年年底，专业技术人员中有中级以上职称17人，其中高级职称4人，正高1人。2020年，出栏生猪80.89万头，肉牛2.167万头，出笼家禽777.28万羽，肉兔416.2万只，实现水产品总产量2.4万吨。

【重点项目建设】 2020年，宁远县温氏生猪一体化养殖项目花板塘基地3月22日开始基础建设，9月完成主体工程。温氏总部办公楼和饲料厂主体工程均已完工。完成年出栏2万头养殖小区7个，完成合作养户标准化猪舍100栋。温氏坪岭种猪场年出栏仔猪16万头，温氏花板塘种猪场出栏仔猪32万头。畜禽粪污资源化利用项目，9月17日成立宁远县立诚生物科技有限公司，在水市镇凤凰山村建设有机肥厂，项目占地4.5万平方米，总投资5200万元。总建筑面积2.2万平方米，设3条生产线，年底全部完工，投产后预计每年提供5万吨有机肥料，可替代1万吨化肥施用，可节约资源、能源价值达5200万元。强力推进老旧养殖场改造。经公开招标，先后聘请湖南鼎洲公司编制项目规划，经过积极努力，宁远县争取中央财政支持资金4500万元，其中1800万元拨付到位。组织人员对全县183家规模养殖场，63家非规模养殖场进行调查，对需要改造的86个老旧养殖场全部完成改造，预计整体粪污资源化利用率90%以上。九嶷山兔产业园项目，7月28日与河南郑州济源阳光兔业签订合作框架协议，共同开发九嶷山兔。该产业园计划总投资1.5亿元，占地600亩，包括保种场、养殖区、深加工区和兔文化景区等五大板块。建成投产6栋，存栏种兔3万只。10栋主体工程已经完工，正在安装设备。舜天恒禾肉牛养殖项目，舜天恒禾公司成功开发出A3级雪花牛肉，成功创建肉牛养殖博士工作站。

【生猪复产养殖】 2020年，宁远县以恢复生猪生产为重心，生猪复产养殖发展迅速，复产扩能规模大、动能足、效果好。全县新建规模养殖场53个，建成投产41个，年出栏生猪万头以上大型规模养殖场10个，其中湖南现代农业集团水市周家种猪场年出栏仔猪13万头，天堂晓石种猪场年出栏仔猪11万头，温氏坪岭种猪场年出栏仔猪16万头，温氏花板塘种猪场出栏仔猪32万头，宁远县永鑫生态农业有限公司年出栏仔猪2.5万头，全县新增产能58.95万头。正邦禾亭石城养殖基地建设4栋7层的高楼养殖舍，年出栏肥猪17万头，已破土动工。2月26日，宁远县在省委农村工作会议上作生猪稳产保供典型发言。11月27日，编制《宁远县2020年生猪调出大县奖励资金项目实施方案》，组织对符合奖补条件的172家养殖场进行实地验收，对验收合格、符合要求的养殖场予以相应奖补，发放到养猪户的奖补资金约350万元。12月17日，全省畜牧水产现场会上，宁远县获全省畜牧水产工作先进县和全省生猪稳产保供工作先进县两项荣誉。并作《紧密利益联结加快生猪产业高质量发展》典型发言。是全市唯一获取两项先进的县区。

【重大动物疫病防控】 2020年，宁远县防治重大动物疫病指挥部于1月22日下发《关于加强当前H7N9流感等人畜共患病防控工作的紧急通知》，2月2日下发《宁远县2020年高致病性禽流感防控工作方案》，3月1日下发《关于印发〈2020年宁远县动物疫病强制免疫计划实施方案〉的通知》，对春秋两防集中免疫工作进行安排部署。县防治重大动物疫病指挥部于3月31日召开春防工作推进会，对春防工作进行再安排、再部署、再推进，专题学习非洲猪瘟、高致病性禽流感两个应急实施方案（2020年版）。加强动物疫情监测，新冠肺炎疫情发生以来，对全县家禽养殖场、活禽市场、屠宰场等重点场所开展采样监测。先后采集并监测样品5000余份，未检测到高致病性禽流感病原学阳性样品。配合林业部门对野生动物养殖场所开展监测和封控，先后监测野生动物养殖场34个，未发现驯养野生动物异常发病死亡情况，未发现从业人员异常发病。春防结束后，对免疫效果进行评估，抽查全县20个乡镇（街道）采集鸡血清样品195份，猪场环境拭子109份。经检测高致病性禽流感抗体合格率为97.9%，猪场环境拭子非洲猪瘟病毒核酸阳性率为0%。

【非洲猪瘟防控】 2020年1月23日，宁远县召开专题会议将非洲猪瘟防控与新冠肺炎防控同安排、同部署、同推进。县防治重大动物疫病指挥部办公室3月22日下发《关于切实加强非洲猪瘟防控工作的通知》对全县非洲猪瘟防控进行全面部署。组织开展拉网式疫情排查。对所有行政村、养殖场户、屠宰场点实行逐一排查，对生猪养殖户不漏一户一猪，确保及时发现隐患。坚持每日排查报告，建立生猪户口制，确保及时掌握生猪出栏、填栏、死亡等情况。全面落实监管责任。每个规模场都明确行政责任人和技术责任人，乡镇专职动物防疫员坚持每周现场巡查1次，及时发现并解决存在的问题。严格执行种猪仔猪调运、引种报批、隔离、车辆备案等制度，先后隔离观察种猪仔猪数量5万余头，没有空栏养殖场户申报检疫现象，屠宰场没有疑似非洲猪瘟症状异常急宰情况，42台生猪运输车辆均按照要求进行备案。开展违法违规调运生猪专项打击行动和非洲猪瘟防控“夏季行动”。加大违规调运生猪惩治力度，对违反调运规定的进行立案查处，予以行政处罚。

【禽流感防控】 2020年12月17日，宁远县发生人感染H5N6监测阳性事件，县畜牧水产事务中心第一时间追踪患者家中家禽来源。12月18日，即组织对病例所在村24户、377羽家禽予以全部扑杀。根据省疫控中心反馈信息，12月20日对鲤溪市场贩运户、县城活禽批发市场经营户及关联暂存点禽群全部予以扑杀。

累计扑杀家禽15527羽，全部进行无害化处理，并在全县范围开展家禽禽流感紧急监测排查和免疫补免工作。全面完成家禽高致病性禽流感疫情排查工作，排查家禽986910羽，未发现家禽异常发病死亡情形。补免家禽206105羽。县动物疫病预防控制中心加强采样监测，采集养殖场家禽和环境样品551份，未检测出阳性样品。强化防控保障。县防指办先后制定并下发《关于切实做好当前高致病性禽流感防控工作的紧急通知》《2020年动物H5N6流感紧急监测流调工作方案》，起草《宁远县活禽交易市场复市工作方案》《宁远县高致病性禽流感常态化防控工作方案》，对防控工作进行安排部署。采购高致病性禽流感病原快检卡2500份、PCR试剂盒6盒，紧急调配下发消毒药品3吨、防护服400套、雨靴100双、医用口罩2000个、禽流感疫苗52万毫升，用于疫情防控工作。储备消毒药品1吨、防护服600套、医用口罩3000个、雨靴300双、家禽禽流感疫苗10万毫升。

【畜禽屠宰管理】 2020年，宁远县畜牧水产事务中心从落实肉品生产者质量安全主体责任、打击私屠滥宰违法违规行为、落实病死猪无害化处理等方面开展专项整治，依法对全县定点屠宰场、规模养殖场、集贸市场、冷库、超市等交易场所存在屠宰、销售、贩运病死猪进行全面打击。先后出动执法人员90余人次，累计检查定点屠宰场点10个、规模养殖场80余个、集贸市场4个，维护猪肉市场正常秩序，保证人民群众吃上“放心肉”。

【畜禽水产品质量安全监管】 2020年，宁远县畜牧水产事务中心联合县农业综合执法大队，依法对饲料经营企业、规模养殖场自配点、兽用药物经营店等场所进行综合执法，严厉惩治销售过期饲料兽药、饲料非法添加、人药兽用等违法行为，累计检查饲料经营店11家、兽药经营店3家、规模养殖场自配点80余户，发放饲料、兽药相关法律法规宣传资料3000余份，与经营户签订质量安全承诺书。对畜禽水产品养殖示范场、龙头企业、获“三品一标”认证的养殖基地、出口肉食品场（区）等养殖场所进行检查，对鸡、鸭、牛、猪肉、鸡蛋等440余批次样品进行采样检测，先后迎接农业农村部长沙检测中心、广州检测中心、省兽药饲料监察所抽检，合格率均为100%。对屠宰场按不低于5%的比例进行抽检，产地检疫按3%的比例进行抽检，出栏生猪每户至少抽检1头，完成11000余份猪尿监测，合格率100%。

【渔业生产和渔政执法】 2020年，宁远县畜牧水产事务中心开展渔业资源增殖放流活动。6月6日，在泠江河畔举行第七届宁远县天然水域水生生物增殖放流活动启动仪式，在仁和镇春江、九嶷山乡九嶷河、冷水镇金钩挂水库等11个乡镇天然水域开展增殖放流活动，累计投放各类鱼苗鱼种500万尾。强力惩治非法捕捞行为。联合县农业综合执法大队严厉惩治电、毒、炸鱼等违法违规行为，在7月—9月集中开展惩治非法捕捞专项行动。全年出动执法人员161人次，执法车辆26台次，查办违法违规案件2件，收缴电捕鱼器具25台，清理整治违规网具46张，行政处罚2000元，渔业案件查处率100%。着力抓好珍稀水生野生动物的保护工作。以科技活动周为契机，发放宣传资料《中华人民共和国野生动物保护法》《水生野生动物保护实施条例》2000余份。规范辖区内养殖大鲵等珍稀野生动物，严厉查处全县范围内违法养殖、捕捞和经营利用珍稀水生野生动物行为。

（彭舒洲　宋　果　吉维舟）

烤烟生产

【概　况】 宁远县有长期种植烤烟的历史，多年来，烤烟都是宁远农业的主导产业、支柱产业。1978年，宁远县政府成立烤烟服务机构，优先、优惠供应烤烟生产所需物资。1981年，实行家庭联产承包责任制后，烤烟分户生产，开始建立烤烟生产基地。为更好贯彻落实县委、县政府关于全县农业产业结构调整和打造农业支柱产业的政策，于1993年5月成立宁远县烤烟生产办公室，为参照公务员管理正科级公益一类事业单位。2020年有干部职工16人，内设机构综合办公室。主要职能是负责拟定全县烤烟生产发展规划，组织指导烤烟产销工作，安排县财政资金内烟水烟路等烟基项目的实施，协调政府、烟农和烟企间的工作和关系。

【烤烟生产成果】 2020年，宁远县落实种烟乡镇（街道）19个，种烟村317个，种烟户1669户，种烟面积7万亩，户均种烟面积41.94亩，比2019年户均增加3.83亩。收购烟叶17.28万担，其中上等烟比例73.3%，比2019年提高1.2个百分点。均价1437元/担，位列全市前三（全市均价1430元/担）。支付烟农收购资金2.85亿元（含肥补），户均收入17.08万元，同比增加1.42万元。实现烟叶特产税5465.08万元，同比增加139.54万元。乡镇（街道）烟叶税返还分成3388.05万元。烤烟生产规模连续七年位居全省第二、全市第一，继续保持宁远烤烟主产县位置，进一步巩固烤烟产业脱贫攻坚成果，促进全县经济社会发展。宁远县烤烟生产工作各项指标综合考核全省排名第一，县政府获2020年度湖南省“烟叶工作优秀单位”称号。

【科技兴烟成效】 2020年，宁远县烤烟生产机耕全面实现机械化，机耕化作业率100%。翻耕起垄的全面机械化提高生产效率和质量，有效缓解劳动力短缺问题，降低劳动强度，实现“减工、降本、增效”，机械化应用水平迈入全市前列。大力推进和采用绿色生物防控技术开展病虫害防治，防治面积4万亩以上，防治效果明显。

【基地建设与投入】 2020年，省市烟草部门对宁远县投入设备购置、烤房维修、工场改造及农机补贴等资金1997万元；下达宁远县2019、2020年度的烤房建设计划160座，在2020年5月烤烟烘烤之前完成工程建设并正式投入使用。各乡镇（街道）自主实施210个烟基项目，投入资金702万元；对烤房建设，乡镇在征地和三通一平等方面投入配套资金超过100万元，县财政投入配套资金199.75万元，其中中和镇桐油坪工场新建的30座新能源电烤房，省烟草公司投入设备购置资金180万元，县财政投入配套建设资金172万元。这30座新能源烤房可为500亩烤烟提供高效、节能、环保的烘烤服务，同时可大量降低劳动强度、减少烘烤成本。通过对比传统烤房的烘烤成本，每一房烟可节约开支约600元。

（全　丹）

林　业

【概　况】 1953年5月，宁远县始设林业科。1954年11月，与农、水机构合并为农林水利局。1956年3月，复称林业科，6月改为林业局。后与森工、农业、水利几经分合，到1976年8月复名林业局。2020年，宁远县林业总产值34.52亿元，增长率19.88%。

【林业建设】 2020年，宁远县种植各类苗木420余万株，完成造林4.2万亩，占计划任务的100%，其中油茶造林1.09万亩、长江防护林0.26万亩、绿化大苗种植18万余株，折合面积0.29万亩，其他造林2.56万亩。完成中幼林抚育12万亩、封山育林2.5万亩、退化林修复2万亩。通过招标采购，在二广高速、厦蓉高速沿线营造樟树、栾树、槐树、木荷、柏木等苗木混交林2600亩；以巩固现有绿化成果为主，加强防护和宣传力度，着力打造10千米泠江河和宁远河风光带。全县应参加义务植树人数54.3万人，实际参加植树人数51.6万人，义务植树尽责率95.02%，完成义务植树192万株，面积1.75万亩，株数完成率100.5%，人均植树3.5株；新建义务植树基地22个，面积2900亩。建设完成禾亭、冷水、中和、桐木漯、五龙山、棉花坪、仁和、清水桥、柏家坪、鲤溪等11个乡镇公园和277个村庄公共绿地。

【重点项目】 2020年9月16日至18日，省政府组织专家组对宁远县创建湖南省森林城市进行核查验收，给予高度评价。全县森林覆盖率60.94%，城镇绿化覆盖率40.96%，村庄绿化率42.19%，通道林木绿化率89.05%、水岸林木绿化率89.10%，人均公园绿地面积11.53平方米，村庄绿地、古树名木主题公园建设独具特色，创建省级森林城市五大体系、28项指标全部达到或超过省级森林城市标准。省林业局于11月23日公示，拟将宁远县等6个县提报省人民政府审定并授予“湖南省森林城市”称号。2020年宁远县森林督查暨森林资源管理“一张图”年度更新工作被国家林业和草原局中南院抽中检查，10月12日至10月19日，中南院国家检查组通过对宁远县2020年487个图斑的外业图斑核查和内业资料检查，对2019年森林督查违法图斑整改开展“回头看”，对宁远县森林督查和森林资源管理“一张图”年度更新工作给予充分肯定，整改各类图斑53个，顺利通过国家检查。

【林业产业】 2020年，宁远县油茶面积59.6万亩，100亩以上种植大户162家，千亩连片规模油茶基地25个，万亩连片规模油茶基地3个。瑞果生物科技有限公司获第三届“中国创翼”创业创新大赛优胜奖。全县有木竹加工经营企业76家，2020年企业入统指标任务2个，全部完成任务，其中宁远县向辉油茶种植专业合作社投入资金3500万元，腾晟白茶生态种植精深加工项目投入5500万元，引进培育项目企业2家。鼓励以“企业+基地+农户”的模式建立油茶林基地，支持企业通过科技创新和延伸产业链。全县有油茶专业合作社及公司58家，其中经营油茶林面积3000亩以上公司或油茶专业合作社6家。

【森林资源保护】 2020年，宁远县审批集体人工商品林蓄积28674立方米，面积431.93公顷，所审批的林木都是租山造林合同到期、建档立卡贫困户；国有林采伐蓄积3136立方米，面积262.11公顷；不占限额采伐蓄积1899立方米，面积53.66公顷（政府项目用地采伐的林木），以上三项合计采伐蓄积33709立方米，审批伐区195处。对禁伐区范围内的林木禁止商业性采伐；对轮封区内确需采伐的林木，按照控制面积、数量的原则，小面积小数量审批采伐。2019年10月1日至2020年9月30日，鉴定火灾36起，面积5680亩，其中有林地面积102亩，烧毁蓄积521立方米。严格实行“一岗双责”，重新组建县级森林防火机构，明确人员和职责，积极开展秸秆禁烧，严控火源管理，保护森林资源平安。全县2019年第四批次（增减挂钩）建设用地、2020年度第二批次建设用地（增减挂钩）项目、城南水厂建设项目、九嶷山兔产业园、易地扶贫搬迁水市镇朝阳新村、2020年第五批次建设用地等县重点项目审批完成。全年申报审批永久性占用林地162.94公顷，收缴森林植被恢复费2264.36万元；审核审批临时性占用林地36.28公顷，收缴森林植被恢复费247.7万元。完成生猪养殖项目审批24个。9月，下发《关于开展查处打击各类违法占用林地行为专项行动》的通知，这次专项行动查处案件16起，其中刑事案件2起，违法占用公益林面积99.19亩，移交森林公安立案查处，刑事罚款40.31万元；行政案件14起，违法占用林地面积46.32亩，行政处罚41.09万元。加强松材线虫病防控，县林业局通过购买服务方式对全县所有枯死松木进行全面除治，投入资金36万余元除治枯死松木4205株，有效遏制松材线虫病扩散蔓延，宁远县松树枯死木除治工作在全省除治成效评估中评为优秀单位。投入资金10万元，在九嶷山、水市、雾云山林场等松林放置赤眼蜂7000亩进行马尾松毛虫生物防治；针对松毛虫、油茶病虫害等林业有害生物发生情况，投入资金10余万元购进灭杀药品，加强技术指导，防治马尾松毛虫面积5000亩、防治油茶病虫害面积3000亩，联合农业农村局防治蝗虫32000亩。秋季对全县20个乡镇（街道）45万亩松林进行普查，发现枯死松木3347株。全年立案查处结办各类涉林行政案件26起，结案26起，其中移交林业公安刑事案件2起，行政处罚21人。查处滥伐林木9起，行政处罚款7.86万元，无证运输1起，违法无检疫证运输油茶苗案件2起，查处擅自野外用火案12起，案件查处率100%。

【野生动植物保护】 2020年，宁远县封控养殖场50家，检查各类市场、餐馆1839家次，取缔野生动物销售摊点12家，遏制野生动物非法交易行为。根据《关于全面禁止非法野生动物交易、革除滥食野生动物陋习、切实保障人民群众生命健康安全的意见》要求，全面完成符合养殖退出条件的37家养殖场现场核实、处置、补偿工作，发放补偿资金584.8万元，无害化处理蛇3.3万千克、竹鼠1.3万千克、豪猪等各类禁养动物784只。按照“一户一策、因户施策”要求，对退出养殖主体开展“一对一”结对帮扶，做到精准施策、精准帮扶。全年编印发放《野生动植物保护宣传手册》2万册、张贴各类野生动植物保护宣传标语7000多份，制作、悬挂宣传条幅100多条，进学校、社区开展《中华人民共和国野生动植物保护法》宣讲活动10多场次。全年办理重点野生植物行政案件1起，刑事案件2起；联合森林公安开展“全省打击破坏野生动物资源犯罪专项行动”“新冠病毒疫情期间打击破坏野生动物资源犯罪专项行动”“昆仑2020”等系列专项行动，立涉野生动物类刑事案件34起，抓获犯罪嫌疑人39人，缴获各类野生动物1120只（条），收缴作案工具88件，有效保护野生动植物资源，惩治涉野生动植物违法犯罪行为。

【生态补偿扶贫】 2020年，宁远县指导完成589名生态护林员选聘、续聘工作，其中新聘395名，续聘194名，9月退出1名，按程序补选1名。在20个乡镇（街道）开展生态护林员岗位培训。生态护林员劳务管护补助资金发放至11月，发放资金110.88万元。建档立卡贫困人口生态护林员选聘工作顺利通过省脱贫攻坚年终考核。全年发放省级以上公益林资金907.93万元，天然商品林管护补助资金106.52万元。按照省林业局安排，对全县天然林开展专项补充调查，历时6个月，完成天然林调查127万亩，为全县天然林保护修复奠定基础。

（黄宏清）

九疑山国有林场

【概　况】 宁远县九疑山国有林场建场于1958年，2015年国有林场改革后，定性为公益一类全额拨款正科级事业单位，核定事业编制68人，所定编制人员经费全部纳入县财政预算。主要职能是培育和保护森林资源，维护国家生态安全和木材安全。九疑山国有林场下辖4个股室（综合办公室、生产经营股、工青妇办公室、资源保护与林政管理股）5个工区（大六冲工区、三亩田工区、八角冲工区、紫江工区、舜源峰工区），有职工89人。林场经营面积15.2万亩，其中国家级生态公益林面积1.2万亩，地方级生态公益林11.9万亩，商品林2.1万亩，活立木蓄积量37万立方米。2020年，林场结合实际，强化举措，坚持在“防”上下功夫，采取多种有效措施，确保森林资源安全，实现连续13年无森林火灾。

【林业生产】 2020年，宁远县九疑山国有林场坚持“以林为本”，强化营林基础，大力培育森林，改善树种结构，加强管护，提高质量。依托国家储备林建设和欧投行贷款森林提质增效示范项目，投入196万元用于珍稀树种培育和林相改造。其中投入61万元引种光皮桦、红锥、赤皮青冈、楠木、红花荷、黄花风铃等珍稀阔叶树种1150亩；投入

135万元完成林下改培营造珍稀阔叶树种737亩，完成中成幼林抚育5235亩。

【基础建设】 2020年，宁远县九疑山国有林场将政策性补贴资金用于场部工区基础设施改造，改善提升场机关和基层工区办公环境条件。投入52万元完成场机关办公用房和职工宿舍楼的升级改造；投资121万元对紫江、舜源峰、三亩田3个工区的营林区管护用房进行修缮，对大六冲和八角冲工区营林区管护用房易地重建，新建和改造管护营房面积2100平方米。投资112.6万元维修改造和拓宽林区公路27.6千米，林区道路基础设施得到很大改善。改造后，职工生产生活有保障，增强以场为家的获得感和责任感。现5个工区的32名护林员都实现规范化、常态化、正常化管理。

【森林资源管护】 2020年，宁远县九疑山国有林场严格落实“森林防火抓预防、有害生物抓防控、林地保护抓规范、涉林案件抓打击”的总体要求，推进森林资源管理管护工作，筑牢生态保护屏障。加强林地林木管理。进一步规范林地征占用手续，依法惩治违法占用林地现象。联合县发改局对蓝山县紫良和宁远县梅岗两个风力发电场占用九疑山国有林场林地进行专项整治，获得林地、林木及青苗补偿款34万余元，限期进行植被恢复。加强森林防火工作。贯彻落实市政府《关于进一步加强森林草原防火工作的实施意见》和县政府《森林防火禁火令》，采取各项防火措施，坚持24小时领导带班值班制度，严防死守，全面落实林区进出“防火码”科学管理。增加投入添置消防灭火器材，加强防火队伍建设，组建2支共30人的半专业扑火队伍，层层签订防火责任状，将责任落实到每个山头、地块。着重抓好清明节前后的森林防火工作，加强巡守和隐患排查，出动宣传车80余台次，发放宣传资料2000余份，悬挂或张贴横幅、标语250余条，增强广大居民的防火意识，确保林区不发生重大森林火灾。

（徐永才　唐　星）

白云山国有林场

【概　况】 1956年9月26日，经省人委农林水办公室（56）农字第046号文件批准建立宁远县白云山森林经营所，20世纪60年代中期，改名宁远县白云山林场。1964年6月至1978年11月，划归双牌县管理。原代管的杨柳田、白公殿、砠江3个农户村，2003年3月划归中和镇管理。白云山国有林场现有经营面积3.4万亩，下设楠木漯、黄皮山、菜漯、白公殿、鸭婆漯5个工区。2005年，国有林场改革定性为副科级公益一类全额拨款事业单位；2018年5月，升格为正科级。设办公室、生产经营股、资源保护和林政管理股3个股室，2020年有职工38人，其中在职职工16人，退休职工22人。林场位于宁远县西部，林场地处北纬25° 43′ 25″ 至25° 51′ 35″ ，东经111° 47′ 05″ 至111° 56′ 15″ 之间，东与柏家坪、棉花坪相邻，南与中和镇接壤，西与双牌县林江乡交界，北与清水桥镇毗邻。距离县城29千米。2020年，林场紧紧围绕县委、县政府工作部署，以“培育森林资源，保护生态环境，建设秀美林场”为中心，改革创新，扎实工作，为建设绿色宁远、生态宁远、森林城市作出应有的贡献。

【秀美林场建设】 2020年，宁远县白云山林场新建卫生厕所一座，砖混结构，上下两层，面积50余平方米，配套洗浴系统一套，于9月底完工。在楠木漯工区原址新建管护站点房一座，上下两层，砖混结构，面积150余平方米，年底前完成主体建设。积极开展义务植树，种植樟树、桂花树、扁柏等84株，对原有绿化树木、花圃进行施肥、除草、修剪。组织爱国卫生运动，创造舒适干净卫生的工作生活环境。

【森林资源培育】 2020年，宁远县白云山林场精准提升森林质量，从2月起，抓住欧洲投资银行对湖南省森林质量精准提升提供贷款契机，对林场林区进行新造树、优良树种改培、中幼龄树木抚育、人工促进天然更新，在漆树工区、莱溪工区、白宫殿工区完成森林质量提升2371亩，其中珍贵树种改培1328亩，中幼林抚育1017亩，人工促进天然更新26亩，9月全部通过省林业局验收。启动第四期森林经营方案编制工作，斥资23万元委托湖南景辉农林生态科技有限公司进行编制。从2019年10月起，景辉公司的15名技术人员历时21天完成调查任务。2020年1月3日，调查成果顺利通过湖南省林业局质量检查验收，6月完成经营方案文本的编制工作，经省局审查通过后编制成册。方案确定和核实林场境界线、工区界线，在经营管理范围内进行调整（复查）经营区划和林地区划；调查记录各类土地的面积和林地权属、各类森林林木蓄积和权属；调查与森林资源有关的自然地理环境和生态环境因素；按小班提出森林经营意见、管理利用意见；对国家公益林与省级公益林进行核对核实。

大力开展疫木防治。位于林场场部后面的2800多亩松树林，在2019年普查时发现松材线虫病，县林业局及时组织除治，至2020年3月完成除治枯死松木1514株。为阻止松材线虫病扩散蔓延，林场重新启动除治工作，从林场管护资金中挤出20万元，采用购买社会服务方式，聘请专业队伍，对濒死、弱势松木进行全面砍伐除治。林场派出专门技术人员进行技术培训指导，严格按照“一查、二砍、三清、四烧（碎）、五标”程序操作，对施工各个环节进行监督。5月22日至8月2日，共清除枯死松木2532株，涉及白云山林场莱溪工区3个小班，顺利完成预期目标。

【森林防火】 2020年，宁远县白云山林场始终把森林防火工作摆在各项工作首位，持续加强森林防灭火工作软硬件建设，提高防灭火工作能力。硬件建设方面：成立23人的应急扑火队伍，通过张贴发放宣传资料、悬挂横幅、广播、短信等多种形式进行广泛的森林防灭火宣传教育，开展秋冬季节森林防火工作培训；购置防火无人机1台、风机2台、2号打火棒50把、防护服30套及其他必要的防火器材及装备。软件建设方面：成立森林防灭火工作指挥部，签订森林防灭火工作目标管理责任状；召开清明节、秋冬季节森林防灭火工作会议，建立森林防灭火工作台账。全年未发生森林火灾。

（黄林进）

雾云山国有林场

【概　况】 《永州府志》载：“县东二十里之雾头岭，以高耸如在云雾，故名”，有二广高速倚北、永连公路傍南、宁嘉公路靠西而过。宁远县雾云山国有林场始建于1958年10月，下辖青风庵、中峰庵、场部、茅岭庵4个工区，场部设在东溪街道卜家岭村洋江头自然村，距县城14千米，管护国有林地面积1.255万亩，其中县级生态公益林0.79万亩（已向省林业厅申报为省级生态公益林），占国有林地面积的63%，森林蓄积量2.69万立方米，森林覆盖率87%以上。林场为正科级公益性一类全额拨款的事业单位，有林业专业技术人员3人，其中副高职称1人，中级职称2人。林场的主要工作由原来的造林、育林、木材采伐运输销售发挥其经济效益为主，向重点培育保护森林资源，厚植生态优势，充分发挥森林生态效益和社会效益转变。

【森林提质增效】 2020年，宁远县雾云山国有林场克服疫情、灾害性天气、基础设施落后等多方不利影响，实施欧投贷款湖南森林提质增效示范项目260多万元，完成珍贵树种造林61.2公顷，现有林改培57.51公顷，中幼林抚育88.18公顷，顺利通过市县验收和省项目办抽检。

【森林防灭火】 2020年，宁远县雾云山国有林场强化责任担当，狠抓工作落实。制订防火应急预案，层层签订责任状，将森林防火与目标管理考核有机结合，确立领导包干、干部包片、职工包点的“三包”工作机制，任务明确到林区、山头和地块，形成层层负责、上下联动、通力协作，横向到边，纵向到底的网格工作体系。加强宣传教育，增强保护意识，发放宣传单500余份，张贴宣传通告100余份，粉刷宣传标语50余条，悬挂宣传横幅25条，出动宣传车200余台次，走村入户、深入田间地头进行宣传，安排护林员进行流动式喊话，重点时段做到“不天黑不收工，不下雨不间断”，及时提醒广大村民注意森林防火、安全用火，营造森林防火人人有责的良好氛围。注重日常防范，严格火源管理。不断强化岗位值班及巡查监控等防范措施，在节假日和防火戒严期，全场干部职工取消休假，全部安排到重点地段值班，对重要部位严防死守。确保林场森林防火安全。开展林区禁烟，严控火险隐患。加强巡查宣传，及时劝阻和制止在林区内的随意吸烟行为，加强火源管理，联系周边乡镇、村，加强对特殊人群管控，确保火源管理万无一失。夯实应急体系，提升处置能力。根据上级安排，组建林场30人的森林防火半专业队伍，开展森林防火灭火演练培训，提高队伍森林火灾处置、快速反应、快速扑灭林火的综合作战能力，确保把火灾隐患消除在萌芽状态。强化项目管理，加大资金投入。全年争取财政和财政扶贫资金30多万元，对林场防火隔离带、林区道路、森林步道等进行修建和改造，其中投入8万元对林区道路10余千米进行维修，确保生产物资运送和防火巡查畅通无阻；投入10万元新修340米至茅岭庵工区水泥路，方便群众出行；投入15万余元对林场所有主次防火线进行两次砍修，确保防火安全；投入2.89万元采购大疆牌精灵4RTK无人机1台，实现全方位高效率智能化巡逻，用于精准测量林业资源。

【资源保护】 2020年，宁远县雾云山国有林场按照“严格保护、永续利用”的原则，严格落实各项保护管理措施。加强对林地资源的管理，严抓未经许可随意破坏地形地貌、乱搭乱建、开山采石、乱采滥挖、乱砍滥伐等破坏林业资源的行为，切实履行保护职责，保护、管理到位，林业资源保护得到加强。

（陈　佳）

洋塘国有林场

【概　况】 宁远县洋塘国有林场于2015年8月完成国有林场改革任务，单位定性为公益一类事业单位，人员定编28人。单位公用经费、人员工资和五险一金均纳入财政预算。林场明确管辖林地面积2.832万亩，其中有林面积2.7万亩。2020年，林场内设股室和工区设置更加规范，人员配置更加合理有力，县委县政府按正科级单位标准配备强有力的领导班子，班子凝聚力、战斗力更强，工作进展更有力有序。

【资源管护】 2020年，宁远县洋塘国有林场累计投入欧投贷款湖南森林提质增效示范项目营造林资金219.96万元，森林质量精准提升专项资金80万元，森林资源管护资金30万元，创森工作专项资金10万余元，有力促进创森各项工作开展。筹资12万元完成战略储备林中1200亩的楠木、荷木抚育；筹资15万余元，砍修24千米防火线；完成欧投项目珍贵树种改培2693.55亩，完成中幼林抚育间伐2400多亩。全场现有活立木总蓄积23.71万立方米，森林覆盖率98.73%，是全县4个国有林场中森林质量最好、资源最丰富的林场。规范管理，严防死守，杜绝林区乱砍滥伐、乱捕滥猎和非法占用林地现象。

【森林防火】 2020年，宁远县洋塘国有林场成立森林防火专门班子，明确责任，实行管委会成员包工区、工区包片包山头的工作机制，明确工区长职责。场部与各工区签订《森林防火责任状》，完善护林防火值班备勤制度，建立防火特护期排查登记制度。发放各类宣传单（册、画）2500份，张贴森林防火令80张，制作各类宣传标语150条，悬挂宣传横幅60条，出动森林防火宣传车250余台次，有效提升林区群众防火意识，营造森林防火人人有责的良好氛围。组建30人的半专业扑火队伍，配备各种防火用具。坚持“安全第一、预防为主”的指导思想，坚持“护林防火、积极消灭”的方针，坚持“打早、打小、打了”的火灾扑救措施，大力开展防火宣传、火情隐患排查整治，全年未发生一起火灾。

【秀美林场建设】 2020年，宁远县洋塘国有林场加大向上跑项争资力度，加强林场水、电、路、信等基础设施建设，努力改善林场办公条件和生活条件，在林业、畜牧等部门支持下，拆除林场场部附近的私人养猪场，解决困扰林场十余年的难点痛点堵点问题。在猪场拆除后的空坪上，发动职工义务种植香樟、月桂、红叶石楠等树种500余株。投入资金10万元修复水毁河堤200米；投入资金5万元装修改造电话坪工区用房，接通电话坪区和黄泥口工区网络信号，完成场部食堂改造，洗澡间安装热水器，对场部环境进行美化净化亮化绿化改造，场部人居环境大幅改善；对电话坪、洋塘等工区办公场所加以维修整改，改善一线职工办公环境；利用林场森林资源丰富优势，大力推介森林旅游，周末和节假日赴林区休闲观光游客明显增多。

（欧健辉）

水 利

【概 况】 宁远县水利局1954年为农林水利局。1956年3月，改设农田水利科，于6月更名为水利局。1958年—1982年，农、林机构多次合分。1983年12月，更名为水利水电局。内设办公室、人事股、计财股、水利管理股、电力股。下辖小水电管理站，有仁和、半山、水市、永佳、凤仙桥、双龙6个水库管理所。1984年3月，增设纪检组。1985年，增设保卫股。1987年9月，成立宁远县紫江派出所，撤销保卫股。1989年，增设防汛抗旱办公室。1995年，有下属企事业单位21个。1999年，所属企事业单位调整为11个。2000年1月，水利电力局划出水电建设管理职能，更名为水利局，下属基层事业单位8个。2002年，划出生物措施防治水土流失管理职能，划入地下水行政管理职能，城市防洪职能，城市规划区地下水资源的管理保护职能。2016年，水利局内设机构未变，防汛抗旱办公室升为副科级下属单位。2017年，增设县河长制工作委员会办公室、金钩挂水库管理所。2019年，机构改革，划出编制实施水功能区划、排污口设置管理、流域水环境保护、农田水利建设项目管理、部分水旱灾害防治职能；划入原县防汛抗旱指挥部办公室承担的部分行政职能，改为水旱灾害防御事务中心，为水利局所属副科级公益类事业单位；划入县移民开发局承担的行政职能，组建县水利和库区移民事务中心，为水利局所属副科级公益类事业单位。内设机构有办公室（行政审批股）、人事与科教股、规划计划与财务股、水资源与水土保持股（县节约用水办公室）、建设与运行管理监督股、农村水利水电股、水库移民股、安全法制股（信访维稳办公室）；所属事业单位有水旱灾害防御事务中心、水利和库区移民事务中心、水政监察大队、河道管理与河长制工作委员会办公室、水利工程管理站、水利勘测设计与工程质量监督管理站、地方电力管理站、九嶷山水电管理站、水市水库管理所、半山水库管理所、仁和坝管理所、凤仙桥水库管理所、双龙水库管理所、永佳水库管理所、金钩挂水库管理所。

【水旱灾害防御】 2020年，宁远县水利局牢固树立底线思维，强化风险意识，克服疫情带来的不利影响，多措并举，做好水旱灾害防御工作。全面做好防御准备。做好汛前安排部署，印发《关于做好2020年水旱灾害防御准备工作的函》，召开全县水利工作会议，安排部署水旱灾害防御工作。认真落实水旱灾害防御责任制，水库安全度汛“三个责任人”、县城及重点河段堤防工程防汛责任人全部落实到位。完善预案编制，全县166座中小型水库全部完成水库防洪抢险应急预案编制，各乡镇（街道）和相关村完成山洪灾害防御预案编制。抓好水毁修复，全年下达水利水毁修复工程奖补资金3980.58万元，修复河堤28.52千米、河坝13座，电排1座。对全县1座大型河坝、166个中小型水库、14段城市堤防、5处山洪灾害易发区开展隐患排查整改，对发现的18处隐患点全部整改到位。严格执行汛期24小时防汛值班和领导带班制度，保持24小时通信畅通，加强水旱灾害防御物资储备。突出山洪灾害防御重点。强化灾害监测预警建设，完成预警广播并入覆盖面更广的“村村响”平台系统，基本实现全县409个行政村全覆盖。抓好宣传和防洪演练培训，利用世界水日、“5·12”防灾减灾日，安全生产月等宣传活动开展山洪灾害防御常识的宣传活动，发放防汛宣传资料800册。组织集中培训4次，培训人数485人，督促指导乡镇（街道）、水库站所防汛演练21次，参加演练人数1356人，提高广大群众防洪意识和防御能力。不断提升防御水平。加强监测预警预报工作，全年通过通用短信平台发布预警信息30次，1.21万条，县级预警平台发布预警223站次，涉及责任人362人。做好应急抢险技术支撑工作，3月聘请21名具有中高级职称人员组建防汛抢险技术支撑专家组。抓好防洪度汛调度，有效防范3月18日、4月2日、7月19日等多次强降雨影响，避免洪涝灾害的发生。协调做好抗旱工作，对印山、窝子地、城北3个城镇水厂，仁和水闸、水市水库分别制订并实时修改供水应急方案，按用水需求分流量、分时段、分区域进行交叉和轮流供水，灌溉用水能抽尽抽，尽量减少水库渠道用水，打赢供水保卫战。

【河长制工作】 2020年，宁远县水利局严格按照省市要求部署，全面推进河长制各项工作落实，区域河流生态环境质量得到明显改善，河道管理水平不断提升。坚持高位推动，强化“能力建设”。建立县人民检察院驻县河长制工作委员会联络机制，开启“河长+检察长”两长治河新模式；财政大力支持，每年拨付工作经费500万元用于河长制建设；河长制被列入县委、县政府综合考核表彰项目。坚持多元共治，全面改善水环境。河长主治，建立河长问责机制，强化河长履职职能，着力推进河长落实“管、治、保”三位一体职责。源头重治，投入133.65万元，设置河道保洁公益性岗位200个，做到河道保洁常态化。建章立制，建立“河长制”、乡村整洁暗访、督查、考核制，设立暗访组、督查组、考核组，实行不定期暗访、考核。依法严治，深化专项整治行动，通过开展“清四乱”、河道采砂联合整治活动，强制拆除清水桥一处制砂场——恒安砂场，整改“四乱”问题14个。坚持创新推动，激活水动力。积极探索河长制进党校、进支部、进村（社区）的新机制。坚持办点示范，提档升级样板河流。2020年确定重点提升5条样板河流（段），其中九嶷河鲁观段，以中小河流治理为依托，结合湿地公园建设，投入资金1400万元，治理河堤4.6千米。大力推进水岸同治，不断强化力量整合，从河岸源头治理，水岸同治等方面抓好“河长制”工作。聚焦重点任务，实现工作目标。全年县级河长巡河303余人次，乡级河长巡河2344人次，村级河长巡河13236人次，各级河长真正履行“管、治、保”三位一体职责。加强水域岸线保护，完成全县19条流域面积50平方千米以上的河流、6座中型水库及河坝划界工作工程措施；编制完成《宁远县宁远河岸线保护与利用规划》和《河道采砂规划》。

【水利项目建设】 2020年，宁远县着力推进重点水利项目建设。仁和坝大型水闸除险加固工程，项目总投资2958万元，形象进度100%，工程全部完工，正在进行竣工验收工作。中小河流治理九嶷河二期治理项目，总投资1640万元，完成岸坡整治、河道疏浚6.9千米，项目全部完工。小型病险水库除险加固项目，2020年全县有7座小（二）型水库除险加固任务，总投资450万元，全部完成工程建设。做好重点水利项目前期工作。九嶷山水库项目计划投资3.8亿元，完成前期可研设计，成立指挥部和进村入户调查征地拆迁和移民安置工作，小（一）型可研设计编制已经完成。龙形头水库项目计划投资1.2亿元，已入村召开征地动员大会和对接省烟草水源性项目。泠江河二期治理项目已完成发改立项及初步设计批复，12月8日省财政厅下达资金，正在进行预算评审。

【农村饮水安全】 2020年，宁远县实现农村饮水安全问题清零。通过成立挂牌督战工作领导小组，全面开展问题排查。出台《开展脱贫攻坚农村饮水“问题清零”实施方案》等文件，与乡镇、街道办、县水务集团、县疾控中心共同开展对全县的联合排查，经排查全县农村饮水不安全人口数为零（包括2020年拟脱贫建档立卡贫困人口1078户、2199人）。整合资金503万元，对全县43处农村饮水工程维护完善。完成农村综合服务平台自来水“村村通”工程。出台《宁远县农村综合服务平台自来水“村村通”实施方案》，对全县农村综合服务平台自来水“村村通”进行排查摸底，对已建农村综合服务平台农未通自来水的61个行政村落实整合资金110.57万元，全部完工通水。集中力量抓好饮水项目建设。实现规模化水厂供水的农村自来水受益人口7.7794万人（其中新增供水人口6.5524万人，改善供水人口1.2269万人），实现农村自来水水质合格率100%，农村自来水供水保证率95%以上目标。省厅分配的民生实事任务和新增农村通自来水人口1.64万人口任务指标全部完成。提高农村饮水水质保障水平。通过配合生态环境等部门，对千吨万人集中式饮用水水源地12处核准并全部划定完成，全县20个乡镇（街道办）政府所在地的饮用水水源保护区全部划定，进一步完善相关防护设施建设和标志设置，加强水源地保护。千吨万人以上供水工程设立水质化验室，具备9项常规指标检测能力，达到水质保障水平。

【水利扶贫】 2020年，宁远县水利局认真做好水利扶贫工作，向禾亭镇团结村，中和镇绿源村、新开村、下吴村派出4个驻村工作队，组织全局干部职工开展帮扶工作；开展“水利+精准脱贫”，结合河长制、河道保洁工作，优先聘请200名符合要求的建档立卡贫困户担任河道保洁员。推进水利扶贫项目建设，推进全县农村饮水安全巩固提升工程建设与管理，确保农村贫困人口饮水安全。

【水政执法】 2020年，宁远县水利局利用县人民检察院对矿山、砖厂行业执法监督的契机，追缴水土保持补偿费60多万元；以最严格水资源管理的要求，新增办理取水许可证9个；对违法采砂进行严厉打击，查处违法采砂11处，扣押采砂挖机2部，立案处理8处，行政处罚11万元。主要惩治湾井镇和城、白水源、东安头、大屋地，中和镇西江源，柏家坪镇礼仕湾，文庙街道祝源福等地的违法采砂行为。认真排查“清四乱”问题，对鲤溪镇上柏万城违法乱占河道、中和镇绿源村在河道内违法开挖鱼塘、桐山街道崇德社区违法占用河道的问题进行查处并整改到位。

【水土保持和水资源管理】 2020年，宁远县水利局完成清洁小流域“十四五”规划上报工作和清洁小流域太平河段的初步设计工作。完成水土保持批复21项，水资源论证报告9项，水土保持费与水资源费征收721余万元，超额完成年度目标。完成583处取水口调查整改工作。

【安全生产】 2020年，宁远县水利局在全市水利安全生产考核和行政监管执法考核中，连续三个季度排名前三名。全年到各站所、各乡镇（街道）进行安全生产检查54次，排查发现各类大小隐患162个，整改到位率100%；

督导整改上级交办的安全问题隐患17个，全部整改到位和完成销号；认真做好信访综治工作，有效化解涉水信访矛盾，对省委巡视组和县纪委等部门交办的25件各类信访案件，全部依法依规处理和答复；全面开展水利系统扫黑除恶工作，做好扫黑除恶线索摸排和宣传工作。

【小水电清理整改】 2020年，宁远县水利局按照《湖南省小水电清理整改实施方案》等文件要求有效完成整改任务。全县整改类电站35座，88项审批手续整改任务于9月全部完成；整改类电站35处生态放流设施和35处生态流量监测监控设备建设安装完成；全县有6座退出类小水电，中渡河、河底坪、桃子平、源头坝4座立即退出类电站，住龙门、小东江（坝后）2座限期退出类电站（退出时间为2022年10月30日前）按相关文件要求按期完成清理整改工作，12月13日完成省级小水电清理整改验收销号现场抽查工作。

【水利“十四五”规划编制】 2020年，宁远县水利局为全面摸清全县水利情况，成立4个调研小组，分别到全县各乡镇（街道）、村，调研水利规划工作；多次召开水利“十四五”规划研讨会、座谈会，认真讨论研究水利“十四五”规划内容。编制完成涉及重点城市防洪工程、大中型水库除险加固工程、城乡供水工程等35个工程的项目规划。

（于　昶　何日佳）

水利和库区移民事务服务

【概　况】 1997年1月，设立宁远县移民开发办公室，负责管理全县移民开发工作。2002年9月，设立宁远县扶贫移民局。2017年1月，宁远县扶贫移民局更名为宁远县移民开发局，设4个内设机构，办公室、财务审计股、工程技术股、移民安置股（规划计划股）。2019年5月机构改革，县移民开发局承担的行政职能划入县水利局，组建县水利和库区移民事务中心。宁远县现有中型水库6座，即水市水库、半山水库、仁河坝水库、凤仙桥水库、永佳水库和双龙水库。水库总库容0.7545亿立方米，装机容量0.436万千瓦，年发电量1.24758亿千瓦时，工程总投资3571.34万元。6座中型水库淹没耕地3041亩，其中水田2499亩，旱地541亩，拆迁房屋126940平方米，搬迁人口7052人。2006年，核定的大中型水库后期扶持人口13957人，分布在全县的19个乡镇（街道）、141个村。宁远县还承担双牌县双牌水库、祁阳县内下水库和新田县立新水库的部分移民外迁安置任务。

【移民后期扶持】 2020年，宁远县水利和库区移民事务中心严格执行项目资金管理报账制和项目法人责任制、合同制、招投标制、监理制、公告公示制等制度，做到事前评估、事中监督、事后检查验收，按工程进度拨付资金，确保项目资金安全有序运行。严格按照相关资金和财务管理制度、办法要求，规范移民资金管理，促进移民资金管理使用安全高效。加强大中型水库移民后期扶持资金使用管理的检查监督工作，确保该项资金使用安全、规范、有效，确保国家的支农惠民政策及时落实到每个移民。2020年四个季度大中型水库移民后期扶持直接补助资金共计397.74万元，全部按时足额发放到移民个人账户。后扶资金安排重点倾斜到移民贫困村，突出抓好避险解困、产业开发、基础设施和整村推进等重点项目库建设。对项目库实施动态化、电子化管理，将其作为年度项目计划编报及规划计划管理的基本依据、整合涉农部门资金的平台。做好移民信访工作。加强矛盾纠纷排查，努力把问题化解在基层，解决在萌芽状态。建立健全信息预警、网上受理信访、涉法涉诉信访依法终结、局领导接访和机关干部下访等制度。全县大中型水库移民未出现到市越级上访和非正常集体上访案件。

【重点移民村建设】 2017年以来，宁远县对农村移民人口300

人以上的重点移民村仁和镇仁和兴村，水市镇大界村、龟形洞村，中和镇坦头村，安排移民资金210万元/村。整合涉农资金支持产业发展及基础设施建设，解决交通、饮水、农田等基础建设，人居环境大幅改善，整村推进及移民美丽家园建设工作取得初步成效。调整和完善重点移民村“十三五”期间的后扶项目规划，对100人以上的移民重点村基础设施、产业现状等进行全面调查摸底，加快整村推进及移民美丽家园建设。通过政府引导、项目资金扶持和单位结对帮扶，促进库区产业发展，在六大库区种植经济林、优质烤烟、油茶、水果等数万亩。

【移民技术培训】 2020年，宁远县水利和库区移民事务中心为促进移民增收和库区劳动力转移就业，大力开展移民农业实用技术培训和移民转移就业技能培训。到重点移民乡镇和移民重点村走访调研，了解库区和移民安置区的产业发展实际情况以及移民的培训愿望，有针对性地开展电梯维修、无人机植保等实用技术培训。全县移民实用技术培训130人次。

【移民精准脱贫】 2020年，宁远县水利和库区移民事务中心认真落实扶贫村结对帮扶工作，派出骨干力量到扶贫村中和镇下吴村担任“第一书记”和工作队员，教育扶贫、健康扶贫、生态扶贫、社会扶贫、兜底保障等政策有效落实。对移民村的贫困移民，积极协调将其纳入易地扶贫搬迁、危房改造、培训就业、教育医疗、生态扶贫等一系列扶贫政策范围，统筹移民和扶贫政策合力攻坚，确保贫困移民如期脱贫。

【移民安全生产】 2020年，宁远县水利和库区移民事务中心高度重视安全生产工作，成立安全生产领导小组，明确管理职责和工作分工，狠抓安全生产责任制的落实，制订打非治违安全生产工作方案，加大安全生产监督力度，营造良好的安全生产环境。制订移民在建工程防汛度汛方案，不定期对移民惠农项目建设进行安全监督检查，加强施工现场管理和施工人员安全宣传教育，全年没有发生移民安全事故。

（唐祖建）

水市水库管理所

【概　况】 水市水库坐落于宁远县南部水市镇香花铺境内，所在河流为湘江二级支流九嶷河上游，是一座以灌溉为主，兼顾防洪、发电、城镇供水等综合利用的中型水利工程。总库容1985万立方米，兴利库容1458.0万立方米，灌溉面积6.2万亩。控制流域面积274平方千米，干流比降11.5‰。坝址以上流域是九嶷山暴雨中心，气温多年平均在14℃—17℃，库区山高岭峻，地势狭窄，如遇大雨，山洪立即暴发，极易成灾。水库始建于1963年10月，1968年12月大坝（土石坝）竣工，1972年开始发电，1981年进行坝体加固，2011年4月完成大坝除险加固，现大坝为混凝土重力坝，坝高37.2米，坝长112米，正常蓄水位128.80米，设计洪水位129.4米，校核洪水位130.46米。设计洪水标准为百年一遇，校核洪水标准500年一遇。工程等别为Ⅲ等，主要建筑物为3级，次要建筑物为4级。水库工程地震设防烈度为Ⅵ度。设宁远县自来水公司取水口一处，水市镇自来水取水口一处，年取水量1500万吨。水市水库管理所属宁远县水利局管辖，于2017年11月定性为全额拨款事业单位，定编30人。主要工作职责包括防汛抗旱、水源保护、发电生产。

【防汛抗旱】 宁远县水市水库集雨面积274平方千米，灌溉面积6.2万亩，是湖南省重点防汛单位。防汛方面，立足早安排、早部署、早准备，全面做到“五个到位”，即责任明确到位、隐患排查到位、物资储备到位、预案编制到位、值班备勤到位，全力做好防汛调度。2020年水库水位平稳，上、下游未出现超水位事件及其他险情。抗旱方面，2020年宁远县降雨降水严重偏少，从6月开始持续发生严重旱情，水市水库牢固树立“抗长旱、抗大旱”思想，在5月初就停止发电，保水蓄水，节约用水。6月下旬，编制《2020年水市水库抗旱应急预案》，在保障城镇供水前提下，多方协调灌区各村用水需求。左干渠分为两段轮水，渠首至淌塘村以上为界，分上段和下段轮流用水，每段用水三天。右干渠分为两段轮水，渠首至西边洞以上村为界，分上段和下段轮流用水，每段用水三天。后期再依据旱情发展情况调整供水方案。全体职工全力抗旱，加强渠道巡查，明确分段、分工管理，责任到人。通过有力措施，水市水库既保障城镇正常供水，又未造成灌区内农作物大规模减产、绝收情况，把旱情损失降到最低。8月5日上午，湖南省水旱灾害防御事务中心二级调研员尹华节带队到水市水库调研，对水市水库抗旱工作表示肯定。

【水源保护】　宁远县水市水库为国家一级水源保护区，是重要的饮用水源点，肩负半个县城及水市、天堂两镇的供水重任。管理所高度重视水库污染治理工作，设立安全警示牌，安排专人进行巡视，发现非法垂钓者立即劝离，加大水库污染治理力度，安排人员及时清理库区内垃圾，确保水质优良。2020年出动船只45次，清理库区垃圾35吨，驱离非法垂钓者36人次。

【发电生产】　2020年，宁远县水市水库管理所高度重视安全生产工作，时刻紧绷安全生产这根弦。发电作业时24小时安排专人值班，所有发电人员均持证上岗，严格按照《安全规程》操作，确保人员和设备安全。通过科学管理、规范操作和精细维护，全年未发生一起安全事故。完成发电量915万度，由于旱情，确保城镇供水和农业灌溉，未完成1000万度的发电量目标。安排专人对供水线路进行巡视，加强供水工作检查，确保自来水取水不间断，全年完成1000万吨供水目标。

（张　越　胡　勇）

九疑山水电管理站

【概　况】　宁远县九疑山水电管理站是县国有骨干水电站。现有装机容量15050千瓦。干部职工251人（干部4人，专技人员34人，工勤人员111人，退休人员69人，技校生22人，临时工11人）。电站位于宁远县九疑山乡九龙村，控制流域面积154.20平方千米，1976年动工兴建，设计流量9.5米^3/秒，现实际引用流量3.7米^3/秒。

【经营性事业单位改革】　2020年，宁远县九疑电站在县经营类事业单位改革工作推进小组和主管单位的带领下，积极稳步推进改革工作。在政策内与符合提前离岗条件的33名人员签订提前离岗协议，与距法定退休年龄5年以外的在编干部职工、技校生、政策性安置人员签订安置协议，另通过公开选聘程序完成20名分流人员的考试、考察工作。电站主动担责，迅速摸清底子，分清“离岗人员、接近离岗年龄段人员、转制安置人员”三类人员的不同诉求，分组逐个进行深入谈心谈话，耐心解释政策，打消各类别信访人员的顾虑，保障改革的顺利进行。积极筹备新公司的组建工作，向上级行业部门请示汇报，确保社保、税务、不动产权等转移工作得到有效衔接。

【小水电清理整改】　2020年，宁远县九疑山电站全面贯彻落实《关于开展长江经济带小水电清理整改工作的意见》及《湖南省小水电清理整改实施方案》文件精神，高度重视小水电清理整改工作，认真研究部署，按时间节点开展小水电清理整改工作。2019年年底，设置生态放流设施及流量监测、水面监控设备进行生态放流，完成生态复绿；2020年6月20日，完成水资源论证，取得取水许可证；9月17日，县发改局下发九疑电站项目核准批复；已完成土地预审，林地征用实地勘测等前期工作，证件正在办理中。

【抓生产保民生】　2020年，宁远县干旱少雨，降雨时空分配不均匀，九疑山电站坚持“促生产、稳就业、保民生”。积极投入保生产。在资金紧张的情况下，投入30万元用于渠道维护，机组检修，确保生产安全。2020年全县其他国有和私营电站的产值不足往年的40%。九疑山电站通过精细化管理、科学调度，产值943.6万元，与2019年持平。确保就业保运转。在经济不景气的情况下没有放长假，确保职工就业、工资发放和正常运转。积极化解社保民生。因欠缴巨额社保资金，2018年后，达到法定退休年龄的电站干部职工不能办理正常退休。九疑山电站筹集300万元补缴社保，退休人员得以办理退休手续。加强基础建设保民意。九疑山电站的办公楼和宿舍都是20世纪70年代的建筑，每逢下雨房屋漏水严重。2019年，九疑山电站投入16万元，对瓦檐进行修缮更换；2020年，旱改厕两座。改善人居环境，文明创建得到提高。

【安全生产】 2020年，宁远县九疑山电站坚持“安全重要，发展为本”的方针，将安全生产措施落实到部门、班组，推进电站安全管理标准化，将隐患排查、突发事件应急处置、安全风险管控等工作纳入常态化管理，做到“宁可备而不用，不可用而不备”。组建一支高效的安全生产保障团队负责日常管理工作，配强专职安全生产工作队伍和抢险应急队伍。每季定期研究安全生产工作。每次召开站务会通报安全生产情况，做到及时排查，及时通报，及时整改。

（何维平）

农村建设投资开发

【概　况】 宁远县农村建设投资开发有限公司成立于2016年3月，是宁远县人民政府直属国有独资企业，注册资本1.68亿元。公司经营范围为投资、开发和建设农田水利、高标准粮田、土地整理、农村饮水、农村道路、农村信息化、农产品仓储、农产品物流、环境整治、生态园林等农村基础设施及农业配套设施项目；投资农业产业化、新农村建设、健康养老、扶贫开发、采砂、制砂等产业。2020年，公司深入实施乡村振兴战略，加快推进重点项目建设，统筹推进全县生猪全产业链项目建设、万亩土地开发、中小河流治理、产业园区升级、巩固脱贫攻坚、预防金融风险等各项工作，在助推全县新农村建设和发展方面取得良好成效。

【市场融资】 2020年，宁远县农建投公司按照防范金融风险要求，积极调整融资方式，主动对接银行，把握投资方向。针对万亩土地开发、中小河流治理项目，向建设银行融资到位2亿元，向长沙银行融资到位2亿元。

【九嶷山兔产业园建设】 九嶷山兔产业园位于宁远县水市镇梅岗，园区占地400亩（其中一期占地84亩），总投资1.5亿元。定位为华南地区种兔养殖基地，辐射湖南、广东、广西、海南、江西、福建等区域，计划养殖规模为祖代种兔5000只，年出栏父母代种兔10万只、商品兔500万只，3年内在宁远区域建立养兔家庭农场70家以上，年产值达到2亿元以上。2020年，宁远县农建投公司投资2000万元启动产业园（二期）项目，新建高标准兔舍7栋，生产车间14个，新建办公楼、仓库、停车场、消毒中心、道路、发电房等附属设施。同时以水市镇为中心，结合精准产业扶贫，辐射带动全县至少2000户贫困户发展养兔脱贫致富。

【生猪全产业链建设】 2020年，宁远县农建投公司加快促进全县生猪养殖、屠宰、冷链、洗消、加工产业转型升级，实现农业产业高质量发展，与湖南省现代农业集团合作，计划投资10亿元在全县规划布局生猪育种、养殖、屠宰、加工、冷链、配送全产业链建设，计划年出栏生猪60万头。2020年，建设完成水市周家、天堂源石两个养殖基地并交付使用。

【河道治理】　2020年，宁远县农建投公司投入8500万元，对全县中小河流100千米河道进行疏浚，在鲤溪、仁和、冷水、中和、水市各设立制砂点，制砂50万立方米。鲤溪、仁和两个点启动运砂。

【农村市场建设】　2020年，农建投公司计划投入1亿元，在乡镇建设标准化农贸市场16个、专业市场2个及物流中心。全县实际完成13个市场改造，新建华荣鞋厂市场，对湾井市场和永安市场进行临时转移，保和市场和永安市场完成选址。

【有机肥厂建设】　2020年，宁远县农建投公司与湖南立诚生态科技有限公司合资成立宁远立诚生物科技有限公司，承接全县畜禽粪污资源化利用项目，在水市镇大界村建设有机肥厂，项目总投资3721.89万元，规划用地面积51561.5平方米（约77亩），总建筑面积21576.07平方米。其中原料车间4578.98平方米、膜发酵场4277.93平方米、陈化车间4686.38平方米、生产车间2986.34平方米、成品包装车间3482.44平方米、配套办公生活区1024平方米、其他设施设备区540平方米。项目已动工，投产后年产值可达1亿元，将有效改善畜禽养殖环境问题，提升全县畜禽粪污肥料化利用率，保障全县畜禽养殖业稳步发展，提升县域特色经济作物产品品质，促进绿色农业可持续生产。

（邝　亮　唐昭茜）

气象工作

【概　况】　宁远县气象局（站）成立于1959年6月，永州市气象局下属的正科级公益事业单位，又是宁远县人民政府主管气象工作的职能部门，担负着本行政区域内气象工作的政府管理职能，实行气象部门与地方人民政府双重领导以气象部门领导为主的管理体制。2015年12月17日，成立宁远县气象防灾减灾指挥部办公室（加挂宁远县防灾减灾预警中心牌子）。2020年干部职工中有中级以上职称3人，其中有高级职称1人。宁远县气象局获2020年度全市气象部门目标管理考评优秀单位、永州市气象局2020年度气象服务先进集体，周明辉被中共湖南省气象局党组评为全省气象部门优秀共产党员，唐进军获湖南省气象局2020年度专业气象服务优秀个人。

【防灾减灾】　2020年，宁远县气象局坚持以防为主、防抗救相结合，从减少灾害损失向减轻灾害风险转变，做好转折性、关键性、灾害性天气的监测预报预警服务，年初及时更新预警信息接收责任人数据库，通过手机短信、广播电视、网站、微信公众号等新媒体多方式多渠道发布天气预报预警信息，基本做到气象信息广覆盖。6月22日，与县应急管理局签订《气象灾害应急联动合作协议》，建立常态化合作机制，提高气象灾害应对能力。与水利局、林业局、自然资源局、交通局、消防救援大队和国家电网宁远县分公司等单位签订《气象灾害应急联动合作协议》，开展气象灾害应急联动合作应对气象灾害。

【气象服务】　2020年，宁远县气象局继续推动公众气象服务全媒体融合发展。做好森林防火、烤烟生产、交通、教育、旅游等专业领域气象服务，春运、春节等重要节假日和县内重大社会活动气象保障服务工作。宁远县出现倒春寒、暴雨洪涝、强对流天气和气象干旱，气象局及时向县委、县政府及防指领导汇报天气，每次重大天气过程基本做到严密监测，滚动预报，有效预警。开展和推动乡村振兴专项建设，按照全年乡村振兴气象服务实施方案，强化气象为农服务，通过多种渠道，开展面向从事种植养殖的农民合作社、农业大户、农业龙头企业等新型农业经营主体的“直通式”农业气象服务，组织业务人员多次到烟田、稻田调研，提供全方位、精细化气象保障服务。首次开展杂交稻制种气象服务，制作发布服务产品6期，气象服务效益明显。强化精准脱贫气象保障服务，构建乡镇全覆盖的气象灾害监测网，以及行政村全覆盖的气象预警信息发布体系。将全县所有驻村扶贫队员纳入气象手机短信免费发送用户群，做好贫困地区气象信息服务工作。为全县光伏扶贫工程提供气象资料服务，为贫困村特色农业、乡村文化旅游提供个性化、交互式的“直通式”气象服务。

【人工影响天气】 2020年，宁远县气象局开展以抗旱、烤烟防雹、森林防火和生态环境修复为目标的人工影响天气作业26批次，用弹52发。3月—5月，在烤烟主生长期开展烤烟防雹作业，为烤烟丰收提供坚实保障。6月中旬后，面对罕见旱情，县气象局24小时监测天气，抢抓时机开展抗旱增雨作业，缓解旱情，减轻农业灾害，县粮食行业协会会长冯万军率种粮大户专程给气象局送去“服务三农情暖人间、科学增雨喜降甘霖”锦旗。县政府投入20万元在南部九嶷山安装完成人工增雨防雹烟炉，进一步提升全县复杂地形区域的人工增雨防雹作业效果和覆盖面。

【观测网络与信息保障】 2020年，宁远县气象局全面提高观测业务运行质量和效率，实现地面观测业务自动化。全年台站传输及时率、数据可用率达省局要求标准，质量稳步提高，仪器维护良好，区域自动气象站、农田小气候站和大气负氧离子监测站稳定运行，业务学习与集体观测等业务活动每月按时开展。县政府投入18万元区域站设备维修升级经费，对全县所有区域自动气象站进行全面升级改造和设备维修，确保设备稳定运行。继续认真贯彻落实国务院《气象装备和气象探测环境保护条例》，气象探测环境保护良好。

【气象现代化建设】 2020年，宁远县气象局加快推进气象现代化建设。以“项目建设年”和“开放合作年”为抓手，推进公共气象服务、气象防灾减灾、生态文明气象保障业务能力建设，推进气象现代化。进一步加快突发事件预警信息发布系统建设，与县文旅广体局农村广播“村村响”系统进行对接。全力推动现代气象预报业务发展。全力做好预报业务一体化平台运用，提高预报预测准确率和精细化水平，提升预测预报能力。

【气象宣传与防雷】 2020年，宁远县气象局充分利用网站、媒体和“3·23”世界气象日、全国防灾减灾日、科技活动周等活动进行气象宣传，增强社会公众的气象防灾减灾意识。推进防雷社会监管，贯彻落实《湖南省人民政府关于整合优化建设工程防雷许可的实施意见》，落实防雷安全监管经费、防雷审批委托经费；规范防雷技术服务市场，强化防雷安全事中事后监管，联合开展防雷安全隐患排查、管控与整治。

（谢徐强）

工　业

宁远县双龙水库

综　述

【概　况】　宁远县工业主管部门从1982年年初撤销县工交办，成立县经济委员会。2002年，经委与财委合并，成立县经济贸易委员会。2005年，经贸委又更名为县经济委员会，简称县经委。2011年，县经委改名为县经济和信息化委员会，简称县经信委。2015年，县经信委改名为县科技和经济信息化委员会，简称县科经委。2019年，县科经委改名为县科技和工业信息化局，简称县科工局，主管全县的科技、工业和信息化工作。因工作成效明显，宁远县被评为2020年度全省经济运行监测协调工作先进单位，2020年度全市清理拖欠民营企业中小企业账款工作先进单位；宁远县科工局被省工信厅评为2020年“创客中国”创新创业大赛优秀组织单位、2020年度湖南省中小企业运行监测工作突出单位，被市科技局评为2020年度科技创新工作先进单位。

【科　技】　2020年，宁远县研发投入总量7.79亿元，占全县生产总值比重2.1%；新增高新技术企业15家，累计36家；技术交易合同16件，总金额7912万元；科技型中小企业入库33家，完成目标值的133%；“5个10”重大科技项目完成计划投资的150.8%；高新技术产业产值134亿元，同比增长5.2%。4月，宁远县众创空间成功创建国家级众创空间，为全市唯一一家；创建市级工程技术研究中心1个（宇拓新能源），市级星创天地1个（天利成）。县科工局牵头举办科技活动周，活动期间接受咨询约1000人次，发放各类科技图书及宣传资料5万余份，摆放科技展板40余块，设咨询台25个，形成全民科普的良好氛围。

【工业经济运行】　2020年，宁远县完成规模工业总产值160.8亿元；规模工业增加值增速5.6%；工业用电量4.7亿千瓦时，同比增长16.3%；工业实缴税金2.96亿元，其中工业实缴增值税2.37亿元；入统规模工业企业14家；实现高新技术产业产值134亿元；战略性新兴产业企业72家；产值2亿元以上规模企业25家，其中华荣鞋业、莲花水泥等骨干企业分别完成产值7.5亿元、6.2亿元。牵头实施全县“产业强链”工程，成立由产业链链长领导、抽调专人成立产业链办公室主抓的工作机构，建立从项目开发包装、引进、审批、建设到投产运营的全方位服务机制。全年分五批签约引进5000万元以上的工业项目17个，总投资46.2亿元，其中引进“500强”企业1个（智惠新能源光伏电站）。

【信息化】　2020年，成立宁远县信息通信基础设施建设工作领导小组，全力推进5G基站、4G网络、宽带扩容、农村光纤等项目实施。全县422个行政村（社区）全部实现光纤接入，政务外网的开通完成率100%。移动、电信、联通三家运营商社区4G网络覆盖率100%，行政村4G网络覆盖率100%，信号宽带覆盖率大幅提升。40个电信普遍服务行政村4G基站开通，完成率100%。2020年建成并挂装设备开通5G网络的基站97个。

【企业服务】　2020年，宁远县科工局出台《宁远县重点工业企业精准帮扶实施方案》，筛选59家重点工业企业，实行“五个一”帮扶机制和“点面结合”协调机制。成立宁远县促进中小企业发展工作领导小组，加强对全县中小微企业的组织领导。开展清理拖欠中小企业、民营企业账款专项行动，全年无新增账款。大力推进中小企业融合发展，840家企业实施“上云”。帮助64家中小微企业融资1.28亿元，申请财政贷款贴息102.7万元。大力支持符合条件的工业企业申报工业技改、中小企业、制造强省等项目资金，全年争取工信口、科技口项目资金910万元。

【行政执法】　2020年，宁远县推进“互联网+政务服务”一体化，实施清单填报率、发布率100%；开展供用电秩序整治工作，加大电力设施保护及安全隐患治理，完成电杆防撞标识215块，消除跨房屋、鱼塘绝缘化改造隐患11处，砍伐隐患树障51684棵，排查安全隐患432处，查处窃电及违约用电行为286起，追补电量54.7万千瓦时，电费及违约使用电费共计165.36万元；落实“三个一”督促指导原则，开展“散乱污”企业集中整治，各乡镇（街道）实行动态管理，与相关职能部门联合执法，督促企业按照“两断三清”标准要求关停拆除，依法依规取缔到位。

【疫情防控】 2020年，宁远县科工局积极落实县委、县政府新冠肺炎疫情防控安排部署，成立领导班子，出台工作方案，制订应急预案，抽调10人到县联防联控工作组，重点抓好大数据排查、物资采购和企业复工复产。在企业复工复产方面，成立企业开复工领导小组，选派10名优秀干部担任企业防疫联络员，指导园区外规模工业企业开展疫情防控和复工复产，给企业免费发放84消毒液、75%酒精、一次性口罩等防疫物资；制定出台《关于支持园区企业开工复工、稳定经济增长的十条措施》《宁远县2020年工业企业复工复产工作方案》，帮助企业共渡难关，推动企业复产达效，督促企业一手抓疫情防控，一手抓复工复产。

（曾永辉）

宁远县高新技术产业开发区

【概 况】 宁远工业园区于1997年经永州市人民政府批准成立，2006年经湖南省人民政府批准为首批省级开发区，2019年经省人民政府批准转型升级为省级高新技术产业开发区。宁远工业园区党工委和管委会为宁远县委、县政府派出机关，按“党政合一、一套班子、两块牌子”的方式运作，单位性质为公益一类（全额拨款）事业单位，行政级别为副处级，人员工资及工作经费由县财政预算资金保障。园区管委会机关内设5个副科级职能机构（办公室、产业发展局、招商合作局、建设局、社会公共事务管理局）和一个股级事业单位（企业服务中心）。管委会机关设有专项编制35名，企业服务中心设有编制30名，合计65名。园区有在编在岗干部职工55人，其中管理人员22名（含原来具有公务员身份11人），专业技术人员9名，工勤人员24名。经过二十余年发展，形成“一区三园”的空间布局：即以电子信息光电智能终端为主导产业的西部工业新城，以新能源新材料（锂电池）为特色产业的福源工业区，以轻纺制鞋等传统产业为主导的台湾工业园。宁远高新区先后获得国家装配式建筑产业基地、国家外贸转型升级基地（鞋类）、国家备案众创空间，湖南省新型工业化产业示范基地、省级先进园区、省级绿色园区、省级大数据产业园。光电智能终端和新能源新材料产业园建设项目获评全省“5个100”重大产业建设项目“十佳”优秀项目。园区连续多年被评为全市先进园区。

【经济总量】 2020年，宁远高新区完成规模工业总产值146.51亿元，同比增长2.73%；规模工业增加值增速6.3%；新增投资5000万元以上工业项目15个，新增竣工投产5000万元以上工业项目10个，新增国家高新技术企业15个，新增标准厂房面积18.89万平方米。

【招商引资】 2020年，宁远高新区累计招商引进项目14个，合同引资44.9亿元。其中能源项目1个（宁远县智惠新能源科技有限公司），即工业园区厂房屋顶光伏发电项目，总投资2亿元；产业园项目1个，即中基恒光产业园项目，总投资20亿元，规划用地400亩，主要集中在智能制造、新材料、医疗大健康等领域发展；产业项目12个，总投资22.9亿元。落户新能源新材料产业园的有7家，分别是湖南齐锂科技有限责任公司、湖南聚锂美新能源科技有限公司、湖南聚锂新能源科技有限公司、湖南鸿扬方聚新能源科技有限公司、湖南瑞达智能装备有限公司、湖南宁致新能源科技有限公司、湖南鸿富氏科技有限公司；落户光电智能终端产业园的有5家，分别是永州市友仁光电科技有限公司、永州市易崎自动化设备有限公司、湖南龙池光电科技有限公司、湖南省粤宁康生物科技有限公司、宁远至善德医疗科技有限公司。

【重点项目】 2020年，宁远高新区安排重点项目11个，总投资25.14亿元，年度计划投资13.6亿元，1月—12月完成投资14.1亿元，完成率103.7%。湖南湘迪科技有限公司、永州鸿盛电子科技有限公司、湖南沃尔顿新能源科技有限公司、湖南千洋智能科技有限公司、宁远县卓品鞋业有限公司、湖南舜塑新材料科技有限公司、宁远县灼隆印刷有限责任公司、永州市创远运动用品有限公司、光大环保能源（宁远）有限公司、永州新四季农业发展有限公司10个产业项目建成投产。基础设施完成投资15.2亿元，光电智能终端产业园B区九层办公楼达到交付标准。新建成园区路网3条，园区水、电、路、信等基础设施不断完善和提质，厂区生产、人居环境持续改善。宁远县众创空间创业孵化基地升级为国家级创业孵化基地。

【园区企业】 2020年，宁远高新区新增国家高新技术企业15家，高新企业总数35家。高新技术产值109亿元，占园区总产值的70.1%，较上年提高8.5个百分点。湖南省粤宁康生物科技有限公司“女皇驾到”菊花产业项目在第四届全国农村创新创业项目创意大赛上获初创组一等奖，湖南宇拓新能源科技有限责任公司“新型锌空气电池的研究及产业化”获湖南创新创业大赛优秀项目奖，永州聚力新能源科技有限公司获2020年重点新材料产品首批次应用示范奖励；湖南省康德佳林业科技有限责任公司董事长欧阳瑶力入选2020年“湖湘青年英才”支持计划。永州聚力新能源科技有限公司、湖南宇拓新能源科技有限责任公司、湖南鑫和美新能源科技有限公司、宁远华创粉体材料有限公司等7个项目获2020年湖南省第五批制造强省专项资金支持。

【营商环境】 2020年，宁远高新区制定出台《宁远工业项目入驻服务流程和责任分解表、分解图》，实施《宁远县重点工业企业精准帮扶实施方案》，建立“驻企联络员”“全程帮办代办”等企业服务制度，帮助企业做好常态化疫情防控，逐项落实惠企政策，适应“以国内大循环为主，国内国际双循环相互促进的新发展格局”，为企业提供全周期、全要素、全方位服务。全年搜集问题232个，办结225个，办结率97%。帮助企业申请贷款31017.47万元。减免企业厂房租金540万元；发放创业担保贷款1530万元，发放稳岗补贴270.45万元；社保降费政策为企业减负2012万元，社保减免政策为企业减负997.8万元；为企业新招工3386人。

（周　玮）

国网宁远县供电公司

【概　况】 国网湖南省电力有限公司宁远县供电分公司（以下简称宁远供电公司）前身为宁远电力公司，成立于1999年11月。1951年10月从宁远电力公司前身——宁远县裕民锯木发电厂成立至今，60多年来，先后经历宁远县裕民锯木发电厂、宁远县发电厂、宁远供电站、宁远县小水电管理站、宁远电力公司、国网宁远县电力公司等多次名称更迭。2000年4月，由湖南省电力公司委托永州电业局代管，2015年12月上划到省电力公司直管，2017年12月完成“一县两公司”合并。2020年，有主业在职职工301人，其中在职在岗291人，内退职工10人；设9个职能部门（不含集体企业、农服公司）：办公室、人力资源部、党建工作部、安监部、配电部、营销部、供电服务指挥中心、财务资产部、物资供应分中心；9个乡镇供电所（清水桥、柏家坪、仁和、冷水、水市、九嶷、中和、天堂、太平）、1个城区供电服务站（舜承供电服务站）。宁远县域现有35千伏及以上变电站17座，其中220千伏变电站1座、110千伏变电站5座、35千伏变电站11座，主变容量65.345万千伏安，35千伏及以上输电线路长402千米。10千伏线路全长2761.6千米，电缆化率1.45%，绝缘化率11.72%。城区及周边共4座110千伏变电站和1座220千伏变电站，有26条10千伏互联线路，互联率63.4%；农网有25条10千伏互联线路，互联率为54.34%。公司担负全县20个乡镇（街道）、4个国有林场、406个行政村28.32万户的供电任务。2020年，宁远县全社会用电量8.5亿千瓦时，同比增长8.9%。实现电网连续安全稳定运行7294天，连续人身安全7773天。宁远供电公司被省公司评为5家“两降一控”进步明星县公司之一，获全省2020年“迎峰度夏”先进集体一等奖。

【安全生产】 2020年，宁远供电公司坚持以严抓严管为统领，以保证人身、电网、设备安全为重点，深入推进“安全生产专项整治三年行动”，严格落实抢修现场“三张照片”、网改现场“同进同出”等工作举措，安全生产工作持续稳定。坚持重拳反违章，督查各类作业现场1075个，安全稽查100%覆盖。狠抓安全大检查和缺陷隐患整治，排查各类缺陷1389处，消缺1220处。大力开展配电线路集中检修和通道治理，10千伏线路故障率、配变停运率、配变平均停运时长分别下降65%、48%、44%。强化电网科学调度、运行维护和应急建设，做好迎峰度夏、防冻融冰、防雷防汛防山火工作，积极应对寒潮天气，保证全县电力可靠供应，圆满完成各项重要保电任务。疫情防控持续保持“双零”目标。

【电力保障】 2020年，宁远供电公司从多方面着手加强供电保障：3月发布“两降一控”实施方案，按线路和台区停运责任落实到供电所到班组，奖罚到人；夯实设备主人制，重新明确设备主人职责；强化线路巡视和消缺管控。下决心通道治理。各供电所、输配电运维班向公司递交砍青扫障“军令状”，供电所在5月底前完成所辖10千伏线路通道治理，城区供电服务站6月底前完成所辖10千伏线路通道治理，输电线路班7月底前完成所辖35千伏及以上线路通道治理。利用集中检修，做好全线路消缺治理。开展“向配网开战”专项整治行动，完成18条线路“一线一方案”、10条线路集中检修（更换防雷防冰绝缘子1545组、避雷器209组、更换绝缘导线5970米、更换电换60基、更换台区熔断器45组、增加智能开关31台），督促专变隐患治理（如烤烟房专变等）100余台，有效降低专线专变设备故障引起的线路跳闸。做大做强带电作业，强化“能带不停”，全年完成带电作业323次。

【电网建设】 2020年，宁远供电公司完成电网投资1.09亿元。总投资1800万元的35千伏侯坪变电站工程竣工投运投产。110千伏宁远变电站扩容改造工程圆满完成，容量从40兆伏安增至70兆伏安。稳步推进农网改造工程。完成新建和改造10千伏线路137.5千米，新建和改造220—400伏线路196.24千米，新增和改造配变121台、23160千伏安。做好110千伏城西变电站输变工程征地等施工前期工作。完成2020年迎峰度冬、2021年春节保电项目工程、35千伏逍太线全线改造和35千伏上宜变电站扩容，供电可靠性得到加强。

【电力扶贫】 2020年，宁远县供电公司对九疑山瑶族乡茶罗村、紫江村，湾井镇田心村开展驻村帮扶工作，组建扶贫工作队，选派茶罗、紫江2个贫困村第一书记，安排7名工作队员驻村、128名职工开展结对帮扶。开展冲刺“问题清零”专项行动，对43个挂牌督战村、10个易地扶贫搬迁点及公司供区贫困村涉电问题进行全面摸底排查，制定整改方案，驻村扶贫和行业扶贫问题全部清零，完成脱贫攻坚目标任务。

（柏江涛）

产业建设投资

【概　况】　宁远县产业建设投资有限公司成立于2017年4月，注册资本6.6亿元，包括宁远县绿园投资开发有限公司、宁远县建发实业有限公司两个子公司。主要负责全县产业投资、融资、担保、资本运营、土地一级开发、标准厂房、基础设施和公共配套服务设施建设、咨询服务，县人民政府授权的其他经营活动，物业管理。公司设有7个职能部门，分别为综合办公室、计划财务部、工程技术部、规划设计部、投资融资部、物业管理部、政工人事部，有干部职工43人，其中产建投高层管理队伍6人，专业技术人员25人，临时聘用人员12人。

【重点项目建设】　2020年，宁远县产建投公司完成标准厂房建设40.93万平方米，新入驻企业9家。路网建设：完成李部路、朝阳路、兴工路三条道路建设；德泽路、德阳路、廊青路、江源路、兴民路、白云路、前进路、见云路、朝阳路延伸段等正在施工。学位建设：完成八、九小及附属幼儿园学位建设，提供基础教育学位7000余个；七小及附属幼儿园、职业中专新校区正在施工。其他基础设施建设：西部工业新城高压杆线搬迁桐八线，完成27个塔基混凝土浇筑（共30个）；西桐线完成23个塔基混凝土浇筑（共26个），桐闽线完成21个塔基混凝土浇筑（共26个）；完成朝阳家园排污管网；西部工业新城污水处理厂开始建设。

【财务运行情况】　2020年，宁远县产建投公司底累计完成收入约0.34亿元，其中租赁收入0.14亿元，上级奖补1956万元。截至2020年12月，公司总资产约51.08亿元，其中流动资产14.56亿元，固定资产36.52亿元。融资和贷款到位情况：全年融资到位8.57亿元。其中潭农商行到位1196万元，农商行到位3500万元，长沙银行到位3000万元，中国银行到位3000万元，农发行到位3亿元，国开行到位4.5亿元。税收完成情况：产建投公司（包括绿园、建发）1月—12月缴纳税款0.90亿元，其中协税0.55亿元。资金支付情况：1月—12月累计支出费用约4.96亿元，其中征地补偿5344.6万元；项目工程款支出3.16亿元；可研、环评等项目前期费用及项目监理费用支出5482.2万元；入园企业奖补支出6457.9万元。

（杨学进）

工业企业改制服务

【概　况】　宁远县工业企业改制服务办公室（以下简称工改办）于2016年3月在原二轻事务办的框架上成立。根据宁办〔2019〕33号文件，县工改办为县科技和工业信息化局管理的过渡性事业机构，核定全额拨款事业编制6名，主要承担工信系统企业改制相关事务和离退休人员管理服务等工作。现负责管理18家改制国有工业企业，35家集体企业。

【服务企业职工】　2020年，宁远县工改办秉承以人民为中心的发展理念，认真处理全县工业企业改制遗留问题，不等不靠，主动作为，热情接待来信来访，耐心细致做好政策解释，切实为职工解决困难，全心全意为职工谋利益。做好新冠肺炎疫情防控工作。成立工改办疫情防控领导小组，明确责任，细化分工，严格按照中央、省、市、县安排部署，对所辖厂区安排5个防控点，13名单位职工和企业留守负责人轮流在各厂区值班值守，严控人员出入及做好厂区消毒、卫生等工作。及时足额发放内退职工生活费、遗属生活补贴等。全年发放内退生活费33万余元，发放遗属生活补贴等6万余元。及时为兜底和内退职工缴纳养老保险。全年为100余名内退和兜底职工缴纳养老保险60余万元，其中向县财政申请单位部分38万元，收取养老保险个人部分20余万元。多方协调解决20余起因种种原因没有参与改制事项。想方设法为企业130余名被处理人员认定工龄，向县财政申请资金43

万余元，补缴被处理前单位部分养老保险。报送改制职工失业人员名单2000余名并整理好相关档案资料，向县就业服务中心申报受疫情影响失业保险补助。做好各厂区文明创建工作，全年安排用于厂区卫生保洁、安全生产经费10万余元。

【服务项目建设】 2020年，宁远县工改办妥善处理老工业棚户区改造房分配事宜，组织人员对棚户区改造项目购房户进行三轮入户走访，对购房户提出的有关问题予以及时答复，当面解答棚改相关政策，有318户购房户全额缴纳房款，分房工作顺利完成。积极协助政府进行资产处置工作，崇德新村、中欣文旅小镇项目建设进展顺利。崇德新村项目涉及厂区顺利完成住户搬迁、房屋拆除工作，土地挂牌交易。中欣文旅小镇项目涉及厂区净地工程项目已经招标，厂房已拆除。

【信访工作】 2020年，宁远县工改办成功化解被除名人员除名前工龄认定、留守人员工资待遇、八一烈属慰问等多起信访事件，对省委巡视组交办的12件信访件及时处理、回复。运用入户走访、发短信、电话等方式宣传企业改制、棚改、信访等政策1800人次以上。所有来信来访及交办重点信访事项办结率100%，息访息诉率90%。

【脱贫攻坚】 2020年，宁远县工改办围绕“3+1”保障、易地扶贫搬迁、产业就业、兜底保障政策落实等问题开展全面排查清理。对联系村建档立卡贫困户、边缘户及非建档立卡特殊困难户进行走访，核实家庭基本情况，核实教育、医疗、住房、饮水、通信、用电等政策落实及残疾证、低保等办理情况，逐户逐项对标查漏补缺。代办残疾人证2人，申报提高特困供养3人，申报低保提档6人，安排临时救助金1万元。

（何立新）

商业贸易

宁远县永佳水库风光

宁远县商务局

【概　况】 2020年，宁远县商务局把新发展理念和高质量发展贯穿各项工作全过程，继往开来，努力开拓，在各方面取得成绩，获全省商务系统“两稳一促”考核优秀单位称号。6月，成功申报全国电子商务进农村示范县项目，获得中央财政2000万元支持。12月，湖南九嶷山酒业获评第五批“湖南老字号”，为宁远县工业园区绩效考核加分。

【招商引资】 2020年，宁远县签约招商引资项目34个，总投资129.06亿元，其中引进三类500强企业3家（宁远县工业园屋顶光伏电站项目、华电宁远风电项目、金色大地智慧农业科技项目）。11月，在全市开放型经济暨“两稳一促”冲刺全年工作目标会议作经验发言，实际利用内外资均超额完成年初目标任务。

【电子商务】 2020年，新冠肺炎疫情期间，宁远县商务局支持步步高超市、康德佳林业科技有限责任公司等10余家企业开展社区生鲜配送项目，深入挖掘县域农特产品，开展“三品一标”产品无公害认证，打造县域农产品品牌，提升网销竞争力。2020年，全县完成电商销售农产品零售额3.15亿元（任务数3.03亿元），全县贫困村通过电商销售农产品交易额3210万元（任务数3095万元）。宁远县电商扶贫专项行动被省商务厅评定为优秀县区。

【对外贸易】 2020年，宁远县完成外贸进出口228250万元，同比增长19.1%，积极开展“稳外贸”，增加存量培育现有外贸企业，推动外贸企业转型升级，增加新量培育新的外贸企业，实现外贸破零倍增企业21家，新增菜篮子生产基地9家。12月，在商务部刊物上发表《湖南省宁远县国家外贸转型升级基地（鞋）经验交流材料》做典型推介。

【内贸流通】 2020年，宁远县全年社会消费品零售总额完成79.93亿元，同比增长-2.4%，排全市第三位。年初，宁远县组织召开企业家代表迎新春座谈暨消费扶贫产品推介会，鼓励爱心企业以及企业家个人积极参与消费扶贫。4月，组织“永州之野”九嶷系列农产品春季展销会，引导职工购买扶贫产品累计完成交易额413万元。9月，在宁远县湾井镇周家坝村举行永州市庆祝2020年“中国农民丰收节”主题活动，组织“永州之野”农产品展、乡村美食节。国庆节期间，在文庙广场举办2020年粤港澳大湾区旅游对接行动暨文化旅游美食节，搭建多个平台助力消费。

【安全生产】 2020年，宁远县组织安全生产执法行动31次，检查生产经营单位193家，发现问题36处，整改36处，发现普遍存在疏散通道、安全出口堆放杂物，灭火器配置不足，安全生产资料不全（日检查记录未登记、应急预案未具体到人）等情况，现基本整改到位。所监管领域未发生安全事故。

（柏花园）

供销合作

【概　况】 2020年，宁远县供销合作社完成销售总额1.32亿元，同比增长6%。其中，农业生产资料销售8925万元，同比增长5%；完成农副产品购销总额3271万元，同比增长5.5%；完成再生资源物质销售3830万元，同比增长5.3%，实现利税275万元，同比增长4.5%。

【综合改革】 2020年，宁远县供销社以综合改革为抓手，全面贯彻落实全省“三大体系、五级贯通、覆盖到户”的改革总要求，切实推进供销合作社组织体系、经营服务体系和新型农合会体系建设，畅通县乡村三级服务网络和流通渠道。开展基层社的恢复重建。因地制宜新建和恢复基层供销合作社，通过县财政资金引领、龙头企业推动、发展农民专业合作社联合社等方式组建一批新型基层组织。统筹推进全县20个乡镇（街道）基层社和325家（80%的行政村和农村社区）村级供销社的建设。大力开展农民专业合作社建设。自办专业合作社12家，领办、引办农民专业合作社35家，打造2家省级专业合作社标杆社，入社社员6300多人，带动农民13000多人。全力实施惠农服务工程。按照县有惠农服务公司、乡镇有惠农服务中心、村（社区）有惠农服务社的目标，强力推进农资、农副产品、日用消费品、再生资源回收利用四大综合服务平台建设，建设县级惠农服务公司1个、乡镇惠农服务中心17个、村级惠农综合服务社320个。整合农资供应网点106个，庄稼医院18所；投建1个再生资源县级回收中心（分拣处理中心）、6个乡镇回收站、72个村级回收点，初步实现收购、分类、初级加工、销售一体的目标；规范日用消费品网点110个；组建县级农产品加工中心1个，“供销惠万家”县级运营中心1个，农产品电商销售服务网点32个，构筑服务农民生产、生活需求的农村流通服务网络。积极构建新型农合会体系。成立宁远县农村合作经济联合会，全县20个乡镇（街道）都成立分会，以行业协会和农村合作经济组织为骨干的新型农合会体系逐步建立完善。

【民生服务】 2020年，宁远县供销社做好化肥等主要农资商品的采购和储备工作，组织调运各种农资商品8000吨，保证全县农资市场货源充足。规定所有农资商品实行保价供应，打击哄抬物价行为。积极组织开展农技下乡和农资配送服务，95%的农资商品实行预约销售、送肥上门，保障全县农资市场货足、价稳、质优。主动承担农村可利用垃圾回收体系建设任务，在农村人居环境整治和污染防治攻坚战中发挥积极作用。先后投资完成恒源再生资源有限公司和宏鑫再生资源有限公司的重组改造，完善回收利用网络体系建设，站点每天可回收处理各类废旧物资约50吨，全年通过公司中转处理的可利用生活垃圾1.8万余吨，确保垃圾的源头减量。积极参与农业面源污染防治。6月，牵头在冷水镇开展农田废弃物污染综合治理试点工作，试点村落39个。出台综合治理试点工作方案，投资完成冷水回收站的建设。回收废弃农药包装袋、塑料瓶1.2吨，农药玻璃瓶1.7吨，农地膜6吨。

【园区建设】 2020年，宁远县供销社惠农产业园和再生资源产业园是全县两个重点建设的项目。惠农产业园规划占地面积207亩，包括主体市场和配套住宅两大部分。主体市场占地面积162亩，配套住宅建设占地面积45亩。主体市场建设为一期工程，配套住宅为二期工程。一期主体市场建设包括：农资储备配送中心、日用品配送中心、农产品分拣加工和冷链物流配送中心、电商服务中心以及配套的仓储和设施等。再生资源产业园位于禾亭镇麻塘铺村，规划占地面积100亩，分两期建设。一期工程在县恒源再生资源有限公司土地上，建设再生资源回收、分拣分类、精深加工和有毒有害物质处置中心；二期工程规划在周边再征用60亩土地，用于建设再生资源物质集散交易综合市场，全面实现再生资源产业化经营、资源化利用和无害化处理，力争把产业园打造成为永州南六县再生资源物资回收利用和集散交易中心。产业园已完成基础设施和道路的建设。

【乡村振兴】 2020年，宁远县供销社以服务乡村振兴为主线，促进农村一、二、三产业融合发展，进一步密切与农民的利益联结。扩大农村土地流转和土地托管面积，围绕农业生产产前、产中、产后各环节，大力开展育秧育苗、代种代收、配方施肥、统防统治、农资直供、农机作业、粮食收储等综合服务。在全县托管土地1.5万余亩，提供服务面积近3万亩，全面提升服务标准化、规范化水平，促进农业适度规模经营。农资企业充分发挥供应主渠道作用，全年销售额8900万元，同比增长5%。在疫情防控期间，全力以赴、攻坚克难，积极组织优质农产品8000余吨供应全县春耕农资市场，体现供销社在非常时期作为“国家队”和主力军的价值和担当。

【脱贫攻坚】 2020年，宁远县供销社大力促进行业产业扶贫。利用产业扶贫资金帮助贫困户发展生猪养殖项目，牵头成立“宁远县恒聚生猪养殖专业合作社联合社”，在全县发展20个生猪养殖合作社，入社贫困户1432户，实现贫困户稳定增收，户均增收750元。推动电商消费扶贫。指导培育电商龙头企业整合区域资源，积极拓宽贫困地区农产品销售渠道。“供销惠万家”电商运营中心全年农村电子商务销售额1230万元，同比增长41%。疫情防控期间，通过电商平台开展爱心助农活动，帮助贫困村果农销售滞销柑橘4万余千克，蔬菜2万多千克。

（何　月）

商业企业改制服务

【概　况】 宁远县商业企业改制服务办公室是隶属县商务局管理的参公事业单位，主要职能是承担商业（百货、五金、副食品、肉食水产、饮食服务、湘南木制品公司）、物资系统（物资总公司）企业改制相关事务和离退休人员管理服务工作。现有在编人员6人。2020年5月县事业单位机构改革，原自收自支编制（商业学校）1人划转入县市场服务中心管理，企业留守经理17人。下辖企业有县商业资产营运中心，主要承担县牲畜定点屠宰场经营管理和宁远大酒店资产的保值增值工作。

【生猪定点屠宰】 2020年，宁远县商业企业改制服务办认真学习领会习近平总书记对食品安全所作出的“四个最严”批示和《生猪定点屠宰管理条例》。在新冠肺炎疫情防控形势严峻的情况下，为防止人畜共患疾病的滋生，严防非洲猪瘟、口蹄疫病毒侵袭屠宰场，保证城区市场生猪肉品供应，认真落实屠宰场企业主体责任，建立健全食品安全生产各项制度，织就严密的“防护网”，守住食品安全“红线”，保障县城市民吃上“放心肉”和市场猪肉价格稳定。屠宰场紧紧围绕“防控安全、稳定物价、保障供应”目标，保持城区市场生猪肉品价格维持在省、市内最低水平。2020年完成屠宰生猪（含牛）7.8万头，上缴税收65.9万元。为确保生猪全产业链项目建设有序推进、稳健实施，服务办党组坚决服从支持县政府保生产、保民生、保稳定、保就业的重大举措，对屠宰场移交前信访稳控、安全生产、食品安全和人员分流安置进行全面规划部署，助力生猪全产业链项目建设落地生根。

【信访工作】 2020年，宁远县商业企业改制服务办党组坚持抓源头、抓重点、抓导向，全力做好信访工作，把2020年定为“提速解决信访诉求处置年”，妥善处理好物资总公司109名改制职工上访长达17年的遗留问题；妥善处理好原百货公司383名改制职工的信访诉求问题和改制时退休人员医疗费补助过低的信访诉求，以及公私合营入股资金的补偿信访诉求问题。实现“八个不发生、一个确保”的目标。党组书记、主任卢用军撰写的《对企业改制后信访问题化解的调研与思考》调研报告，得到县委、县政府领导高度肯定。

【脱贫攻坚】 2020年，宁远县商业企业改制服务办党组成员、驻村工作队及帮扶责任人认真履职，紧扣“一超过、两不愁、三保障”推进问题清零，下真功夫，啃掉“硬骨头”，如期完成脱贫攻坚任务。5月，驻村工作队队长肖成旺在全县促脱贫攻坚工作会议上作“当好引领者，打赢脱贫战”先进典型发言。10月，被县扶贫开发领导小组评为优秀工作队长。

（姚楚阳）

石油销售

【概　况】 中石化永州宁远县石油分公司2020年有在营加油站10座，在岗员工45人。公司秉承“为美好生活加油，促进企业和人全面发展”的企业使命，以经营为龙头，以安全为保障，发挥宁远县成品油供应市场主渠道作用，履行国有企业的社会责任和担当，全年供应市场成品油销售30733.48吨，为宁远县社会经济发展做出积极贡献。获省公司“最美湖南石油奋斗者”1人，市公司“最美永州石油奋斗者”1人，销售能手2人，先进员工2人，1人被市政府评为安全生产先进个人，2人被市公司评为安全数质量先进个人，泠江路加油站获“红亮热洁”举措暨现场“整顿”提升行动验收结果奖励，数质量连续四季度列全市前茅。1人被表彰为“百日攻坚创效”先锋党员。在“百日攻坚创效”竞赛宣传活动中，宁远公司被市公司表彰为“优秀宣传组织单位”。

【市场经营】 2020年，宁远县石油分公司经营实现成品油零售量30733.48吨，同比增幅1917吨，增量6.7%；汽油零售23010吨，同比增加1210吨，增幅5.6%；柴油零售7724吨，同比增加708吨，增幅10.1%；非油品全口径销售971万元，与2019年同比增加85万元，增幅5.8%，毛利额完成150万元，沉淀资金完成1014.39万元，持卡消费比25.29%。

【经营管理】 2020年，在新冠肺炎疫情等不利因素环境中，宁远县石油分公司掌控市场，用心经营，坚持扩量增效，稳中求进，精细管理的指导思想，通过“五进”办理集团用户卡，“加油湖南”APP推广，在“两会”、春运、“十一”等重大节日提前做好保供预案，对资源保证、人员安排等方面作出周密安排部署，对资源进行提前预警，加强设施设备维护、延长营业时间、微改造、更换大流量加油机、提高车辆通过率等措施，确保资源准时到位，杜绝脱销断档。大力开展“四联四保”和“五进五帮”活动，现场管理、站容站貌、员工形象进一步提升，实现经营总量稳定增长，基本完成零售经营工作目标任务。安全管理方面，按照“一岗双责”要求落实安全责任，推进HSSE安全管理体系，加强安全教育培训，进行应急预案演练，提高员工的安全意识和快速反应能力。

（欧　剑）

烟草专卖

【概　况】 2020年，宁远县烟草专卖局（分公司）实现不含税销售收入11.38亿元，同比增加0.49亿元，同比增幅4.50%；实现税利1.98亿元，同比增加0.03亿元，同比增幅1.51%；实现当地入库税收1.1005亿元，同比减少0.0075亿元，同比下降0.67%（下降原因为国家政策变化，增值税税率从17%降到13%）。

【专卖管理】 2020年，宁远县烟草专卖局查处各类涉烟违法案件191起，查获各类违法卷烟677.62万支，同比增加38.56万支；其中假私烟数量294.86万支，同比增加109.74支；真烟数量382.76万支，同比减少71.18万支；申报国标、省标网络案件各1起；无行政复议和行政诉讼案件，市场治理成效显著。狠抓大户治理，开展4轮大户治理暨规范经营专项行动及许可证清理专项工作，破获违法大户仓库10余个，对大户行政处罚41次，依法取缔违法违规大户16户，从源头上斩断违法大户货源，对辖区市场形成震慑。保持打假打私高压态势，开展联合执法检查10余次，查获111起假烟案件，假烟查处数量同比增长13.58%，5万元以上案件查获数同比增长9%；强化寄递环节监管，查获物流寄递涉烟包裹200余个，涉案假烟59.26万支。严查大案要案，联合开展“春雷10号”、“飓风行动2号”、“3·15”消费者权益日等卷烟市场清理整顿专项行动。“2019.4.7”非法经营烟叶案成功申报国家烟草专卖局、公安部四级标准网络案，三名犯罪嫌疑人因犯非法经营罪均被宁远县人民法院判处有期徒刑三年并处罚金1万元；“2019.2.25”非法经营卷烟案通过为省标网络案，主犯张某因犯非法经营罪，被判处有期徒刑三年并处罚金人民币1万元。优化政务服务。落实“放管服”改革要求，推进“马上办、网上办、就近办、一次办”，做到许可证“宽进严管”与“管服结合”。办理证件相关业务973件。全县有持证零售户3256户，比上年同期增加275户。

【烟叶生产】 2020年，宁远县落实烤烟种植面积6.6万亩，收购烟叶17.28万担，完成计划的104.7%，其中上等烟比例73.34%，比上年提高1.26个百分点；收购均价1437元/担，含补均价1637元/担，位列全市前三，分别比上年提高2元/担、22元/担；实现烟农收入2.83亿元，同比增加0.11亿元；户均售烟收入16.95万元，同比增加1.21万元；实现烟叶税收5465.08万元，同比增加139.08万元，烟叶生产稳控有力。在种植规模上精心调控。新冠肺炎疫情期间，通过创新管理思路，采取线上线下相结合的技术服务方式，狠抓面积落实、苗棚管理和烟用物资下放等工作。在精益生产上狠下苦功。破除疫情影响，抢季节备耕备肥、抢时节培育壮苗、抢时令移栽大田，把好移栽密度关、大穴深栽关、用肥用水关；落实“抗大灾防大病”工作措施，缓解烤烟大田前期低温阴雨、中期干旱少雨造成的不利影响，降低灾害损失。在技术措施上严格落实。制定完善《2020年烟叶工作作战挂图》，对标对表逐项推进工作，促进各项关键技术落实。着重抓好烤烟移栽、大田管理、成熟采烤、专业化分级、收购管理等关键环节，其中烘烤技术服务“110”进一步完善推行，烟叶烘烤损失进一步降低。全面实施烟叶收购磅组管理，创新收购模式，提高烟叶收购质量和服务水平。收购均价从2018年的1370元/担提高到2020年的1437元/担，上等烟比例从65.86%提高到73.34%，切实保障烟农利益。

【卷烟营销】 2020年，宁远县完成卷烟销售22191.10箱，完成全年销售计划的100.64%，同比增加67.36箱，增幅0.3%，卷烟销量居全市第3位；单箱均价2.96万元/箱，同比增加0.26万元，增幅9.39%，增幅排名全市第1位，其中一、二类烟销量提速明显，同比增幅分别为21.67%、31.48%；实现销售收入6.56亿元，同比增加0.58亿元，增幅9.73%；卷烟整条价格到位率突破100%、零售客户经营毛利率稳定在13%以上。品牌培育有新进步。明确“一类引领、二类提升、三类上移”的品类布局，创新“2+6+N”品牌培育模式，开展品牌培育“进小组、进社区、进烟站、进集市”等活动，一、二类卷烟占比持续提升，省内外占比保持“7：3”格局，重点品牌销量占比保持稳定，新型品规适度增长。客户服务有新特色。组织开展“我与客户共成长”服务之星、陈列之星、培育之星等系列劳动竞赛，探索零售客户服务消费者工作法、零售客户库存分级管理工作法、零售客户培育品牌工作法，零售客户自我管理、自觉提升、服务消费者、培育品牌的全方位能力不断提升。终端建设有新亮点。以“一街一规划、一户一勘测、一店一策略”为创建路径，建成“湘汇636”加盟终端5家，示范街8条，示范镇5个，推广零售终端信息系统190余户；引导建成诚信互助小组164个，建设文明吸烟区4个，绿色吸烟点160个。物流配送有新成效。配合全市“1+3”卷烟物流配送模式优化工作，物流配送宁远区域中心按期建成投入使用，跨宁远、新田、蓝山3个县区域配送6768户。

（周全力）

城乡建设与管理

舜陵烟雨（陈景辉/摄）

自然资源管理

【概　况】　2019年4月，组建县自然资源局。内设办公室、人事教育股、行政审批服务股、政策法规股、信访室、财务审计股、自然资源调查监测股、自然资源确权登记股、自然资源所有者权益和开发利用股、耕地保护监督股、城乡建设用地管理股、国土空间生态修复股、国土空间规划股、地质勘查和矿产资源管理股、国土测绘和地理信息管理股、城乡规划管理股16个股室，辖县自然资源执法监察大队、县不动产登记中心、县土地和房屋征收补偿事务中心、县国土空间生态修复中心、县土地收购储备中心、县城乡规划技术服务中心、县测绘事务中心7个二级机构，20个乡镇（街道）自然资源所、1个工业园分局，为自然资源局的派出机构。2020年，获市级园林单位、永州市自然资源和规划信访工作成绩突出单位、全省（全市）农村乱占耕地建房问题摸排工作表现突出单位、地质灾害防治工作先进县区、全国“两会”特护期全县信访工作先进单位等荣誉称号。

【土地市场】　2020年，宁远县国土资源交易实行网上招拍挂，县自然资源局组织土地挂牌出让38宗，其中成交36宗，总面积167.34972公顷，成交价款37.63496亿元（政府平台公司摘牌23.5441亿元，社会资本摘牌14.09086亿元）。协议出让小宗土地50次，征缴土地价款407.6737万元。

【耕地保护】　2020年，宁远县土地开发项目共29个，其中2017年涔天河灌区耕地后备资源开发项目2个，该社会投资项目预算总投资1379.69万元，完成建设规模740亩；省级投资土地开发项目4个，预计可新增耕地4297.5亩（其中水田1163.4亩、旱土3134.1亩）；县级投资“旱改水”项目1个，总投资359.46万元，确认水田指标161.43亩；与市政府合作开发项目22个，确认水田指标1967.84亩。土地整理项目为中央投资实施的太平镇坪下村等3个村农村土地整治项目，建设规模209.55公顷，总投资498.48万元。

【地籍地产管理】　2020年，宁远县不动产登记中心受理业务138120宗，其中发放证书91093本，抵押登记7327宗，首套房证明及提供各种查询服务39700人次。全县农村宅基地房地一体确权颁证工作全面完成，于8月底前全面完成外业调查宗地数201309宗，权籍调查率100%，完成公示率100%。原登记发证率66.22%，完成新不动产登记发证176980宗，总登记率100%。

【矿产管理】　2020年，宁远县立案查处非法开采（越界开采）案件8宗（结案5宗），罚没款116万元。排查违法采土制砖和采石制砂企业36个。责令停产整治整改33家，查封采制砂机械设备73台（套）。友谊沙场等5家制砂洗砂企业全部自行拆除加工机械设备，立案查处制砂企业非法占地6宗，开展3次大的联合执法行动，强行拆除机械设备7家。

【建设用地规划】　2020年，宁远县自然资源局上报20个批次用地及10个单独选址项目，面积184.637公顷，取回15个批次用地及21个单独选址项目批单，面积293.4085公顷，有效保障易地扶贫搬迁、学位建设等重大民生、重点项目用地。全面启动硕宁电子有限公司三期工程建设项目、龙形头水库等23个重点项目、民生项目的规划调规工作，面积168.38公顷，为保障项目用地打下坚实基础。办理用地规划许可证326本，面积412595.66平方米。办理工程规划许可证226本，面积924809.24平方米；网上受理用地预审与规划选址120件，其中办理建设项目用地预审与选址意见书12本。

【执法监察】　2020年，宁远县开展自然资源动态巡查2670余次，参加巡查人员5300余人次，巡查发现新发生违法用地

175起，涉及土地面积约320多亩（其中及时制止136起），下达停工通知书136份，下达责令改正违法行为通知书85份。立案查处非法占地、违规建设案件133宗，面积117300平方米，拆除地上建筑物面积47700平方米，没收地上建筑物面积85700平方米，罚没款1517.91万元。立案查处非法开采（越界开采）案件8宗（结案5宗），罚没款116万元。立案处置闲置土地9宗，处置到位6宗，征缴闲置费146.63万元。制订印发《宁远县农村乱占耕地建房问题整治摸排工作方案》，印发《宁远县关于坚决遏制农村乱占耕地建房的通告》，召开全县农村乱占耕地建房问题整治动员部署暨摸排工作业务培训会议，组织乡镇（街道）对省厅下发的69901个农村占用耕地建房疑似图斑、国家下发的12664个2013年以来耕地范围内建设用地遥感监测图斑进行摸排。联合乡镇（街道）对7月3日以来新增乱占耕地建房问题进行全部整治。

【地质灾害防治】 2020年，宁远县完成102个地质灾害隐患点排查工作，下达交办函19份；参与地面塌陷应急调查5次，出具调查报告5份，制订全县地质灾害防治方案和应急预案。研究拟定102个地质灾害隐患点人防技防一体化方案。完成留佳位应急处置项目并验收，工程总投资390余万元。完成鲤溪镇贵头村地质灾害治理工程建设。申报清水桥镇洛家洞地质灾害治理项目纳入省重大治理项目获得批准，省厅下达治理项目资金330万元。

（梁　润）

不动产登记

【概　况】 宁远县不动产登记中心属于县自然资源局下属独立核算全额拨款副科级事业单位，成立于2016年。负责全县范围内房屋、土地、林地等不动产登记。2020年，宁远县不动产登记中心实现将一般登记办理时间由法定的30个工作日压缩至5个工作日内，抵押登记办理时间压缩至3个工作日内。全年受理业务138120宗，其中，发放证书91093本，抵押登记7327宗，首套房证明及提供各种查询服务39700人次。基本实现“外网申请、内网审核”，节约登记时间，方便企业、群众办事。

【精简流程】 2020年，宁远县不动产登记中心在进一步精简不动产登记申请材料的基础上，整合办证、办税、非税交纳业务流程，形成涵盖不动产登记、纳税、非税交纳等全流程、部门协同和信息共享的标准流程图，登记信息在3个部门内部推送和共享，减少登记和办税所需资料的重复提交。

【便民服务】 2020年，宁远县不动产登记中心配备1台不动产查询机，实现登记进度、登记结果自助查询。设立不动产登记大厅综合服务台、自助服务台及意见箱。提供咨询引导、打印复印、邮寄领证等便民服务。完成与省“一窗办事”平台系统对接工作，推行“外网申请，内网审核”模式。推行网上申请、网上预约、网上查询、网上支付和网上开具电子证明及推广使用不动产登记电子证照等便民服务。推出全省首个县级二手房交易资金免费托管及贷款平台，保障群众二手房交易安全，促进全县二手房交易市场的健康有序发展。启动“交房即交证”试点工作，在山水城小区进行新建商品房“交房即交证”试点。

【信息共享】 2020年，宁远县不动产登记中心加快建设线上线下集成统一的“一窗受理”平台。推行不动产登记、交易和缴税“一窗受理、并行办理”市县年底全覆盖。与税收征管等系统无缝衔接，杜绝“进多站、跑多网”。实行线上线下一套标准、一个办理平台。推广使用电子证照及电子材料。推进网上受理审核。加快推进不动产登记、申报纳税等网上受理审核，辅助快递邮寄，实现不见面办理。

【规范登记】 2020年，宁远县不动产登记中心实行班子成员窗口坐班制。星期一至星期五分别由主任、副主任轮流值班，直接面对登记群众，根据群众不同的业务类型告知需要办理业务的流程、资料要求、承诺时间，细心为群众解惑，及时处理突发事件、群众投诉，维护窗口秩序。针对企业批量业务，设立绿色通道，专人办结；对于老、弱、病不方便群众，实行上门受理服务；对于在外务工人员，提供预约服务、延时服务和邮递证书服务。同时设立意见箱，引入群众监督机制，把服务对象对工作人员的服务态度、办事效率、依法行政、廉洁自律的评价与建议建立台账，对群众投诉、异常办件等问题迅速处理。

（姜运祥）

住房和城乡建设

【概　况】　1949年11月，县设建设科。1980年4月，成立县基本建设领导小组办公室。12月，改为县基本建设委员会。1984年1月，与环境保护局合并成立城乡建设环境保护局。1985年3月，更名县建设委员会。1986年3月，原属城关镇管理的县城环境卫生管理所划归县建委。是年，县建委下属有县建筑公司、自来水公司、综合开发公司、房地产公司、建筑设计室、施工定额管理站、征地拆迁办公室、工程质量监督站等9个企业单位。1991年，房地产公司改为房地产管理处，归属县建委。1996年，成立规划建设局，1999年，撤销房地产管理处，成立房地产管理局，2002年，更名房产局。2002年3月，成立城市管理局。当年，县建设委员会撤销，三局分设。2015年，成立宁远县住房和城乡规划建设局，下属单位有城市园林局、规划监察执法大队、城乡规划信息服务中心（撤销城乡规划办）、建设工程质量安全监督站、建设设计院。2019年3月机构改革，县住建局原承担的规划职能于2019年8月15日划转至县自然资源局（原国土局）。宁远县住房和城乡建设局（人民防空办公室）是县政府工作部门，为正科级。县人民防空办公室作为县国防动员委员会的常设办事机构，与县住房和城乡建设局合署办公，实行一套工作机构，两个机关名称。县住建局内设11个股室，办公室、政工人事股（党建办公室）、计划财务审计股、行政审批服务股、法规信访与执法稽查股、勘察设计和综合验收备案股、建筑业管理股（安全生产股）、城市建设管理股（城镇提质办公室）、村镇建设管理股（农村危房改造领导小组办公室、扶贫工作办公室）、住房保障和房地产市场监管股、人防管理股，所属事业单位6个：县住房保障服务中心、县建设工程质量安全监督站、县城乡建设事务中心、县消防事务中心、县人民防空指挥信息保障中心、县建筑设计院（2020年4月22日因工作需要根据县编办通知要求予以撤销）。

【项目建设】　2020年，宁远县住建局围绕建设“永州南区域性中心城市”战略目标，城乡建设全面布局，教育、医疗卫生、加油站、交通体系、海绵城市等专项建设稳步推进；小城镇建设加速发展，城乡一体化逐步完善，空间布局更加合理，县城建成区规划面积扩大到28平方千米，城镇化率47.8%，比“十三五”初提高7.7个百分点。全年集中开工项目31个，完成投资24.8亿元；集中签约项目26个，合同引资116.5亿元。各个项目按照倒排工期挂图作战顺利推进。全县市一级7个重点项目总投资24.98亿元，年计划投资15.1亿元，市重点项目开工率100%，全年完成投资18.3亿元，占年度投资比例122%。

【旧城提质改造】　2020年，宁远县在老旧小区改造过程中，充分尊重小区居民意见，从老百姓最急难愁盼的问题入手，发挥贤达能人作用，引导小区居民形成家园意识，做到民事民说、共商共议，积极引入社会资本参与改造。把党建的触角延伸到最基层，推行“基层党建+”小区治理模式，把党建工作贯穿到小区治理全过程，改造党建主题等各类小游园，实现一区一文化、一区一主题、一区一特色，让居民在耳濡目染中接受熏陶。全年争取中央、省老旧小区改造资金5614万元，改造老旧小区95个，改造完成率100%。涉及小区改造楼170栋、1815户，建筑面积21.34万平方米。入列全省“党建+”老旧小区改造示范县。住建口工作连续四年获省政府“真抓实干”表彰。坚持建设与管理并举，探索“大城建”运行机制，建成县级数字管理平台。在小区安装高清摄像头，选配1000多名网格员（楼栋长），走街串巷找问题，发现问题随手拍，上传数字化管理平台处理，形成政府主导、部门联动、群众参与的监管执法格局，居民安全感、幸福感、获得感普遍提升。

【建筑行业管理】 2020年，宁远县住建局引进施工现场监控系统，创建智慧工地云监管平台，走出从开工建设到竣工全过程管控、全程溯源、全网格化监管的“智慧工地”之路，所有在建项目扬尘治理基本实现7个百分之百全覆盖，建筑质量安全生产得到加强。打造绿色建造，推进装配式建筑建设，编制出台装配式建筑专项发展规划，出台政策扶助和优惠政策文件，筑巢引凤，引进中民筑友、中明新材料、龙翔科技、莲花水泥、智尚玻璃、红狮建材集团等省、市知名企业入驻宁远县省级工业园，涵盖装配式建筑设计、生产、施工、装配式装修、建材生产、科技研发等内容。开展“十百千”创先争优活动，2个项目获评永州市“百优工程（工地）”，5个项目被评为湖南省年度项目考评优良工地。全县实现建筑业增加值216200万元，同比增长10%。全县具有资质的建筑业企业14家，实现总产值和利润410854万元和30552万元，同比分别增长12.6%和2.7%。房屋建筑施工面积369万平方米，其中新开工面积239万平方米。成功入列国家级装配式建筑产业基地。

【城乡统筹】 2020年，宁远县住建局坚持打造“以人为核心”的新型城镇化，大力推进城镇化进程，完善城乡环境基础设施，探索城乡融合发展新路径。全省第一个县域统筹的垃圾焚烧发电项目永州东部生活垃圾焚烧发电厂在宁远建成并点火运营，覆盖宁远、新田、蓝山三县180万人口。与航天凯天的污水治理PPP项目正式启动，全县垃圾分类集中处理率、资源化利用率分别达到99%、80%；全县城乡污水集中处理率分别达到98%、86%；城乡粪污无害化处理和达标排放率65.2%，供水率80%，新楼盘用气户气化率52.74%，城乡人居环境显著改善，《中国建设报》对宁远县进行专题报道。宁远成功跻身国家美好环境与幸福生活共同缔造培训基地（全国16个，全省唯一）。

【村镇建设】 根据《住房城乡建设部 文化部 国家文物局 财政部关于切实加强中国传统村落保护的指导意见》要求，2020年，宁远县住建局组织编制的琵琶岗、骆家村、大阳洞村等10个中国传统村落的保护发展规划全部通过省住建厅技术审查。柏家村、大阳洞村列入中央财政支持范围，每村获批300万元。编制完成《宁远县历史文化名村及传统村落保护和利用、乡村文化旅游、乡村振兴三年行动计划（2020—2022年）》。积极开展农村工匠培训工作，组织农村工匠培训420余人。为全县12个中国传统村落予以挂牌保护。《宁远县2020年农村建房通用图集》编制中，即东部乡村田园风貌区、西部城乡融合风貌区、南部舜德文化特色风貌区、北部山地瑶乡特色风貌区，形成东南西北各片区农村住房通用户型各3例，瑶族特色风貌住房户型4例，共计16例。

【政务服务】 2020年，宁远县住建局积极开展工程建设项目审批制度改革，全面推进“一件事一次办”，建立整体联动、协同共享、线上线下的新型政务管理服务体系。全面推行告知承诺制审批模式，对照清单梳理告知事项清单，出台审批事项告知承诸模板；加强并联审批，所有工程建设项目均在线上进行申报、受理和审批，申报资料共享，实现多个事项审批同时进行，缩短事项办结时间，提高行政审批效率。在全市范围内率先在县政务服务中心设立敞开式工程建设项目审批综合服务平台，与办事群众零距离接触，实行“保姆式”帮办代办服务，全年办结70项帮办代办服务；通过“互联网+政务服务”，真正实现工程建设项目行政审批线上“一网通办”、线下“只进一扇门”和“最多跑一次”，各类工程建设项目办理环节压缩到4个工作日以内，办理时限在法定时间上提速50%，所需提交材料在现有基础上减少60%；全面落实信用体系建设，根据《永州市创建全国社会信用体系建设示范城市考核指标（2020修订版）》相关内容，全年录入“信用永州”的数据1217条；全面完成区域评估工作，除必须完成的节能、压覆矿、地灾、环评、水资源论证、水保6项区域评估外，还增加自选动作洪水影响、安全预评价、地震评价3项区域评估，永州市友仁光电科技开发项目享受区域评估成果红利，实现全市享受区域评估成果红利零的突破。

【历史文化名城创建】 2020年，宁远县住建局启动国家级、省级历史文化街区、省级历史文化名镇名村申报及建设工作，完成丁字街、东外街、南门街3个省级历史文化街区申报材料编制并上报省住建厅。完成湾井镇、九疑山瑶族乡及柏家坪镇柏家村2个镇、7个村“湖南省历史文化名镇名村”申报材料编制和上报。柏家坪镇及湾井镇路亭村、下灌村、久安背村列为湖南省历史文化名镇名村；会同文物、文化主管部门对全县12个中国传统村落历史建筑等规划确定的各类保护对象建立档案库，启动历史建筑的挂牌保护工作；宁远县成功通过省住建厅组织的《宁远县历史文化名城保护规划（2018—2035年）》省级审查，被省住建厅列为省级历史建筑保护利用试点县。

【脱贫攻坚】 宁远县坚持把危房改造作为重大民生工程和攻坚底线任务，紧扣“危房不住人、人不住危房”，在精准确定对象、细化危改级别、创新改造模式、严格资金管理、建立兜底机制等方面做到规定动作不走样、自选动作创特色。2020年，全县农村危房改造户数483户，经县局跑市进厅，在宁远县已是脱贫摘帽县不能享受上级资金支持的压力下争取到中央、省级危改资金1464万元，县级整合资金151万元，全面完成483户、5类重点对象危房改造任务，住房安全保障率100%。省扶贫开发领导小组拍摄脱贫攻坚专题片，宁远县农村危房改造工作作为全省唯一县区纳入专题片被推介。

【房地产市场】 2020年，宁远县住建局严格落实房地产市场平稳健康发展城市主体责任制，聚焦“大房产”，着力稳市场、强保障，在疫情影响下保持投资平稳回升、房价趋稳可控。全年新建商品房累计销售52.49万平方米，同比增长3.55%，商品房均价5842元/平方米，同比增长4.73%。深入开展问题楼盘百日攻坚行动，对摸排出的23个楼盘84个问题及时妥善处置，切实解决房地产问题楼盘多年未解决的顽疾，群众满意度大幅提升。

（乐航连）

城市管理和综合执法

【概　况】 1991年7月，成立宁远县城市建设管理监察队，隶属县建设委员会。1997年12月，城市建设管理监察队改为城市建设管理监察大队，2002年3月，成立县城市管理局，为县政府直属单位，加挂城市管理委员会办公室和城市管理综合执法大队牌子。2015年12月，县城市管理局更名为县城市管理行政执法局，为县政府组成部门（执法单位）。2019年3月，县城市管理行政执法局因机构改革更名为宁远县城市管理和综合执法局，属县政府工作部门，为正科级。2020年年底，局机关有在编干部职工91人。2020年，宁远县城市管理和综合执法局紧紧围绕打造宜居宜业宜游生态文化公园工作总目标，严格管理，文明执法，大胆创新，真抓实干，砥砺奋进，为县城提颜提质和改善人居环境做出积极贡献。2020年入选全国文明城市提名城市，宁远县城市管理和综合执法局被住建部评为“强基础、转作风、树形象”专项行动先进单位；10月，宁远县被省住建厅列为全省“基层党建+城管综合执法网格化”试点县，污水治理和黑臭水体整治等城乡环境基础设施建设工作受到省政府“真抓实干”通报表彰。

【“六大整治”】 2020年，宁远县深入开展“六大整治”专项行动，推进市容市貌再规范。一是道路扬尘大整治。严格按照污染防治攻坚战“夏季攻势”“冬季攻势”等环保工作安排，对各施工工地进行排查，在建建筑工地均设置渣土车冲洗平台，所有进出工地车辆都进行冲洗清洁，确保不带泥上路。组建由城管、公安、交警、交管等部门组成的渣土执法综合整治组，整治执法办案场所完成选址、设计图纸等前期工作，已完成平地工作，准备施工。全年规范运输渣土扬尘45起，检查建筑工地60余次，清理清除建筑垃圾55处，规范建材堆放70处，对违规清运行为罚款31起。二是停车秩序大整治。大力开展摩托车整治行动，加大对各街面人行道违停车辆的日常管控和处罚力度，规范和劝导乱停乱放车辆20751辆次，暂扣乱停乱放摩托车1247台次，下达机动车违停处罚单651张，依法锁车116次。三是占道经营大整治。有序发展“地摊经济”，在县城开放“地摊经济”试点区域11个，有序规划摊位点800余个，加强日常监管，敦促商贩按照管理公约实现自我管理、自我约束，自觉规范经营行为，对违反城市管理法律法规行为实行柔性执法、包容审慎。对非开放“地摊经济”区域违规占用公共场所摆摊设点的经营者进行常态化管理，及时规范占道经营行为。全年规范商铺经营行为4945次，取缔占道经营流动摊点14786起，依法暂扣叫卖三轮车、电子秤、摊担等经营物品204件，暂扣脚手架、增压泵等施工工具23件，拆除94处广告、104条横幅和246个气拱门、伞棚等违规构筑物。四是禁放烟花爆竹大整治。落实禁放责任，强化督促考核，采取集中整治与日常巡查管理相结合的措施，在县城28个禁放社区、村坚持常态化巡查整治，印发宣传资料40余万份，实现城区烟花爆竹全面禁止燃放。五是露天焚烧垃圾大整治。采取属地管理日常整治和集中整治相结合方式，由4个街道城管中队加强辖区内巡查，实现城区禁止露天焚烧垃圾的全面管控。查处焚烧轮胎1起、焚烧生活垃圾5起、焚烧树叶4起，劝阻焚烧秸秆75起。六是餐厨油烟大整治。根据2020年城管执法新机制的要求，将县城餐饮及单位、企业、学校等餐厨油烟治理列为一项重点工作，排查955家次餐饮店和烧烤摊，对未安装油烟净化器的店铺下达限期整改通知211份，大部分餐饮店整改到位，文庙餐厨油烟示范一条街全部落实油烟净化措施。

【“城市三化”】 2020年，宁远县突出抓好“城市三化”工作，人居环境再提质。一是常态化保持，县城环境卫生再提质。对重点地段每天进行4次普扫，对支路每天进行3次普扫，清扫保洁作业面560万平方米，城区道路机械化清扫率70%以上；累计清运城区生活垃圾62050余吨，密闭清运率100%；强化公厕管理，维护公厕设备设施，做好防蝇、防蚊和除臭工作，实现整体卫生整洁的常态。二是专业化种植，县城园林绿化再提质。日常负责城区绿地管护养护及5个高速口约210万平方米绿地，行道树约25000棵，负责绿地垃圾清捡、除草、修剪、施肥、浇水等工作；大力开展园林式单位创建，全县独立院落单位创建省级和市级园林式单位36家；启动国家园林县城创建，于2019年12月成功创建省级园林县城。三是专业化施工，市政基础设施管理再提质。做好路灯日常维护，保障路灯正常亮化。安装支街小巷路灯572盏，太阳能立杆路灯60盏；维修路灯3765盏，维修路灯线路5421米，其他零件维修1624处，完成腾飞名城对面、老县政府家属房、市场服务中心3个8580余平方米的临时停车场建设，新施划停车位2006个，完成哈弗中学、福源小区对面污水管网建设，东溪路3条小巷路面硬化，完成富民小区、双福小区、嘉裕小区标线施划，清理下水道4165米，清理雨水井3362个（次），维修人行道3246平方米，清理河道垃圾及漂浮物、水草612吨，清理及维护河道雨水口、排污口123处，维修路面3179平方米，县城施划道路标线20756平方米。

【“五大工程”】 2020年，宁远县强力推进“五大工程”，促进项目建设再提速。一是推进“气化宁远”工程。编制《城市供气事故应急预案》《城市燃气事故应急预案》《城乡燃气发展“十四五”专项规划》。全县建成天然气综合储配站1座，储气能力6万立方米；铺设市政中压管道70千米、低压管道180多千米；开通居民小区50多个，开发居民用户2万余户，完成投资约2.2亿元。其中2020年天然气项目完成投资0.36亿元，完成低压管道27千米，中压管道13千米，天然气储气能力达6万立方米，瓶装液化石油气站6家，储气能力达900立方米，新增居民用户7250户，工商业用户23户，新建楼盘用气户气化率60.59%。新建两座液化石油气站（冷水镇、水市镇），储气能力340立方米，提高全县燃气储存和供应能力。全县启动乡镇管道燃气建设项目，天堂镇开始铺设市政中压管道。二是推进城乡污水治理工程。编制《宁远县污水治理提质增效方案》和一厂一网一策方案，按计划逐步实施。全面启动城乡污水治理PPP项目。完成规划选址、用地预审、可研、环评等前期工作，基本完成水市、天堂、鲤溪等5个乡镇污水处理厂及配套管网建设，水市镇污水处理厂管理用房建设完成屋面混凝土浇筑，紫外线消毒池完成垫层浇筑，厂区土建整体完成比例约50%，管网建设完成2千米。天堂镇污水处理厂管理用房完成内墙抹灰，设备间墙体砌砖，厂区土建整体完成比例约60%。太平镇污水处理厂完成厂区清表、用电工作，正在进行调节池开挖。鲤溪镇生活污水处理厂正在进行管网规划放线。加大已建成污水处理厂的运行监管，生活污水处理未出现超标排放、不处理排放和偷排现象。加快泠江河污水主干管维修，该项目于11月实施，完成约1000米管道清淤、检测、维修改造。三是推进城乡垃圾治理项目工程。实施城乡环卫一体化，引进500强企业中联重科负责垃圾收转运，完成布点1471个，累计清运生活垃圾6.3万余吨。启动城乡环卫一体化PPP项目二期，水市镇、柏家坪镇、太平镇、保安镇压缩设备安装到位，中和镇、湾井镇中转站站房已建成、压缩设备已安装，冷水镇、禾亭镇正在建设中转站站房主体，清水桥镇已完成征地补偿。实施永州东部生活垃圾焚烧发电项目，引进亚洲最大的垃圾焚烧发电投资运营商光大国际集团公司，投资建设永州东部生活垃圾焚烧发电厂，12月5日，顺利通过“72+24小时”试运行，已正式投产。该项目建设周期相比全省同类项目最短，未出现一次安全事故、阻工、上访事件。实施生活垃圾分类和资源化利用，在县城4个小区、18所学校、13个机关单位、3家酒店、2所医院，以及6行政村开展垃圾分类试点工作。投放餐厨剩余物（泔水）收集桶1598个，餐厨垃圾收运车14台（其中中型燃油车4台、电动车10台），对城区及乡镇集镇机关单位、学校、大小酒店等产生的餐厨剩余物（泔水）进行统一转运、统一处置。全年收集餐厨剩余物（泔水）7028吨。推进黑臭水体治理工程。加快对福家坪河、欧家河、老屠宰场3条黑臭水体治理，三条黑臭水体治理工程分别完成投资468.05万元、803.86万元、1800万元，分别完成工程总进度100%、75%、85%。对已完成的老村河、新华路、老武装部3条黑臭水体综合治理，安排专人加日常管理和保洁，确保水体不返黑返臭。四是推进智慧建设增效工程。建立污水处理监控平台。维护县城2个污水处理厂，以及湾井镇、中和镇、九嶷湖、柏家坪镇4个污水处理厂在线监控系统，确保在线监控系统运行正常。依托智慧城管中心，投入140余万元建设渣土运输和扬尘监控平台。平台监控系统等软件全部开发完成，5个扬尘监控点全部启动，2台渣土运输车监控设备上线试运行。建筑垃圾（渣土）运输公司完成公开招标，待中标公司进场可立即投入使用；打通信息孤岛，实现数据共享。建立城市管理处理平台。通过巡查交办及时将各项城市管理问题落到实处，采用靠上监督、案件协调指挥、处置效果评价等方式，加大对市容市貌、环境卫生、交通秩序等方面的精细化管理力度和强度，受理信息6595起，结案率99.83%；“12319”城管投诉热线受理、处理诉求150余件；城管委组织6次集中督查，下发交办函26件次，交办问题500余件。五是推进“党建工程”，队伍建设再提升。深入开展党日主题活动。结合城市管理工作，每月组织党员开展丰富多彩的主题党日活动，全年组织党员干部参加党日主题活动1000人次。常态开展作风督查。坚持由班子成员带队，不定期深入各局属单位督查上下班考勤、工作是否在状态、目标任务落实等方面情况，开展作风督查9次，通报批评22人次，对1名违规职工给予降低岗位等级处分，对1名违规职工予以开除党籍、开除公职处分，对1名违规职工给予警告处分。全面抓队伍。深入开展“强基础、转作风、树形象”活动，倡导“721”工作法，引导城管执法人员持证上岗、亮证执法，全面推行执法全过程记录，树立依法行政、文明执法形象；坚持正确用人导向，先后提拔使用17名作风过硬、业绩突出的年轻干部担任所属单位班子成员、局机关股室和执法中队负责人，激发干部职工干事创业热情；开设“法制讲坛”，组织执法人员开展法制培训，由分管领导、执法大队长、中队长轮流讲课，聘请专家举办法制讲座，提高执法人员素质。推进党风廉政建设。坚持把党风廉政建设与城管业务工作同研究、同部署、同检查、同考核，做到管事与管人相结合、管业务与管党风廉政建设相结合。组织执法中队正副队长、下属单位“一把手”等开展集体廉政谈话12次，对班子成员、中层以上干部进行廉政提醒、廉政例行谈话55人次，诫勉谈话3人次。

（李泰霖）

国土城建城管综合执法

【概　况】　宁远县国土城建城管综合执法大队于2017年9月16日成立，为县政府直属的常态化临时机构。大队定员130人，设大队长1名，政委1名，其他工作人员从自然资源局、住建局、城管局、住房保障服务中心、乡镇、林场、当年转业安置士官以及其他县直单位抽调。2020年有执法队员94人。综合执法大队主要承担“拆违控违”任务和应急处突任务。在全县范围内实行全天候全覆盖常态化巡查，执行日常巡查和节假日不间断巡查制度，按照“发现一起，查处一起，震慑一片”的工作思路，及时制止和拆除违法建筑，有效控制违法建筑零增长。从2019年开始，实行四个街道轮换执法巡查制度和单独成立督查中队执行监督机制，各中队日常巡查实行日报告（备案）制度。

【控违拆违】　2020年，宁远县综合执法大队独自开展和参与联合执法146多次，依法依程序强制拆除“两违”建筑（包括临时厂棚）146处，拆除“违法占地、违法建设”等违法建筑面积141639平方米。全县违法建设行为得到根本性扭转和有效遏制，基本形成不想违、不敢违、不能违的态势。维护城市总体规划的严肃性，提升城市建设整体形象，保护广大人民群众的合法权益，体现法律的公平与正义。

【应急处突】　2020年，宁远县综合执法大队积极参加交通整治、市场整治、垃圾焚烧发电重点民生项目建设开工（其中包括打通重华南路、印山西路等断头路）、低温雨雪冰冻灾害应急值班备勤、中欣智慧小镇项目开工建设、渣土、扬尘环境专项整治、疫情防控、“两会”期间维稳等重大活动安保。综合执法大队参加应急处突任务出动执法人员2560余人次，出动执法车辆260余台次，为全县经济建设和社会稳定做出贡献。

（于　胜）

环卫园林绿化

【概　况】 1982年，成立城镇管理所，配有专人管理城区及街道绿化，各单位、商店、居民实行门前绿化“三包”（包种、包活、包管）。2003年6月，成立宁远县园林绿化管理站。2015年12月，成立宁远县城市园林局，为副科级公益一类事业单位。2020年12月，将县城市园林局、县环境卫生管理所承担的行政职能划入县城市管理和综合执法局，整合相关公益性职能，组建县城市环境卫生和园林绿化服务中心（以下简称县环卫园林服务中心），为县城市管理和综合执法局所属副科级公益一类事业单位，内设综合部、财务部、公园管理所、环境卫生事务部、园林建设事务部、园林管理事务部，核定全额拨款事业编制97名。现有在编在岗工作人员91人，退休34人。主要负责城区13个公园、2个广场、120余条道路的绿化养护管理，绿地面积达753.36公顷、行道树2.5万余株。

【道路绿化】 2020年，宁远县环卫园林服务中心加强道路绿化建设，以建设国家园林县城为工作目标，积极做好绿化达标道路和林荫路建设。九疑路、泠江路、舜帝路等主干道中央隔离花箱及各交通绿岛全年更换种植各类草花50余万株；城区各主干道、支街小巷行道树树池通过规范化改造，补种大骨架樟树100余株；九疑南路、印山东路绿化隔离带补种各类矮灌4万余株；沿江南路绿化带改造补种鸭脚木1200株，安装仿木座凳60张，铺设透水砖500平方米。

【公园建设】 2020年，宁远县环卫园林服务中心重点做好城区公园及城乡接合部郊野公园建设，打造高品位公园绿地。积极完善莲花山公园、狮子山公园附属配套设施建设，安装路灯50盏，新增道路指示牌和垃圾分类垃圾桶各60套；莲花山公园二期完成舞台背景墙LED显示屏、裸露山体防护网、公厕水电安装等配套设施建设。

【绿化养护】 2020年，宁远县环卫园林服务中心提升管理水平，增加养护投入，精心做好常规绿化养护管理。1月—2月，重点完成城区主次干道5200余株行道树的干枯树枝修剪清理；3月—9月，重点完成苗木施肥、修剪草皮、病虫害防治、卫生保洁、抗旱浇水等工作，投入洒水、喷药等各种车辆6台，各类农药、化肥15万余元，修剪草皮约4万平方米；10月—12月，重点完成秋季杂草、落叶的清理、涂白、防冻等工作；安排专人对莲花山公园、狮子山公园进行常态化管理，排除安全隐患，清理卫生，及时修剪绿化苗木。

【园林式单位（小区）创建】 2020年，为绿化美化各单位庭院和居住小区，进一步巩固省级园林县城创建成果，为创建国家园林县城奠定基础，宁远县环卫园林服务中心鼓励有独立院落的单位及居住小区积极申报省、市、县级园林式单位（小区）创建。全县有8家单位（小区）成功创建市级园林式单位，10家单位（小区）成功创建县级园林式单位。

（谢　阳）

住房保障服务

【概　况】 1982年10月，宁远县成立房地产公司，隶属县基本建设委员会。1991年9月，房地产公司改为房地产管理处。1999年12月，撤销房地产管理处，成立宁远县房地产管理局。2002年7月，更名为宁远县房产局，加挂县住房制度改革领导小组办公室牌子，为县政府直属事业单位。2015年，宁远县房产局由县政府直属正科级事业单位调整为县住房和城乡规划建设局所属正科级公益二类事业单位。2019年4月，宁远县房产局更名为宁远县住房保障服务中心，为县住房和城乡规划建设局所属正科级公益类事业单位。2020年6月，根据《宁远县住房保障服务中心职能配置、内设机构和人员编制规定》，中心为县住房和城乡规划建设局所属正科级公益一类事业单位，核定编制32名，内设机构五个，分别为综合部、人事部、财务部、市场和棚户区改造服务部、保障性住房服务部，所属全额拨款事业单位3个，核定编制70名，分别为住房信息档案中心、白蚁防治服务中心、物业管理服务中心。

【保障性住房建设】 2020年，宁远县住房保障服务中心对照省市下达的保障性住房建设和县重点项目建设任务，狠抓工作落实，全面完成建设任务。在公租房建设方面，抓好九疑原种场公共租赁住房项目建设，共72套，3700平方米，于2020年9月竣工验收并交付使用，累计完成投资720万元。在租赁补贴发放方面，通过不动产、交警、人社、公积金、市监等部门对申请家庭的住房、车辆、社保等信息的比对，完成发放1006户租赁补贴，发放金额35.07万元。在保障性住房小区基础设施建设方面，全面开展保障性住房小区配套基础设施调查，精心谋划项目，积极争取中央预算补助资金。完成紫霞小区、疑山小区、原种场一组、原种场二组、实验中学、大种地、舜帝南路公租房小区和老工业棚户区改造安置小区的配套基础设施建设，对荷叶街、鹅公井、舜峰路等公租房小区配套设施进行改造，完成投资4100万元。

【争资跑项】 2020年，宁远县住房保障服务中心为充分保证保障性住房建设及配套设施建设项目资金，认真研究各项补助政策，精心谋划项目，积极争取中央预算补助资金。组织4批次赴省、市争取在上级资金拨付时给予倾斜。全年完成三个配套基础设施项目可研和一个项目投资建议书及网上联网审批，计划投资约1.28亿元。截至11月底，争取到位上级补助资金1382万元。

【物业管理】 2020年，宁远县住房保障服务中心围绕“业主自治、市场运作、部门社区配合”的工作原则，积极破解物管工作难题。抓实源头控制。对新建住宅小区推行物业前期介入和承接制度。房地产商品房预售前制定物业管理方案，推行前期物业服务管理招投标制度，并按照规定程序做好物业项目的接管验收工作，对不符合条件的，一律不准交付使用，有效解决物业配套设施不全造成的纠纷矛盾。全年审核物业管理用房备案申请6个，1893平方米。全面实行小区业主委员会备案证制度。联合街道、社区，督促指导小区成立业主委员会，推行业主自治，对4个新成立的小区业委会颁发备案证，监督霖轩碧璟园小区和御景豪庭小区业主委员会完成换届选举工作。加强维修资金管理力度。逐步完善物业专项维修资金业主自缴系统平台功能，协调开户银行做好资金缴存服务工作，物业专项维修资金收缴和使用更加完善。从严处置挪用、截存业主维修资金行为，及时追缴以往开发建设单位代收的维修资金。已归集维修资金1.3亿元，其中2020年归集2744户、1819.21万元，审核4个小区使用物业专项维修资金9.2万元，受益业主1300余户。加强对各物业服务企业日常经营行为的督查和小区业主委员会成立的指导监督工作，及时解决业主与物业企业之间的矛盾纠纷。到11月底，共受理商品房住宅小区咨询、投诉300余人次；处理矛盾纠纷6宗；电话回复200余人次；书面回复智慧宁远、县长信箱、市长信箱、红网及各类交办件31件。加大物业从业人员业务培训力度，采取“请进来、走出去”等办法传播新理念、学习先进经验，开阔视野，企业谋求自身发展和提高服务质量成为自觉行动。

【公租房运营管理】 2020年，宁远县住房保障服务中心发挥公租房的社会效益和经济效益，进一步完善申请程序和提升办事效能。按照《宁远县保障性住房分配和运营管理实施细则》的有关规定，对公租房申请及审核程序进行认真梳理，优化保障性住房办事指南和办事流程，缩短办结期限，按要求将公租房申请下放社区，提高群众对保障性住房的知晓度。优化和整合公租房申请资料，全面落实“最多跑一次”“一次性告知”“首问责任”制度，最大限度地让“干部转”代替“群众转”、用“数据跑”代替“群众跑”，切实解决企业和群众“申请材料多、办事难”问题，提高办事效能。中心主动与各部门衔接，顺利完成408户公租房的配租对象进行信息比对，并配租到位。严厉查处违规享受公租房行为。按照《宁远县保障性住房分配和运营管理实施细则》的有关规定，中心出台公租房专项核查实施方案，成立以分管副县长为组长的领导小组，组建四个公租房现场核实小组，分别进驻四个公租房小区。从4月25日起，开展为期3个月的集中清理核查保障性住房房源、房租、违规用房的专项核查整治行动。到11月底，查处租住公租房转租转借109户，空置违规家庭106户，清理腾退转租转借48户，按程序公示重新分配48户，调整保障方式105户，停发住房补贴39户。多方式追缴公租房租金。通过压实定向分配公租房单位追缴租金责任，调整公租房租金标准，实行分区域差别化租金标准以及上门追缴等方式，加大租金收缴力度。对恶意拖欠租金的，采取强制措施进行追缴，并将名单交检察机关予以提起公益诉讼。同时，加强与相关企业沟通，推进合建公租房配租，增加租金收入。至12月底，追缴拖欠2019年租金169.42万元，其中个人公租房租金178户24.26万元，完成384套合建公租房配租。全年累计收取公共租赁住房租金684.3万元，收取直（自）管公房租金53.26万元。加强保障性住房档案管理。聘请档案专业技术人员，安排专人对公租房分配档案、申请对象、配租对象以及廉租住房租赁补贴资料按照档案管理要求进行归集和整理。收集整理公租房配租档案1724户，收集整理廉租房租赁补贴档案1039户，完成档案立卷152卷，为推进档案管理与利用工作标准化、规范化以及全国公租房信息管理打下良好基础。

【白蚁防治】 2020年，宁远县住房保障服务中心深入贯彻《湖南省住房和城乡建设厅关于进一步做好城市白蚁防治工作的通知》文件精神，积极与建设单位联系，向社会承诺“三个工作日内上门勘察防治”，推动全县白蚁防治工作稳步开展。中心接到群众来访170起，抓住白蚁防治黄金时期，完成全县7个水库和1座电站的白蚁隐患排查，完成湾井镇久安背村和40处学校的白蚁排查，现场灭治白蚁50起，深入企业宣传及预防和灭治3次，回访23人次。积极争取财政资金，下拨白蚁防治资金15万元，购置白蚁防治药品30件及添置配齐防治物资20件。

（李林茂）

生态环境保护

【概　况】 宁远县1979年7月设环境保护办公室。1983年与建委合并，成立城建环保委员会。1986年成立宁远县环境保护局，隶属于县建委管理。1989年下辖环境监测站。1991年成立宁远县环境排污收费站，为县环境保护局下属自收自支全民事业单位，1997年更名为宁远县环境监理站。2002年党政机构改革，宁远县环境保护局划为政府组成部门，下辖宁远县环境监理站、宁远县环境保护监测站，内设办公室、法制管理股。2008年，宁远县环境监理站更名为宁远县环境监察大队。2011年县环境保护局“三定方案”增设总量控制股、污管环评股。2012年，县环境监察大队列为参照公务员管理公益性事业单位。2015年县环境保护局“三定方案”增设政工股、污染防治股、自然生态保护股、固体废物管理股（核与辐射管理股）。2019年3月，根据省、市相关文件精神，撤销宁远县环境保护局，组建永州市生态环境局宁远分局，作为永州市生态环境局派出机构（正科级），由市生态环境局直接管理，办公地点设在县工业园管委会三楼。2020年7月，永州市宁远生态环境保护综合行政执法局挂牌成立，与永州市生态环境局宁远分局实行“两块牌子、一套人马”管理模式。

【生态环境质量】 2020年，宁远县地表水环境质量稳定达到或优于国家Ⅱ类标准，集中式饮用水源泠江河马草坪断面和水市水库断面水质优良比例为100%。空气环境质量达到国家二级标准，空气质量优良天数357天，优良率97.5%，较2019年提高0.2个百分点；综合指数2.69、$PM_{2.5}$，年均浓度25微克/立方米，PM_{10}年均浓度42微克/立方米，分别比2019年改善11.8%、16.7%、6.7%，排全市第3名、全省第20名。土壤环境质量总体保持稳定，环境风险得到有效管控。声环境质量达到功能区标准限值内。辖区内未发生较大以上环境污染和生态破坏事件。圆满完成第二次全国污染源普查工作，市生态环境局宁远分局获评第二次全国污染源普查先进集体，获评全省生态环境保护工作先进集体、全省重点生态功能区县域生态环境质量考核评价先进单位。

【主要污染物减排】 2020年，宁远县化学需氧量减排346.4吨、氨氮减排48.01吨、二氧化硫减排72.36吨、氮氧化物减排155.49吨，超额完成市定的目标任务。

【建设项目管理】 2020年，宁远县配合省、市编制“三线一单”，划定宁远县环境管控单元，制定环境准入清单，形成初步成果。全面完成全县固定污染源排污许可清理整顿和排污许可证发放。严格环境准入管理，严格执行环境影响评价制度，审批建设项目51个，备案登记项目156个。

【污染防治攻坚】 2020年，宁远县委常委会、县政府常务会先后10次专题研究污染防治、突出环境问题整改工作，及时制定出台《宁远县污染防治攻坚战2020年工作方案》《“春季攻势”工作方案》《“冬季攻势”工作方案》《“夏季攻势”任务清单》等文件，确保打好打赢污染防治攻坚三年行动收官战。蓝天保卫战方面，抓好“春季攻势”“冬季攻势”，积极开展八大专项整治行动，划定县城区禁止使用高排放非道路移动机械区域，淘汰高排放车辆6台，全部淘汰城区10蒸吨以下燃煤锅炉，建成6家经营性液化石油气储配站充装站和1个空气自动监测站点，16家建筑工地按“六个不开工、七个100%”要求基本落实到位。碧水保卫战方面，全面完成二次污染源普查21个入河排污口监测溯源，整治泠江河生活排污口60处，完成82处农村“千人以上”饮用水源保护区划分、12个“千吨万人”饮用水源保护区规范化建设和环境状况评估，以及3个“千吨万人”饮用水源地环境问题整治，建成九嶷河（天堂镇岭脚村）、宁远河（天堂镇曹家滩村）2个出境断面水质自动监测站，完成屠宰场水沟、欧家河、福家坪3条黑臭水体整治，查处违法河道采砂4处，完成取水工程核查登记问题整治189处。净土保卫战方面，完成农用地土壤污染状况详查，涉Cd镉等重金属、“三磷”和铜矿尾矿库行业企业排查整治；完成全县土壤污染治理与修复成效技术评估；有序推进宁远县铅锌冶炼厂综合治理工程；永州东部生活垃圾焚烧发电厂竣工投入试运营；完成14个非正规垃圾堆放点整治；转移处置冷水镇梅翠村非法倾倒危险废物3700吨。

【生态环保督察】 2020年，宁远县推进中央、省级生态环境保护督察及“回头看”问题整改，着力解决群众反映强烈的突出环境问题。2017年以来，中央、省级生态环保督察以及“回头看”交办的64.5件信访问题和23个方面反馈意见，整改到位86.5个，办结销号率98.8%，九嶷山国家级自然保护区小水电清理整改任务达到序时要求，年度内应退出的3座小水电站全部拆除到位并复绿。

【环境监管执法】 2020年，宁远县严格落实污染源日常监管随机抽查制度，结合“春季攻势”、“冬季攻势”、省委巡视、环保督察问题整改等专项行动，从严从实开展环境监管执法。省委巡视反馈污染防治方面问题整改成效明显。妥善处置群众来电来信来访举报件251起，处理率100%。全年办理行政处罚案件22起，罚款235万元，行政立案数和罚款数均排全市前列。冷水镇梅翠村跨省非法倾倒危险废物案成为宁远县历史以来生态环境执法典型案例，得到省市高度评价。市生态环境局宁远分局获评2019年全国生态环境保护执法大练兵先进集体。

【生态文明建设】 2020年，宁远县开展省级生态文明示范县创建工作，完成户厕新改建4548座、2个农村生活污水处理设施建设，拆除空心房残破房1.03万座、76.1万平方米，完成测土配方施肥50万亩、秸秆还田12万亩，清理畜禽粪污养殖等农业生产废弃物0.5万吨。九嶷山、湾井、水市、柏家坪、清水桥5个乡镇成功创建市级生态文明建设示范乡镇；宁远县成功创建湖南省生态文明建设示范县。

【环保宣传教育】 2020年，宁远县积极开展生态环境保护宣传，县电视台、宁远新闻网、宁远手机报等媒体开辟专栏宣传普及生态文明知识，倡导绿色消费出行。6月5日，第49个“六五”世界环境日，全县开展形式多样的环境宣传活动，分管副县长发表纪念第49个世界环境日电视讲话，举办首届宁远县“美丽中国，我是行动者”生态环保主题书法、摄影大赛，并在县政务中心展出。全年在《湖南日报》、《永州日报》、红网永州、省生态环境厅、市生态环境局官网官微推送生态环境保护工作信息172篇。《中国环境监察》杂志以《永州宁远：战“疫”中的环保“逆行者”》为题，对市生态环境局宁远分局统筹做好新冠肺炎疫情防控工作进行大篇幅报道；生态环境部、省生态环境厅门户网站和微信公众号对市生态环境局宁远分局获评“全国生态环境执法大练兵先进集体”的主要事迹进行推介；湖南卫视、湖南都市频道、湖南红网等省级主流媒体和市、县电视台对宁远分局局长肖志亮获得“第二届湖南最美基层生态环保铁军人物”称号的先进事迹进行宣传。

（雷永康）

九嶷河国家湿地公园

【概　况】 2020年是湖南宁远九嶷河国家湿地公园五年试点结束，迎接国家评估验收的一年，也是变化最大的一年。按照“全面保护、科学修复、合理利用、持续发展”的方针，湿地公园加大保护力度，科学开展湿地恢复，不断改善生态环境，野生动植物种类明显增多。积极发展生态旅游产业，形成综合型湿地植物园、绿色农耕示范园等内容丰富的湿地修复、环境教育和合理利用综合区域，为湿地公园提供一个全新的户外宣教场所，创造“低投入、高产出、多效益、无污染”的可持续湿地利用模式，实现生态湿地与美丽乡村共同建设，巩固扩大瑶汉同胞脱贫攻坚奔小康成果。2020年12月，九嶷河国家湿地公园高分通过国家评估验收，成功创建为国家AAA级旅游景区，被授予湖南省“2020年度湿地公园管理优秀单位”、宁远县文明单位称号。

【湿地保护】 2020年，宁远九嶷河国家湿地公园加大湿地管护力度，严格执行湿地公园管理办法，减少和避免对湿地公园生态环境的破坏和干扰。在卜家村、凤凰社区设立巡护站、保护管理站，聘请7名生态护林员进行日常巡护管理。联合县农业农村局、森林公安局、水利局、森管局、生态环境局宁远分局及所在乡镇开展退捕禁捕、护渔联合执法和采砂治砂等专项整治行动，收缴打鱼机10台、绝户网5副、拆除违建鸭场2处，及时制止和严厉惩治8起非法盗采河砂行为。组织生态护林员、半专业防火队员进行森林防灭火知识培训和扑灭火应急救援演练2次，加强日常巡护和春节、清明、国庆特护期值守，全年实现“零火情、零火警、零事故、零伤亡”。加快湿地公园绿化建设，建设50亩湿地植物苗圃，种植水杉幼苗5000株，在鲁观大桥至上洞两河口河堤上种植枫杨150株，在退耕还林区补植苗木700株。加强生物多样性保护，开展各类增殖放生活动。在九嶷河放生野生娃娃鱼，在水市水库卜家、龟形洞放生243只斑嘴鸭和45只雁鹅，协同县农业农村局在鲁观上洞移民新村、鲁观大桥旁和水市镇九嶷湖村卜家放流各类水生生物41万尾。严禁在湿地公园范围内捕鸟，通过巡护和宣传，鸟类的生存环境得到较大改善，鸟类的种类和数量有所增加。

【项目建设】 2020年，宁远九嶷河国家湿地公园完善湿地公园配套基础设施，建好湿地公园宣教访客中心、研学科普馆、游客服务咨询点、生态步道、湿地植物园、宣教长廊、标识标牌（界碑界桩），以及公厕、吊桥、供电、环卫、气象、监控等附属设施。大力跑项争资，年内争取到位重点流域水环境治理项目中央预算内资金2000万元，采取EPC模式，严把质量、安全、进度关，实施九嶷河水源地治理（二期）项目，建成生态护岸3千米、生态步道2.6千米、护栏1千米、生态隔离带150亩以及水系设施等。立足公园实际，将创建国家AAA级旅游景区作为湿地公园合理利用、持续发展和社区共建共管共享的重要举措，对照景区建设标准，完善相关硬件软件，打造集自然观光、休闲度假、研学旅行、森林康养、科普宣教等多功能于一体的生态文明教育和生态旅游目的地。改善当地人居环境，带动周边农家乐、民宿、农副产品加工、非物质文化遗产传承等蓬勃发展，促进“稳就业、强基础、富家乡”主题活动在湿地公园落地见效。

【科普宣教】 2020年，宁远九嶷河国家湿地公园不断完善宣教设施体系，打造“一馆+多点”科普场所。协调争取县文旅集团投资300余万元，完成湿地公园科普宣教研学馆的布展，展馆主题突出、特色鲜明、互动性强，达到全省一流水平；建好鲁观完小湿地自然学校；在湿地公园水市水库、巡护站、社区共建示范村、湿地学校、宣教区等处集中安装科普宣传栏、景观小品290块，达到全域科普湿地知识的目的。突出宣教特色，精心编制湿地公园大事记、征文作品集、摄影作品集、湿地课堂课件、宣传画册等，高质量制作验收汇报片、宣传片、乡土湿地教材；利用“世界湿地日”“植树节”“世界环境日”“全国科普日”等时间节点，组织开展内容丰富、体验性和参与性强的湿地科普知识宣传、同心栽植防护林、保护湿地宣誓、走进湿地、湿地环保小卫士、湿地课堂、全国科普日进校园、湿地绘画等一系列湿地宣教体验活动，带动一大批志愿者、社区群众和青少年学生参加，提高群众环保意识。扩大传播受众，充分利用报刊、电视、微信公众号、网站等发布《村民发现野生娃娃鱼主动放归大自然》《243只斑嘴鸭在宁远湿地公园安新家》等湿地新闻16篇（次），发布《湿地科普小知识》《湿地动物》《湿地植物》《湿地人文》等湿地科普知识52篇（次）。以九嶷河国家湿地公园建设为题材的《宁远：生态立县出实招修复7处取缔场地》《建好国家湿地公园打造生态休闲景区》《宁远：243只退养斑嘴鸭放生湿地公园》等新闻被红网湖南频道、学习强国湖南学习平台、湖南公共频道、湖南电视台新闻联播等媒体采用，完善湿地保护网站专业号，发布九嶷河国家湿地公园简介、湿地资源、旅游线路等信息，扩大湿地公园影响力，提升社会公众的生态文明和湿地保护意识。

【科研监测】 2020年，宁远九嶷河国家湿地公园合理利用2019年中央财政湿地保护与恢复补贴资金，根据迎“国检”要求及单位实际情况，按程序购置照相机、无人机、高精度手持GPS、便携式水质检测仪、观鸟望远镜、检疫箱等日常科研监测工作设备。依托服务团队，对湿地公园范围内的动植物进行科研监测与本底资源调查，编写湿地公园生态监测报告、本底资源调查报告、动物监测报告和植物监测报告。与2015年相比，湿地公园范围内植物名录新收录12科、87属、136种，鱼类增加11种，其中中国特有的增加3种；鸟类总科数增加4科，种类增加19种。两栖动物增加2种；爬行动物增加4种；哺乳动物增加14种。积极与县气象局、水文局、生态环境局宁远分局、农业农村局等单位沟通衔接，补充完善湿地公园科研监测资料。

（李学勤 杨超杰）

城乡供水

【概 况】 宁远县城乡水务集团有限公司是在原宁远县自来水公司的基础上，整合县市政建设工程公司全部资产及县水利局部分水库、发电站资产，于3月底组建成立的一家中Ⅲ型国有企业，注册资本15亿元。2020年水务集团综合经济收入6737万元，完成年初既定目标，自来水出厂水综合合格率100%；纯净水产品合格率100%；污水处理尾水排放稳定达标，出厂水水质达到国家一级A标准。

【党建引领】 2020年，宁远县水务集团党委以开展“六大建设”“十大行动”为切入点，把党的政治优势、组织优势和群众工作优势转化为企业的创新优势和发展优势，不断创新党建工作模式，提升企业经营管理，实行“周例会、月考核、年考评”机制，全面打造“民生水务，智能水务，高效水务，文化水务”，取得良好效果。

【项目建设及用户发展】 2020年，宁远县水务集团完成重点项目和固定资产投资5.3亿元，改扩建城区DN63以上供水管网53.47千米，发展城区用户7414户；延伸农村DN63以上供水管网64.94千米，发展农村用户2186户。

【项目融资】 2020年，宁远县水务集团向上争取资金7650万元，其中，省预算内资金（太平镇集中供水工程项目）750万元、地方政府专项债券资金6900万元。有4个项目入围省发改委和省财政厅的国家专项债券项目库，申报专项债券4.41亿元。4个项目的“两案一书”已做好，待省财政厅审定；有2个项目列入省发改委统计2021年中央预算内资金项目库。积极实施6个项目贷和1个流动贷与各银行接洽，向上级发改部门申请项目资金，各相关工作正有序开展。

【供水管道维修与改造】 2020年，宁远县水务集团查漏补漏DN100以上供水主管173处，测出暗漏227处，维修保养DN50以上闸阀91处，改造无水缺水区管道17处，管网改造12147米，熬夜连续抢修14次，修复爆裂DN500主水管7处，DN300主水管14处，其他不同管径的爆管维修2610多次，上门服务用户4677人次，最大限度保证县城正常供水。

【创新服务】 2020年，宁远县水务集团创新采取一站式服务、导游式服务、母亲式服务、跟踪式服务，转变工作作风，改进服务质量，让广大用水户用上“满意水”“放心水”“安全水”。单位个人用户更名转户、用水报装、水表检定、水表销户、水费缴纳、低保用水减免、阶梯水价多人口登记7项业务办理实现“用户最多跑一次”。

【农村饮水安全】 2020年，宁远县水务集团本着国有企业“为党分忧、为民谋利”的原则，完成59个村农村饮水安全整改清零，联通供水21个村，解决7.3万人饮水问题。主动作为，多方筹资，投入1327万元，收回农村水厂一座，提质改造农村水厂3座，延伸农村供水管网64.94千米。

【疫情防控】 2020年，面对新冠肺炎疫情，宁远县水务集团党委班子周密部署，积极行动，竭尽全力保供水，把好污水处理关，推行“欠费不停水，停计违约金”的优惠政策，以优质供水、达标排放、做好应急处置为基础，筑牢民生保障。

（李　婷）

城市建设投资开发

【概　况】 宁远县城市基础设施建设投融资中心与宁远县城市建设投资开发有限责任公司两块牌子一套人马。下设8个部门：综合管理部、计划财务部、审计监察部、工程技术部、项目建设与征地拆迁部、资产管理部、招商融资部、人力资源部。2020年，中心（公司）根据县委、县政府总体部署，按照“五大发展理念”，紧紧围绕“筹资融资、资产储备、项目建设”工作方针，努力拓宽融资渠道，全力推进项目建设，全年公司总资产69亿元，为全县经济社会发展提供强有力支撑。

【资金筹措】 2020年，宁远县城建投公司完成人民医院新城分院项目向农发行贷款4亿元，完成妇女儿童医院项目贷款1.7亿元。公司全年完成土地出让收入3.18亿元。委托自然资源局以12000万元出让湘妃大道旁（原和美医院）地块，以14800万元出让九嶷大道与湘妃大道交会处地块，以615万元出让水市路与印山路交会处（九嶷明珠旁）地块，以2350万元出让水市路通达驾校旁（宏华学校）地块，以2140万元出让和谐路与利民路交会处地块。

【资产储备】 2020年，宁远县城建投公司完成土地储备1600多亩，支付征地款6100万元，完成游客服务中心、体育中心、人民医院新城分院、明德学校旁地块摘牌，充实公司资产。

【项目建设】 2020年，宁远县城建投公司牵头26个县重点项目，完成固定资产投资9.3亿元。新二中项目教学楼、宿舍楼、体育馆、食堂已建成，保卫楼、4#楼宿舍楼主体完工正在装修阶段；妇女儿童医院完成综合办公楼、病房楼主体施工，正在进行砌体及装修，医技楼结构施工；湘妃大道（三期）主道完成验收交付使用；湘妃大道柳塘段正在进行管网及路基施工；双福小区二期工程及配套道路工程完成1#、2#、3#、4#栋主体封顶，正在进行砌体施工；人民医院新城分院土石方正在施工、桩基进场；新党校一期完成教学楼、宿舍楼等主体工程施工，正在装修，二期结构正在施工；印山西路及重华南路建设正在进行基础、雨污管网、箱涵施工；一中新校区正在进行高一、高二、高三、培训楼、1#食堂、体育馆、男生宿舍1#、2#、女生宿舍7#、8#主体及装修工程施工，附属工程和配套设施正在施工；十三小及附属幼儿园正在进行教学楼、宿舍、食堂等主体及装饰工程施工；崇德路及重华北路建设正在进行土方回填、雨污水管网、1#、2#桥梁施工。

【转型发展】 2020年，宁远县城建投公司与中石化永州分公司合作成立合资公司，共同投资建设和经营加油（气）站业务，双方各占股份50%，合资公司财务报表并入县城投公司会计报表，实行属地纳税。此项合作能增加全县税收收入，服务于全县经济社会发展，能增加县城投公司稳定的运营收入和现金流，促进公司向城市运营商转型。根据省政府提出的“省名单内平台公司再压减三分之一”工作要求，县城建投公司完成与农建投公司的合并，承接农建投人员，实行对农建投的财务监管。

（柏坚毅）

交通　通信

万山朝九嶷

交通运输管理

【概　况】　宁远县于1954年11月始设交通科。1960年，交通科改称交通局。1962年，又复称交通科。1969—1976年，先后与工业局合并为宁远县革命委员会工交组、工交局。1976年，8月工业与交通分家，再设交通局。1982年，改称交通运输科。1983年，恢复交通局。2016年，改交通局为交通运输局，2020年，机构改革调整后所属事业单位有：公路建设养护中心、交通运输综合行政执法大队、道路运输服务中心、水运事务中心、交通建设质量安全监督站、交通劳动服务公司、城市客运管理办公室、交通运输信息中心等。内设机构为：办公室、政工股（法规宣传股）、行政审批股、财务审计股、运输股（县交通战备办公室、科技信息股）、计划基建港航股、安全监管股、农村公路股（路政管理股）。局机关行政编制15名。

【干线公路建设】　2020年，宁远县干线公路建设完成投资3.3亿元。S234宁远柏家坪至道县柑子园公路长40千米，路基工程即将全线拉通，完成投资约1.5亿元；G357二广高速宁远东互通至天堂公路（二期）总长12.6千米，完成部分路基、桥涵下部构造工程，完成投资约1.1亿元；G537宁远仁和至冷水公路（一期）总长8.2千米，完成投资约7000万元。S345二广高速宁远互通至新田宋家湾一级公路项目，宁远境内路段长6.32千米，总投资2.42亿元，已开工建设，完成投资4000万元。

【县乡公路建设】　2020年，宁远县完成投资4036.1万元。全县总里程436千米的25户、100人以上自然村通水泥路建设工作全部完成。五龙山—祁阳、天堂岭脚—道县、湾井镇白水源—蓝山的县际边界通畅道路均完工，完成全年考核目标的101.3%，完成投资456.1万元，超额完成省市下达的全年目标任务，占省市下达的全年目标任务100%，在省市的排位靠前。完成九嶷山至三分石、湾井至朵山等农村公路提质改造70千米。重要县乡道（保朱线6.1千米，总投资1600万元、大佬线7.5千米，总投资2850万元）两个项目全部完工。危桥改造项目（百福营桥、黄泥洞桥、田心桥）全部完工，完成投资400万元。

【客运站点建设】　2020年，宁远县建设客运招呼站90个，主要分布在全县干线公路及各乡镇（街道）等县乡公路沿线，完成投资300万元。南部新城客运枢纽站（含充电桩）、西部工业园客运（公交）首末站建设项目投入使用，完成投资1100万元。

【公交及出租汽车】　2020年，宁远县的全省城乡客运一体化示范县创建工作稳步推进，完成投资1.79亿元，取得明显实效。截至2020年年底，购置纯电动公交车232台，调整开通城区10条新能源公交线路，实现城区绿色纯电动公交全覆盖。相继整合开通县城至仁和、天堂、官桥、下灌、九嶷山、水市、禾亭、保安、柏家坪、清水桥、中和、冷水12个乡镇（街道）的新能源纯电动城乡公交线路，实现对65岁以上老人等特殊人群免费乘车的惠民政策由城市延伸到乡村；在农村客运班线现行票价的基础上下浮不少于30%，实施价格惠民，得到社会各界的高度赞扬。

【安全生产】　2020年，宁远县交通运输局成立由局党组书记、局长欧正杰挂帅的交通运输安全生产委员会，建立健全安全监管责任体系，层层签订安全目标管理责任书，把安全生产列入综治考核和绩效考核，实行“一票否决”制。突出重点，全面开展安全生产大检查。以运输企业监管、客运安全管理、乡镇渡口、码头及危桥、险路、施工现场安全管理为重点检查对象，开展交通运输安全生产专项检查和督查活动。结合季节性、重点时段的安全生产工作特点，抓好“两节”、“两会”、春运、清明、“五一”及汛期等重要时段的安全生产工作。深入开展“打非治违”专项整治和安全监管执法行动。对全县水上交通、道路运输、交通建设施工领域、城市客运等重点行业领域的“打非治违”工作进行驻点督导和集中整治。加大非法出租车辆、摩的车辆和扰乱客运市场的农村面包车、商务车等非法营运车辆的惩治力度，查处客运违法违规案件67起，查处非法营运“黑车”35台，惩治违法违规营运车辆的嚣张气焰，为群众安全出行提供可靠保障。

（黄文武）

道路运输

【概　况】　1978年8月，成立宁远县联合运输办公室和交通管理站，负责全县运输管理。后演变为宁远县道路运输管理所，2019年7月4日，变更为宁远县道路运输服务中心。2020年，宁远县道路运输经营户804户，从业人员5309人。有客运企业6家，客运站2个，营运客车339辆，客运线路62条，平均日发班次392个；全年完成客运量371.20万人，旅客周转量74241万人千米。有货运企业30家，货运车辆1211辆，完成货运量442.01万吨，货物周转量88403万千米。有维护检测企业51家，各类机动车驾驶培训机构14所。

【春运工作】　2020年春运前期，宁远县道路运输服务中心充分利用电视、宣传车、网络、简报、横幅等多种形式开展春运宣传工作。在电视台利用飞字幕不间断宣传春运安全，公布价格举报电话和春运值班电话。制作公交车宣传车贴400余条；在人口密集地设立交通安全知识咨询台，向过往旅客及司机发放交通安全宣传资料、温馨提示小卡片、《春运指南》等。发放《致全县人民拒乘非法营运车辆的一封信》40000余份，《致宁远外出务工人员的一封信》2000余份。坚持“安全第一，预防为主”方针，严格落实安全生产责任制，强化企业主体责任、行业监管责任。春运期间，查处非法营运面包车（含小轿车）24台，未打表出租车3台，非法营运三轮摩托车1台、二轮摩托车26台，非法改装41台，超载超员面包车1台，纠正违章出租车20台次，纠正乱停乱放车辆220台次，疏通引导车辆600余台次，罚没人民币24.5万元。积极投身抗击疫情工作，组织工作人员参加城区和长短途两个客运市场秩序疫情监控组。在疫情发生后全力督促全县的612台县内、县际、市际、省际客运班线和城区公交出租车辆于1月25日起暂停营运，只保留广东和广西桂林线路。自1月30日起，督促所有客运车辆一律停运，有效阻断交通运输环节疫情传染途径。督促县内210台公交车、100台出租车、378台长、短途客运车辆全面消毒、通风。查扣不按规定暂停的出租车1台，查扣非法营运面包车8台。开展疫情防控阻击和节后返程高峰及企业复产复工交通运输保障工作。2月4日开始，有序恢复道路客运班线，截至2月18日，县际以上长途客运累计收发班707台次，运送旅客8360人；县内短途客运累计往返发班1494台次，运送旅客12524人，城区公交累计往返发班1104趟次，运送旅客9492人；出租车累计出车271台次，运送旅客651人。

【道路运输市场管理】　2020年，宁远县道路运输服务中心积极响应宁远县城乡客运一体化项目的加快落实，督促宁远县城乡公共交通运输有限公司办理所有农村、乡镇客运班线的过户、变更、延续经营手续，完成县内班线变更经营主体191辆，延续经营164辆，新增客运班线53条。发放临时客运标志牌427块（其中省际临时标志牌88块，市际临时标志牌9块，县际、县内临时标志牌108块），正式线路牌换发副卡64张。新冠肺炎疫情期间，认真做好货运企业复产复工申报统计工作，积极开展道路货运企业复工现场指导，简化手续和程序，为供货用货企业快速办理发放通行证，确保各类物资“运得进、输得出”。做好日常道路运输行政许可前期审批事项及客运班线标志牌（含临时牌）的审核、信息录入、打印

（或制作）和发放工作。

【道路营运车辆审验】 2020年，宁远县道路运输服务中心严格按照市处规定的审验流程和要求，将审验时间、地点、内容及程序印制成宣传单，广泛宣传；严把车辆技术等级关；全面落实承运人责任险；要求所有客运车辆及重型货车和牵引车按规定全部安装卫星定位车载终端。全年受理普通货物运输经营许可122件，办结122件；受理普通货物运输道路运输证申领132件，受理旅客运输车辆道路运输证申领191件，完成各项车辆审验532件，其中旅客运输车辆127件，普通货物运输车辆405件；对总质量为12吨以上重型车辆进行严格的日常监管，协助环卫所收取车辆垃圾处理费7.2万余元。

【维修管理】 2020年，宁远县有一类维修企业2家，二类维修企业9家、三类维修企业38家、机动车综合性能检车站1家、二级维护厂家1家。县道路运输服务中心把规范维修、检测经营行为和提高维修企业服务质量作为工作重心，深入宣传、现场督办、严格把关、动态监管。在检测行业中，规范机动车检测收费行为，与检测站签订综合性能检测收费承诺书，要求兴隆检测站严格遵守“三检合一”规定，并按规定实行收费公示，杜绝不上线检测出具虚假检测报告单。严格做好运输业户道路运输车辆管理档案建档工作，指导道路运输业户建立车辆技术档案，做到一车一档。加强维修企业安全监管和维修质量监督管理，并组织维修业户签订安全监管责任状。要求一、二类维修企业建立维修电子健康档案，建档率达100%。进一步提升维修业户整体发展质态，引导企业走绿色环保发展之路，在全县机动车维修行业中组织开展“绿色汽修”创建活动，提高维修从业人员节能减排意识。严把营运车辆技术关，杜绝不经维护签发虚假合格证现象。开展机动车维修企业质量信誉考核工作，对一、二类维修厂家进行质量信誉考核，通过市处考评结果，全县有三家维修企业被评为AAA企业。

【驾培管理】 2020年，宁远县拥有从事各类机动车驾驶培训机构14所，其中一级驾培机构一所，二级驾培机构一所，三级驾培机构12所，拥有教练车数量为小车401台，大车9台，共计410台。县道路运输服务中心牢固树立管理行业必须管安全的思想，要求驾校完善好安全管理制度，对驾校不定时进行安全检查，对发现的安全隐患及时督促整改，认真落实各项安全管理措施。2020年，大部分驾校的教练场地、教学车辆、设施设备、教练员配备、经营管理制度和工作规范、档案管理、安全管理等都符合驾培法规及行业标准要求。督促全县驾校加大资金投入，在自身建设方面提档升级，驾校的教学条件、培训能力、学习环境都有不同程度的改善和提高。维护驾驶员培训市场的健康有序发展，严格规范现有驾校的经营行为，严厉惩治无证经营、教练车异地培训等非法从事机动车教学活动的整治行动，保障学驾人员的合法权益。

【道路运输安全监管】 2020年，宁远县道路运输服务中心认真履行“三把关一监督”安全生产监督管理职责，建立完善安全生产各项制度，落实安全生产各项责任，进一步深化专项整治，强化隐患排查整治。狠抓安全生产管理，全面深化“一岗双责”工作，指导和督促企业、车站进一步完善各项安全生产管理制度，落实岗位安全责任。强化源头管理。年初，分别与7家客运企业、3个汽车客运站、一家危货企业签订《2020年道路运输安全工作目标责任书》，将道路交通安全管理职责细化分解，层层落实安全责任。按照“安全第一，预防为主”的方针，每月对车站及运输企业进行日常检查，督促车站认真执行“三不进站，六不出站”制度、“三品”检查和驾驶员安全承诺制度，强化GPS监控平台督查工作。加强“三品”查堵，杜绝车辆超载出站，严禁带病车进站参营、出站营运。开展“道路运输行业问题顽瘴痼疾集中整治行动”“交通运输行业安全生产集中整治活动”“道路危险货物运输专项治理和监管执法行动”“创建全国禁毒示范城市及三年禁毒大行动”“‘4·15’国家安全日宣传教育活动”“安全生产月、安全生产潇湘行活动”“系上安全带、平安无意外”“道路旅客运输市场专项整治”等整治活动。发放宣传资料1400余份，下发“安全隐患整改通知书”12份，停运“两客一危”车辆4台次，对企业违章共处罚款8000余元。

（陈文军 何 清）

公路建设养护管理

【概 况】 2020年，宁远县公路局更名为宁远县公路建设养护中心，为宁远县交通运输局所属正科级公益一类事业单位。有干部职工128人。负责对全县360.55千米的公路日常养护、管理工作，其中所辖公路有国道2条，省道6条，县道22条。在2019年度全县重点工作绩效评估考核中被评为良好单位；在2019年交通运输发展目标任务综合评估中获治超工作先进单位、干线养护工作获三等奖。

【工程建设】 2020年，宁远县完成路面大修里程12.455千米，建设总投资3322万元，其中G357线大修工程1.025千米，建设投资300万元；S348线大修工程11.43千米，建设投资3022万元。2020年县重点项目（宁远县环保建材产业园连接线道路项目、宁风线道路改扩建工程和县道扩宽改造工程）基本完成项目前期工作。

【公路养护】 2020年，宁远县公路建设养护中心将养护管理方式科学化，创新公路养护管理理念，积极推广应用新技术、新工艺，积极倡导专业化、机械化，提高养护工程科技含量；将养护管理技术精细化，以精细化养护为突破口，提升养护管理水平，确保路况稳定，实现公路“畅、安、舒、美”；将养护管理模式标准化，进一步完善《宁远县公路建设养护中心公路养护管理办法》，在各方面逐步形成标准化管理；将养护管理程序规范化，小修保养作业、大中修、危桥改造和安保工程都严格按照省、市局要求，规范程序操作。全年完成沥青修补路面1584.9平方米，裂缝处治15240米，水泥混凝土路面换板4026.43平方米，修复水沟279.65米，清理水沟104943米，清理桥梁涵洞674座，防撞墙刷新19253.6平方米，行道树刷白47049株，水泥路面补灌缝77421米，新增各类标志、标牌150块，新增、更换、维修钢护栏1420米，新增钢筋混凝土防撞墙4370米，标线8738.7平方米，挡土墙396.88立方米，增设示警桩和道口桩2703根，轮廓标800个，完成“十三五”全国干线公路养护管理评价工作任务。

【路政管理】 2020年，宁远县公路建设养护中心路政大队加大对公路的巡查力度，做到养护路政联合巡查，对发现的问题早诊断、快处理，及时处置影响行车的安全隐患。对乱堆乱放、乱设非公路标志、违法搭建等行为进行查处。加大路政维权力度，监督公路沿线源头企业规范设置公路安全标志，监督运输企业厂矿装载货物全覆盖上路，协调农网改造、风力发电施工占用公路路肩、水沟、用地按照公路规范要求设置，有效维护路产路权。清除路障389处，制止违法建筑67处，拆除非公路标志400块，制止打场晒粮10起，制作宣传标语20条，签订爱路护路协议4份，清除摆摊设点346处，清除路面遗洒233处，处罚案件1件，处理案件查处4件，路政案件的查处率、结案率均100%。治超检测站点出动路政2700人次，交警2160人次，检测车辆42854辆，源头劝返5759辆，确认为超限超载的101辆，现场执法处罚101辆，非现场执法处理64辆，卸载货物3304吨。检测车辆数比2019年增加12794辆，查处数比2019年减少195辆，卸载货物比2019年减少3613.68吨，超限车辆比2019年下降34%，治理效果比较明显。

（周子豪）

湘运宁远分公司

【概　况】　1952年，湘运公司开辟冷水滩至宁远客运线路。1955年5月组建宁远汽车站，始有一辆32座客车开展旅客运输线路，1962年增至3辆共110个座位的客运业务。此后，陆续开通零陵、郴州、柏家坪、蓝山、新田、江永、衡阳、连县、桂林等地线路。1984年，成立湘运公司，统管县内湘运客车和宁远汽车站。1994年更名为永州汽车运输总公司宁远分公司，时有职工342人。2020年有营运客车37辆，从业人员150人，班线26条（其中跨省班线15条），线路牌34块。2020年，分公司紧紧围绕“安全、稳定、发展”主题，顶住经济下行压力，克服新冠肺炎疫情的巨大影响，攻坚克难，励精图治，同心同德，奋勇拼搏，努力完成各项工作任务。2020年招揽收入1300万元，经营收入662.2万元；经营支出594.9万元；利润166万元，上缴国家税收11.9万元；养老保险金预提144万元，退伍军人补缴养老金17.7万元；医疗保险金缴费76.5万元。安全管理各项考核指标均控制在上级下达的目标值内。

【疫情防控】　2020年，湘运宁远分公司在年初的新冠肺炎疫情防控一、二、三级响应和秋冬季的常态化疫情防控中，做到“四无”：无确认病例、疑似病例和接触人员乘坐分公司车辆，无确认病例、疑似病例和接触人员进入分公司运输通道，工作人员无确认病例、疑似病例和接触人员，生活区无确认病例、疑似病例和接触人员。

【安全生产】　2020年，湘运宁远分公司牢固树立“安全第一，预防为主”思想，认真落实安全生产，层层签订安全生产责任状，各项安全措施责任落实到人。通过加强源头管理、跟踪管理、安全教育培训、安全隐患排查、安全违规处罚，大力开展安全活动和安全竞赛，增强快速应急能力，确保安全行车及生产安全。连续八年安全考核“三个指标”均为零，创历史最高水平。

【生产经营】　2020年，湘运宁远分公司客运主业下滑严重，长沙客运班线基本保持正常经营；门店收入同比持平，达到150余万元；旅游客运初拓市场，与宁远县的研学旅游用车有望达成战略合作。

【待遇保障】　2020年，湘运宁远分公司经济效益出现滑坡，个人收入与上年度基本持平，未受影响。职工工资按时发放，长沙客运班线增益工资（在岗人员每人每月300元、内退下岗人员每人每月150元）已经发放8年，在岗职工每月按每年工龄10元标准的一线岗位补助已经发放6年。参加城镇职工医疗保险，连续缴费15年，连续7年参加永州市职工医疗互助活动。全年预提职工养老保险金144万元。实施“送温暖”工程，对因病致困等困难职工进行“一对一”帮扶，发放困难补助8万多元。

【项目开发】　2020年，湘运宁远分公司响应市、县人民政府关于城市规划的整体要求，促进企业的产业转型升级和可持续发展，改善职工居住条件，为企业改革改制消除障碍，经多年调研、多方协调、多层次论证，永汽宁远分公司项目投资开发依法依规推进，土地评估工作已经完成，拆迁协议签订工作基本完成，即将进行土地出让挂牌。

（何忠顺）

宁远县邮政分公司

【概　况】　宁远县邮政分公司设综合部、市场营销部两个管理部门。下辖3个储蓄网点和一个纯邮政网点，10个农村支局。全局有在岗从业人员168人。2020年，宁远县邮政分公司业绩取得飞跃性突破，实现业务收入6365.15万元，为年计划的97.93%，同比增长9.24%，收入进度排全市第5名，收入增幅排全市第5名。

【邮政储蓄】 2020年，宁远县邮政分公司为提高企业核心竞争力，对全县邮储网点进行全面装修改造，为所有支局员工安装空调，为支局一线员工“三小建设”配足食堂用品，建立职工阅览室、健身房等。通过转变营销方式、强化管理、统筹发展、狠抓组织资金和项目营销等方式方法，全年代付财政粮补资金3300余万元，代付低保、五保、优抚资金2亿元，代付扶贫资金2亿元。截至年底，宁远县分公司存款总额30.08亿元，活期占比29.8%，全年累计新增存款余额2.32亿元，市场占有率15%。

【报刊收订】 2020年，宁远县邮政分公司报刊大收订完成流转额1016万元计划，成为全省第一个全面完成报刊大收订单位，受到省、市公司表彰。函件、集邮、分销、渠道等业务呈现良好发展态势，纷纷提前1至2个月完成收入计划，为县公司其他各项业务的发展发挥带头促进作用，为全局员工坚定发展信心。

【业务拓展】 2020年，宁远县邮政分公司在全县空白乡镇开办五龙山、荒塘、九嶷山、保安、桐木漯、天堂6个邮政业务代办网点，让中国邮政履行“服务三农”职责延伸服务范围，为邮政投递“国家队”做出应有贡献。

（何宁刚）

中国电信股份有限公司宁远分公司

【概　况】 中国电信股份有限公司宁远分公司有在册在岗员工83人，其中AB类员工60人，D类员工23人。具有专业技术中级职称的4人，初级职称的42人。设销售服务部、网络部、综合部（工会），下设10个生产班组，11个农村支局。

【企业竞争力】 2020年，宁远县电信分公司创新发展模式、优化产品结构、加入新应用，加快规模发展。根据用户新需求，加入新应用。重点是农村平安监控应用、城区全屋Wi-Fi、双千兆应用、129及以上融合产品叠加差异化的应用。精细销售组织，建立操盘手团队开展营销工作。重点做好农村平安乡村示范村建设、在城市推进全屋Wi-Fi体验示范小区建设、在商圈梳理分期产品等工作。组织开展好全年各阶段营销活动，发展排名前列。岁末年初营销大会战共计发展移动2.69万户，宽带0.94万户，高值融合0.68万户，取得业务发展开门红。优化资源配置，做好春季营销、暑期营销、岁末年初准备期营销，达到预期目标。强化经营基础管理，加强佣金管理、补退费及余额支取操作规范、强化欠费管控、终端管理、及时完善基础资料等工作，为企业发展打下坚实基础。

【网络发展】 网络建设。2020年，宁远县电信分公司完成综合业务区规划方案。开通二中、仁和、清水桥、大界、库里等OLT机房。加强光网项目精确化管理。投资507万元，完成FTTH末梢应急项目5个，主干扩容项目7个，无线基站配套光缆项目8个。县城完成碧景园二期、宁郡华府二期、碧桂园、壹号公馆小区等新建楼盘、新建房的光网开通，新增光分箱187个，新增端口1496个。三级分光补盲延伸整治投入196万元，完成11个支局536个自然村补盲延伸，新增光分箱892个，新增端口7136个。政企、商客能力建设：投入9.38万元，完成远丰畜牧有限公司、远威鞋厂政企、永杰城新能源公司、晓石猪场等政企、商客户的光网开通，有力支撑业务发展。无线基站建设。新建183个基站，其中完成扩容33个基站建设，普遍服务50个基站，工单及优化补盲32个基站，岁末年初新建35个基站（自建基站18个），5G开通30个基站。406个行政村，无线覆盖399个，覆盖率98.27%。

【维护保障】 注重实战培训，强化规范交付动作，不断提升装维服务质量。在装维施工中，严格落实疫情防控要求。到农村支局对装维人员进行实战培训，客户响应能力得到很大提升。精心组织安排技能练兵，经过严格的培训和考核，通过市公司验收，带动整个装维技能和服务意识的提升，维护指标稳步提升。在市公司维护服务技能竞赛中获装维个人二等奖。狠抓服务质量，及时优化片区。农村支局由原20个片区，增加为25个，增加3个支撑经理，加大对农村的支撑、管控调度。每月对指标落后的装维工程师进行诫勉谈话，连续三个月指标落后的人员给予解聘。解聘3名协议指标落后、服务水平差的装维工程师。合理调配、精准支撑。装维小CEO每天紧盯故障和装移机工单。城区根据能者多劳，合理调配工单，岁末年初营销期间，所有人员将值班时间延长至晚11点，力争当天工单当天完成，及时组织对27名临聘装机人员培训上岗。从综维分部抽调3人和网络部人员组成临时装机队，根据工单量，精准支撑。设备及光缆的量增大，农村划分为2个分部，4个维护小组，增加维护车辆，提升效应速度。支撑分部每天实时关注易信群的各类网络故障，及时派单各维护分部，并不断提醒，每天群里通报，形成闭环管理。对于工程开通工单，严格全流程运营进行管控，支撑分部每天管控工程的施工、录入、挂测、开通情况，群里通报，确保及时开通。维护人员日常工作中互相学习，提升综合维护技能，维护效率、业务开通、业务响应能力得到有效的提升。设备升级改造：县城完成9套MA5800设备的替换，新增4套MA5800设备。农村支局4套OLT设备的安装。割接调整64块PON板，保障业务发展扩容需要。完成水市、太平、冷水、湾井、禾亭、柏家坪、鲤溪、中和、天堂、中心局波分扩容建设，完成中心局、水市、湾井、仁和、鲤溪、中心铺的Ipran扩容。快速响应，完成应急保障能力。维护人员圆满完成疫情会议、户外健身休闲大会、大项目集中开工签约、防火演练等各项通信保障任务。完成光缆资源清理，并录入资源系统，不断加强资源动态管理。完成13个项目150万元的杆线整治，完成中心局至柏家坪、禾亭至太平等重要OLT主干的杆线整治，完成ONU改光交整治54个。有效提升光网线路运行质量，预防安全事故发生，减少杆线故障发生率。

（姜定文）

中国移动宁远分公司

【概　况】　1999年，宁远移动通信业务从邮电局分离出来，组建湖南移动通信有限公司（移动公司）永州分公司宁远营业部，开展县内移动通信业务。2001年1月，开通GSM数字移动电话。2002年，移动通信业务增设1258移动秘书服务、大客户STK卡、集团短信、移动IP充值卡、移动IP记账卡、17951移动直通车、交费卡、移动梦网、移动短信超市、移动电邮、GPRS手机上网、随e行、彩信彩铃、宽带等业务。2020年宁远县移动分公司在职员工43人，离职承包员工17人，退休退养14人。机构设置为一部三中心，下设5个班组、4个乡镇营业部。2020年，宁远县移动分公司获全市市场综合评估活动三等奖、四季度全市宽带“四大战役”先进单位、云网2.0竞赛行动优秀组织奖、计划建设竞赛二等奖、“十佳支部品牌”党支部。

【基站建设】　2020年，宁远县移动分公司投资2600万元，新增无线网络质量提升工程宏微站5个、网络质量提升工程室4个、5G2.3期工程31个5G站点、拉远及扩容站点11个；2020年蜂窝物联网三期工程第一批规划开通10个。移动基站806个，其中县城基站312个，农村基站463个，5G基站31个。

【网络建设】　2020年，宁远县移动分公司投资194万元，新建传输弱电管道7.733千米；新增48.23皮长千米。投资500万元，新增驻地宽带网小区121个，建设端口9500个，2020年新建端口较2019年同比增长30%。全县乡镇通光缆率、乡镇通宽带率均100%，行政村通宽带率98%。

【通信服务】 2020年，宁远县移动分公司新增移动用户5.77万户，新增通话份额33.31%，全年累计净增通话3772户，净增通话份额36.85%；截至12月底，期末通话客户21.77万户，期末通话客户份额55.28%；宽带用户6万户，较2019年净增0.9万户。全县有移动网点240家，覆盖所有乡镇，以及超千人的行政村，帮助客户办理缴费、开户、业务变更、手机销售、宽带入户等业务，加快全县信息化进程。

【脱贫攻坚】 2017年至2020年，宁远县移动分公司作为牵头单位，与后盾单位工改办合力推动中和镇西山村脱贫攻坚成效巩固提升。村"两委"和驻村工作队积极向上申报项目，加大基础设施建设力度，累计投入近328.6万元。其中投入新建通达、通畅道路51万元，自来水工程55万元，路灯建设6.6万元，危房改造资金67万元，新建学校90万元，4G网络及宽带建设56万元，修建农副产品，堆放场600平方米；沟渠清理护砌150米，投资近万元改善综合服务平台设施。帮扶单位和村"两委"筹资设置村卫生员、河道保洁员等特设岗位，促进贫困户劳动力就地就近就业，改变脏、乱、差的村容村貌。通过"公司+专业合作组织+农户"的模式与众创空间合作，网上挂拍本地特色产品"黄姜"，品牌效应明显提升，从当初的2元/千克提升到4.5元/千克，调动农户的种植积极性，2020年全村种植黄姜200余亩，同比增长20%。西山村从2016年脱贫至2020年年底，一直保持良好的稳定发展势头。

（郑会芳）

中国联合网络通信宁远分公司

【概　况】 中国联合网络通信有限公司宁远分公司（以下简称宁远联通公司）成立于2000年，现有正式员工11名、市编员工6名。2020年，公司广大员工以"将宁远分公司打造成为永州分公司的佼佼者""将联通业务撒遍宁远每一个角落"为目标，坚守岗位，勤奋工作，取得可喜成绩，宁远分公司获评先进集体。

【市场发展】 2020年，宁远联通公司收入0.6亿元，同比增长4%；固定及移动电话用户9.7万户，其中宽带用户1.5万户，移动电话用户8.2万户。随着企业的信息化应用，公司经历从简单的数据处理到形成管理信息系统、进而实现企业资源计划管理的数字化转型，与互联网连接，大大提高企业生产过程的自动化程度和产品的设计水平，优化产品结构和性能，实现管理手段现代化和决策的科学化，提高管理效率和管理水平。全县21%以上的企业建立联通公司信息化服务网站和信息管理系统，16%左右的企业开展以联通业务为基准的电子商务活动。

【"一门式"服务】 2020年，宁远联通公司"一门式"服务实现全覆盖。协助县政府完成6个乡镇（街道）、130个行政村的农村综合服务平台建设工作，通过政务外网、互联网、视频监控等技术，实现55项政务服务和便民服务热点事项到镇、25项到村，确保"有事可办"。有力地推动"稳就业、强基础、富家乡"主题活动开展，为优化宁远政务环境、促进全面发展打下坚实的通信信息基础。

【网络建设覆盖】 截至2020年底，宁远联通公司开通4G基站46个，5G基站6个。5G下载平均速率1135Mbps，上传平均网速率180Mbps，上网感知良好。正在继续推进5G站点的建设，以及偏远区域的网络覆盖，加大农村信息基础设施建设，使大部分农村能够便利地获得上网服务，实现"网络到镇、信息进村、应用入户"。

（裴　茜）

财税　金融

下灌国家AAAA级旅游景区（李文/摄）

财 政

【概 况】 1949年11月，为财粮科。1951年，改为财政科。1958年至1973年，多次与税务合分。1979年1月，撤销宁远县革命委员会财税局，分设财政局和税务局。1981年1月，改为宁远县人民政府财政局。1986年3月，设立9个区财政室。1995年，全县撤区并乡建镇，组建17个乡镇财政所。2020年，设21个内设机构，所属事业单位5个，辖4个街道财政所、16个乡镇财政所。2020年，获全省市县财政管理工作绩效考核一等奖、全市债务风险防控工作先进县等市级以上荣誉21项；财政管理综合绩效评价稳居全国前200强；荣获第九届“全国财政系统先进集体”。

【财政收支】 2020年，宁远县一般公共预算地方收入完成14.58亿元，同比增加9631万元，增长7.07%，收入增速排全市第4名。其中，税收收入完成10.47亿元，同比增加4012万元，增长3.99%；非税收入首次突破4亿元，完成4.12亿元，同比增加5619万元，增长15.81%，非税收入占一般公共预算地方收入比为28.23%，比全市平均占比低3.44个百分点，排全市第5位。全县一般公共财政预算支出完成54.7亿元，同比增加2.19亿元，增长4.18%，支出总量排全市第二。其中民生支出46.33亿元，占一般公共预算支出比重84.7%，为历年来最高值。

【预算管理】 2020年，宁远县财政局牢牢树立“过紧日子”思想，从严编制预算，继续压减“三公”经费等一般性支出，深挖节支潜力，优化部门支出，构建勤俭节约、注重效益的长效机制。严格执行修订后的预算法实施条例，加强预算执行监控结果运用，大力推进预算管理一体化建设，持续提升财政管理水平。预决算公开进一步提质扩面，2020年度101个县直部门预算单位和2019年度101个县直部门决算单位以及20个乡镇（街道）全部纳入预决算公开范围，接受群众监督。

【脱贫攻坚保障】 2020年，财政共投入扶贫资金5.28亿元，其中，上级扶贫资金3.59亿元，重点用于产业发展、安全饮水、道路建设、环境整治、危房改造等项目支出；县本级财政投入扶贫资金1.69亿元，主要投向易地扶贫搬迁6922万元，健康扶贫1626万元，教育扶贫634万元，危房改造301万元，产业扶贫1063万元，扶贫特惠保557万元，小额贷款周转金、防贫保险、激发内生动力、扶贫车间等其他扶贫项目4206万元，扶贫工作经费1646万元。农建投融资4亿元、文旅集团融资1亿元投向扶贫领域，为巩固提升脱贫成效提供坚实财力保障。

【防范化解债务风险】 2020年，宁远县超额完成累计化债任务1.22亿元，综合债务率较2019年下降25.99个百分点，债务风险水平连续两年保持“相对安全地区”，获湖南省2020年度防范化解政府债务风险工作考核优秀县区，获得300万元转移支付资金奖励；获永州市2020年度防范化解政府性债务风险工作考核优秀县区、永州市2020年度全市防范和化解政府性债务风险工作优秀集体、永州市2020年度债务风险防控工作先进县区、永州市2020年度政府债券争取及发行工作先进县区、永州市2020年度关注类债务化解工作先进县区等多项荣誉；被省债务办选为湖南省防范化解政府债务风险工作三个先进典型县区之一，化债工作经验做法分别在“学习强国”平台、《湖南日报》等媒体推介；融资平台公司市场化转型工作有关经验做法被市债务办作为样板向其他县区推介。

【支持疫情防控和复工复产】 2020年，新冠肺炎疫情暴发之初，宁远县财政局第一时间安排疫情防控资金，启动库款紧急调度和物资紧急采购机制，开辟资金拨付“绿色通道”。全县投入疫情防控资金1.52亿元，安排新增生产性贷款财政贴息资金103万元，减免疫情期间国有资产出租租金816.06万元，向上争取企业复工复产奖补资金1200万元。发挥财政资金杠杆作用，激励和引导金融机构加大对民营企业、中小微企业的支持力度，2020年完成创业担保贷款5914.7万元，支付财政贴息资金560万元，年末在保余额11891.11万元；安排“潇湘财银贷”财政信贷风险保证金1000万元，全年上报“白名单”企业23家，对7家申请贷款企业发放信用贷款2670万元；3月份注资1.2亿元成立宁远县中小企业融资担保有限公司，全年对43家企业完成授信贷款10685万元；农业信用担保贷款全年新增信用贷款5000万元，年末在保余额8900万元。

【财政监督】 2020年，宁远县财政局组织对34个涉农部门和乡镇（街道）开展财政扶贫资金使用专项检查，涉及各类扶贫资金2.79亿元，收缴结余资金658.56万元。开展全县教育暨卫健系统财务专项检查，全县79所学校和18家乡镇卫生院2017年以来的财务情况实现全覆盖。对县城投公司和县农商行进行会计监督检查，重点关注其内控制度建设、资产构成及经营情况、债务风险情况，根据检查中发现的问题，下达整改通知书并督促限期整改。建立直达资金常态化监督机制，全年收到直达资金指标42939.48万元，全部通过直达资金监控系统进行分配，截至12月31日已支付40332.54万元。聚焦群众关注热点，在政府网开设“扶贫资金公开专栏”，及时公开全县财政扶贫资金安排分配情况及相关政策。进一步推进“互联网+监督”，公开民生资金一级目录11个、二级目录193个，录入资金7.66亿元，实现惠民惠农补贴“一卡通”深度对接“互联网+监督”系统。

【预算绩效管理】 2020年，宁远县101个实行部门预算的单位全部纳入绩效目标申报范围，申报金额51亿元，绩效目标实行全覆盖；101个实行部门预算的单位2019年全部整体支出和部分项目支出纳入绩效自评，自评金额50.4亿元；对县应急管理局等13家单位的2019年整体支出、县教育局等30家单位2019年重点民生项目支出进行现场重点评价，涉评资金17.4亿元。实现绩效评价结果与预算安排和政策调整挂钩，对2个评价结果为中的项目核减预算金额24.6万元。

【政府采购管理】 2020年，宁远县严格执行先预算后采购制度，落实政府采购“放管服”改革要求，进一步完善政府采购制度体系。全年政府采购预算金额17525.65万元，实际采购金额16467.27万元，节约资金1058.38万元，节约率6.03%，被市财政局评为2020年度县区政府采购工作先进单位。

【财政投资评审】 2020年，宁远县坚持以节约财政资金、提高政府投资效益为目标，突出以学位建设、床位建设、道路交通、易地扶贫搬迁、农村综合服务平台等民生建设项目为重点，提高服务意识，完善管理机制，财政投资评审工作取得实效。全年完成政府投资预结算项目1519个，送审金额86.5亿元，审定金额70.73亿元，审减金额15.77亿元，审减率18.23%。

（魏　毅）

国有资产管理

【概　况】 1992年，开始对全县的国有资产产权进行登记和年检。1993年，对全县402家行政事业单位进行清产核资，清查核实国有资产1.402亿元，并规定国有资产的购置、处理、转让、报损、调拨必须办理审批手续。2020年，全县行政事业国有资产总量29.24亿元，同比增加4.98亿元，增长20.53%，其中：行政单位国有资产总量占16.52%、事业单位国有资产总量占83.48%。

【国有资产监管】 2020年，县国有资产管理部门认真贯彻执行《行政事业单位国有资产管理办法》《关于进一步加强对国有资产处置监督管理的通知》等相关的政策法规，严格按规定程序审批单位资产处置方案，通过申请、审批、公开拍卖程序，实现全过程公开、公正、公平。对资产金额较大的国有资产处置，先报县政府审批，再下达资产处置批复，并按要求进行资产评估、公开处置。全年审批国有资产处置53宗，实现收入14.15亿元。

【国有资产使用效益】 2020年，县国有资产管理部门认真贯彻落实相关规定，要求各行政事业单位将闲置资产进行出租，审批后统一公开招租，提高国有资产使用效益，实现国有资产保值增值。全年有30家行政事业单位资产进行对外出租，实现租金收入3282万元。

【资产报表编报】 截至2020年12月31日，宁远县行政事业单位资产账面数为599557.98万元（包含公共基础设施等行政事业性国有资产），负债账面数为149406.96万元，净资产账面数450151.02万元。全县资产构成的情况主要是房屋、构筑物及土地使用权、专用设备和通用设备。被湖南省财政厅评为2019年度行政事业单位国有资产年度报表先进单位。

（李光忠）

税 务

【概 况】 2020年，面对新冠肺炎疫情带来的严峻挑战，宁远县税务局迎难而上、积极进取，圆满完成各项任务指标，“十三五”各项任务顺利收官。全局组织各项税费收入169573万元（不含社保和年金），增幅2.76%，其中地方级税收收入116132万元，增幅3.89%，县级税收收入105426万元，增幅4.75%。征收入库社保费66494万元，职业年金1288万元，圆满完成年度税费收入计划。

【减税降费】 2020年，全县累计新增减税降费4499.77万元，为13户对外贸易企业办理出口免抵退税5161万元，全部实现5天内办结。开展减税降税落实情况明察暗访，实地走访企业117家，电话回访企业28家，反馈情况良好。

【疫情防控和复工复产】 2020年，宁远县税务局全力做好税务机关疫情防控，实现本单位“零病例”“零差错”。坚决落实国税总局“四力”（优惠政策落实要给力、“非接触式”办税要添力、数据服务大局要尽力、疫情防控工作要加力）要求，大力推广非接触式办税。新冠肺炎疫情期间，为3户企业办理延期缴纳税款422.5万元。全年为136户小微企业办理企业所得税缓缴税额78.24万元，为32户个体户办理缓缴个人所得税19.28万元。

【依法治税和优化环境】 2020年，宁远县税务局健全税收执法人员岗位培训制度，不断提高全员法治意识和执法水平。大力推行行政执法“三项制度”，结合开展政务公开和税收执法工作，依托市局官网、信用永州、宁远县政府网站等信息平台依法及时公开涉税信息，提高税收执法透明度。规范税收征管，完善和健全综合治税体系，大力推动部门信息共享和信息管税进程，自然人电子税务局和WEB端平稳有序上线。加强税收风险管理，实行差别化风险应对，充分发挥大数据助力征管作用。风险应对入库税款639.87万元，滞纳金42.84万元，应对准期率100%。加强部门协作，配合县公安局和市稽查局做好打击虚开骗税工作，对2户纳税人立案侦查，严厉惩治“609”假发票案。落实上级关于“放管服”改革各项举措，严格执行纳税服务规范，推进“最多跑一次”“全程网上办”等措施落地落细，以优化营商环境、提高纳税人满意度以及政务服务“好差评”测评等方面为重点，出台切实可行的考核办法，委托第三方进行考核，找准问题，深入整改。扩大“银税互动”范围到M级企业，引导银行企业金融机构创新信贷产品，为更多的民营企业和小微企业提供信贷产品，全县有21户企业通过“银税互动”，获得贷款2072万元。大力推广“非接触式”办税，全年实现电子申报率98.5%以上，排名全市前三，发票代开率全市前五，发票网上领用率全市前三，发票验旧全市前三。

【税制改革和税种管理】 2020年，宁远县税务局成立个人所得税汇算专厅，开通绿色通道，加强政策宣传，重点对烟草、电力、医院、学校等行业和人群进行针对性强化辅导，共计11624人完成汇算，申报补税58.5万元，申报退税228.2万元。坚持稳中求进，严格按照成熟一批划转一批的要求，全力做好社保费和非税收入已划转项目的征收管理工作，继续加大力度做好即将划转项目的前期准备。全年完成城乡居民养老保险人数29.22万人，完成市局征缴任务的107.94%，完成城乡居民基本医疗保险69.63万人，完成市局征缴任务的101.65%。大力规范企业所得税管理，全年实际参加汇算企业1804户，申报率、汇缴面100%。稳妥有序推动增值税专用发票电子化试点工作，积极推广增值税电子发票点下代开平台APP及增值税电子发票公共服务平台。强化土地增值税预征管理，全年预征土地增值税7126.2万元，加强清算审核工作，完成6户清算，入库税款1000万元。车辆购置税、消费税、房产税以及土地使用税等管理有序，取得预期进展。

（邓太保）

中国人民银行宁远支行

【概　况】 1949年11月，宁远县人民政府接管湖南省银行宁远办事处，成立中国人民银行宁远办事处。1950年8月，更名为中国人民银行宁远县支行。1984年，根据中共中央关于金融体制改革的指示，撤销中国人民银行宁远县支行，其业务移交至中国工商银行宁远支行。1985年1月，人、工分设，成立中国人民银行宁远支行（以下简称宁远人行），专职履行中央银行职责，管辖宁远、新田、蓝山3个县的货币发行业务。2020年宁远支行以扎实的工作、一流的业绩顺利通过长沙中支的政治巡察，连续三年获评宁远县委、县政府支持地方经济发展先进单位，干部职工在上级行组织的多项竞赛、评比中获奖。截至12月底，全县各项存款余额249.33亿元，比年初净增21.75亿元、同比多增4.94亿元，增长9.56%、同比快1.59个百分点；各项贷款余额177.73亿元，比年初净增26.78亿元、同比多增4.38亿元，增长17.75%、同比快0.33个百分点；存款净增额排全市9个县第一位、余额及增幅均居第二位，贷款增速排全市九县第六位、贷款余额及净增额均居第二位；全县不良贷款率1.05%，比年初下降0.6个百分点，县域金融风险防控持续向好。

【优化金融服务】 2020年，人行宁远支行面对突如其来的新冠肺炎疫情，第一时间采取行动，以金融暖春行动为总抓手，全年发放央行再贷款9笔，推动两项货币政策直达实体经济，撬动银行业金融机构新增贷款26.78亿元，为战胜疫情、稳企业保就业发挥至关重要的作用。相关做法得到上级行和当地政府的充分肯定并大力推介。协调县委、县政府安排财政专项资金，分别设立1000万元防疫抗疫重点企业信贷贴息资金、成立1亿元复工复产产业发展基金。遴选防疫抗疫省级、市级重点企业，并将名单及时推送至县内各银行业金融机构，印发《关于尽快落实央行专项再贷款支持疫情防控重点企业的通知》，督促指导相关金融机构对11家重点企业发放低成本贷款7800万元，执行利率在3.05%至4.85%之间，且享受50%的财政贴息。推动县政府实施稳企业保就业工程，承担全县中小企业信用评级领导小组办公室职责，全年走访中小企业和个体工商户320户、发放贷款2.85亿元。组织指导各银行业金融机构创新推出“税融贷”“云义贷”“周转贷”“工业园企业贷”等多种小微信贷产品，切实降低贷款门槛，放款执行最优惠利率，为企业复工复产提供资金支持。认真落实总行降准政策，释放流动性0.62亿元；发放央行再贷款9笔、金额5.55亿元，再贷款运用居宁远县历史最高水平；推动两项货币政策直达实体经济，向地方法人金融机构发放普惠小微信用支持计划资金682万元，提供普惠小微企业贷款延期还本激励资金418.44万元，惠及相关企业427家，上述政策运用水平居全市首位。

【金融风险防控】 2020年，人行宁远支行全力推进县域金融风险联防联控机制建设。主动协调县金融办，推动建设“3241”县域金融风险联防联控机制，建立金融风险防控联席会议，实施金融风险实时预警和定期监测制度，全面落实“4+1”工作机制，开展不良贷款清收、建立金融案件快审快结绿色通道、铁腕整治清理融资中介、打击非法集资、创建省级金融安全区等重点工作。全面做好政府性债务的统计、监测与风险缓释。主动加强与化债办、平台公司等举债单位及债权银行的沟通协调，按季做好政府性债务的数据统计与风险监测分析工作，引导有关方面按市场化、法治化方式对到期债务进行风险缓释。从监测情况看，宁远县政府性债务水平在全市排位中下，风险可控，没有进入全省债务风险预警和风险提示县区名单，政府性债务未对银行信贷资产及社会稳定产生负面影响。切实开展地方法人金融机构风险监测与化解工作，牢牢守住不出现高风险法人金融机构的底线。认真做好地方法人金融机构的业务运行和资产负债变动的数据监测，对地方法人金融机构风险类型、成因及化解等做到底数清、情况明、措施实。积极做好地方法人金融机构信用风险、流动性风险等主要风险的识别与防控。按季统计银行不良贷款、分析信用风险和市场风险变动趋势，开展新冠肺炎疫情对银行贷款及稳健经营影响、法人银行金融机构贷款集中度和资本充足率、农合机构股权结构、小微企业不良贷款成因等专项调查，两次组织地方法人金融机构开展偿付能力敏感性压力测试和流动性风险压力测试。采取窗口指导、约见谈话、书面提示、实地调研等多种形式，对地方法人金融机构进行风险提示，督促其对金融风险早识别、早计量、早化解。开展银行业金融机构综合评价，促进银行业合规稳健经营。认真制订实施方案，修改完善评价办法，对全县9家银行业金融机构进行综合评价，评出县建设银行、县长沙银行、县村镇银行3家银行为A类机构，其他6家银行为B类机构，发出红头文件通报综合评价结果，对全县银行业金融机构所做的工作及取得的成绩给予充分肯定，对经营中存在的主要问题和风险隐患进行充分揭示，对防控风险、稳健经营提出具体的指导意见和工作要求。

（吕亚清）

中国工商银行宁远支行

【概　况】 中国工商银行股份有限公司宁远支行内设办公室、业务营销部、营业部三个部室，下辖九嶷路支行、新桥支行两个二级支行。离行式自助网点5个，自动取款机18台，智能终端9台。在职员工35人。25人取得本科及以上学历。支行领导班子共5人，行长1人，副行长3人，行长助理1人。2020年，宁远支行获总行“青年文明号”、永州市分行“先进集体”、永州市分行“先进团支部”等称号。

【经营指标】 截至2020年年底，中国工商银行宁远支行各项存款余额19.68亿元，较年初增加1.81亿元，其中个人存款16.78亿元，较年初增加1.26亿元；公司存款1.23亿元，较年初增加6990万元；机构存款1.54亿元，较年初减少2802万元。截至2020年底，宁远支行各项贷款余额5.79亿元，较年初增加5595万元，其中公司贷款3.62亿元，较年初减少550万元，个人贷款余额2.17亿元，较年初增加6145万元。2020年度，宁远支行新增对公客户174户；私人银行客户5户。全年实现营业利润2643万元。

【队伍建设】 2020年，中国工商银行宁远支行着力抓好队伍建设，打造人才梯队，充实信贷力量，鼓励青年员工接触学习各方面的业务，派送年轻员工到市分行个贷中心跟班学习个贷业务。多次集中开展青年员工业务培训班，加强运管、个贷、服务等业务培训。因人制宜，将合适的人安排在合适的岗位，充分发挥每位员工的特长。

【经营管理】 2020年，中国工商银行宁远支行不断加强经营管理，切实防范金融风险，实时关注员工异常行为和思想动态，严格落实各级监管部门监管要求及工总省市行文件制度要求，强化信贷业务管理，杜绝避重就轻，严防案件发生。

（周仕航）

中国农业银行宁远支行

【概　况】 2020年，宁远农行有8个营业网点，其中城区网点四个：支行营业室、九亿支行、桐山支行、大发支行；农村网点四个：柏家坪支行、水市营业所、冷水营业所、禾亭营业所。宁远农行机关本部四个部门：风险管理部/运营财会部/综合管理部、个人金融部、公司业务部、网络金融部。2020年，宁远农行紧紧围绕县委、县政府经济中心工作，以“创各项业务双第一”为发展目标，以疫情防控、四破四立、创新打法、合规经营为抓手，各项工作取得稳定发展。综合绩效考核排名全市前列，被市分行评为2020年度经营管理先进单位、党风廉政建设及内控案防工作先进单位。

【业务经营】 2020年，宁远农行主体业务指标保持稳定发展，各项存款稳步增长，截至年末各项存款余额40.06亿元，比年初净增1.47亿元，日均余额39.95亿元，比年初净增0.83亿元，各项存款存量在四大行继续保持第二；各项贷款投放加快，截至年末各项贷款余额22.58亿元，比年初净增4.57亿元，其中个人贷款比年初净增3.2亿元，农户贷款比年初净增3243万元，法人贷款比年初净增1.37亿元，普惠金融贷款比年初净增4900万元，各项贷款在四大行增量和存量均第二；经营效益持续提升，截至年末，营业收入1.25亿元，净利润6075万元，经营效益完成率和完成总量均居全市前列；中间业务收入2228.51万元、同比增加58.3万元，四大行市场份额占比45.21%，排名继续保持第一；不良贷款持续双降，年末不良贷款余额796万元，较年初下降113万元，不良率0.35%，比年初下降0.15个百分点，实现年初制定的“双降”目标，并成功处置收回珑腾纸业已核不良贷款本金156万元。

【服务地方经济】 2020年，宁远农行全力支持地方经济复工复产，累计投放各项贷款6.89亿元，其中项目贷款1亿元，民营和小微企业贷款6634万元，个人贷款4.93亿元。积极推动惠农e业务，新投放惠农e贷1009笔、金额9227万元，其中烟农e贷682笔、金额3397万元，大力支持“三农”建设；为解决新冠肺炎疫情对经济带来的不利影响，创新贷款投放模式，大力推行线上贷款，累计发放线上贷款1418笔、金额1.26亿元，其中民营和小微企业贷款44笔、金额2574万元，个人贷款1374笔、1亿元；继续发挥金融杠杆作用，积极配合政府去库存，大力支持城镇化建设，累计发放住房按揭贷款3.4亿元，“宁远莲花壹号公馆按揭贷款项目”被市分行评为优秀营销项目三等奖；积极作为，为舜帝陵风景区创建国家AAAAA级旅游景区继续提供资金保障；年初及时投放1亿元项目贷款，为乡村振兴战略注入活力。

【“三转合一”】 2020年，宁远农行制定网点三年规划，全部完成3个农村网点的微改造，新增8台现金超柜有序投放使用，智能+综合业务占比达80%以上。制定“三个弹性”实施方案，确定四种营业模式，8个网点全部开展柜员弹性排班，释放柜台人员，充实大堂和外拓团队，提升客户体验，在全年四期神秘人检查中，网点得分均在90分以上。实施“四大集中”，通过机构改革、撤并虚拟金库、整合人力资源的方式，完成全行押品集中保管，所有ATM机集中加配钞，为网点减负。推进网点特色金融服务方式，打造九亿支行金融商圈模式，提高获客和留客能力；以柏家坪支行为试点，推动网点“一点一色”模式，通过农户信息建档，深耕“蓝海市场”，投放贷款164笔、金额1668万元，解决农民贷款难的问题，支持乡村振兴战略。

【金融扶贫】 2020年，宁远农行加大金融信贷支持，全年完成金融扶贫贷款投放1亿元，超额完成金融脱贫攻坚任务。加强进村脱贫帮扶工作。支行党委年初研讨制定全年扶贫攻坚工作计划，安排专职人员进驻扶贫点进行帮扶，并落实扶贫经费6万元，党委成员定期不定期到联系点进行帮扶和走访。加大员工线上扶贫力度。组织员工通过扶贫商城线上购买扶贫产品近10万元。

（刘松林）

中国建设银行宁远支行

【概　况】 1977年11月，成立中国人民建设银行宁远办事处，1979年5月撤销办事处，成立中国人民建设银行宁远县支行。主要负责基本建设拨款、发放基本建设贷款和技术更新、改造等贷款业务。1996年，中国人民建设银行宁远县支行更名为中国建设银行宁远县支行（简称宁远建行）。2020年，宁远建行紧跟和顺应改革步伐，根植宁远，服务县域，各项业务得到跨越式发展。建行以做好做活宁远高中端个体经济、金融作为发展个人存款主线；以细水长流式优质服务，加强对高中端客户的维护和服务力度，拓展建行个金发展空间。截至12月31日，宁远支行一般性存款51.77亿元，年新增5.66亿元，在市行系统各支行和当地同业八行排第一；个人存款新增3.41亿元，新增、占比排当地第一；对公存款新增2.25亿元，新增、占比排当地第一；各项贷款余额32.19亿元，新增7.88亿元，新增、占比排当地第一；对公贷款余额18.77亿元，年新增4.05亿元，同业排名第一；实现利润当年新增1.21亿元，排当地同业第一，其他各项业务齐头并进。

【做好县域金融】 2020年，宁远建行积极对接国家乡村振兴战略，紧扣新时代涉农客户新需求，用金融科技与金融创新助力乡村振兴，推动金融改革创新与农村经济转型升级互促共进；做好优质服务，全力打造客户首选银行；坚持“以客户为中心”的经营理念，狠抓负债业务的源头，大力发展个人存款业务，实现个人存款创历史新高；通过自制电视宣传片，到车站、超市、商业服务区播放视频，发放宣传手册，为客户代写春联等各种宣传活动，营销建行品牌，打造建行品牌老店，使建行品牌横向拓展到全县各企事业单位、个体工商业主、经济强人商业能人，纵向深入重点乡镇、外出务工者。抓宣传、抓需求、抓信息多管齐下，抢占先机，使建行品牌深入人心，走进千家万户。

【支持项目建设】 2020年，宁远建行发挥教育、医疗、社保、环保四大民生领域的全程综合金融服务平台作用，加强项目发掘和扶持，实现银企双赢。通过支持宁远县中医医院、县人民医院项目，助力完善县域卫生设施，改善医疗条件；通过支持九嶷山旅游公司，助力改善宜居宜游环境；通过支持县一中建设，助力提升和优化教育环境。全年对公贷款余额18.77亿元，当年新增4.05亿元。积极与县委、县政府对接项目，成功授信宁远县人民医院新住院大楼项目、宁远县中医医院医疗服务共同体项目、宁远县自来水公司城北水厂及配套设施建设工程项目、宁远县智惠新能源科技有限公司玉屏16.5兆瓦集中式光伏扶贫电站项目和智惠20兆瓦渔光互补光伏电站，为宁远县经济发展注入新的活力。储备宁远县研学教育基地项目、双福安置房小区项目、自来水管网改造项目等。

【开展精准扶贫】 2020年，宁远建行认真履行社会责任，发挥行业优势，做好精准扶贫工作。冷水镇鸡公寨村是建行扶贫联系村。在建行的精准帮扶下，59户建档立卡贫困户全部脱贫。分类施策，精准扶贫。按照“脱贫不脱政策，脱贫不脱帮扶”的精神，通过结对子认“穷亲”，结对帮扶，巩固提升帮扶成效。6组建档立卡贫困户肖文俊，父亲去世多年，母亲早已失联，一对双胞妹妹刚好初中毕业，面临下一步求学的经济困难。宁远建行主动向上级行争取政策，将其妹妹肖双凤推荐到三亚“百年技校”学习，为肖双凤将来的发展打下基础。加大对村里基础设施建设帮扶力度。建行牵头向能源办申请投资10万元，安装驻村街道路灯60盏，结束村道晚上摸黑的历史；牵头向县交通局请求对该行政村的上赤源自然村与鸡公寨自然村之间村道立项，并向省建行申请捐赠10万元，打通两自然村村道最后1千米，结束两村交往千百年来“相距一千米，绕道蓝山县”的历史，极大方便村民出行和村政管理。为推进乡村振兴和美丽乡村建设，建行筹措资金近30万元，用于该村活动中心的文化娱乐健身建设和村容村貌整治。

（谭航华）

中国农业发展银行宁远县支行

【概　况】 中国农业发展银行宁远县支行是宁远县内唯一一家政策性银行。2020年，宁远县农发行主动担当作为，着力“强支农、促振兴，强合规、控风险，强党建、带队伍”，全行各项工作提质增效，队伍面貌焕然一新，谱写出业务高质量发展新篇章。12月末，各项贷款余额31.65亿元，贷款总量突破30亿，较年初增加4.87亿元，增幅18.18%，完成市分行下达任务的123.29%，贷款规模上升为全市系统第一。各项存款余额7.51亿元，比年初减少4.92亿元，日均存款余额10.57亿元，比年初减少1.86亿元。全年实现各项收入14597.9万元，各项支出9461.5万元，实现账面利润5136.4万元、FTP利润3563.23万元，两项利润指标均居全市系统第一。全年全行不良贷款余额、不良贷款占比均为零。2020年，被湖南省分行评为脱贫攻坚先进集体。

【贷款业务】 2020年，宁远县农发行累计营销入库项目8个，金额28.66亿元，审批项目4个、金额10.65亿元，累计发放各项贷款6.68亿元。此外，蓝山元嘉二水厂扩建项目首笔投放5000万元流程获省分行签批，全面完成市分行下达的项目营销、贷款投放、长江大保护和普惠小微企业目标任务。支行项目营销、项目审批数量、项目审批金额、新项目投放4项指标连续两年居全市系统第一。

【粮食收储业务】 2020年，宁远县农发行全力保证政策性收购资金供应，落实中央和地方粮食安全储备和调控政策，确保政策执行到位。坚守主责主业，及时足额发放县级储备粮轮换贷款814万元，支持宁远、蓝山收购中晚籼稻3400吨；发放地方调控粮油贷款144.8万元，支持收购超标稻谷600吨；完成11笔、金额5396.32万元地方储备粮贷款和粮食财务挂账贷款的展期；充分利用粮油库存远程监控系统加强库存监管，确保宁远、蓝山两县6286.8万元贷款和6030.45吨库存粮食的安全。严格按照封闭运行管理各项要求，充分运用粮油库存远程监控系统监管辖内粮食企业库存情况，防止出现粮油库存出库而资金未归行或亏空现象。

【支持脱贫攻坚】 2020年，宁远县农发行累计投放扶贫贷款6.63亿元，完成市分行下达扶贫贷款投放任务的165.25%，年末扶贫贷款余额24.75亿元，占贷款总额的78.2%，带动和服务建档立卡人数约13万人。积极响应上级行消费扶贫活动，通过“以购代捐”“以买代帮”形式支持贫困地区农产品销售，支行通过食堂定点采购、工会节日慰问购买扶贫产品2.1万元，21名员工个人购买扶贫产品1.07万元，动员辖内企业力量帮助销售扶贫产品2.05万元，共计金额5.23万元，助力贫困地区群众增收，巩固脱贫成果。在宁远县扶贫办“扶贫一日捐”活动中发动员工筹集善款2550元，为地方脱贫攻坚贡献力量。

【防范化解风险】 2020年，宁远县农发行坚持把防控信贷风险摆在重要位置，全力落实全面风险管理战略，多措并举强化合规管理。信贷资产质量保持优良。截至12月末，累计收回约期还款15笔、金额共计1.68亿元，未出现贷款逾期情况；累计收回贷款利息1.46亿元，未出现欠息情况，全行继续保持贷款无逾期、无欠息、无不良的良好状况。财会基础工作不断夯实。积极推进集约化运营改革，高度重视会计部门ACS前置直联系统、两类业务会计科目启用及系统配套功能、电子对账、电子会计档案库等上线工作，周密部署，全年会计部门各业务系统运行稳定。坚持勤俭办行，合规列支各项费用，规范财务开支范围、标准、审批权限、程序等，强化财务管理。会计结算部门认真贯彻执行《中华人民共和国反洗钱法》《金融机构反洗钱规定》等相关法律规定和反洗钱各项规章制度，7月在宁远县人民银行反洗钱工作考核评级中被评定为A类。坚持问题导向抓好整改。对上级行信贷专项检查、内控合规检查、安全保卫检查、财会辅导检查等各类检查中发现的34个问题，均在规定时间内全部整改到位，整改率100%，基础管理工作进一步夯实。

（潘 欣）

宁远农村商业银行股份有限公司

【概 况】 2020年，宁远县农商银行在岗员工278人，营业网点34个，网点遍布全县20个乡镇（街道），其中城区网点7个、乡镇网点27个，是全县营业网点最多的金融机构。全行各项存、贷款余额分别为69.33亿元、45.56亿元，分别较年初增长10.28亿元、1.77亿元，存、贷款规模稳列全县金融机构第一。不良贷款余额和占比分别较年初下降4013万元、1.05个百分点；到期收回率98.11%。缴纳各项税款7281万元，为地方经济发展做出突出贡献。

【资金组织和运营】 2019年11月，宁远县农商银行提前部署开门红营销活动。2020年，面对新冠肺炎疫情，农商银行在全县首推存款送口罩活动，客户黏性得到有效提升。3月末，实现存款增长10.6亿元，占全县新增存款的66.7%，取得历史最好成绩。在全县首推“微信缴学费”新模式，揽储7000余万元。拓宽资金运营渠道，全年资金业务收入1.1亿元，较上年同期增加2996万元，资金业务在合规稳健中实现新突破。

【普惠金融】 2020年，宁远县农商银行出台“党建共创、金融普惠”劳动竞赛方案，每个网点每月至少完成1个行政村或自然村的整村授信工作。举办3场优质商户扶持资金对接会、4场信用村授牌仪式及62场整村授信活动，引入“邀约式预授信”模式，加强客户体验营销。积极开展信贷产品创新，推出“家庭贷”“老乡贷”“福祥E贷”等10余个线上线下信贷产品，最大限度满足客户金融需求。坚持优化信贷结构，贷款户均余额较上年年初下降3万元左右。实行首问负责制、限时办结制、每日走访制，推行一线工作法，营造全员走访氛围，金融普惠实现从广覆盖到上台阶。

【防控风险】 2020年，宁远县农商银行认真做好风险防控工作，坚持做小做散，严禁跨区域发放贷款，严控500万元以上大额贷款，实行客户经理首贷负责制和终身责任追究制，从源头上控制贷款风险。压降存量不良贷款，加大不良贷款压降考核力度，全年下发11份考核处罚通报，处罚1602人次，处罚金额120.46万元。管控新增不良贷款，将压降不良贷款考核日期提前至每月20日，对每月20日前按时还息的客户给予利率优惠，引导客户养成按时还息的良好习惯。与法院密切配合，全年通过诉讼程序成功处置抵押房屋和土地11宗，收回不良贷款39笔，本息2368万元。委托3家清收公司收回表外本息917万元。开展“自主现金集中攻坚清收”活动，全行收回表内外不良贷款本息1635.86万元。对管控责任落实不力，不良贷款不降反升，到期收回率不达标的网点由稽核审计部开展飞行检查，严肃问责，推动信贷质量和风险状况持续改善。

【转型提质】 2020年，宁远县农商银行制定《电子银行业务计酬办法》，开展电子银行业务竞赛。分片分区现场为客户激活社保卡，推广手机银行客户端，开办ETC。与商家联盟开展“一元洗车”“一元观影”主题活动，引导客户使用福祥系列卡消费，拓展新业务和转型业务。将反洗钱、消费者权益保护工作纳入公司治理、企业文化建设和经营发展战略。开展反洗钱、反假币工作以及“普及金融知识万里行”“2020年金融知识普及月”等活动，履行社会责任，引导金融消费者依法消费、正确消费，净化金融生态环境。

（罗涵匀）

邮政储蓄银行宁远支行

【概　况】 2020年，宁远县邮储银行围绕“建设现代化一流商业银行”目标，坚持“质量第一，效益优先”，以“三个视角”找差距，以“三大规律”促改革，全面践行“三大建设”工程，在疫情冲击、经济下行和监管趋严情况下，全行在推进普惠金融、打赢三大攻坚战、高效发展个金业务、快速发展零售信贷、加快拓展公司业务中成效明显。

【普惠金融】 2020年，宁远县邮储银行助力乡村振兴，促就业保民生，全年发放创业担保贷款5914.7万元，深化“三农”金融服务，涉农贷款新增1404.78万元。支持小微企业复工复产，全年投放防疫贷款4006.5万元，办理受疫情影响延期还款1963万元。

【助力三大攻坚战】 2020年，宁远县邮储银行助力打赢脱贫攻坚战，金融精准扶贫三年行动目标提前完成，贷款余额912.13万元，新增124万元；助力打赢污染防治攻坚战，大力支持清洁能源行业，绿色信贷余额4135.7万元；全力支撑扶贫村基础设施建设，投放扶贫赞助资金2.3万元。多措并举化解重大风险，全年未发生一起重大资金案件或风险事件。

【个人金融业务】 2020年，宁远县邮储银行储蓄业务提质增效，个人储蓄余额7501万元，全年净增年日均8525万元。中间业务提量增收，信用卡业务狠抓外拓营销，新客发卡1572张；持续提升活跃客户数3044户，全县15家优质商户参与“悦享越有折”活动；加强高端客户金融增值服务，非货币基金销售2325.94万元；中间业务实现收入7136万元。网金业务提速增量，推动“五个固化功能模块”落地，收单业务联动存款6334.71万元。

【零售信贷】 2020年，宁远县邮储银行“三农”贷款在政府合作和线上平台持续发力，创业贷款市场份额100%，农担贷业务份额25%，极速贷余额2831.14万元。房贷业务突显规模效应，发挥压舱石作用，全年合作项目楼盘13个，贷款年净增29074.4万元。非房业务奋勇直追，年放款13049.4万元，小企业贷款紧盯重点产品，拉动规模上台阶，小微易贷年净增745万元。

【公司业务】 2020年，宁远县邮储银行公司客户基数稳步提升，全年获取政府类和事业单位监管类账户代理资格2个，机构开户数10户。公司贷款投放持续增长，对宁远县梅岗二期风电项目放款共计1.1亿元。

（杨怡敏）

长沙银行宁远支行

【概　况】 长沙银行成立于1997年5月，是湖南省首家区域性股份制商业银行和湖南省最大的法人金融企业。长沙银行于2018年9月26日成功登陆上海证券交易所，综合实力跃居全国城商行前列。长沙银行宁远支行秉持“服务地方、服务中小、服务市民”理念，致力于打造人民政府的合作银行、老百姓的贴心银行，积极推动当地经济社会的发展，各项工作取得较好的成绩。截至2020年12月31日，长沙银行宁远支行各项存款时点余额为8.55亿元，比年初净增2.79亿元，时期数为7.44亿元，比年初净增1.51亿元。对公存款时点数为3.79亿元，比年初净增1.5亿元，时期数为3.13亿元，比年初净增0.13亿元；储蓄存款时点数为4.75亿元，比年初净增1.29亿元，时期数为4.31亿元，比年初净增1.38亿元。各项贷款余额8.9亿元，比年初净增0.53亿元。存贷比104%。

【服务疫情防控】 2020年，长沙银行宁远支行认真履行与县人民政府签订的《政银业务合作协议》，继续加大贷款投放力度、提高服务效率、支持地方经济发展、支持平台公司做大做强。针对新冠肺炎疫情，宁远支行积极贯彻落实省委省政府出台的相关文件精神，及时制定政策、出台措施为全县疫情防控所需的重要物资和生活必需品提供金融服务，切实保障民生、全力支持本土企业复工复产。设立专项信贷规模，加大信贷投放力度。专项信贷规模重点向中小微企业倾斜，每季度中小企业新增贷款不低于上年同期，信贷资金重点支持和保障疫情防控重点医用物品和生活物资生产、运输和销售的企业，适当追加授信额度，增加中长期贷款；对疫情影响较大的批发零售、住宿餐饮、物流运输、文化旅游等行业，以及有发展前景但受疫情影响暂时受困的企业，不盲目抽贷、断贷、压贷。积极主动对接纳入重点医用物品和生活物资名单企业的融资需求。制定专项政策，帮扶企业渡难关。开辟融资绿色通道，对符合疫情防控重点医用物品和生活物资生产、运输和销售的企业贷款，急事急办，受理至放款最长不超过48小时。支持各行业企业复工复产在支行办理融资业务实行优先审批快速放款。对因疫情急需开户而相关手续不全的，可向当地人民银行备案后先开立后补报、先开立后核准。因防疫开立的非企业类单位结算账户，账户开立之日起即可办理现金收付业务；推出适时延期还款措施。对疫情冲击较大的行业企业，以及因疫情影响暂时失去收入来源的中小微企业及企业主，在支行贷款本金、利息在2020年1月20日至3月31日到期的，经客户申请，上级行审批，最长可延迟3个月还款；降低融资成本。对列入人行专项再贷款和财政贴息名单的企业，优惠贷款利率上限为最近公布的1年期LPR减100个基点，企业实际融资成本不高于1.6%；对受疫情影响较大行业的小微企业，新发放贷款利率原则上不得高于支行同期小微企业的平均利率，普惠型小微企业加权平均利率要比上年降低0.5个百分点。

【推出专项产品】 “暖心快贷”。针对目前中小企业大多缺乏抵押担保物、存在增信措施瓶颈的现状，支行推出暖心快贷产品，与湖南省担保集团、永州市潇湘担保公司等第三方担保公司或风补基金合作，适当降低或免除风险敞口的风险缓释要求，为存量企业提供增加信贷额度，缓解临时资金需求的问题。最高额度可达1000万元，授信期限可至一年。“快乐e贷—税e贷”。客户全线上自助申请，凭企业纳税金额享受贷款额度，最快10分钟完成审批，最高额度300万元，不用款不计息。“政采贷”。对于进入政府采购供应商名单的有效企业法人，可根据政府与其签订的采购合同，通过支行电子渠道申请的贷款产品，最高授信金额可达500万元，按日计息，按月还息，随借随还，灵活便捷。“票据池”。支行可为客户存款票据提供线上日常管理以及立即变现或者完成票据拆分支付服务，该产品具有日常管理和融资功能，票据管理清晰简单，融资时承兑机构准入范围广，不挑票，融资质押率高，请款速度快，办理手续简单。“产业基金”。业务发展方向为“聚焦热点、安全退出、平衡收益”，主要投资于战略新兴行业、节能环保行业、高端制造产业、医药医疗产业、国企改革等。

【惠农政策】 长沙银行宁远支行首家农经站于2019年在鲤溪正式开业。该行致力于改善农村结算环境，打通农村金融服务“最后一千米”的积极尝试。在服务站村民足不出户就可以办理小额取款、余额查询、社保缴费等快捷服务，让群众在家门口就能享受到现代化、高水平的金融服务。截至2020年12月31日，农经站管辖银行卡5387张，管辖时点数4548.6万元。签约站点48家，达标“双50”站点46家，12家已开业，取得良好的经济社会效应。

【履行社会责任】 2020年，长沙银行宁远支行积极参加县政府、人民银行组织的各项金融知识宣传活动，开展“金融知识进万家”活动，组织银行员工进社区、进企业、进单位，宣传普及防范非法集资、电信诈骗、扫黑除恶等知识。全力支持当地扶贫工作。支行对接鲤溪镇仙马石村、太平镇新佳洞村脱贫工作，投入资金20余万元，为驻点村脱贫做出积极贡献。

（钟　然）

中国银行宁远支行

【概　况】 中国银行宁远支行始设于2012年，截至2020年12月末，中国银行宁远支行只设营业部一个机构，位于舜陵街道泠江社区泠江中路30号，在岗员工11人。2020年，宁远支行全体员工积极向上，奋发有为，业务净收入突破3000万元，在全行考评中获得良好，被评为2020年度中国银行湖南省分行“青年文明号”网点称号。

【存贷款业务】 截至2020年12月末，中国银行宁远支行存款余额53247万元，较年初新增7496万元；贷款余额110772万元，较年初新增36424万元；存贷比208%，新增存贷比486%。完成年初县金融办下达的贷款新增任务。在支持实体经济方面，对光大环保宁远项目授信30130万元，成功投放17256万元；对县人民医院授信4500万元，成功投放4500万元；与县财政局合作“潇湘财银贷”省县两级财政信贷风险补偿机制，累计批复6户，累计放款金额2205万元；新增农担贷款1000余万元，支持20个农业合作社和特色农业个体。截至12月末，宁远支行公司贷款不良余额为零，个人贷款通过催收及核销手段，压降不良贷款185万元，仅剩一笔阙某某507万元个人贷款不良，上报总行核销。全年通过表外清收，收回表外不良贷款479万元，较好维护银行资金安全，实现健康发展目标。

【业务经营指标】 2020年12月末，中国银行宁远支行存款余额53247万元，较年初新增7496万元；其中公司存款余额20869万元，较年初增长4311万元；储蓄存款余额32377万元，较年初新增3184万元。各项贷款余额110772万元，较年初新增36424万元；其中公司贷款余额22090万元，较年初新增21553万元；个人贷款余额88682万元，较年初新增14871万元。实现净收入2828万元，较上年同期增长560万元，同比增幅25%；实现拨备前利润2405万元，完成年度预算目标的121%，较上年同期增长560万元，同比增幅30%；实现净利润1662万元，较上年同期增长650万元，同比增幅64%；实现EVA2130万元，较上年同期增长403万元，同比增幅23%。

【履行社会责任】 2020年是脱贫攻坚的收官之年，中国银行担当社会责任，大力支持宁远扶贫攻坚工作，全年对结对帮扶的鲤溪镇白云岩村、保安镇李巳村开展精准帮扶，投入资金5万余元，与县委宣传部共同完成脱贫攻坚任务。新冠肺炎疫情发生后，中国银行发挥金融作用，主动作为，第一时间为宁远舜德医药有限公司投放500万元贷款，宁远县人民医院投放3000万元贷款，助力县委政府采购疫情防控物资等。对县人民医院140多名抗疫医务人员免费提供百万保险保障，免除英勇卫士的后顾之忧。为支持做好复工复产工作，通过“潇湘财银贷”等信用贷款产品，为园区企业提供优质金融服务，帮助园区企业解决燃眉之急。

（毛振冰）

宁远潭农商村镇银行

【概　况】　宁远潭农商村镇银行股份有限公司（以下简称宁远潭农商村镇银行）是经中国银行保险监督管理委员会批准，由宁远县人民政府主导，湘潭农商银行作为主发起行，征集部分境内企业法人及社会自然人共同发起设立的具有地方性和独立法人资格的股份制商业银行。宁远潭农商村镇银行于2017年12月成立，2018年4月正式开业，机构总部位于宁远县舜帝北路伟明花园A2栋。现有员工15名，其中中共党员5名，内设综合管理部、业务拓展部、财务部、合规风险部、营业部，有营业网点1个，在行式自助银行1个，自助设备3台。截至2020年12月末，资产总额46567.10万元，其中各项贷款24286.63万元；负债总额40901.5万元，其中各项存款24924.56万元；资本充足率为18.62%。

【支持地方经济建设】　宁远潭农商村镇银行自成立以来就定位在支持宁远县地方经济发展，支持“三农”、民营小微企业和实体经济。截至2020年12月末，涉农贷款22383.82万元，占比92.16%，共计488户，占比97.6%；小微企业（小微企业法人、个体工商户、小微企业主）贷款16964.56万元，占比69.85%，共计173户，占比34.6%。其中，2020年疫情以来，宁远潭农商村镇银行对民营和小微企业利率直接下浮30—50个基点，民营和小微企业总体利率低于全行平均利率两个百分点。为45户小微企业（主）、个体工商户进行贷款展期、续贷以及借新还旧等操作，展期本金合计4523.9万元，无拖欠利息行为。其中展期16笔、金额3428万元，续贷3笔、金额460万元，到期归还后再次发放的贷款26笔、金额635.9万元。至年底，上述小微企业及商户运营良好，均未减少就业岗位。真正打造政府认可、百姓满意的贴心银行。

【内部管理】　2020年，宁远潭农商村镇银行开展多项业务培训考核活动，积极参加银保监局、人民银行、主发起行等组织的培训活动，培训内容包括业务知识、服务礼仪、反洗钱知识、反假币知识、安全保卫知识、信贷风险知识等。采取“四加强，四开展”方式提升监督职能、履行监督职责、强化监督效果，即加强制度保障，开展廉政建设监督；加强稽核审计，开展操作风险监督；加强效能服务，开展行业作风监督；加强风险防范，开展防案控险监督；加强督促落实，开展履职行为监督。推动各项业务稳健发展。加强安全保卫和内控案防工作，抓好员工行为动态排查，加大检查力度和监督力度，确保安全无事故，无重大业务差错，实现平安运营目标。宁远潭农商村镇银行正式加入永州市银行业协会。

【金融服务】　2020年，宁远潭农商村镇银行为提升客户服务体验，推行“首问责任制”，各项业务原则上“一次性告知、一次性办理”，最大限度让客户减时间、减跑动。进一步优化贷款审批流程，提升办贷效率。坚决不要求客户提供不必要的申报材料，切实提高贷款审批效率。正常审批时限控制在5个工作日以内。对于到期贷款，提前一个月与客户对接，对于有续贷需求、风险可控、信誉良好的客户，提前准备好信贷资料，最快可以当天还款，次日贷出。同时，积极推广金融业务电子化申请和办理，最大程度减少信贷申请材料，推动客户申请材料互认，避免重复证明。推动与信贷密切相关的不动产登记、税务、市场监管等信息的合作互动。对于受新冠肺炎疫情影响的信贷客户及困难企业，采取有力措施做好金融服务和信贷帮扶工作，最大限度给客户提供方便，保障客户利益不受损失，认真落实人民银行专项再贷款等金融政策，对新增贷款安排专项信贷额度、开通绿色审批通道、给予特别利率优惠；对存续贷款安排专人对接服务，确保不抽贷、不断贷、不压贷，对到期还款困难的及时予以展期、续贷、下调利息等支持，切实增强社会责任担当。

【社会宣传】 2020年，宁远潭农商村镇银行积极参加县政府组织的315金融宣传、防范非法集资、金融扶贫活动，列席政府重大会议。开展防假币、反诈骗知识、金融政策法规、金融业务知识普及宣传活动，提高广大市民金融风险防范能力，促进信用环境建设。

（肖　雄）

宁远县中小微企业融资担保公司

【概　况】 2020年，宁远县委、县政府为缓解全县中小微企业“融资难、融资贵”问题，引导金融资源投向小微企业、“三农”等领域，决定组建县中小微企业融资担保有限公司。公司于2020年3月挂牌，为县人民政府直属国有独资企业。注册资金1.2亿元，由县财政局全额出资。公司经营范围：贷款担保、票据承兑担保、贸易融资担保、项目融资担保、信用证担保；自有资金对外投资。公司下设综合办公室、担保业务部、风险控制部、计划财务部，有员工8人。

【担保服务】 2020年，宁远县中小微企业融资担保公司成立后，聚焦主业主责，积极宣传推介担保业务，主动跟进县委、县政府招商引资企业、产业链发展等决策部署，充分发挥政府性融资担保职能，为裕宁电子、湘迪科技、鑫和美、沃尔顿、聚力、宇拓新能源、中民筑友、腾森农业、永鑫农业等44家园区企业、“三农”主体提供融资担保10658万元。认真落实国务院和省政府有关降费让利措施，全年为企业减免担保费126万元，有效缓解企业融资难、融资贵问题，为全县企业疫后复工复产和“六稳”“六保”工作做出积极贡献。

【银担合作】 2020年，宁远县中小微企业融资担保公司先后与潭农商村镇银行、农商行、建设银行、长沙银行和邮政储蓄银行等五家商业银行签订合作协议，总授信额度5亿元。

【风险防控】 按照湖南省人民政府办公厅《关于政府性融资担保体系支持小微企业、“三农”和战略性新兴产业发展的实施意见》文件精神，宁远县中小微企业融资担保公司于2020年5月与湖南省再担保有限公司签订《比例再担保合作协议》，加入省再担保体系，明确“4321”新型政银担风险分担机制，大大提高公司抗风险能力。

（荆黎萍　欧阳帆）

中国人寿保险股份有限公司宁远支公司

【概　况】 中国人寿保险股份有限公司宁远支公司（以下简称“中国人寿宁远支公司”）是中国人寿保险股份有限公司的四级机构，设有城区营销部1个，农村营销服务部5个，建立兼业代理窗口11个，拥有正式员工21人，劳务派遣人员11人，代理制内勤人员5人，营销员队伍1000余名。中国人寿宁远支公司机关设有经理室、综合管理部、营销发展部、收展发展部、个险培训部、团体业务部、银行保险部、客户服务中心、健康保险部9个部门。2020年，中国人寿宁远支公司总保费收入2.18亿元，其中营业支出1.2亿元。

【企业文化建设】 2020年，中国人寿宁远支公司秉承“成己为人、成人达己”的核心经营理念，树立“用专业和真诚赢得感动”的服务宗旨，将“始于客户需要，终于客户满意”作为全体员工的行为准则，将满足客户需求放在第一位，不断建立与完善续期保险收取制度、住院慰问制度、理赔承诺制度、VIP个性化服务制度、“95519”24小时多功能服务、银行收付费服务等全新的服务方式、先进的管理理念、健全的服务网络、人性化的服务平台。客户服务支撑有力。重点抓好e宝、e店推广、契约、核保、理赔新一代平台上线、微信、e店理赔报案及“电子化出单”工具的推广。全年保全e化率99.57%；无纸化投保替代传统出单模式，减轻柜面人员工作压力，节约公司经营成本，提升服务科技含量，让客户足不出户就能享受到中国人寿高品质服务。民生保险稳步推进。中国人寿宁远支公司以做好做优“扶贫特惠保”为目标，通过下村宣传、上门回访、快速结案、医院系统及时对接等手段优化理赔流程，全力服务于建档立卡贫困户。积极承办教师意外保险、学生乘车保险、妇女防癌险、计生家庭险等一系列保险，这些民生保险保费低廉、保障较高。新冠肺炎疫情期间，公司给医务人员捐赠风险意外保险保障、给县教育系统捐赠口罩20000个，展示中国人寿的优质服务，树立中国人寿的品牌形象。

【履行社会责任】 2020年，中国人寿宁远支公司助力打赢脱贫攻坚战，努力推进弱有所扶，用实际行动真扶贫，扶真贫。公司抽调9人参与五龙山瑶族乡五龙山村开展定点扶贫工作，为扶贫村争取6大项目，完善基础设施，巩固全村脱贫成果。公司还与县医保局联合开展“宣传医保政策共创健康生活”暨打击欺诈骗保大型宣传活动，通过医保政策普查问卷，为广大百姓提供医保政策宣传及咨询，针对医保和大病医疗的起付标准和报销比例进行详细解说，让精准帮扶医疗救助政策深入人心。

【内控管理】 2020年，中国人寿宁远支公司坚持标本兼治，把风险管控工作作为重中之重，强化管理工作，防范和化解经营风险。抓教育。以三严三实教育活动为抓手，加强对员工尤其是支公司司务成员的廉政勤政教育和风险管控教育，配合上级公司每周五对全体销售人员进行合规教育；抓检查。经常集中组织对单证、印章、宣传资料、密码权限和销售人员违规行为检查，回收大量废旧宣传资料；抓处理。对检查出的问题决不姑息迁就，依规依法进行处理。对误导销售的人员进行清理并解除代理合同；抓整改。把整改建制放在风险管控工作的重要一环，建立健全相关管理制度，防范和化解业务经营风险。

（左杜娟）

中国人民财产保险股份有限公司宁远支公司

【概 况】 中国人民财产保险股份有限公司宁远支公司（简称中国人保财险宁远支公司）成立于1996年，是中国人保财险四级机构，是宁远财险市场成立最早、规模最大、实力最强的保险企业，业务网点遍布全县城乡，下设3个三农营销服务部、20个乡镇（街道）保险服务站和409个村级（社区）保险服务点，做到保险全覆盖、服务零距离。2020年，宁远支公司有在职员工38人，外包合同人员21人和营销员199人，同时招聘35名乡镇三农保险专（兼）干和425名村级三农保险协保员，其中具有大专及以上学历员工占96%，拥有专业技术职称员工占60%。

【业务发展】 2020年，中国人保财险宁远支公司开办的业务涉及机动车辆险、企业财产险、家庭财产险、货运险、责任信用险、意外健康险、农险、个人贷款保证保险等共100多个险种，全年累计完成保费收入11968万元。宁远支公司承办全县精神障碍患者监护人责任保险，为全面参与全县公共安全综合治理，减少因精神障碍患者引发意外伤害事件而导致赔偿难的问题，维护百姓平安起到积极作用；为减少贫困人群因灾、因病、因学致贫的风险，通过“扶贫特惠保”综合保险、脱贫返贫保险等险种，助力全县脱贫攻坚工作；为服务和改善民生，探索建立社会治安综合治理新模式，公司承办全县综治保险，为全县18.8万户常住人口提供保险保障，实现社会资源的有效配置和政府职能的转变，促进社会和谐稳定。

【优质服务】 2020年，中国人保财险宁远支公司恪守以市场为导向，以客户为中心的服务理念，通过“95518”24小时专线服务电话，以及中国人保及各省级分公司微信公众号、中国人保微信小程序、中国人保APP、中国人保官网、拇指理赔在线小程序等多渠道线上承保、理赔，全天候多方位为广大客户提供承保、理赔、咨询、报案、抢险及免费救援等服务。公司在线下开展“客户服务节”“客户增值服务”“人保心服务”“警保联动”等活动，其中理赔部门为客户提供免费拖车40次，免费送油10次，免费搭电65次，开展“送保险下乡”活动，将保险消费维权、保险常识宣传、保险诚信建设等资讯送到广大农民群众身边，协助客户办理一切保险事宜。

【内控管理】 2020年，中国人保财险宁远支公司为适应市场竞争的需要，不断加强内控管理，在人员行为、风险防范、客户服务等方面形成制度化、专业化、规范化，初步建立起现代企业监控模式。继续推进“标准化服务操作”，进一步规范员工的行为准则、服务标准，公司门店的装饰装修、办公用品的摆放等方方面面，展现专业、统一的服务形象。针对特大自然灾害，制订《大灾应急预案》，当出现重大灾情时，公司能快速反应，为广大客户提供及时的理赔救灾服务。秉承“防大于救”的理念，公司把防洪防灾减损列为重点工作，针对全县汛期易发生内涝、泥石流、山体滑坡等灾害地点，设立警示标志牌，安排值班人员进行轮流巡视，举全力防损减灾，做到防患于未然，减少群众的人身伤害和财产损失。

【社会担当】 2020年，中国人民保险宁远支公司累计完成缴纳税费825.8万元，在全县保险行业排名第一。助力脱贫攻坚扶贫联系点棉花坪排山坳村，捐赠各类扶贫资金、物资近10万元，为全县建档立卡贫困人口提供保险保障。2020年，宁远县遭遇“低温冷害”灾情。面对自然灾害和突发事故，公司迅速开展救灾工作，组织全员加班加点对受灾区域进行查勘理赔，以最快速度将503万元水稻赔款支付到户。宁远支公司全年处理各类赔案9000多件，支付赔款5936.73万元，充分发挥保险的经济补偿功能。

（欧丽平）

中国太平洋财产保险股份有限公司宁远支公司

【概　况】 中国太平洋财产保险股份有限公司是中国太平洋保险集团的子公司，主要经营财产保险、意外伤害保险及健康险等相关业务，2017年、2018年、2019年、2020年获得银保监会保险服务评价AA级，成为财产保险公司中唯一获得AA服务评级的两家公司之一。宁远支公司于2014年8月成立。公司地址位于宁远县舜帝北路92号，公司主要经营人民币和外币的各种财产保险、车辆保险、短期健康保险和意外伤害保险、农业保险、经中国银保监会批准的其他财产保险。宁远支公司有正式员工10人，营销人员70人，设有经理室、车险、非车险、电销、理赔、农险、客户服务等岗位或部门科室，业务覆盖全县各级各部门、各乡镇（村、社区）。2020年度公司经营规模1801万元，纳税264万元。被宁远县委、县政府授予“支持地方经济发展贡献奖”。

【农业保险】 2020年，太平洋财产保险宁远支公司承保水稻制种、甘蔗、葡萄、玉米4个农险品种，保费收入292万元，年度累计支付赔款197万元，真正让投保人和人民群众得到实惠，为全县农业健康发展贡献力量。

【社会责任】 2020年，太平洋财产保险宁远支公司联系桐山街道幸福村，全年出资2.5万余元（含物质）支持该村脱贫攻坚。在新冠肺炎疫情防控期间，公司秉承“用心承诺，用爱负责”的服务理念，免费向宁远县医护人员赠送近300亿元的新冠肺炎人身健康保险保障，向全县扶贫干部赠送近2000万元的新冠肺炎人身健康保险保障，践行“做一家负责任的保险公司”的企业使命。

（李元斌）

中华联合财产保险股份有限公司宁远县支公司

【概　况】 中华联合财产保险股份有限公司简称中华财险，源自1986年成立的新疆生产建设兵团保险公司，是全国唯一一家以“中华”冠名的财产保险公司。中华联合财产保险股份有限公司宁远县支公司（以下简称中华财险宁远县支公司）成立于2006年。内设农业保险科、业务发展科、理赔客服科、综合科4个科室，有签约员工18人，2020年公司实现保费收入3635万元，其中商业保险1857万元，农业保险1778万元。中华财险宁远县支公司业务经营范围涵盖非寿险业务的各个领域，主要包括机动车辆保险、企业财产保险、家庭财产保险、工程保险、货物运输保险、责任保险、信用保证保险、农业保险以及短期健康保险和意外伤害保险等，公司始终践行“顾客至上、服务至上、诚实守信、回报社会”的服务理念，坚持准确、快速、及时的理赔原则，维护客户的权益，努力为客户提供尽善尽美的超值服务。中华财险宁远县支公司被宁远县税务局评为“A级纳税人”单位，获宁远县加速推进新型工业化领导小组办公室表彰，获全县政务服务“好差评”测评第二名，被总公司评为“全国先进基层支公司”。

【深耕农村保险市场】 2007年，湖南省开展政策性农业保险试点工作，中华财险宁远县支公司是参与试点的两家承办保险公司之一并持续承办至今，从2007年至2020年，累计为宁远县26.31万户次农户提供24.66亿元风险保障服务；公司积极拓展民生险种，在全县开展烤烟保险、普通财银保、养殖业棚舍保险、精准扶贫特惠保等民生保险业务；公司勇于承担社会责任，根据政府安排参与扶贫帮扶、创文等中心工作，并积极参与捐资助学、防灾防损等社会公益活动。

【服务民生】 2020年，中华财险宁远县支公司精准扶贫鲤溪镇大观堡村，由公司负责人组成扶贫工作小组，到村协助开展扶贫工作，结对帮扶建档立卡贫困户，支持5万元扶贫资金用于村里建设。公司为全县建档立卡贫困户承保扶贫特惠保，为贫困户提供风险保障。

（刘青松）

教 育

遥看三分石

教 育

【概 况】 2020年，宁远县教育局内设机构11个，直属事业单位7个。2020年，教育系统不改初心，善作善成，统筹疫情防控和教育改革，提质量，重内涵，强特色，精管理，决战决胜教育脱贫攻坚，攻坚克难学位建设和大班额化解，推动宁远教育站在新的历史起点上正面发声。全年在市级以上媒体发稿1500余篇。探索实施“定区域、定专人、定时间、定个案”送教模式，确保330名极重度残障学生受到教育，“学习强国”平台以《10万千米送教路》为题予以推送，县特殊教育学校获评全省特殊教育先进单位。“舜文化讲坛”分获省、市“终身学习品牌项目”。大幅超越“高考五年翻番”目标，二本及以上人数1531人。

【学前教育】 宁远县学前教育分公办和民办两类，由教育局学前教育办负责管理。2020年，全县公办幼儿园48所，在园幼儿14036人；民办幼儿园163所，在园幼儿13814人。全年扩充公办幼儿园25所，增加公办幼儿学位3810个学位，实现各乡镇公办幼儿园全覆盖。学前三年毛入园率86.3%，公办园幼儿占比50.4%，普惠性幼儿园占比86%。

2020年，全县学前教育严抓制度与安全。修订完善《宁远县幼儿园办园水平评估办法》，印发《宁远县幼儿园管理标准》《幼儿园日活动安排》和《宁远县中小学幼儿园安全管理规范》等文件，加强对幼儿园考核与监管。安全工作实行“一岗双责”，每月对幼儿园进行安全督查，及时发现问题和督促整改。学前教育办联合机关其他股室、督学责任区、完小相关人员对全县213所幼儿园的办园资质、疫情防控、消防安全、食品卫生安全、保教工作、常规管理等开展全覆盖、地毯式大检查。通过隐患大排查和整改行动，36所公办幼儿园的配备率100%，177所民办幼儿园安保器材、校园监控和一键报警器的配备率92%，消防设施设备基本到位。对年检评估不合格的2家幼儿园依法予以停办，对10家幼儿园予以限期整改一年的跟踪管理。保教工作扎实有力。全年组织开展幼儿园优秀案例征集、幼教论文评比、幼儿园区域活动评比、幼儿教师六项技能大赛等活动，选送多名教师参加省市级比赛，获得省一等奖3名、二等奖1名，三等奖1名；市一等奖、二等奖各2名。全面开展市级示范园带县级示范园、城镇园带农村园，强园带弱园，老园带新园帮扶工作。根据《湖南省普惠性民办幼儿园认定及管理暂行办法》，严格按照标准认定，结果并向社会公示，对107所普惠性民办园进行认定。对完全达标的90所、基本达标的17所普惠性民办幼儿园分别拨付每生每期250元、220元的办公经费，共247.8750万元。会同财政局对5所民办幼儿园投入建设或设备添置资金进行核实，落实扶持民办学前教育发展奖补金额。

【基础教育】 2020年，宁远县有公办完小59所，村小（含教学点）129所，公办初中19所，民办初中12所，九年一贯制公办学校16所，普通高中5所（含完全中学3所），在校学生119792人。

坚持立德树人，突出德育首位。全面开展“向日葵工程”活动，将疫情防控、“十城同创”、防毒禁毒、新形势下国旗下讲话系列内容融入“向日葵工程”，培育和践行社会主义核心价值观，落实立德树人根本任务，教育引导广大青少年树立远大志向、培育美好心灵，帮助广大中小学生扣好“人生第一粒扣子”。全面推广“向日葵工程”。将“向日葵工程”活动课纳入课表，与每周班会课合并，课表上统一名称“班会·向日葵工程”课。组织中小学校师生代表到宁远文庙、水市烈士陵园、九嶷山舜帝陵等红色教育基地参观学习，分班级组织观看红色革命电影《鸡毛信》《红孩子》，传承红色精神和红色传统。举办宁远县“传承舜德文化”现场作文大赛等系列征文、绘画比赛，获奖作品在县文庙广场展示。坚持开展“国旗下讲话”。积极配合市教育局抓紧抓实每周的“国旗下讲话”，下发18期“国旗下讲话”范文，并开展征文参评活动，充分发挥“国旗下讲话”的育人功能，使之成为学校德育工作的重要阵地。经典文化进校园。通过组织参观舜帝陵遗址、宁远文庙、春陵侯遗址等历史遗迹，引导学生了解宁远县域境内的历史文化遗迹，激发了解家乡、热爱家乡、建设家乡的感情。举办“爱我宁远—历史文化名城”“我为家乡点赞”“给家人的一封信”等征文、绘画比赛。根据学生的年龄特点和学校具体情况编制经典诵读校本教材，精心选择诵读内容，如《三字经》《弟子规》《论语》《唐诗三百首》《孟子》等，让学生在经典的浸润中陶冶情操。

坚持城乡一体，推行教育均衡。全面实行“阳光入学”，主动邀请“两代表、一委员”，街道办、社区相关负责人召开座谈会，广泛听取意见，加强风险评估。出台《2020年宁远县中小学校招生入学办法》，城区义务教育学校建设并使用统一的中小学招生入学电子管理平台，小学免试入学、划片招生；初中分步划片、计算机派位；公办示范性普通高中不低于50%的招生名额合理分配到区域内初中学校。下发《关于进一步严肃中小学校招生纪律的通知》，严肃中小学校招生纪律，确保招生录取公平、公正、公开。

做好控辍保学，落实教育扶贫。健全控辍保学目标责任制，落实主体责任，制订工作方案。按照省市一单式学籍管理系统有关要求，进村入户开展教育扶贫普查，全面了解学生辍学真正原因，对症下药，加大帮扶力度，实行一名教师、一名监护人、一名村干部、一名帮扶责任人“四帮一”劝学。对照复核疑似失学儿童，做到底子清、台账全、分类准、印证实、效果好。加强学生学籍管理，坚持“一生一籍，籍随人走”，禁止非正常转学插班，严禁任何学校借消除大班额之名拒收或强制转出本校所谓“双差生”。严禁全县建档立卡、残疾、低保、孤儿等四类贫困家庭学生辍学。

调整村小布局，全面优化提质。根据行政村人口数量、分布和发展趋势，教学点历史沿革和辐射范围、地理环境、交通状况、现有规模，按照升格一批、恢复一批、提升一批、整合一批、停办一批的思路，对全县村小（教学点）升格6所，恢复4所，整合6所，提升117所，停办76所，优化提质后全县设置教学点124个（其中保留117个，恢复4个，整合后3个）。

【大班额化解】 2020年，宁远县教育局在全面摸底的基础上，出台《2020年大班额化解实施方案》。通过严格控制招生计划、严格控制非正常转学、大校额学校六年级整体分流等措施，全县义务教育学校消除大班额73个，实现大班额全部“清零”；普通高中消除超大班额47个，消除大班额176个，剩余8个大班额在全县286个高中班级中占比为2.79%，控制在省定的“占比15%”的标准之内，超额完成省市指标任务。

【易地扶贫搬迁户子女入学保障】 2020年，宁远县教育局出台《宁远县2020年易地扶贫搬迁户子女招生入学工作实施方案》。按照免试、划片就近入学原则，合理划分学校招生范围，主动与相关部门联系，掌握搬迁户子女就学需求状况，做好入学宣传和引导工作。要求学校加强对全体师生的教育管理，严禁拒收、排斥、歧视搬迁户子女，确保搬迁户子女100%有学上、上好学、不辍学，保障搬迁家庭子女就近同等享受优质义务教育资源。对搬迁户子女就读情况进行后期跟踪服务，建立搬迁户子女教育档案，及时了解其学习状况和资助政策落实情况，及时反馈信息，及时解决问题，确保搬迁户子女进得来、留得住、学得好。2020年全县城区公办初中、小学接纳7个安置小区易地扶贫搬迁户子女152名。

【特殊教育】 2020年，宁远

县特殊教育学校入学人数737人（特校就读92人，随班就读354人，送教上门291人），全面实现全县适龄残障儿童入学“零拒绝”。坚持特教特办，落实特殊教育政策，加大投入，打造教康一体化校园环境，坚持从残疾学生特殊教育需求出发，给予资金倾斜，特殊学校生均公用经费6000元以上，对所有在校生实行“四免一补”，即免学费、免教科书费、免教辅资料费、免校车费和享受困难生活补助金，为实现贫困残障儿童学业有教、生活有帮、困难有助提供强力政策支持。对标应教尽教，保障贫困残疾儿童就学，大力开展融合教育和“送教上门”服务，让具备到校学习的贫困残疾儿童就近在本乡镇（街道）完全小学、村小就读，县特殊教育学校定期巡回指导。为特殊儿童少年创造优越的融合环境，促进他们更好地融入社会。对无法随班就读的重度残疾儿童开展“送教上门”服务，采取走进家庭，实施“一对一”“多对一”等方式进行上门教学，做到教学生教家长并举。注重特色办学，保证教育质量，从实际出发，为每一位儿童制定专属的个性化教育计划，实施一生一案。以生活为中心，实施“一日时光”课程改革，注重培养残障学生的生活自理、社会交往等能力；以学生兴趣爱好发展为基点，在完善国家课程的基础上，开设综合课程，为障碍程度较重、好动的孩子，开设感统训练、情绪管理与康复、国学武术等趣味性课程，侧重生活技能的养成；为学习能力较好、动手能力较强的学生开设面点制作、手工皂制作、剪纸、串珠工艺等符合学生个性化发展的职业课程，侧重于职业技能的培养。强调残障学生的自我发展，让孩子们通过在学校学习系统且专业的职业技术，获取一技之长。增强残疾学生自尊、自信、自立、自强的信念。

【职业教育】 2020年，宁远县有1所公办中职学校，5所民办中职学校。公办中职学校为宁远县职业中专，5所民办中职学校分别是宁远九嶷理工学校、永州九嶷工业学校、宁远九峰职业中专学校、永州市科讯职业技术学校、宁远启德职业技术学校，有在校学生5218人。全县职业学校认真贯彻省、市阳光招生改革办法，严格落实阳光招生政策。落实“立德树人”根本任务，统一开展文明风采竞赛等各项活动，精心指导中职学校教学管理和公共基础课文化普测工作。全县中职学生参加省、市文明风采活动，比赛成绩取得历史性突破。全市技能竞赛中，28人次获得奖项，多个项目进入省赛。在全省技能竞赛中，2个项目获得一等奖，1个项目获得二等奖，5个项目获得三等奖。公共基础文化课普测成绩显著。在全省342所中职学校公共基础文化课普测中，全省合格率99%以上的学校有37所，永州占4所，宁远占2所，分别为九嶷工业学校（合格率100%）、职业中专学校（合格率99.5%）；平均分85分的学校，全市1所即县九嶷工业学校。成人教育喜获佳绩。宁远县“舜文化大讲坛”获市级、省级“终身学习品牌项目”，县教育局在全市成人教育工作会议上作经验交流典型发言。

【民办教育】 2020年，宁远县有民办中小学校15所，在校学生19772人。民办职业学校5所，在校学生1970人。校外培训机构86所。2020年，全国遭遇新冠肺炎疫情，民办学校师生闻令而动，合力抗疫，实现春季平稳复学、秋季全面开学、全年安全零事故。开展校外培训机构专项整治，各机构的“三防”建设合格率95%以上。通过日常督查结合年检评估，取缔10家校外培训机构。始终坚持将立德树人工作贯穿教育工作全过程，组织各民办教育机构开展“我在抗疫中成长”系列德育实践活动、经典诵读等6项比赛和优秀学生评选活动，指导各学校开展德育实践、主题班会活动，活动精彩纷呈，育人育心成效良好。认真抓好典型推介，推介明德湘南学校和哈弗中学两所学校获评湖南省民办教育协会教育扶贫工作先进单位，明德湘南学校成功创建永州市涉台教育基地。

【教研教改】 2020年，宁远县教育局坚持一手抓“四环节”课堂教学改革，一手抓“从入口看出口”的增量评价，教学质量持续攀升。为深入推进“四环节”课堂教学改革，努力提高教育教学质量，组织教研室深入学校观课议课，指导教学。借助“宁远教学教研”平台，了解各校教学教研动态，把握教学实情。教育局教研室先后到宁远十中、九小、麦地完小、冷水完小、德源小学、宁远十小、印山小学等学校听课评课，指导“四环节”教学工作。发挥城区学校示范引领作用，引导城乡学校联手教研，莲花小学与麦地完小、实验小学与上宜完小、一小与鲤溪完小、十二小与湾井完小结对帮扶，强校带弱校，实现被帮扶学校的良好发展。积极探索课改新路子，教研室深入德源小学指导“四环节”和“一三六”课堂模式融合教学，打造德源特色。在宁远十二小、岭头源完小、大阳洞完小以督学责任区为单位举办教学研讨会，实现本区域学校、教师互助互进。7月9日，在宁远九中召开全县初中学校课改现场会。发现培养“四环节”课改优秀教师，组建“四环节”课改教学专家库，发挥其“领跑”作用。按照“从入口看出口”的评价原则，及时做好质量分析，公平公正评价到学校、年级组、班级、教师个人。开好质量分析会，奖优罚劣，激励先进，鞭策后进，实现教学质量整体提升。采取“走出去，请进来”的方式，加强高三教师培训，努力提高其教研与教学能力。邀请市名师到宁远讲学，为高三语文老师上作文示范课并举行高考复习讲座。组织全县高中部分教师赴山西忻州一中学习。积极配合市教科院对高中学校的教学常规视导，突出抓好全县高中学校质量评价。2020年，高考二本及以上上线人数1531人，同比增加350人，增幅29.6%；一本上线665人，同比增加233人，增幅53.9%。大幅超越2016年提出的“高考五年翻番”目标，并提前一年突破1500人大关。其中宁远一中刘洋被清华大学录取，李岱霖以顺位第14（全国共招录47人）被中国科技大学少年班录取。初三会考综合成绩稳居全市前三，初二生地优秀率列全市第一。

【教育督导】 2020年，宁远县教育局结合全县教育教学工作实际，切实发挥教育督导“监督、检查、评估、指导”职能，努力推进全县教育事业科学发展。根据教育部《幼儿园办园行为督导评估办法》和湘教督办《转发国务院教育督导委员会办公室关于开展幼儿园办园行为督导评估工作的通知》要求，对全县81所幼儿园进行办园行为督查，督促、指导、评价全县幼儿园贯彻执行有关教育法律、法规和方针政策情况，促进幼儿园规范办园，保障幼儿身心健康、快乐成长。组织全县204所幼儿园进入教育部的幼儿园办园行为督导评估系统进行幼儿园网络督导评估，通过自评、初评、复评等系列工作，进一步规范幼儿园办园行为。挂牌督导，保障成长。实行责任督学挂牌督导，加强对学校、幼儿园监督指导，加强与学校、幼儿园和社会联系，及时发现和解决学校、幼儿园改革发展中出现的问题，推动学校、幼儿园端正办学思想，规范办学（园）行为，实施素质教育，提高教育质量。2020年，组织对全县204所幼儿园和79所义务教育学校进行挂牌督导，从依法办学、安全管理、卫生保健、保育教育、师德师风、内部管理等方面进行经常性督导，保障学生健康成长。综合评估，促进发展。督促指导全县义务教育学校认真执行党的教育方针，遵循教育规律，提高治理效能，改善办学条件，加强学校管理，优化队伍建设，推进课程改革，提高教学质量，创新办学特色，对全县79所义务教育学校进行2019—2020学年度办学水平综合评估。

【教师队伍】 2020年，宁远县教育局根据编制实际情况，制订教师补充方案，多种渠道补充教师380名。按照缺编补编的办法，通过公开自主招聘形式补充教师176名。经过选岗考试分配公费师范生141名，人才引进“双一流”工程院校毕业生和研究生20名，引进县外在职在编教师16名，落实学校自主招聘教师权，宁远三中自主招聘教师9名。全县教师紧缺问题得到有效缓解，教师年龄结构、学科结构逐步趋向合理。在选人用人上，始终树立政治第一、德才兼备、群众认可、业绩突出的用人总导向、总原则。结合教育行业特点，始终坚持“教学质量”一把尺子量到底。在行政人员提拔上，凡教学质量列同类学校后1/3的一律不予提拔，2020年下期因教学质量列后1/3否决提拔对象12人。开展全方位班子考察。5月，学校班子考察与办学水平评估一同进行，全面掌握学校行政成员的群众认可度，并将测评结果作为人事调整的重要依据。在2020年下期的校长选用上，有2名不在酝酿候选人名单内的人员，在考察中通过谈话推荐列为提拔任职对象，突出“群众认可”原则。抓好教师岗位管理，开展“吃空饷”问题专项清理、整治违规兼职取酬问题等。全年辞聘教师46名、解聘教师3名，追缴“吃空饷”金额11.3万元。规范请销假制度，对请假人员从严审核、登记备案。大力开展教师交流轮岗，选调进城教师193名，交流轮岗教师70名，为城区学校化解大班额缓解压力。树立先进典型，大力开展优秀教师表彰活动。9月28日，孔子诞辰2571周年隆重举行优秀教师表彰大会，表彰239名先进个人。全面落实乡镇工作补贴和基层教育人才津贴，发放基层教育人才津贴2900余人，发放金额1600余万元。为五龙山中心校（含五龙山幼儿园）、五龙山完小、侯坪完小、桐木漯学校4所学校教师发放艰苦边远地区生活补贴每人每月1000元。为鲤溪完小、永安完小、琵琶学校、棉花坪完小4所学校所辖村小教师发放艰苦边远地区生活补贴每人每月300元，发放艰苦边远地区生活补贴160人，发放金额160余万元。切实落实乡村教师班主任津贴，每月不低于500元。按照每人1.6万元的标准发放年终绩效考核奖。积极开展资助贫困教师活动，资助困难教师56人，走访慰问教师200余人，发放慰问金50余万元。

【教师培训】　2020年，宁远县教育局借力“手拉手”活动，“学、创、带、树”培训模式逐步形成，教师培训工作连续三年列全省前十，两次在全省作典型发言，全县教师普通话水平在全省抽测中，取得合格率96.25%，优秀率61.26%的好成绩，获省教育厅表彰。教师普通话水平测试连续三年获全市第一，保持全省第一阵列。

2020年，教师培训在项目设置、内容安排和方法形式上注重“全”和“新”，兼顾全体教师，保证每位教师参加培训，注重特色创建。学科专任教师培训、信息技术应用能力提升培训、音体美专业培训、师德师风专项培训、管理岗位培训等分层、分类、分学科、分年龄段，集中县内优质资源与县外、市外名校、高校联合立项开展教师培训。全年有12个工作坊，涵盖全学段、全学科。落实“手拉手”培训项目的三年规划“一学二建三带”，即第一年学样子、第二年建模子、第三年带弟子。着力打造以三中、九中、德源小学与景弘中学“手拉手”课改培训项目，初显本校特色。为促进新入职教师尽快成为一名合格教师，组织本土专家及聘请域外名师专家对新教师进行一个星期的集中统一封闭式学习，返校后再给每一位新教师在本校明确一名骨干教师进行师徒结对，在上课、听课、备课、命题、试卷分析、学生辅导、学生管理、学习习惯培养、学生谈心谈话、家访等方面对新教师进行手把手培养，使新教师的培养工作落到实处。

全县的语言文字工作主要采取集中培训与校本培训相结合的方式，有针对性开展普通话专项培训。校本培训要求各校利用种子教师安排每周不少于2次，每次不少于1个小时的普通话培训。要求各校对所有45岁以下的在职教师，由省级普通话测试员进行模拟测试，对测试不合格的教师，安排本校“种子教师”进行“一对一”帮扶提高，充分发挥学校作为培训主阵地的作用。县级集中培训全年开展6次，培训900余人。通过县级集中培训和校本培训有力提高全县教师普通话水平。

2020年为全县师德师风建设再提升年。4月—5月，组织开展以督学责任区为单位的“师德师风建设”工作大检查活动。6月，组织学校、乡镇（街道）、督学责任区各级层的师德师风演讲比赛。7月，开展全县性的师德师风征文比赛活动。9月，对群众反响强烈的有偿补课滥订教辅资料与教师体罚和变相体罚学生等师德师风问题进行重点专项督查。10月，组织3个督查组对全县师德师风建设工作再次督查。通过各项活动，解决热点、难点问题，全县师德师风质量显著提升。

【办学条件】 2020年，宁远新一中一期工程顺利完工并交付验收。职业中专新校区围墙、大门已完工，教学楼、宿舍楼等加紧主体建设。十三小可投入使用。一中、二中、三中高标准运动场相继投入使用。新建、改建、盘活清水桥幼儿园、泠南幼儿园等公办幼儿园25所，乡镇（街道）公办幼儿园实现全覆盖，城区公办幼儿园由三年前的1所增加到7所。《人民日报》客户端、湖南教育电视台对宁远县学位建设予以长篇报道。学位建设工作被评为全市先进单位。实施2020年“薄改与能力提升”项目建设，全县农村教学点停办74所，升格6所，恢复、整合、提升129所，教学点设置更加合理。对63所学校食堂完成标准化食堂改造，完成双井圩完小等4所教师周转房项目建设。

【捐资助学】 2020年，宁远县资助建档立卡等家庭贫困学生56448人次，发放生活费补助（助学金、免学费）3080.97万元。扶贫政策、资金等做到“应享尽享”“应贷尽贷”“应补尽补”。聚焦精准抓落实，全力推进教育扶贫。以建档立卡等贫困家庭学生作为精准资助的重点，实行“应助尽助”，确保学生不因贫困而失学。建立“资助工作两堂课”制度，即在开学时给学生上一节本学段资助政策宣传课，在毕业时为学生上一节下一学段资助政策宣传课，让学生和家长充分了解资助政策。发放教育扶贫宣传扇、建档立卡学生资助政策享受通知单7万余份，在全县公办中小学校张贴政策宣传栏90余张，确保资助政策宣传到位。开展“两排查”活动，通过部门信息比对，将建档立卡等贫困学生信息下发至各乡镇、学校，由乡镇、学校同时进行排查，确保建档立卡学生资助无遗漏，资助政策落实到位。立足规范抓实施，确保学生资助更便民。根据上级有关文件精神，全县学生资助工作取消一批证明材料事项，要求各级各类学校在认定家庭经济困难学生时，不得要求学生家长到村委会、乡镇、县级相关部门出具相关证明材料。建档立卡学生以相关部门信息比对为准，其他贫困学生的认定，改由学生或监护人书面承诺，学校核实。减少贫困学生家长因申请资助来回跑路次数，最大限度便民利民。把握重点抓关键，实现国家助学贷款“应贷尽贷”。全县生源地信用助学贷款全面实施电子化合同，首贷学生只需学生本人和家长到场提交申请，书面承诺，即可办理，无需盖章。对于第二次贷款学生家长和学生均无需到资助中心签订合同，全面实行网上线上办理，进一步简化程序，实现“应贷尽贷”。发放国家助学贷款3410.21万元，资助家庭经济困难大学生4268人，回收贷款8860笔合同，金额834.314万元。

【疫情防控】 2020年，面对突如其来的新冠肺炎疫情，宁远县教育系统闻令而动，把守护师生生命安全和身体健康放在第一位，组织全体师生打响疫情防控总体战、阻击战。开展空前的线上教学，组织广大学生收看《在战“疫”中成长——致敬未来》《大国点名》等专题片，组织学校讲师团巡回开展“讲好抗疫系列故事，上好铸魂育人重要一课”讲座，组织广大教师当主播，实现“停课不停教、停课不停学”。严格执行教育部疫情防控“五个一律”，落实校园疫情防控措施，各学校有序开学复课，全县校园内未发生一起新冠肺炎疫情，确保师生安全、校园稳定；确保普通高校招生考试、普通高中学业水平考试、英语等级证书考试、高等教育自学考试、高等教育成人考试平稳有序。《宁远学校“硬核”防疫人脸测温1秒完成》被“学习强国”平台推介。伟大抗疫精神成为最厚重、最鲜活的思政大课，广大师生接受深刻思想洗礼，爱国热情空前高涨，“四个自信”更加坚定。

【安全稳定工作】 2020年，宁远县教育系统通过会议、讲座、网络直播、印发资料等形式，开展对完小以上校长、幼儿园园长的消防知识、食品安全、传染病防控、交通安全、防溺水、禁毒禁赌、扫黑除恶、综治民调、防诈骗及应急处置等知识培训活动。开学初组织“开学安全教育第一课”活动。开设《生命与健康常识》和安全禁毒教育、消防教育等课程。为中小学、幼儿园发放《疾病防控指导手册》等图册，进一步规范学校日常安全管理。与学校兼职法制副校长一起开展法制宣传进校园80期。开展全县中小学防溺水专项行动，为中小学、幼儿园发放《防溺水挂图》，下发《关于切实做好学生防溺水安全工作的通知》《关于做好学生防溺水工作的紧急通知》《宁远县学生防溺水工作实施方案》，联合应急办、水利局开展对乡镇及相关职能部门防溺水工作履职情况大督查，建立部门联防联控机制。2020年，学生在校期间溺水事故0发生。加强食品安全，印发《宁远县教育系统关于加强食品安全工作的实施意见》《宁远县学校校园及周边食品安全护苗行动实施方案》，联合市监局、城管局、卫健局等部门对学校食品安全进行春、秋两季全面大排查大整治。下发整改通知书26份，整改食品安全隐患40起。结合世界粮食日、全国爱粮节粮宣传周、“中国农民丰收节”等重要事件节点，开展“光盘行动”，引导学生深刻认识粮食安全的重要性。加强信访维稳，围绕实现赴省进京上访“零指标”工作目标，着力抓好初信初访办理、信访积案化解、信访老户稳控等工作，减少信访存量，控制增量，进一步促进教育系统信访秩序好转。2020年接访90余人次，办理信访事项85起，化解信访积案1起，调处涉校涉生纠纷8起，办结省委巡视组交办件4起，办结率100%。办理答复湖南省教育阳光服务平台56起咨询、投诉件，办结率100%。开展扫黑除恶工作，印发《教育领域突出问题专项整治工作方案》《开展扫黑除恶八个一活动通知》《教育系统扫黑除恶治乱清源工作实施方案》。加大教育宣传力度，全县教师在永州教育网、永州红网、今日永州、湖南日报新湖南客户端、今日头条等新闻媒体发表教育系统扫黑除恶新闻稿件50余篇。积极联系、协调、配合乡镇政府、派出所、交警等单位部门，先后在鲤溪中心校、太平中心校、五龙山中心校开展交通、治安环境整治行动，缴获鬼火摩托3台，抓获飙车社会青年3人。在全县各级各类学校开展未成年人违法犯罪问题隐患及周边乱象的线索摸排，摸排出存在典型问题的学校12所，典型问题学生6名，典型乱象11种。在全县各级各类学校开展收缴管制刀具专项行动，有效预防校园欺凌事件及未成年人违法犯罪的发生。先后出台《宁远县预防校园欺凌长效机制》《宁远县校园及周边环境整治》《教育系统扫黑除恶长效管理机制实施方案》《宁远县扫黑除恶专项斗争举报奖励办法》等文件，建立扫黑除恶治乱清源常态化工作机制。

【校车管理】 2020年，宁远县有标准专用校车294辆，总座位数8592个，乘坐校车学生18385人。坚持高位领导，成立由县委书记任顾问，县长任组长，县委副书记任常务副组长，分管教育、道路交通安全、安全生产的三位副县长及县公安局政委任副组长，20多个职能部门和20个乡镇政府（街道）负责人为成员的高规格领导小组。领导小组下设办公室，由分管教育的副县长兼任校车办主任。强化宣传教育。各学校利用电子显示屏、横幅、黑板报、主题班会等形式大力宣传交通安全知识，提高广大师生、家长及驾驶员的交通安全意识。4月17日，在县交警大队召开春季开学校车安全管理暨疫情防控知识培训会。6月21日，在县政务中心101会议室召开全县校车从业人员年度培训会。8月28日，在县交警大队召开秋季开学校车安全培训会。每次培训后均对参会人员进行测试考核，凡培训考核不合格人员不能上岗复工，提高全体校车从业人员的安全意识和业务水平。强化排查整治。建立常态化安全隐患排查和联合执法机制。每月对校车安全隐患进行排查并建立隐患管理台账，排查出隐患87处，全部按要求整改到位。由校车办牵头，组织教育、交警、交通及辖区乡镇（街道）每月开展2次以上校车安全联合执法行动，从严查处校车违规行为。全年开展联合执法行动29次，出动工作人员262人次，检查接送学生车辆462台次，查处校车违法行为7起，黑校车3辆。强化智能监管。完善出台《校车监控值班值守制度》《校车监控违规判断标准》《校车监控违规处理办法》等校车监控管理制度和方案。校车运营期间有专人值班，对校车超员、超速、不按规定线路行驶、学生不系安全带等违规违法行为进行实时监控，发现问题及时调度，对存在问题责令及时整改。每两个星期进行一次监控抽查通报，每五天推送一次校车监控违章情况到交警部门进行处罚，构建校车监管联防联控体系。下发监控抽查通报13期，通过监控发现校车违规或管理不到位行为119起，处以罚款或扣减校车奖补资金6万余元。

（李陶林）

宁远县第一中学

【概　况】　宁远县第一中学（简称宁远一中）创办于1942年，占地面积248亩，2002年被评为湖南省示范性高级中学。2020年，有教职工421人，其中正高级职称2人，高级职称137人，省、市级骨干教师46人，高一、高二、高三年级学生共5500余人。学校获得全国中小学校园排球特色学校、湖南省文明标兵校园、湖南省优秀体育传统项目学校、湖南省中小学心理健康教育特色学校、湖南省学校心理健康教育先进单位等20余项荣誉称号，有150余位老师获得国家级、省市级表彰和荣誉。校长刘国胜获评湖南省正高级教师职称，160余位老师获得“部级优课”“师德标兵”“教学能手”等称号。

【教学质量】　2020年高考，宁远一中一本二本上线人数再创历史新高：一本上线411人（是2015年的5倍多）；二本上线人数711人；考入双一流名校的有100多人；刘洋被清华大学录取；李岱霖被中国科技大学少年班录取（全国仅招录47人），章俊杰、黄云等考入上海交大、同济大学、北京航空航天大学、北京科技大学、华中科技大学等重点院校。2018级学生参加湖南省学业水平考试，全科合格率100%，创历史最好成绩。

【舜德教育】　2020年，宁远一中把舜帝精神为核心的传统美德教育作为校园文化建设重点，通过舜帝塑像、舜德画墙、舜德精神文化长廊、君子名言警句、新二十四孝宣传橱窗等，打造浓郁的校园舜德文化特色。编撰舜德修炼读本《人皆可以为尧舜》。把舜文化研究纳入学生的研究性学习范围，让学生利用课余时间深入社会，收集整理舜的相关资料和信息。学校连续三年在校内组织“弘扬舜帝精神”作文比赛的基础上，举办全县中小学“弘扬舜帝精神，传承道德文明”现场作文邀请赛，编印优秀文集《德行天下》。

【校本课程开发】　2020年，宁

远一中组织教研组整合课程资源，编写《诗词大会》《英语口语》《走进数学发展史之爱上数学》《君子文化》《古老的宁远》《舜帝南巡考》《生活中的电磁波》《化学与生活》《生活中的生物知识》《德行天下》《初高中数学衔接教材》《初高中英语衔接教材》《舜德文化》《近现代历史的湖南人》《九嶷山考》《初高中物理衔接教材》《初高中化学衔接教材》《初高中生物衔接教材》《氤氲书香·晨读篇》《高中英语语法难点突破》《政治高考题型及解题指导》《历史高考题型及解题指导》《高考题型解题指导》《生活中的力学》《名著导读》《高中生物知识与生活实践》《党的十八十九大报告解读》《揭秘近代历史风云》《中国与邻国的边界争端》《电磁学史·生活中的电磁学》《化学与科技前沿》《数学高考题型及解题指导》《牛津高中英语必修模块必备词汇过关检测》等系列校本课程，彰显独具特色的办学理念。

【学生心理健康教育】 2020年，宁远一中设立心理辅导室、心理信箱、心理辅导专栏等，让每个学生享受优质的心理服务。心理辅导室每天定时向学生开放，接受学生心理咨询；出版“心宿心语”心理辅导专栏和心理健康板报，编写心理辅导资料等，通过不同途径开展心育实践，排除学生的心理障碍，让每一个学生体验快乐、发现快乐、创造快乐、享受快乐。对学生心理健康状况开展科学调查测试，建立学生心理档案，有针对性地进行心理辅导，定期观察和做好跟踪记录，让有焦虑、孤独等不健康心理倾向的学生尽快走出阴影，健康成长。学校积极开展心育科研，发挥骨干教师带头作用，带动教师普遍开展研究。因成绩突出，宁远一中连续6年获湖南省心理健康教育先进单位。

（郑桐军）

宁远县第二中学

【概　况】 宁远县第二中学（简称宁远二中）是永州市示范性普通高级中学。其前身为140多年前的泠南书院。学校办学历史悠久，英才辈出，先后培育出中国工程院院士何继善、欧阳晓平，湖南省原副省长郑茂清，中国工程院候补院士蔡小平，举重世界冠军李运利和李宏利等众多杰出人才，为高校输送两万余名合格新生。学校于2018年9月1日搬迁新址，位于县城南部文化生态新城园丁路，占地面积378亩，校园面积233334.5平方米，建筑面积159472.33平方米。有高中教学班54个，初中教学班57个，在校学生6700余人。在职在岗教职工432人，其中省市县级骨干教师21人，高级教师76人，一级教师146人，硕士研究生学历11人。学校办学质量稳居全市同类学校前列，连续六年获永州市示范性高中办学水平评估奖（2015年—2018年连续四年荣获市三等奖，2019年—2020年连续两年被市政府评为二等奖）。学校先后被认定为省园林单位、省现代教育技术实验学校、省传统体育项目学校、省文明卫生单位、市文明单位、市示范性高级中学、全国骨干教师培训科研单位、全国啦啦操实验学校、湖南师大教育实践基地学校，教育部考试中心书画等级考点学校、全国青少年校园足球特色实验学校、湖南省书法教育实验学校，是莘莘学子求学成才的“摇篮”。

【校园环境】 宁远二中各类校舍齐全。建有行政办公大楼1栋，教学楼6栋（教室132间、阶梯教室4间），学生公寓楼12栋（宿舍600间），食堂2栋，科技楼、艺术楼、图书楼、体育馆、校史馆各1栋，教师公租房6栋。实验电教设施先进。有理化生、通技实验室40间，相关仪器设备和药品达到省一类标准。学生计算机房6间，计算机300余台。还有3D打印、机器人、航模、少年硅谷实验室各1间。建有智慧校园网和数字化广播系统、安防系统，完全能满足现代化教学、办公和安全监控需要。学生食堂配有湖南教育网络信息中心播放系统，教育时事新闻每天播放。所有教室装配有“班班通”教学系统，所有班级建有网络学习空间，所有教师配备有办公电脑。图书馆功能齐全。建有独立的图书馆，有图书131286册，每年增添新图书近10000册，并订有200多种报纸杂志。阅览室6间，可同时容纳学生500人。每天中午和下午放学时间开放图书馆和阅览室，供师生借阅图书。体艺场馆标准配置。标准田径运动场面积达13000平方米，体育馆面积9923.83平方米，各类球场均为高标准塑胶球场。艺术楼共三层，有20间专用音乐、美术、书法教室和舞蹈排练厅，设施设备齐全先进。后勤保障设施齐备。学生公寓和食堂等生活用房和卫生设施均达市A类标准。校区装备自动化智能供电发电设备。设有心理健康教育室2间，医务室1间，心育及医卫设施均达到一流要求。

【办学理念】 2020年，宁远二中牢固树立“为学生的一生发展奠基”的办学理念，积极坚持“立德树人，真知笃行”的育人方略，大力弘扬“文明、团结、拼搏、创新”的团队精神，全面贯彻党的教育方针，积极推进素质教育，初步形成“严谨、科学、厚德、崇文”的教风和“立志、勤学、求实、达理”的学风。初中部致力于“全面发展、着力养成、人人进步、学有所长”的培养目标，高中部致力于“瞄准高考、夯实基础、规划生涯、发展能力”的培养目标，初步形成以习惯养成教育为基础，以“苦干实干科学干”精神为核心，以学改和特色课程为突破口的二中办学新模式。

【教学成绩】 2020届高考，宁远二中本科上线303人，其中二本以上上线237人，首次突破两百大关，创二中历史新高；一本上线70人，同比增长66.7%。超额135%完成上级预期的一本二本上线目标。2020年高二学业水平考试，全科合格率达99.79%，列全市同类学校前列。2020年上学期，高一年级全市期末统考，地理学科列全市同类学校第二名，物理、生物等学科名列全市同类学校第三名；初三毕业会考，物理、化学、政治等学科列全县公办学校第一名；初二年级全县期末统考，语文、英语、物理、历史、政治等学科列全县公办学校第一名，年级综合总评分列全县公办学校第一名；初二年级生物、地理会考，两科均列全县公办学校第一名。2020年下学期，在全市期末统考中，高一年级的物理、生物学科列全市同类学校第二名，语文、政治、历史三科位列第三名，模拟本科上线率列全市同类学校第二名。高二年级的地理学科列全市同类学校第二名，语文、数学、英语、物理、化学、生物、历史等学科列全市同类学校第三名。初一年级期末考试，语文、英语、政治、历史、地理、生物等学科位列县四所公办学校第一，其中任教语文的谭艳芳、政治的黄娟香、历史的张格秀、生物的孙长涛、地理的熊杰等老师均排县四所公办学校第一名，2006、2007班分列县四所公办学校第一、第二，摇号班级中的2015、2018班分列全县第一、第二。在永州市八年级期末抽考中，初二年级在八个学科中除语文学科外，其余学科综合分均列全县公办学校第一，总学科分位列第一。

【教研成果】 2020年，宁远二中高度重视教学研究，成果喜人：黄新胜、欧阳睿、肖赛君等教师分别参与《系统集成》《教师喜爱的36堂名师语文课》《高中古诗文全解》《2020年高考满分作文全景解读》《2020年高考优秀作文报告》《3年高考5年模拟》等正版教学资料的编著工作；黄新胜、王军民等教师主持的学校省级课题《微课在课堂中的应用研究》已顺利结题并获评省优；黄萍、欧阳睿等教师设计的《父母与孩子之间的爱》在湖南省中小学教师信息技术与学科教学深度融合在线集体备课大赛中获得二等奖；李艳娟、李和平等教师设计的《直线的参数方程》获得三等奖；欧阳瑶、肖勇、黎艳娟、柏小元、乐斌、唐永辉、曾婕、李宁俊、欧阳睿等32位教师撰写的论文在省市论文评比中获得一、二等奖或发表。

在全县初中学科命题比赛及考试试卷分析评比中，陈红权、骆萍、李宁俊、曾婕、蒋从炼、盘九生、夏启明、熊杰、骆贤军、孙长涛、胡志芳等教师分获一、二、三等奖；在全市第二届高中学科命题大赛中，欧阳睿、李和平、肖赛君、张祖梅、贺君获一等奖，张雅丽、肖勇获得二等奖，肖志刚、李艳娟、张自卫等教师获三等奖；在市、县优课评选活动中，曾婕、郑竹春、胡志芳、金曲4位教师的课被评为市优课，蒋从炼、黄静霞等教师的课被评为县优课。

【学科竞赛】 2020年，宁远二中充分利用教学教研之余，积极组织和指导学生竞赛，成效显著：在全市“我与我的祖国”主题征文比赛中，初高中共18名学生获奖，欧阳睿、陈红权、张映华、张自卫、郑竹春、柏文杰、张尚鸿等教师被评为“优秀指导教师”，学校被评为“优秀组织奖”；在全县观影片“爱莲说”征文比赛中，初高中学生蔡沂江、邓雨洁、黄茜、蒋艳等共有22人次获一、二等奖，乐斌、陈红权、李宁俊、柏文杰、胡志芳、郑竹春、曾艳丽、蒋从炼、谭舒云等教师被评为“优秀指导教师”；永州市中学生“三独”（独唱、独奏、独舞）比赛中，唐敬付教师指导的李之金获高中组“独唱类”市一等奖；在全县初中语文素养大赛中，张尚鸿、郑竹春、蒋明辉、柏文杰等教师指导的夏婷、杨梅红、王锦豪等8名学生获得一、二等奖；在全国首届用“英语讲中国故事”征文比赛中，罗明军、肖赛君、黄琼、黄艺等教师指导的初高中李振宏、陈宇阳等19名学生获得入围奖；在全县中学生禁毒演讲比赛中，张雅丽、黄萍、郑竹春、彭德旺等教师指导的樊杰、彭晴、李颖等学生获得二、三等奖；在全县举行的抗“疫”征文比赛中，欧阳睿、黄萍、王俊、郑竹春、肖勇等教师指导的9名学生获得一、二等奖；在2020“外研社杯”全国中学生外语素质大赛（教育部认定的中学生全国性竞赛活动）中，罗明军、肖航教师指导的赵树红、邬丹、王锦海、蒋菲、魏宁等5位学生分获省决赛一、三等奖；在2020年全国中学生英语能力竞赛中，初中部郑晓航、曾婕等16名教师指导的房蕾、周衡燕、黄婷、姜婷、郑顺、赵丽鹏等6名学生分获国家一、二、三等奖，吴思安、蒋毅等46名学生分获省一、二、三等奖，郑晓航、曾婕等16名教师被评为“优秀指导教师”；高中部肖和燕、肖赛君、罗明军等14名教师指导的肖珊、何勇利、黄逸川、赵树红、唐海霞等5名学生分获国家二、三等奖，蒋小丽、夏林涛、陈湘宁等47名学生分获省一、二、三等奖，肖和燕、肖赛君、罗明军等14名教师被评为“优秀指导教师”；在宁远县第二十三届青少年科技创新大赛中，高中部王军民、樊超等教师指导的22名学生获得10项科技创新成果一、二、三等奖。

【科学办学】 2020年，宁远二中办学以文化课程（国家课程标准规定文化课程）为筋骨，以活动课程（社会实践、研究性学习、科技创新、社区服务、研学远足、文体活动、社团活动、平安文明卫生创建活动、大阅读活动等）为血肉，以特色校本课程（日语、体艺、德育、心育课程等）为肌腱，在课程推进、开发、实施、评价中，着重立德树人，着重渗透国学文化（社会主义核心价值观及舜文化、儒文化、校史文化）。学校除开齐开足国家课程标准规定的各类文化课程外，为适应新高考带来的系列变化，全面提升学校核心竞争力，着力推进特色课程的开发和活动课程的落实。大力开发日语、体育、美术、书法、心育等特色校本课程，取得阶段性成果。因办学有特色，有质量，宁远二中被确定为教育部考试中心书画等级考点学校、全国青少年校园足球特色实验学校、湖南省书法教育实验学校。大力推进社会实践、研究性学习、科技创新、社区服务、研学远足、文体活动、社团活动、平安文明卫生创建活动、大阅读活动等活动课程，在课程推进、开发、实施、评价中，着重立德树人，着重渗透国学文化（社会主义核心价值观及舜文化、儒文化、校史文化）。在宁远县第二十三届青少年科技创新大赛中，高中部王军民、樊超等老师指导的22名学生获得10项科技创新成果一、二、三等奖。通过科学特色办学，学校给学生以展示和成长的平台，培养学生适应习近平新时代中国特色社会主义建设所需要的全面综合素质。

（廖朝奇）

宁远县第三中学

【概 况】 宁远县第三中学（简称宁远三中）创办于1948年，是国家级重点课题实验学校、全国校园足球示范学校、湖南省现代教育技术实验学校、湖南省园林式单位、省文明卫生单位、永州市示范性高级中学、永州市文明单位、中国教育学会十五重点课题“心理健康与心理辅导研究”合作研究单位。学校坐落在宁远县城西南泠江河畔，占地面积183亩，建筑面积47583平方米，绿化面积42600平方米。学校有88个教学班，5037名学生，其中高中部有47个教学班，2814名学生，初中部有41个教学班，2223名学生；教职工300人，研究生学历18人。正高级教师1人，高级教师72人，中级教师113人。

【教改教研】 2020年，宁远三中高中部继续落实“四环节”教学、初中部推行株洲景弘中学“五步三查六环节”高效课堂教学模式。举行课改课竞赛活动，课改表彰活动，以赛促教、以赛促改，许多优秀课改教师迅速成长为课改名师，陈进军、夏忠清、欧丽莉、曾先田、王云梅、唐小菊6名老师被宁远县教育局评为课改专家。在课改的引领下，学生综合素质迅速提高。在全国英语听力能力竞赛中，初一年级13人获奖，其中省一等奖2人，省二等奖2人，省三等奖9人。初二年级14人获国家、省级奖励，其中1801班刘静获省一等奖、国家二等奖，1804班蒋雨锦、彭志豪获省一等奖、国家三等奖。在永州市科技创新大赛中，教师朱四军指导的四项成果获县一等奖。在宁远县教育系统禁毒演讲比赛中，高1807班胡洋获得高中组一等奖。在全国中学生枫叶新希望杯作文大赛中，学校初一年级72人获奖，其中一等奖23人，二等奖19人，三等奖16人，优胜奖14人。

【教学成绩】 2020年高考，宁远三中在生源处于劣势的情况下（全市前10000名生源，学校只占82人），一本上线43人，二本以上上线163人，600分以上2人。2020年学考全科合格率99.74%，人平分806.22分，创造学校学考历史新纪录。2020年下学期期末考试，初一年级综合排名列同级同类中学第二名，进入全县1000名学生由入学时的16人增加到34人；初二年级综合排名列同级同类中学第三名，进入全县1000名学生由入学时的16人增加到58人；初三年级综合排名列同级同类中学第三名。

【艺体成效】 2020年，在湖南省高中阶段“独唱、独奏、独舞”比赛中，宁远三中学生王鑫获独唱类二等奖，夏慧敏获独唱类三等奖，胡洋、周瑾妮、唐利芳获独舞类二等奖。在湖南省建制班合唱比赛中，初1802班参赛曲目《南屏晚钟》《阿里山的姑娘》获市一等奖、省二等奖。在宁远县第十八届田径、乒乓球运动会上，学校以总分164分高分获团体第一名，获得金牌15块，银牌4块，铜牌1块。在宁远县2020年“我爱祖国，廉洁从教”师生书画比赛中，李茜、周蓉、荆晶获绘画类高中组一等奖。2020年高考，学校首批足球运动员参加高考，谢云芳、唐欣玲、卢西、黄润湘、李湘、欧阳玉婷、李乾敏7名足球运动员全部本科上线，被湖南工业大学、衡阳师范学院等大学录取，开启足球教育新篇章。

【硬件改善】 2020年，宁远三中积极争取上级资金1500万元，改善办学条件，全面提升基础设施水平。红色新综合楼巍然耸立在新校区，成为学校新景观。完成人工草地足球场、红色塑胶跑道、教工楼外墙改造、老校区道路白改黑等工程。

【疫情防控】 2020年，宁远三中面对新冠肺炎疫情，始终把师生生命安全和身体健康放在第一位，组织全校师生打响疫情防控总体战、阻击战。开展空前的线上教学，实现停课不停学。严格落实疫情防控措施，确保师生安全、校园稳定。组织师生收看《在战“疫”中成长——致敬未来》等专题，通过写观后感、征文、开展主题班会等形式，让伟大的抗疫精神成为最厚重、最鲜活的思政大课，师生们爱国热情高涨。

【教师获奖】 2020年10月，宁远三中在县教育局组织的“以课堂教学培养思维，以思维促进深度学习”英语优质课竞赛中，教师郑颖妮获得一等奖。在全县举办的第五届现场作文比赛上，教师胡春成获得二等奖，唐芳芳获得优胜奖。在全县“我爱祖国，廉洁从教”师生书画比赛中，教师杨勇诚、李智颖获绘画类教师组一等奖。在2020年7月召开的全县教育工作大会上，王阳旭、欧阳传德、欧阳海波、李露露、何玉英、陈进军、于怀英、黄光辉、何华英9名教师被县教育局授予2018—2019学年度教学能手称号。在学校组织的校级名师评选活动中，黄春露、郑芝林、陈君、刘艳华4名教师脱颖而出，被评为学校首届名师。在全县优秀教师表彰会上，杨日初、黄春露、唐才珠、吕保奇、李阳、彭少伟、杨广群、李光美、邓佳佳9名教师被县委、县政府表彰。教师欧启明被评为市先进教育工作者。在“一师一优课，一课一名师”评选活动中，陈进军、郑颖妮、胡春成3名教师的课例被评为县级优课。

（胡春成）

宁远县实验中学

【概 况】 宁远县实验中学前身为1976年9月创办的零陵师范宁远分校，1978年9月转办为宁远二中分校，1979年10月正式创建为宁远师范。为整合师范教育资源，向宁远高中输送更多更优质的生源，1991年8月原零陵地委、行署决定将宁远师范改办为宁远县实验中学。1994年8月更名为宁远县民族中学，2004年5月恢复宁远县实验中学校名，2016年由市委、市政府授予首届“永州名校”匾牌。2020年学校有教职工199人，专任教师196，其中特级教师1人，高级教师34人，中级教师102人；教学班63个，学生3538人。

【队伍建设】 2020年，宁远县实验中学党总支开展“不忘初心、牢记使命”主题教育，推进党建工作，提升基层党组织战斗力，为学校教育事业改革发展提供政治保证。一年来，党总支部组织开展“不忘初心，牢记使命”系列主题党日活动——赴道县参观陈树湘烈士陵园、何宝珍故居、周敦颐廉政教育基地，到江永参观千家峒刘家庄村党建文化主题公园、上甘棠廉政文化教育基地，到江华参观江华同志故居，走进“半条被子”故事发生地郴州汝城沙洲村砥砺初心。通过党总支委员会议、理论中心组学习、支部专题学习、党务工作会议、支部党员大会、全体党员大会等形式，深入开展党员教师政治理论学习，广泛推动“学习强国”学习，坚定党员干部的理想信念、强化党员理论武装。第二党支部被评为宁远县五星级党支部，何春利、李日中、徐华、陈继顺分别被评为宁远县优秀党务工作者、优秀共产党员。学校坚持人才强校战略，致力打造高素质师资队伍。以树牢和践行“四个意识”为重点，将意识形态工作与学校“师德师风”建设相结合，开展师德师风建设提升年活动，提高主流意识形态在校园的传播力、引导力、影响力，健全师德师风建设长效机制。学校发挥骨干教师、名优教师传帮带作用，大力开展“青蓝工程”师徒结对活动，为教师成长发展搭桥铺路，促进青年教师快速成长。

【管理特色】 2020年，宁远县实验中学着力打造节约型校园，对标补短板，大力推进义务教育校标准建设。全面开展“厉行节约”宣传活动，严格控制公务交通费、接待费和校内各类会议、晚会、展览、庆典、论坛活动规模、数量和费用支出，严格控制各类基建项目和办公、实验、教学科研用房的修缮、改造和装修支出，推行“光盘行动”，杜绝餐饮浪费，把“厉行节约”工作落实到每个处室、每个部门、每个班级，做到人人有责、人人负责，注意每一个节约环节，堵塞每一个浪费漏洞。学校完成两栋教学楼厕所改造工程，重新规划科技楼后花园，德孝文化长廊初具规模，新建综合楼，建筑布局更趋合理，基础设施日益完善。学校持续加强学生日常管理及班主任队伍建设，深入开展“向日葵工程”活动，提升“思政育人”质量。成立各年级管委会，成立家长委员会，建立家校共育机制，拓展管理育人、教学育人、服务育人的“学教一体”德育工作新局面。积极组织开展疫情防控、心理健康、禁毒、防范艾滋病、防溺水教育、预防校园欺凌、交通安全教育、安全疏散演练、法制教育报告等主题班会和德育专题教育活动，特别是常态化抓好疫情防控工作，把广大师生员工生命安全和身体健康放在第一位。开设红色课堂、创新课堂、幸福课堂和美育课堂，扩大心理健康教育覆盖面，营造文化育人氛围，帮助学生“扣好人生第一粒扣子”。开启“德孝文化”主题九嶷山研学之旅，教育引导师生感悟舜帝精神，传承舜德文化，培养团队合作精神。政工部门多次组织开展班主任全员培训和新老班主任结对帮扶等活动，班主任综合管理能力不断提升，学生管理工作总体平稳运转，校园环境安全有序，学生仪容仪表整齐规范，行为举止文明有礼，呈现出良好的校风校貌。

【教学亮点】 2020年，宁远县实验中学纵深推进校本课程开发及教科研工作，加强教学常规督导督查，深化课堂教学改革。积极探索多媒体教学设施与学科教学的深度融合，举行“不忘初心、牢记使命”教师优质课竞赛，组织评选课改推进先进个人；重视骨干教师的培养和使用，组织全员参与研课、磨课、录课，积极参加“一师一优课，一课一名师”晒课活动，欧阳顺红、王志锋、顾艳春等老师的晒课被评为市级优课，县级优课达8节，学校被授予优秀组织奖；继续构建“第二课堂”，清泉文学社、皇马英语学社、瑶族长鼓舞蹈队、书画兴趣小组、太极拳社团等各项活动全面开花，促进学生全面发展。清泉文学社成员在“潇湘家书”活动、“我和我的祖国”等主题征文比赛中，书画特长生在全县“我爱祖国、廉洁从教”现场书画大赛活动中，运动员在全县第十八届中小学田径、乒乓球运动会上，都有突出表现，为学校争得优秀组织单位荣誉。

【办学成果】 2020年，宁远县实验中学精耕细作，开拓创新，取得一项又一项成果：学校获湖南省园林式单位、县优秀基层工会组织、“一师一优课，一课一名师”组织奖、科技创新大赛组织奖等20余项省、市、县荣誉。刘仕旺、陈继顺晋升为高级教师，樊军燕、雷国伟等教师通过一级教师职称评审，欧阳祥华被授予县“优秀校长”称号，邓小丽、李立万、赵泰富、蒋桂生、肖辉等分别被评为县优秀教师、优秀班主任、师德标兵，李红胜获“永州市优秀教师”称号，冯永国被评为“全市民族团结进步模范个人”，教师姜力强携1804班优秀学生代表登上湖南省教育电视台的“诗说中国”节目，《江雪》一课受到全省教育系统的关注，被湖南教育电视台《诗说中国》评为优秀节目。学校开展传统文化进校园做法得到湖南教育电视台的推介，展现出学校幽雅环境、校园风貌和师生风采，学校品牌形象获得提升。学校2017届学生在高考中表现突出，其中1414班毕业生刘洋以707分的成绩被清华大学录取。

（陈年成　姜力强）

宁远县第八中学

【概 况】 宁远县第八中学（简称宁远八中）创建于1999年，位于舜陵街道印山社区印山路99号。校园占地面积126亩，总建筑面积31813平方米，2020年有教学班52个，学生2661人。有在职在岗教职工227人，专任教师176人，专任教师中，市级学科带头人5人，永州市骨干教师6人，宁远县骨干教师2人，特级教师2名，正高级教师1人，副高级教师30人，中学一级教师104人，学历合格率达100%。宁远八中是永州市园林式单位、永州市廉政文化示范校、湖南省现代教育技术实验学校、湖南省文明卫生单位、湖南省合格学校、湖南省中小学教师培训基地、湖南省安全文明校园、湖南省食品安全示范学校、全国青少年校园足球特色学校、国家级“全民健身”先进单位。

【教学教研】 2020年，宁远八中在常规教学检查督查中，对备课、作业批改检查抓得更加扎实，更有成效，特别是在2020年下学期的全市期末统考中，八年级全体教师凝心聚力，综合分列城区四所公办学校第二名，实现预期目标。课堂改革成效显著，进一步深化“核心素养下的四环节教学模式”课程改革，优化评价方式，对上课老师进行有针对性的考查，确保课堂改革效果。在“一师一优课、一课一名师”优课评选中，谭利勇、骆东琼两名老师的课被评为省级优课，欧咏梅、谭利勇、骆东琼、尹珍利、唐国栋、欧阳春兰、欧竹林、胡敏8位教师的课被评为市级优课，黄文志、黄莹等18名教师获县级优课，优课获奖数量位居全县前列。在永州市教育教学信息化应用推广活动中，教师谭利勇以绝对的优势获市一等奖；在永州市初中道德与法治教学比武大赛中，教师杨思宇获市一等奖；在“以课堂教学培养思维，以思维促进深度学习”宁远县初中英语优课决赛中，教师钟百玉获县一等奖。在“宁远县教师三独比赛”中，教师黄恒敏获独唱比赛一等奖。继续采用“走出去”和“请进来”方式培训、提升教师教学水平，组织教师到长沙博才中学听课交流，12月的博才送培送教活动成功组织，搭建平台进行全县语文骨干教师培训，对全县初中语文教育教学产生深远影响。开展课堂教学研讨活动，如推门听课、试教课、公开课、送教下乡课等，学校教师成为县级工作坊和送教送培下乡主力军，欧咏梅、黄莹、黄文志、唐国栋、骆东琼、欧竹林等一大批教师快速成长成熟。其中，教师黄莹先后被评为省特级教师和省级先进工作者。

【德育工作】 2020年，宁远县八中处处“以人为本”，“为学生的终身发展奠基”，开展丰富多彩的德育活动，精心组织学生参加社会实践活动，拓宽学生视野，丰富学生阅历。校园秩序井然，全年无重大安全事故。开展文明创建工作，基础设施改造和卫生整体保洁上升一个台阶，名次得到提升，形象得到改变。

【创新督导】 2020年，宁远八中详细登记各处室、各年级、各班存在的问题，并督促及时整改，坚持每日通报；对督查中发现的优秀人和事，及时在全校通报表扬，将部门特色工作及表彰情况在校务公开栏公示，激发广大教职员工的工作积极性。督导室和各处室部门齐抓共管，对教师工作作出全面客观、公开公正的督查评价，把评价结果作为教职工评优评先、职称晋升、岗位设置的主要依据。通过评价指挥棒，引导教师形成想干事、多干事、干成事、按规矩干事的态度和意识。

（骆东琼）

宁远县职业中专学校

【概 况】 宁远县职业中专学校创办于1983年，学校新校区占地近400亩，建筑总面积168001.66平方米，已建设好4栋教学楼和7栋宿舍楼，其他建筑基础工程均已完成。2020年秋季招收学生1216名，有在校学生3236人；教职工222人，其中在编教师203人，外聘教师21人。开设数控技术应用、工业机器人技术应用、汽车制造与检测、汽车运用与维修、电子技术应用、计算机应用、计算机网络技术、物联网技术应用、电子商务、旅游服务与管理10个专业。承办全县教育系统第二十届教职工排球邀请赛，学校男子排球队卫冕成功。

【教育教学改革】 2020年，宁远县职业中专学校根据国务院印发的《国家职业教育改革实施方案》和湖南省教育厅发布的职业教育与成人教育工作要点“二十条”，结合学校“十三五”规划，全面落实教育教学改革。严格落实“阳光招生”政策和网上录取工作，完善教育教学和专业实训评价标准建设；推动学校相关专业的有序调整，优化学校专业设置；强化“立德树人”的首要地位，文明风采活动开展有声有色；顺利完成校长换届，学校工作稳步推进。市级及以上各类抽考和测试均达标。2020年度，二年级学生在文化普测中取得优异成绩，整体成绩排在全市第三，在教学质量方面得到上级主管部门的充分肯定；就业部技能抽考，所有被抽项目均达到优秀等级；计算机、英语能力测试，所有学生均达标。在全市技能竞赛中，2个项目获得一等奖，9个项目获得二等奖，16个项目获得三等奖，多个项目进入省赛，比赛成绩取得历史性突破，其中工业机器人和2个项目获省技能大赛一等奖（实现零的突破）、1个二等奖、7个三等奖。另有7位学生获中职国家奖学金。创新人才培养模式。坚持市场导向、优化布局、突出特色的原则，根据市场人才需求情况，以建立设置合理、结构优化、特色鲜明的专业体系为目标，结合区域产业布局发展趋势，不断调整、优化专业设置，切实办好校企合作“冠名班”，重点打造电子技术应用、汽车运用与维修等品牌专业，突出电子商务、旅游服务与管理、汽车运用与维修等特色专业。依托县内的硕宁电子有限公司、湖南宇拓新能源科技有限责任公司等优质企业全面开展“工学交替、工学结合”教学模式；学校与宁远县舜灵旅游公司联合举办旅游服务与管理专业，推进“边工作，边学习，在学习中工作，在工作中学习”的现代学徒制人才培养模式。学校与广东美的厨房电器制造有限公司深度合作，举办物联网技术应用专业和工业机器人应用技术专业，吸引企业参与教育教学环节，不断深化产教融合新模式。落实“立德树人”，形成全员、全程、全方位育人的德育体系。以特色班级建设、养成教育为抓手，不断加强学生社会公德、个人品德、职业道德教育，学生遵纪守法，行为进一步得到规范，素养进一步得到提升。在全市中职学校思政课竞赛中获1个一等奖和1个三等奖。在永州市中职学校班主任基本功大赛中，校代表队获得二等奖。德育各项工作有新的亮点。学校“五步走”德育模式，育人效果显著，学生综合素养不断提高。“学生行为习惯养成‘五步走’模式经验案例”被评为湖南省中职学校德育工作典型优秀案例。

【师德师风建设】 2020年，宁远县职业中专学校为持续加强学校教师队伍师德师风建设，全面提高师德水平和业务能力，增强教书育人的责任感和使命感，根据《永州市2020年师德师风建设提升年活动实施方案》和县委、县政府及教育主管部门的有关要求，开展师德师风建设。召开全体教职工师德师风建设推进会，统一思想，增强教师法纪法规意识；组织教职工学习《永州市师德师风建设规范从教行为手册》，要求做好笔记，写好心得体会，让各类规章制度入脑入心。进一步完善学校各类管理制度，成立学校师德师风监督小组，在实际工作中落实师德师风建设。组织全体教职工学习《宁远县正风、减负、提能“十条措施”》《宁远县违反作风建设规定问责暂行办法（2020年修订）》文件精神，完善各类作风建设制度。学校教研水平和专业团队建设有新突破。2020年度，学校有一个省级课题顺利通过开题。汽车运用与维修专业被遴选为“2020年湖南省职业中职学校专业教学团队”。在湖南省职业教育与成人教育学会论文评比中，2人获一等奖，2人获二等奖，2人获三等奖。15篇论文在省、国家级期刊上发表，30多人在论文评比和教学设计比赛中获得市级以上奖项。开发出2本校本教材。

（王　毅）

宁远县教师进修学校

【概　况】　宁远县教师进修学校成立于1980年，与宁远电大合署办公。2020年8月，搬迁至宁远县第八完全小学暂时办公。宁远县教师进修学校是永州市唯一的省级示范性县级教师培训机构、省级示范性县级电大，曾获评国培（全国中小学教师教育技术能力培训）工作先进单位、国培项目实施A类县、永州市师训工作先进单位。2020年，学校有专职教师37人，其中高级职称7人，具有研究生学历教师1人，省市级骨干教师、学科带头人4人。对外聘请40名省市级骨干教师做兼职教师，共同参与学校开展的各项培训活动，其中正高级职称2人、高级职称21人，特级教师5人、省市级名师名校长5人。学校与省教师发展中心、国家开放大学、清华大学、华中师范大学、湖南师大、衡阳师院、湖南一师、湖南科大、长沙师范学院等合作办学，分享高等学校的优质资源，为全县教师培训工作创造良好条件。

【师训工作】　2020年，宁远县教师进修学校紧紧抓住机遇，立足乡村振兴，不断深化培训改革，通过“精准施训、授人以渔”的方式，促进全县教师队伍整体素质的提高。为整合全县培训资源、服务农村基层学校、提升乡村教师教学能力，宁远县教师进修学校组织开展中小学“送培到校”活动。这次活动以省市级专家、名师、骨干教师送课为载体，通过问题诊断、研课磨课、示范教学、课例研修、互动点评、专题讲座、跟踪指导等方式，促进乡村教师专业成长，推进农村学校校本研修，培训中学语文、中学数学、小学语文、小学数学、小学体育、幼儿园教师420人。为助力“平安校园”创建，提升安全管理人员的校园安全与应急管理能力，组织开展宁远县中小学公共卫生法制安全教育培训。培训对象为全县中小学政工副校长、政工主任，培训内容为法律法规、疾病防疫、饮食卫生、公共卫生、意外伤害、交通安全、消防安全等。11月，组织开展宁远县中小学校长能力提升集中培训。此次培训不仅利用宁远县的市级名优校长资源，还对外聘请6位国培专家到学校授课，全县所有中小学公办学校校长参加培训，培训规格高、效果佳、反响好。12月，组织宁远县中小学教师培训者团队高端研修项目。培训活动在四川师范大学进行，极大地提高培训者的认识，更新培训理念，提高策划、组织、实施培训活动能力。为让老师们能够一边工作一边参加学习培训，组织“做新时代党和人民满意的好老师”专题网络研修，较好解决工学矛盾，提升老师们的职业认同感、责任感、使命感和职业幸福感。参加培训的老师1900余人，合格率100%。学校组织普通话培训与测试，报名的中小学教师和社会人士400余人，培训后合格率60%以上，其中达到二级甲等层次以上的15%。

【电大教育】　宁远电大是宁远县唯一的公办大学，拥有国家开放大学专科、本科学历教育独立招生与独立办学的资格，可报读专业120余个。2020年，开放大学和农民大学生学历提升培训共组织近400人参加电大学习，结业率98%以上。

【终身教育】　2020年，宁远县教师进修学校贯彻落实教育部、民政部、科技部、财政部、人力资源和社会保障部等9部委联合下发的《关于进一步推进社区教育发展的意见》《湖南省社区教育行动计划》《永州市关于大力推进社区教育工作的意见》等文件精神，与桐山街道共同推进宝塔社区全民终身教育工作，宝塔社区学校不断创新发展。成功举办金秋太极拳、绿色美食节、金秋乒乓球、徒步万里行、中医药知识学习、迎新春文艺会演等一系列活动，产生较大较好社会反响，先后被评为湖南省三社联动试点社区、湖南省全民终身教育学习试点社区、湖南省优秀社区学校。由宁远县教师进修学校报送的舜文化讲堂获“2020年湖南省终身学习品牌项目”，宁远县教师进修学校组建的宁远县阳光歌舞团获“永州市优秀学习团队”称号。

（刘　平　刘利平　吴　琦）

宁远县明德湘南学校

【概　况】　宁远县明德湘南学校位于文化圣地宁远县，是经长沙市人民政府批准、宁远县委县政府重点招商引资项目，由全国百强名校——长沙市明德中学派驻校长管理团队全权负责管理，宁远县正东文化教育投资有限公司投资创办的一所现代民办学校。学校于2016年12月30日破土动工，2017年8月18日建校挂牌。学校设计用地336亩，总投资5.9亿元，涵盖小学、初中、高中、高复4个学部。2020年在校师生4500余人，其中教师320人，学生4300余人，教学班级86个。

【党建引领】　2020年，宁远县明德湘南学校党支部在落实“立德树人”根本任务中，激活学校活力，引领师生传承发扬红色精神，构建以“一核四带”为主线的“党建引领、红色传承”的党建工作特色，突出党组织核心地位，带动党员创优争先，带动教师爱岗敬业，带动学生爱国成长，带动家长同频共振，让红色基因绽放时代光彩。通过开展“发挥先锋作用，提供优质服务”主题活动，设立小学部“爱心护苗”，初中部“心灵家园”，高中部“学困帮扶”，后勤部“阳光服务”等党员示范岗，根据各学部特点打造队建、团建、工建与党建的融合。通过推动党建与学校管理、校园文化、师德师风和教育教学深度融合，打造高素质教师队伍，把学校党支部建成坚强战斗堡垒，为学校教育事业发展提供坚强组织保证。2020年学校被选定为湖南省“两新党员轮训示范班”参观点，永州市同级学校多次到学校参观党建工作。

【师资队伍】　2020年，宁远县明德湘南学校面向全国引进大量具有高学历、教育思想先进、教学能力精湛的专业人才、学科带头人、骨干教师。重视校内教师队伍培养，通过组织全体教师进行集中培训，涵盖师德师风建设、课堂教学管理、集体备课研讨、班级管理和建设等多方面，有效地提升教师的师德素养、教育教学能力和教研水平。学校组织成立明德湘南学校青年教师成长学院。通过专家讲座、反思心得、学习交流、教学设计、读书分享、座谈沙龙、外出观摩、基本功赛、教学比武、同课异构、试题考查、课题研究、校本开发等形式，配套考评办法，开展过程评价，推行奖励机制，全面培养和提升青年教师的教育教学教研能力和综合素养。

【教学教研】　2020年，宁远县明德湘南学校党支部获湖南省党建标杆单位、永州市基层党建示范校、县优秀基层党组织、县五星级支部等称号。众志成城抗击疫情，成功开展线上教学，实现“停课不停教，停课不停学”，支部书记郑志宏获评“省民办教育疫情防控先进个人”。教学成绩斐然，首届高考，取得宁远县文科前三名和理科第二名、第四名的成绩，二本以上整体上线率62%，高居全县第一。首届中考，500分以上近100人，宁远县中考状元出自明德湘南。2020年高一年级在全市期末联考中综合数据排名永州全市民办学校前列，学生素质不断提升，南风艺术节元旦文艺会演网络直播赢得社会好评。在第十八届县田径运动会上获5金、9银、12铜的优异成绩，胡新佳同学获得2020年中国中学生跆拳道联赛总决赛高中女子乙组44千克级亚军。2020年学校成功申创永州市涉台教育基地。明德湘南学校党支部获湖南省党建标杆单位、永州市基层党建示范校、县优秀基层党组织、县五星级支部等称号。

【德育特色】 2020年，宁远县明德湘南学校在德育管理中以培养德智体美全面发展的社会主义建设者和接班人为根本宗旨，以提高学生思想道德素质为重点，以开展形式多样的德育活动为载体，强化德育队伍建设，创新德育工作思路，提高德育工作水平，为全面提升教育教学质量提供保障。每到假期，安排学生分担家务，减轻父母负担；为父母和长辈捶背、洗脚；到敬老院看望老人，帮助老人；扫大街、捡垃圾、做义工等等，充分培养学生的家庭观念和社会责任感，传承德孝文化。每年暑假明德教育集团举办“同在明德”活动，带领数百学生，到农村进行农活实践，体验农民的艰辛，培养学生团结协作、吃苦耐劳、珍惜劳动成果的精神和观念。

（杨智勇　陈月莲）

文化　体育　卫生

雨后初晴九嶷山

文化事业

【概　况】　2019年，宁远县文体广新局改为宁远县文化旅游广电体育局（简称文旅广体局），辖全民健身服务中心、文化市场执法大队（县文化市场综合行政执法大队）、旅游发展服务中心、旅行社、文物保护中心（归口管理文庙管理所、舜帝庙考古遗址公园管理处、春陵侯城遗址管理所、泠道故城遗址管理所）、图书馆、文化馆（加挂非物质文化遗产保护中心牌子）、乡村文化服务中心、电影发行放映公司（含九疑剧院、音像站）。2020年12月，文旅广体局加挂县文化市场综合行政执法局，实行一套工作机构、一套领导班子。“真抓实干”项目受到省政府表彰，成功创建湖南省全域旅游示范区，是永州市唯一获2020年省文化旅游综合发展专项资金奖励县。在全市“六城同创”二季度考核中，县公共文化服务体系示范区创建工作排名全市第一。全国全民运动健身模范县创建工作排名全省第一。图书馆、文化馆总分馆制建设经验在全省公共服务领域重点改革任务培训班上被重点推介。入选中央宣传部、财政部、文化和旅游部、国家文物局公布的第二批革命文物保护利用片区分县名单。《气势磅礴的宁远龙舞》《传承千年的九嶷瑶歌》《宁远竹编》等20多篇文章进入学习强国平台。

【群众文化】　2020年，宁远县文旅广体局举办“百团大会战”“农民艺术节”品牌文化活动。其中，6月—8月举办百团大会战，分初赛、复赛、决赛三个环节，40余个团队参赛；10月下旬，与湘潭市岳塘区联合举办脱贫攻坚大型书法联展；10月—12月，全县各乡镇举办农民艺术节。组织开展暑期少儿音乐舞蹈美术培训、中老年艺术培训，全年培训学员5000人次。协办丰收节、家国情怀等大型书画展。在国家旅游日、“六一”、中秋、国庆、重阳等节假日期间，组织社会艺术团队或志愿服务队深入乡镇、福利中心、九嶷山舜帝陵等开展演出72场。举办“公共文化服务月”活动，“福地九嶷·书香宁远”“百团演艺·舞动宁远”“文生旅融合·助力新发展”“嶷山文旅·服务万家”四大系列活动深入人心，以高质量文化服务供给提升群众获得感和幸福感。

【艺术精品】　2020年，宁远县文旅广体局组织编排的舞蹈《鸡公鞋》获湖南省第五届少数民族调演银奖。蒋海涛参与编排的《社会主义核心价值观广播体操》参加“我和我的祖国”全国广场舞展演活动，被主办单位收录。在全省群文系统技能竞赛中，群舞《鸡公鞋》、独唱《九嶷山，神奇的山》获一等奖；特技《刀山火海》获二等奖。宁远县文旅志愿服务队被评为全省文化和旅游志愿服务优秀团队。志愿服务队负责人唐四万获永州市第六届道德模范。

（姚建军　姜国平）

图书工作

【概　况】　2020年，宁远县图书馆有在岗在编专技副高级2人、中级9人、初级9人。开设综合阅览室、少儿阅览室、外借处、电子阅览室、过刊室、特藏室、地方文献室、自修室8个对外服务窗口和采编室。全年新购纸质图书59000余册、受捐图书207册，订购报刊235种（其中报纸58种、期刊177种），完成全县20个分馆数字化建设，为每个分馆配备1台电子图书借阅机和文化一体机，在九嶷山、下灌和宁远文庙3个景区各配置1台报刊借阅机。新馆建设完成征地、平地取土、图纸设计、专家论证等工作，工程于2019年11月5日破土动工，2020年年底完成地下车库和第一层土建工程。

【图书服务】　2020年，宁远县图书馆接待到馆（含分馆和自助馆）读者41.6万人次，图书外借17.4万人次、30.1万册次，新办借书证1736个，解答读者咨询2101人次；开展“少儿传统国学”“文化志愿活动讲座”“亲子教育讲座”等各类讲座11场，参加讲座1936人次；举办“少儿绘画培训”“少儿书画”“中小学校图书室管理员培训”“农家书屋管理员培训”等各类型辅导培训20次，参加辅导培训1324人次；举办“公共文化服务保障法”“公共图书馆法”“移动图书馆”“万千图书·一网读尽”等展览9场，参观展览2614人次；开展“我是雷锋家乡人、湖湘文化进万家”“春节灯谜活动”“‘4·23’世界读书日活动”“图书馆服务宣传周活动”“快乐暑期·天天向上VR体验活动”等全县性阅读推广活动20次，参与阅读推广活动读者20357人次；组织开展“书香宁远”全县少年儿童系列读书活动和全县少年儿童“我的书屋·我的梦”征文活动，共有35所中小学校、38253人次参与。获全省少儿读书活动先进集体等奖项；疫情防控期间开展线上各类读书活动15次，参与活动1.6万人次。为乡镇（街道）、学校、社区市民送展览、送图书、送农科资料42次，受益市民17652人次；开展爱心传递服务5次，为农村留守儿童送爱心图书1206册。

（黄光群）

电影发行放映

【概　况】　2020年，宁远县电影公司有电影放映队21个（含农村个体队），县城影院2家。县电影公司连续第三年获得永州市新宇农村数字电影院线公司农村公益电影放映先进单位称号。10月，由市委宣传部、市院线公司联合推荐参加第八届“全国服务农民、服务基层文化建设先进集体”评选。

【电影放映】　2020年，宁远县电影公司建立健全《农村电影公益放映管理制度》《农村电影放映管理办法》等规章制度。结合实际，将全年放映场次分阶段制定放映计划，组建23个农村放映队。全县农村公益电影放映任务6324场，完成6352场。成立“农村公益电影服务站”，在永州新宇农村数字电影院线公司的指导下，负责全县农村公益电影放映工作的业务指导、技术培训、日常管理和督查工作。服务站对农村放映队进行明确分工，实行分片包干、责任到人，不定期进行督促检查。公司积极发挥电影宣传效应，通过“五进”（进军营、进学校、进敬老院、进社区、进企业）活动，配合各部门宣传惠农惠民政策、扫黑除恶、森林防火、乡村整洁、禁毒知识等，传播科学文化知识，让政策深入人心，丰富农民群众的文化生活。

（杨志国　欧阳剑勋）

文化市场综合执法

【概　况】　根据宁编发〔2020〕67号文件，宁远县文化市场综合执法大队更名为县文化市场综合行政执法大队，副科级，归口县文化旅游广电体育局管理，暂核定编制39名，现有工作人员19名，有2个内设机构（办公室、案件审理股），3个执法中队。县文化市场综合行政执法大队以县文化旅游广电体育局名义统一行使全县文化、文物、出版、广播电视、电影、旅游、体育市场领域的行政处罚权以及与之相关的行政检查、行政强制等执法职能，承担“扫黄打非”有关工作任务。大队获2020年度全省文化市场综合行政执法考评先进单位称号。

【文化执法】　自2020年1月26日起，宁远县文化市场综合行政执法大队加强新冠肺炎疫情防控常态化，全体人员取消春节假期，全身心投入疫情防控工作中，临时关停各类文化企业。关停后采取全天候巡查，确保在疫情防控期间没有1家企业擅自经营，符合复产复工条件的企业必须经大队检查审批后恢复经营，严格按照公共场所复产复工要求执行。开展“扫黄打非”专项治理。先后对全县印刷复制企业、书店等公共服务场所进行拉网式检查，查处各种形式的淫秽色情、盗版出版物非法出版物1500余本（册）。开展网吧经营场所整治，出动执法人员280余人次，取缔“黑网吧”3家，查缴电脑设施设备100余套（件）；举办网吧经营业主培训班2期，培训人员72人；全县“文网卫士”上机安装使用率100%。加强歌舞娱乐场所监管，对歌舞娱乐场所业主进行法律法规培训；依据《中华人民共和国行政许可法》，对全县行政许可有效期届满未延续的歌舞娱乐场所注销娱乐经营许可证；加大处罚力度，联合公安、工商部门开展专项整治活动。全年出动执法人员260余人次，举办歌舞娱乐场所经营业主培训班2期，培训人员66人；查处违规经营问题3起，下达整改通知书9份，停业查处1家；张贴宣传标语280多份。开展学校周边环境专项整治，出动执法人员150人次，检查新华书店、个体书屋等出版物经营单位6家，取缔流动书摊（点）10余户，为全县中小学生营造健康的社会文化环境。扫黑除恶“行业清源”，出动检查人员560余人次，检查文化经营单位60余家，有效推进文化市场领域扫黑除恶治乱清源斗争的开展。

（魏晓清　刘九明）

文物保护

【概　况】 宁远县文物保护中心为股级公益一类事业单位，归口管理县文庙管理所、县舜帝庙考古遗址公园管理处、县舂陵侯城遗址管理所、县泠道故城遗址管理所。负责全县文物的管理、保护、抢救、发掘、宣传等业务工作。2020年，被国家级刊物、网站采用稿件4篇，省级刊物、网站采用9篇，市级刊物、网站采用3篇，县级刊物、网站采用12篇。2020年7月，宁远县被列入中央宣传部、财政部、文化和旅游部、国家文物局联合公布的《第二批革命文物保护利用片区》分县名单之一。

【项目建设】 2020年，宁远县全国重点文物保护单位宁远文庙、久安背翰林祠、云龙坊与王氏虚堂消防工程竣工，正按程序呈报省文物局组织验收。全国重点文物保护单位宁远文庙厕所改造工程于2020年3月启动，总投资约11万元，全部完工并投入使用；全国重点文物保护单位舜帝庙考古遗址厕所改造工程于2019年11月开工，整改翻新总面积300平方米，全部改造完成并投入使用，“厕所革命”取得明显成效。舜帝庙遗址安防工程通过方案评审，省财评下达预算数153万元，获得公示通过。湖南省文物保护单位平田欧阳氏宗祠修缮工程于2020年12月动工，下达省级文物保护专项资金约135万元，完成工程进度40%。宁远文庙文渊阁临街门面创建成文化一条街，16间门面全部收回并整体招租，主要销售旅游产品、工艺品、纪念品、土特产等，提升文化内涵，打造“一县一品牌”。

【文物保护】 2020年，宁远县文物保护中心积极开展文物安全火灾防控工作。成立县文物保护中心火灾防控工作领导小组，指导督促各相关单位对照“三自主两公开一承诺”要求，开展消防安全自评自查工作，签订张贴《文物保护单位安全管理目标责任书》《消防安全自评自查自改公开承诺书》，落实消防安全主体责任。开展文物保护单位消防安全巡查工作。巡查共涉及全县12个乡镇88处文物保护单位，其中国保单位8处、省保单位8处、市保单位6处，县保单位66处，发放消防灭火器750个、灭火器箱160个，防火标志1000余个。开展文物建筑安全隐患排查整治。联合消防大队巡查全县文物点50余处，排查7处文物建筑工程，发现2处安全隐患并及时进行整改。6月10日，国家文物局党组成员、副局长胡冰一行到宁远调研文物保护利用工作。《湖南省文物保护利用创新发展百佳案例》推介活动在省文旅厅举行，《宁远文庙保护利用推介案例》成功入围。

【文物普查挂牌】 2020年9月9日至10月25日，宁远县文物保护中心对全县不可移动文物和革命红色文物进行全面普查暨挂牌工作，涉及全县20个乡镇（街道），共计355个点，资料全部规范整理完善，为今后的乡村建设、文旅融合发展奠定坚实基础。

（郑成德　唐奇运）

宁远县新华书店

【概　况】　湖南省新华书店有限责任公司宁远县分公司，隶属于湖南新华书店有限责任公司，是中南传媒集团股份有限公司（简称中南传媒）旗下的一家分公司。宁远县分公司位于桐山街道宝塔社区重华南路176号，占地面积1674平方米，成立于1949年，至年底，有职工25人，经营项目涵括中外文图书、教材、教辅、音像制品、电子出版物、文化用品、数码产品等。新华书店始终坚持为人民服务、为读者服务、为学生服务“三为”方针，源源不断地把优秀出版物输送到人民群众手中。2020年，宁远县开展全民阅读活动，新华书店作业牵头单位，为全县企事业单位、机关、学校等提供大量精品正版图书。

【教材、教辅发行】　2020年，宁远县新华书店贯彻落实国务院关于义务教育阶段学生全部享受免费教科书政策，做好义务阶段免费教材发行工作，兑现“课前到书，人手一册”服务承诺，创建中小学教材免费送书上门模式，全年送书上门500余车。做好教材余缺调剂工作，及时解决学校因学生增减而产生的教材余缺，达到服务“零投诉”目标。重视教辅资料发行工作，在准备下学期教辅用书征订前，参照省、市教育部门下发的教辅用书目录，根据教学需要和学生使用情况，向全县义务教育阶段的中、小学生发放自愿申购征订单，进行宣传征订。

【三星级标准化门店建设】2020年，宁远县新华书店以标准化管理为手段，创三星级门店为目标，严格按照《门店标准化管理手册》和三星级标准化管理要求开展门店工作，进行日检、周检和月检，强化管理和员工培训，不断调整产品结构，强化营销等措施，提高门店管理、运营水平，推动门店向高标准、高品质方向持续发展。门店全年销售468万元，成为全省新华书店模范书店。

【一般图书销售和政治理论读物发行】　2020年，宁远县新华书店强化市场意识，在新二中成立二中校园书店，巩固新华书店在文化传播行业的领头地位，让学校师生更加方便选购书籍，创造市场效益，增加销售额。以高度的政治责任心做好政治理论读物的发行，全年到各党政机关上门征订各类理论读物500余人次；通过预定、上门征订、送书上门和门店零售等方式发行《习近平谈治国理政》第三卷21180册，《新时代面对面》1500册，发挥新华书店在政治读物发行领域的重大作用，满足广大党员干部和人民群众学习需要。

【企业文化建设】　2020年，宁远县新华书店开展“文明创建”活动，建设企业文化，健全党组织和党员公开承诺制度；抓好组织建设和工会活动，开展“领略自然风光，团结内部力量”拓展活动；通过派出培训和内部培训方式，实现员工业务培训日常化；通过各项任务考核，考核成绩和绩效挂钩的方式，提升队伍业务素质和业务水平；加强廉政建设，营造风清气正、谋事干事的企业文化氛围。

（何丽芳　彭敦雄）

融媒体中心（广播电视台）

【概　况】　宁远县融媒体中心（县广播电视台）是在2019年机构改革中，由宁远县广播电视台、宁远县新媒体中心整合而成，为县政府直属正科级二类事业单位，归口县委宣传部管理。内设综合部、人力资源部、广告部、记者部、新闻制作和统筹部、专题栏目部、技术播出部、农村网络部、转播站9个股室和一个正股级下属机构新媒体中心，有干部职工99人。2020年，宁远县融媒体中心党组认真贯彻落实党的新闻舆论工作方针，按照“新闻立中心、栏目活中心、服务兴中心”的总体发展思路，强化舆论引导，积极主动作为，为决胜全面小康宁远，建设宜居、宜业、宜游生态文化公园提供舆论支持和精神动力。2020年获得2019年度宁远县“十城同创文明共建”创建国家健康县城先进单位、2019年度四星级党组织、永州市广播电视台2019年度新闻通联工作先进集体。

【新闻宣传】 2020年，宁远县融媒体中心（县广播电视台）坚持以习近平新时代中国特色社会主义思想为指导，贯彻落实习近平总书记关于宣传思想工作的重要论述和关于广播电视工作的重要指示批示精神，贯彻落实全国宣传部长会议、全国广播电视工作会议和全省宣传部长会议精神，增强“四个意识”、坚定“四个自信”、做到“两个维护”，聚焦“举旗帜、聚民心、育新人、兴文化、展形象”的使命任务，强化舆论引导，2020年度播出《宁远新闻》2359条，宁远新闻网发稿2598条，宁远手机报发稿1760条，宁远发布微信公众号发稿1098条，微博发稿863条，新宁远发稿1484条。3条新闻被央视采用，其中《迎新春·文化活动添彩中国年》被中央电视台《新闻联播》采用；4条新闻被新华社采用；63条新闻被湖南卫视采用；263条新闻被永州新闻联播采用，播出时长332分49秒，名列全市第8；多条新闻被学习强国平台采用；1790条新闻被《新湖南》公众号采用；720条新闻被红网总站采用；1405条新闻被红网永州站采用；2297条新闻被《今日永州》采用，用稿量位列全市第一方阵。

【栏目专题】 2020年，宁远县融媒体中心开设《法制宁远》《闪亮星主播》《宁远人医》《宁远警情》《直通119》《主播来了》6个栏目。新媒体中心进行《稳就业、强基础、富家乡》《巡视整改进行时》《十城同创文明共建》《关注疫情·宁远在行动》《辟谣侠盟》《“湘”当自觉自信自强》等专题报道。为全面真实展现全县经济社会发展和产业项目建设情况，配合县委、县政府制作《逐浪击楫勇争先——宁远县产业项目建设纪实》《谱写新时代高质量发展新篇章——宁远2019年经济社会发展纪实》《如椽巨笔绘新景华笔妙墨绘宏图》《向贫穷宣战——宁远县以脱贫攻坚统领经济社会发展全局工作纪实》等专题片30余个。配合县委组织部制作《组织的力量——宁远县七十年基层党建成就巡礼》，展现全县七十年基层党建取得的成就。配合相关部门制作《亮剑2019》、动画《信访路上》《春雷行动——农村人居环境暗访纪实》《清零行动》住房安全保障督查纪实等专题片，为推动全县各项工作的开展发挥宣传主阵地作用。

【农网建设】 2020年，宁远县融媒体中心（县广播电视台）投入资金50余万元，分期对全县农村500千米有线电视主干线进行维护改造。

【疫情防控】 2020年，新冠肺炎疫情发生以来，宁远县融媒体中心把做好疫情防控工作作为最紧迫、最重要的工作，紧扣中央、省、市、县工作要求，紧盯疫情防控新情况新问题新举措，主动担当作为，统一部署、统一协调、统一指导，充分调动全县广播电视和网络视听资源，坚守战“疫”舆论宣传主战场，扛起疫情防控宣传责任。精心制作主播朗诵抗击疫情《齐战“新冠”斗志扬》、疫情防治知识宣传动画《复工锦囊》等专题片，新媒体平台发布的视频《副县长胡红灯就宁远县防控新型冠状病毒感染的肺炎疫情发表电视讲话》24小时内点击量10万+，《H5丨我是宁远人，抗击疫情我承诺……》《宁远主播小哥哥小姐姐教你防疫绝招》等新媒体作品被多个上级和宁远媒体平台采用转载，向省市媒体推送宁远县疫情防控创新经验30余条，为打赢疫情防控阻击战提供舆论支持。

【媒体融合】 2020年，宁远县融媒体中心（宁远县广播电视台）加快推进全县融媒体事业和网络视听高质量创新性发展，实现媒体融合转型发展。坚持在解放思想中融合、在创新机制中融合、在技术升级中融合、在要素保障中融合的思路，整合“报、台、端、微”资源。在技术革新方面，持续推进新湖南采稿系统建设。在网站改版方面，对宁远新闻网（红网宁远分站）进行全新改版，支持图文、组图、专题、专栏、视频、直播（图文+视频）等丰富的内容展现形式，为融媒体中心所有平台在首页醒目位置预留快捷入口，聚合媒体力量增加影响力；对网站首页栏目进行精简和整合，增加专题位和图片位，重点新闻、专题报道和广告展示推送力度得到加强；后台采用红网云技术，整合新闻网和手机报后台，实现同一篇稿源在网站和手机报的编审和发稿。在稿件转型方面，积极拓宽稿件来源，初步实现融媒体内部视频和文字稿件共享。在平台拓展方面，在抖音平台注册“宁远县融媒体中心”官方抖音账号。《宁远县开展交通安全“百日会战”》单条视频24小时内破12.5万点击量。

（谢剑平　刘志翼）

全民健身

【概　况】　宁远县全民健身服务中心（挂宁远县业余体校牌子）为宁远县文化旅游广电体育局所属副科级公益一类事业单位。在2020年湖南省青少年举重锦标赛上，周意翔勇夺男子乙组67千克级抓举、挺举、总成绩3块金牌；朱巧玲在2020年全国女子举重锦标赛暨东京奥运模拟赛获挺举第三、总成绩第六。举办的2020中国户外健身休闲大会（宁远站）被国家体育总局登山运动管理中心、中国登山协会评为2020年度品牌活动。全国全民运动健身模范县获提名。宁远县创建工作排名全省6个入围县区第一位，被省体育局推荐到国家体育总局参评。2019年度获全国体育彩票发行先进单位、全国体彩工作表扬单位、湖南省体彩工作优秀区县称号，2020年，全民健身服务中心被县财政局评为部门预算编制工作优秀单位。

【场地建设】　2020年，宁远县全民健身服务中心成功申报5个项目共计到位资金166万元，包括五人制足球场建设项目、体育场馆维修项目、太极拳场馆建设项目、全国全民运动健身模范县创建项目等。采购58套体育健身器材配发到村，完成21个易地扶贫搬迁小区、2个老旧小区（人民医院、一中）健身器材的配备。向省体育局申请15套农民体育健身工程器材和25套健身器材配备到村。资助舜陵街道、东溪街道、中和镇等乡镇兴建全民健身中心。开展体育场地调查统计，全县人均体育场地面积2.76平方米。投入近100万元对全民健身中心进行初步改造，收回羽毛球馆、乒乓球馆经营权并进行设备更新和维修，免费向社会开放；新建两个排球场、1个气排球场，对篮球场、健身房、健身广场、道路、田径场进行提质改造，对场馆进行维修和绿化亮化。投入300万元启动建设钢结构拼装式体育馆。积极推进体育场馆智慧化和数字化建设，体育馆安装湖南省运动员信息发布系统、人流量统计系统、全程监控系统、会员管理系统等。

【群众体育】　2020年，宁远县全民健身服务中心先后举办“庆元旦·迎新年”全民健身运动会、“庆七一”干部职工男子篮球赛、“庆全国第十二个全民健身日”运动会、县男子篮球夏季联赛、全民健身日系列展示活动、第八届“李部杯”全国业余排球邀请赛、“庆国庆、迎重阳”老年人运动会、永州市南六县太极拳交流联谊会（宁远）等重大体育赛事，各体育协会自行开展活动100余场次。积极推进“体育+旅游”融合发展，11月6日—8日，成功举办国字号赛事中国户外休闲大会（宁远站），活动规模3000余人。组队参加全市庆五一篮球比赛、郴永两市六县篮球比赛（临武站）、湖南省农民体育运动会篮球项目比赛。开展体育惠民工作，体育中心场馆全部免费向社会开放，为全市水利系统气排球比赛、太平洋保险宁远公司、多个幼儿园开展活动免费提供场馆服务。寒、暑假开展体育技能免费培训，开设篮球、气排球、羽毛球、乒乓球、足球、太极拳、跆拳道、围棋8个项目，参训人员2000余人。新冠肺炎疫情期间有序开放体育场馆，推出5期《宁远县居家健身锻炼方法》，为人民群众的身体健康保驾护航。

【竞技体育】 2020年，宁远县体校顺利通过省体育局的现场评估，保持湖南省高水平体育后备人才基地称号；进一步加强人才选拔和培养，5月，到全县各中小学选拔数10人，通过暑假试训、初训，有12名优秀举重后备人才正式入县队。向省体校输送运动员1人（骆宇君），朱巧玲、欧阳秀雯分别被陕西师范大学、山东体育学院录取。2020年年末，通过中期评估及全国运动员注册（宁远基地）。

（杨剑波　李　静）

卫生健康

【概　况】 2020年，宁远县卫健局紧紧围绕县委、县政府中心工作，加强疫情常态化防控，深化医药卫生体制改革，聚焦健康扶贫工作，完善公共卫生服务，落实计划生育政策，夯实基础设施建设水平，改善医疗服务质量和水平，加快健康促进模式改革，不断满足群众日益增长卫生健康服务需求。2020年，协同相关部门对南岳生物宁远单采血浆站有限公司免疫学实验室、宁远县仁爱医院PCR实验室、宁远县中医药PCR、宁远县人民医院临床基因扩增检验技术实验室、宁远县疾病预防控制中心HIV实验室、宁远县疾病预防控制中心PCR实验室、宁远县疾病预防控制中心病原微生物实验室备案成功。乡镇卫生院提质改造、桐山街道社区卫生服务中心建设、水市镇中心卫生院大界分院业务用房建设、禾亭镇卫生院留观医院改造、人民医院感染病区建设、人民医院新城分院建设六大项目总投资6亿多元。

【疫情防控】 截至2020年12月30日，宁远县连续300多天未出现新冠肺炎确诊和疑似病例，是全省最早被确定为低风险地区的县区之一，县委书记在全市作典型发言。全县累计报告确诊病例1例（治愈出院），累计核酸检测44165份，新冠抗体检测7944份，IGM检测1331份，外环境样本检测504份。建立覆盖县、乡、村三级，确诊病例、疑似病例、密切接触者和中、高风险区旅居史人员、机关事业单位个人事项报告的“三级五类台账”，实行一人一档一表，对未连续医学观察14天的重点人员，实行“4321”管理模式。全面优化医疗救治体系，确定县人民医院为定点救治医院，投入500万元改造禾亭镇卫生院为定点留观医院，设立专用床位112个；全县3家县级公立医院、18家乡镇（街道）卫生院、11家民营医院均建立并开放发热门诊。强化县级核酸检测能力建设，县人民医院、县中医医院和疾控中心均能开展新冠肺炎病毒核酸检测，3家检测机构日均检测量为860余人，24小时不间断满负荷量为1652人，10人混检量日均4000余人次，基本满足现阶段核酸检测的需要。组织开展专题疫情防控培训67场次、8296人、全县性救治模拟演习3次。派出270名医务人员到各校卫生室驻守，配合全县高、中、小学校做好开学复课工作，指导防疫各项工作，安排县人民医院4名医护人员赴湖北黄冈英山县参与新冠肺炎救治。

【医疗体制改革】 2020年，宁远县持续推进“医疗、医药、医保、医德医风”四医联动。开展医疗机构医德医风明察暗访10次，通报处理84人次。县级公立医院综合改革成效初显，公立医院综合改革部分重点任务台账监测数据稳中向好，县级公立医院药占比下降到23.56%，医疗服务收入占比34.33%，医疗费用增幅下降2.75%。通过巡查、点评、通报、约谈、处罚五项制度落实，医疗机构医德医风明显好转，服务意识显著增强。药品供应保障制度改革及药品采购“两票制”不断完善。全面提升县级医院综合服务能力，先后建立危重孕产妇、胸痛、卒中、危重新生儿救治、创伤五大中心，完成中医儿科、中医护理等重点专科建设。积极推进医保支付方式改革，实行总额预付，医疗保障制度高效落实，建档立卡贫困户全面实现“先诊疗、后付费”一站式结算服务，大病救治医院减免政策落实到位，切实减轻患者家庭负担。开展县级公立医院薪酬制度改革试点，全面推进县级公立医院及基层医疗机构绩效考核，落实“两个允许”政策，调动医务人员积极性。加强县域医共体建设，由县人民医院、中医医院牵头分别与18所乡镇（街道）卫生院组建县域医共体2个，辐射全县所有乡镇，逐步实行医共体内行政管理、业务管理、后勤服务、信息系统等统一运作模式。通过专科共建、临床带教、业务指导、教学查房、远程诊疗等多种方式，提升基层机构医疗服务能力与管理水平，基层诊疗量65%以上。柏家坪中心卫生院等在牵头医院帮扶下，增开新科室并首次开展外科手术。县人民医院、县中医医院互联互通，县人民医院、县中医医院与中南大学湘雅医院互联互通，实现远程心电、影像、电子病历等信息数据、图像互联网传输，群众在县级公立医院就能享受省级医院的专家面对面看病和诊疗。2019年10月29日至2020年12月20日，全县完成远程心电12050例、远程影像3145例。按照国家基本药物制度要求，县乡镇公立医疗机构及村卫生室均执行国家基本药物制度，基本药物实行零差价销售，药品差价由中央、省财政部门补偿1077.6万元，其中乡镇（街道）卫生院基本药物中央配套459.8万元，省级配套304.3万元，合计764.1万元。村级基本药物中央配套191.8万元，省级配套121.7万元，共计313.5万元，并及时下拨到乡镇（街道）卫生院及村卫生室。严格按照《湖南省财政厅关于下达实施基本药物制度中央和省级财政补助资金的通知》，通过惠农“一卡通”按时、足额拨付专款。

【健康扶贫】 2020年，宁远县卫健局围绕贫困人群基本医疗有保障的目标，在精准施策上出实招，在精准推进上下功夫，在精准落地上见实效，让贫困人口有地方看病、有医生看病、有制度看病的目标逐步实现。落实102934名建档立卡贫困人口“应保尽保”，贫困人口参保率100%。落实“先诊疗、后付费”和“一站式”结算制度，共3.92万人次农村贫困人口患者享受政策，总医疗费用19275.67万元，综合报销金额16522.29万元，个人实际报销比例达85.72%。全面实施“三个一批”工程，将大病集中救治病种在原来9种大病的基础上，新增24种，扩大到33种，对农村贫困人口中罹患33种大病患者集中救治，累计救助9190人次；农村贫困人口慢病签约服务管理率100%；重病兜底保障2.25万人次，兜底资金共计1216.4万元。

【医疗服务及基础建设】 2020年，宁远县卫健局实施“人才强卫”战略。局机关班子分别带领县人民医院、县中医医院、县妇幼保健计生服务中心相关负责人多次赴长沙、衡阳、郴州、永州等地三级医院洽谈引进高水平医疗团队、高级专业技术医卫人才，提升全县医疗服务水平。共有20多个临床医技科室涉及神经内外科、神经康复、呼吸系统肿瘤、妇科肿瘤、胃肠道肿瘤、呼吸重症、儿科重症、儿童保健、风湿免疫、血液科、消化内科、内分泌科、介入科、泌尿外科、普外科、骨科、超声影像等专业组的50名教授愿意常年到宁远指导，做好传帮带工作。选送23人参加全科医生转岗培训，全科医生注册率94%，达到市卫健委要求的全科医生注册率90%以上。在全县医疗机构内选送12名优秀医务人员参加湖南省紧缺人才和县级医院骨干专科医师为期一年的培训，培训基地有湖南省人民医院、中南大学湘雅附二医院、湘雅附三医院、郴州市第一人民医院。支持县人民医院、县中医医院争创三级医院，妇幼保健院争创二级医院。县人民医院、中医院、妇幼保健院，均成立创建工作领导小组，安排专人负责创建工作，5月邀请省级专家到宁远对相关医院的创建工作给出具体指导意见。加快人民医院新城分院、妇女儿童医院建设，人民医院新城分院项目在农发行融资4亿元，该项目完成土石方工程90%；妇女儿童医院主体工程全部完成，完成总装修工程30%。抓好乡镇卫生院提质改造，建设桐山街道社区卫生服务中心、水市镇中心卫生院大界分院业务用房、人民医院感染病区及改造禾亭镇卫生院留观医院等项目。

【计划生育】 2020年，宁远县全年上报人口出生7316人（男3929人、女3387人），人口出生率8.47‰，人口出生性别比为116.01，人口自然增长率3.05‰。全县计划生育主要业务指标排全市第二名。截至2020年12月底，全县完成免费孕前优生健康检查2826对，占全年总任务的108.69%；完成产前筛查4123例，占全年总任务的114.5%；完成农村适龄妇女免费“两癌”筛查10116人，占全年总任务的101.16%，人口出生缺陷发生率52.69/万。全员人口数据质量大幅提升，在全市排名靠前，其中全员人口身份证完整率9.29%，5岁以上人口身份证完整率99.99%；全员人口与公安匹配率97.42%，5岁以上全员人口与公安匹配率99.14%；妊娠信息上报及时率94.64%，生养信息上报及时率97.67%，避孕节育信息上报及时率99.05%，均高于全市平均指标值；全员人口数据完整率100%；全员人口数据逻辑准确率99.99%。计生协会工作任务全面完成。2020年，县计生协会利用春节、“5·29”协会活动日等纪念日开展计划生育宣传服务活动；全面落实计划生育特殊家庭健康保险、走访慰问、生活照料、生活慰藉、健康体检等活动，把特殊家庭住院补贴落到实处。计划生育奖励扶助和特别扶助制度进一步落实。全县农村奖扶对象年审4128人、新增317人、退出116人，确认人数4329人，发放资金4151040元；特扶对象年审259人、新增19人、退出11人，确认人数267人，发放资金1675260元；手术并发症8人，发放资金35521元；享受独生子女保费516人，发放资金123840元。婴幼儿照护服务工作有序开展。

【健康惠民】 2020年，宁远县常住人口71.58万人，建立居民电子档案660422人，建档率92.26%。孕产妇管理人数6020人，管理率96.24%；儿童管理人数68856，随访管理43723，管理率63.49%；65岁以上老年人管理数82178人，体检人数44423，健康管理率54.05%；高血压管理人数38621人，规范管理高血压人数14892人，规范管理率38.56%；管理糖尿病人11844人，规范管理人数4660人，规范管理率39.35%；精神病患者管理数3701人，规范管理人数3698人，规范管理率99.91%。中医药管理老年人体质辨识人数43374人，覆盖率52.78%，管理0—3岁儿童26785人，覆盖率80.80%；结核病管理450人，管理率98.02%。妇幼健康重大项目有效落实，孕产妇系统管理7860人，系统管理率97%，没有出现孕产妇死亡案例。结婚登记2600对，免费婚检2459对、叶酸增补10691人，产前筛查3802人，完成目标任务105.61%，高危干预诊断548人，高危诊断干预率88.44%；新生儿疾病筛查完成7698人，筛查率95%；新生儿听力筛查7774人，筛查率95.93%；活产出生缺陷40例，活产出生缺陷发生率80.1/万，较2019年101.23/万有所下降。完成农村适龄妇女“两癌”筛查10116人，占全年目标任务1万人的101.16%。传染病防控措施有效，突出重点区域、重点对象，组织督查组对学校常见传染病、结核病、艾滋病防控、儿童预防接种证查验、疫苗补种及学校饮用水安全管理工作情况进行督导检查。完成全县粉尘危害专项治理工作，对全县36家企业进行职业病危害执法检查，下达整改意见书，全部整改到位。完成国家食品化学污染物监测、食源性疾病病原学监测以及省级监测任务。全县食源性疾病监测延伸到乡镇（街道），乡镇（街道）医疗卫生机构覆盖开展率100%。全年无突发公共卫生事件、重大传染源疫情。

（成　云　陈　丹　欧相伯）

疾病预防控制

【概　况】　2020年，宁远县疾控中心内设12个科、股、室，在职人数77人。承担全县疾病预防控制任务，组织实施免疫规划、传染病防控、卫生监测检验、学校卫生监测管理、公共卫生健康危害因素监测报告、健康教育宣传与健康行为促进、普及卫生防病知识等各项工作。在新冠肺炎疫情防控工作中，疾控中心党支部获县卫健系统2020年度先进基层党组织称号，在全省学生常见病和健康影响因素监测与干预工作中获省先进单位，中心检验科获全市“巾帼文明岗位”称号；老年人年度体检37576人，累计建档82218人。

【免疫规划管理】　2020年，宁远县疾控中心保障和指导全县各医疗机构开展适龄儿童预防接种工作，接种率95%以上。加强入学入托儿童预防接种证查验工作，春夏两季入学入托共查验107所小学，410所幼儿园，查验学生60060人，查验率99%，发现漏种疫苗儿童11673人，补种11197人，补种率96%。

【传染病防控】　2020年，宁远县发现1例输入性新冠肺炎确诊病例，处置疑似病例10例，不明原因肺炎3例，排查确诊病例密切接触者19人，疑似密切接触者54人，不明肺炎密切接触者21人，系统管理境外返宁321人，涉疫重点地区人员医学观察912人，协助管理外地确诊病例16人，管理境外2人，累计开展流行病学调查88次，出动应急机动队103次，采样送检58651人，累计指导出入车站班车健康排查和消毒4860余台车次，消毒面积28万余平方米。结核病防治登记初诊患者1566例，初诊查痰1504例，查痰率96%，追踪管理患者552例，到位542例，管理到位率98.19%。艾滋病防治继续开展“一站式服务”，2020年，新增艾滋病患者150例，CD4检测745次，完成率99.07%，新增治疗99人，治疗病人完成率95.72%。开展自愿咨询检测981人，阳性9人，完成率100%，开展外展服务工作12次，干预高危人群暗娼1480人，吸毒人员950人，均未检出阳性。全县累计报告甲乙类传染病18种，2117例，死亡27例，与上年同期相比发病数下降7.70%（下降163例），死亡数下降22.22%（下降6例）。

【预检卫生监测】　2020年，宁远县疾控中心对农村饮用水、市政供水系统、学校饮用水采样监测174份，及时提供水质报告指标分析数据，为加强城乡饮用水卫生提供技术保障。全县食源性疾病监测814例，处置食源性疾病事件及疑似事件8起，其中蘑菇中毒5起，18人发病，无死亡病例。

【慢性病管理】　2020年，宁远县疾控中心累计管理高血压患者38486例，规范管理患者33182例，规范管理率86.22%，累计管理糖尿病患者11785例，规范管理患者9899例，规范管理率84%，累计管理严重精神病障碍患者4153例，稳定率99.94%。

（唐小红）

卫生计生综合监督执法

【概　况】　宁远县卫生计生综合监督执法局在编人员32人，其中局长1名，副局长3名。2020年，该局严格按照年初目标管理方案，以对人民群众健康高度负责的态度，科学、规范地做好医疗卫生、公共场所卫生、学校卫生、饮用水卫生、厂矿企业职业卫生及计划生育监管领域相关工作，紧抓疫情防控监督，各方面取得较好成绩。

【日常监督执法】　2020年，宁远县卫生计生综合监督执法局针对全县各医疗机构、公共场所、公私立学校（含托幼机构）、厂矿企业展开全覆盖监督执法，出动执法车辆700余辆次，监督人员2000余人次，对违法事项进行严厉惩治，共立案60余起，征缴罚没收入67万余元。开展专项督查。针对惩治非法行医、医疗废物、废水及农村饮用水等专项监督执法行动，设立专门的领导小组，对非法行为发现一起，查处一起，确保全县卫生健康良好执业环境。

【查处公职人员超生及打击“两非”】 2020年，宁远县卫生计生综合监督执法局积极对接县纪委及群众举报线索，查处国家公职人员违法生育10余例，征收社会抚养费31万元。成立打击“两非”专案小组，多次到各乡镇（街道）摸排“两非”有效线索，破获1例抽血寄往香港进行胎儿性别鉴定的典型“两非”案件，有效震慑破坏人口性别比的系列不法行为。

【疫情防控】 2020年，宁远县卫生计生综合监督执法局从1月22日起，组成4个新冠疫情防控督查小组，分别对各县区医疗机构、乡镇卫生院、村卫生室、大型公共场所及复工厂矿企业开展疫情防控督查，指导疫情防控要点，赠送消毒物资，下达卫生监督意见书400余份，要求立即整改。在医疗机构疫情防控督查中，出动执法车辆400余辆次，监督人员1300余人次，对全县18家卫生院，460家村卫生室，3家公立医院，12家私立医院以及疾控中心等进行督查指导，对相关医疗机构是否进行新型冠状病毒防治专项培训、是否建立应急预案、是否有应急值班人员、是否落实防控措施、现场检查发热门诊和预检分诊点是否存在问题、相关医务人员和相关领导是否知晓相关防控知识、是否有防控应急设备（药品、器械）和车辆、定点的县人民医院是否成立专家救治组、是否有诊疗方案、医疗废物、废水及辐射源是否按要求进行处理等进行重点监督检查，下达卫生监督意见书250余份，要求立即整改。在厂矿企业复产复工疫情防控督查。组织召开全县已复产复工企业及将复产复工厂矿企业疫情防控督查会议，印发“宁远县关于疫情防控期间复产复工防护指南”，于2月3日起分成3个防控督查指导组就企业复工复产疫情防控工作开展督促指导，要求企业开展员工假期动向筛查，如有到湖北（武汉）等疫情地区往返的人员立即进行14天隔离观察，待确认无新冠肺炎后方可返回上班。截至3月31日，共出动车辆96辆次，监督人员240人次，督查企业58家，出具卫生监督意见40余份，为50余家企业送去100余箱84消毒液，发放宣传资料3000余份。后期多次对企业进行检查督导，针对发现的问题，及时提出整改意见，督促整改到位。

【禽流感疫情防控】 2020年，宁远县卫生计生综合监督执法局自县域内出现禽流感疫情后，会同县相关部门组成联合督查小组，对全县各村卫生室、乡镇卫生院、农贸市场、商场超市等重点场所进行疫情防控督查，发现问题要求立即整改，确保不出现禽流感人感染病例。

【职业卫生监督】 宁远县职业卫生监督工作2019年划归卫生计生综合监督执法局，暂由医疗执业监督股负责。2020年，执法人员积极主动作为，对各厂矿企业普遍进行3次以上的督查，其中警告3起，简易处罚1起，突破“零办案”。

（刘　柱）

宁远县人民医院

【概　况】 宁远县人民医院2020年有在职职工961人，其中正高职称10人，副高职称87人，中级职称264人。全年完成门急诊465488人次，比上年同期减少81337人次，下降14.87%；出院病人42841人次，比上年同期减少1954人次，下降4.36%；总收入完成28946.78万元，比上年同期增加81.78万元，上升0.28%。其中业务收入完成27790.25万元，比上年减少995.93万元，下降3.46%，药品收入6868.97万元，占业务收入24.71%，材料收入2176.66万元，占业务收入7.82%，检验收入5707.27万元，占业务收入20.53%，检查收入3594.97万元，占业务收入12.96%，其他医疗收入9442.37万元，占业务收入33.97%，医院收入结构较合理。全年总支出29842.12万元，亏损895.34万元，百元医疗收入（不含药品收入）消耗的卫生材料费用为23元。全年固定资产投入2432.49万元，资产负债率74%。

【疫情防控】 2020年，自新冠肺炎疫情发生以来，宁远县人民医院党委高度疫情防控工作，成立领导小组，制订应急预案，成立救治专家组，积极开展防治培训，规范发热门诊及感染病房设置，积极采购防护物资。每一例可疑的新冠病例进入医院后，立即组织专家会诊，减少与其他人接触，实现“早发现、早诊断、早隔离、早治疗”。发热门诊接诊患者9038人，确诊病例1例，疑似病例12例，住院留观89人。开展新冠肺炎核酸检测47100例，新冠IGG抗体检测8175例，IGM检测1331例，医院还承接乡镇及县域内其他医疗机构核酸检测任务。投入500万元购买负压救护车、呼吸机、消毒机、口罩、防护服等救治和防护设施设备，在积极开展疫情防控的同时，组织呼吸内科和重症医学的4名医护人员参与永州医疗支援队驰援湖北黄冈，统筹安排医护专家9人下沉到全县20个乡镇（街道）卫生院及民营医院，举办疫情防控知识培训，指导病人的筛查、救治、院感防护及病人的有序转诊，尽量减少疫情扩散，抽调12人协助县疾控中心到乡镇及企业进行咽拭子采集。

医院将新冠肺炎疫情防控作为常态化工作任务，强化预检分诊“哨点”作用，建立三级预检措施。医院西大门作为医院出入人员的首要关口，强化常态化出入人员管控措施，对于进入医院人员落实扫健康码（或签疫情防控责任书）、检测体温、戴口罩措施，发现发热人员和健康码红色或黄色人员由专人引导至发热门诊就诊。发热门诊严格落实首诊负责制，内设普通诊区、特殊诊区，挂号、收费实行电子化收费系统（微信扫码支付），有独立药房、隔离观察室、治疗室、输液观察室，检验室、CT、卫生间，二楼三楼感染科16个病房作为隔离留观病房，布局较完善。医院依规做好重点人群、发热门诊病人、新住院患者及陪护人、医疗机构工作人员核酸应检尽检工作，全力排查风险隐患。严格病区管理，住院病房严格管控，各类台账登记完整，各科室只留一个病友出入口，安排人员值班。严格执行住院患者陪护管理制度，在条件允许的情况下尽量做到无陪护住院，确需陪护的病人家属经核酸检测阴性的发给陪护证明。

【党建工作】 2020年，宁远县人民医院党委认真贯彻落实公立医院党的建设各项部署要求，发挥医院党委的领导核心作用，落实党委领导下的院长负责制，推进领导体制改革，实行党委书记、院长分设，选举产生党委委员9名，其中书记1名、副书记1名。医院党委发挥把方向、管大局、作决策、促改革、保落实的领导作用，院长在医院党委领导下，全面负责医院医疗、教学、科研、行政管理工作。建立健全医院党委与行政领导班子议事决策制度，制定《宁远县人民医院党委议事规则》，重大问题和重大决策均经过党委会研究讨论。压实党建责任。把党建工作写入医院章程，党委书记履行基层党建“第一责任人”责任，每月至少召开1次党建工作议会，党建工作与业务工作同研究、同部署、同考核。党委班子成员每人联系1个党支部，定期开展督促指导，着力推动党建工作常态化长效化。党建与业务深度融合，学科建设取得新进展，开展新诊疗项目60余项，完善危重孕产妇救治中心等5大中心建设；打造心内科等4大重点专科；建设新湘雅远程会诊等4个省级医疗平台，成为中南大学湘雅三医院、湘雅口腔医院定点指导医院及南华大学附属第二人民医院定点帮扶医院。树牢廉政意识，打造廉洁医院，强化医德医风建设。医院党委始终将“廉洁医院”的建设列为年度工作重点，党委及纪委认真履行党风廉政建设“两个责任”，院领导班子其他成员认真履行“一岗双责”，对分管部门、科室反腐倡廉工作及时安排部署，开展廉洁从业专项整治及医药购销和医疗服务中不正之风的专项治理，对全院医务人员进行医德医风考评，将考评结果与评先评优、晋升晋职、绩效工资、岗位聘用挂钩。全年开展各类督查54次，开展各类廉洁谈话224次，下发处罚通报36次，问责133人次。其中立案1件，协助办案1件，党内警告1人，行政警告1人，停岗6人，免职1人，下发监督意见函42份。全年医务人员拒收红包84人次，金额41340元，收到锦旗38面，感谢信6封，好人好事66件。

【二甲复审和县域三级综合医院创建】 2020年3月，宁远县人民医院召开迎二甲复审工作动员会，成立二甲复审领导小组和4个执行组，制订二甲复审工作考核方案，聘请永州市中心医院专家对二甲复审工作进行点评，对专家指出的问题限时整改。积极推进医院新项目、新技术开展，提升医院内涵建设，复审工作在11月顺利通过。医院在推行二甲复审的同时，积极推进创建县域三级综合医院。县委常委会和县政府常务会均对医院创建县域三级综合医院进行研究部署，把医院能力提升工作作为县委、县政府的一项重要工作来抓。医院获得省卫健委创建县域三级综合医院准入批文，将力争三年内成功创建县域三级综合医院。

【医疗服务质量管理】 2020年，宁远县人民医院落实医疗质量三级管理体系，完善医院医疗质量安全评价控制体系，强化医疗服务质量管理，健全医疗质量持续改进机制，执行各种法律法规。制定《关于医疗质量管理“四个合理”的相关规定》，坚持每日对医疗护理夜查房，每周对上周查房情况分析、督办、改正，每月一次医疗质量讲评，每季对死亡病例讨论分析，每半年对医疗纠纷追究与评判，每年开展一次医疗安全警示教育。推进抗菌药物临床应用专项整治，规范临床用血管理。对抗菌药物临床应用中的突出问题和关键环节进行集中治理，形成抗菌药物临床应用管理长效工作机制，提高抗菌药物临床管理应用水平，保障患者合法权益和用药安全。健全医院输血管理委员会及工作制度，促进临床科学、合理用血，保障临床用血安全。持续改善护理服务品质，深化优质护理内涵，落实整体护理责任制，继续实行护理质量二级管理体系，加强重点环节、重点时段、重点人群、重点部门（ICU、新生儿科、手术室、急诊科、消毒供应中心）的护理质量管理，加大感染控制力度，严格遵守执行消毒隔离制度，加强职业防护，保障护理人员安全，完善无菌物品、一次性物品、医疗垃圾的管理、使用、处理，健全、完善患者风险评估制度，加强危急重症病人及护理不良事件的管理。

【公立医院综合改革】 2020年，宁远县人民医院认真做好公立医院改革重点工作，在管理、补偿机制、药品供应、绩效分配、费用控制、服务监管等方面进行积极探索，实施便民、惠民措施，改善人民群众的就医感受，推行同级医疗机构检查、检验结果互认，与北京同合至诚医疗咨询有限公司合作进行绩效改革，建立以工作数量为基础、质量管理为重点、人员考核为关键的考核方式和科学的绩效考核指标体系。在新的绩效工资分配方案的激励下，各学科带头人踊跃外派业务骨干进修学习、培训，积极开展新技术、新项目，控制医用耗材比及药占比，避免医疗费用不合理增长。改变服务理念，将患者利益放在首位。依法依规行使内部人事管理、中层干部聘任、人员招聘和人才引进、内部绩效考核与薪酬分配、年度预算执行等经营管理自主权，根据业务需要面向社会自主公开招聘医务人员。2020年医院自主招聘专业技术人员71名，在岗位设置、收入分配、职称评定、管理使用等方面，对编制内外人员统筹考虑，实行同工同酬，医务人员薪酬不与药品、卫生材料、检查、化验等业务收入挂钩。医院推动医联体建设，落实分级诊疗制度。与湘雅医院、湘雅三医院，南华大学附属第二医院、郴州市第一人民医院、永州市中心医院签订医联体协议，与湘雅医院、湘雅三医院和广州华银医学检验中心搭建远程会诊平台，让老百姓在家就能享受湘雅医院的服务。与上级医院建立肿瘤专科联盟、骨科专科联盟、介入医学专科联盟、胸痛中心联盟及卒中联盟，以外聘专家形式引进一些高端技术人才。与9家社区卫生服务中心和乡镇卫生院成立医共体，全面托管柏家坪镇中心卫生院，定期派驻专家通过教学查房、知识讲座、专家门诊等方式对基层医院进行技术培训，建立并实施双向转诊制度与相关服务流程，轮流选派骨干医生长期驻守，帮助乡镇卫生院提高管理水平和医疗水平，实现双方共同发展。医院建立健全全面预算管理、成本管理、财务报告、第三方审计和信息公开机制，所有收支纳入部门预算统一管理，强化成本核算与控制，加强内部审计监督，各种基建和设备采购均按政府采购要求实行招投标，落实基本建设项目法人责任制、招标投标制、合同管理制、工程监理制、质量责任终身制，建立采购、使用、维护、保养、处置全生命周期医学装备管理制度。洗涤、卫生、保安、陪检等后勤事务实行公开招标，实现后勤服务社会化。

【设施设备投入】 2020年，宁远县人民医院为改善医疗设施，美化医院环境，在保证职工待遇的前提下，不断加强基础设施的投入，总投资1.5亿的综合大楼投入使用。投入1000万元的飞利浦64排128层新CT投入使用。另投入1472万元购入电生理记录系统、心脏射频消融系统、体外反搏装置、电子胃肠镜、电子支气管镜、有创呼吸机、眼底造影机、电子输尿管肾盂镜等设备284台件。

【学科建设】 2020年，宁远县人民医院重点加强危重孕产妇救治中心、危重新生儿救治中心、卒中中心、胸痛中心、创伤中心五大中心建设，对呼吸内科、心内科、麻醉科、肿瘤科进行重点建设，提高危急重症病人的抢救成功率。拟定医院学科建设与人才培养方案并付诸实施，积极推进学科建设和人才培养，全年开展新项目60项，选送46人外出进修，外聘教授43人到医院授课、坐诊、查房及手术指导。医院还开展白内障超声乳化吸除+人工晶体植入术、眼底血管造影、CT引导下经皮肋骨穿刺活检术、持续性肾脏替代治疗（CRRT）、腹腔镜下子宫全切+双侧输卵管切除术、盆底重建、广泛性子宫切除+盆腔淋巴结清扫、输尿管软镜碎石技术、膀胱癌根治术、腹腔镜下隐睾下降固定术、腹腔镜下胃癌根治术、腹腔镜下结直肠癌根治术、CT下仿真IVUS（血管内超声成像）技术、骨髓活检术、鼻腔肠管置入术、新生儿抚触水疗、气管异物取出术等多项新技术、新项目。

【信息化及医德医风建设】 2020年，宁远县人民医院投入800万元，更新医院管理系统，完善医疗服务管理、医疗质量安全、药品耗材管理、绩效考核、财务运行、成本核算、内部审计、廉洁风险防控等功能。加强网络和信息安全建设管理，完善患者个人信息保护制度和技术措施。开展多种形式的文体活动，提升凝聚力，开展社会主义核心价值观教育，加强医德医风建设，增强医务人员职业荣誉感。树立“崇德、精医、创新、奉献”院训，弘扬“敬佑生命、救死扶伤、甘于奉献、大爱无疆”的职业精神，提倡恪守服务宗旨，增强服务意识，提高服务质量，全心全意为人民健康服务，推进医院精神文明建设，建设医术精湛、医德高尚、医风严谨的医务人员队伍，塑造行业清风正气。

【扶贫工作】 2020年，宁远县人民医院在五龙山瑶族乡象村洞村及保安镇保安村开展驻村帮扶工作，各派驻3名工作队员驻村帮扶，派出结对帮扶人员50多人，开展免费送医送药活动及健康教育讲座6次。积极贯彻落实中央和省、市、县脱贫攻坚的战略部署，实施精准健康扶贫工程，提高农村贫困人口健康水平，实施分类分批救治，确保健康扶贫落实到人，精准到病，解决因病致贫，因病返贫的问题。全年为贫困患者实行“先诊疗、后付费”15295人次，为大病患者经各种报账后的个人自付费用减免50%，共计1971人次，减免医疗费用102.45万元；救治血透终末期肾病1264人次，垫付医疗费108.72万元；救治艾滋病患者405人次，垫付医疗费23.72万元，垫付伙食费5.2万元；救治地中海贫血患者22人次，垫付医疗费用1.28万元。

（柏振红）

宁远县中医医院

【概　况】　宁远县中医医院2020年有职工563人，其中高级专业技术人员35人，中级专业技术人员123人，中医师占医师总数的62%，中药师占药师总数的60%，院长张军辉被评为湖南省基层名中医。医院全年共诊治门急诊病人163940人次，比上年同期减少6637人次，减少3.9%；住院病人29446人次，比上年同期减少3404人次，减少10.4%；病床使用率84.3%，比上年减少11.0%；病床周转次数40.6次，比上年同期减少6.7次；开展手术4593例；收治危重病人4926人次，抢救成功率98.3%。全年实现总收入17404万元，其中业务总收入16992万元（含医疗收入16903万元，其中药品收入不含中草药收入3937万元），比上年同期，业务总收入减少4.2%。全年业务总支出为18179万元，比上年同期减少3.0%，其中人工支出6720万元，比上年同期减少2.6%。全年收治城镇职工医保病人2095例，完成收入925万元，报账714万元；收治城乡病人24124例，完成收入10658万元，报账7320万元。为建成区域性三级中医医院，3月，医院老家属区64户中的大部分拆迁户与棚改公司签订合同，并确定棚改效果图。

【疫情防控】　为打赢新冠肺炎疫情防控阻击战，宁远县委、县政府决定，把县中医医院联系的禾亭卫生院定为定点留观医院。为达到隔离病房的要求，需将禾亭卫生院原住院部的普通病房进行改造。2020年1月26日，制定发热门诊的规范设置、病房的初步改造及必要的设备设施添置方案。在卫健、财政、民政、电力等部门联合协作下，仅用48小时，便成功建设宁远版“小汤山”医院。1月30日投入使用，当日17时许，正式接诊第一例隔离病人。中医医院70余名医护人员请战前往禾亭卫生院支援抗击新冠肺炎疫情，医院对请战人员进行岗前强化培训，派出医护人员5个梯队，26人多次进入留观病房值班。充分发挥中医药特色优势，免费提供中药预防汤剂未病先防。禾亭卫生院收治留观病人48例。1月23日起，中医医院为提高医院职工、病人及病人家属在疫情防控时期的机体防御能力，加强对病毒的免疫力，根据全县的地理环境特点及人们的生活习惯，对湖南省中医药大学附属第一医院的新冠肺炎预防方进行加减，自制中药预防方，药剂科工作人员每日按此预防方熬制中药汤剂，全天候在门诊大厅免费提供给到院病友及院医务人员饮用。煎制中药3000余剂，累计金额超6万元，受益人员6000余人。做好宁远县企业的复工复产工作保障。为发挥中医药在预防新冠肺炎的独特作用，发挥中医药特色优势，2月13日起，中医医院陆续向全县开工企业免费发放新冠肺炎预防中药，助力企业复工复产。向各企事业单位及社会人士提供预防中药16200余剂，服用人数约20万人次，向79家复工复产企业免费提供中药43082人份，价值金额37.61万元。派出医护人员50余人次，为企业采集核酸标本2230例。因防控物资紧缺，使用量剧增，为保障防疫治疗工作需要，向社会发布接受捐赠物资公告。接收疫情防控物资8批次，价值约37000余元（不含县红十字会和县慈善总会转赠物资）。接受泰康养老保险公司为中医医院全体职工投保因新型冠状病毒感染的肺炎引发的身故或高残给予20万元赔付的保险。为全力做好疫情防控工作，中医医院及时通过医院公众号、县电视台向社会发布公告，并在医院大门口、各大楼入口、电梯口和各楼层张贴公告，停诊部分高风险科室业务，提醒非急诊、非必须病人尽量不到医院看病就诊。在医院大门口设立疫情监测卡点，为所有进入医院人员测量体温，提醒佩戴口罩。2月28日，医院组织全体党员、干部、职工为疫情爱心捐款，全体78名党员捐款12740元，上交县直属工委；职工捐款29508元，上交县慈善总会；捐款共计42248元。

（夏　琳）

宁远县妇幼保健计划生育服务中心

【概　况】　宁远县妇幼保健计划生育服务中心原名宁远县妇幼保健院，于2015年12月8日与原计划生育服务指导站合并而命名。现有职工104人，其中卫生专业技术人员91人，占全院职工总数87.5%，拥有高级职称8人，中级职称20人，初级职称70人。中心业务分四大部管理，设妇女保健部、计划生育服务部、孕产保健部、儿童保健部。是一所集妇幼保健、医学、计划生育手术、教学、科研于一体的医疗卫生机构，现有业务用房近5300平方米，开设妇产科病床30余张。主要开展孕产妇保健、儿童保健、平产接生、剖宫产术、不孕不育、妇科病诊治等工作，实行孕产妇、儿童保健、预防、医疗、康复一条龙服务。拥有四维彩超、心电图、母婴多参数监护仪、胎心监护仪、化学发光仪、血红蛋白电泳仪、全自动生化仪、红外线乳腺诊断仪、leep刀、不孕症诊断治疗仪、微量元素检测仪等国内外先进诊疗设备。

【妇幼健康宣传】　2020年，宁远县妇幼保健计划生育服务中心采取电视、网络媒体、培训、大型宣传活动等多种形式宣传妇幼保健知识，举办“关注女性健康，科学防治两癌”“地贫筛查、艾梅乙筛查及优生优育”知识宣传；印发孕产期保健、妇女保健、儿童保健、产前筛查与产前诊断、新生儿疾病筛查和听力筛查、预防艾滋病梅毒和乙肝母婴传播、补服叶酸预防神经管畸形、母乳喂养的好处、妇女两癌筛查，农村住院分娩补助等宣传资料20万余份，制作宣传横幅300幅、宣传展板200块。多次对村级保健员、托幼机构卫生保健员、管理人员、各医疗机构专业技术人员进行培训，培训人员3000人；群众自我保健意识得到提高。

【妇幼健康服务】　2020年，宁远县妇幼保健计划生育服务中心全面落实国家免费孕前优生健康检查项目。国家免费孕前优生健康检查项目工作开展6年以来，为32578对（65156例）夫妻进行孕前优生健康检查，覆盖率100%。6年内筛查出高危人群7053例，其中农村6845例，城市208例。每年早孕随访率100%，妊娠结局随访率100%，室间质评达标率100%。全面落实国家地中海贫血筛查项目。县地贫筛查工作从2014年12月份开始实施。通过地贫筛查阳性跟踪随访率100%，阳性干预率100%，妊娠结局随访率100%。近三年，地中海贫血常规筛查17458人，血红蛋白电泳4732对，筛查阳性420对；地贫基因检测184对；产前诊断10例；3例确诊为重型β地贫已引产。加强妇幼健康服务网络建设，切实做好妇幼重大公共卫生服务项目工作。全县配齐配强县、乡、村三级保健工作队伍，定期进行培训、督导，全面提升保健工作人员的服务能力。进一步做好孕产妇系统管理。严格按照高危妊娠评分标准对孕妇进行筛查和管理，高危评分在15分以上者由县妇幼保健和计划生育服务中心统一管理。全县孕产妇系统管理率95.79%；产检率96.69%；产后访视率95.79%；住院分娩率为100%；高危孕产妇筛查率31.95%；高危孕妇住院分娩率100%；孕产妇死亡率控制在16/10万以下，2020年孕产妇死亡率为0。规范儿童保健服务，切实做好儿童系统管理工作，提升儿童保健服务质量。严格执行卫生部、教育部颁发的《托儿所、幼儿园卫生保健管理办法》，加强托幼机构管理，确保儿童的身心健康。0—6岁儿童健康管理率达95.24%；3岁以下儿童数系统管理率95.96%；新生儿访视率97.03%；5岁以下儿童死亡率控制在4.28‰以下；婴儿死亡率控制在2.08‰以下；新生儿死亡率控制在0.98‰以下，无新生儿破伤风。进一步加大预防与控制出生缺陷工作力度，有效降低残疾儿出生率。加强一级预防的管理，严格把好婚前健康检查、孕前优生健康检查质量。全县婚检率95%以上；孕前优生健康检查覆盖率100%，早孕随访率100%，妊娠结局随访率100%，室间质评率98.6%。认真贯彻落实《中国提高人口素质，减少出生人口缺陷和残疾行动计划》。大力宣传孕前期3月—孕早期3月增补叶酸预防神经管畸形，叶酸增补率99.83%，服用依从率97.81%，知晓率98.9%。积极开展产前筛查、新生儿疾病筛查和听力筛查工作。实行产筛全免费，产前筛查率93%以上，对筛查出的高危人和产筛阳性孕妇进行随访和追踪；新生儿疾病筛查率达99.03%以上；新生儿听力筛查率97.59%。进一步做好农村适龄妇女“两癌”免费筛查工作。从2016年开始至2020年，对5.5万农村适龄妇女进行“两癌”免费筛查，对妇女的“两癌”做到早发现、早治疗，极大保障妇女的身心健康。

（许立军　黄学辉　肖冬梅）

旅游业

九嶷山舜帝陵

国家森林公园、自然保护区和风景名胜区管理

【概　况】　2020年，面对新冠肺炎疫情，九嶷山国家森林管理局深入贯彻习近平生态文明思想，加强九嶷山“两区一园”（九嶷山国家森林公园、九嶷山国家级自然保护区、九嶷山——舜帝陵国家级风景名胜区）的保护管理，坚持疫情防控和中心工作两手抓，两不误、两促进，各项工作扎实有序推进。7月，九嶷山舜帝陵被湖南省侨联确认为第一批“湖南省华侨文化交流基地”；9月15日—17日，森管局承办的全省国有林场和森林公园会议在宁远县顺利召开，森管局在会上代表“2019年度全省森林公园质量管理十佳单位”作典型发言。12月9日—11日，由森管局承办的湖南省风景名胜区保护管理培训班在宁远县顺利举办，森管局获“湖南省2020年度风景名胜区行业先进单位”称号，并作经验交流发言。

【自然保护区保护管理】　2020年，宁远县森管局积极开展一期项目建设，启动自然保护区保护与监测项目实施详细规划，项目初步设计方案通过省林业局组织的专家评审，已开展项目立项等前期准备工作。2019年12月九嶷山国家级自然保护区保护及监测设施建设项目一期资金获国家林草局批准，中央投资1923万元，正在进行项目规划初步设计；连续两年向省林业局申报并批准能力建设资金150万元，完成科研监测和信息化平台一期建设；争取省财政公益林补偿资金586万元，率先开展保护地役权试点工作；及时对接发改、林业、财政等部门，争取九嶷山国家级自然保护区生态修复和生态长廊建设项目、长江经济带生态环境保护修复建设投资三年（2020—2023年）滚动计划项目的申报。加快九嶷山国家级自然保护区环境问题整改销号工作。环保督察涉及九嶷山国家级自然保护区环境问题27个，2019年整改销号22个。2020年，加大对5个小水电问题的整改力度，拆除补偿协议全部签署，对3个小水电项目设施设备进行拆除和生态复绿，5个小水电整改问题按程序上报省市销号。开展资源本底调查。完成30个植物监测样方布置和60台动物监测样地红外相机布控工作。开展自然保护地摸底调查和优化整合工作。自然保护区、森林公园、风景名胜区摸底数据形成调查报告上报省林业局。开展科学研究，认真组织人员全程参与中南林科大两次委派研究生到九嶷山开展的兰科植物种类分布调查，并协助中科院植物研究所研究员、博士生导师乐捷对自然保护区婆婆石新发现九嶷斑竹林开展科学研究。全面完成保护地役权试点工作，5月组织村民签订役权保护协议。抓好生态保护宣传工作。4月拍摄制作自然保护区宣传片。8月，湖南卫视、红网、《湖南日报》、《中国环境报》等12家国家、省级主流媒体到九嶷山国家级自然保护区开展污染防治“夏季攻势”专题采访报道，高度评价保护区的保护管理工作，有效提升九嶷山的知名度和美誉度。开展森林认证工作，9月顺利通过森林认证专家评审，获森林认证——自然保护区认证证书。经过专家组实地评估，顺利通过在北京中国科学院举行的“中国生物圈保护区网络”新成员专家评审会，12月授牌，成为湖南省第3家成员单位。

【风景名胜区监督管理】　2020年，宁远县森管局积极迎接全省风景名胜区监督检查工作，抓好风景名胜区卫星图斑核查工作。10月，组织专人对九嶷山——舜帝陵国家级风景名胜区内卫星遥感监测疑似图斑进行认真核查，形成登记台账和相关情况汇总上报。加强旅游景区安全生产监督管理，在春节、清明节、五一劳动节等节假日期间，重点对景区内旅游企业进行安全生产监督检查，九嶷山“两区一园”全年没有发生安全生产事故。

【综合执法】　2020年，宁远县森管局加大九嶷山“两区一园”

日常执法巡查力度。对辖区内的开发建设项目开展全面督促检查，严厉查处盗采河沙、违规修建坟墓、非法捕猎、乱砍树木等破坏自然资源的行为。印发《关于禁止在九嶷山国家级自然保护区等境内猎捕销售野生动物的通告》《关于在九嶷山——舜帝陵国家级风景名胜区等范围内禁止乱埋滥葬坟墓的通告》等7000余份；依法联合组织开展乱埋滥葬坟墓清理专项整治、野生动物保护执法检查、盗采河砂整治行动、自然保护区内扯笋子等破坏生态资源的违法行为30余次，出动执法车40余台次，执法人员180余人次，依法查扣运砂车6台，挖掘机2台；依法强制迁葬乱葬新坟1座，拆除老坟违规新修的豪华坟2座，有力打击破坏生态环境的违法行为。制止村民违规建房行为20余起，依法强制拆除2处违规建房和4处违建围墙，规范辖区内民房建设行为。积极做好创建国家AAAAA旅游景区环境整治工作。集中整治景区、九嶷山村商业街、农贸市场和鲁观市场等占道经营、摊担乱摆乱放、违规搭建遮阳伞问题，确保景区环境干净整洁、集市周边道路畅通有序。

【森林防灭火】 2020年，宁远县森管局科学制定森林防灭火工作方案，严格落实管理责任。深入开展森林防火宣传。在主要进山路口设置永久性警示标语30余幅，印发宣传资料7000余份。出动宣传广播车辆50余台次在辖区内村庄、集镇和道路出入口巡回宣传。严格管控野外火源。突出加强野外火种、火源管理，在保护站入口进行登记，强制收缴火种，确保火种不入山，及时消除火灾隐患。主动加强各部门联动协作。主动与当地乡镇党委政府、县林业局、县应急管理局、辖区内旅游企业沟通协作，做到出现火情，及时联动处置。不断强化应急准备。修订完善森林防火应急预案，备足备好各类防火器材，开展防灭火演练，全面做好防火准备。严格落实值班备勤。严格执行24小时值班和领导带班制度，确保应急信息畅通，信息报告及时准确。九嶷山“两区一园”全年没有发生森林火灾。

【深化体制改革】 2020年，宁远县森管局做好立法实施工作，根据九嶷山“两区一园”管理办法（试行），抓紧出台管理办法实施细则。做好体制改革工作，进一步完善森管局管理体制改革方案，调整优化组织架构、职能职责、综合执法，逐步完善相关配套制度，强化改革联动。

【国家AAAAA旅游景区创建工作】 2020年，宁远县森管局为切实解决九嶷山舜帝陵景区周边环境“脏、乱、差”的问题，进一步提升信息化建设及邮电服务水平，加大景区资源与环境保护工作力度，森管局组织专人大力整治景区周边环境，组织相关部门召开调度会，明确工作任务，压实工作责任，有序推进创建工作。

【疫情防控】 2020年，宁远县森管局在疫情初发时立即启动应急预案，进行专题研究和科学部署。组织干部职工深入九嶷山“两区一园”、国有林场及扶贫联系村开展疫情防控宣传；联合九疑山瑶族乡政府、村（社区）在辖区内各交通出入口设卡守点做好出入登记、体温检测和日常巡逻工作；组织100余人的志愿者服务队，开展新冠肺炎疫情防控志愿服务活动；坚持疫情防控常态化，加强日常防控保障，确保九嶷山“两区一园”社会稳定，秩序良好。

（伍冬玉）

旅游发展服务

【概　况】 宁远县旅游发展服务中心为股级公益一类事业单位，核定全额拨款事业编制15名。主要职责是：承办县局旅游发展股交办工作；负责旅游发展日常事务工作；负责监督、检查旅游行业服务质量、旅游市场秩序工作；根据委托授权开展旅游市场秩序检查工作；负责受理旅游者投诉，维护旅游经营和消费者合法权益工作；负责受理全县旅游信息咨询工作；负责旅游经营场所旅游投诉标志的设置和检查工作。归口管理县旅行社，不再保留县旅游质量监督所。

【申创工作】 2020年7月9日，宁远县下灌村入选第二批全国乡村旅游重点村名录。下灌景区以此为契机，加大基础设施建设和公共文化服务配套，成功创建国家AAAA级旅游景区。8月5日，宁远县入选“2020年全国县域旅游发展潜力百佳县”。

【项目建设】 2020年，宁远县完成新增、改建旅游厕所15座。完成2015—2020年所有的旅游厕所信息核实，删除无效旅游厕所12座，核实旅游厕所64座（有效）。其中57座全部完成百度APP的公厕新增录入和定位。

【市场监管】 2020年，宁远县旅游发展服务中心按照“双随机、一公开”的工作流程，加强明察暗访和日常巡查相结合，开展旅游市场秩序综合大排查大整治行动，打击“黑旅行社”“黑导游”“黑购物店”售卖假冒伪劣产品和诈骗游客的违法行为，全年开展各类旅游安全检查20次，检查旅游企业近60家，旅游市场平稳、有序、稳步运行，没有发生旅游安全责任事故。

【文旅融合】 2020年5月，宁远县旅游发展服务中心开展“5·19”中国旅游日文化生态旅游宣传活动、旅游精品路线推介，牵头所有国家A级旅游景区、星级酒店及旅游特产相关企业参加活动，现场进行电商“直播带货”宣传，网络官方直播链接观看人数稳定在10万人次，海内外热门公众号报道点击率60万人次，活动中网红直播间观看人数突破100万人次。6月，做好宁远县公共文化服务月启动活动仪式和组织文旅企业参展“6·19”省旅博会。6月21日，文旅企业宁远斑竹苑旅游商品开发有限公司参加2020年湖南（国家）文化旅游产业博览会，获2020年湖南文化旅游商品大赛铜奖。9月29日至10月5日，开展2020年粤港澳大湾区旅游对接行动暨旅游文化美食节，推进宁远文化生态旅游产业融合发展，宣传宁远文化旅游特色风味美食，强化游客的游览体验感。

（欧阳晓辉　李圭耀）

九疑山文旅集团

【概　况】 宁远县九疑山文化旅游发展集团有限公司（以下简称九疑山文旅集团）是由宁远县人民政府出资组建的国有公司，注册资本6.8亿元。按照投资开发、景区运营、研学教育、工程建设、酒店管理与经营五大功能，分类设立五家全资子公司（宁远县舜帝文化旅游产业发展有限公司、宁远县旅游建设投资有限公司、宁远县灌溪旅游开发建设有限公司、宁远县舜风酒店管理有限公司、宁远县润德建设工程有限公司），形成“食、住、行、游、购、娱”于一体的旅游产业体系。公司旗下有舜帝陵、紫霞岩、玉琯岩、舜源峰、下灌古村、灌溪仙境、飞拉达攀岩等景点。其中国家AAAA级旅游景区2处（九嶷山舜帝陵景区、下灌旅游区），国家AAA级旅游景区1处（九嶷河旅游区），享有“德孝之源、福地九嶷”美誉，蜚声海内外。2020年，九疑山文旅集团公司坚持“高位求进，转型创新，加快发展”的工作基调，抓住平台公司转型发展的政策机遇，以旅游标准化建设为抓手，加快推进项目建设、投融资、市场拓展、经营管理、质量效益等工作，不断完善配套服务功能，提升接待能力和水平，促进全县文化旅游事业又好又快发展。灌溪旅游开发建设有限公司导游客服部获“永州市三八红旗集体”称号、舜帝陵景区获“湖南省华侨文化交流基地”称号，下灌旅游区内下灌村获评第二批全国乡村旅游重点村。

【疫情防控】 2020年，九疑山文旅集团把疫情常态化防控当作“六稳”“六保”的中心工作来抓，按照上级要求暂停营业及复工复产，统筹谋划景区管理各项工作，把“限量、预约、错峰”成为各景区的基本要求，严格落实佩戴口罩、消毒、测温、健康码查验、“一米线”等常态化疫情防控措施，坚持一手抓疫情防控，一手抓生产经营，未出现一例确诊或疑似病例，推动企业稳中求进发展。疫情之下，公司旗下所有国家A级旅游景区向全国医务工作者及其家属实行免票，九疑山文旅集团与县红十字会一同将18吨自产旅游农产品、54箱牛奶定向捐赠给抗疫一线医护、环卫工作者。九疑山文旅集团率先在官方公众号上建立湖南宁远九嶷山舜帝陵“云祭祀”平台，推动“绿色清明·文明祭祀”新模式。文旅集团公司董事长、总经理何俊获得文化和旅游部颁发的“2020年乡村文化和旅游能人”、省文旅厅颁发的“全省文化旅游企业单位在抗击新冠肺炎疫情、推动复产工作中突出贡献先进个人”称号。

【项目建设】 2020年，宁远县九疑山文旅集团固定资产投资项目5个，完成投资3.16亿元。九嶷山舜帝陵景区创国家AAAAA级旅游景区建设及全域旅游示范区建设项目：VIP停车场临建设施，挡土墙砌筑，塔吊基础砼浇筑已完工。智慧景区全景区监控设备已安装完成。下灌旅游区创AAAA景区项目已完成。宁远县春陵古城旅游开发项目：项目总规、可研编制、环评、土地测绘、部分土地征收、国有闲置资产挂牌及部分资产注入等前期准备工作已完成，落实项目资金4亿元，正在办理路基石方施工、土地调规、用地规划许可证等相关手续。宁远状元故里文化旅游休闲度假区项目：迁坟127座，付迁坟款28.64万元。清表150.48亩，付清表工程款22.57万元。第二批青苗补偿3.5亩林地，付青苗补偿款9万元，累计6.5亩林地，付青苗补偿款19.69万元，均已发放到位。宁远县九嶷山国防教育基地项目：总规编制、可研编制、环评报告、土地测绘等前期工作以及项目一期工程建设已完成，聘请专业运营团队进行运营，落实项目建设资金来源及部分项目用地。

【跑项融资】 2020年，九疑山文旅集团向省建行等四家银行申请项目贷款6个，争取信贷额度7.1亿元，到位资金1亿元。向省级申报项目6个，争取资金935万元。推动九嶷珍奇水生动物产业园招商引资相关工作，与北京金色大地科技有限公司（央企）签订合同，项目进入规划设计阶段。加强舂陵古城土地征收和国防教育基地土地征收工作，组织开展九嶷山景区、下灌景区、三分石景区的游客中心的产权证办理以及老招待所资产处置等工作。

【业务拓展】 2020年，九疑山文旅集团构建以市场化需求为导向的经营发展模式，由旅游过境地向旅游目的地转变，由纯门票收入向二次消费转变，由单纯观光型旅游向观光休闲度假型旅游转变。开发以下灌、舜帝陵、娥皇峰、紫霞岩、民兵训练营等旅游景区为中小学生研学旅行线路，将下灌状元村乡情博物馆、民兵训练营军事拓展、水市革命烈士陵园确定为中小学生研学基地；10月，开展推动研学旅行业务以及“领袖成长”军事夏令营等系列活动，全年基地接待约2.7万人次，接待研学旅行活动基地经济收入约310万元；通过接待企事业单位拓展及五一亲子活动基地经济收入约15万元。与大凤村乡村旅游综合体项目自然环境融合，打造集健身锻炼、体育赛事、户外拓展、观光旅游等多项功能于一体的飞拉达攀岩项目，增加对年轻游客吸引力及体验度，满足新时期大众旅游消费的品质需求，增强旅游扶贫的带动作用，实现村民和村集体经济双脱贫。

【宣传营销】 2020年，九疑山文旅集团在传播内容规划、公众号平台运营、新闻稿件类和视频线上传播汇总报告及“五一”“十一”系列活动宣传方面，围绕九嶷山文旅企业主体及各景区景点进行宣传推广，撰写发送推文136篇、发布推送近百篇。景区总曝光量成倍增长，扩大景区的知名度及影响力，成功跻身湖南省景区假期游客接待量前十位。创新九嶷山景区“云祭祀”平台，开展“艰苦不忘家国志·砥砺奋进迎福来”线上互动活动，在湖南省内首批推出“全县A级旅游景区向全国逆行者致敬”“景区旅游消费优惠季”“廉政教育之旅、亲子户外生态之旅”系列优惠活动，加快景区复苏。参加“首届历史文化名城（永州）暨柳宗元文化旅游节”“2020中国湖南（国际）文化旅游产业博览会暨宁远县全域旅游推介会”“后疫情时代宁远全域旅游发展推介会”“2020大湘南对接大湾区永州文旅专场推介会”“2020年中国国际旅游交易会”“锦绣潇湘任你游、走进东北三省湖南文化旅游推介会”等专场活动，与惠州市旅游协会签订文化旅游战略合作协议，积极推介宣传宁远文化旅游底蕴、特色精品线路及特产文创，提高品牌知名度。

（欧　晗　李　蔚）

社会管理与服务

九嶷山三分石

人力资源和社会保障

【概　况】 宁远县人力资源和社会保障局是县政府综合管理人事、劳动和社会保障工作的职能部门。机关内设股室14个，即办公室、法规信访室、规划财务股、就业促进与失业保险股、事业单位人事管理股、专业技术人员管理股、职业能力建设股、劳动关系股、工资福利股、社会保险管理股、社会保险基金监督股、绩效考核和表彰奖励办公室、档案室、人事教育股。直属3个股级事业单位，即人力资源服务中心、人事考试培训中心、人力资源和社会保障统计信息中心。直属5个副科级单位，即劳动保障监察大队、劳动人事争议仲裁院、就业服务中心、工伤保险服务中心、社会保险服务中心。局党组下辖5个支部共有党员108名，其中在职党员84名，退休党员24名。2019年被评为五年一度的全省人力资源和社会保障工作先进集体；2020年被国务院农民工工作领导小组评为全国农民工工作先进集体；省人社厅特致函至永州市政府对宁远县就业工作予以表扬激励。就业创业、职业培训、人事人才等工作多次在省、市作经验推介和典型发言，创造“宁远模式”，打造“宁远样本”。

【就业创业工作】 2020年，宁远县人社局主动扛起稳就业保就业主体责任，做好“六稳”工作，全力落实“六保”任务，通过拓宽就业渠道、优化就业服务、落实扶持政策，稳企稳岗稳就业，全县就业形势持续稳定。实现城镇新增就业6123人，失业人员再就业2935人，新增农村劳动力转移就业5462人；城镇登记失业率为2.74%，城镇调查失业率控制在5%以内。发放创业担保贷款5914.7万元，新增创业主体3971户，带动城乡就业8547人；累计认定青年见习基地8家，吸纳高校毕业生和失业青年见习670人；推进“311”就业服务，开展就业困难群体就业援助，实现零就业家庭动态清零。

【职业技能培训】 2020年，宁远县人社局采取线上线下相结合的方式，充分调动职业学校、企业职工培训中心积极性，形成“百家争鸣、百花齐放”培训大格局。结合全县产业发展、市场需求、劳动者培训意愿，开设村播带货、特色种养、餐饮导游、旅游管理、养老护理、保育员等多种专业，不断满足劳动者培训需求和市场用工需求，打造一大批“九嶷工匠”。全县完成职业培训8330人，其中职业技能提升培训7393人，创业培训937人。

【智慧就业平台】 2020年，宁远县人社局在自主开发“宁远智慧就业”系统、微信公众号、手机APP的基础上，将全县63.1万名劳动力信息、县内园区116家规模企业和县外1000余家规模企业招工信息全部采集入库。打破农民工服务信息孤岛，不局限于技能培训、求职应聘、就业政策、补贴申请、诉求自助等就业服务，还涵盖户籍管理、子女入学、看病医疗、证照办理、线上图书馆等全方位、全覆盖、全天候多维立体服务闭环，将“宁远智慧就业”与“智慧党建”“政务服务”等平台无缝对接，实现信息整合、对称、共享和“不见面、一网通”服务模式。充分发挥智慧就业平台和智慧就业服务大厅作用，为企业和求职者搭建平台，线上线下齐招聘，举办线上招聘会125场，发布招聘信息960条，提供就业岗位1500个，达成就业意向1227人；举办线下招聘会13场，2156名劳动力在园区企业实现就业。

【社保体系建设】 2020年，宁远县机关事业单位养老保险、企业职工养老保险、城乡居民养老保险三项社会基本养老保险总参保人数63.5万人。积极推动社保降费调基政策落实，为1262户参保企业享受到职工养老保险、失业保险、工伤保险实际减费7730.86万元，社保卡制作实现即时即办，由过去60天压缩到10分钟，实现立等可取、一次办好。

【社保基金监督】 2020年，宁

远县人社局积极完善内控体系，专岗专位安排专人负责监管软件的应用，每天查看基金监督系统内有无预警信息，及时交办到各经办机构核实，查找预警信息产生的原因并进行整改处理，及时通过基金监督系统反馈核查情况和处理意见。全年预警信息17条，其中，宁远县工伤保险10条，企业养老保险4条，失业保险3条。基金监督员认真记录预警信息，将预警信息分门别类，及时交办到相关经办机构核实，查找预警信息产生的原因并进行整改处理，要求经办机构将处理结果报送基金监督股，基金监督股及时通过基金监督系统反馈核查情况和处理意见，确保基金安全、健康运行。

【企业职工退休审批】 2020年，宁远县人社局审核申请退休的企业职工档案472人次，办理退休审批450人次，其中正常退休423人次，提前退休审核报批27人次；连续工龄认定审批23人次；审批机关事业单位基本养老保险参保人员视同缴费年限275人次。

【工伤认定及劳动能力鉴定】 2020年，宁远县人社局共受理劳动能力鉴定申请75人次，其中因工申请鉴定58人次，因病申请鉴定17人次。收到工伤事故报告195起，受理工伤申请188起，调查核实188起，报市局作出工伤认定决定185起。

【人才招录管理】 2020年，宁远县人社局坚持“凡进必考”原则，精心组织事业单位等各类考试，组织招聘工作无不良反应，无负面舆情，零事故发生。完成2019年事业单位、乡村振兴指导员、2020年急需紧缺人才公开招聘体检、考察和人员聘用工作，招聘事业单位工作人员108名、基层急需紧缺人才7名、乡村振兴指导员30名；实施2020年第二批基层急需紧缺人才公开招聘，招聘程序已完成，144名招聘的人员全部到岗；完成2020年高校毕业生“三支一扶”计划招募工作，招募的5名人员于9月到岗工作；完成省市分配宁远县从西藏籍高校毕业生中招聘2名事业单位工作人员计划，西藏籍招聘人员已办理好入职手续到岗工作；对全县其他单位实施的事业单位招聘、选聘工作进行监督指导，资料审核把关。审核招聘方案24份，资格复审953人次，人事档案审核452份。

【专业技术人才管理】 2020年，宁远县人社局完成卫生系统2020年初、中级职称考试报名人员资格审查的相关工作。审查合格489人，其中初级士30人，初级师251人，中级208人。2020年度初任初级通过93人，其中：档案系列40人、工程系列20人、新闻系列6人、图书系列3人、政工系列3人、农业系列7人、社科系列10人、群文系列3人、体育系列1人。完成2020年中、高级职称职数申报工作，其中中小学教师系列高级职数81个、中级职数224个，其他系列高级职数92个、中级职数89个。全年引进科技创新人才4人（湖南宇拓新能源科技有限责任公司陈永教授、湖南省康瑶生物科技有限公司何晓俊、钱宇娜、欧阳力胜博士），钱宇娜博士入围2020年度湖南省“引进100个科技创新人才”项目人选。成功承接2020年博士后科技服务团永州行活动，受到企业的一致好评。

【劳动权益保障】 2020年，宁远县人社局把预防、整治欠薪作为落实民本民生、维护社会稳定的重要内容，全县根治拖欠工作形成良好的齐抓共管格局。2020年，全县214户企业涉及职工12580人，签订劳动合同人数12197人，备案企业劳动合同签订率97%。开展“根治欠薪夏季行动”“根治欠薪冬季攻坚行动”，排查用人单位195家，受理并办结欠薪案件65起，为农民工追回工资1985万元。受理劳动人事争议案件315起，立案45起，调解结案的37起，仲裁结案的8起，结案率100%，保持劳动关系总体和谐稳定。

【信访工作】 2020年，宁远县人社局认真做好上访群众的登记工作，对领导交办的信访件，均按照《信访条例》的要求，及时交办，跟踪督办，办结率100%，减少群众越级上访和重复上访。对上级交办的重要来信，做到件件有交代，件件有回音，办结率100%。2020年承办信访案件40件，接待来信来访40批258人次，给出答复意见书20件，处理网络舆情66件。

（吕 沛）

工伤保险服务

【概 况】 2020年，宁远县工伤保险服务中心坚持以实现全县工伤保险全覆盖为中心，以建设施工项目和个体工商户参保为重点，推进工伤保险扩面参保工作，落实各项工伤保险优惠政策，进一步为企业减负，助力全县各项事业全面发展。2020年，全县有参保单位600家，参保人数4.07万人，全年征收工伤保险费688.98万元，支付工伤（亡）待遇人数181人，支付金额1214.94万元。

【工伤保险经办】 2020年，宁远县工伤保险服务中心创新发展理念，做好经办服务，秉承“务实创新，克己奉公”的职业精神，提升经办服务管理质量，做细做好“一件事一次办”“网上经办”等工作。用高质高效的经办服务、规范有序的管理和积极向上的精神面貌做好承接粤港澳大湾区产业转移企业的参保服务工作。抓住参保重点，做好征缴扩面。全县新开工工程建设项目参加工伤保险16家，参保率100%，为城市建设者尤其是农民工撑起工伤保险保障的大伞。

【工伤保险减免】 2020年，宁远县工伤保险服务中心继续落实阶段性降低工伤保险费率政策，全县所有工伤保险参保单位基准费率下调50%。全年阶段性降低工伤保险费率政策为参保单位减少缴纳工伤保险费918万元。全面落实工伤保险费阶段性减免政策，全年有306家企业享受减免政策，减免工伤保险费451.42万元，其中2月—6月为19家大型企业减半征收工伤保险费，减征21.7万元；2月—12月为287家中小微企业免征工伤保险费429.72万元。两项政策共为全县参保单位减负1369.42万元。

【工伤预防宣传】 2020年，宁远县工伤保险服务中心认真抓好疫情防控期间的工伤宣传工作。组织工伤政策宣传小分队，深入园区企业宣传“关于阶段性减免企业工伤保险费”政策，实地查看企业复工复产、生产经营情况，了解企业存在的困难，耐心细致向企业讲解工伤保险阶段性优惠政策，实现工伤减免政策宣传全覆盖。深入宣传《工伤保险条例》等工伤保险政策、法律、法规，提高工伤保险政策普及程度。中心多措并举，通过开展集中宣传活动、下工业园区、下建筑工地，现场发放政策书籍、手册、安全帽、购物袋等各类宣传品7.3万余份，接受群众政策咨询0.47万人次，增强广大用人单位和职工守法用法意识。结合工伤经办工作，帮助用人单位和职工了解工伤保险参保范围、参保程序、参保待遇等，明确告知工伤认定、劳动能力鉴定等具体流程。在各类报纸、杂志、网站上刊登发表报道15篇，扩大工伤保险在经济社会发展中的影响力。

（江富昌）

民 政

【概 况】 1949年11月，宁远县设民政科。1968年3月，“文化大革命”期间，改为民政组。1973年8月，复称民政科。1979年1月，更名为宁远县民政局。1981年1月，改称宁远县人民政府民政局。1984年9月，民政局内设“一室两股”，即办公室、优抚安置股、社会救济股，定编20人。1985年5月，增设政权建设股。1986年，设立宁远县扶贫扶优福利服务公司。1991年5月，宁远县残疾人联合会成立，隶属于民政局。1997年7月，县残联从民政局分出。2002年3月，全县机构改革，宁远县老龄工作委员会办公室并入民政局。2003年，民政局内设机构有“二室四股”，即综合办公室、社会福利有奖募捐委员会办公室、基层政权建设股、优抚股、救灾救济股、社团管理股（加挂社会福利和社会事务牌子）。下属单位8个：老龄办、低保中心、殡葬执法大队、扶贫扶优管理站、社会福利院、农村社会养老保险办、军队离退休干部休养所、救助管理站。2015年，宁远县民政局内设机构有办公室、政工股、法规信访室、规划财务股、优抚安置股、救灾救济股、基层政权和社区建设股、社会福利和社会事务股、社会组织管理股、社会救助股、老龄办、特困人员供养股、业务稽查股等。下属事业单位有低收入家庭认定中心（由社会救助局改名）、殡葬管理执法大队、县革命老区办公室、城市生活无着流浪乞讨人员救助管理站（流浪儿童救助保护教育中心）、地名办、军队离休退休干部休养所、慈善总会办公室（由慈普会办公室更名）、公墓管理所、社会福利有奖募捐委员会办公室、社会福利院、婚姻登记中心、烈士公园管理所12个单位。2018年，被湖南省评为“湖南省园林式单位”。2019年机构调整改革，部分业务职能划分到县其他单位，退役军人优抚安置职责、县军队离退休干部休养所、烈士陵园管理所职责划入宁远县退役军人事务局，救灾职责以及县减灾委员会有关职责划入宁远县应急管理局，县老年工作委员会的职责划入宁远县卫生健康局，医疗救助职责划入宁远县医疗保障局，救灾物资储备职责划入宁远县发展和改革局（宁远县粮食和物资储备局）。宁远县民政局内设机构更改为办公室、规划财务股、社会组织管理股（行政审批股）、社会救助股、基层政权社区治理和区划地名股（县革命老区工作办公室）、养老服务股、社会事务股、儿童福利股、慈善事业促进和社会工作股等。下属事业单位有民政事务中心（由低收入家庭认定中心改名）、殡葬管理执法大队、城市生活无着流浪乞讨人员救助管理站、慈善总会办公室、社会福利有奖募捐委员会办公室、社会福利院、婚姻登记中心、地名委员会办公室8个单位。2020年，宁远县社会保障兜底脱贫工作被国家级媒体作重点推介，“一老一小”工作在全市现场会作典型发言，大元社被评为“省级示范儿童之家”，重华社区杨冬梅被民政部表彰为抗击新冠肺炎疫情优秀城乡社区工作者，民政局获全市民政重点工作综合评估先进单位。

【社会福利】 2020年，宁远县民政局全面核实65岁以上失能半失能贫困老人1306人，发放基本养老服务补贴31.34万元。为全县符合条件的1587人发放高龄津贴182.05万元；为符合条件的9012名重度残疾人、7722名困难残疾人发放护理费和生活补贴金1210.61万元。

【五保户供养】 2020年，宁远县有特困供养人员6303人，采取分散供养和集中供养方式。其中分散供养方式有5749人，对于本人自愿要求个人生活，有生活自理能力又有居住条件的，政府按季度发放供养金，保证其生活资料来源充足，并要求当地政府安排专人定期探望和负责管理。对冷水镇、仁和镇、柏家坪镇、保安镇敬老院进行消防喷淋系统维修改造，完成水市区域敬老院的装修，启动宁远县社会福利中心二期项目工程，对社会福利中心进行适老化改造，对年龄大、身体不太好、本人愿意的特困供养人员，安排到各乡镇敬老院和社会福利中心集中供养，集中供养人数554人。

【城乡居民最低生活保障】 2020年，宁远县认真落实湖南省委、省政府关于脱贫攻坚“大走访、大调研、大排查、大整改”集中行动实施方案和社会保障兜底“一季一专题”集中治理工作方案，建立由民政牵头，医保、人社等多部门参与的清理整顿专项工作组。完成城乡低保专项治理和社会兜底保障“一季一专题”集中治理，成立工作组检查乡镇落实情况，开展自查自纠，强化整改落实。对于个别贫困户因灾因重病或残疾等级提升，符合宁扶发〔2019〕8号文件精神的，及时纳入低保范围。截至12月，精准认定农村低保对象170842户、313574人，其中社会保障兜底脱贫对象1992户、3902人。从1月起，全县农村居民最低生活保障标准提高到335元/月，于2月按25元/人·月的标准补发1—2月农村低保保障金，实现与扶贫标准“两线合”。全年发放农村低保170842户、313574人，资金8736.20万元，其中兜底保障19019户、38268人，资金1268.63万元；发放城市低保58625户、116387人，资金4762.06万元。

【福利机构建设】 2020年年底，宁远县20个乡镇（街道）、12个社区、4个集镇社区、406个村都成立老年协会。15个乡镇建起敬老院，设备齐全，运转正常。全县建立宝塔、舜德、莲花、印山社区4个城市居家养老服务中心和禾亭、柏家坪社区两个农村居家养老服务中心示范点。

【基层政权和社区治理建设】 2020年，宁远县民政局推进全县村规民约、居民公约的修订和法制审核，全县422个村村规民约修订完成率100%，法制审核实现100%全覆盖。通过对村（居）务公开的专项集中整治，全县村（居）务公开更加及时、规范。配合县委组织部全面推进村党支部书记、村主任“一肩挑”，认真筹备村（社区）“两委”换届工作，做好村（社区）财务清查和村（社区）组织成员任期经济责任审计工作，推进村（社区）“两委”换届，为村委会换届提供业务指导和政策答疑。积极推进基层公共服务（一门式）全覆盖。坚持依法下放、宜放则放原则，持续将与群众密切相关的服务事项审批权限下放到乡镇（街道）、受理权限下放到村（社区）。2020年，民政业务下放到乡镇（街道）的有：临时救助核定及救助金给付、低收入家庭核定证明等两方面业务；下放到村（社区）的有：困难残疾人生活补贴、重度残疾人护理补贴、申请特困人员救助供养、申请孤儿基本生活保障、城乡居民最低生活保障、90—99岁高龄老人生活补贴和百岁老人长寿健康补助等6方面业务，真正做到“一门式”全覆盖。加强城市社区专职工作人员队伍建设。与县委组织部联合出台《关于进一步加强社区专职工作人员队伍建设的意见》，加强社区党组织书记区级宏观管理，实行社区专职工作人员员额管理，建立社区专职工作人员职业薪酬体系，加快推进“三社联动”，创新社区治理。2019年7月省民政厅选定宁远县为“创建全省社区治理和服务创新实验区”，其课题内容为探索建立“三社联动”工作机制和工作体系，确定莲花社区和宝塔社区为城市社区示范点，创建时间为两年，将于2021年7月终期评估验收。《关于创建全省社区治理和服务创新实验区工作方案》通过两办行文并下发至全县所有单位，形成部门联动。两个示范社区文化建设工程完成验收，社工服务项目持续有效开展。

【殡葬管理】 2020年，宁远县通过惠民殡葬政策落实引导全县居民参与殡葬改革，助推集中治丧和节地生态安葬。围绕“惠民、生态”两条主线，开展多形式的社会宣传，在县广播电视台开设“文明清明·绿色祭扫”专题报道，发送文明祭扫宣传短信6万用户、制作H5微信PPT，利用宁远微信公众号平台大力宣传，殡葬执法大队出动宣传车270台次，发放宣传资料、张贴和发放文明低碳祭扫倡议书，宣传殡葬改革政策法规，弘扬文明节俭、慎终追远、厚养薄葬的殡葬文化。加快殡葬事业发展，累计火化尸体631具，其中五保户92人，发放安葬惠民补贴38.38万元，助推集中治丧和节地生态安葬。县委、县政府主要领导和分管领导多次召开现场办公会和调度会，高位推动项目建设。完成九嶷山、天堂两处公墓区建设；东溪街道公墓区以农建投为项目业主单位完成规划设计，建设用地正在调规报批，林地可研正在进行中；舜陵街道公墓区建设征地工作基本完成；文庙街道完成公墓区项目征地270亩，规划第一期建设80亩，拟建成集殡仪馆、火葬场、公墓区三位一体的综合性项目。湾井镇公益性墓地一期工程规划建设约30亩，投资60万元，项目主体工程、道路建设基本完成，下一步将进行绿化种植等配套设施建设。

【婚姻登记管理】 2020年，宁远县民政局加强婚姻登记管理，深化“放管服”改革，民政“不见面”审批（服务）事项从最初的8%提升到90%以上，网上办事率100%。创新开展婚姻家庭辅导工作，1月—12月办理结婚登记4690对，离婚登记2186对，补领结婚登记1205对，合格率100%。

【区划地名和革命老区】 2020年，宁远县稳步推进区划地名和革命老区工作。积极做好平安边界创建工作。完成宁远—双牌、宁远—嘉禾行政区域界线联检。做好边界线和界线标志物及界桩的维护工作，做好边界矛盾纠纷的排查和调解工作，维护边界稳定。加快“图录典志”编撰出版工作。宁远县“图录典志”编撰服务采购项目于2018年11月7日开标，中标单位为深圳市爱华勘测工程有限公司。宁远县“图录典志”样书已出版。及时跟进革命老区项目。2020年宁远县老区项目3个，分别为鲤溪镇朝晖村山塘维修加固、天堂镇大阳洞村水沟维修、仁和镇陈安村对虾养殖。三个项目完工并通过验收，项目资金都拨付到位。

【慈善事业】 2020年，新冠肺炎疫情发生以来，宁远县慈善总会在全县广泛开展“全民抗疫·你我有爱”抗击疫情紧急援助行动，多方筹募防疫抗疫款物，接收社会各界爱心人士捐赠。从1月28日启动到6月30日止，慈善总会接收捐款资金331.21万余元，接收捐赠蔬菜0.725万千克（折价约2.9万元）；接收湖南省慈善总会捐赠防疫物资，消毒液104件、过氧化氢42件、酒精46件和艾条3500根。利用“扶贫一日捐”社会众筹项目，9月在腾讯“99公益日”活动期间发起《源于乡村、回馈乡土》慈善募捐项目，筹集善款105.69万元，发放临时救助金9100元。

【社会组织建设】 2020年，宁远县新登记注册社会组织22家，其中社会团体9家，民办非企业单位13家，注销社会组织8家，其中社会团体4家，民办非企业单位4家。登记注册各类社会组织293家，其中社会团体69家，民办非企业单位224家。

（郭纯树）

医疗保障

【概　况】 宁远县医保局2019年3月成立，负责医疗保险、药品招采、医药服务价格管理和医疗救助等管理职能。内设办公室、财务股、政工股、待遇保障股、医药服务管理股、医药价格和招标采购股、基金监管股7个业务股室和1个直属副科级事业单位——县医保事务中心。有工作人员46人，承担全县74万参保人员的医疗保障工作。2020年，全体干部职工克服人少事多矛盾，扎实工作、砥砺奋进，宁远医保工作走在全市前列。

【基金运行】 2020年，宁远县医保基金总体运行良好。职工医保基金。全县城镇职工基本医疗保险参保31145人，基金总收入11029万元（其中统筹基金收入6368万元，个人账户收入4661万元）。基金总支出8272万元（其中统筹基金支出4439万元，个人账户基金支出3834万元）。当期基金结余2757万元，累计结余20113万元（统筹基金结余12771万元，个人账户基金结余7342万元）。居民医保基金。城乡居民参保714643人，基金总收入54646万元，总支出52063万元，当期结余2583万元。统筹基金实际累计结余20404万元。经办服务优化提质。推进“放管服”改革，提升服务水平，设立窗口服务股，实现基本医保、大病保险、医疗救助“一窗口受理、一站式服务、一单式结算”，梳理清理奇葩证明，简化办事流程，在窗口配备复印设备，制作各种告知书，在窗口前台公示，方便办事群众。提升跨省跨市异地就医联网结算服务，开设两条异地就医转诊专人专岗服务热线，持续推进“互联网+医保”服务，推广激活“湘医保”（医保电子凭证），激活量排全市第二。在政务中心窗口成功创建永州市青年文明号，使其成为锻造职工的高效平台。药品集中带量采购扎实推进。全年组织开展三批国家集中采购中选药品和省抗菌类药物专项集中采购，其中三批国家集中采购中选药品共112种，平均降幅50%；省抗菌类药物104种，平均降幅35%；吻合器类、骨科创伤类和冠脉扩张球囊类等中标产品整体降幅超过65%。按照全县实际采购量计算，第一批集采完成合同采购量的286.41%（130万元），第二批集采完成合同采购量的80%。市级统筹稳步提升。贯彻上级医保部门关于医保市级统筹工作的决策部署。7月，完成全县医保基金的初步审计，年底上缴医保基金3.5亿元，推进市域内医保基金统收统支，实现基本政策和业务流程统一，基金运行更加稳健。

【基金监管】 2020年，宁远县医保基金监管工作效果明显。日常监管全覆盖。县医保局对全县157家协议医药机构（其中定点零售药店124家，定点医疗机构33家）进行核查37654人次，查处违规定点医药机构12家，约谈14家，扣除违规费用43.96万元。专项行动有成效。全年开展2次专项检查，检查医药机构35家，抽查病历2257份，查出17家定点医疗机构126项医疗服务违规，追回违规资金61.70万元，拒付金额99.61万元，暂停4家协议医疗机构住院报账，上报两个典型违规案例，组织处理3人。自查自纠促整改。组织协议医药机构自查问题15个，涉及金额81.36万元，全部上缴基金账户。飞行检查出重拳。高度重视省飞检交办问题的办理，逐一复核相关问题及佐证资料，认真听取定点医疗机构申诉意见，做到事实清楚、定性准确、数据精准，追回违规费用731.86万元，行政处罚923.2万元，全部处理处罚到位。积极参与飞检。配合国家省市开展基金监管飞行检查，派员参加国家飞检1人次，参加省飞检两次2人次，参加市飞检两次15人次。通过学习观摩和交流监管经验，监管工作人员实战能力大幅提升。

【健康扶贫】 2020年，宁远县医保实现应保尽保。全县建档立卡贫困人口102941人，除死亡、外地缴费、外地在校学生、户口迁出、参军、服刑、职工医保等六类人员395人，全县建档立卡贫困对象参加城乡居民医保102546人，参保率100%。贫困人口参保资助政策全面落实。对所有建档立卡贫困户、低保户资助125元/人，对兜底保障、特困对象全额资助，资助政策全面落实。贫困人口综合保障到位。全年贫困人口有48214人次享受医保扶贫政策，发生医疗费用21676万元，综合保障支付18585万元（其中医保基金支付14135万元，大病保险支付1458万元，医疗救助支付967万元，医院减免212万元，特惠保支付408万元，政府兜底支付1343万元，医院负担51.63万元），报账比例88.29%。

【支持公立医院】 宁远县医保工作加大对公立医院的支持力度。在预算总额控制上，增加公立医院的额度，年底清算时，对公立医院予以倾斜，2019年，人民医院和中医院分别超总额2378万元和1863万元，实际扣款只有63万元和61万元。预拨基金支持公立医院发展，2020年，人民医院预拨2900万元、中医院预拨2800万元，为公立医院建设发展创造良好条件。

（龚德宝　张金丽）

退役军人事务

【概　况】 宁远县退役军人事务局于2018年11月30日成立，是宁远县政府工作部门，级别为正科级。承担的主要职责是：贯彻落实党和国家有关退役军人事务管理方针政策和法律法规，拟定本级退役军人思想政治、管理保障等规范性文件并组织实施；褒扬彰显退役军人为党、国家和人民牺牲奉献的精神风范和价值导向；负责军队转业干部、复员干部、退休干部、退役士兵的移交安置工作和自主择业退役军人服务管理、待遇保障工作；组织开展退役军人教育培训、优待抚恤等；指导拥军优属工作；负责烈士及退役军人荣誉奖励、军人公墓维护以及纪念活动等工作。

【服务保障体系】 截至2020年年底，宁远县、乡镇（街道）、村（社区）三级退役军人服务（中心）站组建挂牌工作全面完成，实现机构建设全覆盖。县退役军人服务中心、20个乡镇（街道）退役军人服务站人员均已到位，实现人员编制有保障。申报全国示范型退役军人服务中心1个，全国乡镇（街道）示范型退役军人服务站12个，示范村（社区）退役军人服务站2个，实现规范建设有突破。

【优抚“双拥”】 2020年，宁远县退役军人事务局在元旦、春节、“八一”期间组织走访慰问退役军人和其他优抚对象，并建立常态化联系。严格落实优抚政策，按时足额发放在册优抚对象优抚补助。10月，严格按照文件要求对全县享受抚恤的残疾军人、伤残人民警察、伤残国家机关工作人员进行换证登记审核。11月，组织重点优抚对象参加市局组织的短期疗养活动，12月，组织6个乡镇（街道）的在乡老复员军人、在乡伤残军人重点优抚对象参加市康复医院（优抚医院）医疗巡诊活动。

【褒扬纪念】 2020年8月，宁远县退役军人事务局受邀派员陪同烈士家属赴广西南宁参加英烈寻亲活动。9月30日，在县烈士公园举办“9·30”烈士公祭活动，集体悼念为国捐躯的烈士和为中华民族解放事业作出贡献的革命先辈。在纪念抗美援朝出国作战70周年期间，发放314枚抗美援朝纪念章，致敬抗美援朝老战士。

【就业安置】 2020年9月、12月，宁远县接收2020年度自主就业退役士兵、安置退役士兵。办结宁远县符合政府安排工作的退役士兵社保接续。10月，组织2020年度技能培训（驾驶培训、学历教育），组织3场退役士兵专场招聘会，为其提供就业岗位。12月，主办宁远、新田、蓝山三县的2020年自主就业退役士兵适应性培训。对该辖区内创业产业超100万元或在创业中资金有困难的退役军人进行“双带双促”帮扶。

【军休服务】 2020年，宁远县退役军人事务局按照要求及时为军休干部订阅报纸杂志、调整工资标准。元旦、春节、“八一”等节日召开军休干部座谈会、开展走访慰问，及时解决他们的生活疑难问题。组织开展军休门球、篮球赛等娱乐活动，丰富军休干部的精神文化生活。

（何　洁）

乡镇　街道

九嶷山婆婆石雄姿（周全力/摄）

舜陵街道

【概　况】 舜陵街道地处宁远县城东南面，为宁远县委、县政府驻地。舜陵以舜帝南巡驾崩，葬于县内九嶷山而命名。1949年11月17日宁远和平解放时，境内属城枢区（即一区）；1958年公社化时，属桐山（七一）人民公社及城关镇；1961年，属桐山区桐山公社、官桥公社及城关公社；1963年，撤城关公社恢复城关镇；1984年，属桐山区桐山乡、官桥乡及城关镇；1995年6月，原城关镇与桐山区所属的桐山乡、逍遥岩乡、双板桥乡、官桥乡合并，属舜陵镇。2014年8月，撤舜陵镇设三个街道，舜陵街道为其中之一。2015年，全县进行区划调整，从冷水镇划入宝山村、堂屋村、上茶村、杨柳塘村，从水市镇划入颜家村、东瓜井村、百草坪村、小康家村、大潘家村。街道辖4个城市社区和15个建制村。4个城市社区为泠江、莲花（莲花社区、良坪莲花塘、窝子地）、印山、舜峰；15个建制村为德源（罗坝头、龙板桥、良坪麻拐石、马草坪）、和谐（冯家、黄金桥、王茂塘、丙塘、蔡家第1至第8组及第13组）、长春、宝山、堂屋、茶里洞（杨柳塘、上茶）、兴旺山、颜家、东瓜井、麻池塘、湾头、和兴（花板塘、邱家）、淌下、小康（大潘家、小康家）、百草坪村，其中，德源、和谐开展农村社区建设。共100个自然村，177个村民小组，2020年年末，总人口8.8万人，户籍人口6.2万人，民族以汉族为主。街道办事处驻泠南路129号（原舜陵镇人民政府驻地）。舜陵街道位于县城水市路东面，泠江河南畔。四至界限：东依冷水镇淌头等村，西以水市路与桐山街道交界，南至水市镇彭祖、湾井镇下灌村的梅子窝等村，北与文庙街道隔泠江河相望。总面积77.4平方千米，2020年年末，耕地面积29164亩，其中水田22922亩，旱土6242亩。舜陵街道地质主要是泥盆系和白垩系地层，岩性主要为灰色、灰白色灰岩、白色岩、白云质灰岩、泥灰岩、紫红色泥灰岩、沙质泥岩夹砂砾岩及砾岩。舜陵街道属湘南山区，地形复杂，地貌周高，有山地、丘陵和平原。位于中亚热带季风湿润气候区，夏冬长、春秋短，四季分明；光照充足，年温高，积温多；冬无严寒，夏季炎热；雨季分明，夏秋多旱。泠江河自东往西流过，境内九嶷路、水市路、舜帝南路、莲花路、九嶷大道贯穿南北，宁嘉公路、汽贸路、商均路、园艺路、泠南路、泠江路横穿东西。

【经济发展】 2020年，舜陵街道完成财政收入1764.86万元，种植烤烟2170亩，收购5500担，完成烤烟税收147.20万元。清收不良贷款86万元，完成房屋租赁税289.49万元，综合治税完成27.28万元；完成固定资产投资1.76亿元，项目8个。街道农村居民人均可支配收入20127元，城镇居民人均可支配收入39665元。发展种粮大户50亩—100亩的23户，30亩—49亩的3户，成立家庭农场、农村合作社8个。主要公路沿线无2亩以上连片耕地抛荒现象，耕地抛荒得到有效治理。完成粮食种植面积早稻5487亩，治理耕地抛荒面积1540亩，确保粮食生产惠农资金安全、有效运行到位。舜陵街道有泠江、高峰、官桥、笔架山4个农贸市场，有步步高、大润发、和润万家连锁超市等50平方米以上的各类超市63个。全年街道社会消费零售总额156268万元。街道辖区内有宁远县新城房地产开发有限公司等8家房地产企业。有印山花园、宁郡华府、山水城、碧桂园、大宁府一、二期、鸿星帝景湾、霖轩碧景园、金印豪庭、永新时代、铂富广场、富康花园、创宏国际、兴龙步行街、金叶馨苑、合一福、世纪汇等25家在建或已建成楼盘。

【疫情防控与“六稳六保”】 2020年，面对新冠肺炎疫情，舜陵街道认真落实党中央、国务院、省、市、县决策部署，全面做好“六稳、六保”工作，结合全县“稳就业、强基础、富家乡”主题活动，抓好经济社会发展各项工作。疫情初期，率先在辖区内设立体温监测点，全街道设置体温监测点100余个，卡点值守人员400余人，覆盖100个自然村，128个小区。网格员400余人全部下沉开展入户摸排等工作，并逐一进行登记造册。累计入户宣传排查12000余户，确保户户进门、人人见面。组织党员群众开展抗疫捐赠活动，1223名党员群众捐款13.54万元；全力以赴做好4个社区128个小区、15个村近10万人口的新冠肺炎疫情防控工作，夺取新冠肺炎疫情防控阶段性胜利。经济恢复阶段，通过与用工企业联系，向用工企业输送回乡就业劳动力298人。同时引导企业和职业技术学校对接，定向培养输送人才；通过舜陵商会、广州宁远商会、舜陵街道驻广州流动支部、在外打工能人等途径向外输出劳动力316人。19个村（社区）全部建立就业服务信息平台，及时发布就业信息1080条；采集劳动力信息43532人，采集无劳动力就业家庭268户，其中建档立卡贫困户41户。帮助安排就业298人，确保无劳动力就业家庭都有人就业；对于返乡创业人员开展一对一上门服务，了解创业意愿，帮助解决创业过程中遇到的实际问题，帮助31名创业人员申请小额贴息贷款465万元。全年发放农村低保649人、147.6万元，发放城市低保2996人、930.5万元，发放临时救济款479人、33.5万元，辖区居民基本生活得到保障。

【基础设施】 2020年，舜陵街道列入县级示范村的小康村，严格按照规划科学、生产发展、生活富裕、乡风文明、村容整洁、管理民主的总体要求，全面开展美丽乡村建设，积极实施“五化”行动，村级基础建设完成投资100余万元，主要实施房屋墙面装修、村内道路安装路灯75盏，渠道硬化1000米，党建活动中心、便民服务大厅建设、农民文化广场建设、安全饮用水主管网铺设等项目全面完工，大潘家、小康家两个自然村门口水塘安全护栏建设完成验收。和兴、茶里洞两个贫困村进入亮化工程实施阶段，有5个村村内道路硬化工程接近扫尾。茶里洞村牛形—中茶、大水田—大坪岭的通畅公路，和兴村的官桥—小吉洞—花板塘自然村、湾头—大冲塘自然村的道路加宽工程，大冲塘自然村—潘家水库，潘家—潘家水库通畅工程全面完工。深入推进乡村振兴和人居环境整治，加大力度推进改厕和农村空心房治理，拆除“四类”废弃房378座，计53280平方米，改厕430座；15个行政村聘请村级保洁员94名，有13个通过县级示范村验收；全面启动自来水管网延伸工程，15个村的人畜饮水工程完工验收。新建垃圾集中清运点35个，实现九嶷大道沿线村垃圾统一清运，统一处理，切实改善农村人居环境。

【重点项目】 2020年，宁远县在舜陵街道实施的重点项目69个。辖区内南部文化生态新城公安技术业务用房、二中新校区、明德中学全部投入使用，新党校基本完工，碧桂园、世纪汇、大宁府、合一府、海汇、翡翠莲花、莲花山大市场、一品江山、妇女儿童医院、人民医院城南分院、林业科技园、涔天河水库灌区配套工程等项目建设进展顺利，新增建设体育中心、海虹项目等。

【社会事业】 2020年，舜陵街道辖区新办幼儿园7所，有幼儿园34所，各种培训机构20所。有中小学校（含民办明德学校、爱华学校、哈弗学校）12所，在校学生4万余人，小学教师422人，小学在校学生8700余人。有医疗卫生机构15个，执业（助理）医师400余人。积极组织辖区居民参加医保，完成城乡居民医保39454人，城乡居民合作医疗参合率100%，排名全县各乡镇（街道）前列。社会保障方面，发放农村低保649人、资金147.6万元，发放城市低保2996人、资金930.5万余元，发放临时救济款479人、33.5万元。文化方面，街道有图书馆1个，影院2个，配合县文旅广体局做好创建公共文化示范区申报，打造山水城小区为创公共文化示范区示范点；15个行政村村村响全覆盖，有效发挥文化宣传作用；积极举办文化宣传活动，活跃群众文化生活。例如，山水城春晚、三八妇女节活动、“六一”关爱留守儿童活动、“书香门第·耕读人家”“书香机关·干部领读”“欢庆重阳节放歌新时代”文艺晚会、南宋特科状元雷发公诞辰810周年庆祝活动、“禁毒教育进校园”法治讲座等。

（黄振宇）

文庙街道

【概　况】　宁远和平解放后，文庙街道辖区属城枢区（即一区）。1958年人民公社化时，属桐山（七一）人民公社及城关镇。1961年属桐山区的双板桥公社、逍遥岩公社，禾亭区的禾亭公社、仁和公社，城关镇更名后的城关公社（1963年复名城光镇），1984年公社改乡。1995年撤区并乡建镇时，由城关镇和桐山区所辖的桐山乡、逍遥岩乡、官桥乡、双板桥乡合并为舜陵镇；2014年8月17日，撤销舜陵镇，设立文庙、桐山、舜陵3个街道，文庙街道辖3个社区、39个行政村；2015年1月1日，增设舜德、逍遥岩2个社区，从冷水镇划入十里铺村，从禾亭镇划入野鹿岗、鸡公岭2个村，从仁和镇划入草子塘、伞里洞、周王家、华石盘4个村，辖社区居委会5个、行政村46个；2015年7月21日，文庙街道分设为文庙、东溪2个街道。文庙街道辖文星（文星社区、西郊）、春陵2个社区，肖家、欧家、乐家、隔洞、鱼桐（鱼古弄、桐子山）、八竹（刘家、竹子坝）、新车、福源（双板桥、范家、山下洞、背后山邝家）、三合园（伞里洞、草子塘、笋田洞）、福禄山（竹源福、背后山除邝家郑家外）、蛟龙塘（蛟龙塘、棉花漯）、李家寨（李家寨、背后山郑家）、春江（恩里、欧公养）、株木山、华石盘（华石盘、周王家）15个建制村。文庙街道位于宁远县境中部、县城北部，东邻禾亭镇，南接东溪街道，西靠中和镇、桐山街道，北与仁和镇接壤，办事处驻鱼桐村舜华小区。辖区总面积55平方千米，耕地面积2.24万亩，其中水田1.86万亩，粮食生产面积2.63万亩，早稻0.64万亩。2020年12月底，文庙街道居民户数有14518户，其中，农业户数5895户，计生登记人口42257人，常住人口约50816人。以汉族为主，散居少量瑶族。境内地形以山冈平地为主，地势东低西高、南低北高。呈阶梯状分布。属中亚热带季风湿润区，四季分明，阳光充沛，酷暑期短，无霜期长。雨量丰沛，水系发达，泠江河、春陵水流经西北部。

【经济发展】　2020年，文庙街道生产总值35.3亿元，公共财政收入2043.23万元。城镇居民人均可支配收入24372元，同比增长9.3%；农村居民人均可支配收入15442元，同比增长10.3%。街道按照“高起点谋划，高标准要求，高质量发展”要求，重点培养本土烟农，增加烟农收入，发展20亩—50亩种烟能手，全街道种植烤烟1090亩，交售烟叶2700担。在5个村建设高标准农田1000亩。引进外资，实现荒山承包2000亩，土地流转1800亩。每年可增加村集体收入20万元。文庙街道是宁远县城北工业园区基地所在地。园内驻有福嘉综环科技股份有限公司、新美雅陶瓷、辉宏科技、齐锂科技、智尚玻璃、鑫和美新能源、宇拓新能源、华美钢结构、莲花水泥有限公司等企业。以文庙广场为中心，先后打造出农贸、工业品批发、水果蔬菜批发、大型超市、汽车销售、农机销售12个专业市场。返乡农民创业企业（合作社）5家。经济收入同比增长12%。城内有门面1000家，建筑面积100万平方米。有大型超市5家，宾馆酒店20家。

【基础设施】　2020年，文庙街道开工修整建设农村机耕道2条，水渠沟道清淤25000米。城北污水处理厂建设完成投入使用。农村改厕400余座。新建农村综合服务平台1个，改扩建3个，年底全部投入使用。

【社会事业】　2020年，文庙街道城区学位建设取得阶段性成果，九中（原道遥岩中学）和十小已经完成建设，已开学招生，新一中和十三小校区主体建设基本完成，职业中专已经动工。狮子山公园基本完成项目建设，游客日渐增多；李家寨冷链物流企业用地基本完成迁坟；进一步完善文庙广场和九亿广场的设施设备；在文庙广场建成“党建文化长廊”；在一中、一小修建塑胶运动场，并对居民开放；对老年活动中心进行升级改造，基本满足城区各个年龄段居民开展健身、休闲、娱乐等业余活动的需求。街道开展常态化新冠肺炎疫情防控工作，对涉疫人员进行登记管控，其中涉外人员68人，中高风险地区返乡人员500余人，春节返乡人员摸排549人。稳固推进农村适龄妇女“两癌”免费检查工作，完成750人检查任务。落实319对夫妇孕前优生检查，462名孕妇免费中筛，春节走访41户计生困难家庭，发放走访资金1.3万元，为12户计生家庭购买人身意外伤害保险。对村级卫生室进行全面升级改造，对村级卫生室空壳村，由文庙街道卫生院派驻医疗队伍进行清零工作。全年发放农村低保21960人次、资金240余万元，发放城市低保39792人次，资金987万元。发放各项救济款19万余元。农村“五保户”、孤残儿童100%保障。参加医疗保险征缴31359人，参加社会基本养老保险16544人，领取社会基本养老保险4797人，全年兑现保险金35.98万元。全街道城乡居民养老保险参保11264人。城乡居民医疗保险缴费率连续三年100%。

（郑玉辉）

桐山街道

【概　况】　桐山街道是2014年8月舜陵镇撤镇分设的三个街道之一，位于宁远县城西部，以水市路以西、湘妃大道两侧，泠江河以南，东与舜陵街道为邻，西与天堂镇、中和镇为邻，北与文庙街道为邻，街道办事处驻宁远县水市路26号，辖桐山、葫芦淌、宝塔脚、五里桥、乌立塘、老村屋、祥文福、福家坪、大种地、仁山庙等10个村和舜源、重华2个城市社区，2014年年底从天堂镇划入高岗头、下河洞、麦地江、寡婆桥、刘子用5个村，同年2个社区重新调整区划分为舜源、重华、宝塔3个社区；2015年从中和镇划入排楼屋、冷水洞2个村。并村后，共辖桐山（桐山、葫芦淌）、宝塔脚、崇德（仁山庙、大种地、刘子用）、五里桥、星火（乌立塘、老村屋）、排楼屋（排楼屋、冷水洞）、高福（祥文福、福家坪、高岗头）、下河洞、幸福（寡婆桥、麦地江）9个建制村和舜源、重华、宝塔3个城市社区，其中，桐山、崇德、高福开展农村社区建设。2020年有人口5.73万人，其中农业人口2.3万人。总面积71.29平方千米，其中陆地66.9平方千米，占93.84%，水域4.4平方千米，占6.17%。2020年获评市安全生产工作先进单位；宝塔社区学校被评为2020年湖南省“优秀社区学校”。

【经济发展】　2020年，桐山街道经济实现持续平稳健康发展。全年完成企业技改项目3个，街道城镇居民人均可支配收入23860元，农村居民人均可支配收入15250元。工业方面，作为西部工业新城的主战场，共征地1.3万亩，新建标准厂房80余万平方米，建成智能终端产业园区，园区配套设施逐步完善，裕宁电子、中明新材料等一批产业项目陆续落户，街道工业基础逐步夯实。农业方面，大力推进五里桥市级美丽乡村示范点，建设400亩蔬菜种植大棚，配合农家乐开发，突出休闲观光农业。幸福村桑蚕种养基地、排楼屋西兰花种植基地加快推进，规模农业发展趋势逐步显现。第三产业方面，加快发展现代服务业。以美食一条街为主线，打造重华南路美食文化；以宝塔脚、大种地、乌立塘为重点，加大扶持农家乐餐饮模式，打造一批各具特色的农家乐餐饮园。

【基础设施】　2020年，桐山街道基本完成村村通水泥路，实现有线电视村村通，铺设排污管道4000米，拆除空心房124座，新安装路灯141盏，改厕157户，乡村面貌改造173户，水市路和重华路人行路改造基本完成，重华南路、印山西路征地和迁坟工作全部完成，崇德路、湘妃大道拓宽完成征地工作，并开工建设。以创建全国文明城市为龙头，加快建立十城同创长效机制，补齐短板，将创建工作的义务劳动常态化，多次组织新时代文明志愿者开展创建活动，对各村、社区及道路两侧的生活垃圾进行集中清理转运，出动900余车次，清运垃圾540立方米。积极推进“厕所革命”，利用宣传标语、走访入户、发放明白纸、动员大会等方式进行多方位宣传，对全街道农村居民住户厕所现状进行详细摸底调查，稳步推进改厕工作，完成改厕任务80%。全面建成“秀美村庄”6个。修葺排楼屋、五里桥、祥文福水渠，兴建排楼屋电力排灌两座。完成五里桥村市级美丽乡村建设村庄规划、路网建设、土地流转等工作。

【社会事业】 2020年，桐山街道建档立卡贫困户510户、1877人，实现全面脱贫；城市低保对象1837人，农村低保对象784人；残疾人护理补贴对象724人；全街道参加城乡居民医疗保险29100人，完成养老保险收缴任务12908人。完成农村劳动就业转移160人，新增城镇劳动就业1211人，失业再就业572人，就业困难人员实现就业132人。街道易地搬迁分别有双福小区和嘉裕小区2个安置小区，共有61户、265人入住，入住率为100%。实验小学、印山小学、五小3所小学教育水平明显提升，均进入全县前五名；学位建设不断推进，新建一中新校区、七小、九小，大大缓解县城就学压力。县第二机关幼儿园竣工，2020年下学期开始招生。民办学前教育蓬勃发展，继续保持全面补贴到位，无一例辍学的良好局面。街道有一所直属医院桐山卫生院，另有村卫生室15个，社区医疗卫生服务室3个，专业医护人员60人，家庭签约医生全覆盖，大大改善群众就医条件。全年新增50名科技带头人，重华社区为省科普进社区试点社区，全年培训200余人。文体工作方面，先后完成农村24岁—44岁体质抽查样本点提供。开展送戏下乡，尤其是宝塔社区举办的定期音乐培训班，被县文旅广体局推荐为报省检指定迎检项目。

【脱贫攻坚】 2020年，桐山街道高效完成脱贫攻坚各项任务。开展“大走访、大调研、大排查”活动，推动“问题清零”；高度重视扶贫领域信访舆情，对发现的2处信访舆情及时处置、全面解决；推进脱贫攻坚领域问题整改，对中央、省、市巡察、联点督查的问题逐一进行全面整改；组织街道帮扶责任人进行脱贫攻坚业务知识培训2期239人次，进行闭卷考试1次。全街道建档立卡贫困户510户、1877人，2020年年底实现全面脱贫。加强政策宣传和作风建设。开展扶贫政策进村入户，通过广播、手机微信、政策宣传栏、农民讲习所等形式，提高群众知晓率，严控政策标准；对驻村工作队和帮扶责任人的走访帮扶实行每月一督查一通报。全面落实帮扶政策。启动“三千”工程，通过万人帮千户工程，街道筹集资金10万元，通过特设岗位设置，在村以公益性岗位形式帮扶25名深度贫困对象增收；通过百企帮千户工程，大力宣传就业招工信息，动员剩余贫困劳动力参加专项招聘会。推动加快农村安全饮水工程；持续推进住房安全，组织实施房屋安全性鉴定和安全牌挂牌上墙，对“四类对象”住房不安全的实施危房改造1户；对有厌学心理的义务教育学生采取“三帮一”控辍保学措施，确保不让一个学生辍学；加强医保政策宣传，商业保险建档立卡贫困户全覆盖，确保贫困户看得起病。

【综合治理】 2020年，桐山街道实行重大信访问题党工委、办事处集体研究讨论，对摸排出的问题由党政班子成员集体开会研究并逐一包案交办制度。全年召开涉及综治、信访专题会议

22次，研究交办重大综治问题6起。坚持开展领导接访活动，完善领导接访制度，将具体接访领导安排到每天，包括双休日和节假日，方便群众随时反映情况和问题。全年接待来信来访130起500余人次，省市县转办信访件27件，办结24件，办结率90%；信访系统交办24件，答复办结23件，办结率96%。完善矛盾纠纷排查调处，坚持每半月一次定期排查和敏感时期的及时排查制度。继续实行稳定工作联席会制度。每月召开一次由街道党政主要领导、分管领导，综治、警务、司法、安监等部门人员以及村书记、专干参加的矛盾纠纷排查调处工作协调会，督查交办工作落实情况，安排布置综治工作。进一步落实社会风险评估制度，完善《桐山街道重大突发事件应急处置预案》《桐山街道抗洪抢险应急预案》等多个应急预案，充实应急分队队伍。针对桐山街道重大事项、重大决策、重点项目以及涉及群众利益等事项进行社会稳定风险评估15项，确保社会大局总体平稳可控。开展扫黑除恶送戏下乡宣传活动1次，发放宣传资料7000余份，在辖区内主要道路醒目位置安装1块大型禁毒广告牌，面积341平方米，悬挂横幅15幅，设立宣传栏28块，粘贴宣传标语100余条；设置举报箱，公开举报电话，畅通信息渠道。摸排收集线索9条，上报县扫黑办，对上级交办的9条信息进行复核，未发现涉黑案件。巩固禁毒成果。在禁毒宣传、创建禁毒示范街道、社区戒毒（康复）工作等各个方面都取得一定的成效，全年开展大型禁毒宣传活动3次，利用送戏下乡、普法宣传等形式开展禁毒活动4次，禁毒知识进校园3次，发放识毒、拒毒宣传单12000份，在各村（社区）悬挂禁毒知识、识别制毒工厂宣传栏14块，辖区内主要道路醒目位置安装2块大型禁毒广告牌，面积100平方米；开展对辖区内在册吸毒人员进行毛发检测样本采集送检工作，并对社会面吸毒人员进行网格化服务管理和风险分类评估，更新完善吸毒人员个人档案；对评估为中风险以上的14名社区戒毒人员，9名社区康复人员全部管控到位，按要求定期尿检、谈话，执行率达到100%。

（王　霞）

东溪街道

【概　况】　东溪街道于2015年7月21日从文庙街道分设成立。地处宁远县城东部，街道办事处驻舜德路1号。街道辖区东起卜家岭，西至石板塘，南以泠江河为界，北临禾亭镇，辖东溪（东溪社区、东郊、唐家山的唐家山麻园里两个自然村）、舜德（舜德社区、唐家山的姜吉昌九狮岭及新老鹅公井3个自然村）、逍遥岩3个社区，丰熟（周家、大路脚、昌田洞）、东山（东山、十里铺）、舜阳（东塘、瓦窑头）、红岩（石板塘、逍遥岩）、柳塘（柳塘、唐家山的荷叶塘自然村）、黄龙头（罗家、黄龙头）、凤阳（白面下、城头寨）、卜家岭、鸡公岭、野鹿岗、五里庵、跳墩石、朝头坝、唐家、下岭、大屋地16个建制村，其中，丰熟、舜阳、红岩开展农村社区建设。总面积74.8平方千米，总人口6.33万人，其中非农人口3.55万人，农业人口2.8万人，有耕地1.71万亩（其中水田1.38万亩，旱田0.33万亩），林地1.1万亩。街道工业基础良好，依托地域优势，紧抓湘南承接产业转移示范区建设的机遇积极承接沿海产业转移，加快新型工业化发展步伐，形成服饰、玩具、塑胶、五金等“三来一补”加工贸易区及水泥、石材、钢材等建材冶金工业区。街道交通条件便利，永连公路、宁嘉公路、宁新公路等干线穿境而过。2020年，东溪街道成为全国全民健身模范县创建工作实地考核点和省司法厅基层立法工作实地调研点，获得永州市模范职工之家、市级园林式单位和“六好”乡镇（街道）工会等荣誉。

【党的建设】　2020年，东溪街道将党建工作与疫情防控、“稳就业、强基础、富家乡”等工作紧密结合，进一步提升街道党建工作水平，实现党建引领作用最大化。完成19个村（社区）党组织书记、村主任“一肩挑”工作。以全面推行农村网络化管理为契机，通过党员领岗、组织定岗、公示明岗、考核评岗等方式，做实党员设岗定责，建立村党支部+党小组+党员中心户“三级网格”，各村成立51个二级网格，476个三级网格。组织网格内每名党员联系帮扶3户—5户群众，做到学习政策、化解矛盾、解决困难、创业致富、遵纪守法“五个传帮带”，推动农村无职党员在基层治理、乡村振兴中主动担当、带头作为。成立街道党校，加强党员干部教育培训，实现基层党员干部教育培训全覆盖，不断提升基层支部书记能力素质和管理水平。继续开展廉政文化创建活动，通过举办宣传栏、发送手机短信、组织知识测试等形式，推动廉政文化内容形式和传播手段的创新，打造廉政文化建设品牌。街道3个社区、16个行政村全部实行党务公开。建立健全事务公开责任落实机制，成立各级事务公开工作领导小组；将事务公开分为审核、评议、监督、检查考核、反馈、责任追究等十项工作制度；建立组织监督、社会监督、监督员监督、党员群众监督等多管齐下的事务公开工作监督机制，做到事务公开工作延伸到哪里，监督检查工作就开展到哪里。下发作风建设通报30期，通报违反作风建设规定的街道干部职工、村“两委”干部97人次。全年纪工委自主立案4件，办理生效司法判决案件6件，处分党员10人，其中给予开除党籍处分7人，给予党内警告处分3人。运用监督执纪第一种形态，约谈8人次，提醒谈话10人次，诫勉谈话7人次，通报批评30人次，促进干部作风好转，为完成各项工作提供纪律保障。

【经济发展】 2020年，东溪街道实现社会生产总值15.6亿元，工业生产总值10.1亿元，农业生产总值2.8亿元。公共财政预算收入900万元，同比增长5.8%，农民人均纯收入0.98万元；城镇居民人均纯收入1.97万元；地区生产总值3亿元，同比增长3%；城镇化率达到65%；恩格尔系数低于40%，城镇人均住房建筑面积35平方米以上，城镇新增就业2000余人。完成固定资产投资项目8个。耕地占用税完成246万元，完成率100%，综合治税完成29.2万元，完成率208%，房屋租赁、自营税收，完成率100%。

【疫情防控】 2020年，东溪街道摸排涉疫区来往人员378人，疫情防控形势稳定，无新冠肺炎确诊病例和疑似病例。充分运用微信群、村村响、宣传车及粘贴资料等形式，广泛宣传疫情防控知识。全面落实辖区内汽车站、医院、超市等重要关口的体温监测措施，切实做好应急值守工作。严格落实一日一报制度，安排专人对摸排情况统计上报，并提前掌握好即将到宁、返宁涉疫区、境外人员的基本情况和动向，时刻保持信息畅通。

【稳就业】 2020年，东溪街道劳动力就业共2.1万人，贫困劳动力就业910人，其中458人获得交通补贴，城镇新增就业1364人，向蓝思科技推荐12人。组织汇盛鞋厂和宇拓电子厂到街道辖区进行现场招聘，为企业提供劳动力200余人。“311”就业扶贫（提供3次职业介绍，1次职业指导，1次职业培训信息）服务人数86人，服务次数400余次，包括推荐岗位，推荐职业培训。

【产业发展】 2020年，东溪街道立足区位优势，创新工作方式，调优产业结构，培育富民产业，现代农业提质增效，发展农业水产项目6个，休闲农庄4个，壮大水果种植业12个，培植蜂蜜养殖3个，规模合作社2个启运营利，新增流转土地1千多亩，坚持把蔬菜产业作为产业结构调整的主攻方向，以专业合作社为龙头，规模种植果蔬500余亩，水稻800余亩。积极探索发展集中连片、规模高效的新兴产业经营模式，集约化生产效应凸显，多元富民产业发展格局日趋完善，农民收入稳步提升。

【三大攻坚战】 脱贫攻坚。2020年8月，东溪街道动态调整后建档立卡贫困户626户、2204人，脱贫18户、41人。先后开展四类对象“一超过两不愁三保障”问题短板摸排、脱贫质量“回头看”“冲刺问题清零，决战脱贫攻坚”重点帮扶等问题摸排整改行动。发放贷款175万元，惠及建档立卡贫困户34户，边缘户1户，分别用于发展水稻种植、渔业养殖和家禽养殖等项目，32户入股街道成立的溪瑞生猪养殖合作社，以创新形式丰富贫困户与产业项目利益联结，促进扶贫产业发展、增加贫困群众收入。蓝天保卫。牢固树立“绿水青山就是金山银山”的强烈意识，切实改善环境空气质量，坚决打赢大气污染防治攻坚战。发放森林防火、烟花禁放、秸秆禁烧等污染防治工作宣传资料2万余份，开展进村（社区）、进学校、进企业等宣传活动场次10余起，利用“村村响”、出动宣传车广泛开展森林防火、烟花禁放等工作宣传，提升村民知晓度。重大风险防控。按照重大风险隐患问题类型，对全街道范围内所有企业、学校等进行全面排查，排查出各类问题12起，责令整改到位12起。

【乡村振兴】 2020年，东溪街道空心房拆除面积4.2万余平方米，占任务总面积的80%，完成厕所改造任务500口。土地确权工作完成资料整理和核对归档，产权制度改革全面完成。完成早中稻种植5100余亩，治理耕地抛荒1000多亩，玉米种植1200余亩，高粱种植680余亩，红薯种植5620余亩，确保粮食生产持续稳定。油菜种植500多亩，其中示范点种植200亩。蔬菜种植850余亩，油茶低改200亩，绿肥种植1300余亩，完成造林2100余亩，生猪出栏3250头。

【项目建设】 2020年，东溪街道八小路网、德泽路、李部路正在顺利实施；污水管网柳塘段完成建设；湘妃大道三期正在实施；硕宁电子三期完成征地；江博士二期正在实施；国防教育基地完成2个村征地任务；G357线路丰熟段正在实施；涔天河水渠全面开工，部分标段已完成；八小幼儿园完成主体工程；公墓区完成一二期征地320亩，正在规划设计和请款；刘家洲休闲农庄、南岳生物完成主楼工程。启动老旧小区改造，辖区15个改造小区完成入户摸底和资料上报，原地税家属小区、县人民银行家属区完成改造。项目实施中解决各类矛盾纠纷60余起。

【重点改革】 2020年，东溪街道16个村完成集体所有资产的清理核实、土地确权颁证工作，同时进一步核实2019年清产核资报表。争取资金5万元用于国家公共文化服务体系示范区创建，为街道综合文化站配备桌椅、书柜、投影仪、电脑等配套设施。改造街道机关大院，增添文化气息。红岩村建成文化活动中心，广大群众乐有阵地，舞有平台。推进“一门式服务”全覆盖，19个村（社区）建立村级“一门式”服务中心，将养老保险、医疗保险、社会救助等事项纳入“即来即办”范围，方便村民在“家门口”办事。

【社会民生】 2020年，东溪街道有农村低保792人，发放资金213万元，其中建档立卡贫困户699人，贫困人口数占低保比例88.25%；农村特困人员220人，发放资金71.8万元，其中建档立卡贫困户11户12人，贫困人口数占低保比例5.4%；城镇低保860户1737人，发放资金763万元；落实90周岁以上高龄老人生活津贴制度，发放高龄补贴59人次7.08万元；4名事实无人抚养儿童，发放资金4.5万元；11名孤儿，发放资金12.万元；一级、二级残疾人每人每年发放护理补贴780元，生活补贴780元。开展移风易俗，破除封建迷信教育，提倡婚丧嫁娶文明节俭，倡导群众科学文明的生活方式，街道乱埋乱葬和丧葬陋习得到有效改善。

【综合治理】 2020年，东溪街道30件积案化解10件；省委巡视组在宁远期间，交办街道信访件四批次106件，其中东溪街道作为牵头单位的交办件27件，均按要求办理到位；全国“两会”、十九届五中全会特护期间，实现零进京上访目标。发生矛盾纠纷326起，调处326起，其中街道调处108件，非正常死亡命案3起，同比上一年度矛盾纠纷发生率下降8%。

（周常华）

天堂镇

【概　况】 天堂镇沿用驻地天堂自然地名得名。天堂原属干旱之地，为灌溉农田，开挖许多大小山塘用以蓄水，由于无活水流入，许多山塘只能靠装天水，俗称天水塘，后简化为天塘，人们十分向往天堂的美好生活，便把天塘改为天堂。明清时属大阳乡。民国初属南靖（南联）镇。1949年11月17日，宁远和平解放时属二区潇水乡。1958年，人民公社化时，辖区分属天堂、水市（红旗）人民公社；1961年，分属桐山区天堂公社、水市区大阳洞公社；1984年，分属桐山区天堂乡、水市区大阳洞乡；1995年6月，撤区并乡，将桐山区的天堂乡和水市区的大阳洞乡、梅岗乡合并为天堂镇；8月，将原梅岗乡划归水市镇。

天堂镇政府驻天堂村，2015年并村调整后，辖天堂（原天堂村、卜洞村、曾家洞村、寄岗村）、晓石、庄里洞、石海山、曹家滩、高源、大阳洞（原大阳洞村、江村、刘村、牛头山村）、新屋地、香花桥（原香花桥村、老屋场村）、大坪岭、龙须、岭脚（原岭脚村、岭江村、马家村）、光辉（原许家村、毛里坪村、平口源村）、百步岭、狮子头、和谐（原下坊村、枞树湾村）、蒋家17个建制村，107个自然村，309个村民小组，其中，天堂、光辉、大阳洞、岭脚开展农村社区建设。天堂镇位于宁远县西南部，距县城7.5千米，东连桐山街道，南接水市镇，西邻道县柑子园乡，北界中和镇，总面积84.13平方千米，耕地面积2.47万亩，其中水田2.03亩，旱土0.45万亩，山林面积6.8万亩。东西最大距离13.4千米，南北最大距离13.8千米。天堂镇有10923户，41262人。其中3000人以上的行政村4个，1000—3000人的行政村13个。总人口以汉族为主，约占99.91%，2020年人口自然增长率2.1‰。天堂镇交通便利，G357国道、G76厦蓉高速在境内自东向西纵穿而过，17个行政村通村道路已全部用水泥硬化，G537二广高速宁远东至天堂公路正在建设中。天堂镇地貌以丘陵为主，地势西高东低、南高北低。镇西部屋脊岗山脉与道县柑子园乡交界，为宁远进入道县的必经之地，是红军长征屋脊岗战斗遗址所在地。天堂镇属中亚热带季风湿润区气候。境内有2条河流，泠江河由北向南，流经曹家滩村流入道县，汇入潇湘水系，境内河道长约4千米；九嶷河由南向北，流经新屋地、蒋家、牛头山、大阳洞、江村、马家、狮子头、岭江等村流入道县，汇入潇湘水系，境内河道长约7千米。境内有小（一）型水库1座，小（二）型水库12座，骨干山塘241口。境内矿产资源主要为石灰岩，地质储量1亿立方米，可采储量为0.1亿立方米，地下资源可利用量为1384.4万立方米。

【经济发展】 2020年，天堂镇实现农业总产值251478万元，财政收入1600万元，税收完成27.5万元，新增固定资产投资完成1.2亿元。全镇经济发展在一季度受疫情影响较大，二季度以后呈现稳中有进、持续向好的良好态势。治理耕地抛荒，发展粮食生产，种植早稻10000亩、中稻5200亩、晚稻19600亩，种植玉米等旱杂粮5500亩；种植烤烟3120亩，收购烟叶7000担；蔬菜基地2个，种植蔬菜500多亩。柑橘产业发展迅猛，在季丰农业公司、九嶷优果公司带动下，种植面积6000余亩。大力推进生猪全产业链建设，现有规模养猪场12个，在建规模养猪场3个，生猪年出栏25万头（含仔猪）。探索发展养蚕产业，在曹家滩村新建桑果基地1个，占地620亩，养蚕620张。全镇有商业网点4个，集贸市场2个（天堂、大阳洞集贸市场），湖南农商银行网点2个，快递配送点2个。有近百年历史的天堂牛市肉牛交易持续繁荣，辐射周边县市，成交量逐年增加。

【基础设施】 2020年，天堂镇大力实施饮水安全工程，天堂村、百步岭村率先实现县城自来水厂集中供水，大阳洞村、岭脚村实现梅岗水厂集中供水，和谐村、香花桥村实现单村集中供水。完善村级路网建设，通村道路拓宽至4.5米，100人以上自然村道路全部硬化。推进交通问题顽瘴痼疾整治，投入80多万元对天堂市场改扩建，投入30多万元对天堂村乡道两旁平整硬化，解决困扰村民多年的马路市场问题。天堂供电所施工进入尾声，17个行政村全部完成电网改造。万亩土地开发工作圆满完成，开发土地4215亩。

【社会事业】 2020年，天堂镇有公立幼儿园2所，在职教师27人，学生301人；有完全小学2所，在职教师100人，在校学生1456人；有中学1所，在职教师85人，学生1350人；有私立幼儿园2所，学生198名。全镇有镇文化站、广播电视站1处，各类文化专业户45户。2020年全面推进创建国家公共文化服务体系示范区工作，有农家书屋17座，“村村响”实现全覆盖，新建党建主题公园1个、村级休闲公园17个，送电影、送戏下乡200多场次。全力推动基层公共服务（一门式）全覆盖，各村实现一窗受理、“一站式”服务，同时在“互联网+政务服务”一体化平台推行线上办理，全年网上办件5195件。大阳洞村中国传统村落保护修缮及综合环境整治项目总投资300万元，已完成招投标，正按计划实施。全镇有医疗机构1个，村级卫生室17个，医疗点5个，有床位25张，全年完成个人诊疗1.1万人次。严密防控新冠肺炎疫情，投入2万多元购买口罩、手套、红外线体温计等防护及消杀用品一批，全年无新冠肺炎病例。开展爱国卫生运动，实施“三清一改一拆”，常态化落实村庄清洁行动，拆除空心房、废弃房120多座，厕所“旱改水”完成420口。全镇建档立卡贫困户1242户、4637人，其中2014—2019年脱贫1166户、4482人，2020年脱贫77户、155人，贫困村3个，2017年已出列。继续落实扶贫工作“四不摘”，农村低保、特困人员、孤儿等困难群体应保尽保，2020年年底，农村低保736户、1322人，特困人员336人，孤儿37人，享受残疾人两项补贴496人，危房改造17户，房屋维修110户，新开发扶贫就业岗位162个，发放扶贫小额信贷373万元，发放临时救济款60万元、棉被60床、棉衣100套。织牢社会保障网，全年缴纳城乡居民养老保险1.6万人，参保率80%；缴纳城乡居民医疗保险3.3万人，参保率100%。

【社会治理】 2020年，天堂镇严格开展“扫黑除恶”专项斗争，坚决铲除黑恶势力滋生土壤。建立健全各项工作机制，做好群众来信来访和矛盾纠纷调处工作，办结省委巡视组交办件16件、镇本级信访件110件次，无赴省进京上访人员。大力开展平安建设，发放宣传资料1.5万份，日常巡逻150多次，全镇民调工作排名全市第一。牢牢守住安全生产底线，加强镇、村、校、家四级联动，做好防溺水和“小火亡人一氧化碳中毒”防范宣传工作；加强对非煤矿山、加油站、液化气和烟花爆竹销售点、道路交通等重点部位、重点行业检查，辖区内未发生重大安全生产事故。

【民俗风情】 高源土陶分布于天堂镇高源村，纯手工制作，柴火龙窑烧制，家族式传承，始于明末，已有400年历史。2015年高源土陶制作技艺被认定为市级非物质文化遗产项目，成为宁远本土文化的一张名片。大阳洞村传统手工制作的红糖，营养价值高，为当地特色农产品。

（欧阳逢华）

水市镇

【概 况】 水市原名水打铺，历史上曾因上游猛降暴雨，造成山洪暴发，冲走沿街房屋及人畜，故有“青天白日水打铺”之称。市场立水边，故称水市。1949年11月17日，宁远和平解放时，辖区属二区潇水乡；1958年，分属水市（红旗）、大界（高峰）人民公社；1961年，属水市区水市公社、大界公社、香花铺公社、梅岗公社；1984年，公社改乡，1986年，水市乡改为水市镇，仍属水市区；1995年6月，撤区并乡（镇）时，由原水市区的水市镇、香花铺乡、大界乡合并建立水市镇，同年8月将天堂镇的梅岗责任区（原梅岗乡）划归水市镇。2015年并村后水市镇有游鱼井（游鱼井堡子地并入水市社区）、周家、欧家、田家、先锋（旗形、下早禾洞）、上游（花盘洞、杨家湾、刘家洞）、淌塘、红旗（东田、赵家湾李家山、落家沙洲）、大界（大界、渣力坪）、凤凰山（羊公井、过水岩）、水晶窝、下立洞、杨家山、石坝头、彭祖、塘下洞、腊树脚、小欧家、黄家（钟山岭自然村并入大欧家）、大欧家（大欧家、黄家钟山岭）、邹家、柜林（柜林、沙落坝、杉树园）、村尾、潭村、周家山、桂里园、天堂山、樟木脚、黎壁源（黎壁源、上早禾洞）、九嶷湖（荞麦花、卜家、龟形洞、香花铺腊树脚）、紫源洞（梯子洞、界头源）、冬瓜冲（冬瓜冲、梅子冲、鲁塘）、联海洞（廖洞、东海、西海）33个建制村以及水市社区（水市社区、水市、西边洞、梅村、石马、游鱼井堡子地），其中，上游建制村开展农村社区建设。水市镇位于宁远县境南部，距县城18千米，总面积239.59平方千米，东邻冷水镇、湾井镇，南接九疑山瑶族乡，西接道县四马桥镇，北连舜陵街道、天堂镇。全镇有17501户、529个村民小组，总人口7.05万人，辖区内有汉族、瑶族、苗族等民族。水市镇有耕地面积45797亩，其中水田34842亩、旱土10955亩，林地面积24万亩。境内东、南、西三面环山，九嶷河流经辖境，河流沿岸平坦开阔，土地肥沃，是宁远的“鱼米之乡”。水市水库碧波荡漾，风光旖旎，连绵数十里，蔚为壮观，古有“潇水涵青”之称；左右干渠蜿蜒伸长，灌溉县内水市、天堂、原舜陵镇10多万亩良田，成为宁远的“母亲河”，被国家林业和草原局批准列入九嶷河国家湿地公园创建试点。

【经济发展】 2020年，水市镇生产总产值15.47亿元，同比增长8.1%，其中农业总产值8.59亿元，工业总产值3.82亿元，其他总产值3.06亿元。实现农民人均收入21200元，同比增长12.1%；城镇居民可支配收入33651元，同比增长10.1%。持续推进烤烟产业强镇富镇，大力发展特色种植业与养殖业，种植烤烟10300亩，完成烟叶收购23560担，位列全县第一，全市第二。规模养殖户24户，出栏生猪32500头、肉牛4000头，新增标准化规模养殖场6家，远丰·周家生猪养殖基地落户水市，建成后常年存栏母猪9000多头，年出栏仔猪16万头。因地制宜发展培植种植产业，新增水果种植基地6000亩、种植品种有三红蜜柚、黄金柰李、柑橘莫科特、柑橘西龙一号、金葵砂糖橘、沃柑、红肉脐橙等，油茶种植5000亩。2020年，水市镇获评“湖南省农业产业强镇”。大力发展生态旅游，新增造林0.6万亩，森林覆盖率达到92%以上。充分利用邻近九嶷山、下灌旅游区的独特区位优势，抢抓全县全域旅游示范创建的大好时机，全力推进乡村休闲旅游。宁远烈士公园、九嶷河国家湿地公园、包家红军标语墙遗址、田家古塔、大界源农庄、源上源农牧园、大元社等一批集休闲、体验、观光于一体的新兴景点备受游客青睐；水市大菜、卜家干鱼等美食佳肴深受游客喜爱。水市镇源上源农牧园被评为“湖南省四星级乡村旅游区（点）”“省级示范家庭农场”“永州市十佳家庭农场”。水市镇获评永州市生态文明示范镇，并拟评选湖南省生态文明示范镇，已完成公示审核。

【基础设施】 2020年，水市镇落实重点产业项目6个，完成投资15.7亿元。梅岗风电场首批风机完成并网输电，装机容量120兆瓦，每年可提供上网电量2.6亿千瓦/小时，所有行政村完成电网改造；远丰·周家猪场项目已完成投产。农村路网建设加速推进，县城至水市乡道改扩建工程全面完工，石坝头、大界、腊树脚等6个村新建或扩建村道5.6千米，水市至茶叶冲、水市至卜家等临崖临水公路全部安装安全护栏，隐患整改率100%；105线公交客运实现通车，群众出行更加经济方便；投入50余万元对梅岗、大界、水市3个市场进行填平补齐、增摊设位；中心敬老院提质改造完工，可新增特困供养床位100个；易地搬迁和危房改造工程全面落实，实施易地扶贫搬迁470户、1927人，危房改造64户、168人；村级办公条件有效改善，新建村级综合服务平台13个，改扩建14个；下立洞等7个村“小游园”建成并投入使用；农村无线和光网覆盖率均达到100%；涔天河灌区隧洞工程4个隧洞全部打通。大界植物园工程有序推进，中南考场投入使用，中心法庭挂牌投入使用。创建美丽乡村县级示范村3个，乡村风貌改造示范村8个，县级城乡整洁示范村3个。

【基层治理】 2020年，水市镇34个行政村圆满完成村“两委”换届选举工作，选举产生村“两委”班子成员183名，村干部平均年龄43岁，较上一届平均年龄下降6岁；大专及以上学历63名，占比34.42%，较上届增加20.32%；基层党组织创造力、凝聚力、战斗力显著增强。着力加强政府自身建设，完成镇人大代表建议办理24件；办理“12345”热线等各类投诉咨询81件次、办复率100%；深入推进“一门式”服务改革，结合创社会信用体系示范城市工作，形成“一门引导、一窗受理、一站服务、一次办结”的服务新格局；完成农村土地制度和集体产权制度改革确权面积54904亩，发放土地承包经营权证14341本，完成纠错60余起。

【社会事业】 水市镇有中学1所，完全小学4所，医疗机构65个。全镇城乡居民医疗保险、农村合作医疗参保率超103%；建立居民健康档案24812人，家庭签约人次24896人，其中贫困人口签约8946人，办理慢性病本995人，全部纳入管理；国家计划免疫疫苗接种率均在97%以上；全面落实低保政策，农村低保户981户、1725人，其中扶贫户有496户、974人；545位特困供养对象，政策全部落实到位。优抚对象576人，享受60周岁退役士兵补贴的237人，做好登记造册和抚恤金发放工作。80周岁以上老年人147人已逐人登记造册，每人每年发放1200元高龄补贴。认真落实殡改工作，同时对死亡人员的火化费用进行补助。努力提升人口素质和服务水平，人口年出生率达10‰；成立新时代文明实践所，对全镇1个镇级、34个村级文化中心完善配套设施。

【历史人文】 水市镇境内有革命烈士公园和红军长征过水市书写的包家红军墙等红色景观，周家村进士古村落群、田家村龙潭书院等文化景观。有水市水库二十里峡江风光，清代乾隆年间宁远县令徐旭旦在此赋诗《潇水》。梅岗古时盛产朱砂，按厂小山某区域产梅岗石，属鸡血石一种，是治印、雕刻的珍稀石材，唐《唐六典》、宋《太平寰宇记》、明《本草纲目》、民国时期《宁远县志》等方志史籍对它多有记叙。1959年秋，国家前主席、时任中共湖南省委书记华国锋曾在水市镇作重点考察调研。

（唐伟勤　欧阳群峰）

湾井镇

【概　况】 湾井，因在九嶷山下，古名“望疑市”。明弘治年间，苍梧一带（九嶷山）发生匪乱，冯都派兵镇守“协诚永奠同安无事”立营36所，湾井为中心营，故又名永安营，即永远平安之意（据“续造上厅碑记”）。后来先辈人见湾井水路弯弯曲曲“有井可凿”，于是又命名为湾井。明清分属仙政、太平2个乡。1911年，属南靖镇，1926年改为湾井乡，1938年，属湾井、灌溪2个乡，1946年，属舜陵乡。1949年11月，宁远和平解放，今镇域属宁远县第二区，1950年，属湾井乡。1958年，分属湾井（前进）、下灌（东风）人民公社。1961年，属湾井区湾井公社、下灌公社。1984年，公社改乡。1986年2月，湾井为镇建制，同时成立湾井居委会。1995年6月，撤区并乡建镇，原湾井区下辖之湾井镇与下灌乡合并为湾井镇。2005年，镇政府从湾井圩搬至下灌圩，原政府所在地设在湾井圩达90年之久。2015年，并村调整后，湾井镇下辖湾井社区（原丰收、湾井村、湾井居委会）、东安头、田心、桥头、朵山（原朵山、大岭尾村）、周家坝、和城（原和城、石坡脚的箭猪窝自然村）、久安背、黄花源（原黄花源、石坡脚的油榨旺石坡脚自然村）、路亭、下灌村（原冷江、状元楼、新屋里、下灌、四公塘、梅子窝、水上洞）、白水源、东江（青山尾、羊蹄岭村）、大屋地、建新（原彭家洞、姚家）、下寨岗、韶水、马脚洞18个建制村（社区），其中下灌建制村开展农村社区建设。全镇有108个自然村、318个村民小组、12677户，总人口45801人，民族以汉族为主，瑶族杂居大屋地、黄花源两村。湾井镇位于宁远县东南部，东临蓝山县，南接九疑山瑶族乡，西达水市镇，北连冷水镇，驻地下灌村距县城15千米，总面积96.86平方千米，耕地面积2.88万亩，生态公益林面积3.83万亩。湾井镇自然面貌南高北低，南为山区、北为丘陵、中为喀斯特地形，地下溶洞甚多，美如仙境。东江河、西江河自南向北婉然而去，注入泠水。湾井镇属中亚热带季风湿润区，气候湿暖，雨量丰沛，水源发达，镇内林木繁茂，环境优美。

【党的建设】 2020年，湾井镇党委把全面从严治党贯穿到政府工作各个方面。制定出台《湾井镇党建工作联动机制》，把全镇18个村划分为9个小组，每名党委委员联系1个组，实行党委委员、片组、党支部三级联动，分组评比，三级责任人同奖同罚。大力推行“135”村级治理模式，每周一为村支部书记坐班值班和周例会日，驻村干部每周到村坐班值班不少于2天，日常事务由村干部全程代办。自觉接受镇人大及社会各界监督，办理人大代表建议和政协提案满意率均为100%。坚定不移抓好反腐正风工作，加大纪律检查和案件查处力度，坚决查处违反党纪政纪行为。发展预备党员8名，转正党员5名，培养入党积极分子54人。全镇18个村党组织建设达到五化要求。全市新时代文明实践现场会在湾井召开。

【经济发展】 2020年，湾井镇经济平稳高质量发展。全镇实现生产总值突破10亿大关（10.1亿元），同比增长4.9%；公共财政收入1789.35万元；完成耕地占用税清理3.85万元（任务25万元）、综合治税完成6.79万元（任务14万元）；社会抚养费完成上解12.23万元；完成不良贷款清收3万元。种植烤烟7200亩，实现财政收入330万元，同比增长11%；固定资产投资0.89亿元，同比增长0.35%；农村居民人均可支配收入19862元，同比增长1.12%。建成标准化农产品质量检测站一个，配齐专职人员2名；开展稻谷补贴审核发放，共发放58.28万元；依托周家坝、田心、下灌等村万亩优质稻高产示范基地，大力推广九嶷素米品牌，全镇共种植单季稻8100亩，双季稻12600亩，发展订单农业6268亩。培植规模养殖场5家，全年出栏生猪、羊13000余头；发放公益林补贴37158亩53.88万元，退耕还林4876.56亩6.94万元，新造林1780亩，新建村庄休闲绿地15处；发展扶贫车间2个。

【脱贫攻坚】 2020年，湾井镇建档立卡贫困人口自然增加85

人，自然减少109人，脱贫退出79户、171人。全镇开发生态护林员、河道保洁员、村道保洁员等公益性岗位162个；拿出村级集体经济收入的80%，设立保洁员、宣传员、防火巡逻员等公益性岗位96个；推进消费扶贫，助推贫困村、贫困群体发展特色产业。开展各类种养殖技术、技能培训，培训贫困农民2500人次；落实教育扶贫1090人次，补贴104.2万元；其中：小学初中高中921人，63.5万元。"雨露计划"169人，50.7万元。全年落实教育资助1361人次，发放教育补贴75.83万元。开展慢性病"签约服务"2613人次，全面落实"三提高、两补贴、一减免、一兜底"政策，全年惠及贫困人口135人，救助金额12万元，其中重病兜底109人。至年底，全镇1451户、5672人建档立卡贫困户全部脱贫，贫困村出列巩固提升率100%，"两不愁三保障"问题全部清零，贫困群众收入水平大幅提高，内生动力不断增强，贫困村基础条件不断改善。

【社会事业】 2020年，湾井镇有幼儿园7所，中心完小3所（中心完小、下灌完小、彭家洞完小），片小12所，镇中学1所，在校学生2900人，入学率99.8%。大力推进教育均衡发展，全面实施教育优先战略，全镇适龄儿童入学率达100%，小学六年级升学率100%。

全镇有中心卫生室院1家，建设面积6000平方米，内设门诊、住院部，有医务人员45人。村级卫生室31个，乡村医生31人。全镇有垃圾处理池60个，垃圾中转站1个，污水处理厂2个，环卫车60部，村级环卫工人72人，负责各村村道及公共场所卫生打扫。全镇人口自然增长率控制在7‰以内，符合政策生育率保持在85%以上。乡村医生签约服务覆盖率100%；新型农村合作医疗参合45144人，参合率达100%，新型农村养老保险参保21498人，参保率73.3%，城乡低保、特困供养人员、贫困残疾人保障救助水平稳步提升；教育教学质量不断提高，健康惠民稳步发展，开展"两癌"普查735人，改扩建村卫生室18个，18个行政村卫生室达标。深入开展"稳就业、强基础、富家乡"主题活动，推荐外出务工人员381人次，农村劳动力转移就业11066人，新增就业485人，开展"两后生"等劳务培训47人次。

【社会治理】 2020年，湾井镇党委、政府牢固树立"稳定是第一责任"的意识，建立完善镇、村、组三级矛盾排查化解网络，畅通群众诉求表达、利益协调、权益保障渠道。开展平安乡镇创建活动。多举措做好信访维稳，制定信访工作包保责任制，争取专项资金，解决一些久拖不决的信访问题。积极开展矛盾纠纷排查化解工作，做到不稳定因素化解在基层，矛盾处置在萌芽状态。全年排查化解矛盾纠纷15批次，解决128起。切实加强安全生产教育宣传和监督工作，安全生产稳定向好，深入开展大排查大整治大管控行动，全力抓好防汛抗旱、森林防火、减灾救灾，开展消防演练活动8次，消防安全知识讲座6次，实现全年安全生产零事故，全面取缔湾井、下灌、白水源三个马路市场，对全镇所有建档立卡贫困户饮水安全问题进行全面排查，发现问题立即整改，补差补缺。以零容忍的态度深入开展扫黑除恶专项斗争，严厉惩治各类违法犯罪活动。全面率先推动村"两委"换届选举工作，对软弱涣散班子及时调整，村级政权平稳过渡，换届选举顺利完成。

【乡村振兴】 2020年，湾井镇建立环境整治长效机制，夯实"美丽湾井"基础。深入贯彻十九届五中全会精神和"绿水青山就是金山银山"发展理念，将人居环境整治工作作为最大民生工程。人居环境整治工作在全县领跑、全市领先，对全镇所有自然村环境卫生全部清理一遍，清理陈年垃圾10.6吨，清理乱搭乱建31处，镇容村貌大为改观。全镇收取垃圾处理费53万余元，聘请保洁员95人，基本建立村庄清洁长效常态制。拆除残破房7.6万平方米，拆除旱厕540座，改厕473座，成功承办全县人居环境整治工作现场会，连续三个季度获评全市“十佳”乡镇，接待县内外参观学习团体25批次410人，相关经验成效先后被《永州日报》《湖南日报》《人民日报》推广报道。大兴植树造林，提升“绿色湾井”基础。深入宣传发动，认真制定规划，迅速组织行动，掀起声势浩大的春季绿化热潮。规范农村建房工作，全面完成下寨岗、建新等村不动产权籍调查工作，在全市率先通过村规民约试点收取超占宅基地使用费，成功发放全县第一本农村不动产登记证，开展动态巡查，保持对违法建房的高压打击态势。

【疫情防控】 2020年，新冠肺炎疫情期间，湾井镇全面落实“外防输入、内防扩散”的疫情防控常态化策略，突出抓好重点环节、重点场所、重点人群疫情防控。通过网格化管理，实现镇、村、网格（组）“三级包保”防控常态化。严格落实“三个一”健康监测措施，全镇未出现一例新冠肺炎确诊病例或疑似病例。复工复产方面结合“六稳”“六保”，指导全面落实“四个到位”工作指引，多方联动监察复工情况，免费提供帐篷、酒精、口罩、消毒液等防疫物资，为复工复产发挥保障作用。抓实防疫复产工作，落实镇领导挂钩联系制度，积极宣传复工复产专项政策文件。全镇整体复工率100%，平均产能恢复90%。

【公共文化服务】 2020年，湾井镇紧扣重要时间节点、传统节日和中心工作开展丰富多彩文化体育活动，丰富群众精神文化生活。全年举办各种主题文艺演出10多场次，县文化馆组织“送戏下乡”、周家坝村大凤飞拉达开园暨舜帝部落音乐节、“书香机关·干部领读”读书活动、湖南省2020年“我的书屋·我的梦”启动式暨“新时代乡村阅读季”示范引领活动、2020年度“中国户外健身休闲大会”、2020年全市农民丰收节等，围绕扶贫、禁毒防艾、改厨改厕等重要内容举办各类宣传活动，内容丰富，形式多样。继续加强农家书屋免费开放项目基础设施建设，开展村级公共文化服务中心活动20场次，有效发挥村级文化服务中心效能，全镇18个农家书屋免费对外开放，开展“农家书屋与扫黄打非”宣传会演4场次。

【旅游发展】 2020年，湾井镇“旅游+文体、旅游+研学、旅游+生态”助推产业融合发展，景区建设加快推进。下灌景区创国家AAAA级旅游景区成功通过景观质量评审，获评湖南省旅游名村、入选全国乡村旅游重点村，全年接待各类参观团体、外地游客1768批次、34000余人。周家坝大凤景区通过持续加大建设力度，游客中心、游步道、民宿等旅游设施不断完善，正在成为新的网红景点。东安头村翰林祠入列“全国重点文物保护单位”。成功协办中国户外健身休闲大会、环中国国际公路自行车赛等活动。

（李超廷）

九疑山瑶族乡

【概　况】 九疑山瑶族乡是永州市人口最多，面积最大的民族乡，也是湖南省十大风景名胜区之一，九嶷山国家森林公园所在地。辖区内有舜帝陵、紫霞岩、三分石等著名景点。春秋属楚地，明清时期属太平乡，民国时期先后属南靖镇、南联镇、第三区、第二区，1949年，属舜陵乡，1950年，属湾井区，1952年，属第四区，1956年，撤区并乡时，在今域内析置紫荆瑶族乡，为湖南省当时瑶族散杂居区建立的15个瑶族乡之一，1958年，分别属湾井前进人民公社和鲁观人民公社，1961年3月，属湾井区。1984年6月，公社改乡，同年10月，属九疑山瑶族乡、鲁观瑶族乡和麦地乡。1995年，撤区并乡建镇时由原九疑山瑶族乡、鲁观瑶族乡、麦地乡合并建立九疑山瑶族乡，1996年11月，路亭村划归湾井镇。自此，九疑山瑶族乡名称沿用至今，乡名称仍用“疑”字，山、景区名称时用“嶷”字。全乡总面积328.3平方千米（耕地1.4万亩，林地42万亩），辖21个行政村、259个自然村、266个村民小组，辖区总人口9752户、37689人，其中瑶族7996人，占总人口的21.2%。全乡有建档立卡贫困户2215户、8787人，贫困村12个。贫困村于2017年全部脱贫出列，贫困人口于2020年年底实现全部脱贫。九疑山瑶族乡位于县城南部，距县城约30千米，北纬25° 12′ 89″ —25° 25′ 12″ ，东经111° 55′ 15″ —112° 05′ 00″ 。东与蓝山县境相接，南与江华县境交界、西与道县境界相依，北紧连县境湾井镇。南北长45千米，东西宽25千米，总面积328.3平方千米。

乡政府驻地九嶷山村，2015年并村调整后，下辖向疑村（疑山头、向阳头）、盘洞口、九嶷山、大桑塘、九疑洞、紫江（紫荆、牛头江）、石灰窑、太平、山河（麦地、童子坪）、和平（王奇生、凉亭山）、西湾、新塘、茶罗、龙坪（羽毛坪、桐木坪）、上洞、山头源、九龙（别江口、大地坪）、文武冲（文武冲、黄河）、凤凰（下洞、盘江湾、花盘洞）、牛亚岭（庙冲、光冲）、三亩田21个建制村，其中，凤凰建制村开展农村社区建设。九疑山瑶族乡属中亚热带气候与南亚热带气候过渡地带，兼有大陆和海洋气候特征。山区总的气候特征：日照时间短，气温年差较小。境内的住龙门（海拔982米）全年平均日照810.8小时，平均气温在13—17 ℃，1月最低温度3.8 ℃，年较差温度18.9 ℃。垂直分带性明显。山区气温随着海拔每升高100米，气温降低0.48 ℃；≥10 ℃的活动积温减少190—200 ℃，初终日间隔日数缩短5—8天；无霜期缩短12天；雨量增加50毫米左右，影响植物生长的垂直分带性。霜雪早，冰冻严重。“寒露风”一般出现在8月末，10月下旬可见初霜，11月开始降雪和冰冻。危害严重的冰冻常出现在1月下旬至2月上旬，竹木出现断尾现象。雨量充沛。山区年降雨量在1700—2000毫米之间，最高达2840.2毫米。且雨量集中，4至6月达960毫米，占全年降雨量的47%。降雨强度大，常为暴雨或大暴雨。九疑山瑶族乡主要地表径流有母江河、荆江河，分别是潇水、泠水发源地，水资源十分丰富，境内建有九疑山电站、牛头江电站、三亩田电站等12座水电站，年发电量1.2亿千瓦小时，九疑山电站是全县规模最大的水力发电站。地下水多以自流井或承压井的形成流出地面。境内溪流纵横，森林繁茂，植被覆盖率高，含水性好，水源由大气降水补给，无污染源。水田有黄泥土、沙质土、灰黄泥田。旱土有红土壤、黄土壤、黄壤、黄棕土壤。九疑山瑶族乡地处南岭山脉萌渚岭山系九嶷山山麓，地势东南高，西北低，海拔大部分300—800米，地貌山地丘陵兼之，耕地大部分在海拔300—500米的坡地、平地、谷地。山体较高、谷深、坡陡，多由变质岩、砂页岩、石灰岩及花岗岩组成。境内有九嶷山，主峰畚箕窝海拔1959.2米，三分石海拔1822米。

【经济发展】 2020年，九疑山瑶族乡财政收入1798.64万元，同比增长4.3%，全年社会总产值40376万元，完成固定资产投资2.44亿元，农民人均年收入10014元，全乡有九嶷山、鲁观、太平3个市场，商品交易十分活跃。围绕“生态立乡、旅游兴乡、产业活乡、开放强乡”的发展思路，采取有力措施护生态、引项目、兴产业，强旅游，全乡围绕县“十四五”规划重大项目库谋划上报民生、招商、旅游等重点民生实事项目共计265个，经济发展稳中有进。坚持做到疫情防控和社会发展“两手抓”“两手硬”，全力打好打赢“三大攻坚战”，圆满完成全年各项目标任务。2020年该乡先后获“国家森林乡村”（西湾村）、“全国乡村治理示范村”（西湾村）、“湖南省民族团结进步模范集体”（牛亚岭村）、“永州市生态文明建设示范乡镇”“宁远县全面深化改革工作先进乡镇”等多项国家、省、市、县荣誉，连续5年被评为全县重点工作绩效评估优秀单位。农村集体产权制度改革、基层减负、生态文明建设、易地扶贫搬迁考核、2021年村（社区）“两委”换届选举督导等多项国家、省、市级现场会、实地调研考核活动在该乡开展。协助举办中国户外休闲大会（宁远站）。

【基础设施】 九疑山瑶族乡以“十城同创、文明共建”工作为契机整合资金300余万元用于基础完善，深入推进新塘、西湾、太平、和平、山河5个村乡村振兴示范点建设，全乡修建机耕道3800余米，水渠8500余米，维修水渠2600余米，安装立杆路灯1200余盏，村庄美化、亮化、绿化得到进一步提升。大力开展农村人居环境整治和村庄清洁行动，严格落实门前“三包”制度，垃圾分类有序推进，城乡卫生整洁状况得到全面改善；大力推进农村“厕所革命”，完成改厕315座，拆除空心房309座；大力开展道路交通安全专项整治行动，对九嶷山商业街进行全面提质改造，马路市场安全问题等顽瘴痼疾得到彻底整治，九嶷山至三分石提质改造工程完工。九疑山卫生院改造项目加快推进，仙子山风电项目并网发电，九嶷河湿地公园通过国家级验收，九嶷山安置地项目基建工程开工建设，投入140万元完成乡机关和麦地责任区住宿、办公场所改造，乡机关、责任区办公和生活条件得到有力改善。

【旅游服务业】 九疑山瑶族乡旅游资源十分丰富。素以其独特的自然风光，丰富的文物古迹、奇异的溶洞著称，是湖南省十大风景名胜区之一，九嶷山国家森林公园、湖南省九嶷山地质公园所在地。主要风景和古迹有舜帝陵、紫霞岩、凤凰岩、三分石、古舜庙遗址、永福寺、黄家大屋、牛亚岭瑶寨及众多的名人题词石刻。每年观光旅游、寻根祭祖游客达百万人次。2020年，借助旅游“东风”，协助全县举办中国户外休闲大赛（宁远站）、环中国国际自行车赛（宁远站）、福建舜裔宗亲千人团祭舜活动，旅游品质和服务得到进一步提升，带动该乡以瑶族农家乐为模式的第三产业发展。瑶家腊肉、清水河鱼、竹筒饭等声名远播。

【社会事业】 2020年，九疑山瑶族乡多措并举保障“稳就业”。全力做好劳动力信息采集与录入工作，完成数据录入26623条，输送各类劳动力150余人赴蓝思科技等企业就业，太平脐橙基地、新塘长新种植合作社等各类村级合作社有效带动贫困劳动力就业突破1000人。大力落实民生民利。全乡建档立卡贫困户2215户、8787人已实现脱贫。发放低保资金5746人次、161.31万元，发放五保资金71.68万元，发放残疾人两项补贴15.71万元，发放“雨露计划”补贴273人、81.9万元，发放义务教育补贴1749人、139.78万元。开展农村低保专项治理，发放临时救助资金26.830万元，为孤儿及事实无人抚养儿童发放补贴资金35.045万元，开展村规民约法制审核工作，建立健全“四会组织”；全面加强文化惠民，成功举办九疑山瑶族乡庆国庆暨第十届农民文化艺术节活动，深化全国文明城市和文明村镇创建活动，大力开展新时代文明实践评选表彰活动，文明乡风、良好家风、淳朴民风进一步提升，“道德之乡、德孝之源”美誉度进一步提高。抓好社会治理。不断完善应急管理机制，应急管理能力全面提升；全乡殡葬制度改革加快推进。

【生态治理】 九疑山瑶族乡完成造林绿化面积1445亩，乡村休闲公园11处，完成112名护林员选聘。成功创建市级生态文明示范乡镇，深入开展环保督察“回头看”工作。辖区内“散乱污”企业1家，已全面两断三清；全面进行畜禽污染排查工作，落实农村污水治理规划工作，全乡已建立综合污水处理工程2处，配备保洁员156人、垃圾转运车10辆。深入开展小水电清理退出整改专项行动，对中度河、河底坪、桃子坪电站、住龙门、小东江电站进行断电解网拆除；辖区范围内全面开展秸秆禁燃专项行动。

（刘红续　卢学军）

冷水镇

【概　况】　辖区之泠道故城遗址位于冷水镇下胡家村西侧。镇域明清属永乐乡，民国初属东宁镇。1949年11月17日宁远和平解放后，属二区冷东乡。1958年人民公社化时，分别属下灌（东风）、石佳坪（五一）人民公社。1961年，属冷水区和太平区的云潭公社。1984年6月，改公社为乡。1995年，撤区并乡建冷水镇，由原冷水区所辖的冷水乡、上宜乡、东城乡和原太平区所辖的云潭乡合并而成。2015年并村调整后，全镇辖冷水铺（冷水铺、金钩挂、五马、三角砠第1第2组）、欧家、沙洞、海江、李铭远、百美、毛家、匡家、锡海、永和（淌头、三角砠第3—8组）、下胡家、庄屋（庄屋、上胡家第7、8组）、隔江（隔江、寨村）、舜联（绵羊砠、油村口）、鸡公寨、夏璧、翟家福（翟家、上胡家第1—6组）、东城新（于家、东城铺）、培泽、高壁、神下（神东、神西、桐子山、长冲）、山脚（油麻岭、下山脚、上山脚）、琴棋、上毛家、骆家（骆家、竹岭脚第4—7组）、新骆家（甘石坝、竹岭脚第1、2、3、8组）、三联（上冷水、四方井）、上宜（上宜、下宜）、中元、云潭、玉屏新（石佳坪、老张家）、奉佳山、旺溪、盘市、新张家、梅翠、贺家（贺家、六十砠第3、4、7组）、大陂岭（大陂岭、六十畴第1、2、5、6组）、毛坪头等39个建制村，其中，冷水铺、神下开展农村社区建设。地处宁远县境东部，东与蓝山县楠市镇相邻，南与湾井镇接壤，西与东溪街道、水市镇为界，北与禾亭镇、太平镇毗连。境内交通十分便捷，省道1806线、永连公路、九嶷大道、二广高速、厦蓉高速及宁嘉公路穿境而过。位于北纬25° 28′ 56″—25° 38′ 07″，东经111° 58′ 12″—112° 11′ 28″。冷水镇距县城11千米，因驻地冷水铺自然村得名。冷水镇属南岭山脉，镇内以丘岗山地为主，地形复杂，地形东西长南北窄，山势连绵起伏，高峰迭起。地面高程一般在海拔218—652米，境内最高峰雾云山海拔652米，最低点下岭村海拔218米。境内泠江河从湾井镇流入，境内河道长19.2千米。境内有大小水库11座，地下水资源丰富。有石灰石、花岗岩石，锡海村有焦煤矿资源，零星铁矿石。全镇有耕地31212.09亩，其中水田23615.69亩，旱地7596.40亩。全镇总人口78573人，总面积163.2平方千米。2020年度获全县烤烟生产先进单位、农村人居环境整治实绩评估先进乡镇等22项荣誉。

【党的建设】　2020年，冷水镇坚持用习近平新时代中国特色社会主义思想武装头脑，大力整治基层干部形式主义、官僚主义，切实为基层“松绑减负”。发展壮大村级集体经济。39个村集体收入全部达到5万元以上。加强村干部队伍建设。冷水镇村书记、主任“一肩挑”的村有32个，“一肩挑”比例82%，各村支部委员平均年龄由52岁降低至41岁，大专以上学历由10%提升至26%。着力抓好“一门式”办理、“一站式”服务。全镇39个村都已拉通政务外网，各村均有政务服务平台账号，编制统一规范的办事指南，39个村通过实际操作平台已能正常操作、办件、为民服务，总计办件11631件，村均办件298件，真正实现基层公共服务一门式、全覆盖。抓好党风廉政建设。全年开展作风督查171次，发出作风督查通报77期，通报处分284人次。践行四种形态，对工作落实不到位的党员干部，诫勉谈话7人、约谈12人、提醒谈话4人、例行廉洁谈话5人。坚持铁腕执纪，受理信访案件13件，办结10件，立案6件。

【经济发展】　2020年，冷水镇完成财政总收入5880万元，支出5880万元，收支平衡。2020年清收不良贷款105万元，清收金额排全县第一，社会抚养费征收70余万元，烤烟返还税收180余万元，万亩土地开发、旱改水项目县政府预计奖励200万元，有计划偿还旧账76余万元。大力发展农业生产，促进农民增收。2020年全镇治理抛荒2212亩，优质早稻种植面积14146亩，晚稻种植面积13836亩；种植水果5000亩；完成烤烟种植6165亩，收购11230担；生猪存栏50010头，出栏70100头；蛋鸡50000羽，年产蛋700吨；牛蛙养殖200亩。

【项目建设】 2020年，冷水镇聚焦产业项目、基础设施项目、民生项目和生态环保项目。投资额1451万元的冷水镇卫生院正在抓紧建设中，全年完成旱改水土地开发项目600亩，万亩土地开发项目160亩。红狮集团水泥建材项目在李铭远村、神下村开工建设，项目投资总额20亿元，工程进展有序推进，投产后可实现年上缴财政税收1亿元以上。

【社会事业】 2020年，冷水镇有中学2所，小学5所、村片小学7所，在校学生5390人，教职工397人。优质教育资源逐渐向基层倾斜，教师整体素质不断提升。有中心卫生院1所，医护人员60人，病床39张，39个行政村均有村级卫生医疗室。文化设施不断完善，有文化站1个，建成村级图书室39个，有专人管理，免费向村民开放，村村响实现全覆盖。认真落实各项社会救助政策，切实解决事关人民群众切身利益问题。抓实卫计工作。完成免费孕前优生检查245例，免费产前筛查326例；开展走访慰问活动，为计划生育困难家庭和特殊家庭发放慰问金1.08万元，为计生特殊家庭申请住院补贴17人次；全面完成奖扶对象年检年审工作，新增上报39户，退出11人。落实社会救助和社会保障工作。对城乡低保实行应保尽保，变更289户、600人，入户调查低保户183户，清理134户减少149人，新增233户、301人。对各类困难群体及时进行救济和帮扶，走访困难群众586户，发放慰问金15.99万元；走访残疾人家庭40户，发放走访慰问金1.5万元；发放临时救助资金73.78万元，救助1256户；做好退役军人工作，走访慰问老复员军人遗孀36人，发放慰问金2.88万元。

【脱贫攻坚】 2020年，冷水镇通过建档立卡动态调整、“四类对象清理”、精准脱贫等有力举措，贫困人口由原来的2954户、11316人减少到2058户、7751人，其中深度贫困对象96户、201人，易返贫对象65户、199人，巩固提升对象395户、1204人，稳定脱贫对象1502户、6147人，剩余的未脱贫户96户201人已在年内全部脱贫，达到“一超过两不愁三保障”标准，贫困发生率由原来的14.5%降至0，市级以上涉贫信访发生率同比下降80%。

【社会治理】 2020年，冷水镇信访工作开创新局面，接待群众来访103批次，接待人数400多人；调处矛盾纠纷98起，调处成功94起，调解率100%，调处成功率92%以上；开展重大矛盾纠纷排查活动4次，调处“三大纠纷”案件5起，开展不稳定因素排查12次，预防纠纷23宗，无调解不当而发生民转刑或非正常死亡的情况，所达成的调解协议件件得到落实，无违法调解及协议被法院撤销的现象，无一人赴省进京越级上访。开展扫黑除恶行动。全镇安装扫黑除恶举报箱5个，在各村主要路口安装50余套宣传铁牌，扫黑除恶宣传栏100余块，悬挂扫黑除恶宣传横幅150余幅，张贴举报电话200余处。利用赶圩日在集市对群众进行法制宣传教育3次，发放宣传资料6000余份，扫黑除恶法制宣传教育工作取得明显效果。自扫黑除恶专项斗争工作开展以来接收扫黑除恶线索7条，按期办结7条。对216名吸毒人员进行尿检，建立冬春农村禁毒铲毒宣传常态化机制，集中开展“6·26”国际禁毒日宣传活动，利用“村村响”切实抓好禁毒工作日常宣传。

（唐　林　彭俊泽）

太平镇

【概　况】 民国初期，属东宁镇。中华人民共和国成立后，废除保甲制，改为区、乡镇、村。1950年8月划为太平区，辖保安、太平、洪洞、石门、下坠、李巳、盐田、大陂、琵琶、城盘、白土、盘石、大砠13个乡。1958年，人民公社化运动中，成立太平人民公社，下设生产大队、生产队，实行政社合一，取消原有乡建制。11月，太平人民公社改名为“星火”公社。12月底，又恢复为太平人民公社。1961年3月，农村人民公社体制调整，设立太平区。1984年6月，全县实行乡、村建制，以公社建乡，以大队建村，以生产队建立村民小组。太平区辖岭头源、太平、白土、下坠、云潭、保安6个乡，53个行政村。1995年，撤区并乡建镇，撤太平区，太平乡、岭头源乡、下坠乡、白土乡合并为太平镇。云潭划为冷水镇管辖，保安单独成为一个乡。2015年，并村调整后，太平镇所辖村53个村调整为31个建制村，分别为：太平（太平、王婆晚、塘头岭除上水井外）、白土（新白土、老白土、牛市坪）、张公井（洞尾、妙瑞井、西岭头）、竹峰（何八仕、石门头）、新佳洞（洪洞、潘家）、九十四（九十四、塘湘苏家）、野鸭塘（匡家、青草塘）、宁佳洞（李家库、下界头）、骆全（骆全、新坪下毛家）、单营（马扎营、单家）、坪下（新坪下毛家除外、老坪下、章家）、神旺（神旺、李己）、塘壁（塘前、岭壁洞）、紫云（塘湘除苏家外、上界头）、土桥头（土桥头、龙眠洞）、五里坪（五里坪、塘头岭上水井）、夏堂（老夏堂、新夏堂）、清潭谢家（上谢家、下谢家）、新沙桥（新塘下、沙罗塘、梁武桥）、留佳位、岭头源、毛坪头、排楼下、清水岭、上下留、石门山、水便、湾田洞、夏千七、杨家坪、坪石头村，其中，太平建制村开展农村社区建设。全镇有17827户，总人口72609人。境内民族为汉族，无少数民族杂居。太平镇位于宁远县东部，距县城26千米。东与郴州市嘉禾县交界，南与蓝山县接壤，西与禾亭镇、冷水镇相邻，北与新田县、保安镇相连。镇政府驻太平村，镇沿用驻地名。全镇总面积161平方千米，耕地5.08万亩，水田3.96万亩，旱土1.8万亩，山林8.8万亩。境内地形以中部太平及东面的岭头源地势较高，缓缓向四周倾斜，以丘陵为主。最高峰位于竹峰村的竹子峰，海拔443米。因中间高、四周低的独特地，境内无大的河流经过，历史上以干旱闻名，水资源缺乏。属亚热带季风湿润气候，其特点是四季分明，春夏多雨，夏秋凉爽，秋季干旱，冬季多雪冰冻，日照时间长，年均日照约1650小时，年均气温约18.4℃。土壤类型多样，主要有黄色石灰土，黄壤性土、石灰性紫色土等土类。

【经济发展】 2020年，太平镇主要经济指标完成情况。完成烤烟种植面积3600亩，完成烟叶收购任务8681担。全年税收代征任务50万元，综合治税17万元，耕地占用税37万元，不良贷款清收51.2万元。重点项目完成情况。全镇有规模企业3家，年内新增投资项目7个，完成固定资产投资2.358亿元。投资1.5亿元的五里坪水库20万兆的光伏发电项目建设完工，并网发电，年税收300万元以上。产业发展完成情况。立足镇情实际，重点打造以太平镇现代农业产业园为核心的“一园三区”建设，园区总投资5000余万元，项目建设分别为生态平衡种养示范区、舜之韵生态油茶区、康之美药用植物区。其中，生态平衡种养示范区建设有全国农民专业合作社示范社鑫农淮山专业种植合作社，种植淮山1600余亩、葛根1600余亩、沃柑及沙糖橘800余亩；上下留粑粑岭养猪专业合作社，年出栏肉猪2000头；南岭生态农牧有限公司，年出栏肉猪16000头；稳发生态农业发展有限公司，年出栏肉猪30000头；昌辉金槐种植专业合作社，种植金槐米1000余亩；大三湘油茶种植公司，种植油茶2000余亩；兴发烤烟专业合作社，种植烤烟1000余亩；留佳味西瓜种植专业合作社，种植“留佳味”西瓜1000余亩；舜之韵生态油茶区主要有强农、国锋、挺进、群幸、和喜五家油茶种植专业合作社，在白土、单营两村种植优质油茶10000余亩；康之美药用植物区现有宁远兴泰种植有限公司种植的互叶百千层6500余亩，远禾农业发展有限公司、丰登生态农业有限公司、鑫瑞水果种植专业合作社种植柑橘2600余亩、百香果600余亩、山楂800余亩。以五里坪、塘头岭等村种植小籽花生较多，全镇年均产量约2.5万千克。位于宁远、嘉禾和蓝山三县交界之地的留佳位村，每年种植西瓜200余亩。太平镇万亩油茶扶贫示范基地是湖南省现代农业油茶综合产业园核心区、湖南省油茶高产栽培示范园、湖南省优质油茶科普示范基地，太平土壤肥沃，茶油色清味香，营养丰富，耐贮藏，是优质食用油，全镇种植油茶2万亩。

【基础设施】 2020年，太平镇着力完善水电路等基础设施建设，新建加油站一座，投资3300万元建设污水处理厂，铺设污水管网设施11.5千米，新修公共卫生厕所两座，对太平市场进行提质改造，开放两个公共停车场解决停车位紧缺问题，疏导道路交通，新建一个垃圾中转站，投资30万元建设镇休闲公园，31个村均兴建休闲绿地。新修公路6.7千米，扩宽公路2.33千米，安装路灯159盏。

【社会民生】 2020年，太平镇社会救助方面，共有五保户537人，其中37人在岭壁洞敬老院进行集中供养，其余500人分散供养。医疗保险代缴：五保代缴医疗保险12.5万元，低保代缴医疗保险37.5万元，孤儿代缴医疗保险3.25万元，残疾人代缴医疗保险37.5万元。社会保障方面，残疾人年审1545人次，五保户537人次，优抚对象年审787人，社保年审3万余人左右，为残疾人上门办证361本，发放优抚金100万元，发放社保金206万元。为优抚军人代缴医保63人次。城乡居民参保53400人，医疗保险收缴约1250万元。通过产业帮扶、特色岗位、光伏发电、孝老爱亲、兜底保障、改善基础设施等措施，全镇94户、226人未脱贫户全部脱贫。全镇共发放交通补贴2704人，发放资金27.04万元，特设岗位207人，发放资金79.93万元，享受光伏分红46户，孝老爱亲121人，万人帮千户131户。危改户19户，残破房161户，全部改造到位。所有贫困户均参加城乡居民医保，享受医保补贴政策。对全镇3700户“四类对象”因户施策，精准帮扶，其住房安全、基本医疗、安全饮水、义务教育均达到脱贫标准。

（张　谭）

保安镇

【概　况】 保安镇因镇政府驻地位于保安村而得名。明清属广济乡；1912年属广济镇。1949年11月17日，宁远和平解放后属三区广济乡。1958年，人民公社化时属保安（飞跃）、禾亭（卫星）人民公社；1961年，体制调整属太平区保安公社、禾亭区中心铺公社；1984年公社改乡；1995年，撤区并乡建保安乡，由原太平区保安乡与原禾亭区中心铺乡合并设立；2014年11月，经湖南省民政厅批准，撤销保安乡设立保安镇，行政区域和镇人民政府驻地不变。2015年并村调整后，将原35个建制村合并成19个建制村，即保安（保安、龙家、杨家、居家园）、李亥、坪石（坪石、土地冲）、许家（老许家、新许家）、红星（黄门洞、竹元下）、李宅相、鲤塘、李巳（李巳、知止门、黄家坝）、古溪（下古溪、上古溪）、光明（官田、肖家塘）、北阳、朱日、三合（小双桥、大木山、新岭脚）、义重（盐田、新朱家、社头）、中心铺（中心铺、老屋山）、坦头岩、黄土岭（黄土岭、崇高山）、石坝、汉下村，其中，保安、义重开展农村社区建设。位于北纬25° 41′ 13″ —25° 47′ 20″ ，东经112° 1′ 44″ —112° 9′ 65″ ，总面积70.3平方千米。地处宁远县东北部，东与新田县枧头镇、金盆镇交界，南与太平镇、禾亭镇相连，西靠仁和镇，北邻柏家坪镇、鲤溪镇。镇人民政府驻保安村，距宁远县城23千米。2020年年末，辖区总人口34237人，其中常住人口22107人，流动人口12130人。总人口中，男性18571人，占54.24%，女性15666人，占45.76%；14岁及以下6854人，占20.02%；15—64岁23599人，占69.80%；65岁及以上3487，占10.18%。地形地貌大部为丘陵，地势为东高西低、北高南低，地面高程一般在海拔300—500米，最高点仙姑岩海拔605.8米，最低点老屋山村前坪子海拔240.6米。属中亚热带季风湿润性气候区，其特点是夏冬长，春秋短，四季分明；光照充足，年温高，积温多；冬无严寒，夏季炎热，雨季分明，夏秋多旱。春水寒塘河水系，境内有其支流两条。一条发源于黄门洞村与太平镇的交界处，流经保安村，至中心铺村，后流入柏家坪镇的腰间村，其中保安段河道长10千米，中心铺段河道长8千米。另一条支流发源于古溪村，经肖家塘村流入仁和的黄泥塘村。全镇有小（一）型水库2座，小（二）型水库8座，大小山塘1524口。境内矿产资源主要为玄武岩，地质储量35万立方米，可采储量为3.5万立方米，集中分布在中心铺村。

【经济发展】 2020年，保安镇实现地方生产总值7.1亿元，农业生产总值2.3亿元。完成固定资产投资1.75亿元，财政总收入1712万元，完成税收36.8万元，人均可支配收入15903元。种植烤烟3024亩，收购烟叶6500担，烤烟创收929.5万元。2020年完成抛荒治理1630亩，种植早稻7562亩、中稻4105亩、晚稻10126亩；完成新造油茶1300亩，新增沃柑500亩；新增合作社1家，家庭农场1家，培育香妃枣基地1处。完成造林2200余亩，村庄绿化植树3000余株。2020年有砖厂3家，分别为李巳村的祥峰砖厂、鲤塘的航发砖厂、保安村的大田砖厂；石灰岩采石场2家，分别为石坝的航鑫石场、李亥的鸿发石场；混凝土搅拌场1家，为李亥的鸿拓商品混凝土有限公司。其中2000万元以上企业3家，1000万元—2000万元的企业3家。2020年劳务输出劳动力转移8400余人，创收2亿余元。

【基础设施】 2020年，全长6.1千米、宽6米、投资1600万元的保朱线公路建设项目全面完工；总投资7.4亿的S345线一级公路建设项目已完成迁坟工作，顺利进场施工；占地面积6亩、投资规模5956万元的保安污水处理厂项目开工建设；投资1200万元的保安镇卫生院新建项目已完成业务大楼主体建设；投资600余万元的高标农田开工建设，工程完工后将大大改善李宅相、红星、李亥、坪石、保安、鲤塘6个村的农田基础设施条件；占地面积1800平方米、投资400万元的杨家新村扶贫车间于6月建成投产，提供就业岗位300余个。建成许家、李巳、北阳、义重、中心铺、坦头岩、古溪、光明、石坝、三合、红星、北阳、朱日、保安村、汉下15个村庄公共绿地，完成占地60余亩的镇级生态公园建设。5000亩高标农田建设正在实施中，完成增减挂钩40亩，完成旱改水120亩、林改旱100亩，完成水利工程设施7处。拆除空心房699座63390平方米，拆除违规搭建铁棚56个，完成改厕436座，建设公厕2座。

【社会事业】 2020年，保安镇脱贫43户73人，建成扶贫车间2家，可安置350名贫困户就业，“扶贫一日捐”募集捐款21312元，获得配捐3785元，新增爱心人士注册431人，消费扶贫达到1000万元。顺利完成镇便民服务中心改造项目，5个村级综合服务平台全面完工，完成中心铺市场改造，完成危房改造20座。城乡居民医保参保率99%以上，基本养老保险参保率85%以上，建档立卡贫困人口两参率100%。全镇有幼儿园5所，在园幼儿403人，专任教师27人；小学9所，在校学生971人，专任教师90人；中学2所，在校学生476人，专任教师38人；入学率、义务教育覆盖率均达100%。加强村级文化阵地建设，建成村文化活动室30个，村级文化广场36个、篮球场38个、体育健身器材20套，新建舞台7个，现有文艺宣传队20支，农家书屋全覆盖，镇综合文化站被评定为省级综合文化站。完成光明村文化大舞台、健身公园项目申报工作，举办村级春节晚会5个、中秋节晚会1个，举办庆“七一”朗诵比赛暨文艺表演，参加全县“传承红色基因 弘扬红色文化”红色教育公开课大比武，获三等奖。有各级卫生机构28个，新增床位41张，固定资产总值310万元。专业卫生员66人，其中执业医师6人，执业助理医师12人，注册护士5人。镇级卫生院为病人提供住院医疗183人次。

（王　霞）

禾亭镇

【概　况】 南宋开始有记载，称广济乡。明清属之，辖4里。民国元年（1912年），实行行政区划大调整，改广济乡为广济镇。1929年，废镇设区，全县分为九个区，广济镇为第七区。1938年，废区复乡，改称禾亭乡。年1946年，禾亭乡、保安乡合并为广济乡，辖28保。1950年8月，禾亭乡划归仁和区。1953年3月，建立禾亭镇。1955年，禾亭镇并入禾亭乡。1958年，成立禾亭人民公社，下设生产大队、生产队，实行政社合一。1961年3月，农村人民公社调整，改设禾亭区。禾亭区辖禾亭镇、琵琶乡、中心铺乡、李家铺乡、仁和乡、棉花坪乡6个乡（镇）。1995年5月，撤区并乡建禾亭镇，由原禾亭区的禾亭镇、琵琶乡合并而成。2014年12月，原属禾亭镇的野鹿岗、鸡公岭村划归文庙街道，现属东溪街道。镇人民政府驻禾亭社区。2015年，并村调整后，辖禾亭社区（刘家、周家、肖家、禾亭居委会、禾亭、大谷）、朝阳（老潮水、猫仔凼）、新天村、新柏家、王朝印、黄湘、龙岗（新龙岗、老龙岗）、和谐（老烟竹、高寨）、白土（陈家、六合）、新烟竹、蒋家塘、双龙形、东垦（黄家、张家）、幸福（石龙观、贾家、小里水）、大畴、富村（富村、环家山）、老柏家、永佳（尹家、石山下）、琵琶岗、小桃源、长江头、祖元福、团结（新田脚、白面畴）、大邦、石城25个建制村（社区），其中朝阳建制村开展农村社区建设。禾亭镇位于宁远县中部，距离县城13千米，东临太平镇，南接冷水镇，西界仁和镇，北邻保安镇，S323省道穿境而过，是宁新线、宁嘉线交汇处。全镇总面积87平方千米。2020年年底，禾亭镇共13358户，总人口45189人。禾亭镇地处湘南山区、丘陵地带，境内东、南面为山地和丘陵，西、北面为低矮山丘。属中亚热带季风湿润区气候，四季分明，雨热同季，光照充足。大气降水为禾亭地表径流主要来源，春季干旱多风，夏季雨量集中，秋季温和凉爽，冬季干冷少雪。森林覆盖率74%，林地面积11万余亩，其他农用地110亩。投资36万元，在宁嘉、宁新公路和二广高速裸露山地新造和补植补造3445亩，宁太路种植桤木5.5千米，宁新公路沿线种植桤木11.5千米。实施永兴河流域绿化工程，种植2—4厘米樟树1000株，种植桤木、柏木6000余株。2016年，被评为“湖南省生态镇”。禾亭水粉、红薯干、肉兔等声名远播，其中“九嶷山兔”获永州市产业结构调整先进品牌称号。

【经济发展】 2020年，禾亭镇生产总值112569万元，其中农业生产总值42590万元，工业总产值41014万元，社会消费零售总额17368万元。财政收入2000万元，税收完成52万元。农村居民人均可支配收入13410元。禾亭镇富村和禾亭社区刘家网格两个贫困村与联兴鞋业有限公司合作，建立扶贫车间。富村扶贫车间现有机器25台，工人26人，解决贫困户就业人口19人，每天可完成155双成品鞋子；刘家网格扶贫车间现有机器56台，工人60余人，解决贫困户就业人口20余人，每天可完成1200余双半成品鞋子。2020年种植烤烟4400亩，完成收购11000担。琵琶岗村利用本村荒山，流转山岭种植1500多亩优质油茶；新天村利用本村林地，成立养猪基地，年出栏生猪500余头。禾亭镇商贸服务业有禾亭和琵琶两个市场、门面190个，摊位568个。2020年镇域新开酒店、农家乐18家，大型超市2家。全镇全年商贸交易额2亿多元。

【社会事业】 2020年，禾亭镇各村完成网格化建设；镇网格中心和便民服务中心、综治维稳中心运转正常。全镇有琵琶中学、禾亭中心校、禾亭完小、禾亭幼儿园4所学校，另有3所村片小学。有教师220人，其中中学教师65人，小学教师126人，幼儿教师32人。学生3852人。初中生800人，小学生2678人，中心幼儿园374人。农家书屋全覆盖。全镇25个行政村（社区）均建有篮球场。精神文明创建活动积极开展，成功创建市级文明镇。全镇有中心卫生院一所，有职工60人，其中主治医师3人，医师15人，检验师2人，X线医师2人，B超医师2人，床位40个，行政村均有卫生室。全镇有贫困村10个，其中2016年已脱贫4个，2017年其余6个贫困村全部退出。其中2014年已脱贫204户、723人；2015年293户、1067人；2016年316户、1292人，2017年脱贫570户、2111人，2019年已脱贫1552户、5552人，2020年脱贫76户、175人。2020年小额贷款发放94户，468万元。贫困劳动力转移就业1864人，发放劳务交通补贴18.64万元；发放教育补贴65万元。

（高　璇　李培松）

仁和镇

【概　况】 仁和镇明清属广济乡，民国属广济镇，1950年，属仁和区。1958年，属禾亭（卫星）人民公社，1961年，分别属仁和公社和李家铺公社，1984年6月，改为仁和乡和李家铺乡，属禾亭区管辖。1995年，撤区并乡建镇，由仁和乡和李家铺乡合并成仁和镇。镇沿用驻地仁和自然地名，镇人民政府驻仁和兴村。2015年1月1日，将草子塘、伞里洞、周王家、华石盘4个建制村划入文庙街道。当年底，剩下的33个建制村合并调整为16个：仁和兴（仁和、上徐家、刘安仲、牛尾塘、鹅婆井）、双全岩（岩口洞、陈铺全）、永兴（唐家、社福山、下徐家）、建兴（孙家铺、同干脚）、春水（陈家、谷木洞）、铜钢苑（十甲、古坪）、社高丰（社旺、高家、枫木铺）、大石洞（大石洞、神背山）、冯环（冯谷坪、环仪堂）、李家铺新（李家铺、大元伏、堂皇）、陈安、黄家洞、鲤鱼塘、白马、尹家洞、冯石（冯石、大塘边）建制村，其中，仁和兴建制村开展农村社区建设。仁和镇位于宁远县境中部，离县城10千米。地处北纬25° 11′ —26° 08′ ，东经110° 42′ —112° 27′ 之间。东靠禾亭镇、保安镇，南连文庙街道，西接中和镇、棉花坪瑶族乡，北邻柏家坪镇。全镇总面积84平方千米，耕地1245.5公顷。总人口32376人，镇区常住8000余人。民族以汉族为主。

【党的建设】 2020年，仁和镇狠抓党风廉政建设。坚持从严治党方针，严格落实党风廉政“一岗双责”，强化党员干部对《中国共产党廉洁自律准则》《中国共产党纪律处分条例》等党纪条规的宣传和学习，注重“雁过拔毛”式腐败问题专项整治、扶贫领域腐败问题专项整治和“4+1”专项整治工作。立案7件，免职1人，追缴违纪资金16400元，清退资金20416。例行谈话30人次，提醒谈话1人，诫勉谈话8人次，约谈19人次。下发作风通报21期，对上班迟到、住宿缺岗的干部予以通报批评。全年收到上级转办信访件4件，自收3件，办结率均实现100%。坚持和完善党委中心组学习制度，举办中心组理论学习4期，重点学习党的十九大精神、习近平总书记重要讲话精神；严格执行党委意识形态工作责任制，定期开展意识形态分析判研，强化网上舆论引导和监管，在市委宣传部意识形态工作调研活动中取得较好的成绩；围绕文明县城创建活动，大力开展思想道德建设和文化建设，积极开展学雷锋志愿服务、“文明户”评选活动，精神文明建设取得进步；认真落实党报党刊私订公助措施，率先完成征订任务；加强对外宣传，全力推介仁和典型经验，在微信公众号“天地仁和”发表新闻稿件21篇。不断强化组织工作，根据县委、县政府的统一部署，按照“合法选、主导选、无误选、零贿选”要求，严格换届选举有关法律、法规，突出重点，把握关键，圆满完成村两委换届工作任务，确保换届风气风清气正。按照市县要求配备党建工作站，强化对党建工作的指导督查；认真执行村干部值班和全程代理制度，开展绩效考核，不断提高村干部执行力和服务水平；不断夯实党建工作阵地基础；全年发展后备村干部76名。严格落实党管武装制度，努力从管武装、兴武装、用武装上下功夫，落实武装工作经费6万元，投入3万元改善镇武装部及村级民兵营的阵地建设，全年开展国防教育活动2次，进一步增强国防意识；突出做好民兵预备役和征兵工作，圆满完成全镇武装工作各项任务。切实做好民主党派、民族宗教、非公有制经济、党外干部和党外知识分子、对台和侨务等工作。深入开展“访民企、办实事、强信心”调研活动、“两学一做”学习教育和“四同创建”工作，积极配合县委统战部做好台胞台属、港澳同胞和海外侨胞家属走访慰问工作。

【经济发展】 2020年，仁和镇完成财政总收入384万元，同比增长2%，财税完成39万元；农村居民人均纯收入17090元；全面小康实现程度提升0.6个百分点，达到22.84%。现代农业取得新进展。大力发展粮食生产，全面治理耕地抛荒，培植早稻30亩、晚稻50亩以上大户106户，种植早中稻6608亩，全面完成分配任务。2020年烤烟收购分配任务19599担，已超额完成，均价14.88元，居全市第二，烟农可增加收入3200万元。引进天功、腾森两家公司在仁和兴村种植高山有机茶5500余亩。突出项目建设总抓手，完成固定资产投资1.2亿元。仁和兴村万羽蛋鸡标准化养殖基地项目占地126亩，厂房及相关设施建设完工。项目初期总投资额180万元，其中，上级拨付项目资金50万元，自筹资金130万元（由村委会干部带头出资入股）。仁和镇有飞耘、荣昌2个大型稻谷烘干场，年烘干稻谷各1万吨。万亩茶叶基地全年种植1500亩，有茶叶基地5000亩，品种主要为黄金芽、白茶，相关路、电、厂房等基础设施正在进一步完善。

【社会事业】 2020年，仁和镇推进社会事业全面进步。推进教育“两基”工作，适龄儿童入学率100%，初级中等教育完成率99%以上。有仁和中心校、仁和完小、李家铺完小和仁和中心幼儿园，已形成从学前教育到义务教育全覆盖的教育系统。文化设施不断完善，建成村级图书室16个，新改造村村响工程16个，建立村级乐队、舞蹈队13支；新建村级篮球场8个。走访慰问困难党员96人，发放慰问金25600元；享受残疾人两项补贴452人38870元；新增五保26人，新增低保185人，受理登记高龄补贴25人。仁和卫生院医技大院投入使用，医疗卫生条件大幅改善，卫生防疫扎实有效。2020年度城乡居民养老保险金收缴完成11453人。2020年度城乡居民医疗保险金收缴完成24447人。新建高规格便民服务中心，民政、计生、财政、国土、规划、林业、扶贫等单位全部进驻办公，方便群众办事；主动及时公开政务，办结率100%。

【脱贫攻坚】 2020年，仁和镇多策并举推进脱贫攻坚。开展“脱贫质量回头看，问题整改清零行动”，确保“一超过两不愁三保障”问题整改清零。9月底动态管理后全镇有建档立卡人口824户、2888人（其中2020年全年无整户新纳入，全年整户因死亡减少4户，2020年动态管理增加33人，减少55人）。至2020年9月底，已脱贫740户、2745人。危房改造：2014至2016年，危房改造241户，2017年，危房改造212户，2018年，148户实施危房改造工程。2020年，危房改造20户。小额信贷：全年生猪产业小额信贷收益57户57人，贷款金额282万。教育扶贫：全年幼儿园受益61名学生，小学受益278名学生，初中收益181名学生。光伏分红：全年光伏分红17户、17人，帮扶金额5.1万元。万人帮千户：全年万人帮千户79户，每户收益400元，帮扶金额3.16万元。“雨露计划”：全年春季“雨露计划”82户、92人，受益每学期1500元，受益金额13.8万元。孝老爱亲：全年孝老爱亲85户，每户收益奖补400元，共计帮扶金额3.28万元。交通补贴：全年受益交通补贴512户、811人。特设岗位：全年受益特设岗位63户、25.2万元。河道保洁：全年受益河道保洁8户、8人。生态护林：全年生态护林员收益16户、62人，帮扶金额为16万元。产业扶贫：全年重点产业领航农业链接222户、461人，天功农业链接43户、133人，舜源农业链接175户、328人。

【美丽乡村建设】 2020年，仁和镇积极整合项目资金，开展新农村建设。清理空心房474座，改厕351户。利用奖补政策引导各村新安装路灯260盏，绿化村道15千米，绿化、美化、亮化、序化、净化水平大幅提高。仁和、陈安、古坪、刘安仲、白马进行村级绿化；神背山、牛尾塘、大塘边等8个村造林；仁和社区拟建一个湿地公园；有陈安、鲤鱼塘2个花卉苗木基地。加大市政基础设施建设力度，与中联公司签约，在全镇范围投放垃圾桶2387余个，解决集镇周边及主道沿线16个村的垃圾处理问题，实现日清日运处理。严格规范农村建房。按照“先规划、后用地”原则，严格执行“一户一宅”和占地建设面积标准，鼓励拆旧建新，坚决制止占用耕地建房，严格履行审批程序，进一步规范农村建房秩序。坚决执行基本农田保护政策，积极开展国土巡查执法，及时制止违法占用耕地建房3起，减少群众损失，耕地保护得到加强。城镇建设步伐加快。仁和新天地建设项目正式投入使用，总投资4000万元，总建筑面积24633平方米，共15层，建设商铺、商品房156套，成为仁和新地标，浙江家乐福超市进驻新天地运行平稳，为乡镇居民带来快捷便利的购物体验，仁和商贸服务业经营档次和经营规模跃上新台阶。全面实施生态优先战略，完成造林1783.6亩，其中以油茶、柏木、柑橘为主。坚持“预防为主，积极扑灭”的工作方针，全面落实森林防火工作措施，镇级专业扑火队40人、村级各10人共370人的消防应急队伍和专职巡逻队伍运转正常，加大日常宣传和巡逻力度，加强对野外用火和清明扫墓的监管，全年未发生一起较大的森林火灾。

【社会治理】 2020年，仁和镇积极开展“平安保安”创建活动，重拳惩治“两抢一盗”，刑事立案17起，刑事破案14起，刑事拘留12人，行政受案35起，行政结案27起，行政处罚20人，其他采取刑事强制措施3人；加大矛盾纠纷排查调处力度，全年排查调处各类民事纠纷40件，调处25件，调解成功25件，相关赔偿金额20余万元，做到解决矛盾不出镇；开展综治大走访活动，深入了解社情民意和群众诉求，帮助解决群众生产生活中的困难和问题。成功帮助民办教师、资兴煤矿、涉医群体、返乡人员等重点群体，切实做好“两会”期间信访群体的矛盾调解工作。开展安全生产强执法、防事故和安全生产集中整治“打非治违”行动，重点检查整治道路交通、尾矿库、烟花爆竹、建筑施工等领域的安全隐患，切实抓好企业落实好主体责任，通过综合执法查处烟花爆竹非法经营42起，经济处罚6900元；安全生产大排查大整治大管控隐患排查109起，整改109起。通过增加减速带、竖立警示牌、设置护栏、护坡等措施，切实解决仁和完小路口、仁和至禾亭路口路交通安全隐患。全力抓好校车安全工作，境内所有幼儿园均对校车进行安全隐患排查，集中对校车司机和随车管理人员进行集中教育培训。全面做好吸毒人员排查摸底、登记造册、日常跟踪监管、强制戒毒和帮教工作，严厉惩治吸毒贩毒现象，在册吸毒人员133人，社会面吸毒人员119人，社区戒毒和社区康复人员12人。推进社会治理机制改革，完成16个村的网格化管理阵地建设任务，网格覆盖率100%。

【陈安村土地确权延包30年全国试点】 2020年，农业农村部确定全国16个省开展第二轮土地承包到期后再延长30年试点，宁远县为全省唯一试点县，仁和镇陈安村是全省唯一试点村。试点工作自5月开始，通过镇、村干部共同努力和广大群众积极支持，土地延包工作顺利完成。在具体工作中，重点把好“五关”。把好政策宣传关。开好村组干部、党员、群众代表、村民大会，统一思想，把政策法规家原原本本交给群众。通过挂横幅、放广播、发传单、写标语、发微信短信、入户等形式，提高群众对政策的知晓率和工作透明度。把好调查摸底关。镇村工作组深入村组农户和田头地块，摸清实际情况，排查各类矛盾纠纷，填准《土地承包情况调查摸底表》，做到“六查六看”：查农户自报面积与税改面积及本组实分面积是否一致，看有没有漏报或已改变土地形状现象；查各户田地的实际块数与填报块数是否一致，看有没有漏填现象；查表中四至与实际相邻四至是否一致，看有没有四至不清或相互重叠填报现象；查实际耕种人与承包人是否一致，看有没有流转或转租现象；查派出所户口人数与承包耕地人数是否一致，看有没有自动放弃承包权或违法剥承包权现象；查土地承包、征用、流转与现行土地承包法律政策是否一致，看有没有违法违纪和侵害农户利益行为。把好纠纷调处关。在摸底排查基础上，根据农村土地包政策法规，结合试点和外地经验，对村内历史遗留的土地承包纠纷进行详细调查，对因人多地少或地块零碎或地力较差，希望调整承包地，对1994年没有分到承包地的缺地少地农民等问题，通过发动群众、民主协商、做耐心细致思想工作等，妥善解决各类矛盾和纠纷，推动工作顺利开展。把好确权确地关。为把面积、地块落实到户，组织村民逐户填写《农村土地承包情况登记表》，由本人或由其委托他人签字认可，村干部和工作组长签名。把好合同签订关。做到“五个统一”：统一使用标准合同文本，统一组织专人填写，发包方统一由村委员盖章，承包方统一由户主本人签字，统一由乡镇经管站实行鉴证。对部分合同有面积不符、四至不清、编号错误、漏记等问题，逐一予以更正，确保合同质量。把好档案整理关。镇里建立规范土地承包档案，村里专门购置档案盒，以组为单位分类整理，村统一归档。

（王　潇）

棉花坪瑶族乡

【概　况】 棉花坪瑶族乡沿用原乡政府驻地棉花坪村而得名，1956年，设棉花坪瑶族乡，为全省当时散杂居区15个瑶族乡之一。1958年，人民公社化时属禾亭（卫星）人民公社。1961年，属禾亭区仁和、李家铺人民公社。1984年6月，人民公社改乡，10月，析仁和、李家铺乡部分村复设棉花坪瑶族乡，仍属禾亭区。1984年，恢复棉花坪瑶族乡。1995年，撤区并乡建镇时保留棉花坪瑶族乡。2015年，并村调整后，原属柏家坪镇的关塘划归棉花坪瑶族乡管辖。棉花坪瑶族乡辖棉花坪、沙子田、排山坳、柑子园、关塘5个建制村。位于北纬25° 62'19"—25° 83'43"，东经111° 86'12"—112° 5'23"。地处宁远县西北部，东、南邻仁和镇，西接中和镇，北与柏家坪镇接壤。乡人民政府驻沙子田村，距县城17千米。2020年年末，辖区总人口7462人，其中瑶族人口4918人，占总人口65.9%。年人口出生率12.4%，人口死亡率7.3%，人口自然增长率5.1%。棉花坪瑶族乡辖区东西最大距离6.9千米，南北最大距离8.2千米，总面积59.6平方千米。其中陆地50平方千米，占84%；水域9.6平方千米，占16%。人口密度为每平方千米127人。地形地貌属典型的山地，地形复杂，山地高峻、坡陡、谷深，最高峰猛虎跳墙海拔高度为856.2米，最低点沙子田腹谷海拔541.1米。棉花坪瑶族乡属中亚热带季风湿润气候区，其特点是四季分明，雨热同季，光照不足，春季干旱多风，夏季雨量集中，秋季温和凉爽，冬季干冷少雪。境内有河流四条，其中春水河全长12千米，河水明净，地下水资源可利用量为1084.2万立方米。

【经济发展】 2020年，棉花坪瑶族乡生产总值1950.08万元，其中农业总产值1513.47万元，工业总产值436.61万元；粮食总产量2633吨，完成财政总收入437万元，农村人均纯收入4262元。乡党委、政府坚持“绿水青山就是金山银山”的理念，紧紧围绕茶叶、油茶、特色养殖三大产业，因地制宜做好“山”字文章。茶叶产业，以打造万亩生态有机示范茶园为主攻方向。开办茶叶加工厂3个，推出“嶷红”红茶、“嶷山”云雾绿茶等本土品牌，茶叶种植面积达到5600亩。着力打造优质白茶项目品牌，引进宁远县腾森生态农业开发有限公司在排山坳村开发白茶项目，采用“公司+基地+农户”模式，已种植白茶2500亩，发展茶农600余户。油茶产业，纵深推进以棉花坪村为核心的千亩原生态“土油茶”种植，带动120余户村民的润源油茶专业合作社逐步走上正轨。特色养殖，全乡有柑子园野猪养殖、肉牛规模养殖；棉花坪柑冲规模野蜂养殖；关塘规模山羊养殖场、温氏生猪规模养殖、关塘龟落滩水鸭土鸡养殖；沙子田野蜂规模养殖、黄粉虫养殖，全乡规模养殖户30余户，基本形成猪、羊、兔、鸡、鸭、蜂、虫多类型、多品养殖格局。全乡5个村都成立新型村级经济农民合作社，努力走出一条“一村一品”特色农业产业发展新路子，发展壮大集体经济。沙子田村、关塘村成立股份制经济合作社，棉花坪村、柑子园村、排山坳村成立集体经济合作社。以合作社带动农户，鼓励发展生态农林牧副渔经济，积极引导贫困村、贫困户发展林下养殖、林下种植，实现生态效益和经济效益的双赢。2020年全乡有商业网点5个，实现社会商品零售总额30万元，同比增长20%。

【基础设施】 2020年，棉花坪瑶族乡柑子园村5组—6组1.7千米通畅公路全面完工；柑子园村7组—11组4.2千米通畅公路全面完工；沙子田村拦河坝完工；棉花坪村枫木漯自然村地质灾害点基地完工；沙子田村地质灾害点基地完工；棉花坪村两河口、排形和柑子园村鲤鱼坪、平冲四个电信基站顺利开通；棉花坪村寨头岭2500米自来水管铺设；柑子园村1组—6组自来水工程完工。硬化部分村道巷道，改造疏通下水道、排水沟。加大人居环境整治力度，以“四清”（清垃圾、清污水、清杂物、清淤泥）、“四改”（改水、改厕、改厨、改栏圈）等为重点，打好污染防治攻坚战。各村均聘请专职保洁员，沙子田村打造美丽乡村建设示范点。启动拆除30座四类废弃房，共2200多平方米。实现旱厕清零计划，完成旱厕改造20多户。抓好易地扶贫搬迁安置点小康新村建设，推进城镇建设扩容提质。小康新村一区、二区全面完成水、电、路、信、绿化等配套工程建设。积极推进森林城市建设，打造生态瑶乡。村道绿化种树6000余棵，造林600亩，完成3个村公共绿地，1个乡镇休闲公园。

【社会事业】 2020年，棉花坪瑶族乡有幼儿园1所，在校学生21人，专任教师5人。小学1所，在校学生216人，专任教师23人，小学适龄儿童入学率100%；辖内有卫生院1所，现有床位2张，卫生院专业技术人员8名，乡村医生2人。辖内有综合文化站1个，面积360平方米，内存书籍3000余册，对外开放。村级文化活动中心5个，文化活动广场1个，村休闲公园2个，建有农家书屋5所。“村村响”广播室覆盖率100%。新型合作医疗参合率100%。开展“平安家庭”创建活动，全乡评选平安家庭56户；开展扫黑除恶、禁毒等工作，制订《棉花坪瑶族乡禁毒宣传活动实施方案》，全年召开禁毒工作专题会议3次，开展1次进校园活动，发放禁毒宣传资料1000余份。

【脱贫攻坚】 2020年，棉花坪瑶族乡紧紧围绕“一超过、两不愁、三保障”总目标，抓紧抓实“四率一度”。集中人力、物力、财力巩固脱贫攻坚成果，与各村签订目标责任状，层层压实责任。建立党政班子成员包村联户制度。加强对脱贫攻坚政策的宣传、学习、培训，通过入户走访宣传、工作微信群、宣传标语、横幅等形式，广泛宣传脱贫攻坚相关政策。对全乡3153人次四类对象进行全面摸排，对13户、25人未脱贫对象进行重点摸排，摸排到户问题66个，并根据各户实际采取相应措施，确保整改到位问题清零。通过上下联动，全方位攻坚，全乡拆旧复垦实现清零。1月—2月建立劳动力信息库，3月—10月引导20余名劳动力就业。坚持问题导向，重点针对涉贫信访舆情等突出问题，强化整改。优化结对帮扶，做到动态管理。各帮扶责任人结合疫情防控，及时入户做好问题排查整改，做到问题发现一个清零一个。

【疫情防控】 2020年，棉花坪瑶族乡对各建制村实行网格化管理。全乡5个建制村设置6个检测点，每天安排村干部轮流检测值守。群防群治，加强人员聚集管控。建立微信群，群众相互监督，相互监测，每天早晚两次观测疑似人员健康状况。禁止开展聚集性活动，劝阻聚餐、打麻将等集聚活动10起，督促到仁和圩赶集的群众戴好口罩。加大宣传力度，利用村村响广播和宣传车进行巡回宣传，每自然村书写红纸标语20张以上，广泛宣传疫情防控知识和措施，确保家喻户晓。建立台账，挂图作战。根据县疫情防控领导小组的安排建立《医学观察人员健康台账》，对24名重点人员实行“4321”工作模式，制作“疫情联防联控作战挂图”，完善村联防联控体系，全面落实全民防控“十条措施”和网格防控“九条措施”。强化排查。联合派出所、卫生院等单位，充分发挥村干部作用，逐户排查外地返宁人员以及对摸排出的群体实行居家隔离观察，每天2次测量体温，及时上报排查信息。广泛开展爱国卫生运动，各村进行卫生大扫除，及时清运垃圾，清除水源地杂草，对蓄水池进行消毒处理，确保辖区内清洁卫生无死角。

（何佳豪）

中和镇

【概　况】 中和镇明清属仁泽乡。清宣统三年（1911年）属西安镇。1950年8月，归仁和区管辖。1958年10月，成立中和（火箭）人民公社。1961年，恢复区建置设中和区，原中和公社析为中和、慕投、新开、保和4个公社，属中和区所辖。1984年6月，公社改为乡，区建置不变。1995年6月，撤区并乡建镇时由原中和区的中和乡、新开乡、保和乡、慕投乡合并而成。2003年3月，原国营白云山林场所属的砠江、白宫殿、杨柳田3个行政村划归中和镇管辖。镇政府驻中和圩，因其处于中部，设圩交易，希望和气生财，故名中和圩。另一说，取意《中庸》首章：“喜怒哀乐之未发，谓之中，发而皆中节，谓之和；中也者，天下之大本也；和也者，天下之达道也。致中和，天地位焉，万物育焉。”中和处于县城西部，境内四面环山，形成盆地，故又称西洞。2015年年底并村调整后，辖上街（上街、马鹿口、羊山头、兴隆坊、石珠坝）、下街（下街、大桃园、李家）、彰佳山（宝峰、黄坝头、新彰家山、老彰家山）、河西（盘龙井、木桦山、泮塘、白田）、绿源（黄仟二、邓家、聂家、蒋家、谢家）、保和（保和、新福祥、杉木园）、库里（和平、仁杏、井子口、山林塘1至4组）、慕投（老村、新村、高子洞、油榨屋、百花园）、四都（永乐塘、新屋里、老屋里、杉树脚）、茶子园（茶子园、山林塘5、6组）、何家山、荒塘、上吴伯营、下吴伯营、坦头、谢罗塘、坝眼、友谊桥、大塘漯、西江园、麻田、陈家洞、枫木脚、周家、白宫殿、坦坝、罗卜园、岭头、犹壁、立脚、砠江、芳竹山、新开、西山、龚家、四坊、杨柳田等37个建制村，其中，彭佳山、上街、下街、慕投、库里、保和、绿源、四都、河西开展农村社区建设。中和镇人民政府驻下街村。中和镇位于北纬25° 42′ 53.28″—25° 42′ 1.44″，东经111° 50′ 54.24″—111° 52′ 37.92″。地处宁远县境西部。东邻棉花坪瑶族乡、仁和镇、文庙街道，南连天堂镇，西界道县、双牌县，北接清水桥镇、柏家坪镇。人民政府驻地距宁远县城20千米。全镇总面积299.2平方千米，其中耕地5.18万亩，林地33.2万亩。辖区总人口75784人。中和镇地势南北高，中部低，境内最高峰宝峰山，位于宝峰村后，最低点滑石板，位于下吴伯营村。属中亚热带季风湿润区气候，气候较温暖，雨量充沛，其特点是四季分明，雨热同季，光照较充足。春季干旱多风，夏季雨量集中，秋季温和凉爽，冬季干冷少雪。境内仁江、春水河贯穿全境。仁江发源于中和镇西山村东瓜漯，由北向南，从仁杏村南出境，境内河道长28千米。春水河自杉木园村东北入境，由东北向南，流经冷水洞村，境内河道长6千米。凤仙桥水库位于中和中北部，为中型水库。境内已探明地下矿藏有新开锑矿、铜矿岭铜矿等。其中新开锑矿位于谢家村，储量1035吨，已开发利用，属低温热液充填型脉状矿床，中型规模，平均品位5.16%。铜矿岭铜矿位于罗卜园村，主要分布于中和镇铜矿岭至棉花坪瑶族乡平冲一带，属低温热液充填型矿床，资源量652.3吨，平均品位0.773%，未开发利用。

【经济发展】 2020年，中和镇早稻种植面积1.6万亩，中稻种植面积2.45万亩，晚稻种植面积1.51万亩。建成早稻集中育秧基地4个，面积64.8亩，机插和抛秧面积4800多亩；建成四都、羊山头2个1000亩早稻连片种植示范区；对全镇82处1377.74亩抛荒耕地全部整改到位。全年种植烤烟5962亩，收购烟叶13884担。全镇柑橘种植5366亩，杨梅等其他果树种植6000余亩。

【项目设施】 2020年，中和镇新建卫生院项目，一期工程完成。保和交通绿岛项目正在施工；计划投资400余万元的中和镇农村客运站项目，已征地完成。全镇户厕改造配套1200元/户，已完成改厕600余户，公共卫生厕所8座。实施7项农村饮水安全巩固提升工程，工程总投资44.63万元。新开猪场整体九栋猪舍完工，已投入生产，预计生猪年出栏量1.8万头；友谊桥猪场整体六栋猪舍完工，预计生猪年出栏量1.6万头；坝眼猪场两栋猪舍完工投入生产，预计生猪年出栏量0.4万头；宁远汉唐振旺农牧有限公司在立脚村计划投资2亿元的猪场完成土地流转，建成一栋猪舍。

【社会事业】 中和镇主要由凤仙桥自来水厂供水，每天供水2000吨，供水人口4.2万人。另集中供水1000人以上的小型供水工程14座，1000人以下的20座，全镇18000余户基本实现自来水全覆盖。建成综合性垃圾中转站1座，每日可处理9吨生活垃圾，联合中联重科车辆运输，可基本满足全镇37个行政村生活垃圾的处理需求。中和污水处理厂2018年全面完工并投入使用。中和镇生活污水处理设施及管网工程建设位于石珠坝村旁，主要收集和处理中和镇及周边邻近村的生活污水，服务约9000余人，该工程处理污水能力为1000立方米每天，出水水质达到国家一级A排放标准，建设污水收集主、支管网约11.7千米，建设占地总面积约9亩。

【脱贫攻坚】 中和镇有建档

立卡贫困户2731户、10451人，2014年至2019年，已脱贫2651户、10276人，2020年，脱贫人口80户、175人。全镇14个贫困村，2016年，出列白公殿、大塘漯、芳竹山、荒塘、砠江、上吴、下吴、西山8个村，2017年，出列保和、库里、慕投、西江源、下街、杨柳田6个村。全镇易地搬迁对象共402户、1685人，县城集中安置192户、907人，乡镇集中安置170户、620人，分散安置40户、158人。2020年，外出务工享受交通补助共计2977人。在各村聘请特设岗位人员258人，享受光伏分红对象53人，享受孝老爱亲政策对象156人，万人帮千户对象140人。完成危房改造91座，发放补贴资金327万余元；B级房维修155座，发放补贴资金约48万元。

（欧阳乐）

柏家坪镇

【概　况】　柏家坪镇古称泠道春陵乡，最早见于晋人郦道元《水经注·湘水》。是全国新型城镇化重点镇、全省生态文明示范单位、全省小城镇建设示范镇、全省文化名镇，文化底蕴深厚，境内有全国重点文物保护单位——春陵侯城遗址及春陵侯墓。汉武帝元朔五年（前124年），汉武帝封长沙定王之子刘买为春陵节侯，定都今宁远县柏家坪镇。初元四年（前45年），留下刘昌，第三代春陵侯刘仁率领刘氏宗族476户北迁后，留下春陵古城和春陵的名字，春陵子弟在这里分支各处，依山傍水，刀耕火种，结庐而居，繁衍生息，而使春陵成为湘南重镇。明清属西乡，辖2里。清宣统三年（1911年）属北屏镇，意为宁远北部的屏障。1950年，命名柏家坪乡，1956年1月，成立柏家坪办事处，1957年3月撤销。1958年，设柏家坪（先锋）人民公社。1961年3月，以驻地命名柏家坪公社，同年9月，隶属柏家坪区。1984年6月，公社改乡。1986年3月，柏家坪乡改为建制镇。1995年，撤区并乡建镇时由原柏家坪镇、礼仕湾乡、双井圩乡合并而成新的柏家坪镇。2015年，并村后，由原来的1个社区49个建制村除划出关塘建制村外，合并调整为1个社区27个建制村，即柏家坪社区（柏家坪社区、谢家、柏家井、毛家坝、左洞明水桥、唐家两个自然村）、马头上、岗芝头、坝子头、左家、皇家洞、岭脚洞、潘花（潘家洞、花桥）、王家冲、瓦渣坪、井塘背、郑古元、唐家漯、双井圩（大路尾、长岭上、双井圩、下坝洞、黄泥坝、百佳洞）、四元山、可亭、蔡地里、北屏（杨柳桥、蒿草坪、左洞自然村）、都喜（都堂岭、西林寺）、刘均申、桥头、板利元、新团结（三文洞、寒塘）、礼仕湾（小新屋、老屋、彭家、林里坊、茄子园、普乐洞）、柏家、神山下（牛轧丘、神山下）、兴旺（马头岗、火烧石）、眼头村，共226个自然村、511个村民小组，其中，双井圩、北屏、礼仕湾开展农村社区建设。柏家坪镇位于宁远县境北部，距县城35千米。东邻鲤溪镇，南接保安镇、仁和镇，西界棉花坪瑶族乡、中和镇，北连清水桥镇。辖区总面积160平方千米，有耕地面积4.65万亩，其中水田3.97万亩，旱土0.68万亩，山林面积95.2平方千米。2020年年底，全镇总人口7.15万人。其中有瑶族742人，主要居住在唐家漯建制村。柏家坪镇山宽地广，土地肥沃，灌溉方便，物产丰富，有“北路粮仓”美誉，是全县有名的鱼米之乡。境内西、北面是高山，东北面为山地和丘陵，东南面和南部为低矮山丘。春水流经腹地，中下游形成平川。

【经济发展】　2020年，柏家坪镇实现社会生产总值10.97亿元，农业总产值3.08亿元，工业总产值5.83亿元；农村居民人均可支配收入18890元，同比增长9.3%；完成财政收入3100万元，综合治税及耕地占用税226万元。烤烟生产获丰收。大力实施科技兴烟，推进烟草富民强镇强村步伐。镇财政开源节流投入18万元对全镇416座问题烤房进行全面检修，投入7万元修复损毁编烟大棚1000平方米，投入10万元对烤房零部件进行维修和更换，投入34万元用于改善烟基水利基础设施。全镇种植烤烟10500亩，收购23528担，超额完成收购任务，烤烟产业为烟农创收3670万元，财政增收456万元。粮食生产有发展。该镇认真贯彻落实中央、省、市、县关于粮食生产工作部署精神，加大耕地抛荒整治力度，推进新团结、郑古元、可亭、王家冲四个村高标准农田建设，抓好早稻专业化集中育秧，做好农资供应和农机技术服务，成立宁远县元亨水稻种植专业合作社联合社、利贞生态农业有限公司，流转土地4434亩。治理常年抛荒耕地946亩，种植早稻13800亩，晚稻17717.29亩，农户增收2215万元。生猪保供步子稳。积极发展大型养殖场，投入1500万元的永鑫生态种猪场已投产，预计年出栏仔猪15000头，义塘专业合作社大型养殖场已经全部建成完工，11月份正式投入运营，楚风现代农业大型原种猪场已经办好用地手续，板利元大型猪场正在整地建场。人居环境持续改善。聘请村级保洁136人，全天候保洁，春节期间，镇村组织垃圾清运80余吨，收取卫生费60多万元。完成柏家、柏家坪等镇区范围污水管网设计。组织16人专班，对2019年848口改厕情况进行逐一核实，整改厕所25口，使厕所改建（新建）基本符合质量要求。2020年新改厕719口，新建公厕3座。全镇拆除空心房520座、47653平方米，空心房拆除率达90%。完成春季造林2624亩，中幼林抚育1600余亩。成功创建湖南省生态文明示范乡镇。工业。民营经济个体户242户，产值100万元以上企业52家，工业总产值4.5亿元。商贸服务业。个体工商户2117户，从业人员5937人；餐饮业28户，从业人员152人。集市贸易成交额和社会商品零售额亦居全县前茅。春陵古镇建设规划。坚持“商贸强镇、旅游兴镇、农业富镇、两区融合”，以春陵古镇建设推动乡村振兴。坚持科学规划引领特设旅游小镇发展，综合考虑文物保护、村庄保护、环境保护和风貌控制等多种因素，规划出以河流水系、田园村镇、文物古迹、山林谷地、人文风情等旅游资源为基础，以柏家坪镇为核心，以河流道路为纽带，形成点、线、面相互融合，促进“一核一带四组团”的空间布局。围绕春陵古镇建设来打造支柱产业，大力发展商贸物流业、乡村休闲旅游业、现代农业，加大自然、文化资源的保护力度，强化卫生整治，提高环境质量。

【基础设施】 2020年，柏家坪镇争取资金600万元，完成水毁工程修复29处。完成北屏、桥头等四个村“饮水安全问题”清零，实现蔡地里等6个村活动中心通水。河西神山下、可亭等村12000余人的自来水饮水问题得到解决。对郑古元、都喜等村的自来水进行巩固提升。投入15万元对春陵文化广场及周边进行改造升级，更换88盏新时代文明实践广告灯箱，投入15万元在样板街新安装太阳能路灯28盏，投入16万元成功创建星级财政所。建成乡镇休闲公园1座，建设村级休闲公共绿地21处。

【社会事业】 2020年，柏家坪镇有中学1所、小学4所、片小17所，有学生3858人，教职工270人。有幼儿园15所，在园幼儿人数1千余人，其中谢家幼儿园、双井圩中心幼儿园在园幼儿数超200人。礼仕湾完小连续四年在全县同类完小年度综合评估中列第二名；各学校均装备配齐多媒体电脑室和音、体、美、劳、智等多功能室和相应教学设备，更换教学投影等。建成3000平方米的春陵文化广场，成立春陵文化艺术团等6个民间艺术团，举办第10届农民文化艺术节，开展舞蹈、小品、快板、花鼓戏、歌唱等形式多样的表演活动。28个村都建有图书室，21个村建有篮球场，配备有健身器材等设备。发掘本土红色文化，成立柏忍烈士研究会，专门研究柏忍烈士红色精神。有中心卫生院1所，医护人员72人，病床100张，各行政村都有卫生医疗室。2020年，全镇剩余76户、141人未脱贫人员全部脱贫。全面推进“三变”改革，发放金融扶贫贷款618万元；2020年已完成贫困户、“四类”对象危房改造23户，修缮房屋53座。健全贫困户资源入股、分红收益联结机制，841户贫困户享受年均分红28896元；对贫困学生实行“教师+学生”结对帮扶，全面实施控辍保学“五长”负责制，上门成功劝返6名义务教育阶段辍学学生继续上学，1263名贫困家庭学生受教育权益得到充分保障；完成贫困劳动力转移就业3126人次，扶贫车间全面复工复产解决就业385人，开发就业扶贫公益岗位215个。开展“脱贫质量回头看”“三回头”等脱贫攻坚问题整改清零行动，核查整改问题272个，提升脱贫成效。

（黄　卓）

清水桥镇

【概　况】 清水桥明清属西乡，清宣统三年（1911年）属北屏镇。1950年，属平田乡。1952年，命名为清水桥乡，1958年，属先锋（柏家坪）人民公社。1961年，以驻地命名清水桥公社，属柏家坪区。1972年，刘家坪村、桐梓坪村划归上龙盘公社，1984年5月，清水桥公社改为清水桥乡，清水桥乡属柏家坪区，1995年，撤区并乡建镇时由清水桥乡、晓睦塘乡、侯坪乡合并而成，镇人民政府驻地清水桥圩，距县城37千米。2015年并村后，清水桥镇由38个建制村合并调整为21个建制村，辖134个自然村，312个村民小组。21个建制村为：平田村（平一、平二、平三、平四）、胡家村、谢家村（谢家、太平铺）、大竹源村（大河铺、大竹源）、晓塘铺村、清水桥村（万家、清一、清二、龙岗、凤形岭）、大金盆村、刘家坪村（刘家坪、枫岩脚）、黄沙坪村、清溪村（阙家、何家）、江河源村（洛家洞、再上）、田伟村、郑兴村（上马石、座塘）、吕家桥村、百福荣村、联和村（新坝头、孔家岭）、泉井眼村（泉井眼、三脚岭）、晓睦塘村、西坊村（乐家坊、西塘）、罗坝村、吾塘岭村，其中，平田、清水桥、江河源开展农村社区建设。清水桥镇位于宁远县北端，东连鲤溪镇，南接柏家坪镇，西邻双牌县上梧江瑶族乡，北界双牌县麻江乡。全镇南北长约12千米，东西宽约10千米，总面积148.06平方千米，城镇面积25.5平方千米，耕地面积2.8万亩，山地面积13万亩。2020年全镇总人口42708人，民族以汉族为主。全镇以丘陵、山地为主。镇域中部较为平坦。清水桥属亚热带季风气候，气候温和，四季分明，雨量充沛，日照充足，分布较均。春温多变日照少，夏热前涝后旱，冬有霜雪严寒短。受不同天气系统和独特地貌影响，时空分布不均，导致境内出现暴雨、洪涝、高温、干旱等灾害天气。年平均气温18.5℃，年降水量2016毫米。年日照时数1085小时。城乡环境持续改善，空气达标率100%。集中式饮用水水源地水质达标100%。境内有平田龙溪河、蛟源河、西春河。水田有黄泥田、沙质田、灰黄泥田。旱土有红土壤、黄土壤、黄壤、黄棕土壤。植物资源有桂花、红豆杉、银杏、罗汉松、紫油厚朴、金银花等。2020年，被评为市安全生产十佳乡镇，全县烤烟工作、禁毒工作、综治工作、森林防火工作先进单位，全县粮食生产、实施乡村振兴战略实绩考核先进乡镇。

【经济发展】 2020年，清水桥镇完成地方生产总值74657.41万元，同比增长6.7%；实现农民人均纯收入14860元，同比增长6.2%；完成财政总收入1757.99万元，同比减少10.34%；实现社会消费品销售总额约552万元，同比增长7.6%。完成耕地占用税清理46.52万元，任务28万元，完成166.16%；完成综合治税26.68万元，任务20万元，完成133.40%。化解各种债务计152.46万元。粮食产量1.82万吨，收购烟叶12938担，烟叶总产值1868.2万元，烟叶税收373.6万元，烟农平均收入13.6万元，同比增加1.2万元，烟叶均价1444元/担，含补均价1640元/担，烟叶收购均价位列全县第三，上等烟叶比例73.75%，比上年高出1.12个百分点。烤烟产业吸纳农村就业人员800余人。投入资金230余万元，新增大金盆烘烤工场20座生物质烤房，改造老烤房加热系统65座。投入500余万元对侯坪洞区域及百福荣、联和、龙岗等两个标段开展高标准农田建设。完成固定资产投资1.5亿元，在库项目7个。镇农贸市场总面积2平方千米，有5条商贸街，长2000米，营业面积5000平方米，摊位360个，营业铺面200户。每逢农历二、五、八日为圩日，赶集人数万余人。

【基础设施】 2020年，清水桥镇加大农田水利设施建设力度。由村两委按“四议两公开”程序施工的第一批水毁修复工程投资373.99万元，第二批水毁修复工程投资621.8万元，秋冬修复项目32万元，吕家桥河堤修复中央预算下拨资金25万元，由镇政府招标工程建设资金399.37万元，共计投入1452.17万元。稳步推进高标准农田建设，清水桥镇两个标段共投资500多万元，新修烟水烟路等投入70余万元。

【脱贫攻坚】 2020年，清水桥镇认真落实易地搬迁、产业帮扶、教育扶贫、劳务协作、医保兜底等系列帮扶措施，建立问题“清零”和整改工作责任台账。年内脱贫34户71人。累计实现易地搬迁贫困户223户、826人；劳务协作贫困户1407人；依托本地木材加工带动127户贫困户脱贫；通过垫付农资、产后包销等方式，带动62户贫困户种植糯高粱脱贫增收。所有贫困户、低保户、重残户纳入城乡居民医保。困难群众民政临时救助18.57万元，有农村低保保障828户、1255人。通过发放入园补助、生活补助、免收学费、免收教科书费等方式，帮扶建档立卡贫困户816名贫困学子减轻上学负担。

【社会事业】 2020年，清水桥镇有小学4所，在校学生1929人，专任教师149人，小学适龄儿童入学率100%；初中1所，在校学生266人，专任教师29人。初中适龄人口入学率、小学升初中升学率、九年义务教育覆盖率均达到100%。辖内有卫生院1所，现有床位30张，有专业技术人员34名，专业卫生员24名。有村级卫生室28个，专业技术人员28人，其中执业医师2人、执业助理医师6人、乡村医生20人。辖内有综合文化站1个，面积500平方米，内存书籍3000余册，对外开放。村级文化活动中心21个，建有农家书屋38所。“村村响”广播覆盖率100%，卫星电视覆盖率100%。牢固树立“绿水青山就是金山银山”理念，大力开展“三清一拆一改”行动，完成改厕394座，拆除空心房564座、45590平方米，拆除率94%。持续推进平田、刘家坪两个村美丽乡村建设，刘家坪村成功创建为省级美丽乡村示范村。全镇21个村有卫生保洁员126名。深入开展“百岁健康”创建活动，胡家村和郑兴村被评为第二批“百岁健康精品村”。4月，在晓睦塘村马栏背水库举办市防汛救灾应急演练，进一步提高应急队伍抢险救援实战能力和防汛抗旱指挥决策、应急处置能力，为防大汛、抗大灾、抢大险积累实战经验，增强防汛抗灾应急处置工作的总体水平和应急指挥能力。在新冠肺炎疫情期间实行“4321”工作模式，强化认识、强化排查、强化管控、强化责任，做到排查不漏一户，观察不漏一人，管理不出网格。全镇有16个广场舞团队，清一村广场舞团队曾参加湖南省广场舞比赛并获奖。积极落实基层文化建设相关政策，17个村配套建有篮球场，大力实施村村通、村村响工程，村村有文化活动中心，有农家书屋，有基层组织活动场所。不断推动新时代文明实践活动深入开展，树立文明新风典型，10月28日在镇文化广场举办第十届农民文化艺术节。活动现场宣读清水桥镇“平安创建”倡议书，对平安创建、扫黑除恶、禁毒等知识进行宣传，对评选出的20户“十星级文明户”进行表彰。全力决战脱贫攻坚。

（周璐瑶）

桐木漯瑶族乡

【概　况】　桐木漯瑶族乡因境内曾桐木树多而得名。明清属西乡，清宣统三年（1911年）属北屏镇，1950年，属柏家坪（先锋）人民公社，1961年，属柏家坪区上龙盘公社。1984年9月，公社改乡，从上龙盘公社析置桐木漯瑶族乡。1995年，撤区并乡建镇时保留建置不变，辖7个行政村，2015年，并村调整后，清水桥镇桐梓坪村划归桐木漯瑶族乡，区划调整后由原来的8个行政村调整为6个，即上龙盘、下龙盘、桐木漯（竹山源、桐木漯）、桐梓坪、小源、双源（双江口、大源），55个村民小组，总人口7563人，其中瑶族人口3518人，占总人口的46.51%。乡域位于北纬25° 55′ 06″ —26° 01′ 48″ ，东经111° 54′ 54″ —112° 01′ 18″ 。地处县域北部，东与鲤溪镇、五龙山瑶族乡交界，南、西与清水桥镇相邻，北与双牌县麻江、阳明山接壤。乡人民政府驻上龙盘村，距县城48千米。属典型的山地，山势起伏，群山环抱，最高峰汉皇殿海拔1477米，最低的下龙盘海拔320米。全乡总面积74平方千米，耕地3312亩，其中旱土1830亩，水田1482亩，林地5633.33公顷，杜鹃花面积1000余亩。森林资源丰富，是全县竹木及药材的主产区。树种有杉木、松木、樟木、香椿等十多种优质用材林；竹有楠竹、毛竹、花竹、方竹、苦竹等；药材有杜仲、黄柏、黄精、银杏等数十种珍贵品种。另有少量的金属矿石等矿产资源。境内有三条横贯南北的河流，落差大，水力资源丰富，利于小水电开发，有小（二）型泄泥漯水库和小（一）型双龙水库，有小型发电站三座。

【经济发展】　2020年，桐木漯瑶族乡实现农业生产总值4917万元，完成财政收入513.73万元，完成税收4.68万元。全乡人均纯收入1.35万元。大力调优产业结构，培育富民产业，现代农业提质增效，农业特色产业稳步推进，粮食生产发展种植大户7户，早稻种植380亩。种植烤烟475亩，收购烟叶1084担，创税31万元，烟农创收155.9万元。桐梓坪村建成“羊肚菌”与特色西瓜轮作种植基地70亩，亩产2万元以上。下龙盘村竹鼠养殖规模突破1000只，桐木漯村石蛙养殖基地建成投产。引进和扶持乡规模企业红军木业有限公司、宁远县盘龙竹木加工有限公司、宁远县龙平加工厂等6个大型扶贫车间，帮扶贫困群众就业200余人，年产值超5000万元，成为全乡经济新的增长点。同时支持宁远县红军木业有限公司技改新增成品车间追加投资3180万元。

【基础设施】　2020年，桐木漯瑶族乡完成小源村通村桥梁3座，桐木漯村通村桥梁5座；修建桐木漯村通大湾岭道7.18千米；建设桐木漯（刘家坪）35千伏输变电工程。

【社会事业】　2020年，桐木漯瑶族乡依托产业扶贫、就业扶贫、健康扶贫、教育扶贫、金融扶贫、社会扶贫、危房改造、社会保障兜底、基础设施建设等“十大工程”建设为抓手，创新工作思路，突出重点、多措并举，巩固脱贫攻坚成效。全年脱贫9户、17人，危房改造5户，给予租房补贴解决住房难题11户，组织B级房整修8户。新增特设岗位33人，组织创业致富带头人参加培训12人。全力推进稳就业。组织入户宣传和集中就业宣传3次，为蓝思科技、园区企业输送就业人员50余人，龙源新村扶贫车间重新装修开业后吸纳本地就业80人。全乡有1所九年一贯制学校和1所机关幼儿园，在校学生300余人，教职工30余名，通过“四帮一”等措施，实现适龄人员全部就学。全乡6个村均建有便民服务中心，实现基层公共服务“一门式”全覆盖，6个行政村卫生室全部达标，全乡城乡居民医保参保率达到99.12%，四类重点对象参保实现全覆盖，全乡低保增加或提档100余人达到131户、214人，实现应保尽保。养老保险参保率达到82%。全镇建有乡级标准化文化站1个、6个村级文化活动中心，农家书屋6个，藏书1.8万册，有标准化篮球场2个，广播电视户户通；成立新时代文明实践所和社会志愿者队伍，引领群众参与各类赛事节庆活动，全乡精神文化体育活动丰富活跃。全乡有1个乡级卫生院，在职医护人员16名，6个合格村级卫生室，人民群众文化体育活动丰富，卫生健康有保障。

【社会治理】 2020年，桐木漯瑶族乡严格落实安全生产企业主体责任和“党政同责、一岗双责”制度，全年完成安全生产检查12次，各部门联合道路交通整治4次，深化平安桐木漯建设，“一村一辅警”落实到位，开展大型禁毒宣传活动12次；全面推行河长制，聘请生态护林员11人、森林专职巡逻人员6人。抓好“三清一改一拆”工作，2020年获全县人居环境治理绩效考核先进单位。

【特色地情】 桐木漯瑶族乡瑶族文化底蕴深厚，每年组织参加“盘王节”活动，小源村上毛漯的瑶寨民俗展厅完整展示瑶族文化发展渊源，周边风景独特，汉皇殿百亩樱花、万亩野生杜鹃花和瀑布群，上千名游客和摄影爱好者慕名前去观赏拍照，湖南经视、中央电视台第2套《第一时间》进行宣传报道，成为众多网红打卡首选之地。本地人喜饮家酿酒，以红薯酒为普遍，喜饮自制的谷雨茶，在谷雨前后采集的茶色泽青黄嫩绿，闻之清香，嚼之微苦中带清凉，食之清香四溢，满口生津，妙不可言。本地特色菜肴有家制熏腊肉、扣肉、干笋子、蕨菜等。

（王承柳）

鲤溪镇

【概　况】 明清属东乡，清宣统三年（1911年）属北屏镇，民国20年（1931年），设置永安、石溪等乡。1946年，永安乡和石溪乡合并为石安乡，1950年，属平田区，1958年，属永安（和平）人民公社。1961年，为鲤溪区之鲤溪、永安、柏万城公社。1984年，鲤溪区划分为柏万城乡、永安乡、鲤溪乡、石家洞乡、荒塘乡5个乡。1995年，鲤溪区撤区并乡建镇设立鲤溪镇，由鲤溪区的鲤溪乡、永安乡、柏万城乡合并组成。鲤溪镇位于宁远县东北部，距县城58千米，东与新田县交界，南临保安镇，西接柏家坪镇、清水桥镇，北邻五龙山瑶族乡、洋塘林场。宁远至五龙山瑶族乡公路从南至北纵贯全镇，S215线公路从东至西穿境而过。镇域总面积162平方千米，其中耕地28976亩（水田22191亩，旱土6785亩）。2015年并村后，下辖鲤溪（鲤溪、寨头岭、大枧头、游马石、雷玄）、朝晖（上汤家、大井边、李家山）、枫木山、骆家园、大方洞、雷家源、山田（山田、徐家）、东山岭、三元岭、五福（吕家、全家）、贵头、下庄、瓜石、快乐洞（快乐洞、蒋家岭、二坝湾）、永安（永安、浪石桥、流夹洞、蛇脑头）、姜家洞（王家洞、姜家洞）、桑梓头、百家岭（柏家岭、马山岭、茶月岭）、柏万城（上柏万城、下柏万城、虎形、新厂岭）、双河（龙板、鱼形）、开发渡（倒犁田、甘花洞、麻芝湾）、白兔（狮子畴、白兔）、大观堡（香炉畴、梅木塘）、杉木坪、仙马石（阳合凼、石山下）、白云岩（大山窝、白石下）、龙泉等27个建制村。其中，鲤溪、永安、柏万城开展农村社区建设。全镇165个自然村，396个村民小组，总人口56294人，民族以汉族为主，占99.05%，有一个瑶族村——雷家源村，共128户，524人。全镇地处北纬25°80′13″—25°95′15″，东经112°11′70″—112°03′04″。境内地形南北狭长，北高南低，西北两侧均系山地，雾冲、西江源、瓜垒源等山峰平均海拔700余米，其中西江源主峰986米，与宁远、新田境内的大冠岭形成东面屏障，平均海拔400米。东春河源出分水岭，自北向南流，纵贯境内。全镇属大陆性中亚热带季风性湿润气候，春温多变日照少，夏热前涝后多旱，初秋湿热晚秋凉，冬有霜雪严寒短。年平均气温

17.9℃，年降水量1843.6毫米。年日照时数1066.6小时。据环境空气质量检测数据表明，二氧化碳浓度年平均值达国家标准（CB3095—1996）一级标准，空气质量指数为良的天数占全年天数比例98%。2015年获评省级“生态乡镇”称号。全镇是以农业为主的鱼米之乡，东春河两岸汇聚万亩富硒产业带，水稻、烤烟种植占比较大，经济作物盛产甘蔗、油茶、沃柑、金丝菊、青蒿、花生等，是宁远县“东北粮仓”。水田有黄泥田、沙质田、灰黄泥田。旱土有黄土壤、黄壤、黄棕土壤。植物资源有樟树、松树、杉树、楠竹、油茶树、金银花等。矿产资源主要有石灰石，上柏、下柏、上汤家等村境内发现少量铁矿石，虎形村有煤矿资源。鲤溪镇文化底蕴深厚，资源丰富，东春水东岸有清风岩，翠柏林立，山清水秀，相映成趣。大冠岭上有大观堡遗址、智眉禅师（疑似建文帝）墓，其背后寓意的自强不息、顽强拼搏的大观堡精神更是备受市县推崇。白石下村有仙姑庵，大方洞村节孝牌坊文化遗址于2014年被纳入永州市文物保护资源。2020年，鲤溪镇党委、政府团结带领全镇党员干部群众，认真贯彻落实上级各项决策部署，坚持稳中求进工作总基调，贯彻新发展理念，克难奋进，开拓创新，奋力夺取疫情防控和经济社会发展双胜利。连续5年高质量接受省级实地检查和第三方评估、通过国务院扶贫办脱贫攻坚数据质量实地核查抽样验收。获评县烤烟生产、粮食生产先进单位称号。

【经济发展】 2020年，鲤溪镇实现社会生产总值40822万元、农业总产值16360万元，完成财政收入1871.57万元，完成税收88万元，社会固定资产投资1.6亿元，农民人均纯收入17000元。镇党委、政府认真贯彻落实中央一号文件精神，大力推行粮食生产规模化、机械化以及烟稻轮作标准化生产，全年粮食种植面积5.33万亩，其中水稻4.28万亩、旱杂粮1.05万亩，粮食总产量达2.3万吨。全镇种植烤烟3446亩，累计收购烟叶7892担，超额完成全年任务的112.74%，均价7.16元/千克。积极对接粤港澳菜篮子工程，新建龙泉、柏万城、骆家园3个集中育秧示范基地，新增种粮大户11户。新建浪石桥、葡萄湾、三元岭、枫木山等4处生猪规模养殖场。深入推进万亩土地开发、旱改水等项目，完成土地增减挂钩236亩，旱改水520亩，水田开发161亩。全镇现有砖厂2家，石场1家，扶贫车间3家。

【基础设施】 2020年，鲤溪镇立足改善民本民生，基础设施更加完善。市重点项目龙形头水库建设征地拆迁合同草签工作顺利完成。贵头凉坪下横岭地质灾害修复工程已完工。26个行政村农村综合服务平台旧貌换新颜，“一门式”服务条件愈发便利。鲤溪边贸乡镇和永安市场建设有序推进。永安片、柏万城片高标准农田建设如期完工，千亩连片优质烟稻轮作种植区生产条件得到极大改善。镇电网改造项目已列入市“十四五”电网规划编制。鲤溪村污水处理厂开工建设。香炉畴、鸡公寨、东山岭、白兔、鲤溪、寨头岭6个村通村公路完成道路硬化。

【社会事业】 2020年，鲤溪镇坚持脚踏实地的工作作风，切实增强服务意识、宗旨意识，努力解决好群众最关心、最直接、最现实的民生问题。如期完成脱贫目标。继续坚守初心使命，以“四个不摘”的履职担当，筑牢夯实帮扶人职责，落实落细“七个一批”政策，深入开展问题排查和整改，冲刺问题清零，如期实现38户、81人深度贫困户脱贫摘帽，1779户、7112名已脱贫户脱贫成效巩固提升，脱贫攻坚取得全面胜利。推进稳定就业。全镇以党建为引领、以镇村为阵地、以主题活动开展为抓手，用足用好一揽子政策红利，持续推动经济社会平稳健康发展。全年完成16至60周岁有劳动能力的人员信息采集和录入40452人。组建36人的在外贤达人才库，60人的“五个一”优秀人才库，并与年销售额超3亿元的广州理创贸易公司达成返乡办厂的初步协议。全年新增转移就业3426人。开展环境整治。持续打好“蓝天碧水净土”保卫战，完成中心江饮用水源区域羊场污染整改。推进“散乱污”企业治理，三元岭（精合）砖厂成功拆除。消除“视觉贫困”，累计拆除“四类”废弃房859座，完成改厕324座。全面抓实安全生产。完成辖内28座水库、5个地质灾害点预案编制，组织山田、贵头、大方洞、关前塘、百家岭等地质灾害点与西瓜地山洪易发区周边群众开展应急演练。强化安全隐患治理，消除地质灾害、道路交通、烟花爆竹、消防等领域隐患36处。鲤溪、永安、柏万城3个马路市场被成功取缔，雷玄路口被打开，滞留十余年的交通顽瘴痼疾问题彻底解决。大力倡导乡风文明。深入推进平安创建，铺开“一约四会”，发挥村规民约、村民自治的自律规范作用，用微治理释放新时代文明实践大能量。大观堡村获评“市级文明村”称号，战天斗地、自强不息、顽强拼搏的“大观堡精神”花蕾在全镇绽放，乡村善治下的厚重人情和淳朴民风将全面小康的成色越擦越亮。

【民生文化】 2020年，鲤溪镇有小学3所，在校学生1826人，专任教师121人，小学适龄儿童入学率100%；初中1所，在校学生614人，专任教师36人。初中适龄人口入学率、小学升初中升学率、九年义务教育覆盖率均达到100%。辖内有卫生院1所，现有床位30张，并在永安建有分院一个。卫生院专业卫生员24名，其中执业医师5人、执业助理医师6个、注册护士8人、药师2人、影像士1人、检验士2人。下设村级卫生室33个，专业技术人员33人，其中执业医师4人、执业助理医师7人、乡村医生22人。辖内有综合文化站1个，面积360平方米，内存书籍5000余册，对外开放。村级文化活动中心27个，建有农家书屋27所。“村村响”广播室覆盖率100%。鲤溪镇沿东山岭至柏万城路线，分布4个集中广场舞娱乐区，每晚广场舞参与者达1200余人。

【疫情防控】 2020年，面对突如其来的新冠肺炎疫情，鲤溪镇果断决策，主动作为，年前第一时间发现并及时送诊全县唯一一例输入型新冠病例，有效阻断疫情传播渠道，实现零感染、零增长的目标。2020年1月21日，武汉籍韩某到鲤溪镇探亲，在当天16时30分许抵达全家村后，于18时许出现发热、寒战伴乏力等症状，经村医果断劝说，在20时许被送往宁远县人民医院就诊。1月24日，农历正月三十，韩某被永州市疾控中心确诊为新型冠状病毒感染肺炎患者，全镇瞬间进入与疫病短兵相接阶段，一场没有硝烟的防控战“疫”悄然打响。镇党委、政府严格履行属地管理责任，带领广大党员干部群众众志成城，共克时艰，迅速编织一张以基层党组织为阵地，党员干部、村组干部为核心，广大群众全面响应的疫情防控“天罗地网”，通过启动应急处置方案、落实属地管理责任、执行“四包一”监测、占领宣传主阵地、开展爱国卫生运动等一系列举措，有效预防疫情扩散蔓延，切实保障群众生命健康安全和经济社会和谐稳定。此外，做好年底H5N6禽流感疫情防控工作，将疫情带来的不利影响降至最低。其间，全镇成立党员志愿者服务站32个，粘贴疫情防控《告知书》32000余份，书写标语、电子显示屏滚动播放、悬挂横幅12000余条。上千名党员自发性参与值班值守，1003名党员为武汉疫区筹集爱心款17.5万元。全镇全年累计排查包括武汉在内的湖北返乡人员192人。湖北到宁远45人，其中武汉到宁远13人。宁远人湖北返宁远138人，外地人员途经湖北入宁远9人。落实“4321”医学观察129人，涉及国外人员38人。

（鲁文龙）

五龙山瑶族乡

【概　况】 五龙山瑶族乡春秋属楚之苍梧，秦及汉初属春陵县；后随属春陵侯国，唐属大历县，宋属宁远县，明清属东乡，清宣统三年（1911年），属北屏镇，乡沿用驻地名。1950年，命名石家洞乡，1957年，析置荒塘瑶族乡，为湖南省当时瑶族散杂居区建立的15个瑶族乡之一。1958年，人民公社化时属永安（和平）人民公社。1961年，以驻地命名石家洞公社，辖13个大队。1984年，划分为石家洞乡和荒塘瑶族乡，共辖17个村。1992年，将瓦窑村、新屋场村划归祁阳。1995年，撤区并乡，两乡合并为荒塘瑶族乡。2015年8月，更名为五龙山瑶族乡，乡政府驻石家洞村。2015年，并村调整后辖杨桂坪、象村洞（象村洞、阻山口、西边）、石家洞（石家洞、新屋）、上洞铺、陈家湾、牛塘岭、大坝、洋塘（莱秧丘、黄泥口）、上庄源、茶坪源、五龙山11个建制村，98个自然村，149个村民小组，其中，石家洞建制村开展农村社区建设。2020年底全乡总人口11768人，其中少数民族人口4396人。总人口中，男性6370人，占54.12%；女性5398人，占45.87%。五龙山瑶族乡位于北纬25°58′—26°08′，东经112°04′—112°05′。五龙山瑶族乡位于县境最北端，阳明山脚。政府驻地距县城68千米。东邻新田县，南接鲤溪镇，西连双牌县，北交祁阳县，是一个毗邻四县的北部林区。辖区南北长22千米，东西宽14.3千米，总面积168.1平方千米。境内南低北高，地面高度一般在海拔363米，其中海拔在800米以上的行政村有两个，最高点步步岭海拔高度1438米，最低点杨桂坪村海拔303.6米。属中亚热带湿润季风气候。气候特征，严冬期短，夏热期长，春季多雨，夏季多旱，热量丰富，雨量充沛。年平均气温16℃。1月平均气温4℃，7月平均气温27℃。年平均日照数为1630小时。年平均降水量1430毫米，无霜期277天。境内主要河流有黄司河、东春河等，东春水发源于牛塘岭南麓，流经石家洞、鲤溪、永安、柏万城至礼士湾茄子园村两江口，全长40千米。水能蕴藏量5万千瓦，其中可供发电4万千瓦。主要矿产品有钨、锑矿等，野生动物有野猪、野山羊、梅花鹿、獐子、竹根鼠等，植物主要有红豆杉、银杏树、油茶及一些珍贵野生树种，同时也是宁远县杉木、楠竹、中药材主产区。

【经济发展】 2020年，五龙山瑶族乡完成财政总收入734.12万元，同比增长6.2%，农民人均可支配收入17186元。实现有机蔬菜连片种植面积320亩，柑橘规模化种植440亩，烤烟种植330亩，药材黑老虎种植200亩，生猪出栏1050头。上缴耕地占用税10.53万元，烤烟税收16.5万元，征收社会抚养费0.5万元，不良贷款清收10.05万元。

【社会治理】 2020年，五龙山瑶族乡倡导一线工作法和首问责任制，向全乡居民发放印有乡党政班子成员手机号码的“心连心”联系卡，畅通群众诉求渠道。推进“村自治”，将矛盾纠纷和信访问题化解在萌芽，解决在村组。全乡没有发生一起赴省进京信访案件，没有发生一起群体性事件，五龙山瑶族乡获2020年全国“两会”特护期全县信访工作先进单位称号。全市综治民调排全县第二，全市第14位。落实“党政同责、一岗双责”安全生产责任制，坚持领导带头检查安全生产工作，做到安全隐患排查处置全覆盖、无死角，全年开展烟花爆竹等执法行动10余次，查处违法行为4起，校园及周边环境安全整治4次，道路安全专项整治4次，排查整治安全隐患25处，全乡未发生一起安全生产事故。推进扫黑除恶专项斗争，查处治安案件7起，刑事立案2起，批捕2人。加大马路市场整治力度，辖区内2个市场安装安全护栏，赶集日安排人员值班备勤，马路市场全部取缔。

【脱贫攻坚】 2020年，五龙山瑶族乡开展各项扶贫工作，制定《驻村结对帮扶管理细则》，实行一周一调度、一月一通报、一季一奖惩，压实驻村结对帮扶责任。将脱贫攻坚工作纳入基层党建年度考核中，压实党支部书记抓脱贫攻坚工作责任。要求结对帮扶责任人与贫困户结对子、交朋友，转变工作作风，提高服务群众的本领。实行扶贫工作因地制宜、因户施策的帮扶措施。各村按照“四议两公开”程序，由村级集体经济合作社组织实施基础设施项目，壮大村级集体经济，各村集体经济都达到5万元以上。对照省、市、县督查巡查和自查中发现的问题，坚持以问题为导向，实行挂牌作战和台账化管理，每个问题都有解决措施、有责任领导、有责任人、有整改时限、有整改验收人，确保逐一整改销号。在脱贫攻坚迎省检中，上洞铺村被抽中代表全县迎检，实现零问题交办，获省检查组好评。年底全乡建档立卡贫困户866户、3111人，全部达到脱贫标准。

【环境治理】 2020年，五龙山瑶族乡大力推进农村人居环境整治。按照“一拆二改三清四整五化”要求，实行班子成员包村，村组干部包片，党员干部包户；出台人居环境整治“十个一律”制度，班子成员和所有村干部交纳保证金，人居环境整治工作纳入年终绩效考核。创新垃圾转运机制，各村严格落实门前“三包”制度，收取卫生费4.9万元，聘请保洁员117名；拆除“四类”废弃房215座、11130平方米；推行“厕所革命”，完成改厕114户；落实河长制，开展三年禁渔行动，实现全乡河道分段管理、专人保洁；对河道两旁进行绿化、亮化、美化，河道疏浚13.5千米，河道护坡3千米，建设沿河游步道4.2千米。

【社会事业】 2020年，五龙山瑶族乡有幼儿园2所，在园幼儿100人，专任教师9人；小学1所，在校学生118人，专任教师22人；九年一贯制学校1所，在校学生342人，专任教师30人；入学率、义务教育覆盖率均达100%。社会保障做到应保尽保，落实农村低保323户、571人。发放临时救助资金67.982万元，救助499户。享受农村五保76人，其中集中供养25人，享受城乡高龄津贴18人。城乡居民医疗保险、养老保险缴费率均列全县前列。民生工程加快建设，计划总投资487万元的乡卫生院新建综合服务大楼完成主体工程建设；投入200余万元的示范性敬老院已开工建设。乡文化站整体搬迁，将原有文化站由石家洞村迁至大坝村荒塘责任区，占地面积2500平方米。新建文化活动广场1个，新增面积1200平方米。新建象村洞村高标准篮球场，农家书屋新增图书3000册。在郴州市桂阳县白水瑶族乡举行的湘南三市六县八瑶族乡“盘王节暨坐歌堂”活动中，五龙山瑶族乡派出的女歌队和男歌队均获三等奖。

【民俗风情】 五龙山瑶族乡有着悠久的历史和古老的文化，文化底蕴和瑶族风情与九嶷山南呼北应。五龙山瑶族服饰头巾系有衬板，素有“顶板瑶”之称。方言主要以瑶话为主。瑶族风俗精彩纷呈，以吊脚楼为代表的木板居室文化、坐歌堂、婚嫁和服装刺绣具有厚重的历史文化底蕴。

（黄越峰）

附　录

九嶷山天池

组织机构和领导名录

一、县级领导

县　委

县委书记	肖质彬	
县委副书记 县　长	唐　何	
县委副书记	黄永英	
县委常委 县委办主任	曹辉正	
县委常委 纪委书记 监察委主任	陈海平	
县委常委 政法委书记	曾海波	
县委常委 统战部部长 县政协党组 副书记（兼）	李　玲	
县委常委 常务副县长	齐纲要	
县委常委 人武部部长	文小武	
县委常委 组织部部长 县总工会主席	陈李勇	
县委原常委 统战部原部长	唐　浩	
二级调研员	欧胜清	彭小兵
	何国雄	
三级调研员	文星平	

县人大常委会

党组书记 主　任 一级调研员	张明贵	
党组副书记 副主任	周　方	
副主任	胡昕若	
党组副书记 副主任 二级调研员	眭晓棠	
副主任	何为民	谢金花
一级调研员	郑福章	
三级调研员	欧红杰	

县政府

县委副书记 县　长	唐　何	
县委常委 常务副县长	齐纲要	
副县长	邓小英	
副县长 县公安局 党委书记 局　长 三级高级警长	陈云生	
副县长	邓传文	欧阳国春
副县长 县计生协会 会　长	胡红灯	
副县长	杨友忠	
副县长(挂职)	欧晋平	
二级调研员	欧初旺	
三级调研员	唐桐生	李友才
	蒋进红	黄生鸿
	李池秀	陈勇军
工业园区 管委会原主任	郑运辉	

县政协

党组书记 主　席	吴新波	
二级巡视员	李苏昭	
县委常委 统战部部长 县政协党组 副书记（兼）	李　玲	
副主席（兼） 工商联(商会) 主席（会长）	欧桥贵	
副主席	赵吉永	
副主席（兼） 商务局局长	肖红梅	
党组成员 副主席	尹国军	
县政协副主席 纪委常务 副书记 监察委员会 副主任	袁春芬	
二级调研员	蒋家安	李春茂

县人武部

县委常委 人武部部长	文小武
政　委	邓建华

县人民法院

党组书记 院　长 三级高级法官	吕新陵

县人民检察院

党组书记 检察长 三级高级 检察官	周　辉

县公安局

副县长 党委书记 局　长 三级高级警长	陈云生
党委副书记 政　委 四级高级警长	刘　欣
二级高级警长	匡建华

三级高级警长 陈 慧

九嶷山国家森林公园管理局

党委书记 赵利民

党委副书记
局长 何文祥

原党委副书记
局长 唐太勇

工业园区管委会

党工委书记 蒋崇庆

党工委副书记
主任 周 俊

县委党校

校长 郑志晖

县消防大队

政治教导员 钱小庆

县副处级职级干部

三级调研员 欧鹏飞 唐和鸣 郑 亮 李忠明 夏 峰 刘初成 李继辉 谢志远 刘向阳 彭政超 周正河

二、县直有关单位

县纪律检查委员会、县监察委员会

县委常委
纪委书记
监察委员会
主任 陈海平

县政协副主席
纪委常务
副书记
监察委员会
副主任 袁春芬

纪委副书记
监察委员会
副主任
三级调研员 徐东青

纪委副书记
监察委员会
副主任
一级主任科员 谭双喜

纪委常委
监察委员会
委员
四级调研员 江中主

纪委常委
正科级纪检员
监察委员会
委员 刘永生

监察委员会
委员
正科级纪检员 聂绍进

监察委员会
委员 李文忠

纪委常委 欧阳勇 唐振军

组织部部长 伍 云

宣传部部长
二级主任科员 刘 鹏

信访室主任
二级主任科员 刘亚辉

案件监督
管理室主任 李诗杰

案件审理室
主任 李江平

信息技术
保障室主任 刘 婷

第二纪检
监察室主任 胡绵爱

第三纪检
监察室主任 李会礼

第四纪检
监察室主任 田剑辉

第五纪检
监察室主任 刘 晋

第六纪检
监察室主任 卢海波

四级调研员 欧志辉 骆先进

二级主任科员 张井雄 李佑军 郑卡勇

四级主任科员 郑建春 刘丽萍 徐 琳 冯天宇 桂奇峰 周 伟 唐 丽 呼昭东

县纪委监委派驻纪检监察组

驻县委办
纪检监察组
组长
二级主任科员
县委办公室
室务会成员 柏小白

驻县委组织部
纪检监察组
组长
县委组织部
部务会成员 唐宏亮

驻县委宣传部
纪检监察组
组长
县委宣传部
部务会成员
三级主任科员 许良峰

驻县委统战部
纪检监察组
组长
县委统战部
部务会成员
四级调研员 郑伟毅

驻县委政法委
纪检监察组
组长
县委政法委
委员 李运军

驻县政府办
纪检监察组
组长
县政府办
党组成员 唐 振

驻县发展和
改革局
纪检监察组
组长
县发展和
改革局党组
成员 杨云聪

驻县教育局纪检监察组组长 县教育局党委委员	蒋春熠
驻县公安局纪检监察组组长 县公安局党委委员	欧阳化文
驻县卫生健康局纪检监察组组长 县卫生健康局党组成员 二级主任科员	成伟全
驻县农业农村局纪检监察组组长 县农业农村局党组成员 二级主任科员	黄海斌
驻县人民法院纪检监察组组长 县人民法院党组成员	李 胜
驻县人民检察院纪检监察组组长 县人民检察院党组成员	欧日运
二级主任科员	张 宁 彭景明
原乡科级副职干部	郑忠辉
四级主任科员	任 安 杨 剑 胡忠胜 欧阳宁欣 陈 云 石维卫 周晓军 王增广 李 辉

县委巡察办

主任	李胜平
副主任 四级调研员	蒋 波
副主任 三级主任科员	奉城彬
县委巡察组组长	陈义兵
县委巡察组组长	吕胜辉
县委巡察组组长	柏 敏
县委巡察组组长	姜飞鹰
县委第一巡察组副组长 县扶贫开发办公室党组成员 副主任（挂职）	肖学富
县委第二巡察组副组长	李隆任
县委第三巡察组副组长	周孟宁
县委第四巡察组副组长	肖云辉
一级主任科员	郑群秀
四级主任科员	肖 羽 刘智连 柏 英

县委办（县委改革办、档案局、财经委员会办、外事工作委员会办）

县委常委 县委办主任	曹辉正
副主任 县档案局局长 四级调研员	李木旺
副主任 县保密局局长 四级调研员	张进仁
副主任 县台办主任 一级主任科员	欧珍爱
副主任 一级主任科员	周敬平
县纪委监委驻县委办纪检监察组组长 二级主任科员 县委办公室室务会成员	柏小白
副主任 三级主任科员	周 宇
副主任	郑飞兵
县委办公室督查专员 督查室主任（兼）	郑生宇
县委办公室督查专员	曾 贤
县委全面深化改革领导小组办公室专职副主任	李 力
县委全面深化改革领导小组办公室专职副主任	刘一聪
四级调研员	蒋国亮
人事室主任 原乡科级正职干部	唐芳华
二级主任科员	陈爱萍 童一飞
三级主任科员	蔡红军 唐雄群
原乡科级副职干部	薛庭勋
四级主任科员	欧阳涛 蒋永锋 胡莎莎 唐 玉 彭 方

县档案馆

馆长	朱 洪

县委组织部（非公有制经济组织和社会组织工作委员会、直属机关工作委员会、公务员局、县委老干部局）

县委常委 组织部部长 县总工会主席	陈李勇

常务副部长 四级调研员　鲁素春

副部长 县委非公有制经济组织和社会组织工作委员会书记 一级主任科员　谭学峰

副部长 县委老干部局局长 县离退休干部工委书记(兼)　郑敏娟

副部长(兼) 县人社局党组书记 局长 一级主任科员　邱向谊

县纪委监委驻县委组织部纪检监察组组长 县委组织部部务会成员　唐宏亮

四级调研员　邓爱华

二级主任科员　欧阳林　周运菊

一级主任科员　朱时勇

干部室主任 三级主任科员　徐鸥宁

公务员局局长 公务员一室主任 三级主任科员　张艳燕

县委基层办主任 三级主任科员　魏阳涛

党员管理室主任 三级主任科员　周　玲

县委非公有制经济组织和社会组织工作委员会专职副书记 县委组织部研究室主任　荆道滨

干部教育监督室主任 原乡科级副职干部　欧　晶

县直属机关工作委员会办公室主任 县离退休干部工委副书记(兼)　曾奕发

党员教育中心主任 原乡科级副职干部　蒋益军

组织指导室主任 四级主任科员　丁作丽

公务员二室主任 四级主任科员　杨　莎

四级主任科员　朱　玲　陈俊伊

办公室主任 一级科员　李朋兵

人才室主任 一级科员　赵　倩

县非公有制经济组织和社会组织工作委员会

县委组织部副部长 县委非公有制经济组织和社会组织工作委员会党工委书记　谭学峰

县委非公有制经济组织和社会组织工作委员会专职副书记 县委组织部研究室主任　荆道滨

县委统战部常务副部长 工商联党组书记 副主席 县委非公有制经济组织和社会组织工作委员会副书记(兼) 一级主任科员　彭盛辉

民政局党组书记 局长 县委非公有制经济组织和社会组织工作委员会副书记(兼)　吴国斌

市场监督管理局党组书记局长 县委非公有制经济组织和社会组织工作委员会副书记(兼) 四级调研员　万志湘

办公室主任 三级主任科员　郑　波

县人才服务中心

主任　郑明辉

县老干部服务中心

主任　刘惠元

县委宣传部［新闻出版局(版权局)、文明办］

常务副部长　谢茂松

副部长 一级主任科员　陈明心

副部长　贾丽琼　欧阳友忠

驻县委宣传部纪检监察组组长 县委宣传部部务会成员 三级主任科员　许良峰
原乡科级正职干部　徐小文
外宣办主任 三级主任科员　骆力军
一级主任科员　陈晓泉
三级主任科员　吴永斌
原乡科级副职干部　姜莲萍

县委统战部（民族宗教事务局）

县委常委 统战部部长 县政协党组副书记（兼）　李　玲
县委统战部常务副部长 工商联党组书记 副主席 县委非公有制经济组织和社会组织工作委员会副书记（兼） 一级主任科员　彭盛辉
副部长 四级调研员 县民族宗教事务局局长(兼)　罗晓峰
副部长　冯云辉
县纪委监委驻县委统战部纪检监察组组长 县委统战部部务会成员 四级调研员　郑伟毅
四级调研员　赵文辉　邓运保
二级主任科员　张红志　李雪莲　赵昌旺
三级主任科员　唐武成
四级主任科员　刘文华　周　波

县委政法委

县委常委 政法委书记　曾海波
常务副书记 一级主任科员　蒋贤军
副书记　乐永珍　李碧海　欧阳海军
县委政法委委员 政工室主任　雷乾华
驻县委政法委纪检监察组组长 县委政法委委员　李运军
三级调研员　崔习明　朱土旺
四级调研员　汪绪国
一级主任科员　梁宏锋
原乡科级正职干部　王桐旺
二级主任科员　李继晴　奉军辉
三级主任科员　谭伟东
四级主任科员　乐松林　欧阳幸

县委网络安全和信息化委员会办公室（县互联网信息办公室）

主任　魏纲要
副主任　唐新胜　文泉涌
二级主任科员　黎道运

县网格事务中心

主任　朱胜辉
原乡科级副职干部（享受正科级待遇）　唐得鑫

县委机构编制委员会办公室

主任 四级调研员　欧教荣
副主任　欧　琳
副主任 三级调研员　李德祥
原乡科级副职干部　黄　维
四级主任科员　龚平亮　阳如南

县机构编制事务中心

主任　乐春涛

县总工会

县委常委 组织部部长 县总工会主席　陈李勇
党组书记 第一副主席　欧阳幼志
党组成员 副主席 一级主任科员　蒋　健
党组成员 副主席　刘　栋
二级主任科员　姜凌帆
原乡科级副职干部　冯绍春
四级主任科员　骆　辉　胡进平　欧阳学峰

共青团宁远县委

书记　房国焘
副书记　郑　昊
原乡科级正职干部　张利军

县妇女联合会

党组书记 主席　周英华
党组成员 副主席　郑姣平
党组成员 副主席　何　阳

三级主任科员　李辉庭

县科学技术协会

党组书记
主　　席　杨臣山

党组成员
副主席
四级调研员　刘胜富

党组成员
副主席　周银燕

四级调研员　刘晓玲

二级主任科员　胡德庭

原乡科级
副职干部　汪　霞

四级主任科员　黄生虎

县文学艺术界联合会

主　　席　何　庆

副主席　黎成钢

四级主任科员　李玲琼

县归侨侨眷联合会

县归侨侨眷
联合会
党组书记
主　　席　戴巧燕

县归侨侨眷
联合会
副主席　周宏卫

四级调研员　唐智平

原乡科级
副职干部　刘洪军

县残疾人联合会

党组书记
理事长
四级调研员　樊志群

党组成员
副理事长
二级主任科员　欧阳斌

党组成员
副理事长　郑晓波

二级主任科员　郑运仕　李泉勇

原乡科级
副职干部　何　伟

县红十字会办公室

专职副会长
三级主任科员　王承国

二级主任科员　张冬生

原乡科级
副职干部　胡海玲

四级主任科员　欧阳光

县计划生育协会

副县长
县计生协会
会　　长　胡红灯

专职副会长　夏双青

四级调研员　姜德宴

县工商业联合会

县政协
副主席（兼）
工商联主席　欧桥贵

县委统战部
常务副部长
工商联党组
书　　记
副主席
县委非公有制
经济组织和
社会组织
工作委员会
副书记（兼）
一级主任科员　彭盛辉

党组成员
副主席
三级主任科员　林文才

副主席　李芳桂

一级主任科员　郑四清

县政府办（县人民政府金融工作办公室）

县政府党组
成　　员
县政府办党组
书　　记
主　　任　黄胜洪

党组成员
副主任
四级调研员　吴　杰　郑　庭

党组成员
副主任　李苏辉

党组成员
副主任
四级调研员　欧阳坤

副主任　冯　兆

县政府办公室
党组成员
副主任（兼）
县信访局
党组书记
局　　长　石循柱

县纪委监委
驻县政府办
纪检监察组
组　　长
县政府办
党组成员　唐　振

党组成员
副主任　欧阳永生

党组成员
副主任
一级主任科员　陈　宜

督查专员
督查室主任（兼）　张　彭

督查专员　陈　玲

三级调研员　李友茂　陈万生

四级调研员　李德弟　欧阳群合

一级主任科员　刘柏华　邓长春

原乡科级
正职干部　周光镇

二级主任科员　吴　丹

三级主任科员　欧志旺

四级主任科员 李艳丽 于　亮 姜　媛 欧阳林波 蒋孟阳

县城市基础设施建设投融资中心

原乡科级副职干部 李真顺 欧日友 刘金茂

县发展和改革局（县粮食和物资储备局）

党组书记 局长 一级主任科员 曾彩平

党组成员 总经济师 四级调研员 刘文胜

党组成员 副局长 三级调研员 蒋　全

县纪委监委驻县发展和改革局纪检监察组组长 县发展和改革局党组成员 杨云聪

党组成员 副局长 唐国凯 蔡文辉

原乡科级正职干部 刘　慧

二级主任科员 欧阳国友 房邦玉

原乡科级副职干部 管　波 张国姣

四级主任科员 黄　虹 单清平 汤艳军

县重点建设项目服务中心

主　任 蔡海丰

县教育局

党委书记 局长 一级主任科员 毛　永

党委委员 副局长 二级主任科员 李忠良

党委委员 副局长 邓文清

县纪委监委驻县教育局纪检监察组组长 县教育局党委委员 蒋春熠

副局长 三级主任科员 雷　敏

主任督学 赵和英

原乡科级正职干部 黄好清 冯勤顺 柏太瑞 黄志辉 欧革桂

原乡科级副职干部 朱成宁 高继平 欧杰庭 何绍新 欧阳德顺 汤华远

四级主任科员 罗阳富 李陶林

县招生考试中心

主　任 谭　杰

县一中

校　长 刘国胜

副校长 郑久祥 李景太 陈清祥

原乡科级副职干部 张　涛 杨绪军 欧阳先趣 仝显顺

县二中

校　长 黄新胜

副校长 黄珍平 吕宝军

原乡科级正职干部 吴华忠 唐小舟

县三中

校　长 胡顺发

副校长 罗土华 骆征兵 谢建成

原乡科级副职干部 郑建民

县实验中学

校　长 欧阳祥华

副校长 欧阳友昌 刘俊涛 陈年成

原乡科级副职干部 陈振华 余运富 张初杰

县职业中专

校　长 何泽涛

副校长 黄权喜 眭佳旭

原乡科级副职干部 雷德权 黄洁顺 雷柳青 杨娅玲

县进修学校

校　长 蒋　理

副校长 蒋志平 刘　平

原乡科级副职干部 何桂芝

县八中

校　长 杨剑万

副校长 欧阳维浩 黄文志 欧咏梅

原乡科级副职干部 陈开益

县科技和工业信息化局

党组书记 局长 乐宁波

党组副书记 副局长 一级主任科员 李晓鹏

党组成员 副局长 二级主任科员 蒋晓成

总工程师 二级主任科员 朱松青

副局长 三级主任科员 徐明霞

三级调研员 周友平

原乡科级正职干部 陈 剑

二级主任科员 骆胜辉 李中明

原乡科级副职干部 唐子滔

四级主任科员 袁国光

县民营经济发展服务中心

主任 周胜海

县工业企业改制服务办公室

主任 乐军红

副主任 李 翔

四级主任科员 何立新

县公安局

副县长 县公安局党委书记 局长 三级高级警长 陈云生

党委副书记 政委 四级高级警长 刘 欣

党委委员 副局长 四级高级警长 欧阳建军 张立新

县纪委监委驻县公安局纪检监察组组长 县公安局党委委员 欧阳化文

党委委员 政工室主任 二级警长 王宋成

党委委员 副局长 二级警长 王春山

党委委员 副局长（挂职） 刘水林

二级高级警长 匡建华

三级高级警长 陈 慧

四级高级警长 黄向东 王承儒 林 桦 李胜万 何红顺 黄建平 罗道圣 彭水云

一级警长 杨平洲 李运祝 刘定智 姜小平

二级警长 邱胜忠 杨晓菊 文晓英 王小彪 周义忠 晏玉林

三级警长 骆 剑 蒋亚辉 蒋文斌 彭丽华 李 静 成 琴

四级警长 蒋吉亮 欧阳鑫 李 璐 杨丽莎

警务技术四级主管 骆际中 高剑雄 邓梦林

县交通管理大队

大队长 二级警长 欧鹏飞

副大队长 二级警长 陈海涛 蒋朝辉 欧阳湘平

副政委 二级警长 周荣海

政工室主任（副科） 警务技术四级主管 高 云

机动巡逻中队中队长（副科） 二级警长 李志勇

一中队中队长（副科） 三级警长 李云涛

二中队中队长（副科） 三级警长 付 琨

三中队中队长（副科） 四级警长 蒋宁杰

四中队中队长（副科） 三级警长 于洪军

县森林公安局

局长 二级警长 张 英

政委 一级警长 刘 学

二级警长 黄利民 欧日曜 郑四清 邹新华 何 俊 周先利 王先兵

三级警长 王少锋 何 宇

四级警长 欧阳小荣 欧少峰 李 坤

县民政局

党组书记 局长 县委非公有制经济组织和社会组织工作委员会副书记（兼） 吴国斌

党组成员 副局长 四级调研员 周中友

党组成员 副局长 欧阳丽芳 郑林凡
二级主任科员 奉春明 唐牛生 李胜贵
三级主任科员 邓元金 欧阳俊杰
原乡科级副职干部 王 慧 熊国旺
四级主任科员 欧阳福秀 欧阳毕飞

县民政事务中心

主任 欧阳超
四级主任科员 张胜宇

县殡葬管理执法队

队长 何 勋

县司法局

党组书记（主持工作）四级调研员 欧 啸
局长 朱文登
党组成员 副局长 唐 义 冯友富
副局长 柏 艳
党组成员 政工室主任 二级主任科员 郑国华
二级主任科员 田光辉 奉国喜 张广生
原乡科级副职干部 王景平 蒋国阳
三级主任科员 张松青 樊志凯 李彩云 彭平胜
四级主任科员 何 涛 冯仁旺 蒋小平 翟 思 李国庆 欧阳小松 张好旭 何红云 陈宁波 龚星宇

县法律援助中心

主任 郑万平

县财政局

党组书记 局长 一级主任科员 杨国基
党组副书记 副局长 杨霞丽
党组成员 副局长 二级主任科员 陈群星
副局长 谢先成
总会计师 罗群波
四级调研员 周胜明 胡进雄
一级主任科员 欧阳江波 陈苏平 谢珊珊 肖卫华 汤华利
原乡科级正职干部 胡林军
二级主任科员 李光胜 柏永顺 周新文 邓本生 邓大清
三级主任科员 欧阳树恩 邹国胜 黄竹生 欧阳明清 柏兴环 彭舒勇
原乡科级副职干部 曹琪玲 谢双平
四级主任科员 骆有建 黎 辉 李世平 郑华松 周湘黔 陈仁旺 唐志东 柏俐勇 李国余 李邦军 李光忠 杨初军 乐银锋 薛 勇 陈红伟 欧阳志胜 欧阳军辉 王德明 李红杰 蒋凯宁 郑利春 欧学贵 余建成 吴永富 蒋运忠 郑小芳 王顺成 张汉中 骆建辉 胡胜辉 雷剑飞 吕 东 雷晓芳 肖怀才 雷程刚 陈良继 唐谨龙 欧阳潘生 高建辉 曾国上 杨雪安 姜上懂 孙 海 李超群 李国旺 蒋仁河 李庆云

县财政事务中心

主任 袁向辉
三级主任科员 姜红美 何德利
四级主任科员 谭碧旺 吴良珍 刘金安 夏元成 黄桂成 张丽晖 刘德纯 欧 琳 李红波 何全旺 成久清 彭 程 邹国平 李运新 罗杰臣

县国库集中支付中心

四级主任科员 姜福凤 李三秀 李国梁

县财政投资评审中心

主任 陈春胜

县人力资源和社会保障局

县委组织部副部长（兼）县人社局党组书记 局长 一级主任科员　邱向谊
党组成员 副局长 二级主任科员　黄祥云　李文明
副局长 二级主任科员　龙小荃
党组成员 副局长　蒋巍平
三级调研员　许仲军
四级调研员　谭全茂　欧阳文亮
一级主任科员　高佳义
二级主任科员　黄立胜　欧阳丽
原乡科级副职干部　姜丽平　文胜红
三级主任科员　蔡春燕　周成顺
四级主任科员　雷　欣

县劳动保障监察大队

队长　吴少峰
四级主任科员　郑德成　黄　俐　周亚兰

县工伤保险服务中心

主任　李卫平

县社会保险服务中心

主任　夏木军
县机关事业单位社会保险管理中心主任　乐寿忠
四级主任科员　欧阳红清　李丽芳　唐　芸

县劳动人事争议仲裁院

院长　蒋嫦春

原乡科级副职干部　刘山宁
四级主任科员　柏太利

县就业服务中心

主任　蒋胜斌
二级主任科员　黄家宏
三级主任科员　张　林
原乡科级副职干部　欧芝文

县自然资源局

党组书记 局长 一级主任科员　周意恒
市自然资源和规划局四级调研员　李之强
党组成员 副局长　郑卡敏　周林茂
党组成员 副局长 二级主任科员　宋长清
总规划师　奉良松
原乡科级副职干部　柏文德　徐忠辉　邹卫国　乐小俊　彭　权
四级主任科员　刘朝运　欧阳文军　蔡良彤

县不动产登记中心

主任　胡小川

县国土执法监察大队

队长　胡运松

县土地和房屋征收补偿事务中心

主任　陈继松

县住房和城乡建设局（人民防空办公室）

党组书记 局长　胡顺斌
党组副书记 副局长 人防办主任 四级调研员　高艳娟
党组成员 副局长 一级主任科员　陈先辉
副局长　黄琼轩
党组成员 副局长　唐凌峰　蒋　文
总工程师　匡宁平
四级调研员　张明旺
原乡科级正职干部　欧阳涛
二级主任科员　曾元先
三级主任科员　陈靖萍
政工人事股（党建办公室）股长（主任）三级主任科员　李万侦
原乡科级副职干部　欧凌志　陈文军
四级主任科员　柏平桂　张成军　曹清明

县住房保障服务中心

党组书记 主任　王　鋆
党组成员 副主任　肖　勇　夏利勇　李怡恰
原乡科级正职干部　黄　进
原乡科级副职干部　杨必永

县交通运输局

党组书记 局长　欧正杰

党组成员
副局长 欧阳顺利

党组成员
副局长
一级主任科员 欧阳高尚

党组成员
副局长
三级主任科员 姜海军

总工程师 欧阳道春

三级调研员 周万红

四级调研员 柏益早 张松和

一级主任科员 骆清元

二级主任科员 欧阳翔凤 李志宁

三级主任科员 欧阳倩

四级主任科员 张湘田

县公路建设养护中心

党组书记
主任
四级调研员 唐俊林

党组成员
副主任 陈美全 成群生

副主任 李民俊

四级调研员 姜宏宝

四级主任科员 骆志新 陶舜疑 刘国生

县道路运输服务中心

主任 陈文军

县水运事务中心

主任 徐文泽

县交通建设质量安全监督站

站长 骆明昆

县水利局

党组书记
局长
四级调研员 郑辉

党组成员
副局长 欧阳胜林 奉茂宣

副局长 欧阳茜

副局长
二级主任科员 柏尧清

党组成员
副局长 陈国春

三级调研员 欧阳社祥

四级调研员 邓昌旺

原乡科级
正职干部 唐奇轩

二级主任科员 牛爱秀 欧晓春 奉爱金

原乡科级
副职干部 何美清 唐友胜 李宁

四级主任科员 唐丽琴

县水旱灾害防御事务中心

主任 欧阳林涛

县水利和库区移民事务中心

主任 唐祖建

四级调研员 张莹 陈艳青

原乡科级
副职干部 潘建文

四级主任科员 欧亚玲

水市水库管理所

所长 张越

九疑山水电管理站

站长 欧阳维宪

原乡科级
正职干部 卿永洪

县农业农村局

党组书记
局长
一级主任科员 郑曦

党组成员
副局长 何志敏

党组成员
副局长
二级主任科员 古黎明

副局长
一级主任科员 国长勇

党组成员
总农艺师 陈同旺

党组成员
副局长
二级主任科员 何良胜

县纪委监委
驻县农业
农村局
纪检监察组
组长
县农业农村局
党组成员
二级主任科员 黄海斌

四级调研员 蒋祎 樊志云 郑春毛 文和清

原乡科级
正职干部 欧阳昌顺

二级主任科员 李如成 欧国耀 陈冬爱 奉红梅 范运清 蔡长元

三级主任科员 陈运忠 柏申文

原乡科级
副职干部 李桂萍 姜海英

四级主任科员 李家才 郑会懿 谭伶俐 李之浩 唐妮霞 欧阳正可 乐宁萍 李春珍

县农村经营服务站

站长 龙小菲

一级主任科员 雷艳芬

二级主任科员 朱胜生 樊加义

四级主任科员 于宁湘 刘尧生

县农业综合服务中心

主任 柏晓勇

县农业综合执法大队

队长 乐文波

县土地开发整理中心

主任 李灿

县畜牧水产事务中心

党组书记 主任 彭舒洲

党组成员 副主任 欧阳昌勇 陈龙波 李先文

四级调研员 周文生

二级主任科员 周辉 郑际惠

原乡科级副职干部 郑际国 郑玲霞

四级主任科员 邝进安 骆辉东

县动物卫生监督所

所长 宋果

县农机事务中心

主持工作 县融媒体中心 原乡科级正职干部 欧阳悬

二级主任科员 尹代俊 欧阳辉明 陈琼鸾 李之平

县商务局

党组书记（主持工作） 姚涛

政协副主席(兼) 局长 肖红梅

党组成员 副局长 李少军

党组成员 副局长 二级主任科员 县信访局副局长(挂职) 李成义

党组成员 副局长 杨小东

三级调研员 冯俊 成国平

四级调研员 彭亚

四级主任科员 蒋迎辉 尹君玉 唐玲 何小华 李伟

县市场服务中心

党组书记 主任 何海彪

党组成员 副主任 姜志宏 徐义平

七级职员 李光明 王少波

县投资促进事务局

局长 徐素平

县商业企业改制服务办公室

党组书记 主任 卢用军

党组成员 副主任 二级主任科员 李宇明 郑才林

二级主任科员 柏益钧

四级主任科员 肖成旺

县文化旅游广电体育局

党组书记（主持工作）四级调研员 乐松生

局长 周秋云

党组副书记 副局长 一级主任科员 李松平

党组成员 副局长 刘四军

总工程师 孙新明

副局长 刘娟

文化馆馆长（副科） 李小春

一级主任科员 杨世军

原乡科级正职干部 欧阳小飞

二级主任科员 刘德明 欧阳建中 姚建军 陈维新

三级主任科员 欧嶷琼

原乡科级副职干部 陈发珍

四级主任科员 杨艳婷

县全民健身服务中心

主任 杨剑波

县文化市场综合执法大队

大队长 四级调研员 魏晓清

二级主任科员 杨红莲 欧进

原乡科级副职干部 刘小青

县卫生健康局

党组书记 局长 汤正美

党组副书记 副局长 四级调研员 李春生

党组成员 副局长 欧阳金

党组成员 副局长 一级主任科员 廖保发

副局长 二级主任科员 何玉兰

党组成员 副局长 二级主任科员 欧庆

党组成员 总会计师 欧阳红君

县纪委监委驻县卫生健康局纪检监察组组长 县卫生健康局党组成员 二级主任科员 成伟全
县爱国卫生运动委员会办公室主任 欧向忠
四级调研员 范顺忠
二级主任科员 欧阳国福 骆运军 蒋荣华
三级主任科员 彭文萍 蒋玲萍
原乡科级副职干部 李云志 欧阳石顺 王友祥
四级主任科员 朱杰利 包庆华 郑浩

县卫生计生综合监督执法局

局长 四级调研员 郑必成
原乡科级副职干部 蒋琼英
四级主任科员 唐敏 柏雪艳 翟艳菊 胡薇

县疾控中心

主任 李万忠

县妇幼保健计划生育服务中心

主任 许立军

县人民医院

党委书记 欧阳旭俊
党委副书记 院长 吴群辉
党委委员 副院长 刘自清
党委委员 纪委书记 黄勤
副院长 黄太苏 谢群柏
原乡科级正职干部 鲁菊英
原乡科级副职干部 黎志胜

县中医医院

党委书记 何辉平
党委副书记 院长 张军辉
副院长 郑生勇
党委委员 纪委书记 姚莉
副院长 李胜才 李小阳

县审计局

党组书记 局长 一级主任科员 刘小珍
党组成员 副局长 秦峥峰
党组成员 副局长 二级主任科员 李红茂
党组成员 副局长 吴振宁
总审计师 欧阳正中
四级调研员 何土万
一级主任科员 欧印钢
二级主任科员 姜慈云 黎小清 郑永华
三级主任科员 雷少华
四级主任科员 肖火旺 刘小凤 郑松平 柏惠明

县审计事务中心

主任 李洪涛

县退役军人事务局

党组书记 局长 欧小仕
党组成员 副局长 李文华 欧阳帆 陈晓智
四级调研员 刘明军
一级主任科员 胡星祖
原乡科级正职干部 朱建军
二级主任科员 李海武

县退役军人服务中心

主任 陈元文

县应急管理局（县防汛抗旱指挥部办公室）

党组书记 局长 何胜兵
党组副书记 副局长 二级主任科员 姜尚忠
党组成员 总工程师 二级主任科员 冯平顺
党组成员 副局长 李少文
党组成员 副局长 二级主任科员 李金林
党组成员 政工室主任 欧艳平
二级主任科员 陈运成 骆瑞成
原乡科级副职干部 郑云峰
四级主任科员 胡庆君 陈晓艳 廖红庭

县安全生产执法监察大队

县地震办

主任 马志英

县林业局

党组书记
局长
一级主任科员 欧阳清

党组成员
副局长 黄宏清 陈治海

党组成员
总工程师
二级主任科员 邓国旺

一级主任科员 李剑飞

原乡科级
正职干部 余永安

二级主任科员 李俊芳 张初正
李双芝 王安生
李建

原乡科级
副职干部 郑善仲

四级主任科员 王建国 蒋万成
李陶贵

洋塘国有林场

场长 陈世超

雾云山国有林场

场长 胡泽成

副场长 雷云波 李光辉

白云山国有林场

场长 刘世红

县市场监督管理局

党组书记
局长
县委非公有制
经济组织和
社会组织
工作委员会
副书记（兼）
四级调研员 万志湘

党组副书记
副局长
四级调研员 蔡明智

党组副书记
副局长
一级主任科员 李昌民

党组成员
副局长
二级主任科员 陈晋

党组成员
副局长 何永辉

党组成员
副局长
一级主任科员 周忠红

副局长 谢宏程

一级主任科员 徐文胜

二级主任科员 欧光辉 张明安
李友阳 郑会利
郑光上

三级主任科员 郑军 雷雪英
肖勤珍 钱智国
周国安

四级主任科员 陈志江 文建军
张志茂 黄满红
姜雄 陈艳晖
石永平 李之文
周进 欧日顺
唐小娟 郑军
黄海英 张小勇
李燕程 成敏
邹志成 张明良
何萍 唐慕华
黄辉胜 郑祥志
胡国祥 何志平
李湘宁 邱胜利
朱红胜 郑德成
黄志斌 张淑娟
柏三勇 夏玉梅
张云苏 田丽萍
李湘军 黄建军
陈斌 何泽永
黄萍丽 何霞
胡丽萍 乐玉平
钱文祥 黄晓胜
邓军平 黄国君
于顺生 薛红安
廖国辉 吕宗合
胡海平 邓洪明
欧胜辉 陈杰甫
张石德 李解荣
李冬爱 欧格明
肖军 汤爱云
何庆英 郑生群
黄海珍 李哲衡
郭林英 郑海霞
周建辉 杨琳
乐永清 周远征
黄格丽 李剑平
刘凯 成国军
邓祥意 王宪辉
李之江 吴永辉
欧宏运 郑东
李劲 陈杰勇
唐胜军 吕艳

县市场监督管理综合执法大队

县市场和
质量监督管理
综合执法大队
队长 曾苏忠

县统计局

党组书记
（主持工作） 柏宁清

局长 唐双萍

党组成员
副局长 李会农

党组成员
总统计师 陈键

党组成员
副局长 肖永年

二级主任科员　肖江涛
四级主任科员　郑际洋

县社会经济调查队

二级主任科员　刘来富

县民意调查中心

主　　任　王文娟

县城市管理和综合执法局

党组书记
局　　长　欧阳胜辉

党组成员
副局长　欧志斌　宋桐青

党组成员
副局长
三级主任科员　江仁安

四级调研员　蒋辉耀　樊志军

原乡科级
正职干部　刘伟珍

二级主任科员　彭弘辉　李小平
　欧小梅　何晓星

政工股股长
四级主任科员　欧小珊

四级主任科员　柏志永　曹佳敏
　刘宝玲　李　运
　刘义斌　魏子雄
　赖国亮　欧阳富宇
　罗阳平　周　涛
　张　敏

县城市环境卫生和园林绿化服务中心

主　　任　欧阳宁群

原乡科级
副职干部　江宁丽

县信访局

党组书记
局　　长
县政府办公室
党组成员
副主任（兼）　石循柱

党组成员
副局长　贺友金　薛晋飞

县商务局
党组成员
副局长
二级主任科员
县信访局
副局长(挂职)　李成义

二级主任科员　张云波　李友顺
　唐红友　卢初庚
　骆冬平　唐　武

原乡科级
副职干部　欧阳胜权

四级主任科员　胡永红　贺　帆
　陈　军　王梅芳

县信访接待中心

主　　任　谢兴明

县扶贫开发办公室

党组书记
主　　任
一级主任科员　王进辉

党组成员
副主任
三级主任科员　徐友利

党组成员
副主任　匡云峰　何金涛

县人大常委会
办公室副主任
信访办公室
副主任
县扶贫开发
办公室
党组成员
副主任(挂职)　王能文

县委第一
巡察组副组长
县扶贫开发
办公室
党组成员
副主任(挂职)　肖学富

原乡科级
正职干部　郑　辉

原乡科级
副职干部　刘桂秀

综合人事股
股　　长
原乡科级
副职干部　欧阳明丽

四级主任科员　周　科　邓运忠

县医疗保障局

党组书记
局　　长　欧向中

党组成员
副局长　龚德宝　周维勇

二级主任科员　刘胜祥　李　勇

原乡科级
副职干部　江志红

四级主任科员　刘芝英　宋　琳

县医疗保障事务中心

主　　任　唐良才

四级主任科员　龚阳华　刘玲姣
　杨国亮　陈建平
　周　旋　刘建生
　姜观赐　孙艳丽

县行政审批服务局

党组书记
局　　长
四级调研员　皮国钧

党组成员
副局长　黄少辉　文剑军

副局长　王文会

优化办主任　邹方明

原乡科级
正职干部　蒋少军　郑群燕

二级主任科员　蒋海红　唐仲友

县政务服务中心

主　　任　段振宁
四级主任科员　王　进

县人大常委会机关

办公室（信访办公室）

人大党组成员、办公室主任、信访办公室主任、三级调研员　李国燕
办公室副主任、信访办公室副主任　万运新
办公室副主任、信访办公室副主任、县扶贫开发办公室党组成员、副主任(挂职)　王能文
三级调研员　欧小平
四级调研员　熊　波
一级主任科员　何尚成
二级主任科员　周君翠

选举任免联络工作委员会

主　　任　李　志
副主任、四级调研员　李运泰

民族华侨外事委员会

主任委员　田云涛
副主任委员、二级主任科员　谢长秀

监察和司法委员会（法制委员会）

主任委员　袁文辉
四级主任科员　欧阳德辉

财政经济委员会（人大常委会预算工作委员会）

主任委员　刘俊兴
副主任委员　郭胜英

教育科学文化卫生委员会

主任委员、一级主任科员　邓成仲
副主任委员　黎立志

环境与资源保护委员会

主任委员、四级调研员　郑光红
副主任委员　欧阳志华

农业与农村委员会

主任委员、三级调研员　欧庆红
副主任委员　夏立宏
原乡科级正职干部　李剑波

社会建设委员会

主任委员、四级调研员　邓水燕
副主任委员　刘志勇

信息中心

主　　任　石华丽

县政协机关

办公室

党组成员、秘书长、办公室主任、三级调研员　蒋珍旺
副主任、二级主任科员　杨　明
副秘书长、办公室副主任（兼）　邓丽芳
四级调研员　何克勤
一级主任科员　胡建平
二级主任科员　许　静　刘健林　谢景秀

委员学习联络委员会

主任、三级调研员　唐太培
副 主 任　刘小林

提案委员会

主任、四级调研员　雷满林
副主任、三级调研员　王开富
三级调研员　阙永清

经济科技和外事委员会

副主任、一级主任科员　周运胜
四级调研员　谢昌波

农业农村和人口资源环境委员会

主　　任　欧阳宁芳
副 主 任　周　蕾

文教卫体和文史委员会

主　　任　陈艳兰
副 主 任　伍梦薇

社会法制和民族宗教委员会

主任、三级调研员　刘照成
副主任、一级主任科员　王军生

政协云中心

主　　任　肖格莉

县人民法院

党组书记 院长 三级高级法官 吕新陵
党组副书记 副院长 欧同茂
党组成员 副院长 四级高级法官 肖文凯
党组成员 政治部主任 潘彦军
副院长 一级法官 奉 丽
县纪委监委驻县人民法院纪检监察组组长 县人民法院党组成员 李 胜
审委会专职委员 邓平超
审委会专职委员 四级高级法官 何俊斌
执行局局长（副科） 一级法官 欧明辉
司法警察大队大队长(副科) 四级警长 奉青云
审委会委员 四级高级法官 彭宁屏 关茂达
二级主任科员 欧阳旦辉
一级法官 于来清
三级高级法官 王国芝 唐利辉 欧阳鑫
四级高级法官 何东顺
四级高级警长 蒋 波
一级法官 李裕民 蔡国辉 欧明春 蒋娅丽 杨光力 谭格章 朱 劲 朱革新 卢胜富 胡建国 谭国勇 王贤顺 欧阳凯 许树生 刘晨艳 周友义 张 艳 肖广文 乐小宁
一级警长 成少红
二级警长 谢钟银 欧阳兴竹
二级法官 邓双成 曾 俊
三级法官 邓宏清
三级法官助理 罗四平 曾世雄
四级警长 房艳芳 欧如岚
四级法官助理 欧爱君 李亚林 李红艳 唐宏健 席秋冰 冯梅兰 钱小丽
四级书记员 李水生 刘继群

水市法庭

庭长 一级法官 谢荣成

禾亭法庭

庭长 一级法官 陈智勇

柏家坪法庭

庭长 一级法官 陈 娟

中和法庭

庭长 一级法官 王 军

九嶷山法庭

庭长 一级法官 欧阳运华

县人民检察院

党组书记 检察长 三级高级检察官 周 辉
党组副书记 副检察长 三级高级检察官 杨 军
党组成员 副检察长 四级高级检察官 欧阳永红
党组成员 四级高级检察官 郑生彪
党组成员 政工科科长 欧红化
县纪委监委驻县检察院纪检监察组组长 县检察院党组成员 欧日运
副检察长 一级检察官 蒋 艳
四级调研员 龚运富 徐晓成
四级高级检察官 陈运田
一级检察官 袁志强
一级警长 王承松 杨 宇 李国旺 樊昌胜
一级检察官助理 奉光辉
一级检察官 刘晓鸿 张臻辉 李立锋 石志辉 黄军辉 欧阳萍 何云芳
原乡科级正职干部 周宁京
二级检察官 赵夏瑜
二级警长 陈云贵
三级检察官 伍刚桥

三级检察官助理　胡小曲
四级警长　曹　晓　王　龙
四级主任科员　毛宁辉
四级书记员　胡　威
四级检察官助理　汤明鑫　袁　蔚

工业园区管理委员会

党工委书记　蒋崇庆
党工委副书记、主任　周　俊
党工委副书记、企业综合党委书记(兼)　向大宣
党工委委员、纪工委副书记　王春旺
党工委委员　邓厚成　徐春旺
党工委委员、招商局局长　杨红艳
党工委委员、企业综合党委专职副书记　邓万春
办公室主任　周原辉
建设局局长　蒋　兴
社会公共事务管理局局长　黄　健
原乡科级正职干部　蒋顺清　李建锋　郑安明　蒋先定
原乡科级副职干部　黄胜顺　毛　斌

九嶷山国家森林公园管理局（九嶷山风景名胜区管理处、九嶷山舜帝陵管理局、九嶷山国家级自然保护区管理局）

党委书记　赵利民
党委副书记、局长　何文祥
党委副书记、副局长　蔡群峰
党委委员、副局长　卢清文
党委委员、纪委书记　蒋崇利
党委委员、副局长（聘用）　诸文杰
办公室主任　李伟恒
财务科科长　李雪明
国土规划建设科科长　郑马五
政工科科长　李兆斌
文物管理科科长　刘培建
生态保护与研究科科长　黄　升
原副处级干部　唐太勇
主任科员待遇　黄安成
原乡科级副职干部　周桂忠

九嶷山风景名胜区综合执法队九疑山国有林场

场长　徐永才
副场长　黄春洪

县委党校（行政学校）

校长　郑志晖
副校长　姜晓明　欧阳丽君
原乡科级正职干部　李希圣　陈新泉
原乡科级副职干部　蒋恒利

县委党史研究室（地方志编纂室）

主任　雷程燕
副主任　刘怀剑　肖晓泉

县接待服务中心

主任　崔　敏

县委改革与发展研究中心

副主任　郑会兴

县融媒体中心（县广播电视台）

党组书记、主任（台长）兼总编辑　雷友胜
党组成员、副主任（副台长）、副总编辑（兼）、二级主任科员　王海清
党组成员、副主任（副台长）　谢剑平
党组成员、副主任（副台长）、副总编辑(兼)　何丛芳
四级调研员　欧阳士荣
原乡科级正职干部　廖海南
原乡科级副职干部　欧阳娣　熊仁义　欧阳丽娟
四级主任科员　李成旺

县机关事务服务中心

党组书记、主任　胡新军
党组成员、副主任　文沙宁　周　杰

县政府发展研究中心

主任　徐永宁

县供销合作联社

党组书记、理事会主任、四级调研员　陈小清
党组成员、监事会主任　李文宣

党组成员/理事会副主任/一级主任科员　蒋小勇
四级调研员　杨永平　张进友
二级主任科员　李　斌　罗　铭
原乡科级副职干部　欧晓春
四级主任科员　何　月

县烤烟生产办公室

党组书记/主任/四级调研员　陈　勇
党组成员/副主任　邓少辉
三级调研员　欧阳建中　陈　勇
一级主任科员　柏春勇
原乡科级正职干部　刘东辉
四级主任科员　熊仁清　全　丹

九嶷河国家湿地公园管理局

局长　李学勤
副局长　欧阳小梅　蒋春海

县城市建设投资开发有限责任公司

党委书记/董事长　唐　华
副董事长　邝　亮
党委副书记/总经理　骆俊平
副总经理　胡青文　李平辉　唐亚辉
副总经理/县扶贫开发投资管理公司经理　许慧生

九嶷山文化旅游发展集团有限公司

董事长/总经理　何　俊
副总经理　王　辉　陈国宏　邓　莹　蒋　剑　欧　晗
总工程师　刘颖婕

县产业建设投资有限公司

总经理　杨学进
副总经理　黄琼辉　李祀宏　李来万　龙春明

县水务集团有限公司

党委书记/董事长　朱锦生
党委副书记/总经理　郑昱胜
副总经理　柏小军　欧阳超　刘　彦　李亚敏
总工程师　刘志华
原乡科级副职干部　欧阳进勇

县中小微企业融资担保有限公司

董事长/总经理　蒋舜军
副总经理　荆黎萍　何成锋

县扶贫开发投资管理公司

经理/县城市建设投资开发有限责任公司副总经理　许慧生

三、乡镇（街道）

舜陵街道

党工委书记/四级调研员　薛忠胜
党工委副书记/办事处主任　柏令军
党工委副书记/一级主任科员　徐湘富
党工委委员/人大工委主任　郑晨阳
党工委委员/宣统委员/政协工委主任/一级主任科员　黄晓东
党工委委员/纪工委书记/三级主任科员　唐志先
党工委委员/组织委员/二级主任科员　周早林
党工委委员/武装部长/办事处副主任/三级主任科员　李日晖
党工委委员/政法委员/党政办主任　李艳梅
人大工委副主任/三级主任科员　王承熹
办事处副主任　李拥军
原乡科级正职干部　欧阳柳噭
二级主任科员　李启雳　黄文泉　龚志文　张萍志　向友进　李素云　周松梅　奉昌忠
原乡科级副职干部　欧阳艳丽　姜上旺　欧阳进平
四级主任科员　刘顺英　黄振宇　郑叶萍

文庙街道

党工委书记、一级主任科员　周国建
党工委副书记、办事处主任　肖冯勤
党工委副书记　姚茂芳
党工委委员、人大工委主任　陈　伟
党工委委员、宣统委员、政协工委主任　唐文生
党工委委员、纪工委书记、三级主任科员　刘国顺
党工委委员、组织委员　李文武
党工委委员、武装部长、办事处副主任　石卫民
党工委委员、政法委员、党政办主任　黄嶷峰
人大工委副主任　赵俊凌
办事处副主任　蒋玉华
二级主任科员　欧阳高峰　龙国富　李杰胜　姜定志　李友义　何路生　邓小芳
原乡科级副职干部　何荣灵　陈辉任
四级主任科员　李安清　姜艳萍

桐山街道

党工委书记、一级主任科员　于文敬
党工委副书记、办事处主任、四级调研员　胡新胜
党工委副书记　谢　军
党工委委员、人大工委主任　李立应
党工委委员、宣统委员、政协工委主任、一级主任科员　张志清
党工委委员、纪工委书记　黄慧萍
党工委委员、组织委员　王　超
党工委委员、武装部长、办事处副主任　冯军辉
党工委委员、政法委员、党政办主任　李　明
人大工委副主任　龙林枫
办事处副主任　奉　婕
二级主任科员　黄国庆
四级主任科员　周杰旺　郑伍元　欧成军　胡建德

东溪街道

党工委书记、一级主任科员　何立群
党工委副书记、办事处主任　唐琛玮
党工委副书记　李国军
党工委委员、人大工委主任、一级主任科员　李剑涛
党工委委员、宣统委员、政协工委主任　欧阳植攀
党工委委员、纪工委书记　蔡世主
党工委委员、组织委员　郑少华
党工委委员、武装部长、办事处副主任　欧阳新春
党工委委员、政法委员、党政办主任　李红艳
人大工委副主任　魏海云
办事处副主任　李凤花
二级主任科员　周辉安　张志力　姜春生　吴玉平
三级主任科员　罗美娟　欧双才　邓小艳
原乡科级副职干部　文泽旺　王　相
四级主任科员　李云初　匡平艳　吴泽喜　杨　恒

天堂镇

党委书记、四级调研员　黄海燕
党委副书记、镇长、一级主任科员　欧文红
党委副书记　陈盛林
党委委员、人大主席　李德顺
党委委员、宣统委员、政协工委主任　欧阳辉
党委委员、纪委书记　续燕燕
党委委员、组织委员　何　云
党委委员、武装部长、副镇长　欧阳少华
党委委员、政法委员、党政办主任　黄宁华
人大副主席　黎逢亮
副镇长、三级主任科员　欧阳逢华
一级主任科员　王少俊　何志辉
二级主任科员　陈春生　周元早　刘俊峰　周启祥
四级主任科员　夏　静　李晓鸥　欧阳昌海　柏思斯　余　维

水市镇

党委书记 一级主任科员 郑生权
党委副书记 镇长 周小丹
党委副书记 王强
党委委员 人大主席 郑霖杰
党委委员 宣统委员 政协工委主任 欧碧珍
党委委员 纪委书记 陈健
党委委员 组织委员 高进
党委委员 武装部长 副镇长 邓小超
党委委员 政法委员 党政办主任 卜文舟
人大副主席 二级主任科员 黎新顺
副镇长 三级主任科员 周玉娟
一级主任科员 肖纯祥
二级主任科员 李见林 黄文绍
原乡科级副职干部 欧阳成义
三级主任科员 杨友明
四级主任科员 黄冬梅 李志俊 周榆松 李春洋 廖俊蓉 乐艳 刘雨婷

湾井镇

党委书记 石循斌
党委副书记 镇长 肖锋
党委副书记 唐颖
党委委员 人大主席 林斌
党委委员 宣统委员 政协工委主任 李明贵
党委委员 纪委书记 刘勇军
党委委员 武装部长 副镇长 三级主任科员 陈斌辉
党委委员 政法委员 党政办主任 廖湘
人大副主席 赵品雄
副镇长 肖哲
二级主任科员 唐国生 曾根旺 李芳彦
三级主任科员 李惠军 奉运旺
原乡科级副职干部 欧阳群章 汤平方
四级主任科员 周芳邈 欧阳睿 李萌 唐伟强 王超凡

九疑山瑶族乡

党委书记 四级调研员 何江权
党委副书记 乡长 黄成波
党委副书记 三级主任科员 张艳旺
党委委员 人大主席 欧荣华
党委委员 宣统委员 政协工委主任 黄敏
党委委员 纪委书记 贺胜清
党委委员 组织委员 欧伟
党委委员 武装部长 副乡长 三级主任科员 黄宇
党委委员 政法委员 党政办主任 唐海涛
人大副主席 陈慧玲
副乡长 冯雯琦
副乡长（挂职） 钟菊嫦
二级主任科员 廖长发
三级主任科员 邹林青
四级主任科员 周丽菊 赵水秀 毛春花 谭志平 雷诗琴

冷水镇

党委书记 四级调研员 田胜辉
党委副书记 镇长 欧阳辉
党委副书记 蒋亚雄
党委委员 人大主席 李春勇
党委委员 宣统委员 政协工委主任 一级主任科员 刘建国
党委委员 纪委书记 三级主任科员 石俊
党委委员 组织委员 何成刚
党委委员 武装部长 副镇长 三级主任科员 吴绍辖
党委委员 政法委员 党政办主任 周玉辉
副镇长 三级主任科员 柏玉姣
人大副主席 张美英
二级主任科员 李运光

原乡科级副职干部　刘智勇　李文波　许韩龙

三级主任科员　谭永芳

四级主任科员　蒋灵通　唐竹筠　郑　勇　黄平旺　周静辉　李俊祥　彭俊泽

太平镇

党委书记　周君强

党委副书记 镇长　田明俊

党委副书记 三级主任科员　张　亮

党委委员 人大主席　柏艳阳

党委委员 宣统委员 政协工委主任　王方亮

党委委员 纪委书记 三级主任科员　李天云

党委委员 组织委员 三级主任科员　薛朝辉

党委委员 武装部长 副镇长 三级主任科员　唐才旺

党委委员 政法委员 党政办主任　江秀梅

人大副主席　刘浩军

副镇长　宋小亮

一级主任科员　骆光辉

二级主任科员　邓涣之　谭运湘　韩来顺

原乡科级副职干部　杨世平

四级主任科员　谭毅军　欧阳明辉　刘改生　骆立鸿　石　莎　夏敏辉　李玲红

保安镇

党委书记　毛昌麒

党委副书记 镇长　刘建峰

党委副书记　尹新明

党委委员 人大主席　周启明

党委委员 宣统委员 政协工委主任　聂余芳

党委委员 纪委书记 三级主任科员　邓小春

党委委员 组织委员　欧兴旺

党委委员 政法委员 党政办主任 三级主任科员　刘昌盛

党委委员 武装部长 副镇长　欧运辉

副镇长　王苏琴

人大副主席　谭运松

原乡科级正职干部　廖迪茂

二级主任科员　陈志茂　周财富

原乡科级副职干部　蔡　旭

四级主任科员　彭梦琳　王　霞　邓雄辉　何林辉

禾亭镇

党委书记 四级调研员　欧　庆

党委副书记 镇长　刘　坤

党委副书记　刘　琴

党委委员 人大主席　李群阳

党委委员 宣统委员 政协工委主任　王　韬

党委委员 纪委书记　蒋志成

党委委员 组织委员　龚　勇

党委委员 武装部长 副镇长 三级主任科员　邓智明

党委委员 政法委员 党政办主任　何华俊

副镇长　李小霞

人大副主席　汪　波

一级主任科员　朱志顺

原乡科级正职干部　欧　力

二级主任科员　刘平顺　胡中友

三级主任科员　李艳云

原乡科级副职干部　李九清　毛运旺

四级主任科员　曾庆红　黄国弟　王小菊　蒋　祥

仁和镇

党委书记 四级调研员　欧阳涛

党委副书记 镇长 四级调研员　伍　鹏

党委副书记　欧阳健龙

党委委员 人大主席　郑裕仁

党委委员 宣统委员 政协工委主任　刘雪丽

党委委员 纪委书记　粟玖旺

党委委员 组织委员　王承柳

党委委员 武装部长 副镇长 欧阳雅敏

党委委员 政法委员 党政办主任 冯永贵

人大副主席 杨成文

副镇长 二级主任科员 欧阳红新

二级主任科员 吴义菊 贺平胜 赵国顺 柏继青 杨发才

三级主任科员 唐泽鸿

四级主任科员 骆灵 李明轩 刘丹琴 谭际慧

棉花坪瑶族乡

党委书记 唐媛

党委副书记 乡长 赵勇军

党委副书记 胡志辉

党委委员 武装部长 政法委员 党政办主任 人大主席 蒋晶升

党委委员 宣统委员 政协工委主任 副乡长 张海清

党委委员 纪委书记 胡晓燕

党委委员 组织委员 何荣胜

人大副主席 王先文

副乡长 赵桂发

原乡科级正职干部 周九和

四级主任科员 王正华 周金艳

中和镇

党委书记 四级调研员 蒋智辉

党委副书记 镇长 一级主任科员 张成文

党委副书记 林可

党委委员 人大主席 黄红星

党委委员 宣统委员 政协工委主任 蒋宁资

党委委员 纪委书记 李秋琳

党委委员 武装部长 副镇长 彭述彩

党委委员 政法委员 党政办主任 邓怀雄

党委委员 组织委员 蒋议育

人大副主席 欧阳东利

副镇长 黄文础

二级主任科员 欧阳展辉 唐万胜 李毅

三级主任科员 周平胜 李春喜 欧阳晓清

四级主任科员 欧阳元耀 孙霖源 颜学臻 毛双双 文思敏 胡粤芳 李发旺

柏家坪镇

党委书记 四级调研员 黎登文

党委副书记 镇长 杨田田

党委副书记 郑建辉

党委委员 人大主席 蒋军明

党委委员 宣统委员 政协工委主任 刘志明

党委委员 纪委书记 三级主任科员 李国斌

党委委员 组织委员 三级主任科员 黄云涛

党委委员 武装部长 副镇长 周来胜

党委委员 政法委员 党政办主任 欧新

人大副主席 吕斌诚

副镇长 三级主任科员 欧阳峰连

一级主任科员 刘述安 胡永胜

二级主任科员 欧阳化日 刘红斌 李芝秀 郑茂忠 欧阳超雄

四级主任科员 欧阳利泉 陈胜军 义柏芊 盘疑芳 张帝 陈开明 黄卓 张文艳

清水桥镇

党委书记 四级调研员 周文毅

党委副书记 镇长 一级主任科员 唐红庆

党委副书记 周双华

党委委员 人大主席 欧阳文福

党委委员 宣统委员 政协工委主任 朱太顺

党委委员 政法委员 党政办主任 何明

党委委员 纪委书记 唐珍珍

党委委员 组织委员 黄建英

党委委员 武装部长 副镇长 何俊杰

人大副主席 彭伟

副镇长 钱春龙

二级主任科员 郑松茂 李炳清 郑志洪

原乡科级副职干部 杨海波

四级主任科员 雷少忠 欧和平 文景 冯茜 王英娥

桐木漯瑶族乡

党委书记 一级主任科员 李敏玲

党委副书记 乡长 四级调研员 邓朝富

党委副书记 三级主任科员 欧阳勇胜

党委委员 人大主席 武装部长 政法委员 党政办主任 邓勇

党委委员 宣统委员 政协工委主任 副乡长 匡明兴

党委委员 纪委书记 肖钦化

党委委员 组织委员 彭杲云

人大副主席 欧阳群松

副乡长 唐叶梅

原乡科级正职干部 盘天林

二级主任科员 陈国华

鲤溪镇

党委书记 一级主任科员 骆友情

党委副书记 镇长 四级调研员 欧阳建辉

党委副书记 黄小帅

党委委员 人大主席 欧阳华雄

党委委员 宣统委员 政协工委主任 吴健

党委委员 纪委书记 三级主任科员 邓富超

党委委员 组织委员 唐经康

党委委员 武装部长 副镇长 汪海平

党委委员 政法委员 党政办主任 三级主任科员 欧阳阿勇

人大副主席 雷慈丽

副镇长 刘德生

二级主任科员 姜礼武

原乡科级副职干部 成学善

四级主任科员 吕定军 杨林群 鲁文龙 李典雄 蒋敏珊 雷柏翠 郑欣

五龙山瑶族乡

党委书记 陈祥旺

党委副书记 乡长 陈国雄

党委副书记 一级主任科员 汪修才

党委委员 宣统委员 政协工委主任 副乡长 罗军义

党委委员 政法委员 党政办主任 武装部长 人大主席 王承利

党委委员 纪委书记 李涛

党委委员 组织委员 欧阳春

党委委员 人大副主席 房邦浩

副乡长 三级主任科员 唐红艳

二级主任科员 赵顺旺

四级主任科员 黄越峰 黄欣

四、中央、省、市驻宁单位

县人武部

县委常委 人武部部长 文小武

政委 邓建华

县消防大队

政治教导员 钱小庆

副大队长 蒋永平

县武警中队

中队长 李腾

政治指导员 李章继

国家税务总局宁远县税务局

党委书记 局长 黄靖

党委委员 副局长 吴铭哲 左裕琴 郑冠春 钟宁 欧阳君和

市生态环境局宁远分局

党组书记
局长
四级调研员 肖志亮

党组成员
副局长
三级调研员 徐义权

副局长 欧阳剑云

党组成员 张 旭

党组成员
总工程师 骆胜红

二级主任科员 胡 锟 黄昌勇

四级主任科员 陈青松 郑志宇 郑石军 唐艳芳 刘旭艳 胡芝香 左晓琳

中国人民银行宁远支行

行长 陈丽芳

副行长 李文毅 柏向东

纪检组长 邝建玲

中国工商银行宁远支行

行长 高 明

副行长 向 阳 崔馨元 蒋靖超 胡 湘

中国建设银行宁远支行

行长 邹云山

副行长 冯进辉 徐春梅 肖 鹏

总会计师 周 青

中国农业银行宁远支行

党委书记
行长 周降芳

党委委员
副行长 欧飞舟 蒋 伟

中国农业发展银行宁远县支行

行长 樊向东

副行长 李佳霞 刘白云

县邮政储蓄银行

行长 彭怀忠

副行长
工会主席 刘 伟

副行长 尹 亮

宁远农村商业银行

党委书记
董事长 朱春华

党委委员
副行长 向建功

纪委书记 黎 军

党委委员
副行长 张英健 蔡建林

中国银行宁远支行

行长 李光忠

副行长 毛震冰 杨 璐

长沙银行宁远支行

行长 欧阳家福

副行长 郭亚峰

宁远潭农商村镇银行

行长 郭 真

监事长
工会主席 雷 灿

副行长
风险合规部
总经理(兼) 钟春旺

中国财产保险宁远支公司

经理 程春艳

副经理 尹颖芳 欧少君 李利祥

中国人寿保险宁远支公司

经理 蒋周成

副经理 黄小琴

中华联合保险宁远支公司

经理 胡小龙

中国太平洋保险宁远支公司

经理 李元斌

县邮政局

党组书记
总经理 龚 剑

副总经理 王堂君 宋志强

县电信公司

总经理 唐才喜

副总经理 成 飞 孙治文

县移动公司

经理 李四生

副经理 姜定辉 黎 明

县联通公司

经理 桂来亮

国网宁远县供电公司

总经理
党委副书记 廖舒戈

党委书记
副总经理 杨君臣

纪委书记 黄志刚

副总经理
工会主席 周顺祥

副总经理 罗 程

县烟草专卖局

党组书记
局长
经理 龙 晖

党组成员 副经理　张　勋　唐艳军

县新华书店

经　　理　何莉芳

副经理　欧光宏　张蕊娜

县药材公司

经　　理　樊佳宏

副经理　朱来生　魏国军　欧阳云亮

县盐业公司

局　　长 经　　理　周三平

党支部书记　陈小文

副经理　欧曙鹏

县石油公司

经　　理　樊　超

副经理　欧　剑　尹龙霖

县湘运公司

经　　理　唐　明

党支部书记　李向阳

副经理　李向东　何忠顺　李际民

工会主席　何忠顺（兼）

财务总监　李尚幸

国家统计局宁远调查队

队　　长 四级调研员　郑会后

纪检监察员 一级主任科员　雷群生

副队长 三级主任科员　黄明伟

县气象局

局　　长　周明辉

副局长　王里豪

气象台长　唐进军

县住房公积金管理中心

主　　任　朱延辉

获奖人物

全国公安“百佳刑警”——王春山

王春山，男，1978年3月出生，宁远县公安局党委委员、副局长（原刑侦大队大队长）。

王春山从事刑侦工作13年来，敢打善拼，知难赴难，带领队友屡破大案要案，宁远县保持现行命案连续13年100%侦破。2020年3月，王春山与同事从宁远多起电信网络诈骗案件中研判当地可能存在诈骗窝点，得到上级部门的查实认可。王春山深入藏匿的诈骗窝点秘密侦查，夜以继日蹲守，一举破获省内外多起电信网络诈骗案件，抓获嫌疑人31人。在抗击新冠肺炎疫情期间，王春山和队友坚守一线，不惧危险，破获刑事案件30余起，其中涉疫类电信诈骗案7起，抓获犯罪嫌疑人9人，涉案金额100多万元。扫黑除恶专项斗争开展以来，在王春山的组织带领下，破获涉黑组织2个、涉恶集团和团伙12个，破获刑事案件106起，刑事拘留149人，查扣、冻结涉案资金及财物价值1020万元。其中“9·10”案被评为全省打早打小经典案例予以推广。宁远县社会治安呈现出“一降两升”的良好态势，人民群众安全感、满意度不断提升。宁远县公安局刑侦工作连续8年获永州市先进，刑事技术室2019年获评“全国示范刑事科学技术室”；王春山个人先后立个人3等功5次，多次被市县公安局评为“爱岗敬业模范”“十佳破案能手”，2012年被湖南省公安厅授予“全省破案能手”，2018年被评为湖南省优秀人民警察，2020年获评全国公安“百佳刑警”、湖南省“最美基层民警”。

（供稿　县公安局）

全国“‘十三五’奋进易地搬迁干部”——蒋　全

蒋全，1968年6月出生，1989年参加工作，1992年7月加入中国共产党。先后任水市镇镇长、中共荒塘瑶族乡党委书记、县农机局局长等职，2016年任县发改局党组成员、副局长、县易地扶贫搬迁联席会议办公室主任，专门负责全县的易地扶贫搬迁工作。

作为县易地扶贫搬迁联席会议办公室主任，他带着对贫困群众最真切的情感、对脱贫致富最朴实的愿望、对易地搬迁最饱满的热情，用自己的赤子之心践行党和人民赋予的职责和使命。

2016年以来，全县共投资10.28亿元，建设易地扶贫搬迁安置住房412392.16平方米，搬迁易地扶贫搬迁户4164户、17493人。创建以集中安置为主的“宁远模式”：全县建设27个集中安置区，集中安置3426户、14595人，占比83.4%；创造建设上的“宁远速度”：从2016年9月至2017年12月，所有安置住房全部建成并达到入住条件，获得时任省委书记的肯定并批示在全省推广；创新“四引四促”后续帮扶“宁远特色”：2018年11月，在湖南省召开的易地扶贫搬迁后续帮扶推进会上，宁远县“四引四促”后扶经验作典型发言并在全省推介。

他在工作中把握政策准确，敢闯敢干敢为人先，在易地扶贫搬迁工作各个环节均走在永州市乃至湖南省其他市县前列，率先出台的一个个纲领性文件成为永州市各县（区）乃至省内其他县区易地扶贫搬迁工作的“风向标”。从2016至2019年，永州市连续四年在宁远召开项目建设、搬迁入住、拆旧复垦、后续管理和帮扶四个方面的现场经验交流会。

宁远县易地扶贫搬迁工作获得国家、省、市的高度肯定：2016年至2020年，连续五年在市绩效评估中名列第一，2018年、2019年、2020年连续三年在省绩效评估中并列第一；2019年7月，顺利通过国家发改委监管巡查；2020年8月，顺利通过国家发改委全面评估核查；2020年10月，宁远县被评为全国“十三五”易地扶贫搬迁工作成效明显县；2021年2月，县易地扶贫搬迁联席会议办公室被评为全国“脱贫攻坚先进集体”，受到党中央、国务院表彰。

蒋全获得各级党委、政府的充分肯定：2016年—2020年连续五年被评为单位优秀共产党员；2017年—2020年连续四年年度考核评为优秀；2020年8月被县委、县政府记三等功；2020年10月被县委、县政府评为宁远县“最美扶贫人物”；2020年10月获全国“‘十三五’奋进易地搬迁干部”称号。

（供稿　县发改局）

湖南省劳动模范——王　斌

王斌，男，汉族，1972年8月出生，1994年参加工作，2010年加入中国共产党。永州莲花水泥有限责任公司制成车间副主任。从事水泥生产岗位25年，先后做过水泥熟料生产线烧成车间看火工、巡检工、班长，担任过原料车间副主任、烧成车间主任、窑磨车间副主任、制成车间副主任。2014年被永州市总工会授予“永州市最美班组长”“永州市五一劳动奖章”称号，2015年被评为永州市劳动模范，2020年被评为湖南省劳动模范。

王斌参加工作以来，坚持刻苦学习，勤奋工作，积极参加各种业务技能培训，专业能力和技术水平扎实过硬。水泥烧成车间是生产流程中最重要、最关键、最艰苦的岗位。王斌一干就是15年，吃苦耐劳、勇挑重担，严守制度，遵规守纪。他一心扑在事业上，多年来每年出勤均在340天以上，基本上没有时间照顾家庭，他连续5年没有与家人一起过春节。他带班有方，班组建设真正达到“工作是乐园、温馨是家园、工作当标兵、班组当先锋”的层次，所带班组从未出现过工作失误，连续多年被公司评为“安全生产部门”。2011年，王斌所在班组被湖南省总工会授予“湖南省劳动竞赛先进班组”称号。王斌个人多次被评为公司优秀员工。他热情友善，乐于助人。四川地震、宁远抗洪、同事有难，他慷慨解囊，大力援助，还积极倡议大家捐款捐物，奉献爱心，共渡难关。

（供稿　县总工会）

湖南省先进工作者——黄　莹

黄莹，男，汉族，1973年11月出生，中共党员，语文高级教师，永州市骨干教师，永州市语文学科带头人，现为宁远八中初中语文教师、班主任，曾获市级以上奖励或荣誉59项，其中，国家级奖励和荣誉15项，2020年被评为湖南省先进工作者。

倾情教学育桃李。黄莹参加工作26年，任教语文、担任班主任26年，坚持以校为家，经常“朝六晚十”，以任劳任怨、无私奉献的精神成为全校师生的表率。所带班级几乎每期都被评为优秀班集体。为了传承书法国粹，弘扬传统文化，引导学生全面发展，他创建“恒趣书苑”，指导学生参加书法、征文、演讲、读书活动等各级各类比赛，累计有近300人次获奖，有29人次获国家级奖项。他还致力于青少年预防拐卖工作，获全国妇联和国际劳工组织颁发的“反拐事业突出贡献奖”。

潜心业务结硕果。黄莹虚心好学，开拓创新，立足核心素养，有着独特的教学风格和先进的教育理念，教育教学成绩出类拔萃，发挥很好的示范引领作用。先后20余次被教育部门聘为教师培训的主讲老师。他还勤于积累、笔耕不辍，有50余篇新闻稿和教育教学论文发表，主持编写4本校本教材，有5篇论文获省级一等奖。他多次参加各级各类教学比武并获2次省级奖，所授《竹里馆》一课被教育部评为2019年度国家级“优课”。黄莹的家庭也被评为2018年度“全国书香之家”。

（供稿　县总工会）

第二届“湖南最美基层生态环保铁军人物”——肖志亮

肖志亮，男，1965年生，中共党员。2016年1月任永州市生态环境局宁远分局党组书记、局长。他始终率先垂范，坚持奋战在环保第一线，用一腔赤诚孜孜不倦地书写着基层环保人的别样精彩。

他是环保铁军的领军者。5年来，他认真履职、亲力亲为、恪尽职守，“5+2、白+黑、8+X”、取消休假是他的工作常态，可他从不言苦不抱怨。在他的带领下，县生态环境分局全体干部职工勠力同心、攻坚克难，完成一项项工作任务，攻克一个个难题，取得一件件成果，充分展现基层环保铁军的良好形象。全县国控、省控断面地表水质、集中式饮用水源水质达标率100%；环境空气质量优良率97.3%，较2016年提高8.8个百分点，跃居全省第20、全市第4位；声环境质量达到相应功能区标准限值，辖区内没有发生较大以上环境污染、生态破坏事件和因环境问题引发的越级上访及群体性事件。中央、省级环保督察及“回头看”交办反馈问题全部整改销号；每年获得国家重点生态功能区生态转移支付资金在1.2亿元以上，居全省第一。2016—2017年，县生态环境分局连获省重点环保工作先进单位，2019年获生态环境部执法大练兵先进集体；先后获全县农村环境污染治理工作、安全生产工作、重点项目服务、全面小康等30个先进单位称号。2018年肖志亮个人记全面小康三等功1次。

他是环保队伍的带头人。他坚持以人为本，自加入环保大家庭后，致力于加强队伍建设，力争打造一支信念过硬、政治过硬、责任过硬、能力过硬、作风过硬的环保铁军。增加编制。积极向县委县政府建言献策，申请增加人员编制，由2016年56个编制突增到122个编制，一跃成为全市生态环境系统编制数最多的县局，为生态环境领域机制体制改革打下坚实基础。增设机构。加大构建职责分明、分工不分家的环境监管体系，由原来的2个内设股室增设为9个股室和3个下属机构，大大优化机构设置，提高办事效率。引进人才。2016年以来，通过招录招聘专业对口大学生21人，人才引进研究生1人，进一步充实生态环保队伍。

他是改革创新的领头雁。他始终秉持以人民为中心的服务理念，坚持改革创新驱动，深入推进生态环境领域体制机制改革。先后组织制定出台《永州市生态环境局宁远分局进一步优化政务服务促进经济高质量发展的意见》《石场（洗沙场）、砖厂、搅拌站行业环保规范化管理指导意见》等文件，统一环保监管标准，提升服务质量，切实回应群众的所想所急所盼。积极探索环评审批、行政处罚审结改革，成立局环保行政处罚案审委员会，取消环评报告表专家评审，授权分管领导召开局务会进行行政审批，促进工作效率大提升。

宁远县环境优美，生态良好，先后被列为国家卫生县城、首批生态文明先行示范区、主体功能区建设试点示范县、中国天然氧吧、园林县城。永州市生态环境局宁远分局连续三年获全省重点环保工作先进单位，2019年获全国环境执法大练兵表现突出先进集体。肖志亮2018年被省生态环境厅评为县域生态环境质量考核工作先进个人，先后获县三等功三次。

（供稿　永州市生态环境局宁远分局）

2020 年度宁远县在中央媒体及《湖南日报》新闻上稿统计

2020 年度宁远县在中央媒体上稿统计

刊发日期	稿件标题	刊发媒体	作　者
1 月 1 日	蒋学远：用生命践行誓言	《光明日报》（4 版）	柳王敏
1 月 4 日	美丽中国　民生福祉	《经济日报》（6 版）	乐水旺
1 月 4 日	湖南宁远：瑶族同胞用坐歌堂迎新年	中央电视台（新闻直播间）	李严军
1 月 9 日	潇湘思源	中央电视台（发现之旅）	王　丹
1 月 17 日	图片新闻（在湖南省宁远县易地扶贫搬迁集中安置点——曙光新村的致富车间里，工人们正在赶制订单。宁远县在全县 20 余个集中安置点及周边村开设就业扶贫车间 200 余个，带动农民实现家门口就业，走上脱贫致富路）	《农民日报》（7 版）	骆力军
1 月 23 日	探寻“潇湘”文化与传统民俗	央视网（行走中国）	
1 月 23 日	迎新春　文化活动添彩中国年	中央电视台（新闻联播）	
2 月 4 日	抗击疫情，永州中行在行动	中新网（湖南频道）	李光忠、王哲妍、刘慧吉
2 月 5 日	宁远：两颗爱心汇成一股暖流　海外华人捐献货款	人民日报客户端（湖南频道）	欧阳友忠
2 月 7 日	家乡的年味：湖南宁远	中央电视台 2 台（消费主张）	
2 月 7 日	宁远工业园首家企业复工　日产核酸提取仪 20 台	中新网（湖南频道）（市县动态）	骆力军、李严军
2 月 10 日	加强防控保平安出行	新华网	乐水旺
2 月 11 日	湖南宁远：疫情在前　他们不退	人民网	曾华锋、李朋兵
2 月 13 日	宁远一小：4600 名师生收看《在战“疫”中成长》	中新网（湖南频道）	胡三妹、欧阳苏芳、唐成辉
2 月 14 日	防疫春耕　有序开展	人民网湖南频道（市州县域）	乐水旺
2 月 14 日	防疫春耕　有序开展	新华网	乐水旺
2 月 14 日	宁远一小：停课不停学　“宅”家一样学	中新网（湖南频道）	胡三妹、欧阳苏芳、唐成辉
2 月 14 日	湖南宁远防疫联络员为企业“护航”	人民网	蒋益军、魏阳涛
2 月 14 日	守好一村人　带富一方民 记湖南宁远县奋战在乡村一线的驻村帮扶工作队	人民网	蒋益军、谢俊松

续表

刊发日期	稿件标题	刊发媒体	作　者
2月19日	宁远鲤溪：党建引领助生产　防疫不忘春耕忙	人民网（湖南频道市州县域）	骆友情、鲁文龙
2月22日	宁远一小：书写观后感　致敬“最美逆行者”	中新网（湖南频道）	胡三妹、张慈艳、欧阳苏芳、唐成辉
2月24日	湖南宁远县：建立与疫情防控相适应的经济社会运行秩序	经济网	黄　斌
2月26日	宁远：多方合力实现经济“开门红”	人民日报客户端（湖南频道）	骆力军、单明海
3月2日	三湘大地：抗击疫情，她们在行动！	中国妇女网	佚　名
3月5日	宁远一小：传承雷锋精神　争当抗疫先锋	中新网（湖南频道）	胡三妹、荆旺洪、文国平
3月12日	宁远：唱着瑶歌采春茶	人民日报客户端	骆力军、单明海、何　朝
3月13日	湖南永州宁远县：在大战大考中充分发挥基层党组织战斗堡垒和党员先锋模范作用	人民网	蒋益军
3月16日	这些“定制服务”多多益善	光明网	杨文平
3月17日	宁远一小组织师生观看“我是接班人”网络大课堂《劳动最光荣》	中新网（湖南频道）	胡三妹、欧阳苏芳、唐成辉
3月18日	为湘江源头增绿添美　永州3年义务植树4327万株	人民网（湖南频道）	罗　毅、严万达、黄柳英
3月18日	宁远一小召开“师德师风建设提升年活动”推进会	中新网（湖南频道）	胡三妹、雷志雄、王志东
3月18日	中国农民春耕新景象：“共享农机”开进田间　穿着皮鞋能种田	中新网	唐小晴、蒋军君、新　轩
3月19日	宁远一小：开展线下走访　助力教育扶贫	中新网（湖南频道）	胡三妹、欧阳苏芳、唐成辉
3月20日	湖南宁远县无人机为春耕生产提供技术保障	《农民日报》（6版）	乐水旺
3月20日	湖南宁远县：打好疫情防控和就业扶贫“双线战役”	人民日报社《中国经济周刊》	黄　斌、张　林、黄立胜
3月22日	宁远：精准监督为春耕备耕上“保险”	中新网（湖南频道）	骆力军、夏海波、黄海斌
3月23日	湖南宁远县如何下好“稳就业　保用工”这盘“先手棋”？	人民日报社《中国经济周刊》	唐　何
3月24日	宁远助农服务队下沉田间地头助力春耕生产	中新网（湖南频道）	骆力军
3月24日	抗疫助学　甘于奉献 ——记永州市宁远一小校长雷云桂的抗疫故事	中新网（湖南频道）	胡三妹
3月24日	幸福！“战疫玫瑰”凯旋　男友现场求婚	中新网	骆力军、吴欣欣、何丛芳
3月25日	帮助贫困户脱贫增收　宁远扶贫车间吸纳4811名劳动力就业	中新网（湖南频道）	骆力军、张　林
3月28日	宁远一小：家校共创绿色清明氛围	中新网（湖南频道）	胡三妹

续表

刊发日期	稿件标题	刊发媒体	作　者
3月30日	“最美‘逆行’天使”宁远援鄂医疗队	新华网	宁　宣
4月1日	宁远贫困劳动力搭上返岗快车	《人民日报》（13版）	王云娜、欧阳友忠
4月2日	湖南宁远：“点对点”输送1127名贫困劳动力返岗复工	人民日报客户端（湖南频道）	骆力军、张　林
4月3日	宁远农人备耕忙	中新网（湖南频道）	骆力军、李　萍
4月3日	宁远　打好粮食生产主动仗	人民网（湖南频道）	严万达、欧阳友忠
4月7日	宁远开学第一课	中新网（湖南频道）	骆力军、尹代理
4月7日	宁远县发放慰问消费券　引导职工“消费扶贫”	中新网（湖南频道）	骆力军、薛庭勋
4月10日	宁远派驻监督构筑复学“防护墙”	中新网（湖南频道）	骆力军、单明海
4月10日	永州市打造“一件事一次办”升级版	人民日报客户端（湖南频道）	严万达、李新富、杨雄春
4月11日	茶学专家进瑶乡　三年带动茶产业	新华社客户端	程济安、李严军
4月12日	搏击洪水　舍身救人（为了民族复兴·英雄烈士谱）	《人民日报》（7版）	柳王敏
4月13日	宁远一小：抓好食堂管理　保障师生生命健康安全	中新网（湖南频道）	胡三妹
4月16日	宁远：产业项目建设势正酣	中新网（湖南频道）	骆力军、王　晶
4月20日	宁远一小召开2020年春季开学工作会议	中新网（湖南频道）	胡三妹、欧阳志艳
4月20日	宁远补贴线上技能培训　促进劳动力就业	中新网（湖南频道）	骆力军、张　林
4月27日	宁远一小：复课有我　防疫同行	中新网（湖南频道）	胡三妹
4月29日	宁远一小：开展师德培训　规范从教行为	中新网（湖南频道）	胡三妹、王华军
4月30日	宁远：金融精准助力中小微企业成长	中新网（湖南频道）	骆力军、唐　振、郭纯树
4月30日	湖南宁远：修缮传统村落古建筑	新华社客户端	柳王敏、李严军、李丽恒
5月6日	九嶷山开拓文旅发展新空间 争创国家AAAAA级旅游景区	人民网（湖南频道）	何　俊、刘颖婕
5月6日	九嶷山旅游平稳恢复　花式游玩火热“五一”	新华网（湖南频道）	何　俊、刘颖婕、李　文
5月7日	宁远一小开展防溺水应急演练活动	中新网（湖南频道）	胡三妹、罗国英、周湘杰、邓宁宇
5月7日	永州宁远　犹如仙境　九嶷山云海日出	央视频	
5月11日	宁远强化“六稳”举措　项目建设逆势上扬	中新网客户端	骆力军、单明海
5月11日	宁远：项目建设赋能高质量发展	人民网（湖南频道）	严万达、骆力军、单明海
5月18日	宁远一小：强化安保责任意识　打造平安健康校园	中新网（湖南频道）	胡三妹、罗国英、周湘杰、邓宁宇

续表

刊发日期	稿件标题	刊发媒体	作　者
5月19日	土陶焕生机	《光明日报》（4版）	蒋克青
5月21日	“520”，宁远279对新人喜“扯”结婚证	中新网（湖南频道）	骆力军
5月21日	中华民族是一个大家庭　一家人都要过上好日子	新华网	杨　进、王　曦、江宏景、程济安、李严军、李丽恒、白志强、刘　兵、杭　芮、刘海雄
6月5日	初夏荷趣	新华社客户端	李　萍
6月9日	宁远一小举行师德师风集体宣誓活动	中新网	胡三妹
6月13日	湖南永州：传承土陶制作技艺	新华社客户端	何红福
6月16日	湖南宁远：乡村有了休闲公园	新华社客户端	柳王敏、李严军、蒋李臻
6月28日	永州宁远：“禁毒村”里换新颜	人民日报客户端	欧阳友忠
7月17日	湖南宁远县　扶贫农产品上线直播间	《农民日报》（7版）	骆力军、单明海
8月4日	Left-behind children enrich lives through art（艺术丰富留守儿童生活）	《中国日报》	
8月13日	全记录！来看斑鸠宝宝的成长日记	新华社	柳王敏、李严军
8月13日	技能培训　促就业	《中国教育报》（2版要闻）	乐水旺
8月27日	湖南省宁远县 惠农补贴“明白条”算“明白账”	《农民日报》（7版）	骆力军、单明海
9月8日	修好通往群众心里的路	《人民日报》（11版）	陈李勇
9月10日	湖南宁远：禁毒教育进校园	新华社（新华影像）	李　萍
9月13日	禁毒，富裕村面子里子一起挣	《法制日报》（2版）	阮占江、王承国、唐　念
9月22日	湖南宁远县　稳步推进高标准农田建设	《农民日报》（6版）	骆力军、何绍斌
9月25日	古村古镇古城 I 湖南宁远琵琶岗村	新华社	李严军
11月4日	“最美‘逆行’天使”宁远县援鄂医疗队	新华网	骆力军
11月12日	蒋学远：用生命践行誓言	《经济日报》（4版要闻）	柳王敏
11月21日	湖南宁远县棉花坪村老茶树结“金果”	《农民日报》（8版）	骆力军、单明海
11月29日	湘南糯高粱熟了　农家的钱包鼓了	新华社客户端	程济安、刘芳洲、李严军、李　芳
12月3日	2020年底所有贫困人口将全部退出	中央电视台第4套（今日环球）	李严军
12月21日	湖南省宁远县一人被确诊感染H5N6禽流感　当地活禽交易暂停	新华社	柳王敏、帅　才
12月22日	湖南宁远汇集人才和资金拓宽就业渠道　把岗位送到家门口	《人民日报》（6版要闻）	孙　超

（供稿　骆力军）

2020年度《湖南日报》刊登宁远新闻统计

日期	稿件主题	作　者	版位
1月1日	财政埋单宁远百人获赠《湖南日报》	欧阳友忠、骆力军、严万达	市州
1月3日	两市三县新晋省级园林城市（县城）	陈淦璋、朱治宁	4版要闻
1月3日	宁远：200余名组工干部下基层增活力	严万达、周运菊、欧阳友忠	市州
1月3日	蔬菜喜丰收　农民笑开颜	李　萍、郑生宇	市州
1月7日	技能送下乡　村民好就业	乐水旺	市州
1月9日	脱贫有了“压舱石” ——永州做优做实扶贫车间纪实	严万达、肖　柳、欧阳友忠、杨雄春	7版要闻
1月10日	近700份“廉”礼一抢而空	刘佳宾、欧阳友忠、严万达	市州
1月10日	宁远　274台校车实现全员远程监控	严万达、吴锦飞、徐旭晓	市州
1月14日	宁远关爱留守学生	欧阳友忠、郑会军、李慧敏	市州
1月14日	宁远通过巡察助推基层治理能力提升	欧阳友忠、林巡轩	市州
1月17日	宁远3000余个停车位腾给返乡人员	单明海、严万达	市州
1月19日	宁远便民食堂小年饭暖意融融	严万达、单明海	3版要闻
1月21日	宁远“村晚”年年办　今年风尚新	严万达、欧阳友忠	市州
1月22日	冬日草莓香	乐水旺	2版要闻
1月23日	督查食品安全	黄建军	7版
1月24日	搬出大山　小伙脱单	李　健、乐水旺、欧阳友忠	5版全版 1000字以上
1月25日	百米长龙舞起来	欧阳友忠、严万达	头版
1月27日	永州　干部站出来　医生齐请战	罗　毅、严万达、唐一平	3版
1月30日	湘江源头奔涌新动能　永州承接产业转移纪实	罗　毅、严万达、左亚军、唐一平、唐均仕	11版要闻
1月31日	“我是党员，我先上” ——永州党员干部干在防控一线	罗　毅、严万达、左亚军、唐一平	2版
2月5日	宁远“网格化防控”筑牢三道屏障	欧阳友忠	11版
2月6日	筑牢防疫堡垒 ——宁远县多措并举抗疫情	欧阳友忠、荆道滨、骆力军、单洲霞	10版2033字
2月7日	南线有战事，唯有勇者胜 ——永州抗击新型冠状病毒感染的肺炎疫情纪实	罗　毅、严万达、左亚军、唐一平	7版
2月9日	图片新闻	李　萍、鲁初中	3版
2月10日	加强防控保平安出行	乐水旺	3版
2月10日	永州　疫情防控不松劲　重点项目忙复工	罗　毅、刘志军、欧阳友忠、梁天胜、冯丽萍	6版
2月11日	宁远：“送检上门”打好防疫战	严万达、欧阳友忠	11版

续表

日期	稿件主题	作　者	版位
2 月 12 日	宁远博士工作站研制出“科技仓”	严万达、欧阳友忠	6 版
2 月 12 日	图片新闻	李　萍、蒋益军	9 版
2 月 14 日	防疫春耕　有序开展	乐水旺	2 版要闻
2 月 19 日	湖南已有逾 100 家景区发布免票政策	孟姣燕	2 版要闻
2 月 22 日	复工复产赶订单	黄春涛、欧阳友忠	4 版
2 月 23 日	科学防疫　分类指导 永州农业生产掀起热潮	刘跃兵、乐水旺、潘　芳、刘志军	市州头条
2 月 26 日	宁远县按下发展“加速键” 把疫情耽搁的时间抢回来	严万达、骆力军、单明海	市州头条
2 月 26 日	宁远推动中医药参与一线防疫	欧阳友忠、李小阳、严万达	11 版
2 月 26 日	改革迎来“满园春” 宁远深化工程建设项目审批	唐　何	11 版 1692 字
3 月 1 日	我省贫困劳动力复工 108.4 万人	刘银艳、骆力军	3 版头条
3 月 4 日	干部当“保姆”　企业解难忧	黄春涛、欧阳友忠	8 版
3 月 4 日	“促销大军”帮忙　缓解农产品滞销	刘跃兵、乐水旺、李碧翔、潘　芳	市州
3 月 5 日	不误农时	乐水旺	12 版
3 月 7 日	决胜全面小康　妇女顶半边天	刘卫华	6 版
3 月 8 日	永州农资供应新模式闹春耕	刘跃兵、乐水旺、李碧翔、刘志军	市州
3 月 10 日	旅游景区，期盼春天	孟姣燕	3 版
3 月 10 日	宁远“新招”解决企业用工难	严万达、刘银艳、骆力军、单明海	8 版
3 月 10 日	变废为宝	乐水旺	市州
3 月 10 日	微信来下单　农机好忙碌	任泽旺、乐水旺、潘　芳	市州
3 月 12 日	宁远：驻村帮扶发起“春季攻势”	骆力军、丁作丽、唐　念	11 版
3 月 12 日	宁远：用心用情帮就业　复工复产促增收	骆力军、许慧生、张　林	11 版
3 月 13 日	图片新闻	李　萍、骆华军	头版
3 月 17 日	永州 35 家 A 级景区恢复开放	蒋　茜、文紫湘、陈　斌	市州
3 月 18 日	“网红”农技员助力春耕春播	刘跃兵、任泽旺、乐水旺、胡万开	7 版
3 月 18 日	永州分区分级开放餐饮业经营	严万达、左亚军、唐一平	10 版
3 月 18 日	宁远县在抗疫一线充分发挥基层党组织战斗堡垒和党员先锋模范作用	荆道滨、周运菊、蒋益军、严万达	14 版 2306 字
3 月 23 日	永州：断肠明志地　大战显忠诚	严万达、黄柳英	6 版
3 月 24 日	热心肠的 90 后“送工郎”	严万达、欧阳友忠	市州

续表

日期	稿件主题	作　者	版位
3月24日	“土专家”　助春耕	乐水旺	市州
3月26日	职业技能提升原来可以这样做	刘银艳、佘　蓉、曾鹤群、骆力军、张　林	4版头条
3月26日	永州582家扶贫车间复工	刘跃兵、张娅妮、乐水旺、刘志军	8版
3月27日	“点对点”　助生产	乐水旺	9版
3月30日	高山有机茶　瑶家增收入	黄春涛、欧阳友忠	2版要闻
3月30日	永州：“约起来踏春去”	蒋　茜、杨　韬、陈　斌	2版要闻
4月2日	昔日臭水沟，今成清水河	严万达、宋桐青	市州
4月3日	宁远　打好粮食生产主动仗	严万达、欧阳友忠	市州头条
4月7日	消费扶贫　助企惠农	乐水旺	3版
4月7日	图片新闻	李　萍、刘黎英	7版
4月7日	图片新闻	李　萍、刘黎英	7版
4月8日	湖南旅游市场逐步回暖	孟姣燕、周东平	头版
4月8日	永州清明小长假出游有序	蒋　茜、文紫湘、毛　娟	10版
4月9日	“一窗通办”“全市通办”“就近可办” 永州市打造“一件事一次办”升级版纪实	严万达、李新富、杨雄春、骆力军	3版要闻
4月10日	永州　驻村工作队员变销售达人	刘跃兵、柏劲松、徐杨柳、刘志军	市州
4月11日	宁远发放5000个举报信封	刘燕娟、单明海	7版
4月14日	产业助脱贫	乐水旺	5版要闻
4月14日	永州　奖补扶持增力度	刘跃兵、乐水旺、黄　璜、潘　芳	市州头条
4月16日	利剑斩凶顽　铁腕护平安 宁远县公安局刑侦大队磨砺打击犯罪尖兵利刃	李重臣、王承儒、黄海芳	12版1980字
4月24日	品牌农业　名响行远 永州一季度出口农产品同比增长1.6倍	罗　毅、严万达、左亚军、唐一平	市州头条
4月29日	返岗就业心更安 ——湖南力促农民工返岗复工	刘　银、张　伟、向　明、骆力军	2版要闻头条2244字
5月1日	永州补强能源电力产业链	严万达、黄柳英、杨思九、王善峰	市州
5月3日	湖南旅游市场逐步升温	孟姣燕	头版
5月5日	129家景区接待游客219万多人次	孟姣燕	头版
5月6日	全省接待游客近2000万人次	孟姣燕	头版
5月11日	宁远　项目建设赋能高质量发展	严万达、骆力军、单明海	市州头条

续表

日期	稿件主题	作　者	版位
5月19日	片区协作，让监督长出“牙齿”	陈奕樊	5版头条 1346字
5月21日	一场迟来的“春节教育团拜会”	单明海	市州
5月22日	宁远“送访上门”解难题润民心	欧阳友忠、薛晋飞、严万达	市州
5月23日	住农家，解难题 ——永州市推进“冲刺问题清零，决战脱贫攻坚”活动纪实	罗　毅、严万达、左亚军、唐一平、肖　柳	12版要闻 1467字
5月25日	管好“钱袋子”　为民谋福祉 看湖南县级财政管理的“宁远样本”	李重臣、王　珊、邓大清、宋桐青	12版2987字
5月28日	“易”得广厦千万　开启幸福新篇 ——永州市易地扶贫搬迁工作纪实	黄柳英、王　珊	9版
6月3日	宁远千年学宫百余学童行“开笔礼”	单明海、严万达	8版
6月4日	文旅乡村好韵味　网红带你逛潇湘	龙文泱、周宇琪	8版
6月8日	党旗猎猎映杏林 ——宁远县人民医院党建引领促发展、优服务纪实	李重臣、王　珊、胡　艳	7版4956字
6月9日	宁远　瞅准新路子　打造肉篮子	罗　毅、严万达、欧阳友忠	头条
6月9日	永州蔬菜缘何俏销粤港澳	刘跃兵、陈健林、刘志军、乐水旺	3版要闻
6月9日	图片新闻	欧阳友忠、冯勤友	5版
6月12日	群防群控战蝗灾	乐水旺	市州
6月20日	宁远：“土蝗”啃食河滩植物	张尚武、张政兵	4版
6月23日	实施“党建+”工程，共建美好家园 宁远　老旧小区换新颜	刘跃兵	市州头条
6月26日	宁远　千年文庙祭屈子	单明海、严万达	头版
6月26日	划龙舟、包粽子、品黄酒……	孟姣燕	头版
6月28日	端午小长假湖南旅游市场平稳恢复 全省接待游客1152万余人次	孟姣燕	头版
6月28日	永州接待游客85万人次	蒋　茜、胡　萍	6版
7月7日	编外扶贫队长	刘跃兵	5版
7月7日	百岁老兵讲史励人	欧阳友忠	6版
7月8日	图片新闻（高考）	黄建军	10版
7月15日	宁远全力抗旱自救	严万达、欧阳友忠、李　芳	市州
7月15日	抢修水毁设施　保障群众安全	乐水旺	4版要闻
7月16日	把水送到旱情最重的地方 宁远县纪检监察干部一线抗旱	刘燕娟、单明海	8版

续表

日期	稿件主题	作　者	版位
7月18日	纾解痛点添幸福 永州市推进"一老一小"工作纪实	陈　勇、刘跃兵	6版
7月20日	永州全力以赴抗旱灾保民生	罗　毅、严万达	市州
7月29日	宁远县应急管理凝心聚力开新局	李重臣、王　珊、李　海	市州 2890字
8月6日	让基层人才有干劲有奔头有盼头	何金燕、孙敏坚	2版要闻
8月7日	永州免费培育带货主播	严万达、黄浩阳	10版
8月8日	"我的书屋·我的梦"启动仪式在宁远举行	严万达、骆力军	2版要闻
8月9日	文明新风拂九嶷 宁远推进新时代文明实践中心建设纪事	罗　毅、严万达、欧阳友忠、荆道滨	头条
8月12日	深耕"责任田"，金融彩笔绘新篇	谢小波、欧永龙、邓秀莉	4版要闻
8月12日	"十五分钟健身圈"已经形成	严万达、欧阳友忠	市州头条
8月13日	永州干群齐心抗旱	刘跃兵、李本社、乐水旺、邹乔夫	5版
8月13日	"一分钱也要退"	刘跃兵、单明海	6版
8月14日	"芒果扶贫云超市"走进宁远	欧阳友忠、严万达	5版要闻
8月18日	特色农业铺就增收路	骆力军、黄建军	市州
8月25日	近两万名劳务经纪人活跃湖南乡村	刘银艳、曾鹤群、骆力军	2版要闻
8月26日	大潮起潇湘 ——永州市脱贫攻坚的"蝶变"密码	夏似飞、蒙志军、刘文韬、李　军、罗　毅、严万达	头条
8月28日	宁远工程建设项目审批"网上办"	刘跃兵	市州
9月1日	农田彩绘	田　超、乐水旺	市州
9月2日	辣椒映红脱贫路	田　超、乐水旺	2版要闻
9月4日	硬扎人，打硬仗	贺　威、黄柳英、 欧阳友忠（图片）	4版要闻 1512字
9月8日	确权颁证监管　发挥最大效益　宁远探索扶贫资产管理模式	欧阳友忠、徐友利、骆力军	10版
9月10日	宁远："五个一"禁毒活动成为开学第一课	唐　念、田明俊	10版
9月11日	扶贫车间助就业	乐水旺	6版
9月12日	宁远治理垃圾"美"城乡	严万达、宋桐青	市州
9月15日	林与城的深情相拥 ——宁远县创建省级森林城市纪实	王　珊、李重臣、高文利、骆华军	市州 2857字
9月18日	永州扶贫车间成为稳就业"蓄水池"	刘跃兵、潘　芳、刘志军	市州
9月22日	资金捆绑项目 宁远脱贫村巩固提升率达100%	严万达、邓大清	市州头条
9月23日	宁远把帮教做到戒毒人员心坎上	王承国、唐　念、张成文	10版
9月25日	永州　载歌载舞喜庆农民丰收节	严万达、欧阳友忠、刘志军、蒋林锋	市州

续表

日期	稿件主题	作　者	版位
9 月 26 日	超长“黄金周”湖南端出“文旅大餐”	孟姣燕、龙文泱	6 版要闻
9 月 30 日	宁远县：全力稳就业保民生	欧阳友忠、邱向谊、骆力军	13 版
9 月 30 日	宁远县：多措并举，巩固治超成果	欧阳友忠、何　朝、黄　永、骆力军	15 版
9 月 30 日	一技在手　致富不愁	刘跃兵、刘　鹏、水　旺、明　海	15 版
10 月 5 日	99 家 A 级景区接待游客超 400 万人次	孟姣燕	头版
10 月 9 日	就业扶贫拔“穷根”	刘银艳、曾鹤群、骆力军	头版
10 月 16 日	永州及时抢收稻谷烘干入库	刘跃兵、黄　璜、水　旺、志　军	市州
10 月 21 日	我省“两新”组织在宁远举办党员轮训示范班	欧阳友忠、欧阳振华、骆力军	8 版
10 月 27 日	就业扶贫　幸福花开	刘银艳、曾鹤群、谢静雅、骆力军	头版 2952 字
10 月 27 日	张宏森在宁远县调研党建工作时强调 发挥党建引领作用　夯实基层“战斗堡垒”	黄　晗	2 版要闻
10 月 27 日	担当抓落实　实干促发展	黄　晗、李曼斯、陈　薇、黄利飞	3 版
10 月 27 日	筑红色基底　奏为民强音 ——宁远县中医医院党建引领谱写新时代中医篇章	李重臣、王　珊、李小阳、谭　露	7 版 4799 字
10 月 28 日	朱忠明在永州调研时强调 科学识变应变　主动谋划“十四五”民生保障重点工作	罗　毅	2 版要闻
10 月 30 日	宁远县财政局：“三个倾斜”提升群众满意度	邓大清	14 版
11 月 2 日	宁远：党风廉政宣传教育深入人心	欧阳友忠、何绍斌、骆力军	10 版
11 月 4 日	宁远县千名学子接受廉政文化教育	欧阳友忠、何绍斌、胡三妹、骆力军	10 版
11 月 5 日	中国户外健身休闲大会宁远站 7 日举行	王　亮	20 版
11 月 7 日	当好最后一千米的“服务员” ——湖南省科协系统“最美基层科协工作者”事迹综述	胡宇芬、徐　姣	7 版
11 月 9 日	中国户外健身休闲大会宁远站举行 2650 名选手释放运动激情	王　亮、谭　婷	8 版
11 月 12 日	永州做大做强森林生态旅游	严万达、蒋　超、黄玲玲	8 版
11 月 12 日	宁远　易地扶贫就业不落一户	严万达、骆力军、单明海	市州头条
11 月 13 日	宁远县财政局：提升财政效能　打造阳光财政	邓大清	13 版 1088 字
11 月 17 日	宁远县：　477 名乡村医生实现老有所养	欧阳友忠、骆力军、朱纯璐	11 版
11 月 18 日	激活沉睡山水　让美丽战胜贫困 ——湖南文化产业高质量发展速览之三	孟姣燕	4 版要闻

续表

日期	稿件主题	作　者	版位
11 月 18 日	宁远县："村村响"奏响基层公共服务最强音	欧阳友忠、骆力军、欧阳振华	13 版
11 月 28 日	宁远县：诚信建设进校园	蒋少军、王文会、匡黎明	12 版
11 月 28 日	宁远县：巡视整改，让问题清仓见底	单明海、欧阳友忠、骆力军	11 版
11 月 30 日	宁远县：文明创建一路出彩	欧阳友忠、骆力军、胡三妹	10 版
12 月 1 日	宁远县：探索"三环节"管理模式，提升财政管理效能	唐　何	13 版 2074 字
12 月 2 日	清退"误工费"	刘跃兵、单明海	12 版
12 月 4 日	"公益体彩　快乐操场"活动走进宁远县太平镇完全小学	蒋晓琴	20 版
12 月 5 日	工行永州宁远支行：慧眼识骗局，为客户挽回巨额资金损失	刘源华、李万文	6 版
12 月 6 日	擦亮群众幸福底色 宁远县推进基层社会治理创新纪实	严万达、荆道滨、欧阳友忠、李朋兵	3 版头条 1594 字
12 月 7 日	宁远禁毒宣传进瑶乡知识普及受益广	刘玉霞、蒋振飞	6 版
12 月 8 日	抓真改实改　让群众满意 ——宁远县巡视整改工作掠影	童一飞、欧阳友、忠范源、成海祎、骆力军	11 版
12 月 9 日	工行永州宁远支行："断卡"行动，协助公安抓获电信诈骗嫌犯	刘源华、李万文	11 版
12 月 10 日	宁远：　扫黑除恶打造平安县	胡乐萌、欧阳友忠、骆力军	11 版
12 月 14 日	永州"七五"普法多项工作名列全省前茅	杨永玲、林利军	市州
12 月 15 日	"永州号"旅游主题列车开进长沙	孟姣燕、杨　韬	7 版
12 月 15 日	九嶷山首次拍到两种珍稀野生动物	骆力军、李严军、严万达	市州
12 月 15 日	宁远县纪委监委：紧握"三杆秤"，提升脱贫成色	陈海平	市州
12 月 15 日	宁远县：接力开展诚信建设	欧阳友忠、匡黎明、夏宏辉、骆力军	15 版
12 月 16 日	宁远县：督战一体　决胜脱贫攻坚	陈海平	17 版
12 月 19 日	打造一流高新区　实现发展高质量 ——宁远高新区建设纪实	罗　毅、邓厚成	6 版 1629 字
12 月 19 日	跨越雄关启新程 ——宁远县五年经济社会发展回眸	欧阳友忠、曾彩平、骆力军	7 版 3231 字
12 月 21 日	宁远县：坚决惩治两大领域腐败　及时退还涉案资金	单明海、欧阳友忠、骆力军	9 版
12 月 21 日	宁远县：构筑人才智力高地	欧阳友忠、骆力军、郑明辉、谢俊松	10 版
12 月 21 日	宁远县：畜牧水产工作捷报频传	欧阳友忠、骆力军、陈龙波、宋　果	11 版
12 月 22 日	宁远县：三项举措推动巡察工作见实效	欧阳友忠、骆力军、周宇群	12 版
12 月 22 日	易地搬迁幸福来 ——宁远县易地搬迁扶贫工作纪实	欧阳友忠、蒋　全、骆力军	13 版 2253 字
12 月 22 日	宁远县：万众合奏文明曲	欧阳友忠、骆力军、胡三妹	14 版 1280 字

续表

日期	稿件主题	作　者	版位
12 月 23 日	宁远县：开展学校国防教育授课大比武	欧阳友忠、周安娜、骆力军	11 版
12 月 24 日	宁远县：以“四个强化”推进扫黑除恶专项斗争	欧阳友忠、刘　鹏、骆力军、何绍斌	19 版
12 月 25 日	一分钱也是贿选！ 湖南织密村（社区）“两委”换届监督网	刘燕娟	2 版要闻
12 月 25 日	千年打卡胜地　喜见幸福流淌 ——永州脱贫攻坚纪实	严万达、罗　毅、廖毅刚、肖　柳、唐继华	6 版 3442 字
12 月 25 日	文旅潇湘一路歌 ——永州文化生态旅游融合发展走笔	蒋三立、唐一平、文紫湘、王　珊	7 版 4869 字
12 月 25 日	宁远“互联网 + 监督”严管公务用餐	刘跃兵、单明海	市州
12 月 25 日	一枝一叶总关情 永州人力资源和社会保障局稳就业保居民就业工作纪实	张贵芬、张建平	25 版
12 月 28 日	永州市：3 年化解 6512 个“大班额”	蒋　茜、李　青	18 版
12 月 28 日	宁远县：文明春风进校园	欧阳友忠、骆力军、胡三妹	18 版
12 月 28 日	九嶷大地涌春潮 ——宁远县“稳就业、强基础、富家乡”主题活动剪影	欧阳友忠、欧阳林、郑明辉、欧阳群峰、骆力军	19 版 1564 字
12 月 28 日	绿水青山带笑颜 ——宁远县创建省级生态文明建设示范县工作纪实	唐太培、欧阳友忠、郑志宇、骆力军	20 版 2622 字
12 月 29 日	悠然安享闲暇时光 ——宁远娱乐休闲场所保安“下岗”背后	刘跃兵、宋云钊、刘孟娟	16 版
12 月 30 日	宁远返乡农民创业有作为	严万达、欧阳友忠、李　萍	市州头条
12 月 30 日	宁远县：多渠道开展信用建设	欧阳友忠、皮国钧、匡黎明、骆力军	22 版
12 月 31 日	踏越层峰开新局 ——宁远县 2020 年经济社会发展走笔	徐永宁、欧阳友忠、骆力军	19 版 2806 字

（供稿　骆力军）

索 引

说明：

一、本索引以条目首字之声母，按汉语拼音音序排列。

二、概况目不列入索引，参见卷首目录

三、索引名称后的数字表示条目内容所在的页码。

四、索引中同名或近似的条目均分别领属于不同之类目。

A

B

C

D

E

F

G

P

Q

T

W

X

Y

Z

非音序